WALTER GEIGER
QUALITÄTSLEHRE
EINFÜHRUNG · SYSTEMATIK · TERMINOLOGIE

**Aus dem Programm
Qualitätsmanagement**

Qualitätslehre
Einführung, Systematik, Terminologie
von W. Geiger

Qualitätsmanagementsysteme
von R. Westerbusch

CAQ im TQM
Rechnergesteuertes Qualitätsmanagement
von E. Hering und J. Triemel

Qualitätsregelkarten für meßbare Merkmale
von G. Kirschling

Chefsache Qualitätsmanagement
von J. Jäger u.a.

Qualitätsmanagement und Projektmanagement
von F.-P. Walder und G. Patzak

Versuchsmethoden im Qualitätsengineering
von H. Quentin

Vieweg

WALTER GEIGER

QUALITÄTS LEHRE

EINFÜHRUNG · SYSTEMATIK · TERMINOLOGIE

Mit 109 Bildern und 16 Tabellen

3., neu bearbeitete und ergänzte Auflage

Die 2. und die 3. Auflage sind gleichzeitig als Leitfaden im Rahmen der Schriftenreihe der Deutschen Gesellschaft für Qualität als DGQ-Band 11-20 erschienen.

1. Auflage 1986
2., völlig neu bearbeitete und erweiterte Auflage 1994
3., neu bearbeitete und ergänzte Auflage 1998

Alle Rechte vorbehalten
© Friedr. Vieweg & Sohn Verlagsgesellschaft mbH, Braunschweig/Wiesbaden, 1998

Der Verlag Vieweg ist ein Unternehmen der Bertelsmann Fachinformation GmbH.

Das Werk einschließlich aller seiner Teile ist urheberrechtlich geschützt. Jede Verwertung außerhalb der engen Grenzen des Urheberrechtsgesetzes ist ohne Zustimmung des Verlags unzulässig und strafbar. Das gilt insbesondere für Vervielfältigungen, Übersetzungen, Mikroverfilmungen und die Einspeicherung und Verarbeitung in elektronischen Systemen.

http://www.vieweg.de

Technische Redaktion und Layout: Hartmut Kühn von Burgsdorff
Druck und buchbinderische Verarbeitung: Lengericher Handelsdruckerei, Lengerich
Gedruckt auf säurefreiem Papier
Printed in Germany

ISBN 3-528-23357-5

Vorwort

Seit der 2. Auflage 1994 hat sich der weltweite Wettbewerb drastisch verschärft. Der Wunsch, noch konzentrierter und schneller die Grundgedanken des Qualitätsmanagements zu verstehen, ist weiter gewachsen. Das gilt zunehmend auch für oberste Leitungen. Dem Rechnung zu tragen, war das wichtigste Anliegen der neu bearbeiteten und ergänzten 3. Auflage. Noch mehr als bisher kommt es darauf an, daß man die Regeln versteht, nach denen Qualitätsmanagement in alle Funktionen einer Organisation eingebaut werden sollte, und zwar wirtschaftlich optimal. Dazu muß man der Führungsmannschaft auch ein Mindestwissen zum Qualitätsmanagement vermitteln. Nicht nur Juran hat es klar gesagt: Dies muß aktiv von der obersten Leitung ausgehen (siehe Seite 179 oben). Als Werkzeug für diese Wissensvermittlung kann dieses Buch dienen. Es stellt als sonst kaum verfügbare Monographie das umfassende Gedankengebäude für qualitätsbezogene Zielsetzungen und Handlungen samt Ergebnisbeurteilungen vor, die moderne Qualitätslehre.

Diese Qualitätslehre wird auf dem neuesten Stand der internationalen Technik erläutert, ohne den stets wechselnden Modetrends nachzulaufen, die es auf jedem Gebiet gibt. Damit ist auch sichergestellt, daß alle Teile und Kapitel zusammenpassen. Es ist unmöglich und daher auch nicht beabsichtigt, die Anwendung dieses umfassenden Gedankengebäudes auf spezielle Wirtschaftssektoren zu behandeln. Es geht um das ganzheitliche, allgemeingültige Konzept des Qualitätsmanagements. Lediglich anhand unterschiedlich ausgewählter Beispiele werden Schlaglichter auf die verschiedenartigen Anwendungsmöglichkeiten geworfen.

Die abstrakte Betrachtung der Grundlagen des Qualitätsmanagements hat sich vereinfacht. Das ist entscheidend für ihre Anwendung in allen Sektoren der Wirtschaft und des Handels. Überall sind dabei die Dienstleistungen von zunehmender Bedeutung. Bei diesen muß besonders unterschieden werden zwischen der Qualitätsforderung an das Tun und der Qualitätsforderung an das Ergebnis. Was man damit gewinnt, erkennt der Leser dieses Buches bald: Erstaunliche Ansatzpunkte für Verbesserungsmaßnahmen ergeben sich daraus.

Im Rahmen des dargelegten Gedankengebäudes ist einer der Schwerpunkte der international seit einem Vierteljahrhundert zweifelsfrei definierte Fachbegriff Qualität. Nach wie vor gilt, was angesichts des immer beherrschenderen Medieneinflusses heute einem Laien fast leichter verständlich zu machen ist als einem Fachmann des Qualitätsmanagements: Der fachliche Qualitätsbegriff muß neutral sein. Er darf nicht das Gute schlechthin bezeichnen wie in der Werbung. Er wird als Maßstab benötigt. Als Werbemittel soll er bleiben, was er ist. Jedermann weiß es im Grunde, wieviel schlechte Qualität es gibt. Dafür sorgen schon die Testinstitute mit ihren nach Merkmalsgruppen detaillierten Qualitätsurteilen, die zwischen „sehr gut" und „sehr mangelhaft" pendeln.

Diese Auflage enthält erstmals vor jedem Kapitel einen Überblick, der jedem Leser nützt, vor allem der obersten Leitung. Das neue Vorspannkapitel sagt auf drei Seiten, worauf es ankommt: Nur mit einem klaren Begriffsgebäude läßt sich eine zielsichere Handlungsstrategie aufbauen. Vor allem gilt dies für das umfassende Managementsystem einer Organisation, dessen Bestandteil das Qualitätsmanagementsystem ist. Alle Bestandteile rationell mit möglichst gleichartigen Verfahrensweisen zu koordinieren, ist die Aufgabe. Dazu gibt es ebenfalls ein neues Kapitel. Um dies alles schnell zu verstehen, wurden das schon früher „einstiegsichere" Sachwortverzeichnis und die verständnisfördernden Querverweise weiter ausgebaut.

Dieses Buch spricht demnach alle an, weil alle in qualitätsbezogene Aufgaben eingebunden sind: Von der obersten Leitung bis zum Prüffeldingenieur, vom Studenten aller Fachbereiche bis zum Dozenten für Qualitätsmanagement, vom Bankfachmann bis zum Chef eines kleinen oder mittleren Betriebes, sie alle werden aus dem praxisnahen Zuschnitt dieser Darstellung Gewinn ziehen können.

Auch die Qualitätslehre war in den letzten Jahren nicht frei von Beeinträchtigungen, wie sie hierzulande vielfach beklagt werden. Das hat wie sonst zu einer noch größeren Vielfalt der Meinungen geführt. Sie prägt sich in der Literatur ebenfalls aus. Für den um Klarheit bemühten Leser ist das oft verwirrend. Ursachen können fehlende Grundlagen für eine Gesamtbetrachtung oder Unkenntnis der inzwischen erleichterten übergeordneten Betrachtungsweise sein, die natürlich stets ergänzt werden muß durch die Anwendungsbezüge.

Mein Dank gilt wiederum allen Fachkollegen aus vielen Bereichen, die in manchen Diskussionen dazu beigetragen haben, meine Darstellung der Qualitätslehre abzurunden. Besonderer Dank gilt dem Verlag und dort dem für technische Redaktion und Layout verantwortlichen Herrn Kühn von Burgsdorff. Er hat in unermüdlichem Fleiß eine bedeutende Verbesserung der meisten Bilder und zahlreiche Nachkorrekturen ermöglicht. Alles dies kommt dem um Sachklärung bemühten Leser zugute.

Mein allenfalls in der Gastronomie in Frage gestellter Wahlspruch „Was man tut, fängt im Kopf an" möge auch den Leser dazu führen, daß er bald in seiner Praxis umsetzen kann, was ihm an Nutzen aus diesem Buch entstanden ist. Gleichviel wo er ist: Er wird erkennen, daß die Probleme zwar in jedem Fall und in jedem Bereich unterschiedlich sind, aber im Grund immer nach wenigen, gleichbleibenden Lösungsstrukturen verlangen. Daß dies trotz der ständig sich ausweitenden Komplexität allen Geschehens gilt, ist eine tröstliche Erkenntnis.

München, im April 1998 *Walter Geiger*

Inhaltsverzeichnis

Vorwort	V
Inhaltsverzeichnis	VII
Feingliederung	VIII

GRUNDLAGEN

Qualitätslehre auf einen Blick		*3*
1	Management und Qualitätsmanagement	7
2	Besonderheiten des Qualitätsmanagements	15
3	Bedeutung der Qualitätslehre	21
4	Modellvorstellungen zu Management und Qualitätsmanagement	25
5	Allgemeines zur Fachsprache der Qualitätslehre	43
6	Übergeordnete Grundbegriffe für die Qualitätslehre	55
7	Werbungsgeschädigter Qualitätsbegriff und Qualitätsfähigkeit	61
8	Sachbegriffe der Qualitätslehre	77
9	Tätigkeitsbegriffe der Qualitätslehre	89
10	Risiko, Sicherheit und Gefahr	107
11	Planung der Qualitätsforderung (Qualitätsplanung)	115
12	Qualitätsverbesserung	141
13	Das Qualitätsmanagementsystem (kurz: QM-System)	153
14	Planung des Qualitätsmanagementsystems	193
15	Umfassendes Qualitätsmanagement (TQM)	215
16	Qualität und Recht	233

TEILGEBIETE

17	Qualität und Kosten	253
18	Qualität und Termine	283
19	Zuverlässigkeitsbezogene Merkmalsgruppe als Beispiel	289
20	Die Meßunsicherheit im System der Abweichungen	309
21	Der Ringversuch	333
22	Abweichungsfortpflanzung und abgestufte Grenzwerte	339
23	Statistische Qualitätslenkung und SPC	355
24	Statistische Verfahren anhand qualitativer Merkmale	363
25	Statistische Verfahren anhand quantitativer Merkmale	377
26	Statistische Tests	399
27	Statistische Versuchsplanung	407
28	Normierte Qualitätsbeurteilung	411
29	Qualitätsregelkarten	425
30	Selbstprüfung	429
31	Dokumentation	435
32	Weitere qualitätsbezogene Werkzeuge	443

Literaturverzeichnis	449
Bildverzeichnis	471
Tabellenverzeichnis	476
Namen- und Sachwortverzeichnis	477

Feingliederung

GRUNDLAGEN DER QUALITÄTSLEHRE

QUALITÄTSLEHRE AUF EINEN BLICK *3*

Kapitel 1: MANAGEMENT UND QUALITÄTSMANAGEMENT

1.1	Bestandsaufnahme	7
1.1.1	Bestandsaufnahme zum Qualitätsmanagement	7
1.1.2	Bestandsaufnahme zum Management in der Gemeinsprache.......	8
1.1.3	Zusammenhang zwischen dem Oberbegriff und Unterbegriffen...	9
1.2	Das Management und seine Teile	9
1.2.1	Das Management als Ganzes...	9
1.2.2	Teile des Managements, ihre Bezeichnung und gegenseitige Beziehung	10
1.2.3	Zusammenwirken der Teile des Managements	11
1.3	Unterteilbarkeit und Zusammenstellbarkeit von Einheiten..........	12

Kapitel 2: BESONDERHEITEN DES QUALITÄTSMANAGEMENTS

2.1	Vier grundsätzliche Besonderheiten	15
2.1.1	Die fehlende öffentliche Ausbildung	15
2.1.2	Die Rückwirkung der Werbung	15
2.1.3	Die psychologische Besonderheit des Qualitätsmanagements ...	15
2.1.4	Die schwere Durchschaubarkeit von Qualitätsmanagement.......	16
2.2	Fünf fachliche Besonderheiten...	17
2.2.1	Schwer verständliche Qualitätsforderung	17
2.2.2	Großer Erinnerungswert der Qualität	17
2.2.3	Fehlende Rückkopplung der Kunden-Qualitätsbeurteilung........	17
2.2.4	Scheinbarer Gegensatz Rationalisierung/Qualitätsmanagement	18
2.2.5	Qualitätsrelevanz bei Vertragsabschluß oft unangemessen........	19
2.3	Zusammenfassung..	20

Kapitel 3: BEDEUTUNG DER QUALITÄTSLEHRE

3.1	Zielsetzung und Rahmen der Qualitätslehre	21
3.2	Die Qualitätsforderung im Rahmen der Produktforderung	22
3.3	Besonderheiten bei immateriellen Produkten	23
3.4	Schaffung von Vertrauen zwischen Vertragspartnern	24

Kapitel 4: MODELLVORSTELLUNGEN ZU MANAGEMENT UND QUALITÄTSMANAGEMENT

4.1	Allgemeines	25
4.2	Wesen und Zweck des QTK-Kreises	25
4.3	Der QTK-Kreis als Prinzipmodell für die Tätigkeitsabläufe	28
4.4	Die einzelnen Ablaufphasen der Tätigkeiten im QTK-Kreis	28
4.5	QM-Element, TM-Element und KM-Element	29
4.6	Tätigkeit, Handlung und Maßnahme	30
4.7	Forderungen, Tätigkeiten und Ergebnisse zum QTK-Kreis	31
4.7.1	Allgemeines	31
4.7.2	Die Planungsphasen	31
4.7.3	Die Realisierungsphasen	32
4.7.4	Die Nutzungsphasen	32
4.7.5	Die Prüfungstätigkeiten	33
4.8	QTK-Kreis und Führungstätigkeiten	34
4.9	Andere Betrachtungsmöglichkeiten	35
4.10	Zusammenfassende Betrachtung zum QTK-Kreis	36
4.11	Qualitätselement, Terminelement und Kostenelement	37
4.12	Der Qualitätskreis	38
4.13	Kombinierte Betrachtung von QTK-Kreis und Qualitätskreis	40

Kapitel 5: ALLGEMEINES ZUR FACHSPRACHE DER QUALITÄTSLEHRE

5.1	Zielsetzung dieser Darlegungen	43
5.2	Gegenstand und Methodik von Fachsprachen	44
5.3	Schnell zunehmende Bedeutung von Fachsprachen	45
5.4	Aufbau einer Begriffsnorm	46
5.5	Die Bedeutung der Fachsprache in der Qualitätslehre	47
5.6	Vorhandene internationale und nationale Grundlagen	48
5.6.1	Überblick	48
5.6.2	Internationale Vorarbeit der EOQ	48
5.6.3	Internationale Normung durch ISO	49
5.6.4	Nationale Normung durch DIN	50
5.6.5	Terminologiearbeit bei der DGQ	51
5.7	Begriffsdiagramme als Erläuterungshilfsmittel	51

Kapitel 6: ÜBERGEORDNETE GRUNDBEGRIFFE FÜR DIE QUALITÄTSLEHRE

6.1	Allgemeines	55
6.2	Die Einheit	55
6.3	Die Beschaffenheit	57
6.4	Die Anspruchsklasse	58
6.5	Das System	60
6.6	Unterteilbarkeit und Zusammenstellbarkeit von Elementen	60

Kapitel 7: WERBUNGSGESCHÄDIGTER QUALITÄTSBEGRIFF UND QUALITÄTSFÄHIGKEIT

7.1	Allgemeines	61
7.2	Das Problem der Homonymie von „Qualität"	63
7.3	Notwendigkeit eines eindeutigen Fachbegriffs Qualität	63
7.4	Die weltweit einheitliche Qualitätsdefinition	63
7.5	Die mühselige Entwicklung bis zum heutigen Stand der Technik	65
7.6	Verbleibende künftige Aufgaben	69
7.7	Gesamteindruck zur Normungsentwicklung zum Fachbegriff Qualität	70
7.8	Beispiel aus dem Alltag zur Erläuterung des Qualitätsbegriffs	70
7.9	Der Qualitätsbegriff, immateriell und kontinuierlich	72
7.10	Die gemeinsprachliche Anwendung des Wortes „Qualität"	72
7.10.1	Halbfachliche Anwendung für „Qualitätsforderung", „Sorte" und „Anspruchsklasse"	73
7.10.2	Anwendung für etwas „besonders Gutes"	73
7.10.3	Die meist inhaltslose Anwendung in der Werbung	73
7.10.4	Gesamteinschätzung der gemeinsprachlichen Anwendung von „Qualität"	74
7.11	Zusammenfassung zum Qualitätsbegriff	74
7.12	Qualitätsfähigkeit	75

Kapitel 8: SACHBEGRIFFE DER QUALITÄTSLEHRE

8.1	Allgemeines	77
8.2	Merkmale und Merkmalsarten	77
8.2.1	Qualitätsbezogene Merkmalsarten	79
8.3	Spezielle Einheiten unter den Produkten	80
8.3.1	Das Angebotsprodukt	80
8.3.2	Die Dienstleistung	81
8.3.3	Das Muster	83
8.4	Partner im Markt	84
8.5	Qualifikation, Qualitätsnachweis und Qualitätsbeauftragter	84
8.5.1	Qualifikation und Qualifiziert	84
8.5.2	Qualitätsnachweis	85
8.5.3	Qualitätsbeauftragter	86
8.6	Qualitätsfähigkeit	87
8.7	Gebrauchstauglichkeit	87
8.8	Qualitätswesen	88

Kapitel 9: TÄTIGKEITSBEGRIFFE DER QUALITÄTSLEHRE

9.1	Allgemeines	89
9.2	Qualitätsmanagement und Qualitätssicherung	90
9.2.1	Die Entwicklung der bisherigen terminologischen Situation	90
9.2.2	Der Entscheidungszwang international	91
9.2.3	Der Entscheidungszwang national	92

9.2.4	Von DIN empfohlene Vorgehensweise mit Hintergrundinformation	92
9.2.5	Die Kompromiß-Synonym-Lösung	93
9.3	Qualitätslenkung	94
9.4	Qualitätsprüfung	96
9.4.1	Qualifikationsprüfung	99
9.5	Qualitätsverbesserung	100
9.6	Qualitätsüberwachung	100
9.7	Qualitätskontrolle	100
9.8	Qualitätsaudit	101
9.9	Diagramm des Teil-Begriffssystems zu Prüfung und Ermittlung	103
9.9.1	Allgemeines	103
9.9.2	Begriffs-Systematik und -zweckmäßigkeit	103
9.9.3	Was man aus dem Begriffsdiagramm lernen kann	104

Kapitel 10: RISIKO, SICHERHEIT UND GEFAHR

10.1	Allgemeines	107
10.2	Begriffliche Grundlagen	108
10.2.1	Der Schaden	108
10.2.2	Das Risiko	109
10.2.3	Das Grenzrisiko	110
10.2.4	Sicherheit und Gefahr	110
10.2.5	Das Restrisiko	110
10.2.6	Sicherheitstechnische Festlegungen	111
10.2.7	Inhärente Sicherheit	111
10.2.8	Der Schutz	111
10.3	Hilfsmittel zur Risiko-Minderung	112
10.3.1	Fehlermöglichkeits- und -einflußanalyse (FMEA)	112
10.3.2	Fehlerbaum-Analyse	113

Kapitel 11: PLANUNG DER QUALITÄTSFORDERUNG (QUALITÄTSPLANUNG)

11.1	Vorbemerkungen	115
11.1.1	Vorbemerkung zur Benennung Qualitätsplanung	115
11.1.2	Vorbemerkung zum Begriff Qualitätsforderung	115
11.1.3	Vorbemerkung zu „Forderung/Anforderung"	116
11.2	Was ist die Qualitätsforderung?	117
11.3	Einheiten, für die eine Qualitätsforderung zu planen ist	118
11.4	Was die Planung der Qualitätsforderung an eine Einheit umfaßt	119
11.5	Elemente der Qualitätsplanung	119
11.6	Gesichtspunkte zur externen und internen Qualitätsplanung	120
11.6.1	Gegenstand der externen Qualitätsplanung	120
11.6.2	Gegenstand der internen Qualitätsplanung	122
11.6.3	Abstimmung von externer und interner Qualitätsplanung	123

11.6.4	Möglichst quantitative Merkmale disponieren	124
11.6.5	Die Prüfung des Ergebnisses der Qualitätsplanung mittels „Plan/Ist-Vergleich"	124
11.7	Quality function deployment (QFD)	125
11.8	Zuverlässigkeitsplanung	128
11.9	Hilfsmittel der Qualitätsplanung	128
11.9.1	Allgemeines	128
11.9.2	Qualitätsplanungs-FMEA	129
11.9.3	Formulare und Checklisten in der Angebotsphase	131
11.9.4	Vereinbarung oder interne Nutzung abgestufter Grenzwerte	131
11.9.5	Die Nutzenfunktion eines Qualitätsmerkmals	132
11.9.6	Die Nutzenfunktion mehrerer Qualitätsmerkmale	133
11.9.7	Die Herstellkostenfunktion eines Qualitätsmerkmals	133
11.9.8	Der Nutzen des Preises	134
11.10	Sollwerte zu Qualitätsmerkmalen	137
11.11	Stufenweise Qualitätsplanung vor und nach Auftragserteilung	137
11.11.1	Allgemeines	137
11.11.2	Qualitätsplanung vor Auftragserteilung	137
11.11.3	Qualitätsplanung nach Auftragserteilung	138
11.12	Zusammenfassung	140

Kapitel 12: QUALITÄTSVERBESSERUNG

12.1	Vorbemerkungen	141
12.2	Die drei Komponenten der Qualitätsverbesserung	141
12.2.1	Qualitätsförderung	141
12.2.2	Qualitätssteigerung	142
12.2.3	Qualitätserhöhung	142
12.3	Einzelheiten zu den drei Komponenten	142
12.4	Qualitätsförderung	142
12.4.1	Allgemeines	143
12.4.2	Verfahrensbezogene Qualitätsförderung	144
12.4.3	Einrichtungsbezogene Qualitätsförderung	144
12.4.4	Allgemeines zur personenbezogene Qualitätsförderung	145
12.4.5	Personenbezogene Qualitätsförderung durch Vermittlung von QM-Wissen	145
12.4.6	Personenbezogene Qualitätsförderung durch QM-Motivierung	146
12.4.7	Kombinierte Programme	147
12.5	Qualitätssteigerung	149
12.6	Qualitätserhöhung	150
12.7	Zusammenfassung	150

Kapitel 13: DAS QUALITÄTSMANAGEMENTSYSTEM (kurz: QM-SYSTEM)

13.1	Vorbemerkungen zur Benennung	153
13.1.1	Der Name selbst	153

13.1.2	Die Verwendung der Abkürzung „QM-" für den Vorsatz	153
13.2	Allgemeines zu QM-Systemen	154
13.2.1	Zweck eines QM-Systems	154
13.2.2	Erklärung eines QM-Systems	154
13.2.3	Die QM-Elemente	155
13.2.4	Stand der Normen über QM-Systeme	159
13.2.5	Generelle Geltung der Normen zu QM-Systemen	162
13.3	Spezielle QM-Elemente	164
13.3.1	Allgemeines	164
13.3.2	Die Qualitätspolitik	164
13.3.3	Die QM-Bewertung	166
13.3.4	Die Qualitätssicherung/QM-Darlegung	167
13.3.5	Das interne Qualitätsaudit	168
13.3.6	Das externe Qualitätsaudit	169
13.3.7	Das Zertifizierungsaudit	169
13.3.8	Das Qualitätswesen	170
13.3.9	Der Prüfstatus	171
13.3.10	Prüfmittelüberwachung	172
13.3.11	Qualitätsbezogene Kosten	173
13.3.12	Produktsicherheit, Produkthaftung, Umweltschutz	173
13.3.13	Qualitätsprüfungen und Qualifikationsprüfungen	174
13.4	Erforderliche Mittel für ein QM-System	175
13.4.1	Allgemeines	175
13.4.2	Personelle Mittel	175
13.4.3	Finanzielle Mittel	176
13.4.4	Festlegungen zu Zuständigkeiten	179
13.4.5	Dokumente zum QM-System und seinen Ergebnissen	183
13.4.6	Das QM-Handbuch	184
13.5	Einzelgesichtspunkte zum QM-System	186
13.5.1	Universelle Einsetzbarkeit von QM-Fachkräften	186
13.5.2	Variabilität der Aufgaben des Qualitätswesens	186
13.5.3	Schulung in Qualitätsmanagement	187
13.5.4	Motivation für Qualitätsmanagement	187
13.6	Stellenbeschreibungen	187
13.7	„Oberste Leitung" und „Leitung" der Organisation	188
13.8	Einflüsse des EU-Rechts auf QM-Systeme	188
13.8.1	Rechtlich geregelter und nicht geregelter Bereich	188
13.8.2	Die EU-Richtlinien	189
13.8.3	Konformitätsbewertungsverfahren	190
13.8.4	Das CE-Zeichen	191
13.9	Zusammenfassung	191

Kapitel 14: PLANUNG DES QUALITÄTSMANAGEMENTSYSTEMS

14.1	Gesamtbetrachtung	193
14.1.1	Planungsgegenstand und Normen-Grundlagen	193
14.1.2	Hauptplanungsziele	193
14.1.3	Planungsabgrenzung	193
14.1.4	„Einführung" oder „Systematisierung" des QM-Systems?	194
14.1.5	Kostengesichtspunkte	195
14.1.6	Allgemeines zum Planungsbegriff	195
14.2	Zielsetzungen	195
14.2.1	Häufiger Anlaß für die „Einführung" eines QM-Systems	195
14.2.2	Die wichtigen Ziele	196
14.3	Einige Randbedingungen zur Planung eines QM-Systems	197
14.3.1	Das Planungskonzept	197
14.3.2	Unterschiedliche Qualitätspolitik	198
14.3.3	Die FMEA als Instrument der Planung eines QM-Systems	198
14.3.4	Gesichtspunkte für die Anwendung der QME-FMEA	198
14.3.5	Anweisung zur Planung des QM-Systems	201
14.3.6	Entscheidungen der obersten Leitung in der Vorbereitungsphase	201
14.4	Allgemeine Gesichtspunkte zur Organisationsplanung	203
14.4.1	Das Problem „Aufbau- und Ablauforganisation"	203
14.4.2	Frühere Lösungsversuche zum Problem	203
14.4.3	Die Planung der QM-Zuständigkeitsmatrix	203
14.5	Wichtige Einzelgesichtspunkte zur Organisationsplanung	205
14.5.1	Äquivalenz von Verantwortung und Befugnis	205
14.5.2	Organisationsplanung „ad rem"	205
14.5.3	Berücksichtigung geographischer Gegebenheiten	205
14.5.4	Kontinuitätsprinzip zur Aufbauorganisation	206
14.5.5	Aktualitätsprinzip zur Ablauforganisation	206
14.5.6	Optimaler Organisationsgrad	206
14.6	Praxishinweise zur Planung des QM-Systems	207
14.6.1	Allgemeines	207
14.6.2	Zur Planung der QM-Ablaufelemente	208
14.6.3	Zur Planung der QM-Aufbauelemente (Organisationseinheiten)	209
14.6.4	Planung des QM-Elements Kundendienst	210
14.6.5	Planung des QM-Elements Zuverlässigkeitsplanung	210
14.6.6	Planung des QM-Elements Wartung	212
14.7	Zeitablauf der „Einführung" eines QM-Systems	212
14.8	Überblick über QM-Elemente	213
14.9	Zusammenfassung zu den Kapiteln 13 und 14	213

Kapitel 15: UMFASSENDES QUALITÄTSMANAGEMENT (TQM)

15.1	Vorbemerkungen zur Benennung	215
15.2	Der Begriff Umfassendes Qualitätsmanagement	215
15.2.1	Hilfsbegriffe zum umfassenden Qualitätsmanagement	216

15.2.2	Qualitätsbezogenheit des umfassenden Qualitätsmanagements	218
15.3	Unveränderte Benutzung der QM-Grundlagen	219
15.3.1	Allgemeines	219
15.3.2	Bestandteile der Qualitätskomponenten	219
15.3.3	Die falsch verstandenen „zwei Arten von Qualität"	220
15.4	Das Neue beim umfassenden Qualitätsmanagement	220
15.4.1	Unterschiedliche Betrachtungs-/Entscheidungs-Möglichkeiten	222
15.4.2	Notwendige Entscheidungen der obersten Leitung	223
15.4.3	Neue Randbedingungen zum umfassenden Qualitätsmanagement	223
15.5	Einführung des umfassenden Qualitätsmanagements	223
15.5.1	Allgemeines	223
15.5.2	Einführung des umfassenden Qualitätsmanagements und Motivierung	225
15.5.3	Einführung des umfassenden Qualitätsmanagements und Innovation	225
15.5.4	Erfahrungen mit der Einführung des umfassenden Qualitätsmanagements	225
15.6	Einzelfragen zum umfassenden Qualitätsmanagement	226
15.6.1	Anmerkungen zu Qualitätsverbesserung	226
15.6.2	Anmerkungen zu Quality function deployment	226
15.6.3	Umfassendes Qualitätsmanagement und neue Begriffe	227
15.6.4	Umfassendes Qualitätsmanagement, Selbsteinschätzung und Qualitätspreise	227
15.7	Umfassendes Qualitätsmanagement und Interessenpartner	231
15.8	Zusammenfassung	232

Kapitel 16: QUALITÄT UND RECHT

16.1	Allgemeines	233
16.2	Das Risiko nicht zufriedenstellender Qualität	233
16.3	Qualität in der Rechtswissenschaft	234
16.3.1	Fehler und Mangel	234
16.3.2	Die zugesicherte Eigenschaft	238
16.4	Überblick über die Rechtsgrundlagen zu „Qualität und Haftung"	238
16.4.1	Allgemeines zur Haftung aus Vertrag	239
16.4.2	Vertragshaftungsfolgen Minderung, Wandelung, Nachbesserung	239
16.4.3	Vertragshaftungsminderung durch Vertragsprüfung	240
16.4.4	Allgemeine Geschäftsbedingungen (AGB)	242
16.4.5	Fehlen einer zugesicherten Eigenschaft	243
16.5	Die Produkthaftung	244
16.5.1	Übersicht zur verschuldensabhängigen Produkthaftung	244
16.5.2	Die Beweislastumkehr bei Produkthaftung nach BGB § 823	245
16.5.3	Das verschuldensunabhängige Produkthaftungsgesetz von 1990	245
16.5.4	Die Gefährdungshaftung	246
16.6	Ausländische Haftungsrichtlinien	247
16.7	Maßnahmen zur Minderung von Haftungsrisiken	247
16.8	Zusammenfassung	248

TEILGEBIETE DER QUALITÄTSLEHRE

Kapitel 17: QUALITÄT UND KOSTEN

17.1	Vorbemerkung zur Benennung	253
17.2	Allgemeiner Überblick zu Kosten	253
17.3	Die Besonderheit der qualitätsbezogenen Kosten	254
17.4	Konsequenzen aus der Besonderheit der qualitätsbezogenen Kosten	255
17.4.1	Negative Konsequenzen	255
17.4.2	Positive Konsequenzen	255
17.5	Begriffe und Normen zu qualitätsbezogenen Kosten	256
17.5.1	Die qualitätsbezogenen Kosten als Ganzes	256
17.5.2	Die Fehlerverhütungskosten	258
17.5.3	Die Prüfkosten	260
17.5.4	Die Fehlerkosten	261
17.5.5	Möglichkeiten der Zusammenstellung, Unterteilung und Ergänzung von QK-Elementen	262
17.5.6	Die Besonderheit „Fehlerkosten"	262
17.5.7	Kennwert „Fehlerkosten-Dunkelziffer d"	264
17.5.8	Begriffsklärung Fehlprodukte	264
17.5.9	Begriffsklärung QK-Elemente	265
17.5.10	Der Normentwurf DIN ISO 10014 : 1996-08	265
17.6	QK-Richtlinie der obersten Leitung der Organisation	266
17.7	QK-Erfassung	266
17.7.1	Allgemeines	266
17.7.2	Disponierte QK-Sortierung	267
17.7.3	Einzelheiten zur QK-Erfassung	267
17.7.4	Die Aufgaben des Rechnungswesens	269
17.7.5	Vermeidung von Doppelerfassungen	269
17.7.6	Fehlerursachen-Nummer	269
17.8	QK-Kennzahlen und ihre Bezugsgrößen	269
17.9	QK-Analyse	270
17.9.1	Der Einführungseffekt	270
17.9.2	Schwerpunkt-Suche	272
17.9.3	Anteile der QK-Gruppen	272
17.9.4	Der verbotene „QK-Quervergleich"	274
17.9.5	Grundanalyse, Fallanalysen und „QK-Längsvergleich"	274
17.10	QK-Berichte	275
17.11	QK-Besprechungen	275
17.12	Verminderung von qualitätsbezogenen Kosten	276
17.13	Aufwand und Erfolg	276
17.13.1	Allgemeines	276
17.13.2	Erfolgsbeispiele	277
17.14	QK-Budgetierung	279
17.15	Zusammenfassung	279
17.16	Die Kosten als Beschaffenheitsmerkmal	280

17.16.1	Allgemeines	280
17.16.2	Die Grenzfall-Argumente	280
17.16.3	Die Ausnahmefälle	281
17.16.4	Bedeutung der Ausnahmefälle	281

Kapitel 18: QUALITÄT UND TERMINE

18.1	Allgemeines	283
18.2	Qualitätsbezogene Normung und Termine	284
18.3	Qualitätsbezogene Literatur und Termine	285
18.4	Zeitbezogene Größen als Qualitätsmerkmale	285
18.4.1	Zeitabweichungen als Qualitätsmerkmale für Tätigkeiten	285
18.4.2	Zeitabweichungen als Qualitätsmerkmale für Ergebnisse	285
18.4.3	Zeitspannen-Grenzwerte als Qualitätsmerkmal	286
18.4.4	Zykluszeiten als Qualitätsmerkmal	286
18.5	Zusammenfassung	287

Kapitel 19: ZUVERLÄSSIGKEITSBEZOGENE MERKMALSGRUPPE ALS BEISPIEL

19.1	Vorbemerkungen	289
19.1.1	Benennung Zuverlässigkeit	289
19.1.2	Zuverlässigkeit als Bestandteil der Qualität	289
19.1.3	Vorgeschichte und Randbedingungen	290
19.2	Die Fachsprache der Zuverlässigkeitslehre	290
19.2.1	Überblick	290
19.2.2	Zuverlässigkeit	291
19.2.3	Zuverlässigkeitsforderung	291
19.2.4	Zustand, Ereignis, Konfiguration	292
19.2.5	Störung, Versagen und Ausfall	293
19.2.6	Anwendungs-, Erfassungs- und Betrachtungsbeginn	294
19.2.7	Die verschiedenen betrachteten Zeitspannen	294
19.2.8	Die Anwendungsdauer	294
19.2.9	Die Klardauer (Up time = UT)	295
19.2.10	Die Unklardauer	295
19.2.11	Geforderte Anwendungsdauer und Betriebsdauer	296
19.2.12	Störungsdauer (Down time = DT)	296
19.2.13	Die Lebensdauer	297
19.2.14	Die Brauchbarkeitsdauer	297
19.3	Zuverlässigkeitsbetrachtungen	298
19.3.1	Bestand bei nichtinstandzusetzenden Einheiten	298
19.3.2	Zuverlässigkeitskenngrößen für nichtinstandzusetzende Einheiten	300
19.3.3	Zuverlässigkeitsparameter für nichtinstandzusetzende Einheiten	300
19.3.4	Zuverlässigkeitsparameter für instandzusetzende Einheiten	301

19.3.5	Zusammenhänge zwischen den obigen Größen der Zuverlässigkeitsbetrachtung	301
19.3.6	Weitere Hilfsmittel für Zuverlässigkeitsbetrachtungen	301
19.4	Beschreibung des Zuverlässigkeitsverhaltens mittels „Badewannenkurve" und Wahrscheinlichkeitsverteilungen	302
19.5	Planung der Zuverlässigkeitsforderung (Zuverlässigkeitsplanung)	303
19.5.1	Allgemeines	303
19.5.2	Problem Frühausfallphase	304
19.5.3	Komplexe Systeme	304
19.5.4	Redundanzen	304
19.6	Zuverlässigkeitsprüfungen	305
19.6.1	Allgemeines	305
19.6.2	Beschleunigte Lebensdauerprüfungen	305
19.6.3	Das Lebensdauernetz	305
19.7	Risikobetrachtung bei Zuverlässigkeitsfragen	307
19.8	Zusammenfassung	307

Kapitel 20: DIE MEßUNSICHERHEIT IM SYSTEM DER ABWEICHUNGEN

20.1	Allgemeines zu Meßunsicherheit und Genauigkeit	309
20.2	Überblick zum System der Abweichungen und Unsicherheiten	310
20.3	Begriffliche Grundlagen	312
20.3.1	Allgemeines	312
20.3.2	Messung, Meßgröße, Meßwert	312
20.3.3	Das Meßsystem mit seinen Unterbegriffen	313
20.3.4	Die Abweichung als Oberbegriff für die Meßabweichung	315
20.4	Anmerkung zur Benennung „Meßabweichung"	315
20.5	Das System der Meßabweichungen	316
20.5.1	Elemente einer Meßabweichung	316
20.5.2	Die drei Genauigkeitsebenen	318
20.5.3	Der wahre Wert	319
20.5.4	Die Grundgleichung für das System der Meßabweichungen	319
20.5.5	Der Ersatzwert „Richtiger Wert"	320
20.5.6	Die Korrektion	320
20.5.7	Mißverständnisse zum System der Meßabweichungen	321
20.6	Zusammensetzung der Meßabweichungen zur Meßunsicherheit	321
20.6.1	Allgemeines	321
20.6.2	Berichtigtes und unberichtigtes Meßergebnis	323
20.6.3	Die Meßunsicherheit als Abweichungsbetrag	324
20.6.4	Die obere und die untere Meßunsicherheit	324
20.6.5	Lage des wahren Wertes	325
20.6.6	Die Komponenten der Meßunsicherheit	325
20.6.7	Die Kombination der Komponenten u_{ran} und u_{syst}	327
20.6.8	Die Meßunsicherheit eines Einzelmeßwertes	327
20.6.9	Die Meßunsicherheit einer Wiederholmeßreihe	327

20.7	Die mißverständliche „Garantiefehlergrenze"	328
20.8	Meßtechnik und Qualitätsmanagement	328
20.8.1	Die zwei aufeinanderfolgenden Qualitätsprüfungen	328
20.8.2	Die „zulässigen Abweichungen"	329
20.8.3	Erkennungsgrenze, Erfassungsgrenze und Erfassungsvermögen	330
20.8.4	Kalibrierdienst DKD	331
20.9	Zusammenfassung	331

Kapitel 21: DER RINGVERSUCH

21.1	Allgemeines	333
21.2	Begriffliche Grundlagen	333
21.2.1	Komponenten der Genauigkeit	333
21.2.2	Die Versuchsbedingungen	334
21.2.3	Die speziellen Präzisionsbegriffe	335
21.3	Der Versuchsplan für einen Ringversuch gemäß Norm	336
21.4	Praktische Anwendung von Ringversuchen	337

Kapitel 22: ABWEICHUNGSFORTPFLANZUNG UND ABGESTUFTE GRENZWERTE

22.1	Abweichungsfortpflanzung	339
22.1.1	Vorbemerkung zur Benennung	339
22.1.2	Das Abweichungsfortpflanzungsgesetz	339
22.1.3	Beispiele praktischer Anwendung der Abweichungsfortpflanzung	340
22.1.4	Die Abweichungsfortpflanzung im weiteren Sinne	340
22.1.5	Anwendungsspezifische Geltung der Abweichungsfortpflanzung	340
22.1.6	Abweichungsfortpflanzung und Meßtechnik	341
22.2	Abgestufte Grenzwerte	341
22.2.1	Vorbemerkungen zur Benennung	341
22.2.2	Grundgedanke und Bedeutung abgestufter Grenzwerte	343
22.2.3	Allgemeines zur Ermittlung abgestufter Grenzwerte	344
22.2.4	Gedanken zur praktischen Festlegung abgestufter Grenzwerte	346
22.2.5	Beschreibung mit Quantilen und Grenzquantilen	349
22.2.6	Qualitätsprüfungen bei abgestuften Grenzwerten	350
22.2.7	Psychologische Gesichtspunkte zu „abgestufte Grenzwerte"	352
22.3	Zusammenfassung	353

Kapitel 23: STATISTISCHE QUALITÄTSLENKUNG UND SPC

23.1	Allgemeines	355
23.2	Qualitätsfähigkeit, statistische Qualitätslenkung und SPC	356
23.3	Die stochastische Modellvorstellung zu SPC	356
23.4	Begriffliche Grundlagen zu SPC	357
23.4.1	Allgemeines	357

23.4.2	Qualitätslage von Produkt- und Prozeßmerkmalen	357
23.4.3	Beherrschter Prozeß, beherrschte Fertigung	358
23.4.4	Verteilung der Werte eines Prozeßmerkmals	359
23.4.5	Kurzzeit- und Langzeitstreuung	360
23.4.6	Prozeßfähigkeit und Prozeßfähigkeitsindex	361
23.5	Praxis von statistischer Qualitätslenkung und SPC	361

Kapitel 24: STATISTISCHE VERFAHREN ANHAND QUALITATIVER MERKMALE

24.1	Zweck der Kapitel 24 bis 27	363
24.2	Allgemeines über statistische Prüfverfahren	363
24.2.1	Determiniert und zufallsmäßig vorkommende Ereignisse	363
24.2.2	Mathematische Statistik: Eines unter vielen Hilfsmitteln	364
24.2.3	Qualitative und quantitative Merkmale als Prüfobjekte	364
24.3	Statistische Prüfverfahren anhand qualitativer Merkmale	365
24.3.1	Allgemeines	365
24.3.2	Modellverteilungen diskreter Zufallsgrößen	365
24.3.3	Beispiele für die Anwendung im Qualitätsmanagement	366
24.3.4	Allgemeines zur Anwendungspraxis	368
24.3.5	Die Operationscharakteristik (OC) und ihre Auswahl	369
24.3.6	Die Annehmbare Qualitätsgrenzlage = AQL	374
24.3.7	Die Rückzuweisende Qualitätsgrenzlage	374
24.3.8	Skip-lot-Stichprobenprüfung	375
24.3.9	Stichprobenanweisung, Stichprobenplan, Stichprobensystem	375
24.3.10	Auswahl der Stichprobeneinheiten	375
24.3.11	Losqualität, Prüfumfang und Prüfschärfe	375
24.3.12	„Gut genug?" – oder „Wie gut?"	376
24.3.13	Zusammenfassung	376

Kapitel 25: STATISTISCHE VERFAHREN ANHAND QUANTITATIVER MERKMALE

25.1	Allgemeines und Zielsetzung dieses Kapitels	377
25.2	Wahrscheinlichkeitsverteilungen kontinuierlicher Zufallsgrößen	378
25.2.1	Häufigkeitssumme und Verteilungsfunktion	378
25.2.2	Netzpapiere zur Funktions- und Verteilungsanalyse	379
25.2.3	Einteilung der Wahrscheinlichkeitsverteilungen	380
25.2.4	Einteilung der Unsymmetriegrößen	381
25.3	Betragsverteilungen	383
25.3.1	Allgemeines	383
25.3.2	Betragsverteilungen erster Art	384
25.3.3	Betragsverteilungen zweiter Art	384
25.3.4	Die graphische Darstellung von Betragsverteilungen	385
25.3.5	Kennwerte von Betragsverteilungen	387

25.3.6	Praxisbeispiele für Betragsverteilungen	387
25.3.7	Fehlerhafte logarithmische Transformation	388
25.3.8	Von Null systematisch abweichender Erwartungswert	391
25.4	Die Weibull-Verteilung	391
25.5	Zusammenhang der Verteilungsmodelle	392
25.6	Schätzfunktionen für quantitative Stichprobenprüfungen	393
25.6.1	Allgemeines	393
25.6.2	„Feststellung" oder „Entscheidung" über Annehmbarkeit	393
25.6.3	Beispiele für Entscheidungen	395
25.6.4	Beispiele für Feststellungen	395
25.6.5	Vorteile von Qualitätszahlen und Annahmefaktoren	396
25.6.6	Besonderheit bei zweiseitiger Aufgabenstellung	396
25.7	Stichprobenverfahren mit Vorinformation	396

Kapitel 26: STATISTISCHE TESTS

26.1	Vorbemerkung zur Benennung	399
26.2	Allgemeines	400
26.3	Gedankliches Vorgehen beim statistischen Test	400
26.4	Maßstab für die Verläßlichkeit eines Testergebnisses	402
26.5	Statistische Tests anhand qualitativer Merkmale	404
26.6	Statistische Tests anhand quantitativer Merkmale	404
26.7	Zusammenfassung	405

Kapitel 27: STATISTISCHE VERSUCHSPLANUNG

27.1	Zweck der statistischen Versuchsplanung	407
27.2	Grundgedanken der statistischen Versuchsplanung	407
27.3	Neuere Entwicklungen zur statistischen Versuchsplanung	408
27.4	Einzelheiten zur statistischen Versuchsplanung	409

Kapitel 28: NORMIERTE QUALITÄTSBEURTEILUNG

28.1	Vorbemerkung zur Benennung	411
28.2	Aufgabenstellung und Hintergrund	411
28.3	Der Grundgedanke der normierten Qualitätsbeurteilung	412
28.4	Realisierung des Grundgedankens	413
28.4.1	Drei Typen von Einzelforderungen	413
28.4.2	Nullpunkt N der normierten Maßstäbe	414
28.4.3	Grenzwertabstand A für die normierten Maßstäbe	414
28.4.4	Maßstabskonstante C der normierten Maßstäbe	415
28.4.5	Rechenprinzip der normierten Qualitätsbeurteilung	415
28.4.6	Normierte Qualitätsbeurteilung eines Einzelwertes B	416
28.4.7	Normierte Qualitätsbeurteilung des Ergebnisses einer Stichprobenprüfung	417
28.5	Besonderheiten der normierten Qualitätsbeurteilung	417

28.5.1	Besonderheiten bei Betragsverteilungen	417
28.5.2	Besonderheiten bei abgestuften Grenzwerten	417
28.5.3	Verwendung des Variationskoeffizienten	417
28.6	Normierte Qualitätsbeurteilung und Stichprobenprüfung	418
28.7	Beispiele	418
28.8	Normierte Qualitätsbeurteilung in der Qualitätslenkung	419
28.9	Normierte Qualitätsvergleiche mit Qualitätsfaktoren	420
28.10	Psychologische Gesichtspunkte zur normierten Qualitätsbeurteilung	421
28.10.1	Die „Lernschwelle"	421
28.10.2	Die „Angstschwelle"	421
28.11	Praktische Erfahrungen mit der normierten Qualitätsbeurteilung	422
28.12	Zusammenfassung	422

Kapitel 29: QUALITÄTSREGELKARTEN

29.1	Vorbemerkung zur Benennung	425
29.2	Begriff und Zweck von Qualitätsregelkarten	425
29.3	Warn- und Eingriffsgrenzen für Qualitätsregelkarten	427
29.3.1	Allgemeines zu den Regelgrenzen	427
29.3.2	Ermittlung von Regelgrenzen	427
29.4	Eingriffskennlinien für Qualitätsregelkarten	428
29.5	Die Wirkung von QRK	428

Kapitel 30: SELBSTPRÜFUNG

30.1	Kritische Entwicklung zu Begriff und Benennung	429
30.2	Allgemeines	430
30.3	Gegenstand der Selbstprüfung	430
30.4	Einführung und Handhabung der Selbstprüfung	431
30.5	Selbstprüfung und Qualitätsregelkarten	432
30.6	Self-Assessment der ganzen Organisation	432
30.7	Weitere Einzelheiten zur Selbstprüfung	433

Kapitel 31: DOKUMENTATION

31.1	Vorbemerkung zur Benennung	435
31.2	Das System qualitätsbezogener Dokumente	436
31.2.1	Was ist und wie kennzeichnet man ein Dokument?	436
31.2.2	Überblick über Arten von qualitätsbezogenen Dokumenten	436
31.2.3	Unterscheidungskriterium Änderungsdienst	437
31.2.4	Einordnung von Dokumenten in das System	438
31.3	Die Aufbewahrung von qualitätsbezogenen Dokumenten	439
31.3.1	Begriffe und Allgemeines	439
31.3.2	Erkennbarkeit und Disposition der Aufbewahrungsfrist	439
31.3.3	Aufbewahrungsbedingungen	440

| 31.4 | Die QM-Elemente Dokumentationsgrundsätze und Dokumentation | 440 |

Kapitel 32: WEITERE QUALITÄTSBEZOGENE WERKZEUGE

32.1	Allgemeines	443
32.1.1	Die Situation	443
32.1.2	Grundsätzlich empfehlenswerte Analysemethode	444
32.2	Einige Schlagwörter und Abkürzungen	445
32.3	Quality Circles	446
32.4	Die sieben Werkzeuge (seven tools)	446
32.5	Kaizen	446
32.5.1	Poka-Yoke	446
32.6	Kanban	447
32.7	Ishikawa-Diagramm	447
32.8	Just-in-time	447
32.9	Eindeutschung der Fremdnamen für weitere Werkzeuge	448
32.10	Zusammenfassung	448

Literaturverzeichnis 449
Bildverzeichnis 471
Tabellenverzeichnis 476
Namens- und Sachwortverzeichnis 477

GRUNDLAGEN

	Qualitätslehre auf einen Blick	*3*
1	Management und Qualitätsmanagement	7
2	Besonderheiten des Qualitätsmanagements	15
3	Bedeutung der Qualitätslehre	21
4	Modellvorstellungen zu Management und Qualitätsmanagement	25
5	Allgemeines zur Fachsprache der Qualitätslehre	43
6	Übergeordnete Grundbegriffe für die Qualitätslehre	55
7	Werbungsgeschädigter Qualitätsbegriff und Qualitätsfähigkeit	61
8	Sachbegriffe der Qualitätslehre	77
9	Tätigkeitsbegriffe der Qualitätslehre	89
10	Risiko, Sicherheit und Gefahr	107
11	Planung der Qualitätsforderung („Qualitätsplanung")	115
12	Qualitätsverbesserung	141
13	Das Qualitätsmanagementsystem (kurz: QM-System)	153
14	Planung des QM-Systems	193
15	Umfassendes Qualitätsmanagement (TQM)	215
16	Qualität und Recht	233

Qualitätslehre auf einen Blick

Zuweilen genügt es, Qualitätslehre kurz und abstrakt zu erklären. Das wird auch am Anfang dieses Buches versucht mit dem Ziel, Interesse für Einzelheiten der nachfolgenden Kapitel zu wecken. Mit einem Stern gekennzeichnete Begriffe werden schon in diesem Einleitungskapitel angesprochen und dann kursiv hervorgehoben.

Qualitätsmanagement (quality management) ist Beschaffenheitsgestaltung betrachteter Einheiten*. Diese Gesamtheit qualitätsbezogener Tätigkeiten und Zielsetzungen bezweckt: Die Beschaffenheit* einer betrachteten Einheit* soll nach deren Realisierung die Qualitätsforderung* an diese Einheit* erfüllen. Die Einheit* darf während der Betrachtung nicht gewechselt werden. „Realisierung" heißt bei materiellen Produkten „Produktion" oder „Fertigung".
Nicht immer stellt der Kunde die Qualitätsforderung*.
Betrachtete *Einheit* (entity) kann sein:
1 eine Tätigkeit (activity); eines Menschen oder einer Maschine (z.B. ein Prozeß), auch die Erbringung einer Dienstleistung;
2 ein Ergebnis von Tätigkeit(en); es heißt „*Produkt*" und kann materiell (tangible) oder immateriell (intangible) sein. Immateriell ist z.B. eine Dienstleistung (service), oder Software.
Zweck von Organisationen ist die Bereitstellung von **Angebotsprodukten** für den Markt. Deren Realisierung benötigt interne Produkte und führt auch zu Nebenprodukten, die im Rahmen des Umweltschutzes Bedeutung haben können
3 eine Person (jedermann erlebt Qualitätsprüfungen an Personen);
4 ein System, z.B. ein QM-System, eine Organisation;
5 eine sonstige Einheit, z.B. ein Meßwert;
6 Jede Kombination aus den zuvor fünf genannten Einheitenarten.

Beschaffenheit ist die Gesamtheit der Merkmale und Merkmalswerte der Einheit selbst. Sie enthält zahlreiche, sich meist überschneidende Merkmalsgruppen: Funktions-, Zuverlässigkeits-, Sicherheits-, Umweltschutzmerkmale usw., bei materiellen Produkten z.B. auch Geometrie-Merkmale. Angloamerikaner müssen „Totality of characteristics and their values of the entity itself" sagen, weil sie in ihrer Sprache keine eindeutige Benennung zu „Beschaffenheit" haben.
Die „Vorgabe" für eine Einheit heißt *Qualitätsforderung* (Einzahl, quality requirement). Sie müßte eigentlich „Beschaffensheitsforderung" heißen. Sie ist nämlich die Gesamtheit der betrachteten Einzelforderungen an die Beschaffenheit in der betrachteten Konkretisierungsstufe der Einzelforderungen. Zu jedem ausgewählten

Qualitätsmerkmal gehört eine Einzelforderung. Diese kann mehrere vorgegebene Merkmalswerte enthalten, z.B. vorgegebener Mittelwert mit Toleranzbereich, oder abgestufte Grenzwerte. Bei Tätigkeiten und Dienstleistungen sind meist auch zeitbezogene Merkmale Qualitätsmerkmale (Zeitpunkte, Zeitspannen). Geldgrößen sind nur bei Dienstleistungen (Produkten) gemäß Reichsversicherungsordnung oder Kreditwesengesetz Qualitätsmerkmale, nicht aber bei Produkten gemäß Schuldverhältnissen des BGB.

Nennt am Anfang einer Geschäftsbeziehung ein Kunde eine Qualitätsforderung, enthält diese meist nur wenige, besonders wichtige Einzelforderungen. Die Realisierung verlangt mehr: Die weitere Planung der Qualitätsforderung durchläuft daher viele Konkretisierungsstufen.

An mehrere Einheiten werden Qualitätsforderungen (*Mehrzahl*) gestellt.

Wie komfortabel man bei einer Einheit die Qualitätsforderung planen und verwirklichen kann (z.B. Hotel, Reisemittel, Auto), wird festgelegt durch die **Anspruchsklasse** (grade). Sie wird – werbungsgedingt – oft mit Qualität verwechselt. Es geht dabei aber um das für die Realisierung der Einheit verfügbare Geld.

Qualität ist Maßstab für das Ergebnis der Beschaffenheitsgestaltung, also inwieweit das Ziel erreicht ist, die Qualitätsforderung zu erfüllen: Die Betrachtung der realisierten Beschaffenheit in Bezug auf die Qualitätsforderung. Das ist die Qualitätsdefinition. Qualität hat ebensoviele Komponenten wie die Qualitätsforderung. Nur wenn alle Einzelforderungen erfüllt sind, kann man kurz von zufriedenstellender Qualität sprechen.

Wird bei nur einem einzigen Qualitätsmerkmal die zugehörige Einzelforderung nicht erfüllt, ist bei ihm die Qualität schlecht; wie in der Gemeinsprache; wie bei der Stiftung Warentest. In der Werbung ist es anders, z.B. jeden Abend vor dem Fernseher.

Das *Qualitätsmanagementsystem* (quality management system, kurz „QM-System") einer Organisation ist die Gesamtheit der zur Verwirklichung des Qualitätsmanagements erforderlichen QM-Elemente, eingeschlossen die dazu erforderlichen Mittel. Es gibt unmittelbar und mittelbar für das Ergebnis qualitätswirksame *QM-Elemente*.

Man unterscheidet zudem Führungs-, Ablauf- und Aufbauelemente. Führungselemente sind z.B. die Qualitätspolitik der obersten Leitung, die Organisationsstruktur samt QM-Zuständigkeiten und Schnittstellenregelungen sowie die QM-Schulung. Weitere QM-Elemente in allen Bereichen der Organisation sind: Planung der Qualitätsforderungen (mißverständlich „Qualitätsplanung"), Qualitätslenkung, Qualitätsprüfung, Qualitätsverbesserung, Qualitätsaudit, Qualitätsüberwachung. Die zwei letztgenannten können auch extern veranlaßt sein.

Qualitätsfähigkeit (quality capability) ist die Eignung einer Organisation oder ihrer Elemente zur Realisierung einer Einheit, die Qualitätsforderung an diese Einheit zu erfüllen. Ob das im Individualfall gelingen wird, hängt außer von dieser Fähigkeit von Momentaneinflüssen bei der Realisierung ab.

Auch an die Qualitätsfähigkeit kann eine Qualitätsforderung gestellt sein.

Das *Qualitätsaudit* prüft, inwieweit eine davon erfüllt ist: Die Forderung nach Darlegung der Qualitätsfähigkeit, z.B. nach ISO 9001. Sie wird derzeit besonders betont.

Das Gegenstück zum Qualitätsaudit bei der „auditierten Organisation" heißt *QM-Darlegung* (quality assurance). Wegen der englischen Benennung ist für sie zur Vermeidung von Verwechslungen eine deutsche Doppelbenennung genormt: „Qualitätssicherung/QM-Darlegung". QM-Darlegung ist eines der vielen QM-Elemente. Gelingt sie erfolgreich, erhält die Organisation ein Zertifikat. Es besagt, daß Vertrauen in die Qualitätsfähigkeit des zertifizierten Bereichs der Organisation besteht. Ihre Angebotsprodukte werden *voraussichtlich* die Qualitätsforderung erfüllen. Daß dies wirklich gelingt, ist Aufgabe des QM-Systems.

Bild 1: Überblick über das Qualitätsmanagement

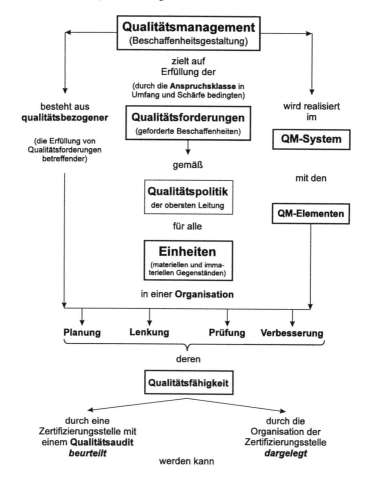

1 Management und Qualitätsmanagement

> *Überblick*
>
> *Die gegenseitige Zuordnung der beiden Wörter zeigt: Qualitätsmanagement ist ein Teilgebiet des Managements. Das wird auch mehr und mehr erkannt und anerkannt. Weniger bewußt ist, daß Teilgebiete des Managements in der Regel nicht separierbar sind. Vielmehr sind sie fachübergreifend und reichen nach Art einer Matrix in alle anderen Teilgebiete hinein. Beispiele für solche Querschnittsaufgaben sind das Kostenmanagement und das Terminmanagement (siehe auch Kapitel 4). Diese Matrix-Betrachtung widerspricht der einfachen Taylor'schen Denkweise. Sie ist indessen eine unabdingbare Voraussetzung dafür, daß eine Organisation die komplexen, aus den weltweit verknüpften Volkswirtschaften auf sie zukommenden Probleme erfolgreich lösen und sich immer auf's neue den sich schnell ändernden Bedingungen in wirtschaftlicher Weise anpassen kann. Die Anwendung einer solchen Matrix-Betrachtung beschränkt sich nicht auf dieses erste Kapitel.*

1.1 Bestandsaufnahme

1.1.1 Bestandsaufnahme zum Qualitätsmanagement

„Qualitätsmanagement" lautet seit der Mitte der 90er Jahre die gelegentlich noch ungewohnte und vielfach mißverstandene Benennung für den Oberbegriff aller qualitätsbezogenen Tätigkeiten und Zielsetzungen [8]. Dieser Oberbegriff hatte bis dahin im deutschen Sprachraum die Benennung „Qualitätssicherung". Warum die internationale Entwicklung diese Benennungsänderung erzwang, ist im Abschnitt 9.2 und in [35] erläutert. Die Klärung ist allerdings nicht abgeschlossen. Noch werden international für quality management umstrittene und teilweise mißverständliche Bedeutungen und Definitionen benutzt. Am klarsten beschreibt, in einer bemerkenswerten Diktion aus Deutsch und Englisch, die Einleitung zu DIN EN ISO 8402: 1995-08 [16] den Begriffsinhalt nach Art einer Umfangsdefinition:

> „Quality management umfaßt sowohl quality control als auch quality assurance, ebenso die weiteren Begriffe Qualitätspolitik, Qualitätsplanung und Qualitätsverbesserung. Quality management wirkt überall im QM-System. Diese Begriffe können auf alle Teile einer Organisation übertragen werden."

Qualitätsmanagement versteht man besser, wenn man weiß, was Qualität und was Management ist. Nach den Regeln deutscher Wortbildung ist „Qualitäts-" das (im Kapitel 7 als Begriff behandelte) Bestimmungswort für das Grundwort „Management". Hier wird zunächst das Grundwort betrachtet.

1.1.2 Bestandsaufnahme zum Management in der Gemeinsprache

Schon dieses in vielen Sprachen gleichlautende Grundwort „Management" ist, sowohl gemäß Wörterbuch (z.B. im großen Wörterbuch der deutschen Sprache [295]) als auch gemäß Enzyklopädie (z.B. [296]), ein Homonym. Das ist ein Wort mit mehreren unterschiedlichen Begriffsbedeutungen. Gemäß Bild 1.1 meint es in der Gemeinsprache vorwiegend

- jegliches Tun (entsprechend „to manage"); aber oft auch eingeschränkt
- nur Führungstätigkeiten, z.B. in einer Organisation, also das spezielle Tun von deren Führungskräften; oder schließlich auch
- diese Führungskräfte selbst (man sagt auch: „die Köpfe"), also ganz allgemein Führungspersönlichkeiten.

Bild 1.1: Die drei wichtigsten homonymen Bedeutungen des Wortes „Management"

Das Schwergewicht der gemeinsprachlichen Anwendung liegt gemäß Bild 1.1 im einen Land auf 1, in einem anderen auf 2 oder auf 3. Es ist also von Land zu Land unterschiedlich, so etwa zwischen den USA und Großbritannien. Teilweise beobachtet man sogar Unterschiede des Schwergewichts bei verschiedenen Wirtschaftssektoren im selben Land.

Normung hat u.a. die Aufgabe, Verständigungsgrundlagen zu vereinheitlichen. Für den Bereich des Qualitätsmanagements hat 1990 die internationale Normung entschieden, die Bedeutung 1 aus Bild 1.1 für den Begriff quality management auszuwählen [35]. Erfahrungsgemäß aber ist – trotz aller internationalen Normungsregeln – durchaus nicht sofort zu erwarten, daß diese Festlegung auch durch andere Fachbereiche akzeptiert wird. Überdies ist festzustellen, daß trotz Bezugnahme auf diese normative Festlegung [16] schon im Text jeder Kernnorm der ISO 9000-Familie [36 bis 40] weiterhin alle drei Bedeutungen aus Bild 1.1 benutzt werden, auch in den 1994 erschienenen kurzzeitrevidierten Fassungen. Deshalb sei zur Unterscheidung die zweite Bedeutung von Bild 1.1 abgegrenzt als „Führung einer Organisation", gleichviel in welchem gesellschaftlichen Bereich, die dritte Bedeutung entsprechend als „Personen zur Führung einer Organisation".

Die Vieldeutigkeit nach Bild 1.1 ist ernsthafte Quelle von Schwierigkeiten. Sie fangen bei unbemerkten Mißverständnissen an und reichen bis hin zu tiefgreifenden und zeitaufwendigen Kontroversen. Deren Kosten werden nirgends erfaßt. Wieviele „oberste Leitungen" glauben bis heute, Management sei ihre ureigenste Aufgabe, allenfalls zusammen mit einem „oberen Führungskreis"?! Wer betrachtet die Verrichtungen an einer Drehbank, an einem

Glühofen, an einer Verseilmaschine, die Auskunftserteilung im Reisebüro oder die Beratung am Bankschalter konsequent als Management!?

Einen Ausweg aus diesen Schwierigkeiten bietet die Erkenntnis, wie nachteilig gedankliches Durcheinander für eine optimale Abwicklung ist. Wenn daraus die Bereitschaft entsteht, sich mit diesen Problemen ernsthaft auseinanderzusetzen und dann klare Konsequenzen zu ziehen, dann kann langsam Abhilfe geschaffen werden. Jede Organisation kann den erzielten Fortschritt für sich selbst und für ihre Beziehungen zu anderen Organisationen nutzen. Zur Klärung sollen auch die nachfolgenden Erläuterungen beitragen.

1.1.3 Zusammenhang zwischen dem Oberbegriff und Unterbegriffen

Die Begriffsklärung der internationalen Gemeinschaft zu Qualitätsmanagement als der Gesamtheit aller qualitätsbezogenen Tätigkeiten und Zielsetzungen ist gegenüber den existierenden Normen inzwischen weiter fortgeschritten. Auf dieser Basis soll nun der Oberbegriff, das Management betrachtet werden, zunächst als Ganzes und dann systematisch bezüglich seiner Teile. Dabei erscheint beachtenswert, daß diese grundsätzlichen Überlegungen sinngemäß auch auf andere übergeordnete Begriffe angewendet werden können [297]. Stets ist es dabei das Ziel, eine möglichst zweifelsfreie Eindeutigkeit zu erreichen. Je besser das gelingt und auch in der Praxis Eingang findet, umso eher lassen sich bei der Lösung von Aufgaben störende Kommunikationsverluste durch unbemerkte Mißverständnisse vermeiden.

1.2 Das Management und seine Teile

1.2.1 Das Management als Ganzes

Die durch die internationale Normung für das Qualitätsmanagement ausgewählte und daher geltende erste Bedeutung nach Bild 1.1 (Jegliches Tun) wird für den Oberbegriff Management dort analog wie folgt definiert:

> **Management =**
> **Koordinierte Tätigkeiten zur Erreichung von Zielen**

Bei Organisationen könnte man etwas eingeschränkt sagen:

Koordinierte Tätigkeiten zur Erfüllung von Forderungen.

In einer Organisation gehören zum Management alle Tätigkeiten in allen Hierarchiestufen, beginnend bei den Tätigkeiten der obersten Leitung bis hin zu jeglichen Verrichtungen auf der Ausführungsebene.

1.2.2 Teile des Managements, ihre Bezeichnung und gegenseitige Beziehung

Aus der Definition im Abschnitt 1.2.1 folgt allgemein, daß ein aufgabenspezifisches Management ein Teil des Managements ist, ausgerichtet auf ein spezifisches Ziel. Man kann einen solchen Teil allgemein definieren mit dem Adjektiv „aufgabenbezogen". Das bedeutet: „Bezogen auf die für die betreffende Aufgabe geltenden Forderungen". Die zugehörige Benennung entsteht durch Beifügung des Bestimmungsworts zu „Management", welches das Aufgabengebiet (die Forderungen) erklärt und möglichst eindeutig abgrenzt.

Z.B. kann man Qualitätsmanagement (sein Bestimmungswort ist „Qualitäts-") wie folgt definieren

- „Qualitätsbezogenes Management", oder
- „Management bezüglich Qualitätsforderung".

Die erste Definition benötigte für „qualitätsbezogen" zusätzlich die Definition *„die Erfüllung von Qualitätsforderungen betreffend"*. Die zweite Definition bedient sich sogleich des im Mittelpunkt der spezifischen Aufgabe stehenden Grundbegriffs Qualitätsforderung. Ganz allgemein gilt also für einen Management-Teil:

> **Aufgabenspezifisches Management =**
> **Management bezüglich der aufgabenspezifischen Forderung**

Dabei sind gedanklich die obige Definition von Management sowie das Ziel des aufgabenspezifischen Managements einbezogen, nämlich die Erfüllung der aufgabenspezifischen Forderungen. Beispiele dazu sind:

Qualitätsmanagement = **Management bezüglich Qualitätsforderung**
Terminmanagement = **Management bezüglich Terminforderung**
Kostenmanagement = **Management bezüglich Kostenforderung**
Umweltmanagement = **Management bezüglich Umweltschutzforderung**

Zur Umweltschutzforderung sei angemerkt: Die hochrangig bewerteten Tätigkeiten des Umweltschutzes werden als „Umweltmanagement" bezeichnet. Sie müßten „Umweltschutz-Management" heißen. Als Umweltmanagement wird nämlich seit Jahrzehnten die Gestaltung des umfangreichen Gebiets der klassifizierten Umweltbedingungen, der Umweltprüfungen und der Umweltbeständigkeit von Produkten bezeichnet, mit allen zugehörigen Normen.

Keiner grundsätzlich neuen Überlegungen bedarf es, auch Teilgebiete eines obigen aufgabenspezifischen Managements entsprechend zu definieren, beispielsweise für das Qualitätsmanagement die drei Bestandteile

Zuverlässigkeitsmanagement
= **Management bezüglich Zuverlässigkeitsforderung**

Sicherheitsmanagement
= Management bezüglich Sicherheitsforderung, und

Arbeitsschutzmanagement
= Management bezüglich Arbeitsschutzforderung.

1.2.3 Zusammenwirken der Teile des Managements

In der Regel wird jedes Mitglied einer Organisation zu jedem ihrer Teilziele einen mehr oder weniger großen Beitrag zu leisten haben, und zwar in allen Bereichen und in allen Hierarchie-Ebenen. Jede Tätigkeit in einer Organisation unterliegt nämlich zugleich vielen spezifischen Forderungen, z.B. einer Kostenforderung, einer Qualitätsforderung, einer Umweltschutzforderung, einer Terminforderung u.a. Beim Qualitätsmanagement ist das ebenso geklärt wie beim Umweltmanagement. Entsprechendes gilt für andere Teilziele. Daraus folgt ein wichtiger erster Grundsatz :

Management-Teile, gerichtet auf Teilziele,
gehen prinzipiell alle Mitglieder der Organisation an.

Oder an einem Beispiel gezeigt: Prinzipiell benötigt man Qualitätsmanagement im Umweltmanagement, und dieses im Qualitätsmanagement.

Ebenso bedeutungsvoll ist indessen ein zweiter Grundsatz :

Spezifische, auf ein Teilziel gerichtete Tätigkeiten
betreffen nur spezielle Fachkräfte der Organisation.

Oder wieder am Beispiel gezeigt: Spezifische Aufgaben des Qualitätsmanagements werden von dessen Fachleuten wahrgenommen, nicht von Fachleuten des Umweltmanagements, und ganz entsprechend werden spezifische Aufgaben des Umweltmanagements von dessen Fachleuten wahrgenommen, nicht von Fachleuten des Qualitätsmanagements.

Es wird immer wieder versucht, diese komplexen Zusammenhänge mit einfachen Bildern zu veranschaulichen. Das muß in die Irre führen. Es geht darum, daß die vielfach verschachtelte Matrixstruktur des Zusammenwirkens der – in der Aufbauorganisation nicht separierbaren – Management-Teile erkannt wird. Was in die Praxis umzusetzen ist, und welche individuellen Verflechtungen dort in welcher Weise zu beachten sind, hängt von vielen Faktoren ab, etwa von der Organisationsstruktur und vom Angebotsprodukt, z.B. ob es sich um Hundefutter, Stahlträger oder Rechnersoftware handelt.

Stets sollte man schließlich einen dritten Grundsatz beachten. Er ist im Alltag allerdings unbequem. Man muß immer überlegen, was man meint:

Auch in der Bezeichnung muß man
das Ganze stets von seinen Teilen klar unterscheiden.

Es ist z.B. zwar die Behauptung richtig, daß Qualitätsmanagement auch Management sei. Schon die vielfach ohne das „auch" zu hörende Umkehrung ist verhängnisvoll. Wenn man also Qualitätsmanagement meint, sollte man nicht Management sagen (obwohl es nicht falsch und sehr bequem ist).

Das hört sich zwar theoretisch an, hat aber übergeordnet erhebliche praktische Konsequenzen: Es ist angesichts der starken Verflechtung aller Aufgaben nämlich prinzipiell ein Unterschied, ob man z.B. von einer Prüfung oder von einer Qualitätsprüfung spricht: Wer „Prüfung" sagt, obwohl er „Qualitätsprüfung" meint, wird viel häufiger mißverstanden werden. Gleiches gilt für entsprechende Verkürzungen von Bezeichnungen, etwa von „Qualitätsaufzeichnung" zu „Aufzeichnung".

Den Praxisbezug dieses sprachlichen Ordnungshinweises erkennt man aus der folgenden wahren Begebenheit. Deren Eingangsfrage wirkt beim ersten Hinsehen schlüssig und hat sich deshalb in erstaunlicher Weise immer weiter verbreitet. Dennoch ist sie verhängnisvoll:

> Der Verfasser wurde von einem Fachmann des Qualitätsmanagements befragt, ob es zutreffend sei, daß im Qualitätsmanagement endlich der ständig wiederholte Bezug auf die Qualität entfallen solle. Ohnehin verstehe fast jeder unter „Qualität" etwas anderes. Zudem sei Qualitätsmanagement wohl zweifelsfrei Management. Qualitätsmanagement bediene sich der Management-Methoden wie alle anderen Managementtätigkeiten. Deshalb sei es nur konsequent, diese unnötige Vokabel „Qualitäts-" nicht mehr mitzuschleppen.

Solche Gedanken entwickeln sich von selbst zu einem Totalitätsanspruch des Qualitätsmanagements. Das führt zu Schwierigkeiten mit anderen Fachbereichen. Deshalb kann nicht nachdrücklich genug auf die Notwendigkeit hingewiesen werden, das Ganze und die Teile sorgfältig zu unterscheiden und auch konsequent unterschiedlich zu bezeichnen.

1.3 Unterteilbarkeit und Zusammenstellbarkeit von Einheiten

Am Beispiel der im Abschnitt 1.2.2 behandelten, mehrstufigen Unterteilung des Management-Begriffs (und damit auch des Managements selbst) wird schon hier das Denkprinzip „Unterteilbarkeit und Zusammenstellbarkeit" für die ganze Qualitätslehre vorgestellt. Dabei dürfte einleuchten: Wenn sich die betrachtete Einheit (z.B. des Managements) durch Zusammenstellung mit anderen Einheiten (Elementen) oder durch Unterteilung in neue Einheiten (Elemente) ändert, dann ändern sich damit zwangsläufig auch die betrachtete Beschaffenheit und die Qualitätsforderung an diese.

Jedes Fachgebiet, das sich um begriffliche Einfachheit bemüht, benutzt dieses Denkprinzip. Es ist daher auch von fundamentaler Bedeutung für die Überschaubarkeit des Qualitätsmanagements und betrifft seine sämtlichen Grundbegriffe. Die beliebig unterteilbaren oder zusammenstellbaren Elemente sind auch bei einem Angebotsprodukt oder einer Organisation bekannt: Daß ein Auto aus vielen Teilen besteht, die für sich alleine betrachtet werden können, ist jedermann bekannt. Dieses Denkprinzip findet sich auch in Begriffserläuterungen wieder. Beispielsweise lauten die betreffenden Erläuterungsbestandteile in [16]: Zu entity zur Zusammenstellbarkeit: „... or any combination thereof," oder bezüglich Unterteilbarkeit zu „organization" am Schluß der Definition: „... or part thereof". Gleiches gilt für Qualitätskostenelemente (QK-Elemente), die ihrerseits unterteilt oder in QK-Gruppen zusammengefaßt werden können.

1.3 Unterteilbarkeit und Zusammenstellbarkeit von Einheiten

Praxisgerecht wurde oder wird dieses Denkprinzip in [7], [51] und [53] an Beispielen von Produkten wie folgt geschildert:

„Die Abgrenzung der Einheit hängt von der Aufgabenstellung ab. Eine Zusammenstellung von Einheiten kann wiederum eine Einheit sein, beispielsweise **Kugel – Kugelkäfig – Kugellager**. Entsprechend ergeben sich bei Unterteilung einer Einheit wiederum Einheiten, beispielsweise **Gesamtfertigung – Prüflos – Stichprobe – Prüfstück**."

Zu den Tätigkeiten könnte man die oben schon aufgeführte Unterteilung der Einheit Management in die neuen Einheiten noch weiter treiben: **Qualitätsmanagement – Zuverlässigkeitsmanagement – Verfügbarkeitsmanagement**.

In [53] wird deshalb die generelle Geltung dieses Prinzips bereits beim ersten der 500 Begriffe ausdrücklich wie folgt hervorgehoben:

> *Die Zusammenstellbarkeit und Unterteilbarkeit von Einheiten*
> *ist von fundamentaler Bedeutung*
> *für alle Betrachtungen des Qualitätsmanagements*

Das Denkprinzip existiert seit dem Altertum. Aristoteles (384 bis 322 v. Chr.) war sein bis heute nachwirkender Verfechter. Es setzt sich in der Qualitätslehre zunehmend durch. Jede Einheit wird selbst als Element betrachtet, und zugleich als Element einer übergeordneten Einheit. Jedes Element kann unterteilt oder mit anderen zusammengestellt werden. Entscheidend ist stets, daß man weiß, von welcher Einheit die Rede ist.

Dieses Denkprinzip vermindert, wie oben schon an Beispielen gezeigt, die

Anzahl der erforderlichen Problemlösungsmodelle im Qualitätsmanagement

ganz enorm. Es wird nämlich in vollständiger Analogie angewendet auf

Qualitätselemente (siehe Abschnitt 4.11),
Elemente einer Einheit (siehe Abschnitt 6.2),
QM-Elemente (siehe Kapitel 13),
Tätigkeitselemente (wie in der Arbeitsablaufgestaltung) und
QK-Elemente (siehe Abschnitt 17.5.9).

Im Abschnitt 4.11 sind weit über die QM-Aufgaben hinaus behandelt die

TM-Elemente und KM-Elemente,

die analog zusammengestellt und unterteilt werden können.

Der Leser wird also auf die Zusammenstellbarkeit und Unterteilbarkeit von Elementen überall in diesem Buch stoßen.

Dieses Denkprinzip ist nicht etwa „graue Theorie", sondern Praxiswirklichkeit: Man vergleiche die Zuordnung einer betrachteten Aufgabe zu einer organisatorischen Einheit bei großen Organisationen mit der betreffenden Zuordnung bei kleinen oder mittleren Organisationen; oder die unterschiedlichen Aufgabenzuordnungen in gleich großen Organisationen. Man wird für einen zielsicheren Vergleich immer Elemente zu unterteilen oder zusammenzustellen haben, zum einen von der Aufgabe, zum anderen von der Organisation. Die Wirklichkeit legt also ein solches zunächst sehr abstrakt erscheinendes Denkprinzip sogar nahe. Dennoch muß eingeräumt werden: Die Betrachtung von beliebig unterteilbaren und zusammenstellbaren Elementen bedarf der gedanklichen Einübung. Ist man aber geübt, entfalten sich generelle Vereinfachungen gerade in der Praxis in immer neu überraschender Art. Man kann immer mehr Spezifika mit immer weniger gedanklichen Grundmodellen beherrschen. Es lohnt sich also, auch aus einem anderen Grund: Unermeßliche Streitgespräche zu Abgrenzungen werden gegenstandslos. Stattdessen konzentriert man sich auf genaue Beschreibungen dessen, was praxisrelevant ist, nämlich das in der jeweiligen Situation betrachtete konkrete Element: die Einheit irgendeiner Art, das QM-Element, das QK-Element u.ä.

Dieses Denkprinzip geht schließlich auch aus der in [15] in der betreffenden Anmerkung 1 empfohlenen und im Abschnitt 11.2 wiedergegebenen Definition für die Qualitätsforderung hervor: Sie enthält zweimal das Wort „betrachtete", einmal in bezug auf die Gesamtheit der Einzelforderungen, und zum zweitenmal in bezug auf die Konkretisierungsstufe dieser Einzelforderungen. Schon im Abschnitt 1.2.2 wurde deutlich: Diese Forderungen und ihre Teile spielen dort in den Definitionen eine zentrale Rolle. Sie sind der Schlüssel einer einfachen qualitätsbezogenen Terminologie.

2 Besonderheiten des Qualitätsmanagements

> *Überblick*
>
> *Selbst bei Anlegen eines scharfen Maßstabs an Besonderheiten des Qualitätsmanagements muß eine ganze Reihe von grundsätzlichen, von psychologischen und von fachlichen Besonderheiten beachtet werden. Deren Kenntnis erleichtert zudem eine angemessene Einschätzung und Gestaltung des Qualitätsmanagements im Vergleich mit anderen übergreifenden Aufgaben.*

2.1 Vier grundsätzliche Besonderheiten

2.1.1 Die fehlende öffentliche Ausbildung

Qualitätsmanagement ist eine Querschnittsaufgabe. Es gibt keine berufliche Betätigung, in welcher man es nicht benötigen würde. Dennoch ist Qualitätsmanagement in der öffentlichen Ausbildung bisher so gut wie nicht vertreten. Es ist auch beim Erscheinen dieser dritten Auflage noch der Normalfall, daß leitende Führungskräfte einer Organisation in ihrer Ausbildung nicht eine einzige Stunde ihres Studiums mit Qualitätslehre verbracht haben. Selbst wenn heute junge Nachwuchskräfte solche Fachvorlesungen hören, hängt es von der Ausbildungseinrichtung ab, ob sie sich nach dem Stand der Technik gemäß nationaler und internationaler Normung richtet oder eigene individuelle Modelle vorträgt, die teilweise ganz erhebliche Abweichungen von diesem Stand der Technik aufweisen. Es gibt auch 1998 noch keine unumstrittene, einheitliche universitäre Grundlage für die Qualitätslehre.

2.1.2 Die Rückwirkung der Werbung

Es gibt keine andere Querschnittsaufgabe, bei der die Benennung des zentralen fachlichen Grundbegriffs ebenso wie bei der Qualitätslehre gleichzeitig der fachübergreifende Zentralbegriff der Werbung in allen Medien wäre. Wer sich dafür interessiert, kann sehr schnell ein dickes Buch mit unterhaltsamen Zitaten der Werbung zur Qualität von Produkten zusammenstellen. Für diese wird mit dem erklärten und einzigen Ziel geworben, mit allen psychologischen Mitteln aus Erfahrung und Wissenschaft die Kauflust anzuregen. Die sehr unterschiedlichen und meist sehr nebulösen Begriffe, die hier dem Wort „Qualität" unterlegt werden, sind bei allen Mitarbeitern und Führungskräften in allen Organisationen tagtäglich mehr oder weniger gegenwärtig.

2.1.3 Die psychologische Besonderheit des Qualitätsmanagements

Wer sich mit Qualitätsmanagement befaßt, muß sich auch mit Fehlern befassen. Ein Fehler ist allgemein die Nichterfüllung einer Forderung, also ein Sachverhalt, eine Verhaltensweise oder ein Tätigkeits-Ergebnis, ein Zustand, der im Hinblick auf eine bestehende Forderung verboten oder unerwünscht ist. Im Qualitätsmanagement ist ein Fehler definiert als die „Nichterfüllung einer Qualitätsforderung".

Solche Nichterfüllungen müssen vermieden werden. Sie kosten meist zusätzlich Geld. Sie lösen beim Kunden Unzufriedenheit aus. Deshalb müssen Fehlerursachen aufgespürt und analysiert, Kosten und Folgen der Fehler festgestellt oder geschätzt werden. Vor allem der Fachmann des Qualitätsmanagements wird mit solchen Aufgaben betraut sein. Er wird erst diejenigen befragen, bei denen Fehler entdeckt wurden. Die Ermittlung wird – das zeigt die Erfahrung – in zwei von drei Fällen wegen der Fehlerursachen im Planungsbereich fortzusetzen sein, also beispielsweise im Konstruktionsbüro, in der Arbeitsvorbereitung oder in der Entwicklungsabteilung.

Jedermann ist das Bestreben angeboren, Gespräche über eigene Fehler möglichst zu vermeiden. Immer sind sie ein unangenehmer Gesprächsstoff. Spricht man dennoch darüber, entstehen leicht Emotionen. Der eine fürchtet Kritik, auch persönliche. Ein anderer faßt Verbesserungsvorschläge als „Besserwisserei" auf. Ein Dritter verteidigt sich ohne Rücksicht auf Fehlerschwere, Fehlerfolgen und Fehlerhäufigkeit clever mit „Jeder macht mal Fehler!". Andere sind stolz darauf, wenn es ihnen gelingt, trotz aller Vorsicht doch entstandene Fehler „geräuschlos auszubügeln, ohne daß der Chef es merkt". Niemand wird seine Fehler „an die große Glocke hängen". Wegen dieser allgemeinen menschlichen Eigenschaft ist Qualitätsmanagement mit einer bedeutsamen psychologischen Hypothek belastet (siehe auch Abschnitt 17.5.6).

Wer für Terminerfüllung sorgt, wer erfolgreich rationalisiert, erhält Unterstützung und Lob. Wer Qualitätsmanagement betreibt, findet zwar ebenfalls stets verbale Zustimmung. Wer würde es schon wagen, sich gegen das Ziel „zufriedenstellende Qualität" zu wenden!? Jede konkrete Maßnahme aber zur möglichst fehlerfreien und damit wirtschaftlichen Erfüllung der Qualitätsforderung ist der genannten psychologischen Hypothek unterworfen, der **Angst vor dem Fehlergespräch**. Wer diese grundsätzliche Besonderheit stets berücksichtigt, einkalkuliert und anerkennt, hat einen sehr wichtigen Schlüssel zum langfristigen Erfolg jeglichen Qualitätsmanagements in der Hand.

2.1.4 Die schwere Durchschaubarkeit von Qualitätsmanagement

Bei der Termingestaltung weiß jeder auch ohne Ausbildung, wovon die Rede ist: Schon ein Schulkind lernt mit Terminen umzugehen (Busabfahrt, Schulbeginn). Entsprechendes gilt für Tätigkeiten, die Kostendenken verlangen: Seit der Kindheit und dem ersten Taschengeld weiß man, worum es sich bei Geld handelt. Tätigkeiten in der terminbezogenen und in der kostenbezogenen Komponente des QTK-Kreises (siehe Kapitel 4) benötigen demnach nicht die Vermittlung des Grundverständnisses, worum es geht. Erforderlich sind nur die handwerklichen Fähigkeiten zur systematischen, erfolgreichen Ausführung. Beim Qualitätsmanagement ist es anders. In der Regel geht es dort um sehr zahlreiche Qualitätsmerkmale, die schon von der Merkmalsdimension her meist nur bei naturwissenschaftlicher Vorbildung, und auch dann oft nur nach der Einholung von Fachinformationen, verständlich sind. Das ist einer der wesentlichen Gründe, warum

- die obersten Leitungen von Organisationen das Qualitätsmanagement häufig nur als Aufgabe von Fachkräften betrachten, obwohl sie sich dort am meisten engagieren müßten;
- die normierte Qualitätsbeurteilung (bei der technische Dimensionen entbehrlich sind) für höhere Führungskräfte große Bedeutung hat. Sie wird in Kapitel 28 behandelt.

2.2 Fünf fachliche Besonderheiten

Die branchenunabhängigen fachlichen Besonderheiten des Qualitätsmanagements zu kennen, gehört zum nötigen Grundwissen eines Fachmanns. Man versteht sie am besten, wenn man sie aus dem Blickwinkel der Termin- und Kostengestaltung betrachtet.

2.2.1 Schwer verständliche Qualitätsforderung

Termin und Preis sind Zahlen des betrieblichen Tätigkeitsablaufs, die auf einer Briefmarke Platz haben. Wie schwierig auch Preisverhandlungen und Kalkulationen waren, wie problematisch die wunschgemäße zeitliche Einordnung des Auftrags in den Gesamtplan, den Termin „18.4." und den Preis „DM 157,--" versteht jeder, sofort und ohne Erläuterung, bei jedem Angebotsprodukt. Die Qualitätsforderung jedoch, die wie Termin und Sparsamkeit während des betrieblichen Tätigkeitsablaufs ständig zu beachten ist, erscheint um so unverständlicher und komplizierter, je komplexer das Produkt ist. Man denke nur an die sogenannten „Pflichtenhefte". Zuweilen müßte man sie „Pflichtenbuch" nennen. Überdies werden die Forderungen des Kunden oder des Auftraggebers oft noch durch Forderungen zahlreicher zitierter überbetrieblicher Normen oder gesetzlicher Vorschriften ergänzt.

2.2.2 Großer Erinnerungswert der Qualität

Nach Ablieferung des Produkts, nach dem Gefahrübergang, sind Preis und Lieferfähigkeit bald vergessen. Sie haben einen geringen Erinnerungswert. Im Bild 3.1 ist versucht, das zu veranschaulichen. Jedenfalls „spricht" Qualität am längsten, oft noch nach vielen Jahren; und zwar entweder für oder gegen denjenigen, der das Produkt erstellt hat. Dies sollte man berücksichtigen, wenn beim Verkaufsgespräch der Preis im Vordergrund steht. Man sollte auch bedenken, daß die Erfahrungen eines Kunden mit einem Produkt häufig Rückwirkungen auf alle anderen Produkte des gleichen Anbieters haben, seien es nun gute oder schlechte Erfahrungen.

2.2.3 Fehlende Rückkopplung der Kunden-Qualitätsbeurteilung

Wenn Preis oder Lieferfähigkeit dem Kunden nicht marktgerecht erscheinen, erfährt der Anbieter das unmittelbar. Oft erfolgt diese Information schon im Akquisitionsgespräch, möglicherweise sogar in massiver Form.

Ganz anders bei der Qualität. Man erfährt meist nichts, weder von einem zufriedenen noch von einem unzufriedenen Kunden. Der eine hält gute Qualität für selbstverständlich. Er sieht keinen Anlaß, seinen Lieferanten zu informieren. Auch ein Unzufriedener wird seine Qualitätsbeurteilung oft nicht zurückgeben. Er wird sich sagen „Nie mehr bei dem!". Er wird den Geschäftspartner wechseln. Man beachte dazu speziell:

> Es gibt keinen Konkursbericht, in welchem verfehlte Qualitätspolitik als wesentliche Ursache für das Scheitern des Unternehmens ausgewiesen wäre; auch wenn sie es objektiv augenscheinlich war.

2.2.4 Scheinbarer Gegensatz Rationalisierung/Qualitätsmanagement

Im Betriebsalltag wird dieser scheinbare Gegensatz oft zur harten Wirklichkeit: Beispielsweise kann wegen festgestellter Fehler nicht geliefert werden. Gewiß steht Rationalisierung ganz allgemein und zunehmend im Mittelpunkt des öffentlichen Interesses, der staatlichen Berufsausbildung, der Zielsetzung einer jeden Organisation. Es wird aber nicht immer genügend beachtet, daß die erfolgreichste Art von Rationalisierung die Vermeidung von Fehlern und vorab die Beseitigung ihrer Ursachen ist. Daß es deshalb keinen wirklichen Gegensatz zwischen Rationalisierung und Qualitätsmanagement geben kann, wird deshalb nicht hinreichend bekannt: Qualitätslehre gelangt, wie erwähnt, selbst dann kaum als Pflichtfach auf deutsche Lehrpläne, wenn qualitätsbewußte Konkurrenz auf dem Weltmarkt dazu zwingen würde. Sogar in einem vom VDI 1995 herausgegebenen „Lexikon der Ingenieur-Wissensgrundlagen" sucht man vergeblich nach Auskünften zu den Teilgebieten des Qualitätsmanagements. Nicht einmal der Grundbegriff Qualität kommt vor.

Eine weitere Ursache für diesen scheinbaren Gegensatz ist, daß Folgen der Nichterfüllung einer berechtigten Qualitätsforderung schwer erkannt oder gar abgeschätzt werden können: Vieles „funktioniert" zunächst auch bei (teilweiser) Nichterfüllung. Das wird von Rationalisierern oft als Argument für den Gegensatz benutzt. Deren Behauptung trifft zwar häufig zu, hat aber eine andere Ursache: Vielfach wird nämlich bei der Qualitätsplanung („sicherheitshalber") eine überzogene Qualitätsforderung (mit „Angsttoleranzen") festgelegt. Deren Ermäßigung auf die anwendungs- und zweckbedingt nötige Schärfe wäre ebenfalls eine Quelle besonders erfolgreicher Rationalisierung. Aber: „Man will bei der Fertigung Reserven haben!"

Ein weiterer Hintergrund für diesen scheinbaren Gegensatz ist der Maßstab, an dem die oberste Leitung einer Organisation oft ihre betrieblichen Führungskräfte mißt: „Umsatz", „Menge" und „Stückzahl" rangieren hier üblicherweise weit vor „Erfüllung der Qualitätsforderung". Danach richten sich deshalb auch die Hersteller von Fertigungsmaschinen, die Erfinder der zugehörigen Verfahren und Methoden, ja sogar Rechnersoftware-Produzenten. Hauptsache ist: Es kommt mehr und schneller heraus. Wer sagt ihnen, daß es erst einmal darauf ankommt, realistische – nicht überzogene – Qualitätsforderungen zu erfüllen, und sich dabei (synchron) darum zu bemühen, den Ausstoß diesbezüglich zufriedenstellender Produkte zu erhöhen?

2.3 Zusammenfassung

Andererseits gefährden Nachbesserungen an Produkten zur Erfüllung der Qualitätsforderung oder gar ihre dazu nötige Neuerstellung stets das geplante Kostenergebnis und den zugesagten Liefertermin. Statt die vorausgehende Nichterfüllung anzuprangern, wird oft auf die nachfolgenden Bemühungen mit dem Finger gezeigt. Dabei gilt einleuchtenderweise der Grundsatz:

> **Wirksamste Rationalisierung ist eine zweckgerecht geplante und im ersten Durchgang rationell erfüllte Qualitätsforderung**

2.2.5 Qualitätsrelevanz bei Vertragsabschluß oft unangemessen

Wegen der erfahrungsgemäß bei Verkaufsverhandlungen zunächst überragenden Bedeutung des Preises (siehe Bild 3.1) sind meist Kaufleute die Beauftragten der Geschäftspartner. Sie sind Fachleute bei Preis- und Termingestaltung. Die schwer verständliche, aber meist preisbestimmende Qualitätsforderung müßte aber unter Hinzuziehung derjenigen erörtert werden, welche die Qualitätsforderung zu planen haben. Dennoch findet man oft die Formel „wie gehabt", oft ohne daß man wüßte, auf welches Telefonat oder auf welche Absprachen man zurückgreifen sollte. Im Streitfall ist diese Formel kein brauchbarer Maßstab.

Auch wenn in Akquisitionsgesprächen Pflichtenhefte „zum Studium durch die Fachleute zuhause" entgegengenommen werden, kann das zu bösen Überraschungen führen. Schwierigkeiten sind programmiert, wenn nachträglich erkannte Forderungen zur Reaktion führen: „Nun haben wir den Preis vereinbart und der Liefertermin liegt fest. Ihr müßt sehen, wie ihr im gegebenen Rahmen die Qualitätsforderung erfüllt!". Dabei ist es nicht selten, daß eine überzogene und dennoch nicht zweckgerechte Qualitätsforderung vom Kunden akzeptiert wurde. Glücklicherweise kommt es aber zunehmend auch vor, daß Vertragspartner vor Vertragsschluß in zahlreichen Schritten unter Hinzuziehung ihrer Fachleute so über die Qualitätsforderung beraten, daß für beide Partner schließlich ein Optimum entsteht.

2.3 Zusammenfassung

Im Bild 2.1 ist ein Überblick über die erläuterten Besonderheiten und über ihren teilweise feststellbaren Zusammenhang gegeben.

Bild 2.1: Überblick über die Besonderheiten des Qualitätsmanagements sowie über ihren teilweisen Zusammenhang

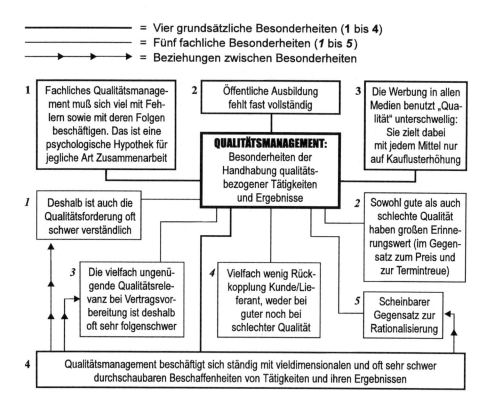

3 Bedeutung der Qualitätslehre

> *Überblick*
>
> *Der Vorspann ganz vorne „Qualitätslehre auf einen Blick" zeigte „im Telegrammstil", worum es geht. Dieses Kapitel erläutert nun etwas ausführlicher die Bedeutung der Qualitätslehre aus mehreren Blickpunkten.*

3.1 Zielsetzung und Rahmen der Qualitätslehre

Qualitätslehre ist die Lehre von den Methoden und Hilfsmitteln des Qualitätsmanagements. Qualitätsmanagement[1] ist dabei im Sinne des international genormten Begriffsinhalts zu verstehen. Es bedeutet demnach umfassend die Handhabung aller qualitätsbezogenen Angelegenheiten und Zielsetzungen auf allen Ebenen und in allen Bereichen einer betrachteten Organisation sowie die zugehörigen Hilfsmittel (siehe auch Abschnitt 9.2).

Die zunehmend bedeutsame Qualitätslehre wird benötigt im Rahmen der Verfolgung der Gesamtzielsetzung des Anbieters einer Leistung. Dies gilt unabhängig vom Wirtschaftssystem, in welchem die Leistung erstellt und angeboten wird; und auch unabhängig davon, ob die Leistung ein materielles oder ein immaterielles Produkt ist, eine Sach- oder eine Dienstleistung, ob sie bezahlt oder unentgeltlich zur Verfügung gestellt wird.

Die Gesamtzielsetzung ist im Prinzip sehr einfach: Der Anbieter will, daß seinem Angebot der Vorzug gegeben wird. Deshalb muß es günstiger sein als das Angebot der Mitbewerber. Im allgemeinen hat er dazu die folgenden drei Ziele zu verfolgen: Seine Leistung muß

– einen marktgerechten *Preis* haben,
– zum gewünschten *Termin* zur Verfügung stehen und
– eine marktgerechte *Qualitätsforderung* erfüllen.

Der *Preis* ist oft auch durch die Marktsituation beeinflußt. Ausschlaggebend sind aber in der Regel die Kosten für die Erstellung der Leistung, die es daher zu beeinflussen gilt. Deshalb ist eines der Ziele aller Tätigkeiten in der Organisation eine günstige Kostengestaltung.

Die gleichzeitig geforderte *Erfüllung des Liefertermins* als zweites Ziel betrifft ebenfalls meist alle Tätigkeiten in der Organisation.

Entsprechend ist es bei der *Qualitätsforderung*: Das Qualitätsmanagement umfaßt die Gesamtheit der qualitätsbezogenen Tätigkeiten zur Erfüllung der Qualitätsforderung, also

---

[1] Bis Mitte 1994 war „Qualitätssicherung" die offizielle deutsche Benennung für das Qualitätsmanagement. Im Hinblick auf die internationale Normungs-Entwicklung konnte diese Benennung für den Oberbegriff nicht aufrecht erhalten werden. Schon seit 1987 wurde nämlich „quality assurance" international für die Darlegung des Qualitätsmanagementsystems gegenüber einem Kunden oder Auftraggeber benutzt. Seit 1991 wurde dann durch international geltende Definition (ISO) auch der Oberbegriff festgelegt und der Benennung „quality management" zugeordnet [35]. Einzelheiten: Siehe Kapitel 9, insbesondere Abschnitt 9.2.

beispielsweise die besonders wichtigen der Qualitätsplanung, der Qualitätslenkung und der Qualitätsprüfungen.

Alle drei Forderungen zusammen heißen oft auch *Produktforderung*.

Qualitätsmanagement ist also ebenso wie Terminmanagement und Kostenmanagement eine Aufgabe aller Gruppen einer Organisation und hat das Ziel, die Qualitätsforderungen an Tätigkeiten und Produkte zu erfüllen.

3.2 Die Qualitätsforderung im Rahmen der Produktforderung

Die Bedeutung der Qualität sei zunächst aus der Sicht eines Kunden betrachtet. Dieser wird sie unabhängig von der Art der gelieferten Leistung in Relation zum Preis und zur Termintreue bei der Lieferung sehen. Seine Einschätzung der drei Komponenten unterliegt aber zeitabhängig oft einem gesetzmäßigen Wandel. Ohne dessen Kenntnis läuft man Gefahr, die Bedeutung der drei Bestandteile der Produktforderung allgemein als zeitunabhängig zu betrachten. Eine solche Betrachtungsweise wäre unrealistisch. Aus ihr könnten zweckmäßige Methoden des Qualitätsmanagements nicht entstehen. Die Bedeutung des Preises würde nämlich zu hoch angesetzt.

Der erwähnte Bedeutungswandel ist ein Grundelement der Qualitätslehre und im Alltag offenkundig. Im Bild 3.1 ist er in einfacher Weise dargestellt. Dessen Ordinate ist die normierte Kumulation der drei Bedeutungselemente auf 100%. Die zeitliche Entwicklung zeigt: Zunächst hat meist der Preis das größte Gewicht („Wieviel können wir dafür ausgeben?"). Auch der Liefertermin rangiert vielfach noch vor der Qualität. In der Regel hat er sein Bedeutungsmaximum kurz vor dem Gefahrübergang auf den Käufer. Das ist der Zeitpunkt, zu dem die Leistung an den Kunden geliefert wird. Von da an gewinnt der Gesichtspunkt „Qualität" (Q) immer mehr an Bedeutung. Der Preis (K) und die Termintreue (T) des Anbieters sind oft bald vergessen. Ob aber eine Leistung zufriedenstellende Qualität hat, ob ihre Zuverlässigkeit zufriedenstellt oder nicht, dies alles gewinnt während der Nutzungsdauer immer mehr an Bedeutung. Nur bei Leistungen, deren Preis „irgendwann" oder „nur einmal im Jahr" abgebucht wird, verdrängt so mancher Kunde gerne, was sie kostet. Erst bei Abbuchung gewinnt der Preis schlagartig große Bedeutung, allerdings auch dann meist nur kurzfristig.

Es gibt natürlich auch Fälle, insbesondere im industriellen Wirtschaftsverkehr, bei denen im Denken des Auftraggebers Preis und Qualität von Anfang an in einem ausgewogenen Verhältnis stehen. Darüber hinaus genießt bei einer hohen Sicherheitsforderung, die Bestandteil der Qualitätsforderung ist, die Qualität der Leistung von Anfang an Priorität. Dennoch ist der in Bild 3.1 veranschaulichte Zusammenhang oft die Erklärung für später entstehende, langfristig wirkende Verstimmungen wegen der Qualität der Leistung zwischen Vertragspartnern mit nachfolgendem Wechsel des Lieferanten. Deshalb muß man diese Gesetzmäßigkeit kennen.

Die wegen der unterschiedlichen Denkweisen von Einzelverbrauchern und industriellen Einkäufern sehr variablen Auffassungen könnte man im Bild 3.1 mittels unterschiedlicher „unterer Linien" ausdrücken.

Bild 3.1: Kumulierte Bewertung von Preis, Terminerfüllung und Qualität durch Kunden im Wandel der Zeit

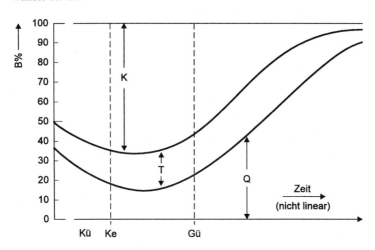

Es bedeuten:
B = Kumulierter (aufsummierter) Bedeutungsteil der drei Bewertungsbestandteile Q, T und K im Denken des Kunden
Q = Bedeutungsanteil der Qualität der Leistung
T = Bedeutungsanteil der Termintreue des Anbieters (Lieferfähigkeit)
K = Bedeutungsanteil des durch die Kosten beeinflußten Preises der Leistung
Kü = Erste Kaufüberlegungen
Ke = Zeitpunkt des Kaufentschlusses
Gü = Zeitpunkt des Gefahrüberganges (BGB § 446)
Die Bedeutungsanteile im einzelnen sind branchen-, produkt- und fallabhängig

3.3 Besonderheiten bei immateriellen Produkten

Was oben ganz allgemein anhand einer Leistung erläutert ist, gilt im allgemeinen auch für immaterielle Produkte: Für Rechnersoftware zu einer Hardware oder für die Erbringung einer Dienstleistung gilt ebenfalls ein Liefertermin, und der Käufer vergleicht auf dem Markt die Preise. Volkswirtschaftlich immer größere Bedeutung gewinnen Dienstleistungen. Bei diesen kommen bei der Auswahl von Qualitätsmerkmalen zusätzliche Merkmalsgruppen ins Spiel. So hat zwar der Faktor Zeit für einen Kunden (Abnehmer) sowohl bei einem materiellen als auch bei einem immateriellen Produkt im allgemeinen nur als Zeitspanne bis zu dessen vereinbarter Lieferung Bedeutung. Ist die Dienstleistung aber z.B. eine Reise, ein Transport von Paketen oder eine Wäschereinigung, gewinnen Zeitpunkte oder Zeitspannen als wichtige Qualitätsmerkmale der Leistung eine bedeutende Rolle. Oft sind Abweichungen vom zugesagten Zeitplan sogar das wichtigste Qualitätsmerkmal der Beschaffenheit des immateriellen Produkts.

Es sei also festgehalten, daß Preis oder Kosten dem Produkt lediglich zugeordnet sind, wie auch ein Preisauszeichnungsschild diesem z.B. durch Anheftung oder

Auflegen zugeordnet ist. Nur in Sonderfällen gehören sie zur Beschaffenheit selbst eines Produkts. Diese im Rahmen der Erbringung von Dienstleistungen immer wichtiger werdenden Sonderfälle sind im Abschnitt 17.16 behandelt.

Die praktischen Randbedingungen des Qualitätsmanagements hängen also sehr von der Art der Leistung ab. Eine wesentliche Bedeutung der Qualitätslehre besteht darin, für diese vielfältigen unterschiedlichen Randbedingungen gleichartige Gedankenmodelle des Qualitätsmanagements zur Verfügung zu stellen. Diese Zielsetzung gewinnt zunehmend an Bedeutung. Derzeit breiten sich die Methoden eines systematischen Qualitätsmanagements auf alle Bereiche der Erstellung von Leistungen aus. Entsprechend häufig sind verständlicherweise Bestrebungen, „spezielle Qualitätslehren" zu entwickeln. Besonders ausgeprägt ist das, auch in der Normung, bei der Erstellung von Rechnersoftware und bei Dienstleistungen. Solche Spezialisierungen sollten jedoch in jene einheitlich aufgefaßten Grundlagen der Qualitätslehre eingebettet sein, deren Darlegung das Anliegen dieses Buches ist.

So sollte es z.B. vermieden werden, daß für Entwicklung und Realisierung von Rechnersoftware für eine Werkzeugmaschine andere Grundregeln und Gedankenmodelle des Qualitätsmanagements gelten als für Entwicklung und Realisierung der Werkzeugmaschine selbst.

Die im deutschen Sprachraum entstandenen Gedankenmodelle zeigen nicht nur, daß eine solche Einheitlichkeit möglich und nützlich ist. Sie finden auch zunehmend Eingang in die immer beherrschendere, wenn auch wesentlich jüngere internationale Vereinheitlichung der Grundgedanken.

3.4 Schaffung von Vertrauen zwischen Vertragspartnern

Die sich ständig weiterentwickelnde Technik hat die Konseqenz zunehmend komplexer Produkte und Organisationsformen. Kunden haben es deshalb immer schwerer, sich ein Bild von der Leistungsfähigkeit und qualitätsbezogenen Verläßlichkeit eines potentiellen Lieferanten und seiner Unterlieferanten zu machen. Das gilt auch für industrielle Kunden. Hierzu stellt die Qualitätslehre Verfahren bereit, welche auf die Vertrauensbildung zwischen den Vertragspartnern abzielen.

Die Zeiten, in denen ein Lieferant seine Entwicklung und Fertigung systematisch als rein interne Angelegenheit betrachten oder gar deklarieren konnte, sind längst vergangen. Dazu trägt auch die Rechtsprechung auf dem Gebiet der verschuldensabhängigen Produkthaftung mit dem Prinzip der Beweislastumkehr bei (siehe Kapitel 16). Vereinbarte Darlegungen des Qualitätsmanagementsystems gegenüber dem Vertragspartner sind heute die üblichen Werkzeuge zur Schaffung von Vertrauen gegenüber dem Lieferanten und seinen Unterlieferanten. Dazu werden Absprachen getroffen bezüglich der auszuwählenden Qualitätsmanagement-Elemente, ggf. auch bezüglich des anzuwendenden Darlegungsgrades.

Immer wichtiger werden auch Zertifizierungen von Qualitätsmanagementsystemen durch unabhängige Zertifizierungsstellen. Die Anerkennung der betreffenden Zertifikate über Ländergrenzen hinweg wird durch die Akkreditierung solcher Zertifizierungsstellen gefördert, unter denen man heute schon eine große Auswahl hat [298]. Die betreffenden Zertifikate vermeiden die immer erneute, nur wenig modifizierte Darlegung eines Qualitätsmanagementsystems gegenüber zahlreichen tatsächlichen und potentiellen Auftraggebern.

4 Modellvorstellungen zu Management und Qualitätsmanagement

Überblick

Einerseits ist Qualitätsmanagement ein spezielles, überaus komplexes Wissensgebiet. Andererseits gehört Qualitätsmanagement als Bestandteil auch zu jedem anderen Aufgabenbereich. Wie soll man das in einem einzigen Gedankenmodell auf einen Nenner bringen? Die mit Vorbedacht eingehender beschriebene Lösung findet sich nachfolgend.

4.1 Allgemeines

Dem Spezialisten des Qualitätsmanagements wird bisweilen vorgehalten, er sehe den Ablauf der Leistungserstellung in der Organisation fast nur aus der Sicht seiner eigenen Aufgabenstellung. Ähnliches erleben auch die Fachleute der Termingestaltung und der Kostenoptimierung. Man kann nicht sagen, daß solche Vorhaltungen immer unberechtigt wären. Deshalb ist es nützlich, den Blick auf die schon eingangs erwähnte Gesamtzielsetzung der Organisation zu richten: Die Ergebnisse sollen erfolgreich sein. Dies gilt für jede Art von Organisation: Für Unternehmen, für Behörden, für Krankenhäuser usw. Den Mitgliedern der Organisation muß immer wieder erläutert werden, daß und in welcher Weise alle Aufgaben dieser Gesamtzielsetzung dienen.

4.2 Wesen und Zweck des QTK-Kreises

Ein wichtiges Hilfsmittel zur Erläuterung dieser Zusammenhänge ist der QTK-Kreis [1], siehe Bild 4.1. Er ist ein fall- und phasenunabhängiges, prinzipielles Gedankenmodell für das Zusammenwirken aller Tätigkeiten in der Organisation. Das Modell zeigt drei Kreise, den *Kreis der qualitätsbezogenen Tätigkeiten* („Q") zur Durchführung des Qualitätsmanagements, den *Kreis der terminbezogenen Tätigkeiten* („T") zur Durchführung des Terminmanagements und den *Kreis der kostenbezogenen Tätigkeiten* („K") zur Durchführung der auf Rationalisierung gerichteten Kostengestaltung, die man auch Kostenmanagement nennt. Alle drei Modellkreise zeigen sowohl die Erstellung (Planung und Realisierung) als auch die Nutzung einer Leistung. Die drei oben im Text eingeklammert zitierten Kennbuchstaben erklären die Kurzbezeichnung *„QTK-Kreis"*.

Der QTK-Kreis bezieht sich auf ein beliebiges materielles oder immaterielles Endprodukt für den Markt, das man auch „Angebotsprodukt" nennt (Abschnitt 8.3.1). Er gilt für jede Art von Produktforderung (siehe Abschnitt 3.1). Er kann für eine einzelne Organisation oder für eine Reihe von Organisationen betrachtet werden, die ein solches Produkt immer weiter veredeln. Der QTK-Kreis gilt auch unabhängig davon, ob sich die Produktforderung im Lauf der Zeit ändert; oder auch die Fähigkeit der Organisation(en), sie zu erfüllen. Dies wiederum läßt schon hier erkennen, daß sich für die in der Produktforderung enthaltene Qualitätsforderung der Gedanke einer „Qualitätsspirale" verbietet. Dieser Gedanke ist wohl aus der Vorstellung entstanden, daß sich die Qualitätsforderung in der Praxis mit dem technischen Fortschritt weiterentwickelt, so daß sie sich im Qualitätskreis nach Art einer Wendel (die man dann „Spirale" nennt) auf ein immer höheres Niveau hinaufschraubt (was immer das auch bedeuten mag). Der QTK-Kreis gilt also unabhängig von der Weiterentwicklung irgendwelcher Forderungen.

Bild 4.1: Der Qualitäts-Termin-Kosten-Kreis (kurz „QTK-Kreis") als Modell für das Zusammenwirken aller Tätigkeiten in einer Organisation

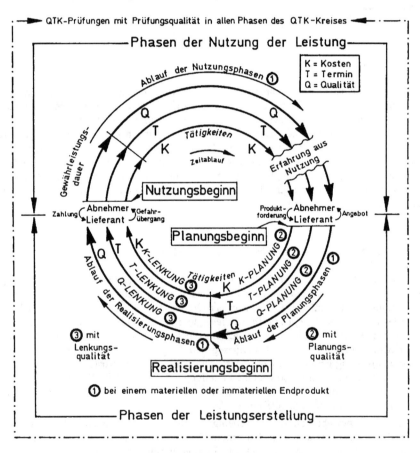

Abnehmer = Auftraggeber bzw. Kunde (siehe Bild 8.2)

4.2 Wesen und Zweck des QTK-Kreises

Daß der QTK-Kreis auf ein Angebotsprodukt von seiner ersten Planung ab und während dessen gesamter Lebensdauer bezogen ist, hat weitere Folgen:

- Man kann weder ihn selbst noch eine seiner drei Komponenten auf ein Meisterbüro oder auf eine Kostenstelle oder auf die Abteilung einer Behörde anwenden.
- Er bezieht ggf. alle diejenigen Organisationen ein, die das Angebotsprodukt erstellen, seien diese eine Entwicklungsfirma, ein produzierendes Unternehmen, ein Reisebüro, eine Bank, ein Krankenhaus oder ein Versicherungsunternehmen.
- Er gilt stets sowohl für alle Tätigkeitsphasen zur Planung und Realisierung des Angebotsprodukts, als auch für die Tätigkeitsphasen seiner Nutzung nach dem Gefahrübergang.
- Er gilt unabhängig davon, ob das Angebotsprodukt durch eine Organisation oder eine Einzelperson genutzt wird.

Die drei Arten von Tätigkeiten (die drei Kreise) haben im Gedankenmodell eine doppelte Bedeutung. Diese doppelte Betrachtungsweise ist praxisnotwendig. Sie muß deshalb zur gedanklich einfachen Beherrschung der komplexen Wirklichkeit immer wieder sorgfältig bedacht werden:

- Einerseits zeigen die drei Kreise – wenn ein einzelner Mensch oder eine einzelne Maschine in irgend eine Phase des QTK-Kreises betrachtet wird – nicht unterschiedliche Tätigkeiten, sondern Elemente ein und derselben Tätigkeit: Jegliche Tätigkeit unterliegt nämlich sowohl einer Qualitätsforderung als auch einer Terminforderung als auch einer Kostenforderung, nach denen sie sich zu richten hat. Bei einer Person oder einer Maschine sind also ersichtlich die drei Tätigkeitselemente untrennbar miteinander verknüpft.
- Andererseits sind es die vielen spezifizierten, unterschiedlichen Tätigkeiten vieler unterschiedlicher Menschen und Maschinen in der Organisation, deren Ergebnisse zum Angebotsprodukt und seiner Lieferung führen, seien es nun Kostenrechnern, Termin- oder Qualitätsverantwortliche.

Die drei Komponenten des QTK-Kreises bzw. die gleichermaßen durch ihn repräsentierten drei Tätigkeitselemente ein und derselben Tätigkeit haben in der Betrachtungsweise vieler Menschen und in unterschiedlichen Situationen mehr oder weniger unterschiedliche Gewichte. Jedes Einzeltun aber trägt, so sehr es auch spezialisiert sein mag, zu allen drei Kreisen bei.

Der QTK-Kreis soll dazu auch zeigen, daß diese drei Komponenten im Zusammenwirken aller an der Erstellung eines Angebotsprodukts und der dazu benötigten Hilfsprodukte beteiligten Personen und Maschinen gleichrangig sind und deshalb im Bild 4.1 in enger Parallelität zueinander verlaufen. Jede Grundsatzdiskussion darüber, inwieweit eines der drei Ziele (QTK) das wichtigste (oder auch nur das wichtigere) sei, ist prinzipiell sinnlos und sollte daher in jeder Organisation durch deren oberste Leitung konsequent unterbunden werden. Entsprechendes gilt für die Nutzungsphasen.

Natürlich kommen immer wieder praktische Situationen vor, in denen es im Augenblick vor allem auf die Qualität, oder besonders auf den Liefertermin, oder speziell auf die preisbestimmenden Kosten ankommt. Das ändert aber nichts an der prinzipiellen Gleichrangigkeit.

4.3 Der QTK-Kreis als Prinzipmodell für die Tätigkeitsabläufe

Qualitätsmanagement ist Gestaltung der Beschaffenheit einer betrachteten Einheit, und zwar mit dem Ziel, die Qualitätsforderung zuerst zu planen und dann bei der Realisierung der Einheit zu erfüllen, und zwar beides zweckentsprechend und kostengünstig. Viele Methoden des Qualitätsmanagements können heute schon als allgemein bekannt gelten, jedenfalls bei materiellen Angebotsprodukten. Anders ist es noch mit dem Qualitätsmanagement bei Tätigkeiten; vor allem dann, wenn es *nicht* deren unmittelbarer und vorwiegender Zweck ist, die Qualitätsforderung an das Angebotsprodukt zu erfüllen. Man denke an alle Tätigkeitselemente zur Erfüllung der Terminforderung (im „T-Kreis") oder zur Erfüllung der Kostenforderung (im „K-Kreis"). Hierzu ermöglicht das Bild 4.1 eine Klärung der Zusammenhänge und Abgrenzungen anhand von Diskussionen, beispielsweise im Zusammenhang mit dem umfassenden Qualitätsmanagement (siehe Kapitel 15).

So abstrahiert beispielsweise der Kreis der qualitätsbezogenen Tätigkeiten für die Phasen der Erstellung und der Nutzung eines Produkts das Ineinandergreifen aller qualitätswirksamen Tätigkeiten und Prozesse. Er spiegelt nicht den Ablauf der einzelnen konkreten Tätigkeiten wider, schon gar nicht für einen speziellen Auftragsfall, sondern den der prinzipiell nötigen. Das erkennt man beispielsweise aus folgendem:

> Bei Wiederholfertigungen ist eine vollständige Qualitätsplanung nicht mehr nötig, meist auch keine Kostenplanung mehr, sondern nur eine Terminplanung. Dennoch gilt der Kreis der qualitätsbezogenen Tätigkeiten prinzipiell-gedanklich auch für eine solche Wiederholfertigung.

Analoges gilt nach Bild 4.1 für die anderen beiden Komponenten des QTKKreises, für den Kreis der terminbezogenen und den Kreis der kostenbezogenen Tätigkeiten. Der QTK-Kreis soll also nicht konkret auftragsbezogen, sondern für alle drei Komponenten einzeln abstrahiert-prinzipiell die im Zeitablauf der Erstellung und der Nutzung eines materiellen oder immateriellen Angebotsprodukts entstehenden bzw. erforderlichen Tätigkeiten und Prozesse sowie deren Zusammenwirken widerspiegeln, der qualitätswirksamen, der terminwirksamen und der kostenwirksamen.

4.4 Die einzelnen Ablaufphasen der Tätigkeiten im QTK-Kreis

Zu jeder der drei Komponenten des QTK-Kreises gibt es viele zeitlich aufeinanderfolgende Phasen. Sie lassen sich nach dem im Abschnitt 1.3 dargelegten Grundprinzip, je nach Betrachtungsweise, in größere oder kleinere aufeinanderfolgende Zeitabschnitte zusammenstellen oder unterteilen. Dafür einige Beispiele:

Die gröbste Unterteilung trennt die Ablaufphasen der Tätigkeiten während der *Leistungserstellung* (in der unteren Hälfte des Bildes 4.1 gezeigt) von den Ablaufphasen der Tätigkeiten während der *Nutzung der Leistung* (in der oberen Hälfte des Bildes 4.1 gezeigt) bis hin zu ihrem – wie auch immer sich gestaltenden – Existenzende. Die Leistungserstellung kann man, immer noch ziemlich grob, in die Ablaufphasen der Planungs- und der Realisierungstätigkeiten unterteilen. Die Planungstätigkeiten werden in den Organisationen durch – meist mehrere – Organisationseinheiten mit sehr unterschiedlichen Bezeichnungen wahrgenommen, beispielsweise durch das „Technisches Marketing", durch „Entwicklungsabteilungen", durch eine Abteilung „Entwicklung und Konstruktion", eine Abteilung „Arbeitsvorbereitung" usw., die man nun als nochmals kleinere Ablaufphasen betrachten kann. Entsprechendes gilt für die Realisierungsphasen. Schließlich unterscheidet eine erste grobe Unterteilung der Leistungsnutzung die Tätigkeiten während der Nutzungsphasen *mit* Lieferantenrisiko für Gewährleistung von den Tätigkeiten während der meist sehr viel längeren Nutzungsphasen *ohne* dieses Lieferantenrisiko.

Stets sollen die Tätigkeiten im QTK-Kreis nach Bild 4.1 prinzipiell in ihrem Ablauf entsprechend dem Uhrzeigersinn betrachtet werden. Das schließt nicht aus, daß einzelne Tätigkeiten real als „Seiteneinsteiger" gekennzeichnet werden müßten. Dennoch werden sie als zur betreffenden Ablaufphase gehörig betrachtet.

Besonders zu betonen ist nochmals, daß der QTK-Kreis jeweils zur Betrachtung aller jener Tätigkeiten herangezogen werden soll, die sich

auf ein einziges materielles oder immaterielles Angebotsprodukt

beziehen, das vor Anwendung des QTK-Kreises sorgfältig abzugrenzen ist, nicht auf mehrere gleichzeitig. Dementsprechend ist auch die Anwendung auf alle zu diesen Tätigkeiten gehörigen Qualitätsforderungen, Terminforderungen und Kostenforderungen enthalten; aber jeweils nur bezüglich jener einzigen Qualitätsforderung, Terminforderung und Kostenforderung, die zur betreffenden Tätigkeitsphase gehört. Man erkennt hier übrigens auch, warum man für diese drei Forderungen – wie vorne schon bei der „Produktforderung" erwähnt, siehe Anschnitt 3.1 – eine zusammengefaßte Bezeichnung wählt, die hier natürlich „Tätigkeitsforderung" heißt.

4.5 QM-Element, TM-Element und KM-Element

Es erweist sich für die vereinfachende gedankliche Modellbildung als nützlich, auch die jeweils betrachteten Tätigkeitsphasen im QTK-Kreis als „Elemente" zu bezeichnen. Besonders verbreitet ist dabei das QM-Element als qualitätsbezogenes Ablaufelement einer Tätigkeit (siehe Abschnitt 13.3). Früher nannte man das QM-Element „QS-Element" (siehe Fußnote 1 im Kapitel 3 sowie die Tätigkeitsbegriffe im Kapitel 9). Dessen Aufgabe ist es, die Qualitätsforderung an dieses Ablaufelement zu erfüllen, damit das Ergebnis der Tätigkeit bzw. des QM-Elements dazu beiträgt, daß das Angebotsprodukt die Qualitätsforderung erfüllt. Diesen Beitrag nennt man „Qualitätselement" (siehe Hauptabschnitt 4.12 Qualitätskreis).

Der klare Aufbau dieses Gedankenmodells wird verschiedentlich durch die folgende Feststellung scheinbar beeinträchtigt: Die Erfüllung der Qualitätsforderung an die Tätigkeit ist häufig stramm korreliert mit der Erfüllung der Qualitätsforderung an ihr Ergebnis, obwohl es sich naturgemäß um unterschiedliche Forderungen handelt. Diese stramme Korrelation führt dann auch oft dazu, daß man anhand des Ergebnisses indirekt prüft, inwieweit die Qualitätsforderung an die Tätigkeit erfüllt ist. Es ist jedoch anzuraten, daß man sich stets klarmacht, was man ursprünglich prüfen will, die Tätigkeit oder ihr Ergebnis. Das ist nötig unabhhängig davon, ob es sich um einen chemischen Prozeß, die Erbringung einer Dienstleistung oder einen anderen dieser Gesetzmäßigkeit unterliegenden Prozeß handelt. Bei Mehrfach- und Kreuzkorrelationen könnten sich nämlich Fehlschlüsse ergeben.

Zur Erläuterung diene ein „anfaßbares" Beispiel:

> Maßgeblich für die Dicke des galvanischen Auftrags auf einem galvanisierten Werkstück sind die Istwerte zur geforderten Dauer des Galvanisierprozesses, zur geforderten Badtemperatur, zur geforderten chemischen Zusammensetzung des Galvanisierbades, zur geforderten elektrischen Stromstärke usw. Eine zufriedenstellende Dicke des galvanischen Auftrags braucht kein Beweis dafür zu sein, daß alle Istwerte zu den genannten Einzelforderungen die betreffenden Einzelforderungen erfüllt haben.

Entsprechendes gilt für das TM-Element als terminbezogenes Ablaufelement einer Tätigkeit. Dessen Aufgabe ist es, die Terminforderung an dieses Ablaufelement der Tätigkeit zu erfüllen, damit das Ergebnis der Tätigkeit bzw. des TM-Elements (das Produkt „Zeitgestaltung") dazu beiträgt, daß die Lieferung des Angebotsprodukts an den Kunden termingerecht erfolgt. Auch hier ist die beim QM-Element erwähnte Korrelation offenkundig: Wenn die Tätigkeiten, die zur tatsächlichen Gestaltung der einzelnen Termine führen, nicht entsprechend den betreffenden Terminforderungen zeitgerecht durchgeführt werden, gerät der Liefertermin für das Angebotsprodukt in Gefahr.

Schließlich ist das KM-Element das kostenbezogene Ablaufelement einer Tätigkeit. Seine Aufgabe ist es, die Kostenforderung an dieses Ablaufelement der Tätigkeit zu erfüllen, damit das Ergebnis der Tätigkeit, seine Kosten, nicht zu hoch werden und dazu beitragen, daß der Preis des Angebotsprodukts die Gesamtkosten deckt und auch einen Ertragsanteil bringt. Die auch hier bestehende Korrelation bedarf kaum einer Erklärung.

4.6 Tätigkeit, Handlung und Maßnahme

Wenn schon der QTK-Kreis ein Modell für Tätigkeiten ist, die in enger Wechselwirkung stehen, so empfiehlt sich auch eine Anmerkung zur Wechselbeziehung zwischen den drei Begriffen Tätigkeit (activity), Handlung (action) und Maßnahme (measure). Das Wort *„Tätigkeit"* benennt den Oberbegriff. Er wird in der Gemeinsprache in zwei Bedeutungen benutzt. Die erste Bedeutung kennt auch die Mehrzahl. Sie meint ausnahmslos das Tun von Menschen, ihr Tätigsein; oder näher erklärt: die Gesamtheit derjenigen Verrichtungen, die jemand beispielsweise in Ausübung seines Berufs vornimmt. Die zweite Bedeutung gibt es nur in der Einzahl. Sie bezeichnet einen Zustand: Eine Maschine, das Herz, ein Vulkan sind

„in Tätigkeit". Dadurch sind auch alle Tätigkeiten von Apparaten und Maschinen erfaßt. Alles Planen, Lenken, Realisieren und Prüfen sind also Tätigkeiten, gleichgültig ob Menschen oder Maschinen sie verrichten (deutsches Synonym „Aktivität").

„Handlung" ist nur für die Tätigkeit von Menschen ein Synonym zu „Tätigkeit" und insofern eingeschränkt benutzt.

„Maßnahme" wird oft fälschlich synonym zu „Tätigkeit" gesehen. Eine Maßnahme ist zwar auch eine Tätigkeit, aber eine spezielle Tätigkeit, nämlich eine Handlung, Anordnung, Regelung, Vorkehrung, die gezielt etwas bewirken will, beispielsweise den Anstoß zur Ausführung einer Tätigkeit. Im Qualitätsmanagement dienen Maßnahmen auch dem Zweck, das „Wann", das „Wie" und das „Ob" von Tätigkeiten festzulegen. Maßnahmen dienen also unter anderem der Lenkung von Tätigkeiten. Qualitätslenkung ist demnach eine Tätigkeit, die aufgrund von Maßnahmen zu erreichen sucht, daß die Qualitätsforderung erfüllt wird.

4.7 Forderungen, Tätigkeiten und Ergebnisse zum QTK-Kreis

4.7.1 Allgemeines

Alle mit dem QTK-Kreis erfaßten Tätigkeiten und Prozesse dienen der zweckmäßigen Planung und dann der kostengünstigen und termingerechten Erfüllung der Qualitätsforderung, der Terminforderung und der Kostenforderung (der Produktforderung) an das Angebotsprodukt. Herkömmlicherweise steht die Qualität der Ergebnisse dieser Tätigkeiten und Prozesse im Vordergrund, also zufriedenstellende Qualität des betrachteten Angebotsprodukts, seine termingerechte Lieferung und Kosten, die auskömmlich sind. Deshalb ist in der Qualitätslehre die systematische Betrachtung auch aller Tätigkeiten, deren Ergebnisse das Angebotsprodukt, seine Kosten und seine Lieferung zum vereinbarten Termin sind, noch nicht selbstverständlich; und noch viel weniger die Qualitätsplanung für diese Tätigkeiten und die auf sie wirkende Qualitätslenkung. Im Grunde weiß es aber jedermann: Überall kommt es auf die Qualität der Tätigkeiten selbst an: Im Konstruktionsbüro, in der Betriebswirtschaft und in der Terminabteilung ebenso wie im Qualitätswesen. Die Qualitätslehre hat daher sowohl die Qualität aller Tätigkeiten (und damit die zugehörigen Qualitätsplanungen und Qualitätslenkungen) als auch die Qualität ihrer Ergebnisse zum Gegenstand.

Nachfolgend wird bei der Betrachtung der Tätigkeiten und Prozesse mit der unteren Hälfte des QTK-Kreises im Bild 4.1 begonnen. Sie spiegelt die *Leistungserstellung* wider. Ihre qualitätsbezogene Komponente führt zu den im Abschnitt 4.12 beim Qualitätskreis behandelten Ergebnissen der Tätigkeiten und Prozesse in den beiden großen, aufeinanderfolgenden Phasen der Planung und der Realisierung des Angebotsprodukts, zu den Qualitätselementen. Dann folgt die Betrachtung der oberen Hälfte, schließlich die Betrachtung der Prüftätigkeiten in allen drei Komponenten des QTK-Kreises und zu allen seinen Phasen.

4.7.2 Die Planungsphasen

Während einer oder mehrerer *Planungsphasen* entsprechend den drei Komponenten des QTK-Kreises ist die *Planungsqualität* die realisierte Beschaffenheit der betreffenden Planungstätigkeit bezüglich der Qualitätsforderung an sie. Für die Planungsqualität spielen die

Realisierungsmöglichkeiten eine bedeutsame Rolle. Planungsqualität ist also die Qualität einer Planungstätigkeit. So trivial diese Feststellung auch klingt: Die Konsequenz daraus wird in der Praxis häufig nicht als selbstverständlich akzeptiert, nämlich daß es eine Planungsqualität für die Qualitätsplanung, für die Terminplanung und für die Kostenplanung gibt. Diese Planungsqualitäten sind um so zufriedenstellender, je besser ihre Ergebnisse, die später angewendeten Realisierungspläne, geeignet sind, die betreffende Forderung zu erfüllen, die Qualitätsforderung, die Terminforderung oder die Kostenforderung. Planungsqualität zielt also auf eine zufriedenstellende Qualität nicht des Produkts, sondern der Planungstätigkeiten. Man beachte deshalb:

Planungsqualität gibt es bei allen Planungstätigkeiten.
Sie ist zu unterscheiden von Qualitätsplanung.

4.7.3 Die Realisierungsphasen

Entsprechendes gilt für alle drei Komponenten des QTK-Kreises während der Realisierungsphasen, die sich im prinzipiellen Gedankenmodell zeitlich an die Planungsphasen anschließen:

Demnach ist während einer oder mehrerer Realisierungsphasen die *Lenkungsqualität* (auch „Realisierungsqualität" genannt) die realisierte Beschaffenheit der Realisierungstätigkeiten bezüglich der Qualitätsforderung an sie. Es gibt – das zeigt diese systematische Analogie-Betrachtung – also eine Lenkungsqualität der Kostenlenkung, der Terminlenkung[2] und der Qualitätslenkung. Wiederum ist dabei zu beachten:

Lenkungsqualität gibt es bei allen Lenkungstätigkeiten.
Sie ist zu unterscheiden von Qualitätslenkung.

4.7.4 Die Nutzungsphasen

Betrachtet man nun im Bild 4.1 die obere Hälfte des QTK-Kreises mit den Tätigkeiten und Prozessen während der Nutzungsphasen des Angebotsprodukts, so gilt wie für den unteren Bereich: Auch hier sollen die Tätigkeiten und Prozesse in allen drei Komponenten des QTK-Kreises zur Erfüllung der Qualitätsforderung an sie führen. Auch hier kann man von einer Planungsqualität und von einer Lenkungsqualität sprechen, die in allen drei Komponenten zu zufriedenstellenden Tätigkeitsabläufen führen sollen. Man denke z.B. an das Erstellen eines Instandhaltungsplans für ein geliefertes Angebotsprodukt mit Termin- und Kostenplänen, etwa für eine Fertigungsmaschine, für ein Nutzfahrzeug oder für einen Schiffsmotor. Die qualitätsbezogene Komponente des QTK-Kreises in diesen Nutzungsphasen zielt dabei in erster Linie auf Zuverlässigkeitsmerkmale des Angebotsprodukts.

Oft wird die Meinung vertreten, Nutzungsphasen gebe es nur für materielle Produkte, aber schon der Blick auf einen Versicherungsvertrag, das Produkt einer bedeutenden Art von Dienstleistungs-Organisation, zeigt die Unrichtigkeit dieser Auffassung.

---

[2] Im betrieblichen Sprachgebrauch wird auch die Benennung „Terminsteuerung" benutzt. Hierzu sollte bedacht werden, daß „Steuerung" im Sinn der technischen Grundnorm DIN 19226 [274] enger definiert ist.

4.7 Forderungen, Tätigkeiten und Ergebnisse zum QTK-Kreis 33

Die Randbedingungen hinsichtlich der Nutzung eines Produkts können in gleicher Weise außerordentlich unterschiedlich sein, wie es bekanntlich diejenigen bei der Erstellung eines Produkts sind. So kann die Zeitspanne der Nutzung zwischen Sekundenbruchteilen und Jahrzehnten schwanken. Die Forderungen können von geringem Umfang und geringer Schärfe sein. Die Qualitätsforderung kann jedoch auch umfangreiche Systeme von Einzelforderungen beträchtlicher Schärfe umfassen.

4.7.5 Die Prüfungstätigkeiten

Schließlich ist auf jene Tätigkeiten einzugehen, die zu allen Komponenten und Phasen des QTK-Kreises gehören, nämlich auf das *Prüfen*. Ganz allgemein gilt: Prüfen ist das Feststellen, inwieweit eine Einheit eine Forderung erfüllt. Hier befindet sich die Fachsprache in guter Übereinstimmung mit der Gemeinsprache. Je nachdem, ob Maßstab für das Prüfen eine Einzelforderung der Qualitätsforderung, der Terminforderung oder der Kostenforderung ist, spricht man von einer *Qualitätsprüfung*, einer *Terminprüfung* oder einer *Kostenprüfung*. Jede dieser Prüfungen kann zufriedenstellend oder schlecht durchgeführt sein. Nicht anders als bei den Planungs- und den Lenkungstätigkeiten gibt es hier also eine *Prüfungsqualität*, und zwar ebenfalls nicht nur in der qualitätsbezogenen Komponente des QTK-Kreises. Sie ist die realisierte Beschaffenheit der jeweiligen Prüfungstätigkeit bezüglich der Qualitätsforderung an sie. Diese ist in der Regel in den betreffenden Prüfplänen enthalten (siehe auch Abschnitt 14.6.2). Auch hier ist also zu beachten:

Prüfungsqualität gibt es bei allen Prüfungstätigkeiten.
Sie ist zu unterscheiden von Qualitätsprüfung.

Entsprechend der bereits mehrfach besprochenen Korrelation zwischen Tätigkeiten und ihrem Ergebnis kann man Tätigkeiten im QTK-Kreis in zweifacher Weise beurteilen:

– Einmal kann man sie selbst bewerten, gleichsam synchron mit ihrem Ablauf. Dies führt dann z.B. zur Feststellung der Planungsqualität des Planens, der Lenkungsqualität der Realisierungslenkung oder der Prüfungsqualität einer Prüfung.

– Vielfach erzwingen die äußeren Umstände aber den Notbehelf, daß man eine Tätigkeit oder einen Prozeß nicht selbst, sondern anhand des Ergebnisses bewertet. Schulbeispiel im wahrsten Wortsinn ist die Bewertung des Ergebnisses der Bearbeitung einer Prüfungsaufgabe. In einer Organisation sei als Beispiel für eine Tätigkeit, die selbst schwer prüfbar ist, die Planung des gesamten Realisierungsprozesses gewählt. Hier kann die betreffende Qualitätsprüfung des Ergebnisses dieser Planungstätigkeit zur Feststellung der Qualität der Realisierungsplanung benutzt werden. Sie muß sich auf alle drei Zielsetzungen des Plans beziehen, auf die Qualität des Angebotsprodukts, auf die Termingestaltung und auf die Kostengestaltung.

Beachtenswert ist hierzu auch der folgende Zusammenhang: Bei der Qualitätsprüfung ist zwar ein „Mißverständnis 1. Art" schon weithin beseitigt, wonach eine Qualitätsprüfung nur am Endprodukt erforderlich sei. Man weiß inzwischen, daß Qualitätsprüfungen nicht früh genug angesetzt werden können. So sind Entwurfsprüfungen besonders wichtige Qualitätsprüfungen während der Planungsphasen. Das „Mißverständnis 2. Art" ist aber noch weit verbreitet. Es besteht darin, daß Qualitätsprüfungen nur die Qualität des Angebotsprodukts in allen seinen Erstellungsphasen betreffen. Man weiß inzwischen, daß auch die Qualität beliebiger Tätigkeiten und Prozesse Gegenstand systematischer Qualitätsprüfungen sein muß. Die Ergebnisse der Tätigkeiten und Prozesse bestimmen nämlich entscheidend die Qualität der Angebotsprodukte. Diese scheinbar neue Erkenntnis wird bemerkenswerterweise mit dem gleichen Schlagwort beschrieben, das 30 Jahre zuvor die Beseitigung des „Mißverständnisses 1. Art" kennzeichnete: „TQC" = Total Quality Control, oder wie es heute heißt (siehe Kapitel 15):

> „*TQM*" = *Total Quality Management*
> = *Umfassendes Qualitätsmanagement.*

4.8 QTK-Kreis und Führungstätigkeiten

Führungstätigkeiten zum QTK-Kreis regeln den Ablauf der Tätigkeiten der Mitarbeiter und der Einrichtungen (also der Maschinen, Apparate usw.), deren Wechselbeziehungen durch den QTK-Kreis modellhaft erläutert sind. Die Führungstätigkeiten zielen nicht unmittelbar auf ein Angebotsprodukt, das Bezugsobjekt des QTK-Kreises. Beispielsweise sind für die Durchführung der Qualitätsplanung Regeln aufzustellen. Es ist weiter eine QM-Führungsaufgabe, sicherzustellen, daß durch die Mitarbeiter bei den Qualitätsplanungs-Tätigkeiten diese Regeln beachtet werden. Es ist eine noch wichtigere – und deshalb meist auch in einer höheren Hierarchieebene angesiedelte – QM-Führungsaufgabe, daß die Regeln selbst gut geplant und erstellt werden.

Auch für diese Führungstätigkeiten in allen drei Kreisen wird eine zufriedenstellende Planungsqualität verlangt, gleichsam eine „Planungsqualität höherer Ordnung".

Weil sie sich nicht unmittelbar auf das Angebotsprodukt beziehen, sind diese Führungstätigkeiten nicht Tätigkeiten im QTK-Kreis. Das gilt für die Führungstätigkeiten aller Hierarchieebenen bis hin zur obersten Leitung der Organisation (z.B. des Unternehmens). Selbstverständlich gilt das wiederum für alle drei Komponenten des QTK-Kreises. Im Rückgriff auf den Abschnitt 4.7 ist allerdings hervorzuheben: Die Ergebnisse der Führungstätigkeiten erscheinen im QTK-Kreis häufig als Forderungen an die Tätigkeiten, die in ihm ablaufen. Sie sind demnach ein Ergebnis (output) von QM-Führungsprozessen.

Diese Führungstätigkeiten wirken also als QM-Führungselemente (siehe Kapitel 13), als TM-Führungselemente und als KM-Führungselemente der grundsätzlichen oder der fachlichen Personalführung „von außen" auf den QTK-Kreis ein. Deshalb erscheint es auch zweckmäßig, sie in einer entsprechenden Art zu veranschaulichen. Im Bild 4.2 ist der Zusammenhang schematisch dargestellt, wobei die dort aus Darstellungsgründen gewählte „Einwirkung von innen" ebenfalls eine Einwirkung ist, die bezüglich des QTK-Kreises „von außen" kommt.

4.9 Andere Betrachtungsmöglichkeiten

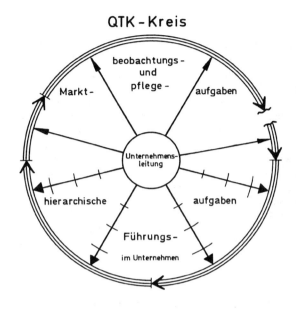

Bild 4.2:
QTK-Kreis und
Führungstätigkeiten
(Führungselemente)

4.9 Andere Betrachtungsmöglichkeiten

Der QTK-Kreis ist ein Ergebnis logischer Überlegungen. Er ist auch durch den heutigen Stand der Technik mit seiner weitgehend akzeptierten Unterteilung des Zieles jeder Organisation in die drei Komponenten des QTK-Kreises gerechtfertigt. Indessen kann man nicht sagen, daß er etwa „mathematisch zwingend" sei. Man könnte theoretisch durchaus auch andere Modelle entwerfen, beispielsweise solche mit fünf Kreisen, oder solche, die es besser gestatten, Sonderfälle oder spezielle Interessenlagen von Kunden oder Lieferanten zu verdeutlichen. Wichtige Kriterien für die Brauchbarkeit eines solchen Gedankenmodells sind aber

– die Verständlichkeit für einen möglichst großen Kreis von Anwendern in allen Aufgaben, die in einer Organisation vorkommen,

– die Einbettung des Qualitätsmanagements in die Gesamtzielsetzung der Organisation, ohne daß ihr ein Totalitätsanspruch eingeräumt würde, und damit

– die Brauchbarkeit auch für Anwender, die nicht im Qualitätsmanagement tätig sind.

Nur wenige andere Modelle sind bekannt. Ein Beispiel ist der „Qualitätswürfel" [3]. Er wird immer wieder veröffentlicht und existiert in verschiedenen „Ausgaben". Stets sind auf drei gezeigten von sechs Würfelflächen unterschiedliche Tätigkeiten des Qualitätsmanagements eingetragen, meist drei auf jeder Fläche. Diese Aneinanderreihung läßt Zusammenhänge aber kaum erkennen. Allenfalls kann man auf die Flächen aufgeteilte Kategorien von Tätigkeiten vermuten. Als Gedankenmodell für das Qualitätsmanagement ist der „Qualitätswürfel" schon deshalb nicht geeignet, weil jedermann in einem Würfel ein Mittel zur Erzielung eines Zufallsergebnisses kennt. Veröffentlichungen wie „Gute Qualität ist kein Glücksfall" [4] wenden sich mit Recht gegen diese Modellvorstellung.

Ein komplexes Managementmodell betriebswirtschaftlicher Herkunft ist auf das Qualitätsmanagement von Seghezzi angewendet [6] worden. Es wurde inzwischen verfeinert [299] und befindet sich in ständiger Weiterentwicklung [300]. Es differenziert jedoch nicht prägnant nach den – heute schon weithin als Modell anerkannten – drei prinzipiell analogen Aufgabenstellungen und Tätigkeitsabläufen. Deshalb ist zu empfehlen, den QTK-Kreis zusammen mit dem weltweit bekannten Qualitätskreis [2] in ihrer gegenseitigen Ergänzung zu benutzen. Sie unterscheiden einerseits in der gebotenen Deutlichkeit zwischen den Tätigkeiten und ihren Ergebnissen (was nicht immer leicht, aber wegen der unterschiedlichen Qualitätsforderungen an sie sehr wichtig ist), enthalten aber andererseits auch alle jene Elemente, die sich bei Leistungserstellung und Leistungsnutzung in Praxis und Theorie des Qualitätsmanagements erfahrungsgemäß als behandlungsbedürftig erwiesen haben. Der QTK-Kreis eignet sich insbesondere auch für die nötige gedankliche Entkopplung der sachlich außerordentlich eng verknüpften Fragen von Produktqualität und qualitätsbezogenen Kosten (siehe Kapitel 17). Schließlich liefert er für die Betrachtung einer Fabrikeinrichtung als einer Gesamtheit von Einheiten, die sich in ihren Nutzungsphasen befinden, einen sehr nützlichen neuen Aspekt.

4.10 Zusammenfassende Betrachtung zum QTK-Kreis

Zusammenfassend ist festzustellen: Der QTK-Kreis erweist sich zunehmend als Schlüsselmodell der Qualitätslehre. Er ist differenziert genug, um die komplexe Wirklichkeit einigermaßen realistisch wiederzugeben. Studiert man ihn gründlich genug, ist er in fast allen Einzelfällen ein immer gleichartig nützliches gedankliches Arbeitsmittel. Deshalb wurde er hier im Kapitel 4 in seiner abstrahierenden Betrachtungsweise auch vergleichsweise ausführlich erläutert. Geklärt wurde:

Qualitätsplanung (Planung der Qualitätsforderung) und Qualitätslenkung (bei der Realisierung von Einheiten) beziehen sich nicht nur auf die Qualität des Angebotsprodukts, sondern auch auf die Qualität der dieses Produkt planenden und erstellenden Tätigkeiten. Im Gedankenmodell folgt im Kreis der qualitätsbezogenen Tätigkeiten die Qualitätslenkung (in den Realisierungsphasen) auf die Qualitätsplanung (in den Planungsphasen). Beide haben also ihren festen Platz im Zeitablauf des Gedankenmodells.

In der terminbezogenen Komponente des QTK-Kreises heißen die entsprechenden Tätigkeiten „Terminplanung" und „Terminlenkung", in der kostenbezogenen Komponente „Kostenplanung" und „Kostenlenkung". Alle diese Tätigkeiten sind einer prinzipiellen und einer aktuellen fortlaufenden Qualitätsplanung sowie einer ständigen Qualitätslenkung zu unterwerfen. Die prinzipielle (übergeordnete) Qualitätsplanung sowie die ständige Qualitätslenkung bei allen diesen Tätigkeiten werden weitgehend als Führungsaufgaben betrachtet und wirken „von außen" auf den QTK-Kreis, der auf ein genau abgegrenztes Angebotsprodukt zu beziehen ist.

Ganz entsprechend ist Qualitätsprüfung eine Tätigkeit, die zu jeder Komponente des QTK-Kreises und zu allen seinen Planungs-, Realisierungs- und Nutzungsphasen gehört. In allen Fällen stellt Qualitätsprüfung fest, inwieweit die Beschaffenheiten der Tätigkeiten und ihrer Ergebnisse (Produkte) die betreffenden Qualitätsforderungen erfüllen. Analog gibt es Terminprüfungen und Kostenprüfungen zu allen drei Komponenten des QTK-Kreises und in allen Planungs-, Realisierungs- und Nutzungsphasen; denn auch für deren Tätigkeiten und Ergebnisse gelten Terminforderungen und Kostenforderungen. Die zugehörige Qualitätsplanung heißt Prüfplanung.

Insbesondere leistet diese Modell zweierlei: Man kann die auf eines der drei Ziele gerichtete Arbeit einer ganzen Gruppe anhand des QTK-Kreises betrachten, aber auch die Tätigkeit einer Einzelperson, bei der stets alle drei Ziele im Auge behalten werden müssen.

Herkömmlicherweise werden Qualitätsplanung, Qualitätslenkung und Qualitätsprüfungen nur in der qualitätsbezogenen Komponente des QTK-Kreises betrachtet, und das sogar oft lediglich ergebnisbezogen (was im Qualitätskreis geschieht), nicht aber tätigkeitsbezogen. Ein systematisches Qualitätsmanagement kann diese Einschränkung nicht gelten lassen. Das Grundmodell des umfassenden Qualitätsmanagements (TQM) macht darauf aufmerksam und bietet ein umfassendes Konzept dazu (siehe Kapitel 15).

Schließlich leistet der QTK-Kreis als Gedankenmodell einen wesentlichen Klärungsbeitrag zur Diskussion über das Zusammenführen der Grundstrukturen spezieller Managementaufgaben in einem umfassenden Managementsystem (siehe auch Kapitel 1).

4.11 Qualitätselement, Terminelement und Kostenelement

Diese Elemente meinen die Beiträge zur Qualität, zur Termingestaltung und zur Kostengestaltung. Das gilt einerseits für die Tätigkeiten selbst, die im QTK-Kreis in der beschriebenen Weise ablaufen, andererseits für die materiellen und immateriellen Produkte als die Ergebnisse dieser Tätigkeiten.

> **Hinweis:** Entsprechend „Termingestaltung" und „Kostengestaltung" könnte man statt „Beitrag zur Qualität" auch sagen: „Beitrag zur Beschaffenheitsgestaltung". Allerdings muß man dabei „im Kopf haben", daß immer „Termingestaltung im Hinblick auf die Terminforderung", „Kostengestaltung im Hinblick auf die Kostenforderung" und ebenso „Beschaffenheitsgestaltung im Hinblick auf die geforderte Beschaffenheit (Qualitätsforderung)" gemeint ist.

Jede Tätigkeit hat, wie im Abschnitt 4.2 ausgeführt wurde, einen qualitätsbezogenen Anteil, weil sie im Rahmen der an sie selbst (an ihre Beschaffenheit) gestellten Qualitätsforderung zahlreiche Einzelforderungen erfüllen soll. Andererseits hat dieser qualitätsbezogene Anteil der Tätigkeit, die in *einer* der Planungs-, Realisierungs- oder Nutzungsphasen abläuft, als Ergebnis

- ein *Qualitätselement* als Beitrag zur Qualität eines materiellen oder immateriellen Produkts (im Hinblick auf die betreffende Qualitätsforderung an das Produkt).

Anmerkung: Dieser Beitrag ist bezüglich seiner Herkunft in [36c] ausführlich erörtert und systematisiert. Es werden vier generelle Ursprungs-Quellen für Qualitätselemente aufgeführt und ihrerseits „*Qualitätselement*" genannt, wiederum ein Beispiel für die Zusammenstellbarkeit von Einheiten gemäß Abschnitt 1.3:

- Die vom Markt oder dem Kunden vorgegebene Qualitätsforderung, auch „Lastenheft" oder „Pflichtenheft" genannt;
- deren Umsetzung durch die liefernde Organisation in die Qualitätsforderung für die Realisierung der Einheit;
- das Ergebnis der Qualitätslenkung bei der Realisierung der Einheit und schließlich
- die „Produktpflege" während der Nutzung der Einheit.

Noch unmittelbarer versteht man beim Kreis der terminbezogenen Tätigkeiten

- das *Terminelement* als den Beitrag zur Termingestaltung (im Hinblick auf die betreffende Terminforderung) aufgrund des Ergebnisses einer Tätigkeit (oder eines Prozesses), die (der) in *einer* dieser Planungs-, Realisierungs- oder Nutzungsphasen abläuft;

und entsprechend

- das *Kostenelement* als den Beitrag zur Kostengestaltung (im Hinblick auf die betreffende Kostenforderung) aufgrund des Ergebnisses einer Tätigkeit (oder eines Prozesses), die (der) in *einer* dieser Planungs-, Realisierungs- oder Nutzungsphasen abläuft.

Offen bleiben kann, wie eine solche Phase im Einzelfall spezifiziert wird. Man erkennt aber, daß der zu einer betrachteten Phase gehörige Beitrag zur Qualität (zur Beschaffenheitsgestaltung) nicht in einer anderen Phase geleistet werden kann. Z.B. kann eine gute Fertigungsqualität nie eine nicht zufriedenstellende Entwurfsqualität wettmachen. Für Terminelemente und Kostenelemente gilt selbstverständlich Entsprechendes.

4.12 Der Qualitätskreis

Der von Masing eingeführte Qualitätskreis [2] war ursprünglich sowohl für die qualitätsbezogenen Tätigkeiten als auch für die qualitätsbezogenen Ergebnisse (Qualitätselemente) im Wirtschaftskreislauf der Produkte konzipiert. Bezüglich der Tätigkeiten war er das bisher bekannteste Modell zur qualitätsbezogenen Komponente des QTK-Kreises. Allerdings hat sich bereits Mitte der 80er-Jahre in harten Diskussionen unter Fachleuten aus den verschiedensten Branchen herausgestellt, daß man den Qualitätskreis auf die Ergebnisse von Tätigkeiten einschränken muß, und daß man ihn nicht zugleich auf die Tätigkeiten selbst anwenden darf. Entsprechend ist er 1987 in der betreffenden deutschen Grundnorm [7] definiert worden. Bei seiner an sich sehr erfreulichen zwischenzeitlichen Übernahme in die internationale Norm [40b] ist diese Erkenntnis leider unberücksichtigt geblieben, bedauerlicherweise bis heute aber auch weithin in der deutschen Fachliteratur. In [40c] ist der Qualitätskreis (quality loop) nicht mehr enthalten.

4.12 Der Qualitätskreis

Die Einschränkung des Gedankenmodells „Qualitätskreis" entgegen [16] auf die Ergebnisse von Tätigkeiten ist plausibel und logisch:

- Plausibel ist sie, weil die Qualitätslehre ohnehin prinzipiell unter dem Zeichen der sorgfältigen Unterscheidung zwischen Tätigkeiten und ihren Ergebnissen steht (siehe Kapitel 5), weshalb die beiden Einheitenarten gedanklich nicht vermengt werden sollten.

- Logisch ist sie, weil jede Tätigkeit untrennbar kombiniert die terminbezogenen, kostenbezogenen und qualitätsbezogenen Tätigkeitselemente enthält, während deren Ergebnisse gut separierbar sind als Qualitätselemente, Terminelemente und Kostenelemente.

Nur die Qualitätselemente, die zum Qualitätskreis gehörigen Ergebnisse der Tätigkeiten, gehören zur Beschaffenheit des Angebotsprodukts. Sein Liefertermin und sein Preis gehören nicht zu dieser Beschaffenheit. In Lieferverträgen werden Liefertermin und Preis ebenfalls separat betrachtet, auch bei immateriellen Produkten. Der Qualitätskreis wird also gemäß der in [15] gegebenen vereinfachten Definition ausschließlich als ein *„Modell für das Ineinandergreifen der Qualitätselemente eines Produkts aus den Planungs-, Realisierungs- und Nutzungsphasen"* betrachtet.

Bild 4.3 Beispiel des Qualitätskreises für ein spezielles materielles Produkt (aus [7])

QE = Qualitätselement aufgrund ...

Zum Qualitätskreis werden zuweilen Änderungsvorschläge vorgebracht. Beispielsweise wird gesagt: Nach jedem Durchlaufen des Qualitätskreises sind neue Erfahrungen gesammelt worden; deshalb sei die Abfolge der qualitätswirksamen Tätigkeiten nicht in sich geschlossen, sie „münde nicht in sich selbst zurück", sondern sie setze sich „auf einer höheren Erfahrungs- und Wissensebene" fort. Daraus entsteht dann die schon im Abschnitt 4.2 kurz behandelte Vorstellung von einer „Qualitätsspirale". Dazu wurde bereits dort festgestellt: Diese Betrachtung läßt außer acht, daß der Qualitätskreis ebenso wie der QTK-Kreis ein Prinzipmodell ist, unabhängig von der Art der Qualitätsforderung und dem aktuellen Tätigkeitsablauf.

Der Qualitätskreis wurde, wie erwähnt, Bestandteil von [7], wobei ein materielles Produkt als Beispiel gewählt war. Dieses Beispiel wird hier im Bild 4.3 gezeigt. In der Nachfolgefassung [8] der Norm ist diese Darstellung – im Gegensatz zur obigen Definition – wegen der internationalen Entwicklung nicht mehr enthalten.

Das Beispiel für einen speziellen Qualitätskreis gemäß Bild 4.3 sei wie folgt erläutert: „QE" bedeutet „Qualitätselement aufgrund ... ", wobei hinter „QE" die Tätigkeit erscheint. Beispielsweise führt die Tätigkeit Fertigungsplanung zu einem Beitrag zur Qualität des Angebotsprodukts (also zu einem Qualitätselement) „... aufgrund der Fertigungsplanung". Man erkennt auch die drei Hauptphasen „Planung", „Realisierung" und „Nutzung" wie beim QTK-Kreis, aus dessen qualitätsbezogenen Tätigkeitselementen diese Qualitätselemente hervorgehen.

4.13 Kombinierte Betrachtung von QTK-Kreis und Qualitätskreis

International vielfach üblich ist es, Tätigkeiten als Pfeile zu zeichnen, die auf ihr Ergebnis zeigen, ein Produkt. Dieses seinerseits wird als Rechteck dargestellt. Zweckmäßig ist diese sehr einfache Veranschaulichung auch deshalb, weil die Grundgedanken des Qualitätsmanagements einem sehr großen Kreis von Personen in allen Hierarchie-Ebenen einer Organisation vermittelt werden müssen. Außerdem gestattet diese Darstellung eine Hervorhebung des unauflöslichen Zusammengehörens der Tätigkeitselemente sowie der voneinander wesentlich unabhängigeren Qualitätselemente, Terminelemente und Kostenelemente der Tätigkeitsergebnisse einerseits als Bestandteile der materiellen oder immateriellen Produkte, also des Angebotsprodukts andererseits als Ergebnisse der zu diesem Angebotsprodukt gehörigen Termin- und Kostengestaltung.

4.13 Kombinierte Betrachtung von QTK-Kreis und Qualitätskreis

Bild 4.4: Tätigkeiten, Ergebnisse und ihre Elemente in Zuordnung zum QTK-Kreis, zum QM-System und zum Qualitätskreis

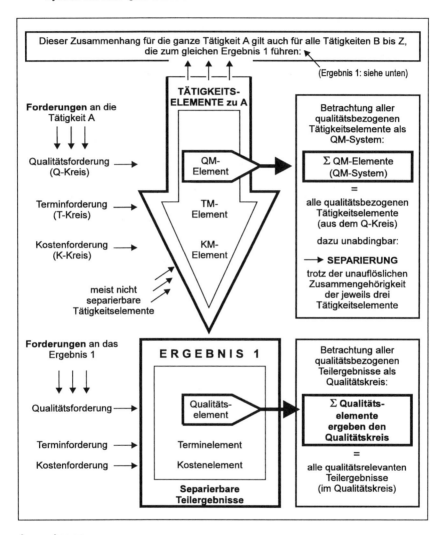

Anmerkung:
Zur Produktart Dienstleistung gehören meist zeitbezogene Qualitätsmerkmale mit Einzelforderungen an diese im Rahmen der Qualitätsforderung. Es können Grenz- oder Sollwerte zu Zeitpunkten oder zu Zeitspannen sein. Daraus entstehen Qualitätselemente. Beispiele sind Zuordnungen wie die
– des Zeitablaufs einer Reise-Dienstleistung zu den einzelnen Fahrplan-Forderungen;
– der Rücklieferung gereinigter Wäsche zum versprochenen Abholzeitpunkt;
– der Brieflaufdauer zur versprochenen Höchstlaufdauer für Briefe.

Das Bild 4.4 zeigt die gegenseitige Zuordnung der beschriebenen beiden Modelle und des QM-Systems. Es ist insofern sehr abstrakt, als meist sehr viele Tätigkeiten für die Erstellung eines Produkts erforderlich sind. Zur Vermeidung von Unübersichtlichkeit ist aber nur eine einzige Tätigkeit A als einziger Pfeil eingezeichnet. Alle anderen auf das Ergebnis wirkenden Tätigkeiten (z.B. B bis Z) müßten durch weitere Pfeile veranschaulicht werden, die sich in nichts vom dargestellten Pfeil A unterscheiden.

Dieses Bild zeigt auch den systematischen Zusammenhang zwischen QTK-Kreis und Qualitätskreis. Außerdem läßt es erkennen, wie wichtig die Festlegung eines zweifelsfreien Bezugsobjekts für die Betrachtungen von Problemen des Qualitätsmanagements mit Hilfe dieser Gedankenmodelle ist.

Auch hier muß wieder hervorgehoben werden: Wenn man nicht das gesamte Ergebnis 1 betrachtet, sondern nur das Produkt, dann gehören Terminelement und Kostenelement nicht zu dessen Beschaffenheit. Sie sind nicht Merkmale des Produkts. Wären sie das, müßte man sich ein Verfahren ausdenken können, wie man an diesem Produkt selbst seinen Preis und Liefertermin durch Qualitätsprüfung ebenso wie die Werte der Qualitätsmerkmale feststellen kann, die zur Beschaffenheit gehören.

Die bloße Zuordnung von Preis und Liefertermin zum Produkt gilt auch für immaterielle Produkte.

5 Allgemeines zur Fachsprache der Qualitätslehre

Überblick

Fachsprachen sind Gegenstand zahlreicher Witze. Das liegt an ihrer Problematik. Diese wiederum hat als tiefere Ursache, daß der Mensch im Grunde noch heute ein mit viel Gefühl pirschender Großwildjäger ist. Er muß sein Großhirn einschalten, um sich die Unentbehrlichkeit von Fachsprachen für das Erkennen und Lösen von Fachproblemen vor Augen zu führen. Dieses Kapitel will für die Qualitätslehre dabei helfen.

5.1 Zielsetzung dieser Darlegungen

Nicht einmal ein Bruchteil der für das Verständnis der Fachsprache des Qualitätsmanagements erforderlichen Begriffe kann in den nachfolgenden Kapiteln einzeln behandelt werden. Die Darlegungen haben vielmehr folgende Zwecke:

– Sie sollen zum ersten die Möglichkeit vermitteln, anhand der angegebenen Literatur die qualitätsbezogene Fachsprache so weit nötig im Selbststudium zu erarbeiten.

Das ist auch dann empfehlenswert, wenn die berufliche Aufgabe nicht vorwiegend das Qualitätsmanagement ist. Qualitätsmanagement ist nämlich, wie anhand des Gedankenmodells QTK-Kreis im Kapitel 4 gezeigt wurde, Bestandteil jeder anderen Aufgabe auch. Dazu muß man wissen: In Anbetracht der stürmischen Entwicklung auf diesem Gebiet wird man in der Praxis regelmäßig unterschiedlichen, nicht mehr normgerechten, teilweise ganz erheblich voneinander und vom Stand der Technik abweichenden Terminologien begegnen. Man sollte sich aber dadurch nicht beirren lassen und das empfohlene Selbststudium systematisch betreiben.

– Zum zweiten sollen die Darlegungen Verständnis für die notwendige Abstraktion einer umfassenden Grund-Terminologie wecken (siehe Bild 5.1).

Die Anwendung der in Grundnormen ständig weiter entwickelten Fachsprache schreckt nämlich wegen ihrer zunehmenden Abstraktion auf den ersten Blick ab. Diese Abstraktion ist jedoch eine wichtige Voraussetzung für die notwendige gedankliche Vereinfachung der überaus komplexen und vielfältigen Praxis (siehe Abschnitt 2.1.4). Sie gestattet bei konsequenter Anwendung einen einfachen und dennoch einigermaßen mißverständnisfreien Informationsaustausch über qualitätsbezogene Fragen. Zudem zeigt praktische Erfahrung, daß abstrakte Begriffe oft viel einfacher und verständlicher sind als Definitionen, in denen Fachleute versucht haben „alles unterzubringen".

– Zum dritten soll der Leser motiviert werden, die Fachsprache praktisch anzuwenden.

Die Ausführungen dieses und der nachfolgenden Kapitel sollen also zeigen, daß die genormte Fachsprache des Qualitätsmanagements zu einer sehr nützlichen Vereinfachung, Verbesserung und Rationalisierung der Verständigung führt. Deshalb soll sie in der Praxis angewendet und vertreten werden, gerade weil sie vielerorts noch nicht als eingeführt gelten kann. Man sollte wissen, worin ihre Vorteile bestehen: Die hierzulande genormte Fachsprache des Qualitätsmanagements

- ist schrittweise aus wenigen Grundbegriffen aufgebaut;

- fügt sich widerspruchsfrei in die Gemeinsprache ein, was für andere Fachsprachen durchaus nicht immer gilt;

- wurde und wird ständig national und international auf andere Fachsprachen abgestimmt;

- ist an die auf diesem Gebiet international festgelegten Begriffe inhaltlich weitgehend widerspruchsfrei angeschlossen, wenn auch redaktionell nicht voll übereinstimmend; wo international Abweichungen oder Unzulänglichkeiten bestehen, werden diese in den deutschen Normen mit Verhaltensempfehlungen ausführlich erklärt [15].

- nimmt umgekehrt ihrerseits zunehmend Einfluß auf die internationale Begriffsentwicklung des Qualitätsmanagements, weil ihre Entwicklung zwei Jahrzehnte früher begann, und weil sie deshalb wesentlich weiter ausgearbeitet ist als diese.

- gestattet die knappe Formulierung von Sachverhalten und lösungsbedürftigen Problemen des Fachgebiets, die mit der Gemeinsprache – wenn überhaupt – nur mit einem Text vielfachen Umfangs mißverständnisfrei auszudrücken wären.

5.2 Gegenstand und Methodik von Fachsprachen

Von der Muttersprache her ist die sogenannte Gemeinsprache bekannt. Bei ihr ist die Zuordnung von Begriffsinhalten zu Wörtern sehr beweglich, bis hin zur homonymen Vieldeutigkeit (Beispiel: „Freiheit"). Auch die zeitliche Entwicklung der Zuordnung ist oft bemerkenswert (Beispiel: „Konzeption"). Diese Beweglichkeit ist zweifellos ein bedeutsames Element der Anwendung der Gemeinsprache im künstlerischen und politischen Bereich.

Eine Fachsprache soll so wenig wie möglich die Begriffsinhalte der Gemeinsprache verlassen. Jede Abweichung kann Mißverständnisse heraufbeschwören. Allerdings weist eine Gemeinsprache sehr viele Homonymien auf, also begriffliche Mehrdeutigkeiten von Wörtern. Eine Fachsprache muß daher zur Erzielung von Eindeutigkeit der Begriffe häufig zu definitorischen Begriffseinschränkungen und Begriffsverdeutlichungen greifen. Sie tut gut daran, wenn sie bei solchen Homonymien dennoch die in der Gemeinsprache vorwiegend benutzte Begriffsbedeutung dafür auswählt und nur in Ausnahmefällen von dieser Regel abweicht. Es gibt aber gelegentlich auch Fälle, in denen sprachliche Neuschöpfungen besser sind. So gelingt dann auch meist eine einigermaßen mißverständnisfreie Möglichkeit zur Erfassung der Fachprobleme.

Durch Begriffseinschränkung wird ein gemeinsprachlicher Begriff bei unveränderter Benennung durch Definition enger abgegrenzt. Das geschieht zuweilen für verschiedene Fachsprachen in unterschiedlicher Weise. So versteht ein Maschinenbauer unter eine Spannung etwas anderes als ein Elektrotechniker. Begriffsabwandlungen werden möglichst vermieden. Eine Begriffsverdeutlichung wird durch eine Definition bewirkt, die Mehrdeutigkeiten ausschaltet. Sprachliche Neuschöpfungen sind oft der einzige Ausweg aus der „Sprachlosigkeit" der Gemeinsprache gegenüber den immer komplexeren technischen und organisatorischen Sachverhalten.

Beim Benennen und Definieren sind zahlreiche Regeln zu beachten. Sie sind branchen-unabhängig in der Grundnorm DIN 2330 „Begriffe und Benennungen; Allgemeine Grundsätze" festgelegt [61]. In dieser Norm und den dort zitierten Folgenormen [340] und [341] finden sich auch die Regeln zur Bewältigung von Schwierigkeiten. Sie sind anhand von Beispielen erläutert. Es ist zwar mühevoll, diese Grundnormen und ihre Folgenormen sorgfältig durchzuarbeiten, aber es lohnt sich.

Eine der wichtigsten Regeln ist, daß der Begriffsinhalt im Zweifel stets anhand der Definition festgestellt werden muß. Benennungen sagen wegen der nötigen Kürze zu wenig aus. Oftmals haben sich sogar irreführende Benennungen eingeführt. Ein nachfolgend noch öfters zitiertes Beispiel ist die Benennung „Qualitätsplanung", bei der nicht die Qualität, sondern die Qualitätsforderung geplant wird. Ein anderes Beispiel ist die Benennung „Produkthaftung", bei der man nicht etwa für das Produkt, sondern für die Folgeschäden haftet, die ein fehlerhaftes Produkt verursacht. Siehe auch die betreffenden Kapitel 11 und 16.

5.3 Schnell zunehmende Bedeutung von Fachsprachen

Es gibt mehrere Entwicklungen, die stärker als früher und auf allen Fachgebieten zur Anwendung einer einheitlichen Fachsprache zwingen:

- Die Weiterentwicklung des Welthandels mit seiner noch immer weitergehenden Arbeitsteilung.
  Beispiel: In Honkong gefertigte Zubehörteile müssen in Geräte passen, die in Europa oder in Amerika gefertigt wurden.

- Das Zusammenwachsen von Fachgebieten, die sich bisher, über Jahrzehnte hin, ohne nennenswerte gegenseitige Kontakte selbständig entwickelt haben: Ein Wort, dessen unterschiedliche Begriffsinhalte für die bisher getrennten Fachgebiete kaum auffielen, wird nun Anlaß für folgenschwere Mißverständnisse, weil die beiden Fachgebiete wegen der technischen Entwicklung neuerdings in der Alltagsarbeit eng zusammenarbeiten müssen.
  Beispiel von 1983: Der „Fehler" (als Nichterfüllung einer Forderung) kommt mit dem „Fehler" (als Meßabweichung) in Kollision, wenn in Fertigungsstraßen integrierte Meßtechnik alltäglich und deren Meßunsicherheit ein Hauptthema der Planungsdiskussion wird.

- Die Entwicklung der maschinellen Datenverarbeitung und ihrer Anwendungsmöglichkeiten. Diese Maschinen „denken" absolut logisch und nur im Rahmen des eingegebenen Programms. Man muß ihre Fragen ebenso logisch und zudem begriffsgerecht beantworten.

Beispiel: Programmiert wird die unerwünschte „Toleranzüberschreitung". Dem Wort entsprechend gibt man sie als einen „Wert größer als die Toleranz" ein. Die Maschine errechnet die Toleranz definitionsgemäß als Differenz der ebenfalls einzugebenden Grenzwerte von z.B. 10,7 und 11,3 mit 0,6. Alle Istwerte über 0,6 werden nun als „Toleranzüberschreitung" angezeigt. Terminologische Fehlleistungen dieser Art werden überdies nur selten rechtzeitig erkannt.

Die zunehmende Bedeutung von Fachsprachen wird auch aus folgender Überlegung klar: Die Entwicklung der Technik- und Organisationsprobleme ist atemberaubend nach Breite und Tiefe. Sie können nur im Gespräch zwischen Fachleuten gelöst werden. Die schwierigsten verlangen sogar Fachleute aus vielen Gebieten. Deshalb muß das sprachliche Werkzeug hierfür ebenso schnell weiterentwickelt und so gut wie möglich harmonisiert werden. Die Sprachverwirrung beim Turmbau von Babel ist nicht nur eine interessante alte Geschichte. Sprachverwirrung ist eine akut zunehmende tägliche Gefahr, der zu begegnen vor allem Aufgabe der obersten Leitung einer Organisation ist. Wer sich mit diesen Problemen näher befassen will, möge zur Einführung das Buch von Arntz/Picht „Einführung in die Terminologiearbeit" aus der Reihe „Studien zu Sprache und Technik" lesen [10]. Dort ist auch weiterführende Literatur zu finden.

5.4 Aufbau einer Begriffsnorm

Begriffe einer Fachsprache werden in nationalen oder internationalen Begriffsnormen festgelegt. Diese werden zunehmend in Tabellenform erstellt, allenfalls noch als Begriffslisten. Meist enthalten die Tabellen drei Spalten (oder charakteristische Eintragungen in der Liste):

- In der 1. Spalte ist der Begriff durch eine Nummer gekennzeichnet. Auf sie kann man überall zurückgreifen, auch in der Norm selbst.
  Beispiel: Nr 6 in [7] ist der Grundbegriff Fehler.

- In der 2. Spalte folgt die Benennung des Begriffs. Sie ist oft ergänzt um äquivalente Benennungen in Fremdsprachen.
  Im Beispiel lautet die Benennung „Fehler"; als äquivalente Benennungen in Fremdsprachen sind genannt: „E: nonconformity; F: nonconformité" (Wer hätte da im Englischen nicht an „defect" gedacht!? Aber das wäre eben fachlich falsch).

- Die Definition in der 3. Spalte erklärt den Begriffsinhalt des Wortes möglichst knapp und eindeutig. Meist werden dazu anderweitig definierte Begriffe benötigt, auf deren Fundstelle verwiesen wird (z.B. auf die Nummer eines benötigten Begriffs gemäß 1. Spalte).
  Im Beispiel lautet die übergeordnete Fehlerdefinition „Nichterfüllung einer Forderung". Anderweitig definierte Begriffe sind bei diesem Beispiel nicht benutzt.

- In der gleichen Spalte erläutern schließlich meist Anmerkungen die Definition. Dabei werden Redundanzen in Kauf genommen; Verbindungen zu verwandten Begriffen werden hergestellt; auf Homonymien wird hingewiesen, also auf Benennungen mit mehreren Begriffsinhalten; zu vermeidende Synonyme werden genannt; die bisherige Begriffsentwicklung wird erwähnt; und vieles andere mehr.
  Das Beispiel weist vier Anmerkungen zu „Fehler" auf. Eine erste sagt, daß im Qualitätsmanagement die Forderung eine Qualitätsforderung ist. Auf die Fundstelle von „Qualitätsforderung" wird hinter diesem Wort durch Angabe der betreffenden Nummer in Klammern hingewiesen. Eine andere Anmerkung weist darauf hin, daß eine Meßabweichung früher ebenfalls „Fehler" genannt wurde.
- Es gibt Begriffsnormen mit einer weiteren Spalte. Sie enthält Bemerkungen. Diese erläutern den Begriff auf einer niedrigeren Stufe der Normungsvalenz als die Anmerkungen.
  Ein Beispiel dafür ist die neue Begriffs-Grundnorm der Meßtechnik DIN 1319-1 [153].

Man entnimmt diesen Regeln folgenden Grundsatz:

> **Eine Fachsprache kann man nur dann mit den wünschenswert knappen und dennoch eindeutigen Definitionen entwickeln und verstehen, wenn man in diesen Definitionen und den zugehörigen Anmerkungen Begriffe heranzieht und auf sie verweist, die anderweitig bereits definiert sind.**

Die Erfahrung lehrt außerdem: Je mehr man sich beim Lesen einer Definition fragt, weshalb hier überhaupt eine Definition nötig sei, um so umfangreicher und auch erfolgreicher war im allgemeinen die betreffende Vorarbeit, um so besser ist es gelungen, den Inhalt des Fachbegriffs der Gemeinsprache anzupassen. Ein Beispiel für eine solche Definition ist der Sollwert. Die Definition lautet: „Wert einer Größe, von dem die Istwerte dieser Größe so wenig wie möglich abweichen sollen" [24]. Nur wer die vorausgehenden jahrelangen, beschwerlichen Diskussionen sowie das zu beseitigende begriffliche Durcheinander kennt, kann die Bedeutung dieses Normungsergebnisses für die Begriffsklärung, für die Klarstellung von Abläufen in der Werkstatt und für andere wichtige Normen ermessen.

5.5 Die Bedeutung der Fachsprache in der Qualitätslehre

Schon der zentrale Grundbegriff „Qualität" zeigt die besondere Bedeutung der Fachsprache für die Qualitätslehre (siehe Abschnitt 2.1.2 und Kapitel 7). Der Durchschnittsbürger kennt ihn vor allem aus Werbeaussagen der Medien. Diese sind nicht von ungefähr meist von Marketing-Psychologen geplant. Kaum jemand hat in seiner Ausbildung etwas von Qualität gehört. Sie ist weder in den Schulen noch an den Universitäten Unterrichtsgegenstand (siehe

Abschnitt 2.1.1), obwohl doch qualitätsbewußtes Denken und Handeln eine alltägliche Notwendigkeit ist, unabhängig von den verfügbaren Mitteln.

Die übrigen, im Kapitel 2 erläuterten Besonderheiten des Qualitätsmanagements geben der Fachsprache für die Qualitätslehre eine womöglich noch größere Bedeutung als in anderen Fachgebieten. Man erkennt das z.B. an den Verfahren der Fehlerverschleierung (siehe Abschnitt 17.5.6). Sie lenken mit irreführenden Begriffen von Fehlern ab, in jeder Branche und Sprache.

Aber auch die Sachprobleme der Qualitätslehre weiten sich immer schneller aus, und zwar in zweifacher Weise: Man denke (technisch) an moderne Prüfautomaten, mit denen zahlreiche Qualitätsmerkmale eines komplexen Produkts geprüft werden; oder (organisatorisch) an die immer bedeutsamere Darlegung von Qualitätsmanagementsystemen zur Schaffung von Vertrauen (siehe Abschnitte 13.3.4 bis 13.3.7).

5.6 Vorhandene internationale und nationale Grundlagen

5.6.1 Überblick

Die Entwicklung einer einheitlichen Fachsprache der Qualitätslehre hat international ein Vierteljahrhundert später angefangen als national: Die erste qualitätsbezogene Begriffs-Zusammenstellung der Deutschen Gesellschaft für Qualität e.V. (DGQ) mit 95 Begriffen erschien 1961, die erste der International Standardization Organization (ISO) mit 22 Begriffen 1986 (ISO 8402 : 1986). ISO ist branchenübergreifend die bedeutendste Institution für die Herausgabe von Weltnormen. Daneben normt IEC (International Electrotechnical Commission) für die Elektrotechnik. Bei ISO wurde erst 1979 das TC 176 gegründet. Sein scope war „Quality Assurance". Erst 1988 wurde er geändert in „Quality management and quality assurance".

5.6.2 Internationale Vorarbeit der EOQ

Das „Glossary of Terms Used in the Management of Quality" der European Organization for Quality (EOQ) konnte 1990 bereits auf eine 25jährige Tradition zurückblicken. Es liegt in seiner 6. Auflage (1989) mit 427 Begriffen vor, wird allerdings angesichts der internationalen Normung keine 7. Auflage mehr erleben. 154 Begriffe der Zuverlässigkeitslehre, die ein Teil der Qualitätslehre ist, sind enthalten. Die Definitionen in diesem „Glossary" sind ausschließlich in Angloamerikanisch gegeben. Das oben hervorgehobene Mittel der Querverweise innerhalb einer Begriffsnorm ist in diesem Werk nur in Ausnahmefällen angewendet. Bisher ergaben sich dadurch teilweise Definitionen, die unnötig umfangreich waren. Schließlich behinderte das „Glossary" bis zur seiner 5. Auflage wegen der jeweils alphabetischen Anordnung der Begriffe das Erkennen der Begriffssysteme und -untersysteme. Dennoch ist es zuweilen nützlich: In einem seitenmäßig weitaus umfangreicheren Teil sind zu den angloamerikanischen Benennungen in jeweils nach dem gleichen System, aber auch in alphabetisch geordneten eigenen Kapiteln, die äquivalenten Benennungen in 18 anderen Sprachen aufgeführt.

5.6 Vorhandene internationale und nationale Grundlagen   49

Die Herausgeberorganisation (EOQ, früher EOQC) wurde 1956 in Paris gegründet. In ihren Fachgremien besteht bei den jährlichen Konferenzen ein reger Gedankenaustausch zwischen Ost und West, zwischen Nord und Süd. Das ist ein weiterer Grund dafür, daß das „Glossary" ein Kompromiß zwischen unterschiedlichsten Auffassungen ist.

Auch die EOQ stimmte ihr „Glossary" jeweils sorgfältig mit den Ergebnissen der internationalen Terminologienormung zur Qualitätslehre ab. Immerhin war es diese Begriffszusammenstellung, die erstmals 1972 den bis heute geltenden Begriffsinhalt des Qualitätsbegriffs international niederlegte.

5.6.3 Internationale Normung durch ISO

Die 22 Definitionen der ersten ISO-Begriffsnorm (ISO 8402 : 1986) boten zum Teil noch viele Auslegungsmöglichkeiten. Das lag an der damals noch grundlegend von der deutscher Normungsauffassung abweichenden Zielsetzung derjenigen, welche diese Definitionen entwickelten: Sie wollten allseits zufriedenstellende Formulierungen, statt eindeutige und unmißverständliche.

Erst Ende 1991 wurde der Entwurf einer Nachfolgenorm mit 67 Begriffen verabschiedet. In ihr wurden diese Vieldeutigkeiten weitgehend beseitigt. Das hatte auch die weitreichende Konsequenz, daß im deutschen Sprachraum die seit Jahrzehnten übliche Benennung „Qualitätssicherung" für den Oberbegriff aller qualitätsbezogenen Tätigkeiten verlassen werden mußte: Nachdem der angloamerikanischen Benennung „quality assurance" international ein erheblich eingeschränkter Begriffsinhalt zugeordnet worden war, konnte – schon zur Vermeidung ständiger fehlerhafter Übersetzungen bei Kongressen – dem lexikalisch unzweifelhaft zugeordneten deutschen Wort „Qualitätssicherung" sein bisheriger umfassender Begriffsinhalt nicht mehr belassen werden (Einzelheiten: Siehe Abschnitt 9.2).

In der erwähnten Nachfolgenorm ISO 8402 : 1994, der mehr als ein Jahr später mit Ausgabedatum August 1995 die äquivalente deutsche Ausgabe [16] folgte, ist auf Vorschlag DIN übrigens der Grundsatz der Querverweise innerhalb einer internationalen Begriffsnorm erstmals systematisch eingeführt worden. Für die Zukunft besteht die begründete Hoffnung, daß man international im ISO/TC 176 (quality management and quality assurance) noch systematischer nach den inzwischen auch in internationalen Normen festgelegten Regeln für die Terminologiearbeit gemäß [61] vorgeht. Das hat insofern erhebliche Bedeutung für die in den Kapiteln 13 und 14 mehrfach angesprochene Langzeitrevision der ISO 9000-Familie (zu der auch [16] gehört), als angesichts der radikalen Kürzungsziele die bevorzugte Anwendung möglichst abstrakter, in allen Wirtschaftssektoren anwendbarer Begriffe unabdingbar für die Vermeidung der Ausuferung in zahlreichen branchenbezogenen Spezialausgaben ist [325]. Erste Ergebnisse dieser Entwicklung sind bereits in diesem Buch vorgestellt, beispielsweise im Abschnitt 5.7.

Auch nach dem Erscheinen von [16] ist die Beachtung der unmittelbar ergänzend geltenden deutschen Begriffsnormen, z.B. von Nachfolgern zu [8] und [15] erforderlich, und das wird auch für die Langzeitrevision von [16] gelten. In den nationalen Ergänzungsnormen sind ohnehin Ergebnisse der internationalen Entwicklung seit Beginn der Normungsarbeit berücksichtigt.

5.6.4 Nationale Normung durch DIN

Bei DIN (Deutsches Institut für Normung e.V., Berlin) ist seit 1973 die Fachsprache des Qualitätsmanagements in bemerkenswerter Weise fortentwickelt worden. Das war angesichts bestehender individueller Begriffssysteme mit großen Schwierigkeiten verbunden. Die internationalen Vorgaben bezüglich 'statistical quality control' wurden dabei berücksichtigt, ebenso die terminologischen Standardwerke der American Society for Quality Control (ASQC). Mittelpunkt sind die Teile der *Normenreihe DIN 55350*, die vom „Ausschuß Qualitätssicherung und angewandte Statistik" im DIN (AQS) erarbeitet wurden. Dieser Arbeitsausschuß ist 1992 im größeren „Normenausschuß Qualitätsmanagement, Statistik und Zertifizierungsgrundlagen" (NQSZ) aufgegangen.

Die Teile der Normenreihe DIN 55350 sind zusammen mit [15] und [16] und weiteren zugehörigen Begriffsnormen im DIN-Taschenbuch Nr 223 [11] veröffentlicht. Ergänzende Verfahrensnormen zu statistischen Prüf- und Testverfahren der *Normenreihe DIN 55303* umfassen ein die Anwendung der mathematischen Statistik betreffendes übergeordnetes Fachgebiet. Es hat für alle Tätigkeiten des Qualitätsmanagements Bedeutung. Zusammen mit den Teilen 21 bis 31 der erstgenannten Normenreihe enthalten diese Verfahrensnormen u.a. das für die Praxis wesentliche Rüstzeug der mathematischen Statistik für Qualitätsprüfungen, eingeschlossen statistische Tests und statistische Versuchsplanung. Sie sind großenteils im DIN-Taschenbuch Nr 224 für das Qualitätsmanagement und die angewandte Statistik zusammengefaßt [12]. Siehe auch die Kapitel 23 und 24.

In einem dritten DIN-Taschenbuch Nr 225 [13] finden sich Normen zur Probenahme und zu Annahmestichprobenprüfungen. Außerdem enthält das DIN-Taschenbuch 226 [14] die (dritten) deutschen Fassungen von 1994 der internationalen Grundnormen für die Darlegung von Qualitätsmanagementsystemen gegenüber einem Vertragspartner oder einer neutralen Stelle sowie die zugehörigen Ergänzungsnormen der „DIN EN ISO 9000-Familie".

Schließlich gibt es eine Zusammenstellung aller qualitätsbezogenen Begriffe, die aus einer vorgegebenen Menge von Normen des DIN mittels Computer-Suche zusammengstellt wurden [334]. Die nach den deutschen Benennungen alphabetische Anordnung der Begriffe hat den gravierenden Nachteil, daß in Begriffs-Teilsystemen zusammengehörige Begriffe nicht zusammengehörig dargestellt werden. Dieser Nachteil hat dazu geführt, daß es keine auf Verständnis Wert legende terminolgische Zusammenstellung mehr gibt, welche die alphabetische Reihenfolge wählt. [334] ist deshalb nur für Zwecke eines solchen alphabetischen Nachsuchens geeignet.

Bis vor wenigen Jahren herrschte noch die Auffassung vor, es werde bald nur noch internationale und europäische Normen geben. Das gilt für die Verständigungsnormung heute nicht mehr. Internationale Normen decken nämlich den terminologischen Bedarf bei weitem nicht ab. Aus Zeitgründen (oder wegen fehlender Konsensfähigkeit) konnten, beispielsweise zum Qualitätsmanagement, international weder wichtige national existierende Grundbegriffe (Beispiel: Qualitätsfähigkeit) noch für die Aufnahme in die internationalen Verständigungsnormen entwickelte Zusatzbegriffe (Beispiel: Teil-Begriffssystem Qualitätsbezogenes Dokument) dort besprochen oder gar in die Norm aufgenommen wurden. Diese Begriffe wurden deshalb national veröffentlicht, z.B. in [8] und [15].

Zudem müssen dem nationalen Anwender Erläuterungen zu solchen Begriffen gegeben werden, deren Inhalt sich bei gleicher deutscher Benennung infolge der internationalen Normung gegenüber dem bisherigen nationalen Begriffsinhalt mehr oder weniger geändert hat. Ein Beispiel dafür ist das ebenfalls erst im August 1995 erschienene Beiblatt 1 zu DIN EN ISO 8402 : 1994 [15].

5.6.5 Terminologiearbeit bei der DGQ

Für den deutschen Sprachraum eignet sich auch die Begriffssammlung der Deutschen Gesellschaft für Qualität e.V. in Frankfurt (DGQ): In sechster Auflage steht seit Mitte 1995 der DGQ-Band 11-04 „Begriffe zum Qualitätsmanagement" zur Verfügung [53]. Er enthält aufgrund der engen Zusammenarbeit zwischen DGQ und DIN die wichtigsten Begriffe aus der nationalen und internationalen Normung. Weitere für das Qualitätsmanagement wichtige Begriffe „im Vorfeld der Normung" sind dort aufgenommen. Dieser DGQ-Band 11-04 ist für die DGQ-Gemeinschaftsarbeit als Richtlinie ausgewiesen. Diese Begriffssammlung wurde bisher jeweils an den Stand der nationalen und internationalen Normung angepaßt.

Die sechste Auflage 1995 enthält 500 Begriffe. Die seit der ersten Auflage lange Zeit unveränderte Gliederung wurde für die fünfte Auflage 1993 neu gestaltet. Qualitätsbezogene Abkürzungen, angloamerikanische Schlagwörter und die wichtigsten betriebswirtschaftlichen Grundbegriffe wurden damals in eigenen Abschnitten neu aufgenommen. Die Begriffe sind von der ersten Auflage an nach Teil-Begriffssystemen und Begriffshierarchien geordnet wie die später entstandenen Begriffsnormen, nicht nach dem Alphabet. Diese Gesamt-Synopsis in einer einzigen handlichen Schrift ist in Normen so nicht verfügbar.

Die DGQ ist einziger autorisierter Vertreter der Bundesrepublik Deutschland in der EOQ (siehe oben). Sie arbeitet offiziell mit dem DIN und eng mit anderen wissenschaftlichen Institutionen zusammen.

5.7 Begriffsdiagramme als Erläuterungshilfsmittel

Im Rahmen der Vorbereitungsarbeiten für den terminologischen Teil der internationalen Normen der Langzeitrevision der ISO 9000 family werden zunehmend Begriffsdiagramme als Erläuterungshilfsmittel verwendet. Die Erfahrung zeigt, daß sie einen bedeutenden Beitrag zur Vermittlung von terminologischen Zusammenhängen leisten können. Allerdings sind einige Grundkenntnisse für das Verständnis erforderlich:

Solche Begriffsdiagramme enthalten nicht nur die Benennungen der Begriffe. Diese könnten nicht die für das Verständnis der Zusammenhänge unentbehrlichen Begriffsinhalte vermitteln. Deshalb sind den Benennungen auch die Definitionen beigefügt, allerdings zwangsläufig in Kleindruck. Die Diagramme zeigen stets nur ein Teil-Begriffssystem. Für das Verständnis nützliche Begriffe aus anderen Teil-Begriffssystemen sind nur mit ihrer Benennung {in geschweiften Klammern} enthalten, solche, die im Rahmen des Dokuments nicht definiert sind, ebenfalls nur mit ihrer Benennung (in runden Klammern). Auch die drei graphischen Hilfsmittel zur Kennzeichnung der wichtigsten drei Begriffsbeziehungen sollte man kennen:

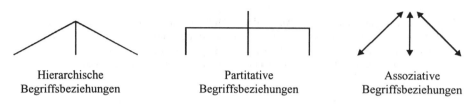

| Hierarchische | Partitative | Assoziative |
| Begriffsbeziehungen | Begriffsbeziehungen | Begriffsbeziehungen |

Nachfolgend wird im Bild 5.1 ein neuestes Beispiel gezeigt. Die Definitionen stimmen weitgehend mit denen in diesem Buch überein. Weil sie sich verständlicherweise noch in Entwicklung befinden, sind einige Änderungen denkbar.

Auch zu solchen Begriffsdiagrammen gibt es Meinungsunterschiede zur Darstellung. Die einen wollen dem Leser einen möglichst umfassenden Überblick geben (wie es hier mit Bild 5.1 geschieht), die anderen wollen vor allem einfache Diagramme zeigen.

5.7 Begriffsdiagramme als Erläuterungshilfsmittel

Bild 5.1 Beispiel für ein Begriffsdiagramm:
Übergeordnete Grundbegriffe und qualitätsbezogene Schlüsselbegriffe

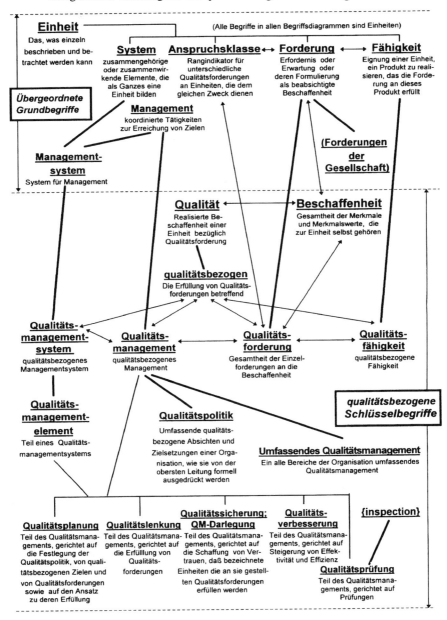

6 Übergeordnete Grundbegriffe für die Qualitätslehre

Überblick

Jedes Wissengebiet ist eingebettet in die Gesamtheit aller Wissengebiete. Was terminologisch für (fast) alle gilt, ist nachfolgend anhand übergeordneter Grundbegriffe erläutert, die für das Qualitätsmanagement unentbehrlich und erklärungsbedürftig sind.

6.1 Allgemeines

Jedes Fachgebiet benötigt übergeordnete Grundbegriffe für seine Fachsprache, die auch zu anderen Fachgebieten gehören. Besonders enge Wechselbeziehungen bestehen z.B. zwischen der Qualitätslehre und der mathematischen Statistik. Sie benötigen viele wichtige Grundbegriffe gemeinsam. Das hat jedoch nichts mit der Anwendung stochastischer Denkweisen in der Qualitätslehre zu tun, auf die nachfolgend in den Kapiteln 23 bis 27 ausführlich eingegangen wird.

Die folgenden vier übergeordneten Grundbegriffe kann man als wesentlich für die Gedankenmodelle der Qualitätslehre betrachten: Einheit, Beschaffenheit, Anspruchsklasse und System.

6.2 Die Einheit

Der Name „Einheit" für den jeweiligen Gegenstand der Qualitätsbetrachtung (und selbstverständlich nicht nur der Qualitätsbetrachtung) ist wegen dessen Vielgestaltigkeit zwangsläufig ebenso abstrakt wie seine Definition. Dieser Grundbegriff steht in allen deutschen Veröffentlichungen über Fachbegriffe des Qualitätsmanagements an erster Stelle, seit einigen Jahren auch in der internationalen Terminologie-Norm für qualitätsbezogene Begriffe [16]. Seine allgemeine Definition [53] lautet:

> **Einheit (entity) =**
> **Materieller oder immaterieller Gegenstand der Betrachtung**

Die erwähnte internationale Definition [16] ist noch allgemeiner: „Das, was einzeln beschrieben und betrachtet werden kann". Freilich fehlt ihr die sofortige und erfahrungsgemäß außerordentlich wichtige gedankliche Hinführung auch zu den immateriellen Gegenständen der Betrachtung.

Für das Qualitätsmanagement wird die Einheit kurz (übereinstimmend) wie folgt erläutert: Gegenstand der Qualitätsbetrachtung kann das Ergebnis einer Tätigkeit (oder eines Prozesses) sein, diese Tätigkeit (oder der Prozeß) selbst, aber auch ein System, eine Person oder eine Kombination aus solchen Gegenständen. Ausführlicher beschrieben heißt es:

Bild 6.1: Die Einheit:
   Überblick über mögliche Gegenstände einer Qualitätsbetrachtung

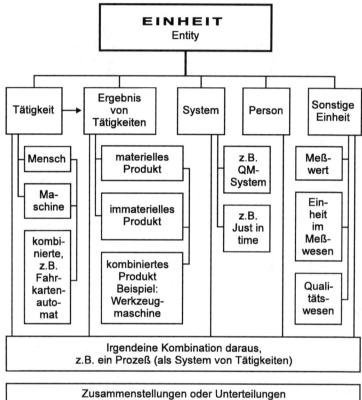

- *Ergebnisse von Tätigkeiten oder von Prozessen* heißen „Produkte". Es sind nicht etwa nur materielle (tangible products). Immer wichtiger werden immaterielle Produkte (intangible products). Beispiele sind ein DV-Programm, ein Konstruktionsentwurf, eine Dienstleistung wie das Reparaturergebnis einer Autowerkstatt (nicht etwa das Reparieren selbst). Viele Produkte sind auch Kombinationen aus materiellen und immateriellen Bestandteilen. Man denke nur an eine Werkzeugmaschine oder an ein ferngelenktes Spielzeugauto einer höheren Anspruchsklasse.

- Die *Tätigkeiten selbst* als Einheiten sind wichtig für das Ergebnis dieser Tätigkeiten, nämlich für die Produkte. Tätigkeiten sind jedoch nicht immaterielle Produkte, sondern immaterielle Gegenstände der Betrachtung.

- Auch *Personen* und *Systeme* sind Einheiten, etwa der Qualitätsbeauftragte der obersten Leitung, ein Qualitätsmanagementsystem oder das „Just-in-time"-Liefersystem eines Unterlieferanten.
- *Jede beliebige Kombination aus den genannten Einheiten* kann ebenfalls eine Einheit sein.

Der Name „Einheit" kommt auch in anderem Zusammenhang vor. Er wird dann in speziellem, in übertragenem oder in eingeschränktem Sinn verwendet. Beispiele sind Einheiten in einer Organisation, Einheiten im Meßwesen nach DIN 1301-1 und DIN 1313, vor allem aber auch der Normungsgegenstand nach DIN EN 45020 (früher DIN 820-3). Die Erfahrung belegt, daß Mißverständnisse aus diesem Grunde nicht vorkommen. Das liegt sicherlich auch daran, daß alle diese Einheiten auch Einheiten im obigen Sinn sind.

Bei Tätigkeiten und Überlegungen zum Qualitätsmanagement gibt es aber im Hinblick auf diese Einheiten eine andere bedeutsame Ursache für Mißverständnisse: Es ist der Wechsel der Einheit während einer Qualitätsbetrachtung. Deshalb sollte bei jeder speziellen Qualitätsbetrachtung nicht nur die betrachtete Einheit bewußt festgestellt und klar abgegrenzt sein, sondern auch deren Wechsel vermieden werden.

Die angloamerikanische Benennung für Einheit ist „entity". „Item" wird manchmal als Synonym dafür angegeben, sollte aber wegen seiner früheren Benutzung mit wesentlich eingeschränktem Begriffsinhalt nicht als Benennung für diesen umfassenden Oberbegriff entity verwendet werden.

Im Bild 6.1 ist eine Übersicht über alle möglichen Einheiten der Qualitätsbetrachtung gegeben. Zu empfehlen ist, sich bei jedem qualitätsbezogenen Gespräch nötigenfalls anhand dieses Bildes zu vergegenwärtigen, über welche Einheit man spricht.

6.3 Die Beschaffenheit

In Übereinstimmung mit der Gemeinsprache ist sie in einer noch weniger Mißverständnisse als in [8] zulassenden Weise definiert als

> **Beschaffenheit (englisch ?) =**
> **Gesamtheit der Merkmale und Merkmalswerte,**
> **die zur Einheit (6.2) selbst gehören**

Hier wird bereits auf die Einheit zurückgegriffen. Wer mehr über Einheit wissen will, kann den Abschnitt 6.2 nachlesen. Wegen der teilweise eingeschränkten Anwendung des Begriffs Beschaffenheit in anderen Fachsprachen empfiehlt sich eine Erläuterung: Alle äußeren und inneren sowie Funktions-Merkmale sind einbezogen: Es gibt kein Merkmal und keinen Merkmalswert einer Einheit, die nicht zur Beschaffenheit gehören würden.

Es muß als betrüblich bezeichnet werden, daß es im Angloamerikanischen (noch) keinen einigermaßen zweifelsfreien äquivalenten Begriff gibt. Das lexikalisch ermittelbare „quality" ist natürlich unbrauchbar. Das ebenfalls zu findende Wort „condition" besitzt zusätzlich den Begriffsinhalt „Bedingung". Allenfalls „nature", evtl. mit einem Adjektiv, käme in Frage, aber derzeit benutzen alle Definitionen in dieser Sprache bei der Umschreibung der Beschaffenheit die Formulierung „The totality of characteristics and their values (of an entity)". Der notwendige und klärende Bestandteil „and their values" wird allerdings in der Regel leider weggelassen. Hier erkennt man bereits eine ganz wesentliche Teilproblematik zahlreicher sehr „großzügiger" angloamerikanischer Definitionen: Was wäre Qualitätsmanagement ohne die Dualität von Merkmalen und Merkmalswerten!

Schon hier sei auf eine in den nachfolgenden Kapiteln mehrfach benutzte Grunderkenntnis aufmerksam gemacht: Es ist die Nützlichkeit der besonderen Hervorhebung spezieller Merkmalsgruppen im Rahmen der Beschaffenheit einer Einheit. Beispiele sind die zuverlässigkeitsbezogenen, die sicherheitsbezogenen, die designbezogenen, die funktionsbezogenen, die umweltschutzbezogenen und viele anderen denkbaren und benutzbaren Merkmalsgruppen. Eines ihrer besonderen Kennzeichen ist, daß sie sich überlappen. Jegliches Bemühen, sie voneinander abzugrenzen (z.B. die sicherheitsbezogenen von den funktionsbezogenen) oder einander zuzuordnen (z.B. die sicherheitsbezogenen zu den zuverlässigkeitsbezogenen) ist deshalb systemwidrig und daher irreführend. Es geht vielmehr bei der jeweiligen qualitätsbezogenen Teilbetrachtung der Beschaffenheit um die Abgrenzung dieser Teilbetrachtung.

Auch sei schon hier auf die drei Unterbegriffe der Beschaffenheit hingewiesen: Zustand, Ereignis und Konfiguration (siehe auch Abschnitt 19.2.4).

6.4 Die Anspruchsklasse

Man kennt sie von der Eisenbahn. Sie wird durch die verfügbaren Mittel des Kunden (Auftraggebers, Käufers, Abnehmers) bestimmt: Man wählt, bei derselben Funktion und dem gleichen Zweck der Einheit, aus einer Rangfolge unterschiedlicher angebotener oder anzubietender Beschaffenheiten jene aus, die man

- sich als Kunde oder Auftraggeber leisten kann, oder die man
- als Anbieter produzieren will.

Man kauft beispielsweise einen Rolls-Royce oder einen Kleinwagen (materielles Produkt). Oder man betreibt ein Luxushotel oder einen einfachen Landgasthof (und bietet damit ein immaterielles Produkt an).

Die Definition lautet [53]:

> **Anspruchsklasse (grade) =**
> **Rangindikator für unterschiedliche Qualitätsforderungen (11.2)**
> **an Einheiten (6.2), die dem gleichen Zweck dienen**

6.4 Die Anspruchsklasse

Hier wird bereits auf zwei anderweitig definierte Begriffe zurückgegriffen. Die beiden eingeklammerten Nummernhinweisen zeigen die in Begriffsnormen übliche Methodik der Verweisung. In diesem Buch wird auf die betreffenden Abschnitte verwiesen. Wegen der übergeordneten Bedeutung des Begriffs werden die „Qualitätsforderungen" künftig voraussichtlich durch „Forderungen" ersetzt.

Die englische Definition zu grade lautet: „A category or rank given to entities, having the same functional use but different requirements for quality". Sie hat zwar eine etwas andere, etwa gleich lange Formulierung, jedoch erkennbar denselben Begriffsinhalt.

Die Kennzeichnung von Anspruchsklassen ist aus Hotelführern bekannt. Zu diesem Begriff heißt es in DIN EN ISO 8402 [16] in einer Anmerkung 3:

„Wo Anspruchsklassen numerisch gekennzeichnet sind, ist es üblich, daß die höchste Anspruchsklasse als 1 bezeichnet ist, wobei sich die niedrigeren Anspruchsklassen auf 2, 3, 4 usw. erstrecken. Wo Anspruchsklassen mit einer Punkteskala bezeichnet sind, etwa durch eine Anzahl von Sternen, hat die niedrigste Anspruchsklasse üblicherweise die wenigsten Punkte oder Sterne."

Auch hier besteht inhaltlich kein Unterschied zur Anmerkung 3 zur Definition dieses Begriffs in der früheren deutschen Grundnorm [7].

Verschiedentlich wird die Anspruchsklasse auch „Sorte" oder „Anforderungsstufe" genannt. Das sollte man vermeiden, weil mit diesen Begriffen indirekt die Qualitätsforderung gemeint ist. Diese muß indessen von der Anspruchsklasse sorgfältig unterschieden werden. Besonders groß schließlich ist die Gefahr, daß die Anspruchsklasse, welche die wichtigste Eingangsgrösse für die Qualitätsplanung ist, mit der (normungswidrig immer noch oft als Qualitätsforderung verstandenen) Qualität verwechselt wird. Noch mißverständlicher ist die Bezeichnung „Qualitätsklasse" für die Anspruchsklasse [299]. Zu diesem Namen gibt es nämlich im deutschsprachigen Raum keine Definition (es sei denn, man erkennt sie als Anspruchsklasse). Deshalb wird dieser Name den Leser zu dem unrichtigen Gedanken führen „Das muß etwas mit der Qualitätsbeurteilung zu tun haben".

Die Anspruchsklasse spielt bei der Behandlung der Planung der Qualitätsforderung (Kapitel 10) eine bedeutende Rolle. Weil sie mit dem verfügbaren Geld für die Planung und Realisierung der Einheit (z.B. auch für einen Produktkauf) stramm korreliert ist, bestimmt sie weitgehend die Möglichkeiten zur Gestaltung des Umfangs der Qualitätsforderung und der Schärfe ihrer Einzelforderungen an die Qualitätsmerkmale. Wie und inwieweit diese Forderungen bei der späteren Realisierung der betreffenden Einheit erfüllt werden, erst das ist die Frage nach der Qualität der Einheit.

Wie nachfolgend noch oft, sei auch schon hier darauf hingewiesen, daß man sich immer wieder klar machen muß, daß „Einheit" alle Arten von Einheiten anspricht, also z.B. auch Tätigkeiten und Personen, und daß man stets abzugrenzen bemüht sein sollte, welche Einheit betrachtet wird.

6.5 Das System

Im Abschnitt 23.1 ist auf die ungewöhnliche System-Definition von [16] hingewiesen. Für die Nachfolge-Ausgabe von [16] wird derzeit die auch nachfolgend benutzte Definition zugrundegelegt

> **System (system) =**
>
> **Zusammengehörige oder zusammenwirkende Elemente, die als Ganzes eine Einheit bilden**

6.6 Unterteilbarkeit und Zusammenstellbarkeit von Elementen

Dieses für die Praxis des gesamten Qualitätsmanagements zentral wichtige, übergeordnete Denkprinzip wurde bereits im Abschnitt 1.3 vorgestellt. Wegen seiner Bedeutung im Zusammenhang mit den in diesem Kapitel vorgestellten übergeordneten Grundbegriffen wird hier nochmals ausdrücklich darauf verwiesen. Es betrifft sämtliche hier erläuterten Grundbegriffe.

Der Leser wird auf die Zusammenstellbarkeit und Unterteilbarkeit von Elementen überall in diesem Buch stoßen.

7 Werbungsgeschädigter Qualitätsbegriff und Qualitätsfähigkeit

Überblick

Qualität ist der objektivierte Maßstab dafür, wie gut (oder schlecht) die betrachtete Einheit selbst ist. Qualitätsfähigkeit hingegen ist der Maßstab dafür, wie gut (oder schlecht) eine Einheit 1 eine Einheit 2 machen kann, z.B. eine Tiefziehpresse (1) einen Kochtopf (2). Der Qualitätsbegriff hat in Philosophie und Produktion eine Geschichte von vielen tausend Jahren. Den Menschen der Informationsgesellschaft wird er widerspüchlich vorgesetzt. Einerseits benutzt ihn die Werbung im täglichen Trommelfeuer aller Medien als das unendlich Gute zum Kaufanreiz, z.B. bei einer Schokolade. Andererseits interessiert sich jeder Verbraucher im Eigeninteresse für die neutralen, kritischen Qualitätsurteile von Warentestinstituten, die dem Fachbegriff gerecht werden. Kein anderes Wissengebiet hat einen so dominanten Zentralbegriff wie die Qualitätslehre, und kein anderes hat einen so umstrittenen.

7.1 Allgemeines

Qualität betrifft die betrachtete Einheit selbst. Von der Klarheit des Qualitätsbegriffs hängen Eindeutigkeit, Verständlichkeit und auch Treffsicherheit der Fachsprache der Qualitätslehre deshalb so stark ab, weil außergewöhnlich viele Begriffe des Qualitätsmanagements in ihrer Benennung mit dem Bestimmungswort „Qualitäts-" beginnen. Man schlage das Sachwortverzeichnis auf, um sich davon zu überzeugen. So wird das Verständnis von „Qualitätsaudit", von „Qualitätslenkung" usw. natürlicherweise erheblich dadurch beeinflußt, was der Anwender dieses Begriffs unter Qualität versteht. Hat man diesen Grundbegriff nicht verstanden, gilt das auch für die übrige Fachsprache, mindestens aber für die in der Benennung mit „Qualitäts-" kombinierten Sekundärbegriffe.

Voraussetzung für eine von der Praxis gewünschte verständliche Definition war und ist die Anwendung des im Abschnitt 5.4 vorgestellten Grundsatzes, in Definitionen auf anderwitig definierte Begriffe zurückzugreifen. Man nennt diesen Grundsatz auch das „Entflechtungsprinzip" [19]. Bei diesen für das Verständnis der Qualitätsdefinition vorab erforderlichen Begriffen handelt es sich einmal um drei der im Kapitel 6 behandelten, nämlich Einheit, Beschaffenheit und Anspruchsklasse; zum anderen um den zweiten Zentralbegriff der Qualitätslehre. Es ist die Qualitätsforderung mit ihrer leicht verständlichen Kurzdefinition „Geforderte Beschaffenheit", die ihrerseits auf den Beschaffenheitsbegriff zurückgreift (siehe Abschnitt 11.2).

Die Qualitätsfähigkeit hingegen betrifft nicht unmittelbar die Einheit selbst, sondern die Qualität einer durch die betrachtete Einheit realisierte andere Einheit. Qualitätsfähigkeit ist also ein festgestelltes (gutes oder schlechtes) Potential dafür, inwieweit diese andere Einheit die an sie gestellte Qualitätsforderung erfüllen wird. Ob das dann auch so ist, das ist eine andere Frage.

Bild 7.1: Schriftliche Antworten von Führungskräften auf die Frage:
„Was verstehen Sie unter Qualität?"

Anteil in %		ANTWORT:
Summe	einzeln	Beschriebener Begriffsinhalt, soweit aus der Antwort erkennbar
35,2	35,2	**Erfüllung der Qualitätsforderung,** beschrieben auch mit Verben wie „entsprechen", „einhalten", „erreichen", „übereinstimmen" und mit Substantiva wie „Forderungen", „Anforderungen", „Standards", „Kundenwünsche" usw.
46,8	11,6	**Qualitätsmanagement,** seinerzeit noch als „Qualitätssicherung" bezeichnet. Von gut einem Drittel der Antworten gut beschrieben, zwei Drittel schlechter
58,1	11,3	**Erklärung mit den Benennungen anderer Begriffe** wie Güte, Gebrauchstauglichkeit, Funktionsfähigkeit, Zweckeignung, und zwar ohne daß die betreffenden zugehörigen Begriffe erklärt worden wären (Ausweichen vor Begriffserklärung)
68,8	10,7	**Anderer Begriffsinhalt,** etwa 25 unterschiedliche Einzelbeschreibungen mit einem jeweils nicht aus der Gemeinsprache stammenden Begriffsinhalt, z.B. „Versuch, Gutes besser zu machen", „Service am Kunden", „Gute Ware", „Nachweis", „Sicherung des Absatzes", „Klassifizierung" usw.
78,2	9,4	**Zusammenstellung von Begriffsinhalten aus dem Qualitätsmanagement** (von bis zu 8 unterschiedlichen). Vermutlich Prüfungseffekt: Man schreibt möglichst viel hin („irgendetwas wird dann schon stimmen!")
84,7	6,5	**Qualitätsforderung,** sehr unterschiedlich bezeichnet und beschrieben. Die Antworten sind jedoch dem Sinn nach zweifelsfrei: „Qualität = das was verlangt wird"
90,4	5,7	**Richtiger fachlicher Qualitätsbegriff,** mehr oder weniger gut beschrieben, wie er genormt ist als Relation zwischen realisierter Beschaffenheit und Qualitätsforderung (kurz: „Realisierte Beschaffenheit bezüglich Qualitätsforderung")
95,6	5,2	**Beschaffenheit oder Zustand** offenbar entsprechend dem lateinischen „qualitas" verstanden
97,6	2,0	**Erfüllungsgrad,** seltener auch „Maß der Erfüllung"
99,5	1,9	**Keine Antwort gewußt** oder Unfug hingeschrieben („Hygienefaktor")
100,0	0,5	**Anspruchsklasse,** noch bezeichnet als „Anspruchsniveau"

Anmerkung: Die 542 Antworten stammen aus einem breiten Querschnitt von Teilnehmern an QM-Lehrgängen, die in mehreren Ländern Deutschlands in den Jahren 1985 bis 1989 überbetrieblich und für Firmen in unterschiedlichen Branchen durchgeführt wurden. Die Frage wurde jeweils zu Beginn des Lehrgangs gestellt und war schriftlich zu beantworten.

7.2 Das Problem der Homonymie von „Qualität"

In Meyers Konversationslexikon von 1878 steht unter vielen anderen die nunmehr weit über 100 Jahre alte Definition „Die Qualitäten eines Dinges sind die zufälligen Eigenschaften desselben, das heißt diejenigen, welche ihm nicht notwendig und allgemein zukommen, welche dasselbe aber in einem bestimmten Fall besitzt.". Hiermit ist die Beschaffenheit angesprochen, die lateinische „qualitas". Das Wort „Qualität" war demnach schon immer ein Homonym, also ein Wort mit vielen unterschiedlichen Begriffsinhalten. Das geht bis ins Altertum zurück und war auch schon im Mittelalter immer wieder Anlaß zu Begriffsabwandlungen im allgemeinen Verständnis [301].

Heute gilt diese Homonymie unverändert und für alle Sprachen, in denen dieses Homonym mit einer homophonen Benennung vorkommt, z.B. für Angloamerikanisch mit seinem „quality". Das Bild 7.1 zeigt dazu eine überraschende Besonderheit. Es ist Ergebnis vieler Befragungen von Führungskräften aus Wirtschaft und Industrie, die sich in der Praxis mit Qualitätsmanagement befassen. Man sieht: Diese verfügen über einen mehr als doppelt so großen Vorrat an homonymen Bedeutungen von Qualität wie die Gemeinsprache. Die oberste Leitung einer Organisation sollte das wissen.

7.3 Notwendigkeit eines eindeutigen Fachbegriffs Qualität

Aus künstlerischen oder anderen Gründen mag man Wörter mit vielen homonymen Bedeutungen begrüßen. Für einen stark naturwissenschaftlichen beeinflußten Fachbereich wie die Qualitätslehre ist jedoch ein eindeutig definierter Grundbegriff nötig. Seine zweckmäßige Definition müssen die betreffenden Fachleute festlegen. Das war bei „Qualität" problematisch. Dieses Wort ist seit Jahrtausenden eingeführt [301]. Aber die Festlegung war und ist nötig wie in anderen Fachbereichen. Andernfalls sind qualitätsbezogene Aufgabenabwicklungen nicht so rationell zu bewältigen, wie es im weltweiten Konkurrenzkampf existenzentscheidend ist: Das Tun fängt nämlich im Kopf an, bei den Gedankenmodellen, von denen man ausgeht. Diese aber gründen sich maßgeblich auf Begriffsvorstellungen.

7.4 Die weltweit einheitliche Qualitätsdefinition

Glücklicherweise besteht weltweit seit 1972 ein einheitlicher Stand der Technik zum Fachbegriff Qualität. Vereinfacht gesagt ist

> **Qualität = Relation zwischen realisierter Beschaffenheit und geforderter Beschaffenheit**

In dieser Relation haben beide Beschaffenheiten gleichen Rang. Die geforderte Beschaffenheit ist dabei als geforderte „Gesamtheit der Merkmale und Merkmalswerte" das Gleiche wie die Qualitätsforderung (siehe Abschnitt 11.2). Der pragmatische und und zugleich auch der logische Hintergrund dieser noch vielfach mißverstandenen Festlegung ist:

Beide Seiten der Relation müssen ständig
mit gleicher Aufmerksamkeit betrachtet werden.

Bild 7.2: Veranschaulichung des Qualitätsbegriffs anhand einer Waage

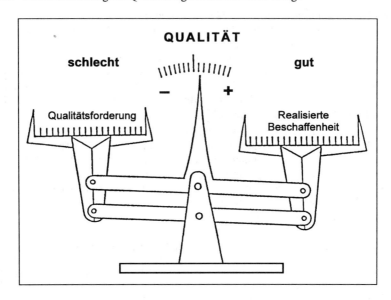

Zahlreiche (aber nicht alle) Merkmale der Beschaffenheit sind Qualitätsmerkmale. Die Beschaffenheits-Relation muß deshalb bekanntlich in vielen Schritten betrachtet oder ermittelt werden. Als einfache Erläuterung für die Ausbildung hat sich das Bild 7.2 bewährt. Aber auch das in [19] gegebene und mit [21] ergänzte Ausbildungsprinzip zur fachgerechten Vermittlung des Qualitätsbegriffs kann nach einigen terminologischen Richtigstellungen noch heute angewendet werden. Man kann es ergänzen um die Erklärung, daß Qualität die

Gesamtheit der betrachteten Relationen zwischen
den ermittelten und den zugehörigen vorgegebenen Merkmalswerten

ist. Man erkennt dann auch: Diese Gesamtheit kann nur sehr global mit nur einem einzigen verbalen Ausdruck oder gar mit nur einem einzigen Zahlenwert gekennzeichnet werden.

Hilfreich für die Erfassung des Qualitätsbegriffs ist auch das Bild 7.3. Man versteht bei seiner Betrachtung, warum in früheren Zeiten unendliche Diskussionen zum fachlichen Qualitätsbegriff kaum je zu Klarheit führten: Es war und ist eben unmöglich, beim Qualitätsbegriff selbst gleichzeitig die ihm zugrunde liegenden vier Basisbegriffe zu erklären. Die Notwendigkeit der „Entflechtung" [19] wird mit diesem Bild zusätzlich dadurch einleuchtend, daß der Begriff Einheit nicht nur für den Qualitätsbegriff, sondern außerdem auch für die Erklärung der anderen drei Basisbegriffe benötigt wird, und daß die Qualitätsforderung sich aus der in der Definition nicht enthaltenen Anspruchsklasse als Konsequenz ergibt.

Bild 7.3: Basisbegriffe zum Qualitätsbegriff und ihr Zusammenhang

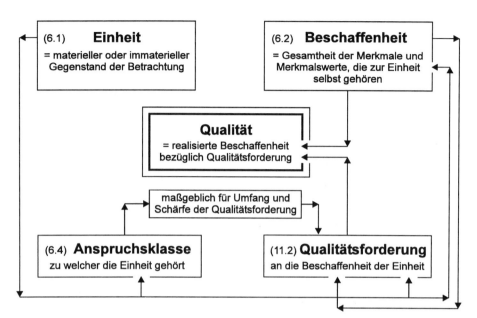

Die Nummern geben die Abschnitte an, in denen die Begriffe erklärt sind

7.5 Die mühselige Entwicklung bis zum heutigen Stand der Technik

Es war ein langer, beschwerlicher Weg, bis für den Fachbegriff Qualität über alle Grenzen hinweg endlich 1972 Begriffsklarheit, und noch viel später ein Mindestmaß an Formulierungs-Einheitlichkeit erreicht war. Die nachfolgend ausführlich geschilderte Vorgeschichte, die im Bild 7.4 nur für die letzten zehn Jahre erläutert ist, kann man am besten anhand der dort gezeigten drei Hilfsbegriffe verstehen. Das Bild zeigt vier spaltenweise angeordnete Definitionsformulierungen anhand dieser drei grundlegenden Hilfsbegriffe *Beschaffenheit*, *Einheit* und *Qualitätsforderung*. Dabei steckt, wie im Bild 7.3 gezeigt, hinter der Qualitätsforderung die *Anspruchsklasse*.

Bild 7.4: Erläuterung der vollständigen internationalen Übereinstimmung des Qualitätsbegriffs

Spalte	1	2	3	4
Norm bzw. Dokument	E DIN ISO 8402 : 1992	ISO/DIS 8402 : 1991	DGQ 11-04 4.A. 1987	DGQ 11-04 6.A. 1995
Hilfsbegriff ↓	*Die Definition des Qualitätsbegriffs lautete:*			
Hilfsbegriff 1	„Die Gesamtheit von Merkmalen	"The totality of characteristics	„Beschaffenheit	„Realisierte Beschaffenheit
Hilfsbegriff 2	einer Einheit	of an entity	einer Einheit	einer Einheit
Satzaussage	bezüglich ihrer Eignung	that bear on its ability *–to satisfy–*	bezüglich ihrer Eignung	bezüglich
Hilfsbegriff 3	festgelegte und vorausgesetzte Erfordernisse	stated and implied needs"	die Qualitätsforderung	Qualitätsforderung"
Satzaussage	zu erfüllen"	auch ISO 8402 : 1994	zu erfüllen"	

Bild 7.5 zeigt einleitend zu diesen Erläuterungen, ab wann bekannte Fachgremien in ihren Veröffentlichungen den Fachbegriff Qualität diskutiert haben. An unzähligen Beispielen kann man den Nachweis führen, daß es seit der Existenz übernationaler Festlegungen (EOQ, ISO), seit 1966 also, unverändertes ausdrückliches Ziel der im deutschen Sprachraum tätigen Terminologiegremien war und ist, keinen Widerspruch zwischen internationaler und deutscher Fachterminologie entstehen zu lassen. Wegen des gut verständlichen Nachhinkens der schwer abstimmbaren internationalen Vereinheitlichung hat die Verfolgung dieses Ziels die Entwicklung im deutschen Sprachraum zeitweise sogar erheblich zurückgeworfen.

Die auch heute noch sehr aktuellen Erläuterungen dazu versteht man besser, wenn man das Bild 7.4 mit seinen drei Hilfsbegriffen mit heranzieht. Beispielsweise stand in einer Normvorlage zu [7] in der Qualitätsdefinition schon 1975 für die *Einheit* die „Betrachtungseinheit". Seit 1991 steht auch international an dieser Definitionsstelle unstrittig und zur Begriffs-Abstrahierung „entity". Man hatte erkannt, daß nur bei einem eigenständigen Begriff „Einheit" die erforderlichen umfangreichen Erläuterungen dazu stehen können, nicht bei „Qualität". Die „Betrachtungseinheit" mußte bei DIN aber 1979 zur Angleichung an die 3. Auflage des „Glossary of terms ..." [22] wider bessere Erkenntnis entsprechend „product

7.5 Die mühselige Entwicklung bis zum heutigen Stand der Technik

or service" ersetzt werden durch die Formulierung „Produkt oder Tätigkeit". Diese angeblichen Formulierung mußte zu vielen Mißverständnissen führen (und führt trotz aller deutscher Bemühungen um Änderung auch heute noch in [327] zu immer neuen Mißverständnissen, siehe auch [328]). „Service" ist nämlich wie im Deutschen „Dienstleistung" in der (jeweiligen) Gemeinsprache ein Homonym, inzwischen aber international als (immaterielles) Produkt definiert.

Bild 7.5: Zeitfolge von Publikationen bekannter Gremien zum Qualitätsbegriff

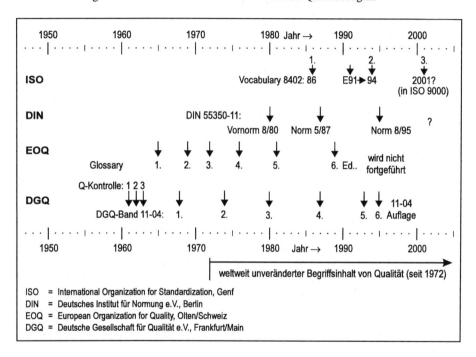

Ähnlich ging es mit der **Qualitätsforderung**. Schon 1984 zeigte sich entsprechend „Einheit" [19], daß „stated or implied needs" viele Mißverständnisse erzeugen, die man bei einem eigenständigen Begriff beseitigen sollte, nicht aber bei „Qualität". DIN setzte deshalb in der Normvorlage unverzüglich „Qualitätsforderung" an diese Stelle und erklärte sie separat. Mit Hinweis auf die angloamerikanische Definitionsformulierung kam aber 1986 ein Einzel-Einspruch zum Erfolg: In der genormten Qualitätsdefinition mußte die Qualitätsforderung wie verlangt wieder durch die „festgelegten und vorausgesetzten Forderungen" ersetzt werden. Zur Überbrückung machte dann deshalb in [7] die Definition der Qualitätsforderung in einer Anmerkung als „festgelegte und vorausgesetzte Forderungen" den Zusammenhang klar. Aber schon das war für den Anwender zu kompliziert und ist inzwischen (seit August 1995) mit [8] überwunden. International hingegen werden bis hinter die Jahrtausendwende in der geltenden Norm [16] die ersten drei Anmerkungen zum Qualitätsbegriff nicht den Qualitätsbegriff selbst kommentieren, sondern den Begriff der Qualitätsforderung. Der dritte Hilfsbegriff, die *Beschaffenheit*, ist ohnehin eine sprachliche Besonderheit, auf die weiter unten nochmals näher eingegangen wird (siehe auch Abschnitt 6.3).

Für die Einschätzung von immer wieder auftauchenden „neuen Ideen zum Qualitätsbegriff" ist die Kenntnis der zwei folgenden Entwicklungen gut:

– die zeitliche Veränderung des Begriffsinhalts des Qualitätsbegriffs und
– die Veränderungen der Wörter, die im Lauf der Zeit für die drei benötigten Hilfsbegriffe (siehe Bild 7.4) verwendet wurden.

Die bei der betreffenden Beschreibung im Text nachfolgend erwähnten Jahreszahlen geben das jeweilige Erscheinungsjahr der terminologischen Veröffentlichungen der betreffenden Gremien an. Zunächst zum *Begriffsinhalt*:

– „Zufriedenstellung des Kunden" (customer) war bei DGQ bis 1962, bei EOQ sieben Jahre länger bis 1969 der Begriffsinhalt. Dieser Gesichtspunkt wird neuerdings immer wieder aufgegriffen, z.B. kritisch und ausgreifend in [304]. Danach kam bei DGQ bis 1974 als Erfüllungsziel der Verwendungszweck. Bei EOQ bestand dieser Zwischenschritt nie. Damals ging Jurans Formel „Fitness for use" um die Welt, die bis heute leider oft fälschlich als Qualitätsdefinition aufgefaßt wird (statt als QM-Ziel). Der gedankliche Durchbruch zur bis heute geltenden „Relation zwischen realisierter und geforderter Beschaffenheit" erfolgte bei EOQ 1972, bei DIN 1979 und bei DGQ erst acht Jahre später, nämlich 1980.

Was die *Wörter für die drei Hilfsbegriffe* betrifft, die in der Definition vorkommen, sei folgendes dokumentiert:

– Für *„Beschaffenheit"* (siehe Abschnitt 6.3, insbesondere Absatz 2) verwendete DGQ bis 1974 die heute unstrittige „Beschaffenheit". Ab 1980 mußte sie dann aber, in getreulicher „1:1-Übersetzung" von „totality of features and characteristics", auf „Gesamtheit von Eigenschaften und Merkmalen" übergehen, worin die Merkmalswerte fehlen. Erst sieben Jahre später konnte wieder die „Beschaffenheit" in die Qualitätsdefinition zurückkehren. Wegen der im Abschnitt 6.3 erwähnten sprachlichen Eigenart verwendete die EOQ seit 1972 bis zur letzten (6.) Auflage ihres „Glossary ..." [60] stets die „totality of features and characteristics".

DIN begann 1975 ebenfalls mit „Beschaffenheit". Man verhielt sich aufgrund der nachdrücklichen Forderungen nach „wörtlicher Übersetzung" ab 1979 dann aber wie die DGQ ab 1980. Schon 1983 kehrte man jedoch wieder zur „Beschaffenheit" zurück. Es war endgültig erkannt, daß die Qualitätsdefinition vom Ballast der Erklärungsbedürftigkeit der drei ersten im Kapitel 6 genannten Grundbegriffe befreit werden muß [19].

ISO hat inzwischen die Doppelformulierung „features and characteristics", die aus einem Kompromiß entstanden war und unendliche Diskussionen über den Unterschied zwischen features und characteristics auslöste, durch die nun allein aufgeführten „characteristics" ersetzt. Es gibt nun neuerdings die Behauptung, die „values" seien in den „characteristics" enthalten. Das ist aber eine durch kein Wörterbuch und kein Diktionaire gedeckte Schutzbehauptung, die man auch für „Eigenschaft" vorbringen könnte. In beiden Fällen wird durch eine solche Behauptung das Problem der Begriffsdualität und der Unterscheidungsnotwendigkeit zwischen Merkmal und Merkmalswert nicht gelöst. Diese Unterscheidung aber muß im Qualitätsmanagement begrifflich klar sein. Bei allen diesen Gesichtspunkten zu „Beschaffenheit" ist noch auf einen weiteren bedeutsamen Aspekt hinzuweisen: Offensichtlich wurde bisher stets als selbstverständlich erachtet, daß bei der Relation zwischen der realisierten und der geforderten Beschaffenheit das „realisiert" nicht erwähnt zu werden braucht; aber es ist nötig: Qualität ist immer etwas bezüglich der Qualitätsforderung Realisiertes. Daß es eine „geforderte Qualität" nicht gibt, wird dann klarer.

- Die für *„Einheit"* in der Qualitätsdefinition jeweils verwendeten Wörter seien Angloamerikanisch erläutert: Am Anfang (1965) stand „product". 1969 kam die „commodity", von 1972 an „product or service". Für zwei Jahre wurde dann „process" in die Aufzählung eingereiht. Erst 1991 folgte bei ISO „entity" (wie im Deutschsprachigen bei DGQ und DIN die „Einheit" seit 1987 in [7]). „Entity" wurde dabei sprachlich den Benennungen „item" und „unity" vorgezogen (siehe Abschnitt 6.2).

- Bei der *„Qualitätsforderung"* begann es mit „given need" in der Einzahl. Nach einer Mehrzahl-Episode („given needs") folgte die vermeintlich klärende (oben schon erwähnte) Differenzierung nach „stated or implied needs", was dann neuerlich in „stated and implied needs" geändert wurde. International wächst die Einsicht, daß die mittlerweile auch bei ISO definierte Qualitätsforderung (bislang noch „requirements for quality") nicht etwa durch unterschiedliche Begriffe, sondern nur inhaltlich in der Qualitätsplanung nach Konkretisierungsstufen unterschieden werden kann (die ihrerseits aber sehr wohl in die Definition gehören, siehe Abschnitt 11.2). In der internationalen Qualitätsdefinition von 2001 werden die „stated and implied needs" voraussichtlich ersetzt sein durch „quality requirement", wie seit 1987 bei der DGQ (4. Auflage von [53]) und bei DIN bei Zuverlässigkeitsbegriffen seit 1990 [51]. Dieser eigenständige Begriff wird seine große Bedeutung erst dann entfalten können.

Dieser Abschnitt 7.5 ist (wie in der 2. Auflage) ausführlich gestaltet. Immer wieder kommen nämlich Behauptungen auf, der Qualitätsbegriff habe sich „in den vergangenen Jahren mit großer Geschwindigkeit geändert" (Zitat aus [300]). Das ist nachprüfbar unzutreffend (siehe Bild 7.5). Auch immer neue, analoge Forderungen, man müsse die Qualitätsdefinition ändern, sind unnötig. Was sich ändert und ändern muß, ist – mit der Qualitätspolitik – die Betrachtungsweise des Qualitätsmanagements durch Organisationen.

7.6 Verbleibende künftige Aufgaben

Bild 7.4 zeigt rechts dieses bei DGQ bereits vorweggenommene Ziel der logischen Weiterentwicklung für die deutsche Definition. Für den angloamerikanischen Sprachraum lassen es die Erfahrungen nach einem Vorschlag von Mayrhofer geraten erscheinen, in der Definition das Wort „Relation" an den Anfang zu stellen, damit der Maßstabs-Charakter des Begriffsinhalts bereits beim ersten Wort klar wird, beispielsweise mit der Definition:

Quality = Relation between
the realized totality of characteristics and their values of an entity
and the relevant quality requirement

Der Umfang der mittleren Zeile ist der Preis für das Fehlen eines eindeutigen Beschaffenheitsbegriffs im Englischen.

7.7 Gesamteindruck zur Normungsentwicklung zum Fachbegriff Qualität

Bei der Beurteilung bisheriger Entwicklungen, aber auch bei den Erwartungen hinsichtlich der künftigen Weiterentwicklungen, muß berücksichtigt werden, daß die personelle Zusammensetzung von Normungsgremien – auch angesichts der Ehrenamtlichkeit und der Seltenheit der Sitzungen – zu Tätigkeiten führt, die weniger zielgerichtet sind als jegliche Berufsarbeit. Deshalb entstehen oft auch Zufallsergebnisse. Erst wenn man großen Abstand vom aktuellen Geschehen nimmt, erkennt man die „Mittelwerts-Entwicklung" als langfristig zufriedenstellend.

Die ausführliche Darlegung von Geschichte und Zukunft des Qualitätsbegriffs berücksichtigt die Erfahrung, daß immer wieder die gleichen Gedanken vorgelegt und diskutiert werden. Dem Leser soll auch die Möglichkeit gegeben werden, eigene Gedanken zum Qualitätsbegriff zu prüfen und nötigenfalls zu korrigieren; z.B. „Fitness for use" als QM-Ziel zu erkennen.

7.8 Beispiel aus dem Alltag zur Erläuterung des Qualitätsbegriffs

Der fachliche Qualitätsbegriff ist im Grunde sehr leicht zu verstehen. Das nachfolgende Beispiel behandelt das stets aktuelle, allgemein bekannte und in allen seinen Anwendungsmöglichkeiten deshalb leicht diskutierbare Qualitätsmerkmal „Fahrgeschwindigkeit eines Autos":

- Jeder Autofahrer weiß, daß die Spitzengeschwindigkeit seines Wagens primär durch die Anspruchsklasse bestimmt ist. Wegen der physikalisch bedingten, erheblich von der Motorleistung abhängigen Spitzengeschwindigkeit muß man wesentlich tiefer in die Tasche greifen, wenn man „in der Spitze" auch nur um 30 km/h schneller fahren können will.

- Eine höhere Anspruchsklasse bei diesem Qualitätsmerkmal wirkt sich auch auf die Einzelforderungen an viele andere Qualitätsmerkmale des Produkts Auto aus: Fahrwerk, Bremssystem usw. Maßgeblich wird also die ganze Qualitätsforderung mit ihren zahlreichen Einzelforderungen an die Qualitätsmerkmale durch die Einzelforderung Spitzengeschwindigkeit beeinflußt. Das sind die bei „Quality function deployment" (QFD, siehe Abschnitt 11.7) besonders hervorgehobenen Wechselbeziehungen zwischen den Einzelforderungen. Zu beachten ist aber:

    Die Anspruchsklasse ist nicht die Qualitätsforderung.

7.8 Beispiel aus dem Alltag zur Erläuterung des Qualitätsbegriffs

- Die aus der Anspruchsklasse abgeleitete Einzelforderung an das Qualitätsmerkmal Geschwindigkeit möge der Mindestwert 190 km/h sein. Diese Einzelforderung im Rahmen der Qualitätsforderung hat den Namen „Mindestwert der Spitzengeschwindigkeit".
- Die Verwirrung fängt schon damit an, daß dieser Mindestwert in der behördlich ausgestellten Kfz-Zulassung unter dem irreführenden Namen „Höchstgeschwindigkeit" steht. Es handelt sich dabei aber keineswegs um einen vorgegebenen oberen Grenzwert (Höchstwert) wie bei den Gebotsschildern an der Straße mit dem Höchstwert für die Geschwindigkeit, die „jeder Autofahrer zu beachten hat", sondern um einen unteren Grenzwert (Mindestwert) für das, „was das Auto mindestens können muß". Er müßte „Spitzengeschwindigkeit" heißen. Es ist auch bekannt, daß niemand etwas dagegen hat, wenn diese zum Fahrzeug gehörige „Höchstgeschwindigkeit" höher liegt als angegeben; aber sehr wohl, wenn sie darunter liegt (weil sie eben ein Mindestwert ist). Man beachte dabei, daß in anderen „amtlichen Bereichen" der größte zugelassene Wert durchaus die richtige Benennung haben kann, beispielsweise die „Höchstmaße" eines Briefes (siehe die jedem Postkunden bekannte Gebührenordnung der Post).
- Die meisten Autobesitzer stellen irgendwann einmal fest, inwieweit die Einzelforderung „Mindestwert der Spitzengeschwindigkeit" im Rahmen der Qualitätsforderung erfüllt ist. Damit haben sie eine Qualitätsprüfung durchgeführt. Das Ergebnis ist zufriedenstellend, wenn die Spitzengeschwindigkeit über dem Mindestwert liegt. Dabei kommt wie bei jeder Qualitätsprüfung anhand quantitativer Merkmale das Problem „Meßunsicherheit" ins Spiel. Im Beispiel ist es die Frage nach der Meßunsicherheit des Tachometers (für den vorgeschrieben ist, daß er keine negative Meßabweichung haben darf).
- Fährt man in einem der vielen Straßenabschnitte mit der Forderung „Höchstgeschwindigkeit", so wird diese nicht an das Auto, sondern an den Fahrer gestellt. Die Qualität der Fahrertätigkeit zeigt sich darin, inwieweit er diese Forderung erfüllt.
- Auch diese Forderung selbst hat eine Qualität. Man findet sie in der Antwort auf die Frage, inwieweit die Situation im betreffenden Straßenabschnitt – die sich ändern kann – im Hinblick auf einen Durchschnittsfahrer angemessen berücksichtigt wurde. Das entspricht der Planung der Qualitätsforderung, die man auch Qualitätsplanung nennt. Diese Planung kann durch verkehrstechnische und andere Gründe beeinflußt sein, sie kann also nach Qualitätsforderungen erfolgen, die nicht von allen Verkehrsteilnehmern verstanden werden. Ein Beispiel ist die Aufstellung eines solchen Gebotsschildes in einer Baustelle nur deshalb, weil bei der Straßenbaufirma kein anderes verfügbar ist.
- Noch Anderes gilt für die Fahrt im Nebel (bei einer Sichtweite über 50 Meter). Es gibt dann ein situationsgerechtes „Tempo der Vernunft" (allerdings keinesfalls 130 km/h). Die betreffende Einzelforderung muß sich der Fahrer unter Berücksichtigung aller Umstände selber stellen. Man weiß, daß auch diese selbstgestellte Forderung von sehr unterschiedlicher Qualität sein kann.

7.9 Der Qualitätsbegriff, immateriell und kontinuierlich

Der Qualitätsbegriff beinhaltet einen immateriellen Vergleich:
> *Man kann Qualität nicht anfassen.*

„Qualität, die Sie auf der Haut spüren!", ist eine Werbeaussage.

Außerdem ist Qualität etwas Kontinuierliches: Sie kann in beliebig feinen Abstufungen hervorragend, zufriedenstellend, soeben ausreichend, nicht zufriedenstellend oder gar miserabel sein. Die Frage „Hat das Produkt Qualität oder nicht?" verträgt sich also ebenso wenig mit dem fachlichen Qualitätsbegriff wie der werbende Hinweis auf ein „Qualitätsprodukt" („Qualität schmeckt besser!"). Konsequenz von „Qualitätsprodukt" wären Begriffe wie „Unqualität" oder „Nichtqualität" (siehe Abschnitt 7.10.3). Solche gibt es in der Qualitätslehre nach dem Stand der Technik aber weder national noch international. Sie sind ein klares Kriterium dafür, das der Qualitätsbegriff anders als nach internationaler Auffassung und mit einem für zielstrebiges Qualitätsmanagement unzweckmäßigen Begriffsinhalt verstanden wird; eben im Sinn der Werbung.

Für die Zielsetzung des Qualitätsmanagements, nämlich die zweckentsprechende Qualitätsforderung herauszufinden und wirtschaftlich zu erfüllen, wäre es nämlich sehr verhängnisvoll, würde man an der so schwer optimal zu treffenden Stelle zwischen gut und schlecht, zwischen gerade noch annehmbar und nicht mehr zufriedenstellend, zusätzlich auf eine Unstetigkeitsstelle im Qualitätsbegriff stoßen.

Allerdings gilt für den Qualitätsbegriff wie für Merkmalswerte: Man kann das Ergebnis der Ermittlung zusammenfassen: Der Merkmalswert, zunächst als kontinuierlicher Wert gemessen (z.B. als Durchmesser in mm) kann allein aus dem Blickwinkel betrachtet werden, ob er die Forderung erfüllt oder nicht. Dadurch ist er auf ein Alternativmerkmal zurückgeführt: Der Merkmalswert kann gut oder schlecht sein. Eine entsprechende Informationsreduzierung ist auch bei der Qualität möglich. Qualität ist aber nicht schon vom Begriff her ein Alternativmerkmal.

7.10 Die gemeinsprachliche Anwendung des Wortes „Qualität"

Die erwähnte Anknüpfung des Qualitätsbegriffs an das lateinische Wort „qualis" ist etymologisch ein entfernt zutreffender Zusammenhang. Wenig beachtet wird bei dieser Auffassung des Qualitätsbegriffs als Beschaffenheit, daß Verbraucherschutz und Verbraucherberatung das gemeinsprachliches Verständnis in den letzten Jahrzehnten entscheidend im Sinn des fachlichen Qualitätsbegriffs beeinflußt haben. So weiß heute wohl jedermann die Aussagen der Stiftung Warentest über die Qualität geprüfter Produkte richtig einzuordnen. Von „Sehr gut" bis „Sehr mangelhaft" reichen die „Qualitätsurteile". Diese auf einer Ordinalskala (siehe Tabelle 8.1) angeordneten „Noten" haben bewirkt, daß jedermann – als sprachliches Gegengewicht zum Trommelfeuer der Werbung – weiß, daß es gute wie auch schlechte Qualität gibt. Er hat zudem gelernt, daß sich dieses Qualitätsurteil aus vielen Einzelelementen zusammensetzt, gerade wie im Bild 7.2. Beim „Test"-Bericht wird nämlich stets unterschieden zwischen den qualitätsrelevanten Merkmalsgruppen (siehe vorletzter Absatz von Abschnitt 6.3) mit ihren einzeln bewerteten Qualitätsmerkmalen.

7.10 Die gemeinsprachliche Anwendung des Wortes „Qualität"

An diese gemeinsprachliche Anwendung des Qualitätsbegriffs anzuknüpfen, ist demnach ein Zweckmäßigkeitsgebot für jede Fachunterrichtung zum Qualitätsbegriff. Daß man lexikalisch neben der Beschaffenheit („qualitas") noch weitere, etwa in die gleiche Richtung gehende homonyme Bedeutungen von Qualität findet, etwa die „Güte" oder den Wert irgend eines Objekts, beispielsweise die Klangfarbe eines Vokals bis hin zur relativen Wertigkeit einer Figur im Schachspiel, das spielt keine entscheidende Rolle. Allerdings spielt es durchaus eine Rolle, daß Lexikon-Redaktionen sich weigern [105], den international genormten Qualitätsbegriff mindestens als homonyme Begriffsbedeutung unter den gemeinsprachlichen aufzunehmen.

7.10.1 Halbfachliche Anwendung für „Qualitätsforderung", „Sorte" und „Anspruchsklasse"

Erstaunlich ist die wesentlich breiter gefächerte halbfachliche Anwendung. Sie ist in der Technik und Wirtschaft weit verbreitet und hält sich zäh. Eine „schwere englische Tuchqualität" bezeichnet die Tuchsorte, nicht deren Qualität. Die „Zifferblattqualität" eines Messingblechs, die „Stahlqualität" für einen abgegrenzten Verwendungszweck oder die „Bohr- und Dreh-Qualität" eines NE-Halbzeugs, sie alle bezeichnen die Qualitätsforderung für den in der Bezeichnung enthaltenen Verwendungszweck.

Im Maschinenbau ist hie und da noch die „Toleranzqualität" anzutreffen. Gemeint ist die Anspruchsklasse für die betreffende Einzelforderung an irgendein Längenmaß im Rahmen der Qualitätsforderung. ISO 286-2: 1988 nennt sie analog zur im Abschnitt 6.4 erwähnten englischen Fachbenennung „tolerance grade". Für DIN EN 286-2: 1990-11 wurde bedauerlicherweise nicht entsprechend „Toleranzklasse" gewählt, sondern „Toleranzgrad".

Alle solche halbfachlichen (gemeinsprachlichen) Anwendungen des Qualitätsbegriffs in Wirtschaft und Technik sind leicht erkennbar. Man braucht nur die Frage zu stellen: Geht es um die Bezeichnung einer Qualitätsforderung, einer Sorte oder einer Anspruchsklasse; oder wird hier die realisierte Beschaffenheit mit der Qualitätsforderung verglichen? Nur im letzten Fall geht es um den fachlichen Qualitätsbegriff.

7.10.2 Anwendung für etwas „besonders Gutes"

Diese Benutzung kommt aus der Werbung. Das dort immer eindrucksvolle Wort „Spitzenqualität" kennzeichnet die Herkunft am besten. Man mache sich klar, daß diese Anwendung dem kontinuierlichen Begriffsinhalt von „Qualität" widerspricht. Auf diesen Widerspruch sollte man immer wieder hinweisen. Nur so kann man normgerechte Denkweise deutlich machen: Um Wirtschaftlichkeit und Sparsamkeit bemühtes Qualitätsmanagement bewegt sich ständig in einem Grenzbereich zwischen „erfüllt" und „nicht erfüllt". Ziel des Bemühens ist es, gerade noch eben im „Gutbereich" (erfüllt) zu bleiben. Am sachlichen Entscheidungspunkt des Qualitätsmanagements zwischen „gut" und „nicht gut" darf – wie bereits erwähnt – keinesfalls eine Unstetigkeitsstelle im Qualitätsbegriff bestehen.

7.10.3 Die meist inhaltslose Anwendung in der Werbung

Werbung zielt auf psychologische Beeinflussung. Ihre Aussagen sollen jedermann tagtäglich überfluten und zum Kauf des Produkts anreizen, für das geworben wird. Werbung klingt vielfach sehr ansprechend. Fast immer ist „Qualität" im Spiel. Bei näherer Betrachtung zeigt sich aber, daß in der Regel jeder konkrete Inhalt fehlt. Wenn die Qualität der gekauften Einheit nicht zufriedenstellt, kann man mit Werbeaussagen nichts anfangen: Was ist „unendliche Qualität" einer Schokolade? Welche verwertbare Aussage enthält der Werbespruch „Bei uns kaufen Sie nur Qualitätsprodukte!"? Im Sinn des Qualitätsmanagements hat natürlich jedes Produkt eine Qualität, eine zufriedenstellende oder eine nicht zufriedenstellende, eine miserable oder eine hervorragende, auf jeden Fall aber irgendeine Qualität.

Die Folge dieses Trommelfeuers von „Qualitätssprüchen" ist, daß mit dem Wort „Qualität" gedanklich vielfach die Erfüllung aller denkbaren Forderungen verknüpft wird. Wie sehr solche Vorstellungen auch in den beruflichen Alltag übernommen werden, zeigt das Bild 7.1. Für fachgerechtes systematisches Qualitätsmanagement sind solche Vorstellungen aber alles andere als nützlich. Das wird nicht überall erkannt. Wer aber fachlich mit Qualität als dem Guten arbeiten will, wer also Qualität im Sinne des Guten, der Erfüllung der Qualitätsforderung benutzt, der kommt zwangsläufig zur Fragestellung: „Wie heißt dann das Schlechte?". Seine Antwort lautet, wie im Abschnitt 7.9 bereits kurz erwähnt: „Unqualität". Und nun wickelt sich eine Diskussion ab, über deren beschwerlichen Verlauf viele Erfahrungen aus vielen Ländern vorliegen, insbesondere aus Frankreich, wo man es erst mit „nonqualité" und dann mit „dys-qualité" versuchte: Es paßt nämlich „hinten und vorne" nicht. Man verwickelt sich in Widersprüche und – das sollte man ernst nehmen – man bewegt sich außerhalb dessen, was – wie ausgeführt: sehr sinnvoll – weltweit eindeutig als Qualität definiert ist.

7.10.4 Gesamteinschätzung der gemeinsprachlichen Anwendung von „Qualität"

Insgesamt kann man zur gemeinsprachlichen Anwendung sagen: Es ist weder möglich noch nötig, den von der international einheitlichen Definition des Fachbegriffs abweichenden Gebrauch des Wortes „Qualität" zu verhindern, insbesondere den in der Werbung. Einen günstigen Einfluß in Richtung Fachbegriff üben verbraucherbezogene Qualitätsbeurteilungen von Produkten aus, die mit fachlichen Qualitätsbeurteilungen begrifflich deckungsgleich sind.

7.11 Zusammenfassung zum Qualitätsbegriff

Der Fachbegriff Qualität bezeichnet sinnvoll und eindeutig die

Relation zwischen realisierter Beschaffenheit und Qualitätsforderung,

wobei die Qualitätsforderung die jeweilige Gesamtheit der betrachteten Einzelforderungen an die Beschaffenheit einer Einheit ist (siehe Kapitel 11). Noch kürzer, mit nur vier Wörtern, ist Qualität erklärt (siehe Bild 7.4) mit

Realisierte Beschaffenheit bezüglich Qualitätsforderung.

Die in den Medien übermächtige Werbung bewirkt, daß auch im Qualitätsmanagement und von Fachleuten im Widerspruch zur international einheitlichen Festlegung immer wieder bekanntgegeben wird, Qualität sei [112]

„die Übereinstimmung der Leistung mit den Anforderungen des Kunden".

| 7.12 Qualitätsfähigkeit | 75 |

Das aber ist **Ziel des Qualitätsmanagements,** nämlich **zufriedenstellende Qualität, erfüllte Qualitätsforderungen.**

Das war zwar der Qualitätsbegriff bis 1972, er wurde aber aus gutem Grund, wie im Abschnitt 7.5 im Detail gezeigt, verlassen, zuerst durch EOQC, dann weltweit. Anzuraten ist, diese Entwicklung und ihre Ursache zu beachten.

Günstig für diese Zielsetzung ist, daß sich das überwiegende ernsthafte Verständnis der Gemeinsprache beim Qualitätsbegriff aufgrund der allen Verbrauchern zugänglichen Qualitätsurteile von Warentestinstituten zunehmend dem Qualitätsbegriff annähern.

7.12 Qualitätsfähigkeit

Wer den Qualitätsbegriff verstanden hat, dem bereitet der Qualitätsfähigkeitsbegriff keine Probleme, obwohl dieser Begriff weltweit umstritten ist. Man muß die Ursachen dafür kennen. Qualitätsfähigkeit ist wie folgt erklärt:

> **QUALITÄTSFÄHIGKEIT =**
> **Eignung einer Organisation**
> **oder ihrer Elemente, bei Realisierung einer Einheit**
> **die Qualitätsforderung an diese Einheit zu erfüllen**

Elemente der Organisation, die bezüglich dieser Qualitätsfähigkeit gemeinsam, oder in Gruppen, oder jedes für sich alleine gut oder schlecht sein können, sind beispielsweise Personen, Verfahren, Prozesse, Maschinen. Es kommt dabei auf die betrachteten Elemente, auf die betrachteten Einzelforderungen an die realisierende Einheit – meistens ein materielles oder immaterielles Produkt –, und auf die betrachtete Konkretisierungsstufe der Einzelforderungen an dieses Produkt an. So bezieht sich die Qualitätsfähigkeit einer technischen Vertriebsabteilung z.B. auf das von ihr zu erstellende Lastenheft für ein neues Angebotsprodukt, also auf eine andere Konkretisierungsstufe der betreffenden Qualitätsforderung an dieses Produkt als bei der Arbeitsvorbereitung mit ihren Detailfestlegungen für die spätere Fertigung des Produkts (siehe auch Abschnitt 11.2, insbesondere den Begriff Qualitätsforderung mit dem zweimaligen „betrachteten").

Im Bild 7.6 ist versucht, den Begriff Qualitätsfähigkeit zu veranschaulichen. Man sieht, daß die Qualität der realisierten Einheit mit allen ihren vielen Aspekten gemäß Bild 7.2 die Aussage über die Qualitätsfähigkeit der Organisation liefert, welche diese Einheit realisiert, und zwar mit ebenso vielfältig abgestuften Skalen, wie sie die Qualität kennzeichnen. Was man natürlich nicht zeichnen kann, ist das Vertrauen in die Qualitätsfähigkeit, die eine Organisation durch die QM-Darlegung gewinnen kann (siehe Abschnitt 13.3.4).

In diesem Zusammenhang sind auch die Begriffe Prozeßfähigkeit und Maschinenfähigkeit" zu erwähnen. Mit [186] ist klargestellt, daß damit die Qualitätsfähigkeit eines Prozesses oder eine Maschine gemeint ist. Es empfiehlt sich aber, jeweils zu klären, ob nicht etwa doch die Qualität der Maschine selbst gemeint ist. In diese Richtung ging jahrzehntelang die vorwiegend durch ein großes Automobilunternehmen der USA weltweit verbreitete Auffassung, wonach Qualitätsfähigkeit ein Streuungsmaß der Verteilung eines Prozeßmerkmals ist (siehe auch Abschnitt 23.4.5 und [188]).

Bild 7.6: Veranschaulichung der Begriffs Qualitätsfähigkeit

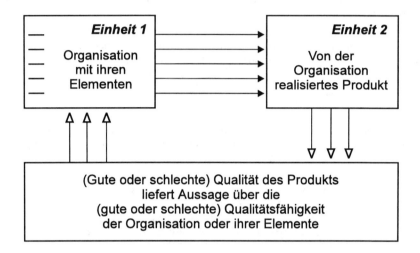

Man kläre also, ob diese Qualitätsfähgkeit zu verstehen ist
- als Qualitätsfähigkeit des Prozesses oder der Maschine im genormten Sinn (siehe obige Begriffsfestlegung), oder
- als „Eignung des Prozesses oder der Maschine, die Qualitätsforderung an diese Einheit selbst zu erfüllen", oder
- als eine nicht näher geklärte Kombination aus beidem, oder
- als ein Maß für die Streuung eines bezeichneten Qualitätsmerkmals des Prozesses oder der Maschine selbst, oder
- als ein Maß für die Streuung eines bezeichneten Qualitätsmerkmals des durch die Maschine erzeugten Produkts, oder
- als eine nicht näher geklärte Kombination aus beidem.

Alle diese Möglichkeiten gibt es, oft auch eine ungeklärte Verwendung.

Solche weltweiten Vielfachanwendungen von „Qualitätsfähigkeit" waren übrigens 1991 Ursache dafür, daß die internationale Vereinheitlichung des Begriffs capability nicht möglich war: Capability wurde aus der internationalen Norm für qualitätsbezogene Grundbegriffe [16] herausgenommen, eine für die Committee-Mitglieder zwar angenehme, für die Anwender aber wenig nützliche Lösung.

8 Sachbegriffe der Qualitätslehre

Überblick

Qualitätsmanagement ist von seinem Ziel her gehalten, die betrachteten Sachen zweifelsfrei ansprechen und abgrenzen zu können. Dazu gehören alle zu betrachtenden Einheiten wie Produkte und Tätigkeiten, deren Merkmale und Merkmalswerte sowie die Qualitätsforderungen mit allen Einzelheiten.

8.1 Allgemeines

Sechs sachbezogene Grundbegriffe wurden bisher behandelt: Im Kapitel 6 die vier Begriffe Einheit, Beschaffenheit, Anspruchsklasse und System, im Kapitel 7 dann die Begriffe Qualität und Qualitätsfähigkeit. Weitere sachbezogene Begriffe, zu denen im Rahmen dieser grundlegenden Ausführungen mehr als nur der Begriffsinhalt vorgestellt werden muß, folgen für die übergeordneten Aspekte in den Kapiteln 9 bis 13 sowie für spezielle Aspekte ab Kapitel 17. Sie kommen deshalb in diesem Kapitel 8 nicht vor.

Hier wird versucht, das Grundverständnis für die in der Qualitätslehre wichtigsten Sachbegriffe bereitzustellen. Entsprechende Tätigkeitsbegriffe sind im Kapitel 9 behandelt. Die dritte bedeutsame, aber kleine Gruppe von Begriffen gehört zu den Modellvorstellungen der Qualitätslehre, die im Kapitel 4 vorgestellt worden sind. Diese Gedankenmodelle werden angesichts der anschwellenden Flut von neuen Werkzeugen zum Qualitätsmanagement immer wichtiger für den gedanklichen Überblick (siehe Kapitel 32).

Zu den nachfolgenden Sachbegriffen erhält der Leser kurze Hinweise sowie weiterführende Literatur. Insbesondere wird auf die vier DIN-Taschenbücher [11] bis [14] und wiederum auf den DGQ-Band 11-04 [53] hingewiesen, in denen Hunderte Begriffe zur Qualitätslehre sowie Informationen über ihre gegenseitigen Beziehung zu finden sind.

8.2 Merkmale und Merkmalsarten

Bei allen Einheiten (siehe Abschnitt 6.2) einer Qualitätsbetrachtung steht deren Beschaffenheit (siehe Abschnitt 6.3) als Gesamtheit der Merkmale und Merkmalswerte im Mittelpunkt. Dazu muß man die prinzipiell möglichen vier Merkmalsarten kennen. Über deren Bedeutung und die Notwendigkeit der Unterscheidung entstand bis in die ersten 80er-Jahre hinein in Deutschland immer wieder ein Meinungsstreit. Er wurde durch [23] und später durch die entsprechende Grundnormung [24] im Einvernehmen zwischen Wissenschaft und Praxis über die nationalen Grenzen hinaus entschieden. Bis heute jedoch ist die Bedeutung dieser Merkmalsarten für ein zielsicheres Qualitätsmanagement nicht hinreichend bekannt. Deshalb wird hier der Zusammenhang unter Hinweis auf die betreffende weiterführende Literatur kurz erläutert. Ein **Merkmal** ist eine

Eigenschaft zum Erkennen oder zum Unterscheiden von Einheiten.

Die Definition des Merkmals aus dem übergeordneten Begriff Eigenschaft der Gemeinsprache bedeutet, daß im Qualitätsmanagement zweckmäßig ausschließlich von Merkmalen gesprochen wird. Zum Merkmal gehört der

Merkmalswert = *Der Erscheinungsform des Merkmals zugeordneter Wert.*

Durch die spezielle Festlegung des betrachteten Merkmals ist die Art des Merkmals (beispielsweise eine Farbe oder eine Länge) und damit auch die Art der Merkmalswerte (beispielsweise „rot" oder „3,27 m") festgelegt.

Im Bild 8.1 sind die 4 Merkmalsarten mit ihren beiden Oberbegriffen

Qualitatives Merkmal und *Quantitatives Merkmal*

geordnet dargestellt. Die Zusammenhänge kann man in [23], die normativen Festlegungen in [24] studieren.

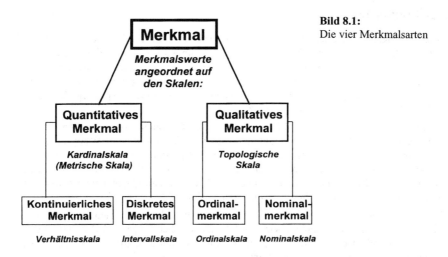

Bild 8.1:
Die vier Merkmalsarten

Zu jeder Merkmalsart gehört ein

„zweckmäßig geordneter Wertebereich des Merkmals".

Das ist die jeweilige Skala, die einer Merkmalsart zugeordnet wird. Diese in Tabelle 8.1 dargestellte Zuordnung gilt prinzipiell und umfaßt auch die Beziehungen und Transformationen, die zwischen den Werten der Merkmale zugelassen sind (die Tabelle stammt aus [24]).

Diese Tabelle zeigt die grundlegende Bedeutung ihrer Kenntnis sowie der daraus folgenden richtigen Zuordnung eines beim Qualitätsmanagement betrachteten Merkmals zur Merkmalsart (es ist wie bei einem Versicherungskaufmann, er muß die Zinseszinsrechnung beherrschen): Merkmals-Interpretation und -Auswertung hängen von der richtigen Zuordnung ab. Das gilt insbesondere für die Qualitätsplanung, aber auch für Qualitätslenkung und Qualitätsprüfungen. Auch wenn viele Praktiker diese Tabelle weder kennen noch benutzen, ändert das nichts an ihrer Bedeutung für die Praxis.

8.2 Merkmale und Merkmalsarten

Tabelle 8.1: Übersicht über die vier Merkmalsarten anhand der zugehörigen Skalentypen

Merkmalsart	Qualitatives Merkmal		Quantitatives Merkmal (kontinuierliches oder diskretes Merkmal)	
	Nominalmerkmal	Ordinalmerkmal		
Skala	Topologische Skala		Metrische oder Kardinalskala	
	Nominalskala	Ordinalskala	Intervallskala	Verhältnisskala
Definierte Beziehungen	$=$ $\neq$	$=$ $\neq$ $<$ $>$	$=$ $\neq$ $<$ $>$ $+$ $-$	$=$ $\neq$ $<$ $>$ $+$ $-$ $\times$ $:$
Hinzukommende Beziehung	Unterscheidung gleich/ungleich	Unterscheidung kleiner/größer	Differenzen haben empirischen Sinn	Verhältnisse haben empirischen Sinn
Zugelassene Transformationen	umkehrbar eindeutige (bijektive)	monoton steigende (isotone)	lineare $y = ax + b$ $(a > 0)$	Ähnlichkeitstransformation $y = ax$ $(a > 0)$
Beispiel	Postleitzahlen	Schulnoten	Celsius-Temperaturen	Kelvin-Temperaturen
Beispiele zusätzlicher statistischer Kennwerte	Modalwert Häufigkeiten	Quantile (Mediane, Quartile usw.)	arithmetischer Mittelwert, Standardabw.	geometrischer Mittelwert, Variationskoeff.
Anzuwendende statistische Verfahren	nichtparametrische		parametrische, und zwar unter Beachtung der Modellvoraussetzungen	

Zu jeder dieser vier Merkmalsarten gibt es eine Norm in der Normenreihe DIN 53804 [26 bis 29]. Die Überschriften dieser Normen sind noch nicht an die aktuelle Terminologie gemäß der ersten Tabellenzeile der Tabelle 8.1 angeglichen. Von „meßbaren Merkmalen", von „Variablenmerkmalen" und von „Attributmerkmalen" (wie sie dort noch heißen) sollte man wegen der Verwechslungsmöglichkeiten also nicht mehr sprechen. Das Studium dieser Normen liefert aber zahlreiche nützliche Informationen zu den Merkmalsarten. Man beachte in den rechten beiden Spalten der Tabelle 8.1, daß es sowohl auf der Intervallskala als auch auf der Verhältnisskala sowohl diskrete als auch kontinuierliche Merkmale gibt.

8.2.1 Qualitätsbezogene Merkmalsarten

Für das Qualitätsmanagement ist immer dann, wenn es um Merkmale und Merkmalswerte geht, die folgende dreifache Unterscheidung nützlich:

- Allgemeine Merkmalsbegriffe,
    z.B. Qualitätsmerkmal, Prüfmerkmal, Abweichung;
- Begriffe zu vorgegebenen Merkmalswerten,
    z.B. Nennwert, Grenzwert, Grenzabweichung;
- Begriffe zu ermittelten Merkmalswerten,
    z.B. Istwert, Mittelwert, Grenzwertabstand.

Verstöße gegen diese Unterscheidung sind in der Praxis an der Tagesordnung. Durch Beachtung der Unterscheidung kann man sich daher einen nicht unbedeutenden Wettbewerbsvorteil verschaffen. Vermeidbare Konsequenz aus der Nichtbeachtung sind nämlich Verwechslungen und Irrtümer. Deshalb sollte man DIN 55350-12 [24] und zur Vermeidung von mißverständlichem Werkstattslang auch [25] studieren.

8.3 Spezielle Einheiten unter den Produkten

Einheiten können Produkte oder Tätigkeiten, Systeme oder Personen sein (siehe Abschnitt 6.2). Hier werden nur einige spezielle Produkte betrachtet.

8.3.1 Das Angebotsprodukt

Bereits im Abschnitt 2.2.1 und dann im Abschnitt 2.4 wurde kurz das **Angebotsprodukt** benutzt. Dieser Begriff erlaubt die schnelle Unterscheidung von internen Produkten, die in der Organisation für die Organisation benötig werden. Nach [8] ist das Angebotsprodukt (offered procuct) so erklärt:

> **Angebotsprodukt = Produkt, das durch die Organisation dem Kunden (dem Markt) zum Verkauf angeboten oder ihm als Besitz oder zur Benutzung zur Verfügung gestellt wird**

Es ist also wichtig, dieses spezielle Produkt kurz ansprechen zu können. Es kann ein Zwischenprodukt oder ein Endprodukt sein. Von ihm sind alle anderen in der Organisation erzeugte Produkte zu unterscheiden, die nicht für den Kunden oder den Markt oder die Öffentlichkeit bestimmt sind, z.B. ein Betriebsabrechnungsbogen. Auch aus Steuern finanzierte, für den Empfänger aber unmittelbar unentgeltliche Leistungen der öffentlichen Hand sind Angebotsprodukte. Übergeordnete Produktkategorien von Angebotsprodukten sind in Abschnitt 13.2.5 und im Bild 13.7 behandelt.

Ein Angebotsprodukt kann aber natürlich auch innerhalb einer Organisation eine große Rolle spielen. Dem wird eine weiterentwickelte Definition gerecht, die für die Langzeitrevision der ISO 9000 family diskutiert wird:

> **Angebotsprodukt =**
>
> **Produkt, das mindestens einem externen Kunden der anbietenden Organisation angeboten wird.**

Dabei ist das Produkt als Einheit entsprechend Abschnitt 6.2 in einfachster Weise definiert:

> **Produkt = Ergebnis eines Prozesses**

8.3 Spezielle Einheiten unter den Produkten

8.3.2 Die Dienstleistung

Die Arten materieller Produkte können als gut bekannt vorausgesetzt werden: Natürliche Produkte und verfahrenstechnische Produkte (Massengutprodukte und Endlosgutprodukte, siehe DIN 55350-14 [31]). Dies gilt nicht für immaterielle Produkte. Dienstleistungen, Software, Entwürfe, Benutzungsanleitungen sind Beispiele. Siehe Übersicht im Bild 13.7.

Dienstleistungen werden immer wichtiger. Dieses Wort wird in der Gemeinsprache – wie „service" im Angloamerikanischen – sowohl für das Tun als auch für dessen Ergebnis verwendet. Für die Fachsprache der Qualitätslehre benötigt man einen eindeutigen sowie gegen alle anderen Arten von immateriellen Produkten klar abgegrenzten Begriff.

Die internationale Norm [16] formuliert dazu gleichlautend mit [44]:

„An der Schnittstelle zwischen Lieferant und Kunde sowie durch interne Tätigkeiten des Lieferanten erbrachtes Ergebnis zur Erfüllung der Erfordernisse des Kunden".

Das könnte aber auch ein Maßanzug sein. Es fehlt die unabdingbare Ableitung der Erklärung aus dem immateriellen Produkt.

Deshalb hat DIN im Zusammenhang mit der Entwicklung der internationalen Norm ISO 9004-2, die eine Ergänzung zu ISO 9004-1 ist (ebenso wie DIN ISO 9004-2 [44] eine Ergänzung zu DIN EN ISO 9004-1 [40] ist), für die geltende Erläuterungsnorm [15] zu [16] die Lösung erarbeitet:

Dienstleistung (service) =

Immaterielles Produkt, das dem Zweck dient, unmittelbar den Zustand des Kunden oder des Auftraggebers zu verbessern.

Der schwerwiegende Nachteil der erstgenannten Definition wird durch die für die Langzeitrevision der ISO 9000 family diskutierte Lösung beseitigt werden. Sie wird im Teil-Begriffssystem für Produkte aufgeführt sein und voraussichtlich lauten:

Dienstleistung =

beabsichtigtes immaterielles Produkt, erbracht durch Tätigkeiten, von denen mindestens eine notwendigerweise an der Schnittstelle zwischen Lieferant und Kunde ausgeführt wird.

Die zweitgenannte Begriffserklärung nach [15] ist durch die ersten beiden nachfolgend zitierten Anmerkungen, die erstgenannte Erklärung nach [16] mit den dann nachfolgenden weiteren zwei Anmerkungen in einer für den Anwender nützlichen Weise veranschaulicht, wobei diese zwei letzteren durch Beispiele noch deutlicher gemacht werden:

– Der Zustand des Kunden/Auftraggebers bezieht sich auf seine Gesundheit (eingeschlossen die Umweltsituation), auf seinen Informationsstand und sein Wissen, auf seine wirtschaftliche und soziale Situation, auf seine Möglichkeit der Benutzung von Produkten und auf seine Versorgung mit Energie, Verpflegung, Transportmitteln, mit Mitteln zur Verbesserung seiner Sicherheit usw.

- Immaterielle Produkte, die als gespeicherte geistige Werkzeuge ausschließlich in Kombination mit materiellen Produkten angewendet werden können (z.B. ein Rechnerprogramm, ein Entwurf, eine Gebrauchsanleitung usw.), sind nicht Dienstleistungen, sondern Software.
- Der Lieferant oder der Kunde können an der Schnittstelle durch Personal oder durch Einrichtungen vertreten sein.
  Alternativbeispiele: Fahrkartenautomat/Fahrkartenschalter; Geldautomat/Bankschalter; Getränkeautomat/Borddrestaurant; Hausbriefkasten/Schließfach; Telefongespräch/ Anrufbeantworter).
- Eine Dienstleistung kann mit der Herstellung und Lieferung eines materiellen Produkts verbunden sein.
  Beispiel: Beim Anschluß eines neuen Gasherdes wird ein neues Anschlußrohr hergestellt und ein neuer Gasanzünder geliefert.

Vom immateriellen Produkt Dienstleistung selbst sind streng zu unterscheiden die in [16] wie folgt beschriebenen Tätigkeiten zur

> **Erbringung einer Dienstleistung = Die zur Lieferung einer Dienstleistung nötigen Tätigkeiten eines Lieferanten**

Auch hierzu gibt es zwei instruktive Anmerkungen, die in [16] allerdings fälschlich bei der Dienstleistung selbst positioniert sind, nicht wie zutreffend bei der danach folgenden Erbringung der Dienstleistung:
- Für die Erbringung einer Dienstleistung können Kundentätigkeiten an der Schnittstelle zum Lieferanten wesentlich sein.
  Beispiele: Personalienangabe im Antrag zu einem Bausparvertrag. Beschaffen einer Fahrkarte für Nahverkehrsmittel im Automaten.
  Hinweis: Diese Kunden-Tätigkeiten gehören sinnvollerweise nicht zur Erbringung der Dienstleistung.
- Lieferung oder Gebrauch materieller Produkte kann Bestandteil der Erbringung einer Dienstleistung sein.
  Beispiele: Verpflegung und Injektionsspritze im Krankenhaus; Ersatzteile und Werkzeuge bei Jahresinspektion eines Pkw in einer Kfz-Reparaturwerkstatt; Tagesmenü, Geschirr und Besteck in einem Restaurant.

Mit den obigen Erklärungen ist erreicht, daß Dienstleistungen beim Qualitätsmanagement prinzipiell wie jedes andere Produkt betrachtet werden können. Im übrigen beachte man: Der Unterschied materieller Produkte (Hochofen/Hundefutter) und immaterieller Produkte (Software/Dienstleistung) ist nicht geringer als der zwischen materiellen und immateriellen Produkten. Insbesondere gilt dies – wie vorne mehrfach ausgeführt – im Hinblick auf die unterschiedlichen Qualitätsforderungen, einerseits an die betreffenden Tätigkeiten, und andererseits an deren Ergebnis, das Produkt. Bei Dienstleistungen ist diese Unterscheidung gerade wegen der strammen Korrelation zwischen den Tätigkeiten und deren Ergebnis besonders wichtig. Dienstleistungen brauchen demnach keine Ausnahmestellung in der Qualitätsbetrachtung zu beanspruchen.

Diese bedeutende Vereinfachung macht es lohnend, die dafür nötigen Abstraktionen zu erlernen und einzuüben. Diese abstrakten Denkmuster sind inzwischen keineswegs mehr neu und überdies bewährt. Auch deshalb wurden die obigen sechs Anmerkungen aus den jeweiligen Normen hier vollständig aufgeführt und *kursiv* mit zusätzlichen Beispielen versehen.

8.3.3 Das Muster

In Geschäftsbeziehungen spielen oft Muster eine erhebliche qualitätsbezogene Rolle. Von deren Qualität hängt bisweilen der Auftrag ab. In der Industrie gab es (deshalb) früher eine fast unermeßliche Anzahl von Bezeichnungen (die teilweise auch heute noch gebraucht werden). Für solche

> **Muster = materielle Einheiten, die**
> **einer Qualitätsprüfung aus besonderem Anlaß unterzogen**
> **oder im Rahmen einer Qualitätsprüfung benötigt werden**

gilt DIN 55350-15 [33] als Verständigungsgrundlage. Nicht nur in der Automobilindustrie und bei ihren Unterlieferanten kommt es hier auf klare Verhältnisse an, um unnötige Aufwendungen zu vermeiden.

Die erwähnte Benennungsvielfalt war größtenteils werkstattbedingt. Sie löste vielfältige Verwechslungen aus. So wurde schon der Oberbegriff Muster verschiedentlich mit an sich nichtssagend erweiterten Benennungen wie „Qualitätsmuster", „Prüfmuster" oder „Spezialmuster" versehen. In [33] mit insgesamt 13 Musterbegriffen sind daher zu den für den Geschäftsverkehr wichtigsten fünf Musterbegriffen solche Benennungen in Anmerkungen aufgeführt, die in der Praxis synonym verwendet wurden und teilweise noch werden. Für diese fünf Begriffe gab es 17 Benennungen, von denen nun fünf als Vorzugsbenennungen genormt sind. Der Anwender nicht genormter Synonyme wird durch [33] auf die genormten Benennungen zurückgeführt.

Besondere Bedeutung haben drei Muster für Großserienfertigungen mit dafür unterschiedlichen „Reifegraden": Das Vormuster, das Zwischenmuster und das Erstmuster. Das Vormuster ist „noch nicht mit den für die spätere Serienfertigung vorgesehenen Einrichtungen, Verfahren und Randbedingungen" realisiert, das Zwischenmuster bereits „teilweise", das Erstmuster „ausschließlich".

Grenzmuster als Verkörperung des Grenzwerts eines Qualitätsmerkmals haben in allen Branchen Bedeutung. Weitere Einzelheiten entnehme man aus [33].

8.4 Partner im Markt

Sie scheinen klar zu sein. Bei näherem Hinsehen zeigen sich Strukturen, deren Kenntnis manche Verwechslungen und Fehlleitungen vermeiden hilft. Das Schema des Bildes 8.2 soll einen Überblick geben. Die angloamerikanischen Benennungen sind in Klammern beigefügt.

Bild 8.2: Übersicht über genormte Namen und Erklärungen zu den Partnern im Markt

Situation (Begriffsdefinition)	Erklärung (Begriffsdefinition)		
	Organisation oder Person, die ein Produkt empfängt	Organisation oder Person, die ein Produkt bereitstellt	
allgemein (Oberbegriffe)	KUNDE (customer)	LIEFERANT (supplier)	
		Lieferant (supplier)	Unterlieferant (sub-supplier)
in einer Vertragssituation (Unterbegriffe)	AUFTRAG-GEBER (purchaser)	Auftragnehmer (contractor)	Unterauftragnehmer (sub-contractor)

Der Auftraggeber (Unterbegriff) ist also zugleich auch Kunde, der Auftragnehmer zugleich Lieferant. Die korrekte Benennung für den oft so genannten Zulieferanten ist „Unterlieferant" oder in einer Vertragssituation „Unterauftragnehmer".

8.5 Qualifikation, Qualitätsnachweis und Qualitätsbeauftragter

Die Begriffe Qualifikation, Qualitätsnachweis und Qualitätsbeauftragter stehen häufig mit der Schnittstelle zwischen Auftraggeber und Auftragnehmer (Kunde und Lieferant) in Beziehung (siehe Bild 8.2) und sind entsprechend bedeutungsvoll.

8.5.1 Qualifikation und Qualifiziert

Als „qualifiziert" bezeichnet man international (in [16]) eine Einheit, wenn ihre Qualitätsfähigkeit (siehe Abschnitt 7.12) dargelegt wurde. „Qualifiziert" ist also ein Status, nämlich das Ergebnis von Tätigkeiten, des Prozesses dieser Darlegung. Dieses Ergebnis bezieht sich auf ein Potential in der Zukunft. Den betreffenden Prozeß nennt man „Qualifizierungsprozeß" („qualification process") [16].

8.5 Qualifikation, Qualitätsnachweis und Qualitätsbeauftragter

Das deutsche Wort „Qualifikation" hingegen bezieht sich auf den augenblicklichen Zustand einer Einheit selbst, nicht etwa auf künftige vertrauensvolle Erwartungen. Die betreffende nationale Normungsfestlegung besteht seit weit über einem Jahrzehnt in [7] und ihren Vorgängern. Die nachfolgend wiedergegebene aktuelle Definition ist aus [8] entnommen:

> **QUALIFIKATION = An einer Einheit nachgewiesene Erfüllung der Qualitätsforderung**

Diese Bedeutung entspricht auch der Gemeinsprache. Qualifikation ist oft der Schlüssel zum beruflichen Erfolg eines Menschen. Es ist weder üblich noch nötig, für diesen (anderen) Status das Wort „Qualifikationsstatus" zu verwenden.

Leider ist die langjährige Eindeutigkeit dieser Festlegung durch [16] in Frage gestellt: Die einzige Anmerkung zum „qualifikation process" lautet: „The term 'qualification' is sometimes used to designate this process". Die Fragen nach Qualität und Qualifikation werden dadurch in verwirrender Weise vermengt. Das gilt auch für die zugehörigen, im Kapitel 9 behandelten Tätigkeitsbegriffe.

Die im positiven Ergebnisfall zur Qualifikation führende Qualifikationsprüfung ist in [50] beschrieben. Sie wird im Angloamerikanischen „validation" (Validierung) genannt. Die im positiven Ergebnisfall zum Status „qualifiziert" führende Qualifizierungsprüfung wird im Angloamerikanischen „verification" (Verifizierung) genannt. Weder diese Wörter noch die zugehörigen Definitionen in [16] enthalten erkennbar, was die Begriffen meinen. Das löst immer wieder Diskussionen darüber aus. Die mit [16] mutmaßlich gemeinten Zusammenhänge sind im Bild 8.3 erläutert (siehe auch Abschnitt 9.4.1 und Bild 9.4).

8.5.2 Qualitätsnachweis

Bislang konnte unter diesem Namen für jede beliebige Einheit ein dokumentierter Nachweis über die Erfüllung der Qualitätsforderung geführt werden. Neuerdings wird diese Bezeichnung verschiedentlich eingeschränkt auf ein *„Dokument über die Qualifikation eines Produkts"*. Dieses kann materiell oder immateriell sein, ein internes oder ein Angebotsprodukt. Qualitätsnachweise haben ihre größte Bedeutung im Geschäftsverkehr. In diesen Nachweisen muß klar werden,

- von welchen Einheiten (Produkten) die Ergebnisse der Qualifikationsprüfung stammen,
- auf welche „speziellen Qualitätsmerkmale" sich diese Qualifikationsprüfung bezieht,
- welche dieser Ergebnisse im Qualitätsnachweis dokumentiert sind, und
- wer für den Qualitätsnachweis gegenüber dem Empfänger (Auftraggeber, Kunde) die Verantwortung trägt.

Qualitätsnachweise sind eng korreliert mit Produkt-Zertifizierungen.

Bild 8.3: Arten von Qualitätsprüfungen mit den Zielsetzungen Zustand „qualifiziert" und Zustand „Qualifikation"

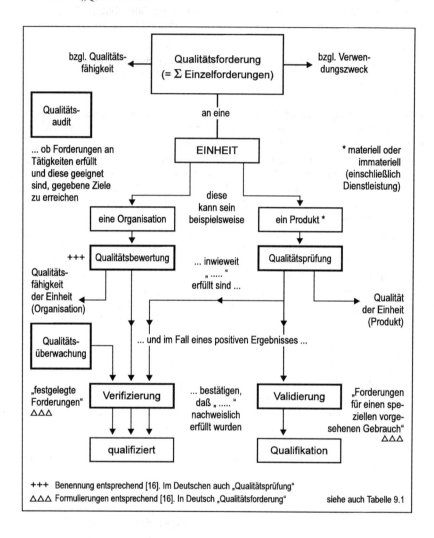

8.5.3 Qualitätsbeauftragter

Als solcher wird meist der in DIN EN ISO 9001 bis DIN EN ISO 9003 so genannte „Beauftragte der obersten Leitung" bezeichnet, der „die festgelegte Befugnis (und Verantwortung) besitzt, um sicherzustellen, daß ein QM-System festgelegt, verwirklicht und aufrechterhalten ist...". Allerdings geht die Bedeutung der Bezeichnung in der Praxis oft über diese eingeschränkte Festlegung hinaus. Sie wird nämlich auch für Qualitätsbeauftragte verwendet, deren Aufgabe im Qualitätsmanagement umfassend, aber rein interner Natur ist.

Stets ist der Qualitätsbeauftragte jedoch vom Prüfbeauftragten zu unterscheiden, der je nach seinem Auftraggeber spezielle Fähigkeiten zur Erstellung von Qualitätsnachweisen (siehe Abschnitt 8.5.2) besitzen muß.

8.6 Qualitätsfähigkeit

Dieser Begriff ist einer der bedeutendsten Sachbegriffe des Qualitätsmanagements. Das gilt vor allem wegen seiner zentralen Stellung in den durch die Praxis für die wichtigsten gehaltenen Normen in der DIN EN ISO 9000-Familie. In den Scopes der Normen ISO 9001 bis ISO 9003 steht nämlich „supplier's capability" im Mittelpunkt.

Wegen seiner Bedeutung wurde dieser in [8] enthaltene Sachbegriff bereits zusammen mit dem Qualitätsbegriff im Kapitel 7 behandelt, und zwar im Abschnitt 7.12. Dort wurde auch erläutert, warum man diesen Begriff trotz seiner Bedeutung aus der neuesten Fassung der internationalen Grundnorm für qualitätsbezogene Begriffe [16] herausgenommen hat.

8.7 Gebrauchstauglichkeit

„Gebrauchstauglichkeit" ist objektiv nicht vollständig erfaßbar. Sie spielt im Verbraucherschutz und beim Warentest eine bedeutende Rolle und ist bisweilen sogar politisch relevant.

Der Begriff „Gebrauchstauglichkeit" findet sich in der eigens dazu geschaffenen Norm DIN 66050. Diese ist nach 14jährigen Beratungen im August 1980 erschienen und seitdem nicht mehr geändert worden. Die Definition wurde vollständigkeitshalber auch nach [8] übernommen, um dort die Zuordnung zum Qualitätsbegriff in einer Anmerkung darzulegen.

> **Gebrauchstauglichkeit =**
>
> **Eignung eines Gutes für seinen bestimmungsgemäßen Verwendungszweck, die auf objektiv und nicht objektiv feststellbaren Gebrauchseigenschaften beruht, und deren Beurteilung sich aus individuellen Bedürfnissen ableitet**

Unter den Gebrauchseigenschaften gibt es unbedingt erforderliche und solche, die für den Gebrauch von zusätzlichem Nutzen, aber nicht unbedingt erforderlich sind. Normen und ähnliche Spezifikationen können sich nur auf ausreichend objektivierbare Sachverhalte beziehen, nicht aber auf die „nicht objektiv feststellbaren Gebrauchseigenschaften". Gebrauchstauglichkeit ist demnach mindestens teilweise prinzipiell nicht objektivierbar, und zwar im Gegensatz zum Qualitätsbegriff: Bei letzterem müssen alle Gegenüberstellungen von Einzelforderungen und den jeweils an den realisierten Einheiten festgestellten Merkmalswerten objektivierbar sein. Ein weiterer Gegensatz ist, daß Gebrauchstauglichkeit für ein „Gut", also nur für materielle Produkte definiert ist.

Übereinstimmend für Qualität und Gebrauchstauglichkeit hingegen ist die kontinuierliche Bewertungsmöglichkeit.

Vielfach wird „Gebrauchstauglichkeit" als Rechtsbegriff betrachtet. Das ist unrichtig. Zwar ist im Kaufrecht des BGB im § 459 von Tauglichkeit die Rede, doch kommen dort nur zwei ganz spezielle Fälle von Tauglichkeit vor,
- die Tauglichkeit zum gewöhnlichen Gebrauch, und
- die Tauglichkeit zu dem nach dem Vertrage vorausgesetzten Gebrauch.

Der erste Spezialfall führte aufgrund jahrzehntelanger Rechtsprechung zu sehr ausgeprägten, fallbezogenen Vorstellungen darüber, was „gewöhnlicher Gebrauch" ist. Jede Berücksichtigung individueller Bedürfnisse entfällt. Diese „Tauglichkeit zum gewöhnlichen Gebrauch" ist also etwas anderes als die Gebrauchstauglichkeit. Im zweiten Spezialfall ist Maßstab für die Tauglichkeit zum Gebrauch die vertragliche Vereinbarung zwischen den Geschäftspartnern über die Qualitätsforderung. Dieser zweite Spezialfall betrifft also nur objektivierbare Sachverhalte und ist deshalb ebenfalls etwas anderes als die Gebrauchstauglichkeit im obigen Sinn.

Der Gesetzgeber hat es also vermieden, sich schlechthin über die Tauglichkeit zum Gebrauch zu äußern. Er hat nur zwei Spezialfälle betrachtet.

Jedermann erlebt(e) anläßlich von „Sperrmüll-Aktionen" immer wieder sehr anschaulich, daß die Gebrauchstauglichkeit sehr subjektiv bewertet wird. Was der eine zum Sperrmüll tut, erscheint einem anderen nützlich und damit offensichtlich auch gebrauchstauglich: Er scheut keine Mühe, in den (kostenlosen) Besitz der betreffenden Sache zu kommen.

8.8 Qualitätswesen

Mit jedem dieser beiden letzten hier im Kapitel 8 behandelten Begriffe hat es eine besondere Bewandtnis. „Qualitätswesen" wird zur Unterscheidung zwischen organisatorischen Gruppen und dem qualitätsbezogenen Anteil in den Tätigkeiten aller Mitarbeiter benötigt, den man Qualitätsmanagement nennt. Dazu sei sinngemäß eine Anmerkung aus der Grundbegriffsnorm DIN 55350-11 : 1987-05 [7] zitiert:

> „Qualitätsmanagement ist eine Aufgabe aller organisatorischer Gruppen. Die Verantwortung dafür liegt bei der Leitung der Organisation. Deshalb wird empfohlen, eine spezielle organisatorische Gruppe, die sich vorwiegend mit Qualitätsmanagement befaßt, nicht mit 'Qualitätsmanagement' zu benennen, sondern beispielsweise mit 'Qualitätswesen'."

Entsprechend lautet die Begriffserklärung

Qualitätswesen = Organisatorische Einheit,
die sich vorwiegend mit Qualitätsmanagement befaßt

Das Qualitätswesen ist das bekannteste QM-Aufbauelement (siehe Kapitel 13, insbesondere die Abschnitte 13.2.3 und 13.3.8). Im Angloamerikanischen wird es häufig „Quality Department" genannt.

9 Tätigkeitsbegriffe der Qualitätslehre

> *Überblick*
>
> *„Was man tut, fängt im Kopf an". Das verlangt bei den vielfältigen Tätigkeiten des Qualitätsmanagements, daß die zugehörigen komplexen Sachverhalte anhand von möglichst einfachen Modellvorstellungen systematisiert sind. Speziell im Deutschen ist dieses Ziel durch sprachindividuelle Irrtumsmöglichkeiten zusätzlich „vernebelt".*

9.1 Allgemeines

Inzwischen existiert international ein sehr abstrakter und dennoch einleuchtend-einfacher Definitionsvorschlag zum Oberbegriff dieses Kapitels:

> **Tätigkeit =**
> **Das, was den Zustand einer Einheit ändert**

Mit diesem Grundbegriff, der auf den im Abschnitt 19.2.4 erklärten Zustand zurückgreift, und mit dem im Abschnitt 6.5 erläuterten übergeordneten Grundbegriff System, ist ebenso einleuchtend-einfach der zweite für dieses Kapitel wichtige Grundbegriff geklärt:

> **Prozeß = System von Tätigkeiten,**
> **das Eingaben in Ergebnisse umgestaltet**

Zahlreiche Tätigkeitsbegriffe der Qualitätslehre wurden in den vorausgehenden Kapiteln bereits benutzt, ohne daß auf ihren Begriffsinhalt eingegangen worden wäre. Insbesondere bei Einführung von QTK-Kreis und Qualitätskreis im Kapitel 4 war ihre Anwendung erforderlich. Hier wird nun, wegen der erwähnten besonderen sprachindividuellen Irrtumsmöglichkeiten, vorab ein größerer Abschnitt den Begriffen Qualitätsmanagement und Qualitätssicherung gewidmet. Deren zugehörige Begriffsinhalte haben sich aus Gründen der internationalen Entwicklung etwa in dem Zeitraum zwischen der 2. und der vorliegenden 3. Auflage der Qualitätslehre fundamental geändert.

Tätigkeitsbegriffe, die in nachfolgenden speziellen Kapiteln dieses Buches vorgestellt und näher erläutert werden (Kapitel 11, 12, 14 und 15), sind in diesem Kapitel nicht aufgeführt.

Zahlreiche weitere Tätigkeitsbegriffe der Qualitätslehre müssen im Rahmen dieser grundlegenden Einführung unbesprochen bleiben. Man kann zu deren Studium wiederum die vier DIN-Taschenbücher [11] bis [14] oder die Begriffssammlung [53] heranziehen.

Zur Einheit Tätigkeit ist sprachlich allgemein zu beachten:

- „Aktivität" („activity") ist ein Synonym zu „Tätigkeit" und das homophone, im angloamerikanischen Sprachraum dafür ausgewählte Fachwort;
- „Maßnahmen" und „Handlungen" sind ebenfalls Tätigkeiten.

Es empfiehlt sich allerdings, unter Maßnahmen spezielle Tätigkeiten zu verstehen; nämlich solche, in deren Ablauf Entscheidungen zu treffen sind. Dies entspricht auch der Bedeutung des Wortes in den genormten Benennungen „Korrekturmaßnahmen" und „Vorbeugungsmaßnahmen" (siehe Kapitel 12).

Man beachte schließlich: Fast alle Benennungen von Tätigkeitsbegriffen des Qualitätsmanagements beginnen mit „Qualitäts-". Man versteht sie besser, wenn der Qualitätsbegriff klar ist (siehe Kapitel 7).

9.2 Qualitätsmanagement und Qualitätssicherung

Nach mehr als 2 Jahrzehnten Unklarheit wegen fehlender internationaler Begriffs-Rangordnung zwischen quality control, quality assurance und quality management, zunächst bei der European Organization for Quality (EOQ), hat die International Standardization Organization (ISO) in ihrem TC 176 („Quality management and quality assurance") 1990 durch eine neue Definition für quality management entschieden:

Quality Management ist künftig der Oberbegriff

Die tatsächliche Einführung dieser Änderung durch geltende Normen erfolgte international und national erst 1994. Die Bedeutung dieser Änderung für den gesamten deutschen Sprachraum ist größer als überall anderswo. Sie ist vielfach auch heute noch nicht erkannt. Deshalb wird hier auf das Problem und seine Vorgeschichte eingegangen [35].

9.2.1 Die Entwicklung der bisherigen terminologischen Situation

Für den Oberbegriff aller qualitätsbezogenen Tätigkeiten und Zielsetzungen wurde 1974 durch die Deutschen Gesellschaft für Qualität e.V. (DGQ) die Benennung „Qualitätssicherung" festgelegt. Ein aktionsfähiges Normungsgremium gab es damals noch nicht. Der Entscheidung lag der Eindruck zugrunde, in der amerikanischen Industrie werde vorwiegend „quality assurance" als Oberbegriff benutzt. Ein veröffentlichter und begründeter Vorschlag zur Benennung mit „Qualitätswesen" [34] blieb unberücksichtigt. „Qualitätssicherung" hat sich dann als Benennung des Oberbegriffs, auch aufgrund der entstehenden Grundnormen im deutschen Sprachraum, im letzten Vierteljahrhundert überall durchgesetzt:

Nach der Grundnorm DIN 55350-11 : 1987-05 [7] bezeichnete sie die *Gesamtheit der Tätigkeiten des Qualitätsmanagements, der Qualitätsplanung, der Qualitätslenkung und der Qualitätsprüfungen*. Qualitätsmanagement war demnach ein Unterbegriff von Qualitätssicherung. Die Definition zu Qualitätsmanagement lautete in der gleichen Norm: *Derjenige Aspekt der Gesamtführungsaufgabe, welcher die Qualitätspolitik festlegt und zur Ausführung bringt*.

Versuche ab 1979 bei ISO/TC 176, einen Oberbegriff durch eine zweifelsfrei dies belegende Definition festzulegen, waren erfolglos. Dort bestand nämlich die Vorstellung, mit Definitionen zu qualitätsbezogenen Grundbegriffen müsse man auch gegensätzliche Auffassungen zufriedenstellen. Immer mehr verdichtete sich dann aber der Eindruck, daß „quality assurance" in der internationalen Normung als Unterbegriff mit eingeschränkter Bedeutung aufgefaßt wird. Zwar wurde und wird weltweit nach wie vor vielfach „quality assurance" als Benennung des Oberbegriffs benutzt, jedoch gab und gibt es andere Bereiche, in denen „quality assurance" von Anfang an für die Darlegung der Qualitätsfähigkeit nach außen stand.

9.2.2 Der Entscheidungszwang international

Bei Vorarbeiten zu ISO/DIS 8402 : 1991 und zur ISO 9000 family wurde erneut die Frage gestellt, wie „quality assurance" einzuordnen sei. Auch in ISO 8402 : 1986 mit 22 Grundbegriffen fehlte den fast austauschbaren Definitionen der drei am Anfang des Abschnitts 9.2 erwähnten Tätigkeitsbegriffe jede Begriffshierarchie. Sie waren dorthin ohne nennenswerte Änderung aus einem Vorgänger von [60] entnommen worden.

Erstaunlich war das deshalb, weil „quality assurance" in den Überschriften von ISO 9001 bis ISO 9003 schon 1987 eingeschränkt nur die „QS-Nachweisführung" (siehe [37a], [38a] und [39a]) meinte, die ab 1990 „Darlegung der Qualitätssicherung", kurz „QS-Darlegung" genannt wurde (siehe [37b], [38b] und [39b]). Dennoch konnte man sich bei ISO/TC 176 nicht einigen, ob es „quality management system" oder „quality assurance system" heißen solle. Man entschied daher 1983, das mittlere Bestimmungswort wegzulassen. Inzwischen ist das als nachteilig erkannt. Bei der jetzt laufenden Langzeitrevision ist die Rückkehr der vollständigen Benennung „quality management system" gesichert.

Die im Abschnitt 9.2 erwähnte Prinzipentscheidung 1990 des ISO/TC 176 wurde sofort mit einer provisorischen Definitionsänderung zu quality management realisiert. In ihr wurde die „Gesamtführungsaufgabe" (siehe Zitat im Abschnitt 9.2.1) lediglich durch einen ergänzenden Nebensatz erweitert. In der entsprechenden deutschen Grundnorm [16] hat sich diese Änderung aber erst 1995 mit der gleichen provisorischen Definition niedergeschlagen. Sie wurde der nun ausgewählten Bedeutung des Wortes „management" (wie in [8] erklärt) angepaßt und lautet nun: *Alle Tätigkeiten des Gesamtmanagements, die im Rahmen des QM-Systems die Qualitätspolitik, die Ziele und Verantwortungen festlegen sowie diese durch Mittel wie Qualitätsplanung, Qualitätslenkung, Qualitätssicherung/QM-Darlegung und Qualitätsverbesserung verwirklichen.* Man sieht aus dieser überaus langen Definition: „Quality assurance", im Deutschen bisher als „Darlegung der Qualitätssicherung" (kurz „QS-Darlegung") ohnehin Unterbegriff der in „Qualitätsmanagement" umbenannten früheren „Qualitätssicherung", ist mit der neuen deutschen Synonymbenennung „Qualitätssicherung/QM-Darlegung" (siehe Abschnitt 9.2.5) nun auch international eindeutig ein Unterbegriff des Qualitätsmanagements. Trotz der absichtsgerechten Änderung der Übersetzung des im Englischen unveränderten Definitions-Hauptworts von „Gesamtführungsaufgabe" in „Gesamtmanagement" sorgt diese Definition verständlicherweise weiter für ständige Unsicherheit, insbesondere bei noch in der Ausbildung stehenden Fachkräften.

Kürzer und deutlicher hat die hier empfohlene Definition aus [8] das ausgedrückt, was ISO/TC 176 wollte, aber nicht deutlich genug machte:

> **Qualitätsmanagement =**
> **Gesamtheit der qualitätsbezogenen**
> **Tätigkeiten und Zielsetzungen;**
> z.B. in allen Bereichen und Hierarchie-Ebenen einer Organisation.

Normgerechtes Verständnis des Qualitätsbegriffs (siehe Kapitel 7) sichert die richtige Interpretation dieser Kurzdefinition; zudem muß man wissen:
„**Qualitätsbezogen = Die Erfüllung von Qualitätsforderungen betreffend**"

9.2.3 Der Entscheidungszwang national

Entscheidungsbedürftig wurde die Frage national bei Übernahme der fünf Grundnormen der 9000er-Serie [36a, 37a, 38a, 39a, 40a] zu EN-Normen. Dieser Anlaß führte außerdem aufgrund eines Schweizer Vorschlags zu einer neuen gemeinsamen deutschsprachigen Übersetzung (D-A-CH). Für sie entstand als Übertragung von „quality assurance" 1990 erstmals die Benennung „QS-Darlegung", die sich dann schnell und erstaunlich gut eingeführt hat. Die Entwürfe von 1993 zu [37c] bis [39c] sprachen dann angesichts der im Abschnitt 9.2.4 zitierten Empfehlung konsequent von „QM-Darlegung".

Die schon mehrfach erwähnte Entscheidung 1990 des ISO/TC 176 erzwang auch im Deutschen die Umkehrung der Benennungszuordnung. Das Exportland Deutschland mußte sich schnellstens anpassen, vor allem angesichts des gemeinsamen europäischen Marktes und der sicheren Erwartung, daß ein Übersetzer „quality assurance" mit „Qualitätssicherung" und „quality management" mit „Qualitätsmanagement" übersetzen werde. Deshalb wird noch über eine längere Zeitspanne hin wichtig bleiben, was DIN bezüglich dieser Benennungsänderung (die entgegen [342] keine Begriffsänderung ist) damals empfohlen hat. Es wird nachfolgend gestrafft zitiert.

9.2.4 Von DIN empfohlene Vorgehensweise mit Hintergrundinformation

In den Entwürfen 11.92 zu [8], [15] und [16] war zu lesen:

„Die vorliegende Norm, das Beiblatt 1 zu DIN ISO 8402 sowie die Deutschfassung von DIN ISO 8402 basieren auf der von ISO/TC 176 1990 getroffenen Entscheidung, daß künftig „quality management" die Benennung für den Oberbegriff für die Gesamtheit der qualitätsbezogenen Tätigkeiten und Zielsetzungen ist. Dem gegenüber bezeichnet künftig „quality assurance" vor allem das, was in DIN 55 350 Teil 11/05.87 die Benennung „QS-Nachweisführung" hatte und später mit „Darlegung der Qualitätssicherung" übertragen wurde.

Auch im Deutschen lautet demzufolge – schon aus Übersetzungsgründen – die Benennung für den Oberbegriff künftig „Qualitätsmanagement". Diese Benennung kann nur dann als die eines umfassenden Oberbegriffs richtig verstanden werden, wenn zwei Voraussetzungen erfüllt sind:

1 Es muß klar sein, daß „managen" wie das englische Verb „to manage" umfassend die Handhabung (qualitätsbezogener Angelegenheiten) in allen Bereichen und Hierarchie-Stufen einer Organisation bedeutet, nicht etwa wie bisher in der vorausgegangenen Ausgabe dieser Norm auf Führungskräfte eingeschränkte Tätigkeiten.

2 Es muß klar sein, daß die Begriffsbedeutung der vorausgehenden Ausgabe dieser Norm erloschen ist, wonach Qualitätsmanagement nur ein „Aspekt der Gesamtführungsaufgabe" sei.
Entsprechend der Änderung der Benennung des Oberbegriffs von „Qualitätssicherung" in „Qualitätsmanagement" ändert sich in Wortverbindungen auch die Abkürzung von „QS-" in „QM-", beispielsweise in den Benennungen „QM-System" und „QM-Handbuch".
Zur Vermeidung von Verwechslungen zwischen
– der bisherigen Benennung „Qualitätssicherung" für den Oberbegriff der Gesamtheit aller qualitätswirksamen Tätigkeiten und Zielsetzungen und
– der künftigen Benennung „Qualitätssicherung" vor allem für die Darlegung des QM-Systems („QM-Darlegung")
kann es für eine von der jeweiligen Organisation und Organisationsstruktur abhängige Übergangsdauer zweckmäßig sein, die Benennung „Qualitätssicherung" zu vermeiden."

9.2.5 Die Kompromiß-Synonym-Lösung

Mitte 1994, also knapp zwei Jahre später, wurde dann auf dem Kompromißweg für „quality assurance" eine – nach den ISO/IEC directives [305] unerwünschte – wahlfreie Synonymie, nämlich die Benennung „Qualitätssicherung/QM-Darlegung" in die Norm-Überschriften von [37c] bis [39c] eingeführt. Zu dieser Wahlfreiheit heißt es in allen fünf Grundnormen der DIN EN ISO 9000-Familie im nationalen Vorwort übereinstimmend, geltend bis zum Erscheinen der Langzeitrevisionen nach dem Jahr 2000: ***„Dem Normanwender bleibt es überlassen, welche der beiden Benennungen er verwendet.".*** Die meisten Normanwender werden bei dieser Entscheidung überfordert sein, zumal alle auf der Vergangenheit aufbauenden, unmißverständlichen Empfehlungen zu dieser ausdrücklichen Wahlfreiheit wie die im Entwurf zu [16] mit dem Wortlaut *„Die Benennung 'QM-Darlegung' gibt den Begriffsinhalt besser wieder"* unmittelbar vor Herausgabe der Normen beseitigt werden mußten. Damit wäre nämlich auf folgendes hingewiesen worden: Die Wahl muß nicht nur die für „quality assurance" in den internationalen Normen vielfach benutzte Formulierung „...capability to ...****... needs to be demonstrated." (mit **** als Darlegungsumfang) berücksichtigen. Sie muß vor allem der bisherigen umfassenden Bedeutung von Qualitätssicherung und den daraus entstehenden Mißverständnis-Möglichkeiten Rechnung tragen. Sie kann deshalb nur auf „QM-Darlegung" fallen. Mit dieser Wahl wäre zudem die Gedankenverbindung zwischen der QM-Darlegung und den vier auch künftig auf Dauer geltenden nicht synonymisierten Benennungen „Darlegungsforderung", „Darlegungsumfang", „Darlegungsstufe" und „Darlegungsgrad" hervorgehoben worden.

Daß alle diese Hilfestellungen beseitigt werden mußten, ist mit eine Ursache dafür, daß noch auf viele Jahre hinaus im deutschen Sprachraum – und nur in diesem Sprachraum – zu einem der wichtigsten der tätigkeitsbezogenen Grundbegriffe des Qualitätsmanagements eine kaum übertreffbare Verwirrung weiter existieren wird. Das gilt auch für Fachpublikationen. Ein Beispiel sind die „Qualitätssicherungsvereinbarungen". Sie werden meist im Sinn von QM-Vereinbarungen verstanden, nicht im eingeschränkten Sinn der Darlegung der Qualitätsfähigkeit des eigenen QM-Systems. Die ursprüngliche Vorstellung, wonach bei Eingehen des Kompromisses die synonyme Benennung „Qualitätssicherung/QM-Darlegung" jeden Anwender der Normen darauf hinweisen werde, daß der alte Begriffsinhalt von „Qualitätssicherung" nicht mehr existiert, hat sich als nicht wirksam erwiesen. Sogar das DIN bietet für 1998 noch ein Seminar mit dem Titel „Qualitätssicherung Schweißtechnik" an, obwohl offenkundig das Qualitätsmanagement gemeint ist.

Dies alles wird hier erläutert, weil sich inzwischen gezeigt hat, daß viele im Qualitätsmanagement Tätige dieses terminologische Durcheinander bemerken (ein Beispiel ist [342] mit [349]). Sie können hier die Entstehungs-Zusammenhänge erkennen.

9.3 Qualitätslenkung

Nach der Qualitätsplanung (die im Kapitel 11 von der Sache her ausführlicher behandelt wird) folgt als zweiter Tätigkeitskomplex des Qualitätsmanagements die Qualitätslenkung. Dieser Tätigkeitskomplex wird gemäß einem früheren Sprachgebrauch vielfach noch als „Qualitätssteuerung" oder als „Qualitätsregelung" bezeichnet. Davon wird wegen der Grundnorm für die Regelungs- und die Steuerungstechnik abgeraten (DIN 19226 [274]).

In DIN 55350-11 : 1987-05 [7] fand sich die folgende Erklärung, die auch in [15] wieder aufgegriffen wurde, um die durch [16] bedingte Begriffsausweitung erläutern zu können:

> **QUALITÄTSLENKUNG =**
> **Die vorbeugenden, überwachenden und korrigierenden**
> **Tätigkeiten bei der Realisierung der Einheit**
> **mit dem Ziel, die Qualitätsforderung zu erfüllen**

In DIN EN ISO 8402 [16] hingegen lautet die Definition *„Arbeitstechniken und Tätigkeiten, die zur Erfüllung der Qualitätsforderungen angewendet werden"*. Dieser Kernbegriff des Qualitätsmanagements sei als Beispiel für die Erläuterung einer Problematik ausgewählt, die sich aus der nur sehr langsamen Anpassung der internationalen Normung an in sich geschlossene Gedankengebäude und Begriffssysteme ergibt: Man sieht aus der ursprünglichen DIN-Definition: Qualitätslenkung sind näher bezeichnete Tätigkeiten. Die ISO-Definition weicht davon grundsätzlich deshalb ab, weil in ihr Qualitätslenkung zwar ebenfalls diese (dort aber nicht näher bezeichneten) Tätigkeiten umfaßt, jedoch zusätzlich die Verfahren („Arbeitstechniken"), nach denen diese Tätigkeiten durchgeführt werden. Dieser Bruch in der klaren begrifflichen Trennung zwischen Tätigkeiten, Verfahren, Personen und Systemen (siehe Abschnitt 6.2) wird im Beiblatt 1 zu DIN EN ISO 8402 [15], in dem auch auf Änderungen des Begriffsinhalts unverändert benannter Begriffe hingewiesen wird, wie folgt kommentiert:

> „Durch die in der Definition von DIN EN ISO 8402 : 1995-08 davor stehenden „Arbeitstechniken und ..." sind diese (vgl. den Begriff Nr 7 in DIN 55350-11 : 1995-08) zu einem wesentlichen Bestandteil des Begriffsinhalts von Qualitätslenkung geworden. Außerdem wird dadurch auch eine grundsätzliche Änderung bewirkt: Der bislang auf Tätigkeiten eingeschränkte Begriffsinhalt Qualitätslenkung ist auf deren Methoden ausgeweitet"

Wichtig sind diese Unterschiede bzw. Änderungen bei zahlreichen Grundbegriffen des Qualitätsmanagements. Der Anwender solcher Begriffe ist deshalb zur Vermeidung von

9.3 Qualitätslenkung

Mißverständnissen genötigt, jeweils bei seinem Gesprächspartner zu klären, ob er den bisherigen Begriffsinhalt oder den neuen internationalen zugrundelegt. Dabei hilft ihm [15]. Der zuweilen vertretene Formalstandpunkt, man habe sich nach ISO zu richten, kann Mißverständnisse erfahrungsgemäß nicht ausschließen.

Man unterscheidet zwischen der unmittelbaren und der mittelbaren Qualitätslenkung. Die **unmittelbare Qualitätslenkung** wirkt während der Realisierung der Einheit auf die Tätigkeiten und Mittel der Realisierung ein. Die **mittelbare Qualitätslenkung** verbessert die Qualitätsfähigkeit (siehe Abschnitt 7.12) der Personen und Mittel, die für die Realisierung der Einheit eingesetzt sind (sofern es nötig ist), kann also erst bei künftigen Realisierungen zur Wirkung kommen. Sowohl unmittelbare wie mittelbare Qualitätslenkung hat zahlreiche Komponenten. Sie sind aus Bild 9.1 zu entnehmen.

Bild 9.1: Komponenten der unmittelbaren und der mittelbaren Qualitätslenkung

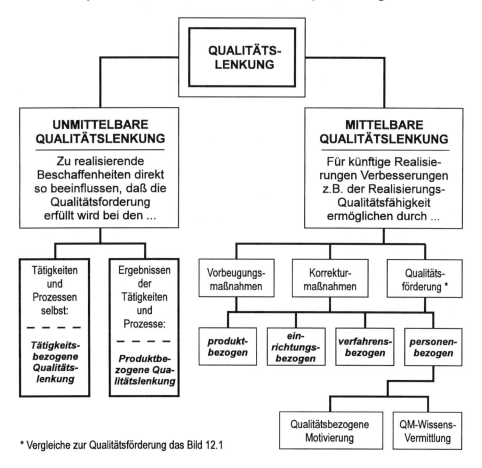

* Vergleiche zur Qualitätsförderung das Bild 12.1

Qualitätslenkung benötigt prinzipiell Ergebnisse von Qualitätsprüfungen oder andere Qualitätsdaten.

9.4 Qualitätsprüfung

Qualitätsprüfungen werden überall benötigt, bei der Qualitätsplanung, bei der Qualitätslenkung, selbstverständlich auch während der Nutzungsphasen einer Einheit (siehe Abschnitt 4.7.4), z.B. im Rahmen der Instandhaltung von Fertigungseinrichtungen. Qualitätsprüfungen, dritter Kern-Tätigkeitskomplex des Qualitätsmanagements neben Qualitätsplanung und Qualitätslenkung, sind also „allgegenwärtig". Die Erklärung ist einfach [53]:

> **QUALITÄTSPRÜFUNG =**
>
> **Feststellen, inwieweit eine Einheit die Qualitätsforderung erfüllt**

Der übergeordnete Begriff Prüfung ist Feststellen, inwieweit eine Einheit eine Forderung erfüllt.

Die Einheit war im Abschnitt 6.2 behandelt worden. Das Kapitel 11 ist allein der Planung der Qualitätsforderung gewidmet, die – wie man hier und dort erneut sieht – ein zentraler Sachbegriff der Qualitätslehre ist.

Nur in [188] wird im Gegensatz zur obigen Definition in den Begriffsinhalt der Prüfung auch die Ermittlung einbezogen, also das Feststellen des Merkmalswertes. Selbstverständlich ist es trivial, daß das Ermittlungsergebnis für eine Prüfung vorliegen muß. Die Erzielung dieses Ermittlungsergebnisses in den Begriffsinhalt von Prüfung einzubauen, wäre aber allenfalls dann bedenkenswert, wenn es ausgeschlossen wäre, daß Ermittlung und Prüfung zwei getrennte Tätigkeiten sein können. Das ist indessen nicht selten der Fall. Behördliche Abnehmerregelungen sehen z.B. Erstellung und Vorlage von Ergebnisprotokollen durch den Lieferanten an den „Abnahmebeauftragten" der Behörde vor. Dieser nimmt dann, möglicherweise erst Tage oder Wochen später, auf der Basis des Ergebnisprotokolls anhand zufällig auf richtige Eintragung geprüfter Einzelwerte die Qualitätsprüfung vor.

Zudem würde die Einbeziehung der Ermittlung in den Begriff die Frage der zusätzlichen Einbeziehung des Ermittllungsverfahrens aufwerfen, etwa wie im Ermittlungsergebnis (Abschnitt 19.1). Weil [16] die ihrerseits mit [60] abgestimmte Definition aus [188] übernommen hat, gilt für alle drei dasselbe.

In DIN 55350-17 [50] sind die Arten von Qualitätsprüfungen behandelt. Es sind dort nur prinzipielle, nicht merkmalsbezogene Arten aufgeführt. In den Bildern 9.2 und 9.3 ist versucht, die gegenseitigen Beziehungen dieser Qualitätsprüfungsarten und ihre Systematik deutlich zu machen. Siehe aber auch Bild 9.4.

9.4 Qualitätsprüfung

Schließlich ist noch die folgende übergeordnete Anmerkung angebracht:
> Immer wieder verlangen Sprachästheten nachdrücklich: Mit „... ung" endende Benennungen müssen durch den Infinitiv ersetzt werden, also z.b. „Prüfung" durch „Prüfen". Man sollte sie fragen, wie sie zu einer solchen Benennung den Plural bilden. Hinzufügen kann man die Frage nach der Gestaltung der Benennungen von Unterbegriffen, wie sie oben benutzt sind, etwa „Qualitätsprüfung" oder „Qualitätsprüfungsarten".

Daß gegen die Benutzung des Infinitivs an geeigneter Stelle nichts einzuwenden ist, zeigt die obige Definition für Qualitätsprüfung.

Bild 9.2: Arten von Qualitätsprüfungen, bezogen auf vier unterschiedliche Gesichtspunkte

Gesichtspunkt	Qualitätsprüfungsarten			
Prüfumfang	Vollständige Qualitätsprüfung (alle Q-Merkmale)	100-Prozent-Prüfung (alle Prüflinge)	Statistische Qualitätsprüfung	Auswahlprüfung (Vorkenntnis)
Zeitablauf	Wiederkehrende Prüfung	Wiederholungsprüfung		Erstprüfung
Zuständigkeit	Selbstprüfung		Eigenprüfung	Fremdprüfung
Merkmalsgruppe	Zuverlässigkeitsprüfung	Sicherheitsprüfung	Umweltschutzprüfung	

Die Breiten der Kästen in den Tabellenzeilen und deren Zuordnung zu den Kästen in den Zeilen darüber und darunter haben keine sinngebende Bedeutung

Zum Bild 9.2 sei angemerkt, daß es durchaus nicht alle für die Praxis wichtigen Prüfungsarten enthält. Zu den obigen Benennungen sind zudem zahlreiche ergänzende Erläuterungen angebracht. Sie seien jedoch eingeschränkt auf den Unterschied zwischen einer vollständigen Qualitätsprüfung (die man nicht verkürzt „Vollprüfung" nennen sollte) und einer 100%-Prüfung:

– Vollständige Qualitätsprüfung ist eine Qualitätsprüfung (siehe Definition) hinsichtlich aller für die Einheit festgelegten Qualitätsmerkmale; und
– 100%-Prüfung ist eine Qualitätsprüfung an allen Einheiten eines Prüfloses, wobei als „Sortierprüfung" eine 100%-Prüfung bezeichnet wird, bei der alle fehlerhaften Einheiten aussortiert werden.

Bezüglich weiterer Prüfungsarten ziehe man [50] heran.

Bild 9.3: Arten von Qualitätsprüfungen, bezogen auf den Lebenszyklus eines Angebotsprodukts

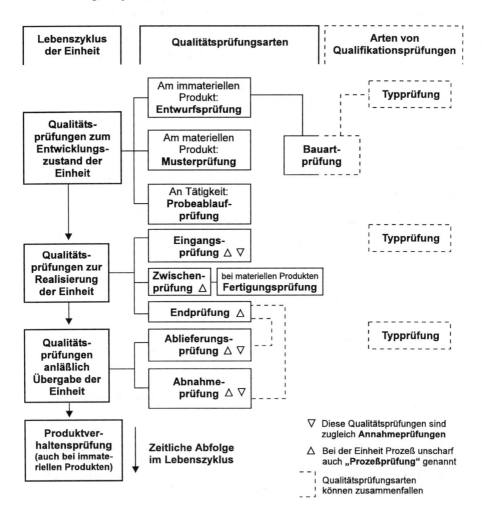

Ohne daß sie in den einzelnen Kästen zusätzlich genannt wären, sind demnach in diesem Bild enthalten
- drei **Annahmeprüfungen**, nämlich die Eingangsprüfung, die Ablieferungsprüfung und die Abnahmeprüfung, die alle drei als Annahmeprüfungen definiert sind,
- im Fall der Anwendung der obigen Prüfungsarten auf einen Prozeß fünf **Prozeßprüfungen**, nämlich ggf. die Eingangsprüfung, die Zwischenprüfung, die Endprüfung, die Ablieferungsprüfung und die Abnahmeprüfung

9.4.1 Qualifikationsprüfung

Eine der vielen Arten von Qualitätsprüfungen gemäß Bild 9.3 muß besonders betrachtet werden. Es ist die

> **QUALIFIKATIONSPRÜFUNG =**
>
> **Feststellen, ob Qualifikation vorliegt**

Qualifikation war im Abschnitt 8.5.1 als die „An einer Einheit nachgewiesene Erfüllung der Qualitätsforderung" vorgestellt worden. Zu den Sachbegriffen „Qualifiziert" und „Qualifikation" sind dort auch die zwei im angloamerikanischen Sprachraum sehr verbreiteten Begriffe für Ermittllungstätigkeiten Verifizierung und Validierung aufgeführt worden. In DIN EN ISO 8402 : 1995-08 [16] ist deren Bedeutung wie in der Tabelle 9.1 formuliert. Zeile 2 dieser Tabelle zeigt zwei unterschiedliche Konkretisierungsstufen von Qualitätsforderungen, die – wie schon weiter vorne betont – nicht Angelegenheit einer Definition sondern Angelegenheit der fallweisen Festlegung sein müssen. Andernfalls würde die Menge der erforderlichen Definitionen ins Uferlose steigen. Außerdem ist es unrealistisch, den verständliche Wunsch „erfüllt!" zum Ergebnis dieser Tätigkeiten in die Definition mit einzubauen. Inwieweit sich nämlich der Wunsch, „daß die Forderungen erfüllt worden sind", bei diesen Qualitätsprüfungen auch erfüllen wird, ist erst nach deren Durchführung feststellbar.

Wesentlicher erscheint das Bemühen in DIN 40041 [51] um die mutmaßlich beabsichtige Unterscheidung der beiden Begriffe der Tabelle 9.1:

Tabelle 9.1: Unklar definierte Bedeutung von Verifizierung und Validierung nach [16]

Zeile	Verifizierung	Validierung
1	„Bestätigen aufgrund einer Untersuchung und durch Führung eines Nachweises, daß die ...	
2	...festgelegten Forderungen...	...besonderen Forderungen für einen speziellen vorgesehenen Gebrauch...
3	...erfüllt worden sind"	

Dort ist zur Zuverlässigkeitsqualifikation nämlich gesagt:

„Man unterscheidet vielfach die Qualifikation

- mittels mathematisch-logischer und/oder mathematisch-physikalischer Schlußweisen (auch „Beweis" genannt).
- aufgrund der Qualitätsforderung in einer vorgegebenen Konkretisierungsstufe (auch „Verifikation" genannt).
- bezüglich des Produktverhaltens während der Anwendung (auch „Validation" genannt)."

Das ist allerdings ein Gegensatz zum Bild 8.3 und unterstreicht, daß nur klare Definitionen vor solchen Mutmaßungen schützen können. Die Erfahrung lehrt nämlich nicht nur in diesem Fall, daß trotz solcher Unklarheiten zwar jedermann zu wissen glaubt, was gemeint ist, daß sich diese Meinungen aber zuweilen ganz erheblich unterscheiden.

Deshalb geht die DGQ in [53] noch einen Schritt weiter: Sie gibt für beide Begriffe dieselbe Definition an und unterscheidet erst in der Anmerkung 1 nach den in der Zeile 2 der obigen Tabelle mehr oder weniger klar unterschiedenen Konkretisierungsstufen von Qualitätsforderungen. Sie will damit ebenfalls deutlich machen, daß die Konkretisierungsstufen einer Qualitätsforderung eine Frage des Anwendungsfalls sind, nicht aber mit allen Feinheiten Definitionsbestandteil sein können.

9.5 Qualitätsverbesserung

Es kann kein Zweifel bestehen, daß „Qualitätsverbesserung" nach vielfältiger Auffassung heute die wichtigsten Tätigkeiten des Qualitätsmanagements kennzeichnet. Was hinter diesem Zauberwort steckt, wird deshalb im Kapitel 12 ausführlich behandelt.

9.6 Qualitätsüberwachung

Qualitätsüberwachung kann durch den Kunden oder in seinem Auftrag, aber auch durch eigene Führungskräfte einer Organisation durchgeführt werden. Sie ist ein übergeordnetes QM-Führungselement und heißt angloamerikanisch „quality surveillance". DIN EN ISO 8402 : 1995-08 [16] erklärt:

> **QUALITÄTSÜBERWACHUNG =**
> **Ständige Überwachung und Verifizierung des Zustandes**
> **einer Einheit sowie Analyse von Aufzeichnungen,**
> **um sicherzustellen,**
> **daß festgelegte Qualitätsforderungen erfüllt werden**

Hier taucht die Qualitätsforderung erstmals in der Mehrzahl auf: Es kann also beispielsweise die Überwachung eines QM-Systems gemeint sein, das aus vielen Einheiten (nämlich aus vielen QM-Elementen) besteht. Die „festgelegten" sind überflüssig, denn sie würden den Überwachten bei Nichtaufzeichnung einer Qualitätsforderung von der Überwachung freistellen.

9.7 Qualitätskontrolle

Für „Qualitätskontrolle" wird in deutschen Begriffsnormen wegen der gemeinsprachlichen Vieldeutigkeit mit Vorbedacht keine Definition angegeben. Die phonetisch übereinstimmende englische Wortzusammensetzung 'quality control' wird im Angloamerikanischen ebenso uneinheitlich benutzt wie in der deutschen Gemeinsprache. In Japan wiederum ist bisher, wenn dort englisch gesprochen wird, quality control höchstrangiger Oberbegriff wie im Deutschen neuerdings Qualitätsmanagement. Nur ganz langsam stellt man sich dort auf die neue Benennung „quality management" des Oberbegriffs um. Auch die „Radarkontrolle" kann als „Prüfung" oder als „Überwachung" eines Vorgangs oder einer Handlung im Straßenverkehr verstanden werden. Primärer Begriffsinhalt aber ist das Lenken von Vorgängen und Handlungen.

Auch eine Begriffsklärung durch Definition bleibt, wie jahrzehntelange Erfahrungen mit praktischen Versuchen bestätigt haben, ohne Wirkung. Unter „Qualitätskontrolle" findet man daher seit 1974 in den Normen und anderen Begriffszusammenstellungen entsprechende Anmerkungen. Die Anmerkung in der Begriffssammlung der Deutschen Gesellschaft für Qualität e.V. [53] lautet zum Beispiel:

„Aus wörtlicher, aber nicht sinngemäßer Übersetzung von 'quality control' ist die Bezeichnung „Qualitätskontrolle" entstanden. Diese Bezeichnung wird meist ohne nähere Angabe und damit mißverständlich synonym zu verschiedenen Begriffen wie „Qualitätsprüfung", „Qualitätslenkung", „Qualitätsüberwachung", „Qualitätsaudit" und „QM-Darlegung" eingeschränkt oder kombiniert benutzt. Aus diesem Grund wird von ihrer Benutzung abgeraten".

Die Benennung „Qualitätskontrolle" ist auch ein Beispiel für die Schwierigkeiten bei der internationalen Harmonisierung von Fachbegriffen. Schließlich zeigt sich trotz der Einführung aller dieser unbestrittenen Erkenntnisse in die Praxis: Nach wie vor wird unablässig „Qualitätskontrolle" benutzt. Das liegt naturgemäß auch daran, daß es sehr bequem ist, nicht darüber nachdenken zu müssen, was man eigentlich genau sagen will. Man kann es auch sarkastisch formulieren: Der Verbesserungsfaktor der letzten 24 Jahre ist 10: 1974 benutzten 98 %, jetzt benutzen nur noch 80 Prozent „Qualitätskontrolle". Beispiele waren die Titel von [67] und [96], die aber vor einigen Jahren in „Qualitätsmanagement" korrigiert wurden. Daraus erkennt man, wie lange es oft dauert, bis sich Empfehlungen von Grundnormen in der Praxis durchsetzen.

9.8 Qualitätsaudit

DIN EN ISO 8402 : 1995-08 [16] erklärt diese Tätigkeit, die in der Praxis eine Qualitätsprüfung ist, sehr ausführlich nach Art einer „Prüfanweisung im Telegrammstil" für den Qualitätsauditor wie folgt:

> **QUALITÄTSAUDIT =**
>
> **Systematische und unabhängige Untersuchung,
> um festzustellen, ob die qualitätsbezogenen Tätigkeiten und damit
> zusammenhängende Ergebnisse den geplanten Anordnungen
> entsprechen, und ob diese Anordnungen tatsächlich verwirklicht
> und geeignet sind, die Ziele zu erreichen**

Der Qualitätsauditor findet außerdem für die als Maßstab zu verwendenden Qualitätsforderungen das neue Wort „Anordnungen".

Auch hier sei mitgeteilt, in welche vereinfachend-abstrakte Richtung die Diskussionen zur Langzeitrevision der DIN EN ISO 9000-Familie geht: Als generischer Oberbegriff dürfte das Audit eine Prüfung werden, die durch Personal ausgeführt wird, das für die geprüfte Einheit nicht zuständig ist. Daraus ergibt sich dann der Unterbegriff Qualitätsaudit als ein qualitätsbezogenes Audit. Ohnehin gab und gibt die obige Definition Anlaß zu nicht ganz ernstgenommenen Bemerkungen, wie wohl eine unsystematische Untersuchung gestaltet sei.

Qualitätsaudits können für interne oder externe Zwecke durchgeführt werden. Sie umfassen nötigenfalls auch Vorschläge zur Verbesserung der auditierten Einheit, z.B. des QM-Systems. Eine zur Durchführung von Qualitätsaudits geeignete Person heißt „Qualitätsauditor". Ein Qualitätsauditor, der ein Qualitätsaudit leiten soll, wird „Qualitätsaudit-Leiter" genannt.

Nur große Organisationen können sich eine eigene Stelle für interne Qualitätsaudits leisten. Gegebenenfalls sollte man diese Stelle zur Unterscheidung von ihrer Aufgabe und in Anlehnung an die Revisionsabteilung im kaufmännischen Bereich „Qualitätsrevision" nennen. Man wird sie in der Hierarchie sehr hoch einstufen, um die nötige Unabhängigkeit zu bewirken. Entsprechendes gilt für den Qualitätsauditor in kleineren Unternehmen. Oft beauftragen solche kleineren Unternehmen mangels eigener dafür qualifizierter Personen auch externe Stellen oder Personen mit der Durchführung eines internen Qualitätsaudits.

Bezüglich des Untersuchungsziels und -umfangs unterscheidet man zwischen

Systemaudit, Verfahrensaudit und Produktaudit:

- Ein Systemaudit ist die Untersuchung des ganzen QM-Systems, also aller QM-Elemente entsprechend dem geltenden Darlegungsumfang.

- Verfahrensaudits und Produktaudits betreffen QM-Ablaufelemente. Mit einem Verfahrensaudit werden interessierende Verfahren untersucht, mit einem Produktaudit jene QM-Ablaufelemente, mit denen das betreffende Produkt erstellt wird. Daß die Untersuchung bei Produktaudits vielfach anhand des Produkts durchgeführt wird, liegt an der im Kapitel 23 ausführlich besprochenen, oft sehr strammen Korrelation zwischen den Werten der Merkmale der QM-Elemente und der Merkmale des Produkts.

Einzelheiten zum Systemaudit findet man in einem Leitfaden der DGQ: DGQ-Band 12 - 63 „Systemaudit", 2. Auflage 1993 [82].

Im Kapitel 13 werden die sachlichen Inhalte sowohl zum internen wie auch zum externen Qualitätsaudit behandelt, außerdem zu Zertifizierungsaudits (siehe die Abschnitte 13.3.5 bis 13.3.7).

Eine spezielle internationale Normenserie behandelt die Auditdurchführung, die Qualifikationskriterien für Qualitätsauditoren sowie das Management von Auditprogrammen ([83] bis [85]).

9.9 Diagramm des Teil-Begriffssystems zu Prüfung und Ermittlung

9.9.1 Allgemeines

Die vorausgehenden sechs Erläuterungsseiten zu den einzelnen Begriffen dieses Teil-Begriffssystems haben gezeigt: Es gibt außerordentlich viele Betrachtungsweisen dazu. Bei keinem anderen Teil-Begriffssystem des Qualitätsmanagements gehen die Auffassungen so weit auseinander. Leider gilt das nicht nur für die Praxis, sondern auch in der Normung. Der Normungsauftrag der Vereinheitlichung ist dort (noch) nicht erfüllt. Das hat viele Gründe, aber noch weit mehr unerfreuliche Auswirkungen auf die Praxis. Deshalb ist eine Veranschaulichung dessen, um was es geht, hier besonders wichtig. Benutzt wird dazu ein Diagramm mit der gleichen Methodik, wie sie im Abschnitt 5.7 mit Bild 5.1 vorgestellt ist.

9.9.2 Begriffs-Systematik und -zweckmäßigkeit

Die Terminologielehre enthält die Regeln der Begriffs-Systematik. Wer sie kennt, der weiß, daß sie auf ein und demselben Teilgebiet zu unterschiedlichen Darstellungen führen können, ja sogar zu fundamental unterschiedlichen. Deshalb muß ein zweiter Gesichtspunkt Geltung haben: Die Begriffs-Zweckmäßigkeit. Einiges Prinzipielle dazu wurde im Kapitel 5 erläutert, beispielsweise das Verhältnis zwischen Gemeinsprache und Fachsprache. Beim hier vorgestellten Diagramm des Teil-Begriffssystems zu Prüfung und Ermittlung geht es um spezielle Zweckmäßigkeits-Gesichtspunkte. Sehr zweckmäßig ist es z.B., die in Jahrzehnten gewachsene Unterscheidung von Prüfung und Ermittlung als gleichrangigen Grundbegriffen zu respektieren, wie sie auch in den mit Vorbedacht eigenständigen Normen [50] und [32] dokumentiert ist. An beiden hängen große Mengen von Unterbegriffen, beispielsweise an der Ermittlung diejenigen zur Beschreibung aller Aufgaben der Genauigkeitsermittlung und der Ringversuche (siehe Kapitel 20 und 21). Man sollte daher auch diese beiden Grundbegriffe gleichrangig darstellen, obwohl es die Begriffs-Systematik allein auch erlauben würde, sie einander unterzuordnen, wie das übrigens mit wechselnder Wahl von Ober- und Unterbegriff in der Praxis auch durchaus üblich ist.

Hinzu kommt speziell im deutschen Sprachraum nicht nur das im Abschnitt 9.4 erwähnte, durch [188] verursachte Problem, sondern das in [309] besprochene Benennungsproblem: Für den englisch mit „test" benannten Begriff wurde bereichsweise – nicht durch die zuständigen Normungsfachleute – nämlich das deutsche Wort „Prüfung" festgelegt. Als dann später infolge einer Erweiterung des Dokuments „inspection" übersetzt werden mußte, war die Benennung „Prüfung" bereits verbraucht. Es wurde deshalb das – allerdings bereits im Bereich der Instandhaltung verbrauchte – Wort „Inspektion" gewählt. Für diese zentrale Aufgabe des Qualitätsmanagements besteht also nicht nur terminologische Unklarheit. Aus ihr entstand darüber hinaus ein Streit, den man sogar einen „Glaubenskrieg" nennen kann.

Deshalb ist es besonders wichtig, daß der neutral um Information bemühte Fachmann erkennen kann, worum es geht.

9.9.3 Was man aus dem Begriffsdiagramm lernen kann

Im Bild 9.4 ist dieses duale Begriffs-Teilsystem als Diagramm vorgestellt. Es ist eine der möglichen systematischen Lösungen der existierenden Probleme unter Berücksichtigung der im vorausgehenden Abschnitt nur zum Teil genannten Zweckmäßigkeits-Gesichtspunkte. Der Nutzen einer solchen Darstellung für das Erkennen von Klärungs-Schwerpunkten möge an einigen wenigen Beispielen erläutert sein:

- Der aus dem Diagramm gemäß Bild 5.1 kommende Begriff **qualitätsbezogen** (siehe Definition am Ende des Abschnitts 9.2.2), der national und international (als qualityrelated) seit langer Zeit vielfältig benutzt wird, normgerecht auch im Kapitel 17 dieses Buches, entschlüsselt sofort die Beziehung zwischen den Oberbegriffen und den qualitätsbezogenen Begriffen. Hat man diesen ein spezielles Fachgebiet kennzeichnenden Begriff verstanden, erübrigt sich gedanklich im Grunde die zweitunterste Reihe von Begriffen in diesem Bild. Es macht auch keine Mühe, sich unter Berücksichtigung des Kapitels 4 vorzustellen, daß andere Fachleute einen entsprechenden Begriff für ihr Fach anwenden, z.B. „kostenbezogen" oder „terminbezogen". In der entsprechenden Definition ist dann nur die Qualitätsforderung durch die Kostenforderung oder die Terminforderung ersetzt. Konstruierte Theoriefälle, bei denen das dann möglicherweise „nicht ganz stimmt", gibt es nahezu bei jeder Definition. Sie haben gegenüber der ordnenden Wirkung dieser kurzen, einleuchtenden und schon etliche Zeit üblichen Fachgebiets-Kennzeichnung keine Bedeutung.

- Noch deutlicher macht die Anmerkung unter dem Bild 9.4 die prinzipielle Überflüssigkeit der bisher für nötig gehaltenen sechs Spezialbegriffe der letzten Begriffszeile. Ähnlich wie vor Jahrzehnten erkannt wurde, daß ein einziger Qualitätsbegriff (mit der Einheit als universellem Gegenstand der Betrachtung) genügt, so wird man eines Tages auch erkennen, wie unnötig es ist, unterschiedliche Begriffsdefinitionen für prinzipiell ein und dieselbe Tätigkeit des Qualitätsaudits oder der Qualitätsbewertung zu schaffen, nur weil die betrachtete Einheit eine andere ist.

- Die Zuordnung der deutschen Benennungen zu den Definitionen ist angesichts der Homonymien in der Gemeinsprache teilweise ebenso austauschbar wie im Englischen. Man kann zum ersten erkennen, daß die Benennung nicht erklären kann, was erst mit der Definition klar gemacht wird. Daraus folgt aber zum zweiten, daß nicht ein Streit über Benennungen zur Vereinheitlichung führen kann, sondern nur eine Einigung über die gegenseitigen Zuordnungen von Benennung und Definition, die für den ganzen Sprachraum und für alle Anwendungsbereiche gelten müssen. Erst wenn dieses Ziel klar ist, kann über die weitere sehr wichtige Frage diskutiert werden, ob denn begrifflich eine so weit gehende Differenzierung in den Randbedingungen einer Prüfung überhaupt erforderlich ist, oder ob man sich dazu entschließt, ein einfacheres und leichter nachvollziehbares Teil-Begriffssystem zu schaffen und dazu zu konstatieren: Alle Details der Randbedingungen, Zielsetzungen und betrachteten Einheiten sind nicht eine Begriffsangelegenheit, sondern eine Angelegenheit der individuellen Beschreibung bei der Anwendung der Begriffe. Beim Begriff Einheit (entity) beginnt man das bereits immer besser zu lernen.

9.9 Diagramm des Teil-Begriffssystems zu Prüfung und Ermittlung

Bild 9.4: Begriffsdiagramm Prüfung und Ermittlung

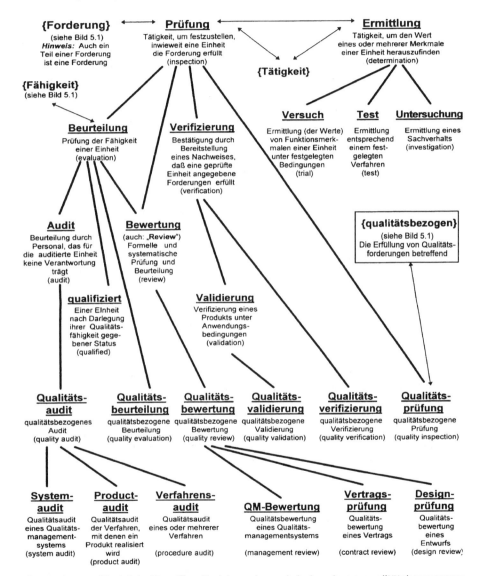

Anmerkung: Die letzte Begriffszeile ist - wie auch bei anderen qualitätsbezogenen Tätigkeiten - überflüssig: Nur weil unterschiedliche Einheiten geprüft werden, sind die je drei Unterbegriffe für Qualitätsaudit und Qualitätsbewertung ebenso unnötig wie unterschiedliche Qualitätslenkungs-Definitionen für unterschiedliche Einheiten.

Zum Bild 9.4 gelten folgende Anmerkungen:

- Im Abschnitt 9.4 ist die Auffassung gemäß [188] erörtert und als unzweckmäßig erläutert, daß man den Begriffsinhalt von Ermittlung in den Begriffsinhalt von Prüfung einbezieht. Eine Variante dieser Auffassung ist es, in einem Begriffsdiagramm ähnlich Bild 9.4 die Prüfung als einen Unterbegriff von Ermittlung darzustellen. Einziger Oberbegriff wäre dann Ermittlung. Es wird dazu argumentiert: Prüfung sei eine Ermittlung, inwieweit eine Forderung erfüllt ist. Dem steht entgegen, daß einerseits bei der Ermittlung etwas (irgendwie) herausgefunden werden soll, während die Prüfung seit Jahrzehnten als „Feststellung" (establishing) definiert ist. Man vergleiche dazu auch die sorgsam getrennte Gerichtspraxis des Ermittlungsverfahrens und der gerichtlichen Feststellung durch die Richter, wie das Ermittlungsergebnis am Maßstab des Gesetzes zu bewerten ist.

- Es gibt umgekehrt auch Normen [348], bei denen die Ermittlung (Messung) als Unterbegriff der Prüfung dargestellt ist. Es wird ähnlich argumentiert, jedoch mit entgegengesetztem Ergebnis der gegenseitigen Unterordnung der beiden Begriffe: Ohne Ermittlung sei keine Prüfung möglich. Man sieht aus beiden entgegengesetzten Ergebnissen, daß Argumente der Begriffssystematik allein für ein zweckmäßiges Begriffsschema nicht genügen (hier zu Ermittlung und Prüfung).

- Schon deshalb erscheint die gleichrangige Anordnung zweckmäßig. Sie berücksichtigt, daß der Prüfung wie im Bild 9.4 die Forderung auch optisch assoziativ zugeordnet werden kann. Diese spielt bei der Ermittlung (find out) keine Rolle. Die gleichrangige Anordnung berücksichtigt weiter, daß jedem der beiden Begriffe gedanklich umfangreiche Begriffs-Untersysteme zugeordnet sind. Beispiele sind bei der Prüfung die Bilder 9.2 und 9.3; bei der Ermittlung alles, was begrifflich zu den Kapiteln 20 und 21 gehört.

- Die gleichrangige Anordnung berücksichtigt zudem, daß die in mehreren Sprachen dringend anstehende Klärung der eindeutigen Zuordnung der jeweiligen Benennungen zu den Begriffsinhalten nicht notwendig beide Begriffskomplexe einbeziehen muß. Die Vergangenheit hat nämlich gezeigt, daß die Klärungsdiskussionen dazu nicht immer emotionslos geführt wurden. Das ist ein weiterer Gesichtspunkt für die hierarchische Entflechtung.

Insgesamt wird zu diesem international noch in Entwicklung befindlichen Diagramm daher vorgeschlagen, die gleichrangige Anordnung von Prüfung und Ermittlung auch zu visualisieren wie im Bild 9.4 gezeigt, also mit „Forderung" nur neben der Prüfung.

10 Risiko, Sicherheit und Gefahr

Überblick
Ein entscheidender Erfolgsfaktor ist die realistische Abschätzung bestehender oder entstehender Risiken. Die prinzipielle Denkweise dazu ist nur wenig bekannt. Deren gedankliche Vermittlung ist Zweck der folgenden Kurzdarstellung. Die Kenntnis der betreffenden Grundgedanken und -begriffe ist unentbehrlich zur Vermeidung von riskanten, vielleicht sogar von sehr gefährlichen und kostspieligen Fehleinschätzungen.

10.1 Allgemeines

Die Haftung für Folgen aus nicht zufriedenstellender Qualität hat aus vielen Gründen im Lauf der industriellen Entwicklung eine immer größere Bedeutung gewonnen. Sie gilt weltweit und auch hierzulande nicht erst seit Erlaß des neuen Produkthaftungsgesetzes (siehe Abschnitt 16.5.3) als ganz wesentliches Risiko, nicht nur bei einer produzierenden Organisation. Zahlreiche Schlagwörter kennzeichnen diese Entwicklung wie etwa „Verbraucherschutz", „Humanisierung des Arbeitsplatzes", „Vermeidung technischer Risiken", „Rückrufaktionen", „Lebensqualität", „Umweltschutz". Allein zu letzterem existieren weltweit diskutierte Vorstellungen unterschiedlichster Risikoabschätzungen, ganz zu schweigen von denen zur Kernenergie-Erzeugung.

Mittlerweile weiß man: Wie sonst in Technik und Wirtschaft muß in allen Risiko-Fällen nach einem als annehmbar betrachtbaren Kompromiß zwischen unbezahlbarer Sicherheit und unvertretbarem Risiko gesucht werden.

In Deutschland bestand seit 1984 Einvernehmen zwischen Technik und Wirtschaft zur Frage der Einschätzung technischer Risiken. Zunächst war es in DIN 31004-1 [54] festgeschrieben. Der Inhalt dieser Grundnorm wurde später übergeleitet in eine elektrotechnische Norm: DIN VDE 31000-2 [55]. Beiden gemeinsam ist die Erkenntnis gemäß Bild 10.1: Gefahr und Sicherheit, die in der Gemeinsprache oft wie Gegensätze empfunden werden, gehören zu einem einzigen Maßstab: Beides sind Risiken. Das Grenzrisiko verbindet und trennt sie gleichermaßen.

Die Festlegung des Grenzrisikos ist das eigentliche Praxisproblem: Allgemeingültig kann nämlich weder der Gesetzgeber noch die Technik festlegen, wo dieses Grenzrisiko zu liegen hat. Es muß für jeden Einzelfall und bei jedem Fortschritt von Technik, Wirtschaft und Gesellschaft neu festgelegt werden.

Die Frage, ob der Sicherheitsaspekt ein qualitätsbezogener Aspekt sei, ist uneingeschränkt positiv zu beantworten. Die Sicherheit risikobehafteter Einheiten gehört zu ihrem Zustand oder zu ihrer Verhaltensweise. Beides sind Sonderfälle (Unterbegriffe) der Beschaffenheit (siehe Abschnitt 6.3). Neuerdings besteht eine zunehmende Tendenz, alle sicherheitstechnischen Fragestellungen „sicherheitshalber" zu verselbständigen. Das hat dazu geführt, daß immer neue Gedankengebäude aufgerichtet wurden und werden, international z.B. mit [335] und auch im Rahmen der EU. Entsprechend unübersichtlich ist die normative Gesamtsituation geworden. Deshalb sind nachfolgend die wichtigsten Grundlagen vorgestellt. Änderungen dieser Grundgedanken sind glücklicherweise kaum noch zu erwarten, auch wenn die eine oder andere Formulierung beim Erscheinen neuer regionaler oder internationaler Normen redaktionell modifiziert wird.

Bild 10.1: Das Risiko als gemeinsamer Maßstab für Gefahr und Sicherheit

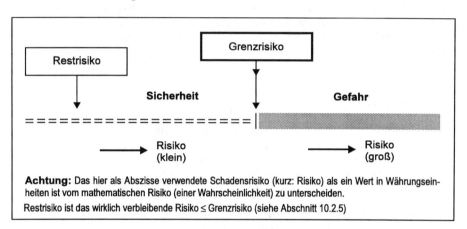

Diskussionen seriöser Art darüber, ob man ein Risiko Null anstreben sollte oder verlangen kann, gehören glücklicherweise der Vergangenheit an. Es ist jetzt klar, daß es keinen Vorgang oder Zustand geben kann, dem man das Risiko Null zuordnen könnte. Es kommt stets auf die Quantifizierung an.

10.2 Begriffliche Grundlagen

Die wichtigsten Grundbegriffe sollten Wissensbestandteil aller im Qualitätsmanagement Tätigen in allen Branchen sein. Sie werden nachfolgend in Anlehnung an die deutsche Grundnorm DIN VDE 31000-2 [55] behandelt.

10.2.1 Der Schaden

Das Ziel der Schadensvermeidung durch Risikominderung macht verständlich, daß zunächst geklärt sein muß, was ein Schaden ist. Auch diese Klärung ist mit großem Aufwand Mitte der 80er Jahre einvernehmlich gemeinsam durch Recht und Technik erfolgt. Es wurde geklärt:

10.2 Begriffliche Grundlagen

> **SCHADEN =**
> Nachteil durch Verletzung von Rechtsgütern
> aufgrund eines technischen Vorganges oder Zustandes

Die Rechtsgutverletzung kann vorsätzlich oder fahrlässig erfolgt sein. Jede Rechtsgutverletzung, die kausal auf dem zum Schaden führenden Ereignis beruht, ist zunächst als zum Schaden gehörig einzubeziehen. Sollen spezielle Folgen eines zum Schaden führenden Ereignisses bei der Risikoabschätzung unberücksichtigt bleiben, so sollte diese Bewertung bei der Festlegung oder Ermittlung des Grenzrisikos bzw. anläßlich der sicherheitstechnischen Festlegungen erfolgen. Dazu sind auch die nachfolgenden Begriffe erforderlich. Der Schaden hat bekanntlich die Dimension Währungseinheit (z.B. DM).

10.2.2 Das Risiko

Nach Klärung des Schadensbegriffs ist es möglich, den Risikobegriff zu erläutern. In ihm spielt nämlich der Schaden eine zentrale Rolle:

> **RISIKO =**
> Gleichgewichtig aus der Wahrscheinlichkeit (W)
> eines zum Schaden führenden Ereignisses und dem
> im Ereignisfall zu erwartenden Schadensausmaß (S)
> zusammengesetzte Bewertungsgröße (R)

Oft kann dieses Risiko (R) nicht quantitativ erfaßt werden. Nur selten läßt es sich als Kombination der beiden Größen Wahrscheinlichkeit (W) des zum Schaden führenden Ereignisses und Schadensausmaß (S) quantifizieren. Zur Ermittlung von R sollte grundsätzlich aber stets eine gleichgewichtige Bewertung von W und S angestrebt werden.

Hervorzuheben ist dazu: Die Benennung „Risiko" ist auch fachlich ein Homonym, also ein Wort mit unterschiedlichen Begriffsinhalten:

- Viele Mitarbeiter im Qualitätsmanagement benutzen zur Abschätzung des Irrtums-Risikos bei der Anwendung von Annahmestichprobenverfahren das Risiko als eine Wahrscheinlichkeit, wie sie in der mathematischen Statistik definiert ist. Dieses Risiko hat die Dimension 1.

- Die obige Definition zeigt: Das Risiko R ist hier prinzipiell das Produkt aus W und S. Seine Ermittlung ist daher eine Wert-Abschätzung. W ist die Wahrscheinlichkeit des Eintritts des befürchteten, zum Schaden führenden Ereignisses, und S das erwartete Ausmaß, also der Wert des Schadens im Fall dieses Ereignisses. Dieses Risiko hat demnach die Dimension Währungseinheit.

10.2.3 Das Grenzrisiko

Für das Riskmanagement ist das Grenzrisiko einleuchtenderweise der ausschlaggebende Begriff. Er ist wie folgt erklärt:

> **GRENZRISIKO =**
>
> Größtes noch vertretbares Risiko
> eines technischen Vorganges oder Zustandes

Im allgemeinen läßt sich das Grenzrisiko nicht quantitativ erfassen. Es wird in der Regel indirekt durch sicherheitstechnische Festlegungen (siehe Abschnitt 10.2.6) beschrieben.

Für die Vertretbarkeit von Risiken bestehen aus verschiedenen Gründen in den Bereichen von Wirtschaft und Technik außerordentlich unterschiedliche Maßstäbe. Die für richtig gehaltenen Werte von Grenzrisiken auf verschiedenen Gebieten erreichen ein Verhältnis bis zu 100 000 : 1. Es ist gut, diesen Sachverhalt bei der Festlegung von Grenzrisiken zu beachten [56, 57].

10.2.4 Sicherheit und Gefahr

Einfach zu verstehen sind in diesem Gedankenmodell die beiden Begriffe Sicherheit und Gefahr (siehe Bild 10.1). Letztere ist ein Risiko, welches das Grenzrisiko überschreitet, Sicherheit hingegen ein Risiko, welches das Grenzrisiko nicht überschreitet. Das Grenzrisiko gehört also zum Sicherheitsbereich. Gefahr ist ein Begriff, der dem gesamten Risikobereich oberhalb des Grenzrisikos zugeordnet ist.

Früher wurde im angloamerikanischen Sprachraum vielfach zwischen einer Gefahr für Personen (danger) und einer Gefahr für Sachen (hazard) unterschieden. Das ist in neueren Begriffsfestlegungen für fachliche Risikobetrachtungen teilweise nicht mehr der Fall. Es war auch insofern bisher wenig sinnvoll, weil eine quantitative Betrachtung letzten Endes auch bei Personenschäden – trotz aller verständlichen gefühlsmäßigen Ablehnung – stets das Produkt aus W und S zur Objektivierung heranziehen muß.

10.2.5 Das Restrisiko

Das häufig mißverstandene Restrisiko ist wie folgt erklärt:

> **RESTRISIKO =**
>
> In einem konkreten Fall verbleibendes
> tatsächliches Risiko im Risikobereich von Sicherheit

Das Restrisiko ist also wie die Sicherheit ein Risiko, welches das Grenzrisiko nicht überschreitet. Es ist demnach kleiner, häufig sogar ganz erheblich kleiner als das Grenzrisiko. Im Bild 10.1 ist ein spezieller Fall eingezeichnet.

10.2.6 Sicherheitstechnische Festlegungen

Solche Festlegungen sind Bestandteile von Qualitätsforderungen an die Beschaffenheit von beliebigen sicherheitsrelevanten Einheiten. Ihr Einbau in diese ist also Angelegenheit der Planung dieser Qualitätsforderungen (siehe Kapitel 11). Sie werden vielfach durch Gesetze, Rechtsverordnungen oder sonstige staatliche Maßnahmen vorgeschrieben. In Übereinstimmung mit der unter Fachleuten vorherrschenden Meinung werden sie z.b. auch durch technische Regelwerke vorgegeben. Sie sind wie folgt erklärt:

> **SICHERHEITSTECHNISCHE FESTLEGUNGEN =**
>
> Forderungen, deren Erfüllung im Rahmen des jeweiligen technischen Konzepts sicherstellen sollte, daß das Grenzrisiko nicht überschritten wird

Die Einzelforderungen können sich an alle denkbaren Einheiten richten. Es können z.B. technische Werte (Grenzwerte) oder Festlegungen in Verhaltensanweisungen sein. In technischen Regelwerken beschränkt man sich meist auf spezielle vorgegebene Werte und setzt voraus, daß die Forderungen zu generellen sicherheitstechnischen Grundsätzen erfüllt werden.

Besondere Brisanz hat angesichts der überaus unterschiedlichen Risiko-Einschätzungen in verschiedenen Lebens- und Technik-Bereichen die durch Modellrechnungen untermauerte Forderung:

„Zur Optimierung der Wirkung der volkswirtschaftlich vorhandenen Mittel sollte bei Abwesenheit übergeordneter Vorgaben (Gesetz, Gewohnheitsrecht) in allen risikobehafteten Bereichen als Maßstab etwa das gleiche Grenzrisiko dienen.".

Man könnte es auch direkter ausdrücken: Mit den vorhandenen Mitteln sollte eine größtmögliche Anzahl an verhinderten tödlichen Unglücksfällen erreicht werden. Oder noch extremer formuliert: Es sollten nicht 100 000 Währungseinheiten (WE) zur erfolgreichen Verhinderung vieler Todesfälle fehlen, weil vorher 10 000 000 WE zur Verhinderung eines einzigen anderen aufgewendet wurden.

10.2.7 Inhärente Sicherheit

Inhärente Sicherheit ist die Sicherheit, die ohne sicherheitstechnische Festlegungen existiert. Dabei ist zu beachten: Schon vom Begriff her wird dabei vorausgesetzt, daß das Risiko ohne solche Festlegungen unter dem Grenzrisiko liegt. Nur dann kann von einer „inhärenten Sicherheit" gesprochen werden.

10.2.8 Der Schutz

Ist inhärente Sicherheit nicht zu erwarten, müssen Schutzmaßnahmen ergriffen werden. Demzufolge ist der Schutz-Begriff wie folgt erklärt:

> **SCHUTZ =**
> Ergebnis einer Verkleinerung des Risikos durch Maßnahmen,
> welche entweder die Wahrscheinlichkeit (W)
> des zum Schaden führenden Ereignisses
> oder das Schadensausmaß (S),
> oder welche beide verkleinern

Oftmals läßt sich nur durch das Zusammenwirken mehrerer Schutzmaßnahmen Sicherheit erreichen, also das Grenzrisiko unterschreiten.

10.3 Hilfsmittel zur Risiko-Minderung

Nachfolgend werden die beiden wichtigsten Hilfsmittel mit ihren Grundgedanken vorgestellt. Ist Kenntniserweiterung gewünscht, wird die Durcharbeitung von Beispielen anhand der umfangreichen Literatur empfohlen. Außerdem ist darauf hinzuweisen, daß fast jedes Werkzeug des Qualitätsmanagements auf Risikominderung abzielt. Die Grundgedanken dieses Kapitels werden also überall benötigt. Ein Beispiel ist das Arbeitsmittel Quality function deployment (QFD; siehe Abschnitt 11.7).

10.3.1 Fehlermöglichkeits- und -einflußanalyse (FMEA)

Die Fehler-Möglichkeits- und -Einfluß-Analyse wird heute von jedermann im Munde geführt. Hier im Text ist eine andere Schreibweise als in der Abschnittsüberschrift gewählt. In beiden Fällen darf der Bindestrich vor „einfluß" nicht vergessen werden. Er ist essentiell für den Begriff.

Diese Methode der Risikoabschätzung im Fall eines Ausfalls oder eines Fehlers oder eines Mangels wird jedoch bisher häufiger in der Entwicklung/Konstruktion und bei den Prozessen für die Herstellung eines Angebotsprodukts (siehe Abschnitt 8.3.1) als für interne Zwecke benutzt. Vergleichsweise unbekannt sind auch die Grundgedanken der FMEA. Nur deren Kenntnis ermöglicht indessen eine Optimierung dieses Werkzeugs für die verschiedenen Anwendungszwecke. Deshalb muß man wissen, daß die Risikoabschätzung bei der FMEA auf der Basis der oben im Abschnitt 10.2 entwickelten Grundgedanken erfolgt. Das erkennt man auch aus der nachfolgenden Erklärung:

> **FMEA = Qualitative Methode der Risikoanalyse,**
> welche die Untersuchung der möglichen Fehlerarten
> in den Untereinheiten der betrachteten Einheit
> sowie die Feststellung der Fehlerfolgen jeder Fehlerart
> für die anderen Untereinheiten und
> für die Funktion der betrachteten Einheit umfaßt

10.3 Hilfsmittel zur Risiko-Minderung   113

Eine der wichtigsten Anwendungen der FMEA ist die – meist unter Termindruck stehende – Planung eines QM-Systems (siehe Abschnitt 14.3.3).
Gut eingeführt ist die FMEA anhand der auch für Unterlieferanten vorgesehenen Formblätter der Automobilindustrie [67]. Die Abschätzung von W und S erfolgt dabei schrittweise. Z.B. wird bei der Prozeß-FMEA die Wahrscheinlichkeit W in zwei Anteile aufgeteilt. W_1 ist dabei die Wahrscheinlichkeit für die Entdeckung und Beseitigung der Schadensmöglichkeit vor dem Einsatz der Einheit beim Kunden ohne besondere Anstrengungen. W_2 ist die Wahrscheinlichkeit der Entdeckung und Beseitigung der Schadensmöglichkeit, wenn solche besonderen Anstrengungen vor der Lieferung unternommen werden. Bei dieser Aufteilung ist dann allerdings W das Produkt aus W_1 und $(1 - W_2)$. Nachteil dieser Unterteilung von W ist die Komplementarität zu Eins des Wertes von W_2. Damit ist der Überblick über den im Abschnitt 10.2.2 geschilderten einfachen Formalismus mit seinen nur zwei Faktoren W und S empfindlich beeinträchtigt. Noch unübersichtlicher wird die Abschätzung dadurch, daß man statt quantitativer Schätzwerte geschätzte Ordinalwerte benutzt. Es ist z.B. üblich, mit einer Skala von 10 Noten zu arbeiten. Dadurch entsteht die zweite Beeinträchtigung des Überblicks. Sie sei an der Abschätzung von W_2 erläutert: Der Ordinalwert für W_2 wird im allgemeinen reziprok zur Wahrscheinlichkeit der Entdeckung und Beseitigung der Schadensursache gewählt. Die Ereigniswahrscheinlichkeit W wird dadurch um so kleiner, je kleiner der betreffende Ordinalwert und je größer damit die Wahrscheinlichkeit für die Entdeckung und Beseitigung der Schadensursache ist. Allein dieser letzte Satz zeigt eindrucksvoll einen Grund dafür, warum dieser spezielle Formalismus zur Abwicklung einer Riskoabschätzung vielfach angewendet wird, ohne daß die Zusammenhänge wirklich verstanden wurden.
Weil die FMEA auch ein bedeutsames Mittel der Qualitätsplanung ist, wird sie dort ebenfalls behandelt. Schon hier sei verwiesen auf das Bild 11.3.

10.3.2 Fehlerbaum-Analyse

Die FMEA zielt direkt auf das Risiko, wenn auch oft nur qualitativ und daher mehr oder weniger treffsicher. Die Fehlerbaum-Analyse ist jedoch auf die Entdeckung kritischer Fehlerursachen (oder Ausfallursachen) abgestellt. Sie ist nämlich nach dem Glossar der EOQ [60] wie folgt erklärt:

> **FEHLERBAUM-ANALYSE =**
> Untersuchung anhand eines Fehlerbaums mit dem Ziel,
> festzustellen, inwieweit eine betrachtete Fehlerart der Einheit
> mit möglichen Fehlerarten der Untereinheiten
> oder mit externen Ereignissen
> oder mit einer Kombination daraus in Beziehung steht

„Betrachtete Fehlerart" und „mögliche Fehlerart" stehen dabei als Kurzbezeichnung für „Fehler einer betrachteten Fehlerart" und für „Fehler einer möglichen anderen Fehlerart".

Ein Fehlerbaum ist also ein logisches Diagramm zur Unterstützung solcher Analysen. Er hat auch viele andere (synonyme) Namen: Urache-Wirkungs-Diagramm, Ishikawa-Diagramm, „Fischgräten-Diagramm" (siehe auch Abschnitt 32.7).

Die Auswirkungen von Fehlern in kleinsten Untereinheiten auf übergeordnete Untereinheiten usw. werden beim Fehlerbaum – wie sein Name sagt – nach Art des Bildes eines Baums dargestellt. Die Fehler bzw. ihre Ursachen liegen in den äußersten Verästelungen des Fehlerbaums. Sie wirken auf das Gesamt-Ergebnis ein, das durch den Baumstamm repräsentiert wird.

Die in der Definition enthaltene Wechselwirkung zwischen den Fehlerursachen (oder den Ausfallursachen) wird im allgemeinen allerdings nicht graphisch dargestellt.

Das Beispiel eines Fehlerbaums aus [46] ist im Bild 10.2 gezeigt.

Bild 10.2: Beispiel eines Fehlerbaums aus [46] zur Kopiertechnik

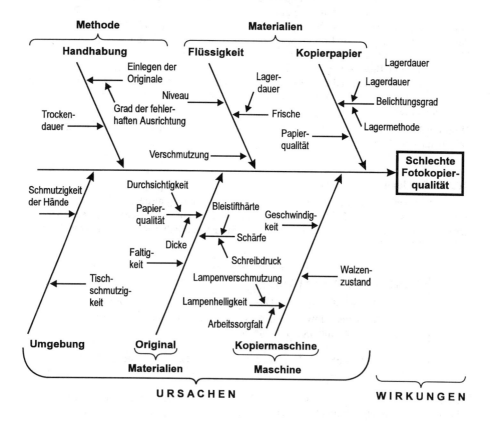

11 Planung der Qualitätsforderung (Qualitätsplanung)

> *Überblick*
>
> *Alle auf die Qualitätsplanung folgenden Tätigkeiten des Qualitätsmanagements sind zur Erfolglosigkeit verdammt, wenn die Qualitätsplanung selbst nicht zweckentsprechend und rationell ihre Aufgabe erfüllt hat. Sie muß die Vorgaben der gewählten Anspruchsklasse und der daraus folgenden Wünsche des Kunden in die Qualitätsforderung an das Angebotsprodukt und an die zu ihm führenden Tätigkeiten und Prozesse umsetzen.*

11.1 Vorbemerkungen

11.1.1 Vorbemerkung zur Benennung Qualitätsplanung

Die Benennung „Qualitätsplanung" für die Planung der Qualitätsforderung ist eingeführt und genormt. In Praxis und Lehre ist darauf zu achten, daß „Qualitätsplanung" nicht als „Planung der Qualität" mißverstanden wird. Qualität wird nicht geplant. Sie ist das Ergebnis der Erstellung der Einheit. Ob sie festgestellt wird oder nicht, ist dafür unerheblich. Sie existiert.

Verschiedentlich wird die Benennung „Qualitätsplanung" in Abweichung von der genormten Definition auch benutzt für die

- *Produktplanung*, die weit mehr umfaßt und mit ihren Entscheidungen – z.B. zur Anspruchsklasse – der Qualitätsplanung vorausgehen muß (siehe auch Kapitel 4);
- *Planung des QM-Systems* (siehe Kapitel 14), innerhalb dessen die Qualitätsplanung zwar ein sehr wichtiges, aber eben nur ein spezielles QM-Ablaufelement ist;
- *Prüfplanung*, die zwar sachlich mit der Qualitätsplanung eng verbunden sein muß, bei der es aber um die Planung der Qualitätsprüfungen und nicht der Qualitätsforderung geht;
- *Prüfmittelplanung*.

Alle diese und andere Ausweitungen des Begriffsinhalts von Qualitätsplanung entsprechen nicht dem Stand der Technik.

11.1.2 Vorbemerkung zum Begriff Qualitätsforderung

Die Entwicklung dieses Begriffes hat viele Jahre benötigt. Zu seiner Verwendung im Qualitätsbegriff (siehe Abschnitt 7.4) wurde häufig angemerkt, man könne Qualität nicht aus der Qualitätsforderung definieren. Dahinter steckt das Gefühl, es könnte ein „Zirkelschluß" entstehen. Was ein Zirkelschluß ist, findet sich in der Grundnorm für „Begriffe und Benennungen" [61]. Er ist die Definition eines Begriffs durch Begriffe, die wiederum mit Hilfe des Ausgangsbegriffs definiert werden, oder wie es früher hieß, die in der absteigenden Begriffsleiter unter ihm stehen, wenn diese durch Einschränkung des Oberbegriffs definiert wurden. Im vorliegenden Fall träfe das dann zu, wenn zur Definition der Qualitätsforderung auf den Qualitätsbegriff zurückgegriffen würde, etwa mit der unsinnigen, aber durchaus häufig in der Praxis anzutreffenden Formulierung „geforderte Qualität". Die Erklärung im Abschnitt 11.2 zeigt, daß ein solcher Zirkelschluß nicht existiert. Das genannte Gefühl ist also unberechtigt.

Die Benennung „Qualitätsforderung" ist sogar nötig. Sie gibt das Gebiet an, auf dem sich die Forderung bewegt. Man kann nicht allgemein „Forderung" oder „festgelegte und vorausgesetzte Erfordernisse" sagen, wie das bis heute international im Qualitätsbegriff üblich ist und wohl erst im Rahmen der Langzeitrevision durch Einführung des Begriffs quality requirement korrigiert werden wird. Unzweifelhaft gibt es auch auf anderen Gebieten Forderungen. Sie sind im Abschnitt 4.7 behandelt worden. Man muß sie auch bei der Benennung der Forderung erkennen und unterscheiden können. Im Abschnitt 1.2.3 war am Beispiel des Managements diese zwar unbequeme, aber nötige Regel ausführlich begründet und so formuliert worden: „Auch in der Bezeichnung muß man das Ganze von seinen Teilen klar unterscheiden."

Schon in der Vornorm zu [7] von 1980 kam die Qualitätsforderung mehrfach vor. In [7] selbst enthielten 1987 bereits acht Definitionen diesen Grundbegriff. Aber in der internationalen Definition von „Qualität" in [16], also gerade dort, wo sie aus den geschilderten Gründen (zur Begriffsentflechtung) am wichtigsten wäre, wurde die Qualitätsforderung nicht verwendet, bis heute. Besonders erstaunlich ist das, weil in dieser Norm [16] fast unmittelbar anschließend der Begriff „requirement for quality" eingeführt ist, und zwar wie schon in [7] ganz allgemein bezogen auf eine beliebige Einheit. Allerdings wird es wohl noch mindestens bis zum Ende der Langzeitrevision dauern, bis auch dort die Unterscheidung zwischen dieser *einen* Qualitätsforderung „requirement for quality" an *eine* Einheit, und den – meist sehr zahlreichen – in ihr enthaltenen Einzelforderungen an die Qualitätsmerkmale dieser Einheit deutlich herausgearbeitet wird. Erst dann wird man die Mehrzahl „requirements for quality" nur anwenden, wenn *mehrere* Einheiten betrachtet werden, z.B. in einem QM-System mehrere oder alle QM-Elemente. Erst dann ist auch die jetzt noch bestehende Gefahr gebannt, daß die „stated and implied needs" nicht als eine spezielle Konkretisierungsstufe der Qualitätsforderung erkannt werden und die Frage entsteht, ob dieser Begriff denn auch für ein ganz einfaches Zwischenprodukt gilt.

11.1.3 Vorbemerkung zu „Forderung/Anforderung"

In der Gemeinsprache können zwar die beiden Benennungen „Forderung" und „Anforderung" auch synonym benutzt werden, jedoch unterscheidet diese Gemeinsprache die vorzugsweise Bedeutung der

– Forderung (requirement) = Verlangen, daß die Beschaffenheit einer bezeichneten Einheit Merkmalswerte in einem gewünschten Bereich hat.

von der vorzugsweisen Bedeutung der

– Anforderung (request) = Verlangen, in den Besitz einer Einheit zu gelangen.

11.2 Was ist die Qualitätsforderung?

Jedes Lexikon gibt diese Auskunft. Wer z.B. bei einem Unfall einen Krankenwagen *anfordert*, der *fordert* von diesem Krankenwagen, daß er für die sofortige Behandlung eines Verletzten zweckmäßig ausgerüstet ist, und er *fordert* vom mitfahrenden Sanitäter, daß er fachgerecht erste Hilfe leisten kann.

Bis zum Erscheinen der 2. Auflage war in der deutschen Normung – und nur in dieser – das Wort „Forderung" nicht gestattet. Deshalb hat sich das Wort „Anforderung" im Sinn von Forderung weit verbreitet. Nur die Qualitätsforderung war eine seit 1980 stillschweigend geduldete Ausnahme.

Seit 1994 hat auch das Deutsche Institut für Normung e.V. (DIN) das Wort „Forderung" in Normen wieder zugelassen. Im Hinblick auf die gerade im Qualitätsmanagement benötigten, unterschiedlichen beiden Begriffsinhalte ist das begrüßenswert. Allerdings wird es in Normen noch Jahrzehnte dauern, bis diese Unterscheidung anhand der beiden Benennungen wieder verläßlich möglich ist. In dieser dritten Auflage gilt sie.

11.2 Was ist die Qualitätsforderung?

Kritik aus Fachkreisen war die Konsequenz aus einer Veröffentlichung zum Thema „Erfolgsbedeutung der Qualitätsforderung" [113]. In ihr war empfohlen worden, bei der qualitätsbezogenen Facharbeit statt von Qualität möglichst nur noch von der Qualitätsforderung zu sprechen, von ihrer zweckmäßigen Planung und Erfüllung in der Praxis. Der Vorschlag war aus Überlegungen zur Wirkung der Werbung auf den Qualitätsbegriff entstanden (siehe Kapitel 7), die Kritik aus der Angst, man dürfe ihn dann in der Werbung nicht mehr verwenden.

Hintergrund der Veröffentlichung war die Freude über die nach vielen Jahren endlich gelungene, überzeugende Erklärung der Qualitätsforderung. In der ersten Auflage dieses Buches konnte sie noch nicht verzeichnet sein. Heute kann sie jedermann in [8] nachlesen. Sie ist für die QM-Alltagsarbeit die wichtigste Definition und lautet

> **Qualitätsforderung =**
> **Gesamtheit der betrachteten Einzelforderungen**
> **an die Beschaffenheit einer Einheit in der**
> **betrachteten Konkretisierungsstufe der Einzelforderungen**

Die Einzelforderungen im Rahmen der Qualitätsforderung richten sich an die ausgewählten Qualitätsmerkmale. Es ist kaum zu glauben, wie viele Benennungen für die Qualitätsforderung entstanden sind (auch daran erkennt man die Bedeutung dieses Begriffs). Sie sind in [53] bei diesem Begriff aufgeführt und erläutert.

Heute sind fast in jeder Qualitätsforderung Einzelforderungen aus Vorschriften enthalten, z.B. bei Tätigkeiten zum Arbeitsschutz, bei Produkten zur Sicherheit. Eine Vorschrift ist ein Dokument, das verbindliche rechtliche Festlegungen betrifft und von einer Behörde erstellt wird.

11.3 Einheiten, für die eine Qualitätsforderung zu planen ist

Verständlicherweise steht im Mittelpunkt der Qualitätsplanung das Angebotsprodukt (siehe Abschnitt 8.3.1). Die wachsende Bedeutung der QM-Systeme kann man auch als systematische Ausweitung der Qualitätsplanung auf die Tätigkeiten verstehen, die zum Angebotsprodukt führen. Die neuerliche Betonung von Quality function deployment (siehe Abschnitt 11.7) meint die umfassende Qualitätsplanung bei allen für die Qualität des Angebotsprodukts bedeutsamen anderen Einheiten. Es muß also an zahlreiche weitere Einheiten gedacht werden, die zum Angebotsprodukt gehören oder dafür wichtig sind. Einen Überblick über diese Einheiten gibt das Bild 11.1.

Bild 11.1: Einheiten, auf welche sich eine systematische Qualitätsplanung erstreckt

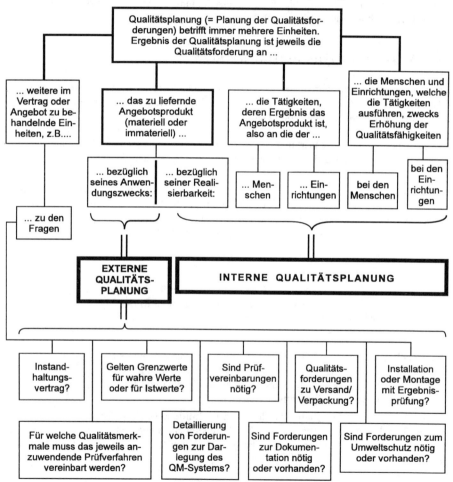

11.4 Was die Planung der Qualitätsforderung an eine Einheit umfaßt

Sehr allgemein wird die Aufgabenabwicklung der Qualitätsplanung durch DIN EN ISO 8402 : 1995-08 [16] erklärt als *"Tätigkeiten, welche die Ziele und Qualitätsforderungen sowie die Forderungen für die Anwendung der Elemente des QM-Systems festlegen"*.
In [7] stand die bezüglich der einzelnen Tätigkeiten wesentlich besser detaillierte, nachfolgende Erklärung, die leider nicht vollständig nach [15] übernommen wurde. Nur die wesentlichen Elemente der Definition sind dort noch verzeichnet.

> **QUALITÄTSPLANUNG =**
> **Auswählen, Klassifizieren und Gewichten der Qualitätsmerkmale sowie schrittweises Konkretisieren aller Einzelforderungen an die Beschaffenheit zu Realisierungsspezifikationen,**
> **und zwar im Hinblick auf**
> – **die durch den Zweck der Einheit gegebenen Erfordernisse,**
> – **die Anspruchsklasse**
> **und unter Berücksichtigung der Realisierungsmöglichkeiten**

Hier sind also die „Erfordernisse" die angebrachte Bezugsbasis, und es erscheint nicht nötig, die Adjektive „festgelegte" oder „vorausgesetzte" hinzuzufügen, weil die Erfordernisse fallabhängig sind. Zudem sind diese Erfordernisse nichts anderes als die spezielle Konkretisierungsstufe der Qualitätsforderung beim Beginn der Qualitätsplanung.

11.5 Elemente der Qualitätsplanung

Dem Tätigkeitskomplex „Qualitätsplanung" kommt im Rahmen des Qualitätsmanagements eine herausragende Bedeutung zu. Qualitätsplanung hat zwei Ziele:

– Einmal soll die Qualitätsforderung des Marktes oder des Kunden konkretisiert werden. Dazu sind Festlegungen im Hinblick auf den Zweck der Einheit unter Berücksichtigung der Anspruchsklasse zu treffen. Man nennt diesen Teil **„Externe Qualitätsplanung"**. Diese darf nicht als eine von betriebsfremden Auftragnehmern abzuwickelnde Aufgabe mißverstanden werden. Sie kann aber durchaus innerhalb einer Organisation gegenüber einem „internen Kunden" entstehen.

– Zum anderen soll die Qualitätsforderung im Hinblick auf die Realisierbarkeit konkretisiert werden. Dabei sind sowohl die Mitarbeiter als auch die anderen Mittel und Einrichtungen der Organisation zu berücksichtigen. Man nennt diesen Teil der Qualitätsplanung **„Interne Qualitätsplanung"**

Die Koordinierung der beiden Teile ist eine der wichtigsten Aufgaben des Qualitätsmanagements. Planungsziel ist die Konkretisierung der Einzelforderungen im Rahmen der Qualitätsforderung zu Realisierungsspezifikationen. Es geht also um die für die Qualitätsmerkmale vorzugebenden Werte, englisch die 'specified values'. Vorwiegend sind es Grenzwerte. Nur gelegentlich werden zusätzlich auch Sollwerte benötigt.

Die vier *prinzipiellen* Arten vorzugebender quantitativer und qualitativer Merkmalswerte gemäß Abschnitt 8.2 sind eine wichtige Grundkenntnis für die Qualitätsplanung. Die unterschiedlichen *speziellen* Arten vorzugebender Merkmalswerte sind im einzelnen in DIN 55350-12 „Begriffe der Qualitätssicherung und Statistik; Merkmalsbezogene Begriffe" [24] enthalten. Das im Normtitel bie heute verbliebene „Qualitätssicherung" ist ein Hinweis auf das Alter dieser Grundnorm, deren Erneuerung mehr Gefahren als Nutzen mit sich bringen würde.

11.6 Gesichtspunkte zur externen und internen Qualitätsplanung

Der vorausgehende Überblick zeigt: Auf die Qualitätsplanung haben außerordentlich viele Faktoren Einfluß. Externe und interne Qualitätsplanung müssen in ihrem Zusammenwirken an allen Schnittstellen zwischen den mitwirkenden Teilen der Organisation koordiniert werden und sind in ihrem Zusammenwirken ausschlaggebend für den Erfolg der Organisation, z.B. auf dem Markt.

11.6.1 Gegenstand der externen Qualitätsplanung

Ein Anbieter muß bei seiner Qualitätsplanung folgendes berücksichtigen: Möglicherweise werden die ihm vom Kunden gestellten Forderungen nicht dem gerecht, was dieser Kunde eigentlich benötigt. Oft ist der Kunde ohnehin kein Fachmann. Deshalb sind im Prinzip auch nicht die Forderungen des Kunden, sondern die objektiv bei ihm bestehenden Erfordernisse Maßstab für die Qualitätsplanung. Man sollte nicht wegen unnötiger oder übertriebener Kundenforderungen an der falschen Stelle zu viel Aufwand treiben. Wo von den Erfordernissen her besonderer Aufwand nötig wäre, der Kunde aber nichts verlangt, darf dennoch nicht zu wenig getan werden. Dies ist zwar angesichts der oft unübersehbaren Marktmacht von Kunden leichter gesagt als getan, aber diesen Zusammenhang muß man kennen.

In einem ersten Schritt der Qualitätsplanung müssen alle für die Nutzung der Einheit wichtigen Merkmale als Qualitätsmerkmale ausgewählt und festgelegt werden. Diese Qualitätsmerkmale müssen dann entsprechend ihrer Bedeutung für die Qualität der Einheit **klassifiziert** und **gewichtet** werden. Das hat Bedeutung für den Ablauf aller Erstellungsphasen bis hin zur Endprüfung der Einheit. Man findet dazu in der Praxis zahlreiche Verfahren. Gedanklich grundsätzlich wichtig ist dabei die nachfolgend behandelte Verknüpfung zwischen den Merkmalen und den bei ihnen möglichen Fehlern.

Für die **Fehlerklassifizierung** galt jahrzehntelang eine international anerkannte Einteilung in drei Klassen (mit vier Unterklassen). Sie folgte nach der auch noch 1998 geltenden Norm DIN 55350-31 : 1985-12 [202] einer

Fehlerbewertung, die an den Fehlerfolgen ausgerichtet ist:

11.6 Gesichtspunkte zur externen und internen Qualitätsplanung

- Ein **kritischer Fehler** ist demnach ein Fehler, bei dessen Entstehen anzunehmen oder bekannt ist, daß er voraussichtlich für Personen, welche die betreffende Einheit benutzen, instandhalten oder auf sie angewiesen sind, gefährliche oder unsichere Situationen schafft; beispielsweise ein Fehler, von dem anzunehmen oder bekannt ist, daß er voraussichtlich die Erfüllung der Funktion einer größeren Anlage, wie z.b. eines Schiffes, eines Flugzeugs, einer Rechenanlage, einer medizinischen Einrichtung oder eines Nachrichtensatelliten, verhindert.

- Ein **Hauptfehler** ist ein nicht kritischer Fehler, der voraussichtlich zu einem Ausfall führt, oder der die Brauchbarkeit für den vorgesehenen Verwendungszweck wesentlich herabsetzt.
  Wo nötig, wird der Hauptfehler in zwei Unterklassen unterteilt:
  - Der „Hauptfehler A" hat eine vollständige Beeinträchtigung der Brauchbarkeit, einen Ausfall oder Verlust der Einheit zur Folge,
  - der „Hauptfehler B" hingegen nur eine teilweise Beeinträchtigung.

- Ein **Nebenfehler** ist ein Fehler, der voraussichtlich die Brauchbarkeit für den vorgesehenen Verwendungszweck nicht wesentlich herabsetzt, oder ein nicht zugelassenes Abweichen von den geltenden Festlegungen, das den Gebrauch oder Betrieb der Einheit nur geringfügig beeinflußt.
  Wo nötig, wird der Nebenfehler in zwei Unterklassen unterteilt:
  - Beim „Nebenfehler A" ist eine Beeinträchtigung der Brauchbarkeit in geringem Umfang zu erwarten,
  - beim „Nebenfehler B" keine Beeinträchtigung der Brauchbarkeit (deshalb wurde der Nebenfehler B früher auch „belangloser Fehler" genannt).

Neben dieser festliegenden Fehlerklassifizierung haben sich in den letzten Jahren auch flexiblere Varianten entwickelt. Sie nutzen quantitative Risikoabschätzungen gemäß Kapitel 10. Dabei wird berücksichtigt, daß die Bedeutung von Einheiten für den einzelnen Anwender und für die Gesellschaft, in der er lebt, sehr unterschiedlich sein kann. Es kann Situationen geben, in denen für die Bewertung weniger Klassen ausreichen. Es sind aber auch solche denkbar, in denen weitergehend unterschieden werden muß als bei den oben aufgeführten Fehlerklassen nach [202].

Für die **Merkmalsklassifizierung** lag demgegenüber noch nie eine allgemein anerkannte oder genormte Festlegung vor. Zur rationellen Abwicklung und zur Vermeidung von Mißverständnissen wird man jedoch zweckmäßig die Merkmalsklassifizierung völlig analog zur jeweils benutzten Fehlerklassifizierung vornehmen. Das ist auch im Hinblick auf die Fehler- und Merkmals-Gewichtung wünschenswert (siehe Abschnitt 11.6.2).

> **Man wird also bei der Merkmalsklassifizierung die Qualitätsmerkmale analog zur jeweils benutzten Fehlerklassifizierung unterteilen**

Vielfach besteht die Vorstellung, diese Überlegungen seien beschränkt auf das Angebotsprodukt. Im Hinblick auf das Bild 11.1 sind sie jedoch ebenso auf alle anderen in der betreffenden Geschäftsbeziehung wichtigen Einheiten anzuwenden.

Zu beachten ist zur externen Qualitätsplanung außerdem, daß der Beauftragte des Anbieters bei seinen Gesprächen mit dem Kunden seine Realisierungsmöglichkeiten kennen muß. Dazu muß er z.B. über die Arbeitsstreubreiten [53] seiner Unterlieferanten oder in der eigenen Fertigung unterrichtet sein; und zwar auch im Hinblick auf den Aufwand, der vom erzielbaren Preis her vertretbar ist. Nur dann kann dem anfragenden Kunden ein kostengerechtes Angebot gemacht werden. Nur dann ist der Anbieter beim Bemühen um Erfüllung der vereinbarten Qualitätsforderung einigermaßen sicher vor Überraschungen. Andernfalls wird er Reklamationen, Auftragseinbußen und vielleicht sogar umfangreiche Kosten für Folgeschäden im Rahmen der Gewährleistungs- oder gar der Produzentenhaftung hinnehmen müssen.

11.6.2 Gegenstand der internen Qualitätsplanung

Bei der internen Qualitätsplanung geht es außer um das Angebotsprodukt prinzipiell um sämtliche Tätigkeiten und Prozesse, aus denen das Angebotsprodukt entsteht, auch um die Menschen und Einrichtungen, welche diese auszuführen haben. Die Merkmalsklassifizierung für die Einheiten, die in der externen Qualitätsplanung behandelt wurden, muß nötigenfalls durch eine Merkmalsgewichtung bei der internen Qualitätsplanung ergänzt werden. Diese **Merkmalsgewichtung** gestaltet man analog zur Fehlergewichtung. Diese wiederum folgt bei allen Qualitätsmerkmalen der betrachteten Einheiten einer

> ***Fehlerbewertung, die an der Bedeutung des Fehlers für die Organisation zur Realisierung der Einheit ausgerichtet ist.***

Ein Beispiel ist der insgesamt wirtschaftlich vertretbare Aufwand für Qualitätsprüfungen. Nun kann man für die interne Qualitätsplanung die Qualitätsmerkmale gedanklich oder tatsächlich in eine Matrix der Merkmalsklassen und Merkmalsgewichte einordnen und entsprechend der externen und der internen Bedeutung der Qualitätsmerkmale deren vorzugebende Werte planen, also z.B. gemäß der Unterscheidung zwischen kritischen, Haupt- und Neben-Qualitätsmerkmalen.

Die interne Qualitätsplanung muß sich in ständiger Wechselbeziehung mit der externen Qualitätsplanung im allgemeinen am gedanklich vorweggenommenen Ablauf der Realisierung der Einheiten orientieren. So wird man z.B. zuerst für einzukaufendes Material und Halbzeug Qualitätsforderungen aufstellen und mit den Unterlieferanten vereinbaren. Für jede Fertigungsstufe und jedes Qualitätsmerkmal des Angebotsprodukts wird man Mindestwerte und Höchstwerte festlegen müssen, damit jede individuelle Realisierung eines Endprodukts für den Verwendungszweck geeignet ist. Dabei ist es wegen der anzustrebenden Wirtschaftlichkeit oft nötig, für das Angebotsprodukt eine Reihe von zusätzlichen Soll- und Grenzwerten festzulegen, die den Kunden nicht interessieren, geschweige denn, daß er sie gefordert hätte. Dennoch können solche Zusatz-Einzelforderungen für den Erfolg der Organisation sehr wichtig sein. Dafür drei Beispiele:

- Ein Mindestwert, der bei der externen Qualitätsplanung festgelegt wurde, wird durch einen Höchstwert für die Fertigung ergänzt; oder umgekehrt. In der Fertigung muß dann innerhalb dieses **internen Toleranzbereichs** gearbeitet werden. Z.B. werden von den Kunden der Kabelindustrie für die Wanddicken von Isolierhüllen und von Mänteln aus elektrischen und mechanischen Gründen nur Mindestwerte vorgegeben. Vor unnötigem und damit unwirtschaftlichem Materialverbrauch schützt sich der Hersteller durch einen nur intern geltenden Höchstwert.

11.6 Gesichtspunkte zur externen und internen Qualitätsplanung

- Bei Produkten, die aus Einzelteilen zusammengebaut sind, interessiert den Kunden meist nur die Erfüllung seiner Forderung für ein **Funktionsmaß**. Der Fertigung müssen aber für alle Maße der Einzelteile, deren Istmaße in der Maßkette algebraisch oder in anderer Weise das Funktions-Istmaß ergeben, Soll- und Grenzwerte vorgegeben werden. Die betreffenden Einzeltoleranzen interessieren den Kunden nicht. Ein Beispiel: Der Luftspalt eines Elektromotors mit den zahlreichen sein „Schließ-Istmaß" bestimmenden Einzel-Istmaßen (siehe Abschnitt 22.2: Abgestufte Grenzwerte).

- Häufig ist es nötig, die Fertigungstoleranz für ein Qualitätsmerkmal kleiner vorzugeben als die entsprechende Toleranz für das Endprodukt. Das gilt z.B., wenn sich Einzelwerte im Verlauf der weiteren Fertigungsschritte nach statistischen Gesetzmäßigkeiten vorhersehbar ändern. Ein Beispiel sind Toleranzen in der Lebensmitteltechnik. Man bezeichnet solche Verschärfungen auch als „**eingeengte Prozeßtoleranzen**", obwohl es sich ersichtlich um Produktmerkmale handelt.

Für jede Fertigungsstufe wird man zu prüfen haben, ob Qualitätsforderungen an die Tätigkeiten der Mitarbeiter oder Mitarbeiterinnen und/oder an die Realisierungsprozesse entwickelt oder geändert, z.B. in der besprochenen Weise ergänzt werden müssen.

11.6.3 Abstimmung von externer und interner Qualitätsplanung

Aufwand und Erfolg der internen Qualitätsplanung hängen maßgeblich davon ab, ob die externe Qualitätsplanung treffsicher gearbeitet hat. Umgekehrt hängt der Erfolg externer Qualitätsplanung entscheidend von der detaillierten Kenntnis des Realisierbaren ab. Deshalb ist eine laufende intensive Abstimmung zwischen diesen beiden Teilaufgaben der Qualitätsplanung wichtig. Das gilt nicht nur für ein neues Angebotsprodukt, sondern fortlaufend auch bei Serienfertigungen; nicht nur für die Angebotsprodukte selbst, sondern ebenso für alle anderen Einheiten, die mit dem Angebotsprodukt in Verbindung stehen, allen voran die Tätigkeiten und Prozesse, mit denen das Angebotsprodukt erzeugt wird.

Die Erfüllung dieser Koordinierungsforderung ist schwierig. Die externe Qualitätsplanung läuft nämlich meist bei den Vertriebsabteilungen: Sie wird deshalb oft auch als „QM- Element Vertrieb" bezeichnet. Die interne Qualitätsplanung (mit ihren Bezeichnungen als „QM-Element Entwicklung" oder „QM-Element Konstruktion") wird jedoch beispielsweise durch das Konstruktionsbüro erbracht. Gerade weil an der Qualitätsplanung sehr viele Stellen der Aufbauorganisation mitwirken müssen, der Vertrieb mit allen Außenstellen, oft die Forschung und auch die Abteilung Arbeitsvorbereitung, schließlich das Qualitätswesen in seiner beratenden Funktion, kommt der Gestaltung der Funktionsabläufe der Qualitätsplanung (im Rahmen der Planung des QM-Systems; siehe Kapitel 14) eine Schlüsselrolle zu.

Zweckmäßig legt man für die Qualitätsplanung eine „federführende Durchführungsverantwortung" fest (siehe Abschnitt 13.4.4). Darüber muß die Leitung der Organisation entscheiden, in mittleren und kleineren Firmen die oberste Leitung. Sie muß durch entsprechende Richtlinien – diese heißen „QM-Verfahrensanweisungen" – sicherstellen, daß alle, die zur Qualitätsplanung beitragen, eng zusammenarbeiten.

Welchen Stellenwert dieses Koordinerungsproblem generell, vor allem aber auch in diesbezüglich vermeintlich wohl geordneten großen Organisationen hat, dafür ist [306] ein neuerliches Beispiel.

11.6.4 Möglichst quantitative Merkmale disponieren

Sind die Qualitätsmerkmale entsprechend ihrer Bedeutung für die Qualität der Einheit klassifiziert und gewichtet, ist der nächste Schritt jeweils die Festlegung der für diese Merkmale vorzugebenden Merkmalswerte. Stets ist ein **quantitativer Maßstab** erwünscht. Er gestattet bei der späteren Realisierung von Einheiten am leichtesten die objektive Feststellung, ob bzw. inwieweit die Abweichungen der Istwerte vom Nennwert oder vom Sollwert innerhalb des Toleranzbereichs liegen oder nicht. Läßt sich ein quantitativer Maßstab nicht finden, z.B. bei der Festlegung einer Farbtönung, empfiehlt es sich, die externe Planung der Einzelforderungen an solche Qualitätsmerkmale mittels Vereinbarung von **Grenzmustern** durchzuführen.

11.6.5 Die Prüfung des Ergebnisses der Qualitätsplanung mittels „Plan/Ist-Vergleich"

Das Ergebnis der Qualitätsplanung – das sind die Qualitätsforderungen an die verschiedenen Einheiten – muß Qualitätsprüfungen unterzogen werden. Das war im Abschnitt 4.7.5 ausführlich erläutert worden. Die diesen Qualitätsprüfungen als Maßstab zugrundeliegenden Qualitätsforderungen sind einerseits das, was der Kunde verlangt hat, vielleicht in einer sehr summarischen Konkretisierung; andererseits das, was die Organisation in ihren QM-Verfahrensanweisungen an Einzelforderungen an die Qualitätsplanung festgelegt hat.

Qualitätsforderungen „sollen" erfüllt werden. Das führt – nicht nur in diesem Fall – vielfach zu der Ausdrucksweise, diese Qualitätsprüfungen seien ein „Soll/Ist-Vergleich". Schon die gemeinsprachliche Bezeichnung „Vergleich" für eine Qualitätsprüfung, also für eine „Feststellung, inwieweit Einzelforderungen erfüllt werden", ist sehr unglücklich. Überdies besteht die Qualitätsforderung in aller Regel nur zum kleinsten Teil aus „Sollwerten", also aus Werten, „von denen die Istwerte so wenig wie möglich abweichen sollen". Meist sind es nämlich vorwiegend Grenzwerte, also Werte, von denen die Istwerte abweichen *müssen*; denn Grenzwerte dürfen durch die Istwerte weder „eingehalten" noch „erreicht" werden. Vielmehr ist gefordert, daß Grenzwerte durch die Istwerte nicht „verletzt" werden dürfen. Fachgerecht sagt man: Istwerte dürfen weder den Höchstwert überschreiten noch den Mindestwert unterschreiten.

Merkmalswerte, mit denen festgelegt wird, „was sein soll", heißen nach DIN 55350-12 [24] **„vorgegebene Werte"**, nicht „Sollwerte". Das entspricht dem englischen 'specified values'. Deshalb sollte man die mißverständliche Redensart vom auszuführenden „Soll/Ist-Vergleich" vermeiden und zutreffend von Qualitätsprüfungen sprechen. Andernfalls suggeriert man ein anzustrebendes, in Wirklichkeit bei den am häufigsten vorkommenden Grenzwerten keinesfalls gewünschtes „Soll gleich Ist". Wer aber schon gemeinsprachlich den „Vergleich" haben will, der sollte solche Mißverständnisse wenigstens durch die Bezeichnung **„Plan/Ist-Vergleich"** vermeiden helfen. Man benötigt dabei nicht einen einzigen Buchstaben mehr. Der Ausführungsplan als Ergebnis auch der Qualitätsplanung ist nämlich die Grundlage für diesen Vergleich.

11.7 Quality function deployment (QFD)

Mit der Behandlung von QFD hier bei der Qualitätsplanung wird ein Präzedenzfall geschaffen; und zwar für die sich sintflutartig verbreitenden neuen Bezeichnungen und Akronyme, für deren verwirrende Wirkung [62] und vor allem [63] mit seinen „QS-Landkarten" ein beredtes Zeugnis ablegen.

Ein Präzedenzfall ist dabei nach der Brockhaus-Enzyklopädie (1992) ein „Musterfall, der späteren Sachverhalten als Vorbild dienen kann". Eine klare Definition für QFD ist dem Verfasser nicht bekannt. Es existiert eine umfangreiche Literatur. Auch anhand der wenigen nachfolgend erwähnten Arbeiten gewinnt man Zugang zu ihr. Erwähnt seien ein Praxisbericht [64] und eine einleitende systematische Darstellung [65], außerdem ein Bericht über die Anwendung auf Software [66]. Literatur und praktische Anwendung zeigen: Im Grunde ist QFD nichts anderes als die oben bereits ausführlich geschilderte umfassende Qualitätsplanung für ein Angebotsprodukt und alle relevanten, mit diesem Angebotsprodukt zusammenhängenden Einheiten. Man kann für QFD die folgende Erklärung geben:

> **QUALITY FUNCTION DEPLOYMENT (QFD) =**
>
> **Systematische umfassende Qualitätsplanung anhand methodisch formalisierter Dokumente im Zusammenhang mit der Erstellung eines Angebotsprodukts unter ständiger Berücksichtigung der Erfordernisse des Kunden**

„Deployment" bedeutet Stationierung. In der ein Produkt realisierenden Organisation soll die „Stimme des Kunden" stationiert werden. Diese Formulierung kann insofern gefährlich sein, als dieser Kunde – wie oben ausgeführt – nicht immer hinreichender Fachmann zur Beurteilung dessen ist, was ihm wirklich nützt. Man darf – um es einfach auszudrücken – die „Stimme des Kunden" nicht „wörtlich nehmen", sondern muß seinen Nutzen in den Vordergrund stellen. Es ist dabei oft mehr eine Frage der Psychologie als eine des Qualitätsmanagements, wie man als Fachmann für das Angebotsprodukt dem auf dem Markt an Macht oft wesentlich überlegenen Kunden verständlich macht, daß man seinen umfassend verstandenen Nutzen in den Mittelpunkt stellen will. Man muß es aber immer versuchen. Diese Erkenntnis hat sich inzwischen weltweit durchgesetzt. So hat Wood [304] Gleiches für TQM hervorgehoben. Seine Formulierung *„helping customers to achieve their 'real' needs rather than what they think they want"* ist eine „klassische Kurzformulierung" des oben Gesagten.

In Anlehnung an die aus dem militärischen Sprachschatz entnommene angloamerikanische Bezeichnung könnte man QFD im Deutschen

Entfalten der qualitätsbezogenen Funktionstauglichkeit

nennen. Auch bei QFD bestimmt die Anspruchsklasse weitgehend Umfang und Schärfe der Erfordernisse des Kunden. Wenn der Kunde dem Lieferanten für das Angebotsprodukt eine Qualitätsforderung vorgibt, ist die Anwendung der QFD-Methodik ebenfalls sehr empfehlenswert. Auf die sorgfältige Ermittlung der Erfordernisse des Kunden mit unterschiedlichen Mitteln wird bei QDF besonderer Wert gelegt („Stimme des Kunden").

Zweckmäßig für das Verständnis der umfassenden Qualitätsplanung ist das QFD-Arbeitsmittel „house of quality", das man besser als

„**Qualitätsforderungshaus**"

bezeichnen sollte. Das Qualitätsforderungshaus ist ein Formblatt. Es gilt für eine genau bezeichnete Einheit und zwingt zur Eintragung aller für die Planung der Qualitätsforderung an diese Einheit wichtigen Informationen. Das beginnt bei den Kundenwünschen und -erfordernissen. Weitere Felder sind für die Merkmalsklassifizierung und -gewichtung, für die vorzugebenden Merkmalswerte für die Qualitätsmerkmale (das sind die Einzelforderungen im Rahmen der Qualitätsforderung), für bislang beobachtete Kundenreklamationen, für Vergleichswerte des Mitbewerbs, für die Einschätzung bereits verkaufter Produkte durch den Kunden usw. vorgesehen.

Es gibt inzwischen zahlreiche Varianten solcher Formblätter. Ein fast prinzipieller Streit wird durch die sehr unterschiedlichen Meinungen darüber ausgelöst, für wieviele Merkmale „das Haus eingerichtet" werden soll. Üblich sind Formblätter für 20 und für 25 Merkmale. Das sollte aber jeder Anwender produktbezogen selbst festlegen. Bild 11.2 zeigt allgemein das System eines „Qualitätsforderungshauses" für ein QFD-Formblatt.

Die Ausfüllung eines solchen Formblatts wird naturgemäß mit der Anzahl der Merkmale schwieriger. Das aber ist eben die komplexe Praxis, deretwegen die formalisierte QFD-Methode eine gute Lösung sein kann: Mit ihr vergißt man nicht so leicht etwas oder schätzt ein Merkmal in seiner Bedeutung für den Kunden falsch ein.

Der Name dieses Formblatts als „Haus" ist einfach zu erklären: Er entstand wegen der dachförmigen Geometrie einer Korrelationsmatrix für die Wechselbeziehungen zwischen den Qualitätsmerkmalen, die bei der Qualitätsplanung zu beachten sind. Diese Matrix ist oberhalb der horizontalen Merkmalszeilen angeordnet.

Daß nach der QFD-Methode Qualitätsforderungshäuser nicht nur für die Qualitätsforderung an das Angebotsprodukt, sondern ebenso für die Qualitätsforderungen an die mit diesem Angebotsprodukt zusammenhängenden Einheiten zu bearbeiten sind, stellt für jeden Anwender einen weiteren Fortschritt in Richtung auf die obigen Überlegungen zu einer umfassenden Qualitätsplanung dar. Allerdings sind in den Darstellungen und Anwendungen von QFD von den im Bild 11.1 hervorgehobenen Zielen einer umfassenden Qualitätsplanung nur die zur Produktplanung gehörigen, qualitätsbezogenen Tätigkeiten hervorgehoben, nicht aber die ggf. zugehörigen internen Produkte, die nicht weniger wichtig sein können.

Wie auch auf anderen Teilgebieten des Qualitätsmanagements, oder für dieses selbst, kommt es bei der umfassenden Anwendungsmöglichkeit von QFD erneut zu einem leicht mißzuverstehenden Totalitätsanspruch [307] („Total QFD"). Mit [307] wird in das Qualitätsforderungshaus ein „neues Zimmer" eingebaut, nämlich das der Kundenzufriedenheit, mit allen Meßinstrumenten für den Erfolg.

11.7 Quality function deployment (QFD)

Bild 11.2: System, nach dem ein „Qualitätsforderungshaus" für ein QFD-Formblatt aufgebaut ist

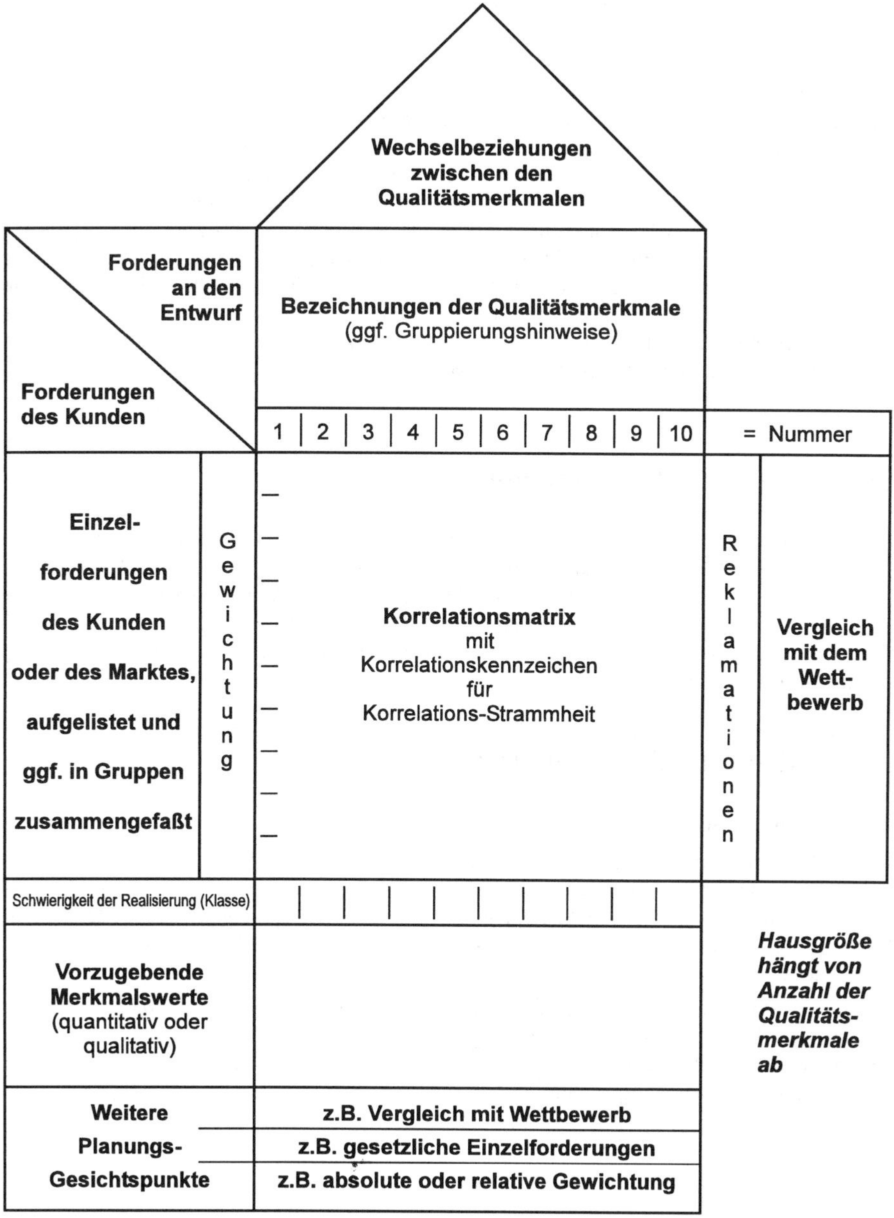

		Wechselbeziehungen zwischen den Qualitätsmerkmalen		
	Forderungen an den Entwurf	Bezeichnungen der Qualitätsmerkmale (ggf. Gruppierungshinweise)		
Forderungen des Kunden		1 | 2 | 3 | 4 | 5 | 6 | 7 | 8 | 9 | 10	= Nummer	
Einzelforderungen des Kunden oder des Marktes, aufgelistet und ggf. in Gruppen zusammengefaßt	Gewichtung	Korrelationsmatrix mit Korrelationskennzeichen für Korrelations-Strammheit	Reklamationen	Vergleich mit dem Wettbewerb
Schwierigkeit der Realisierung (Klasse)		| | | | | | |		
Vorzugebende Merkmalswerte (quantitativ oder qualitativ)				*Hausgröße hängt von Anzahl der Qualitätsmerkmale ab*
Weitere Planungs- Gesichtspunkte		z.B. Vergleich mit Wettbewerb		
		z.B. gesetzliche Einzelforderungen		
		z.B. absolute oder relative Gewichtung		

Zusammenfassend kann man zu QFD *allgemein* sagen: Dieses Werkzeug ist vielleicht die wichtigste Neuerung der letzten Jahre. Vielfach hat es sein Einsatz ermöglicht, daß der Komplex Qualitätsplanung in seiner oben geschilderten umfassenden Bedeutung für alle Einheiten besser erkannt wurde. 1996 wurde für die betreffenden Aktivitäten sogar ein „Quality Function Deployment-Institut Deutschland" (QFD-ID) gegründet.

Speziell gilt der Überblick: Das hier „als Präzedenzfall" behandelte Werkzeug QFD der Qualitätsplanung ist ebenso wie viele andere zum Schlagwort geworden. Das bringt Vorteile und Nachteile wie bei vielen anderen, die in dieser dritten Auflage ebensowenig fehlen dürften wie ausführliche Hinweise auf die neuerdings vielbegehrten und sich ständig vermehrenden Qualitätspreise. Was deren sich wiederholendes Bewertungsschema (siehe Bilder 15.2 und 15.3) betrifft, muß allerdings gerade in diesem Kapitel zur Qualitätsplanung vermerkt werden, daß beim amerikanischen Malcolm Baldrige National Award noch 1991 unter sieben Bewertungsthemen das Thema „3.0 Strategic Quality Planing" die kleinste Anzahl Punkte hatte, nämlich nur 60 von 1000, also weniger als die Hälfte des Durchschnitts eines der sieben Bewertungsthemen. Beim European Quality Award 1992 fand sich unter neun Kriterien kein einziges für das Mittelpunktthema Qualitätsplanung. Siehe dazu auch Abschnitt 15.6.4.

11.8 Zuverlässigkeitsplanung

Ein bedeutsames Teilgebiet der Qualitätsplanung, bei manchen Produkten ihr Kernstück, ist die Zuverlässigkeitsplanung, also die Planung der Zuverlässigkeitsforderung. Dabei geht es um eine Gruppe spezieller Qualitätsmerkmale, die Zuverlässigkeitsmerkmale. Vom Prinzip her besteht deshalb in der Methode und im Grundgedanken kein Unterschied zwischen Qualitätsplanung und Zuverlässigkeitsplanung. Besonderheiten der Zuverlässigkeitsplanung werden im Kapitel 19 mit behandelt.

11.9 Hilfsmittel der Qualitätsplanung

11.9.1 Allgemeines

Alle Hilfsmittel der Qualitätsplanung dienen dem Aufspüren des besten Kompromisses zwischen den zweckbedingten Einzelforderungen an ein Qualitätsmerkmal – eingeschlossen die sicherheits- und umweltschutzrelevanten – und den Realisierungsmöglichkeiten. Nachfolgend werden ausgewählte Gesichtspunkte zu Hilfsmitteln der Qualitätsplanung zusammengestellt.

An dieser Stelle sei ordnungshalber wieder einmal daran erinnert, daß Qualitätsplanung selbstverständlich stets unter Berücksichtigung der Kosten- und Terminforderungen durchgeführt werden muß, daß es aber in diesem Buch nach Abhandlung des Kapitels 4 nun um die qualitätsbezogenen Dinge geht.

11.9 Hilfsmittel der Qualitätsplanung 129

11.9.2 Qualitätsplanungs-FMEA

Dieser Name kennzeichnet den Oberbegriff für die besser bekannten Unterbegriffe „Konstruktions-FMEA" und „Prozeß-FMEA". Beider Zweck ist es, in Verfolgung der Grundgedanken aus Abschnitt 10.3.1 später kostenintensive Fehler- und Ausfall-Risiken zu vermeiden. Der Verband der (deutschen) Automobilindustrie e.V. (VDA) verlangt die Durchführung dieser beiden speziellen FMEA bei den Unterlieferanten ihrer Verbandsmitglieder. Dazu hat er anhand von vorgegebenen Formblättern in [67] ein Verfahren empfohlen. Auch die DGQ beschreibt in [308] dieses Verfahren. Wegen seiner großen Verbreitung wurde es bereits im Abschnitt 10.3.1 behandelt. Dessen vorletzten Absatz nochmals zu studieren, wird hier empfohlen. Was dort ausgeführt wurde, kann auch anders ausgedrückt werden: Je kleiner die Wahrscheinlichkeit der Entdeckung und Beseitigung eines Fehlers ist, um so größer ist der Ordinalwert der nach [67] zehn möglichen Bewertungspunkte für die Wahrscheinlichkeit des potentiellen Fehlers. Die Ereigniswahrscheinlichkeit W wird um so kleiner, je kleiner der betreffende Ordinalwert und je größer damit die Wahrscheinlichkeit für die Entdeckung und Beseitigung der Schadensursache ist.

Bereits beim gedanklichen Durcharbeiten der wenigen vorausgehenden Sätze erkennt man die erhebliche Komplizierung der im Kapitel 10 besprochenen, gedanklich ursprünglich sehr einfachen Risiko-Abschätzung. Das ist auch der tiefere Grund dafür, daß die FMEA-Abschätzungen nach [67] in der Regel sehr formal durchgeführt werden, ohne daß noch die Grundgedanken der Risikoabschätzung gegenwärtig wären. Der Anwender der Qualitätsplanungs-FMEA sollte sich deshalb durchaus ermutigt fühlen, für seine eigenen Aufgaben leichter durchschaubare Zweifaktoren-Methoden für die Risikoabschätzung gemäß Kapitel 10 zu entwickeln.

Das Bild 11.3 gibt einen Überblick über die bei VDA [67] üblichen Zuordnungen zwischen den ordinalen Schätzwerten und den Risiken.

Ein sehr wichtiger Gesichtspunkt jeglicher Risikoabschätzung mittels FMEA ist die Aufgabe, das Risiko erneut abzuschätzen, wenn die aufgrund der ersten Abschätzung beschlossenen Maßnahmen durchgeführt wurden. Auch bei der Methode nach [67] ist das verlangt.

Bild 11.3: Ordinalwert-Risikofaktoren-Abschätzung bei FMEA nach VDA

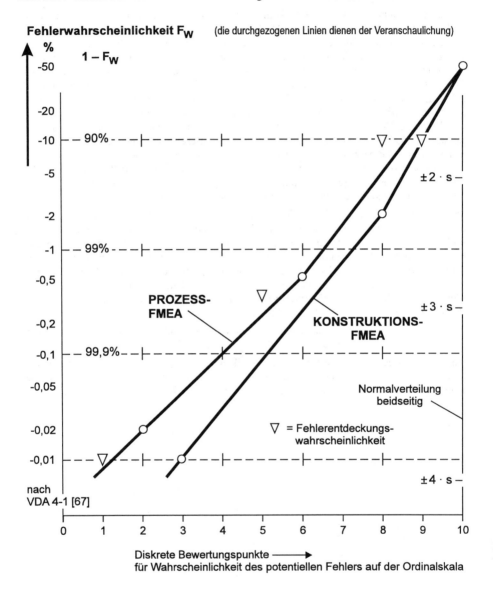

11.9 Hilfsmittel der Qualitätsplanung

11.9.3 Formulare und Checklisten in der Angebotsphase

Deren Einsatz im Vertrieb, auch für potentielle Kunden, ist angesichts der häufig hektischen Akquisitionstätigkeit nachdrücklich anzuraten. Solche Formulare und Checklisten stoßen allerdings oft auf grundsätzlichen Widerstand. Ursache ist der Argwohn, daß beim Kunden mit klaren Fragestellungen „schlafende Hunde geweckt" werden. Das ist richtig, aber nicht nur im Sinn der Ablehnungs-Argumente. Einerseits stellt man nämlich in der Praxis fest: Solche Qualitätsplanungs-Hilfsmittel wecken häufig tatsächlich das Interesse für qualitätsbezogene Fragestellungen auf beiden Seiten, insbesondere bezüglich der Qualitätsforderung. Der Anbieter kann sich meist bedeutend leichter ein Bild über die Nutzung der zu realisierenden Einheit (des Angebotsprodukts) verschaffen. Die oft unter Zeitdruck stehende Akquisition wird systematisiert. Der dem zitierten Sprichwort anhaftende negative Grundton ist also bei zweckmäßiger Handhabung dieses Hilfsmittels unberechtigt. Er ist für ein wirtschaftliches Qualitätsmanagement sogar gefährlich. Der potentielle Kunde muß nämlich schon bei seiner ersten Anfrage anhand solcher Formulare darauf aufmerksam gemacht werden, daß Angebotspreis und Liefertermin nur dann gelten können, wenn die Qualitätsforderung und ggf. auch die QM-Darlegungsforderung dem Anbieter vor Vertragsschluß vollständig und zweckdienlich genannt wurden.

Notwendig und sinnvoll ist es also, dieses Qualitätsplanungsmittel in die betreffenden QM-Verfahrensanweisungen mit einer Festlegung aufzunehmen. Es muß dort erklärt sein, wie die akquirierenden Stellen des Hauses sie einzusetzen haben.

11.9.4 Vereinbarung oder interne Nutzung abgestufter Grenzwerte

Ein bei Serienfertigungen wirtschaftlich immer bedeutungsvolleres Hilfsmittel der Qualitätsplanung ist die Anwendung abgestufter Grenzwerte. Sie werden im Kapitel 22 behandelt. DIN 55350-12 [24] läßt erkennen, daß die mathematische Behandlung abgestufter Grenzwerte einer gründlichen Einarbeitung und guter maschineller Rechenhilfsmittel bedarf. Dabei ist die Einarbeitung das eigentliche Problem. Bezüglich Rechenhilfsmittel hingegen stehen heute im Vergleich mit früher praktisch beliebige Möglichkeiten kostengünstig zur Verfügung. Es lohnt sich auch wegen der vielfach als „Angsttoleranzen" bekannten, unnötig scharfen Einzelforderungen, diesen Aufwand zu treiben. Er kann sogar ausschlaggebend für den wirtschaftlichen Erfolg sein. Darauf wird ebenfalls im Kapitel 22 eingegangen.

Hier sei nur ein Beispiel für die Ermittlung der Bedeutung dieses Hilfsmittels angeführt: Ein sehr großes Industrieunternehmen mit vielen Werken hat alle vorkommenden Maßtoleranzen (also die Einzelforderungen an die Werkstück-Geometrie) daraufhin untersucht, ob in einem festgelegten Zeitraum der Serienfertigung bei Realisierung des betreffenden Maßes Fehler vorgekommen sind, also Unterschreitungen des Mindestmaßes oder Überschreitungen des Höchstmaßes. Falls Fehler vorkamen, war zusätzlich anzugeben, ob die Fehler zu Schwierigkeiten bei der Weiterverwendung der betreffenden Teile führten. Es stellte sich heraus, daß nach Sonderfreigaben zwischen 95 und 98 Prozent der Teile trotz der Fehler und ohne Nacharbeit verwendet werden konnten. Nur 3 Prozent waren unbrauchbar und damit Ausschuß. Das war, jedenfalls damals, der erstaunliche Umfang der Anwendung von „Angsttoleranzen".

11.9.5 Die Nutzenfunktion eines Qualitätsmerkmals

Diese von Masing schon 1971 als „Wertfunktion eines Merkmals" eingeführte Nutzenfunktion eines Qualitätsmerkmals [68] ist eine Idealisierung. Wie andere Idealisierungen in Wissenschaft und Technik ist sie von besonderem Vorteil für die gedankliche Durchdringung der Qualitätsplanung. Die drei Teilbilder des Bildes 11.4 zeigen denkbare Nutzenfunktionen von Qualitätsmerkmalen. Zu diesen Teilbildern ist folgendes zu sagen:

Bild 11.4: Spezielle Verläufe der Nutzenfunktion eines Qualitätsmerkmals

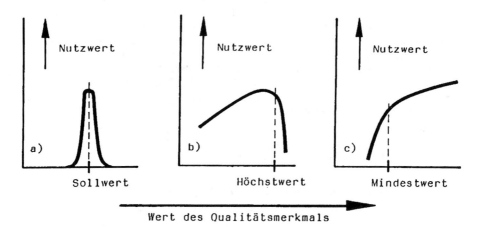

- zum Teilbild a) Nutzenfunktion bei einem **Sollwert:**
  Merkmalswerte nur wenig über oder unter dem Sollwert sind nutzlos.
  Beispiel: Nutzenfunktion der (genormten) Breite eines Anbaumöbel-Programms. Alle von der Sollbreite um mehr als den zugelassenen Abweichungsgrenzbetrag abweichenden Schubladen, Beschläge, Einlegebretter usw. passen nicht und sind deshalb nutzlos.

- zum Teilbild b) Nutzenfunktion bei einem **Höchstwert:**
  Merkmalswerte oberhalb des Höchstwertes sind nutzlos. Der Verlauf unterhalb des Höchstwertes ist charakteristisch für den Einzelfall.
  Beispiel: Nutzenfunktion der Wichte einer Masse, aus welcher ein massiver Schwimmkörper hergestellt wird: Zu große Wichten führen zum Sinken, zu kleine verursachen zu großen Platzbedarf.

- zum Teilbild c) Nutzenfunktion bei einem **Mindestwert:**
  Merkmalswerte unterhalb des Mindestwertes sind nutzlos. Der Verlauf oberhalb des Mindestwertes ist charakteristisch für den Einzelfall.
  Beispiel: Nutzenfunktion der Bruchlast eines Bergseils: Unterhalb der durch das dynamische Gewicht des Bergsteigers bestimmten Bruchlast ist das Bergseil nicht nur unbrauchbar, sondern es ist sogar gefährlich.

11.9 Hilfsmittel der Qualitätsplanung 133

Zahlreiche andere Verläufe von Nutzenfunktionen eines Qualitätsmerkmals sind in allen drei Fällen denkbar.

11.9.6 Die Nutzenfunktion mehrerer Qualitätsmerkmale

Auch sie ist bereits Anfang der 70er Jahre von Masing als „Mehrdimensionale Qualitäts-Wertfunktion" eingeführt worden [68]; gleichsam im Vorgriff auf die Korrelationsbetrachtungen zwischen Qualitätsmerkmalen im „Qualitätsforderungshaus" von QFD (siehe Abschnitt 11.7). Bei der Qualitätsplanung wird man nämlich in der Regel die Nutzenfunktionen vieler einzelner Qualitätsmerkmale unterschiedlicher Klassen und Gewichte gemeinsam betrachten. Dabei kommt es nicht so sehr auf eine exakte Aufzeichnung an, etwa bei drei gemeinsam betrachteten Qualitätsmerkmalen auf die Erstellung des Masing'schen „Valenzkörpers". In der Qualitätsplanung tätige Mitarbeiter haben erfahrungsgemäß ohnehin meist Schwierigkeiten, sich solche Valenzkörper vorzustellen oder gar anhand dieser Vorstellung praktische Qualitätsplanung zu betreiben. Eine systematische Zusammenstellung der Nutzenfunktionen der einzelnen Qualitätsmerkmale und für Kombinationen daraus ist jedoch oft hilfreich für Entscheidungen. Dabei ist zu beachten:

- **Jedes Merkmal ist zunächst für sich allein zu betrachten.**
  Im Beispiel von Teilbild 11.4 c) darf in die Betrachtung der Bruchlast des Bergseils nicht die Überlegung eingehen, daß in der Regel das Seil je Meter um so schwerer ist, je größer man die Bruchlast wählt. Vielmehr ist das Gewicht des Bergseils zunächst in einer eigenen Nutzenfunktion zu betrachten.

- **Je steiler die Nutzenfunktion** eines Qualitätsmerkmals im Intervall des voraussichtlich festzulegenden Toleranzbereichs für die Merkmalswerte verläuft, **um so größer** ist seine **Bedeutung** für die Qualität des Produkts. Anders ausgedrückt: Je steiler sie verläuft, um so enger muß der Toleranzbereich festgelegt werden. Umgekehrt ist ein Merkmal, dessen Nutzenfunktion keine oder kaum eine Änderung zeigt, nicht qualitätsrelevant. Es ist kein Qualitätsmerkmal.

- **Auch bei Zuverlässigkeitsmerkmalen** soll man sich des Hilfsmittels „Nutzenfunktion" bedienen. Ein besonders wichtiges Zuverlässigkeitsmerkmal ist hierbei die Brauchbarkeitsdauer (siehe Abschnitt 19.2.14), insbesondere im Gespräch mit Kunden.

11.9.7 Die Herstellkostenfunktion eines Qualitätsmerkmals

Abhängig vom Wert des Qualitätsmerkmals lassen sich die Herstellkosten als zweite Größe auftragen. Auch diese Herstellkostenfunktion wurde als Analysemittel für die Qualitätsplanung durch Masing eingeführt [68]. Oft ergeben sich mehrere Funktionen für verschiedene ausgewählte Verfahren, Materialien, Konstruktionen usw. der Realisierung. Sie können sich überlagern oder aneinanderreihen, einen linearen oder einen progressiven Verlauf haben. Z.B. gibt es für die Bruchlast eines Bergseils Herstellkostenfunktionen für verschiedene Materialien (Hanfseil, Kunststoffseil) und Herstellungsverfahren.

11.9.8 Der Nutzen des Preises

Die in den Abschnitten 11.9.5 bis 11.9.7 besprochenen Funktionen beziehen sich allein auf das betrachtete Qualitätsmerkmal. Der Nutzen des Preises hingegen betrifft, wie der Preis selbst, die ganze Einheit. Dieser Nutzen des Preises sollte von Anfang an im Rahmen einer jeden Produktplanung – deren Teil und Konsequenz die Qualitätsplanung ist – bedacht werden. Jeder Käufer benutzt sie, mehr oder weniger unterbewußt, auch wenn ihm die Grundgedanken zum Diagramm des Bildes 11.5 nicht bekannt sind:

Bild 11.5: Nutzen des Preises als Hilfsvorstellung für die Produktplanung

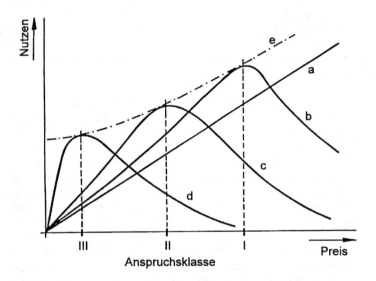

Würde ein Käufer über so viel Geld verfügen, daß der Preis der gewünschten Einheit keine Rolle spielt, so könnte er stets „das Beste" kaufen, was überhaupt zu bekommen ist. Der Nutzen des gezahlten Preises entspräche dann genau der ausgegebenen Geldmenge. Im Bild 11.5 ergibt sich für diesen Fall die Gerade a. Solche Fälle kommen durchaus vor; z.B. wenn sich ein sehr reicher, in Athen wohnender Mann sein Abendessen mit einem Privatjet, in dem eigens dazu Warmhalte- und Kühleinrichtungen installiert sind, in einem New Yorker Hotel holen läßt: Er glaubt, daß es nirgends auf der Welt ein besseres Abendessen gibt. Die Verteuerung des Essenspreises durch den ungeheueren Abhol-Preis spielt für ihn keine Rolle.

In aller Regel sind die Geldmittel eines Käufers jedoch begrenzt. Er wird sich vor einem Kauf eine Vorstellung über jenen Preis bilden, den er für das betreffende materielle oder immaterielle Produkt (z.B. eine Dienstleistung) unter Berücksichtigung seines Gesamteinkommens zu zahlen in der Lage und bereit ist. Dieser Preis gehört zu seiner Anspruchsklasse (vgl. Abschnitt 6.4). Zu diesem Preis gehört für ihn auch die optimale Nutzen-Vorstellung.

11.9 Hilfsmittel der Qualitätsplanung

Dennoch wird er gelegentlich Preise darüber oder darunter zahlen. Ursachen für einen höheren Preis können z.b. ein Augenblicksentschluß wegen eines besonders bestechenden Angebots höherer Anspruchsklasse oder ein Versorgungsengpaß sein. Als Ursachen für einen niedrigeren Preis kommen in Frage: Ein vergleichsweise preisgünstiges und dennoch überzeugendes Angebot, ein Gelegenheitskauf, oder gar die Entscheidung für ein „besonders gut erhaltenes" gebrauchtes Produkt. In beiden Fällen liegt jedoch meist der Nutzen des Preises niedriger als bei der ursprünglichen Preisvorstellung: Bei einem Kauf über der eigenen Anspruchsklasse wird die Nutzenvorstellung durch die Gefährdung anderer Kaufwünsche infolge der erhöhten Geldausgabe beeinträchtigt. Beim „Billigkauf" ist das Gefühl des erzielten Nutzens oft geringer. Das kann an der geringeren Einschätzung liegen, die dem Kauf einer Gebrauchtware anhaftet; aber auch daran, daß man wegen einer nicht zufriedenstellenden Nutzungsmöglichkeit oder Qualität bald keine Freude mehr am zunächst so überzeugt wahrgenommenen Billigkauf hat.

Im „Nutzen des Preises" gemäß Bild 11.5 sind Schenkungen sowie die Steigerung des Selbstwertgefühls beim „Do it yourself" nur indirekt enthalten. Beides sind immaterielle Gesichtspunkte. Sie haben in den Überlegungen zur Produkt- und Qualitätsplanung für Angebotsprodukte keinen Platz.

Zu den drei verschiedenen Anspruchsklassen III, II und I sind im Bild 11.5 die Kurven der Nutzenfunktionen des Preises d, c, und b eingezeichnet. Alle diese unterschiedlichen Nutzenfunktionen betreffen jeweils Einheiten, die **ein und demselben Zweck** dienen. Zwei Beispiele mögen dies veranschaulichen:

- **Beispiel Automobil** (Zweck: motorisierte Fortbewegung in sportlicher Weise): Ein Zwölfzylinder-260-kW-Sportcoupé mit 48 Ventilen (z.B. Anspruchsklasse I) entspricht einer andern optimalen Nutzen-Vorstellung des Preises als ein Achtzylinder-125-kW-Sportcoupé (z.B. Anspruchsklasse II), und wiederum eine andere ist es bei einem Vierzylinder-50-kW-Sportcoupé (z.B. Anspruchsklasse III).
- **Beispiel „Erster Mann in der Organisation"** (Zweck: Oberste Leitung der Organisation): Der Geschäftsführer für einen Kleinbetrieb erfüllt nicht die erheblich höheren Forderungen an den Vorstandsvorsitzer eines Großkonzerns.

Die strichpunktierte Grenzkurve e des Diagramms verbindet etwa die Maxima der Nutzen-Vorstellungen des Preises abhängig von der Anspruchsklasse. Sie zeigt: Der Nutzen wird mehr und mehr nur noch durch den Preis bestimmt, nicht mehr durch die persönliche Situation. Je mehr Geld verfügbar ist, um so mehr bestimmt es das Denken. Daraus folgt:

Gute Qualitätsplanung ist am wichtigsten bei niedriger Anspruchsklasse.

Hinzu kommt die wirtschaftliche Bedeutung der betreffenden Käuferschicht.

Die Zusammenhänge sind im Bild 11.6 anschaulich gemacht. Es zeigt zunächst, daß die Qualitätsforderungen an die Einheit bei gleichem Zweck und unterschiedlicher Anspruchsklasse sehr unterschiedlich sind. Leider wird dieser Zusammenhang häufig immer noch dadurch beschrieben, daß man von unterschiedlichen Qualitäten spricht. Diese ergeben sich jedoch erst aus den Realisierungen dieser Einheiten in bezug auf die jeweilige Qualitätsforderung. Sie können in jeder Anspruchsklasse gut oder schlecht sein.

Weiter zeigt dieses Bild 11.6 noch besser als die Nutzenfunktion des Preises: Eine besonders erfolgreiche (externe und interne) Qualitätsplanung kann dazu führen, daß Kundenschichten hinzugewonnen werden, die ursprünglich eine höhere Anspruchsklasse hatten: Im Bild 11.6 liegt man dann als guter Anbieter im Band der zu einer Anspruchsklasse gehörigen Qualitätsforderungen weit links, also bei einer vergleichsweise umfangreichen und scharfen Qualitätsforderung, über dem mittleren gestrichelten Funktionsverlauf. Hierin liegt für den Anbieter eine große Chance. Dabei wird natürlich vorausgesetzt, daß bei der späteren Realisierung die Qualitätsforderung erfüllt wird.

Bild 11.6: Anspruchsklasse und Qualitätsforderung bei Produkten für den gleichen Zweck

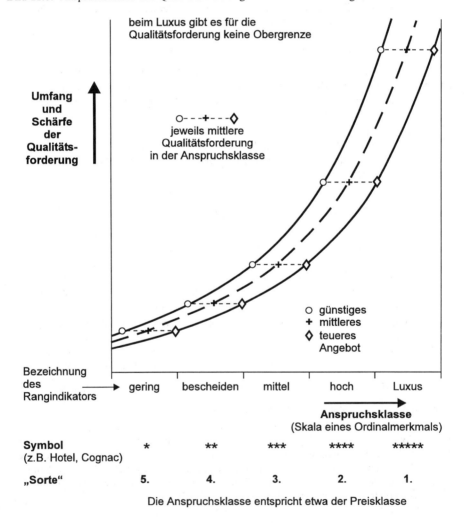

11.10 Sollwerte zu Qualitätsmerkmalen

Ziel der Qualitätsplanung muß zunächst stets der Sollwert für ein Qualitätsmerkmal sein, nicht etwa der später notgedrungen dazu festzulegende Toleranzbereich. Dieser Sollwert wird für jedes Qualitätsmerkmal anhand des vermutlichen Maximums der Nutzenfunktionen aller Qualitätsmerkmale und mit Rücksicht auf die zugehörigen Herstellkostenfunktionen festgelegt. Das sollte systematisch so geschehen. Die Abschätzungen werden aber vielfach nur gefühlsmäßig durchgeführt. Auch künftig wird es unvermeidbar und zweckmäßig sein, schon aus Gründen der Wirtschaftlichkeit, auf vorhandene Erfahrungen zurückzugreifen. Man kann nicht jedesmal umfassende Untersuchungen durchführen. Dies ist bereits ein wichtiger Gesichtspunkt für die in einem QM-System nötige Qualitätsplanungs-Richtlinie. Welcher Aufwand hier getrieben werden darf und soll, muß durch die oberste Leitung entschieden werden, und zwar dem Prinzip nach bereits mit der Festlegung der Qualitätspolitik.

11.11 Stufenweise Qualitätsplanung vor und nach Auftragserteilung

11.11.1 Allgemeines

Heute wird noch oft gegen den Grundsatz verstoßen, daß vor Aufnahme einer Fertigung oder vor dem Beginn einer wiederkehrenden Tätigkeit die Qualitätsforderung an die Einheit wie beschrieben geplant werden muß. Meist wirkt sich dieser Verstoß negativ auf das Gesamtergebnis aus. So ist erwiesen, daß rund 2/3 aller Fehler, die bei Realisierung und Nutzung einer Einheit festgestellt werden, ihre Ursache in Planungsfehlern oder Planungsversäumnissen haben. Entsprechend bestehen bei Vermeidung solcher Fehler während der Qualitätsplanung wegen der dann wirtschaftlicheren Fertigung und der besseren Anpassung des Angebotsprodukts an das Gewünschte besonders gute Marktchancen.

11.11.2 Qualitätsplanung vor Auftragserteilung

Qualitätsplanung verursacht Kosten. Deshalb ist es meist nicht möglich, anläßlich jeder beliebigen Anfrage eines potentiellen Kunden eine sorgfältige Qualitätsplanung zum Angebotsprodukt durchzuführen. Eine Vertriebsabteilung muß sich daher bei jeder Anfrage überlegen, ob eine Qualitätsplanung vertretbar und inwieweit sie notwendig ist. Diese Überlegungen lassen sich erfahrungsgemäß vergleichsweise einfach systematisieren, wenngleich die zunehmende Globalisierung der Märkte unwägbare Fälle vermehrt. Aber viele potentielle Kunden sind nach wie vor bekannt. Deshalb ist auch die Wahrscheinlichkeit abschätzbar, die einer späteren Auftragserteilung zuzuordnen ist. So kann in der betreffenden QM-Verfahrensanweisung eine

„Regelung zur Intensität der Qualitätsplanung vor Auftragserteilung abhängig von der Auftragswahrscheinlichkeit"

getroffen werden.

Es zeigt sich, daß solche Überlegungen auf die gesamte Gestaltung von Geschäftsbeziehungen einen versachlichenden Einfluß ausüben. Deshalb ist eine solche Planung der Qualitätsplanung auch Gegenstand der Qualitätspolitik. Wirkungen, die von der Marktmacht eines potentiellen Auftraggebers ausgehen, können solche Regelungen allerdings nicht neutralisieren.

Niemals ist im Fall solcher Regelungen auszuschließen, daß auch einmal ein Auftrag eintrifft, für den in der Angebotsphase so gut wie keine Qualitätsplanung durchgeführt wurde, obwohl es sich vielleicht sogar um ein für die Fertigung neuartiges Produkt handelt. Die Verfahrensweise in solchen Fällen muß grundsätzlich geklärt und schriftlich durch die Leitung der Organisation fixiert sein. Die festgelegte Verfahrensweise wird sich zwangsläufig auch auf die Preisgestaltung auswirken und damit Einfluß auf die Geschäftspolitik gewinnen. Bestandteil der Regelung sollte in einen solchen Fall mindestens ein nachträgliches Gespräch mit dem Kunden über die Qualitätsforderung sein.

Wieviele und welche Anfragen man aus Kostengründen zunächst ohne Qualitätsplanung beantwortet, hängt vom Produkt und dem in Aussicht stehenden Serienumfang ab. Bei zahlreichen einfachen Massenartikeln ist die externe Qualitätsplanung natürlich auf wenige Überlegungen beschränkt oder überflüssig, z.B. weil sie durch überbetriebliche Spezifikationen vorweggenommen ist. Eine interne Qualitätsplanung ist stets erforderlich.

11.11.3 Qualitätsplanung nach Auftragserteilung

Nun ist das Ziel die Überführung der Qualitätsforderung in ihre letzte Konkretisierungsstufe, in die Gesamtheit der für die Qualitätsmerkmale der Einheit zwecks ihrer Realisierung vorzugebenden Merkmalswerte. Diese Überführung wird in ihrem wünschenswert optimalen Ablauf häufig durch ein bereits im Abschnitt 11.6.3 besprochenes Phänomen verzögert oder gar empfindlich beeinträchtigt: Es ist die nicht ordnungsgemäße Weitergabe der Kenntnisse aus der externen Qualitätsplanung (siehe Abschnitt 11.6.1) über die Erfordernisse und Wünsche des Kunden an die interne Qualitätsplanung. Der Weitergabe-Prozeß ist nämlich oft durch Schnittstellenprobleme belastet [306]. Dies gemäß Abschnitt 11.6.3 zu erkennen ist der erste Schritt zur Verbesserung. Weitere Schritte müssen folgen. Pfeifer zeigt in [356] einen möglichen Weg dafür auf: Die Bereitstellung von typischen Qualitätsmerkmalen an diesen Schnittstellen zusammen mit zugehörigen Bewertungsmöglichkeiten.

Erneut sei hier auch auf folgendes hingewiesen: Zu planen ist nicht nur die Qualitätsforderung an das Angebotsprodukt selbst, sondern es müssen auch die Qualitätsforderungen an die Tätigkeiten, deren Ergebnis das Angebotsprodukt ist, geplant werden.

Bevor die Qualitätsplanung dieses Ziel nicht erreicht hat, kann die Einheit nicht realisiert werden.

Auch nach dem Realisierungsbeginn ist eine stufenweise Fortsetzung der Qualitätsplanung nach festzulegenden Regeln erforderlich. Fast alle Ereignisse im Verlauf der technischen Weiterentwicklung sind Anlaß dazu: Die Einführung neuer Realisierungsverfahren, die Verfügbarkeit neuer Materialien, eine Verschärfung der Kundenforderungen oder neue behördliche Auflagen. Eine besonders wichtige Aufgabe ist dabei das Konfigurationsmanagement. Es sorgt mit einem durchentwickelt vorliegenden Verfahren [49] dafür, daß zu jedem Zeitpunkt zweifelsfrei festgestellt werden kann, wie sich die Einheit nach dem aktuellen Stand der Qualitätsplanung zusammensetzt. Im Mittelpunkt des Konfigurationsmanagements steht der Änderungsdienst für das Angebotsprodukt.

11.11 Stufenweise Qualitätsplanung vor und nach Auftragserteilung

Bild 11.7: Konkretisierungsstufen der Qualitätsforderung während der Qualitätsplanung unter Einbeziehung des Einflusses der Anspruchsklasse

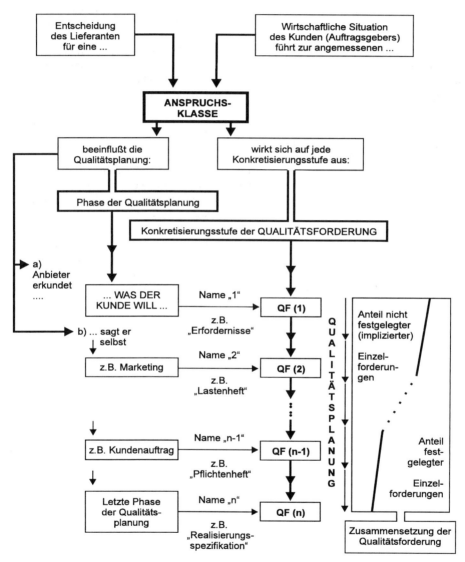

QF (i) = Konkretisierungsstufe i der Qualitätsforderung an die Einheit, z.B. an das Angebotsprodukt oder an die dieses hervorbringenden Tätigkeiten und Prozesse

11.12 Zusammenfassung

Die zahlreichen Gesichtspunkte der Erläuterungen dieses Kapitel zeigen eindrucksvoll, wie komplex und bedeutungsvoll für den Erfolg einer Organisation eine systematische Planung der Qualitätsforderungen ist, also die Qualitätsplanung. Daraus folgt, daß auch der Planung der Qualitätsplanung ein hoher Stellenwert beizumessen ist. Nicht von ungefähr sind zu diesem QM-Element in den Kernnormen der DIN EN ISO 9000-Familie [36a] bis [40c] die umfangreichsten Ausführungen zu finden. Für die oberste Leitung einer Organisation sollte die Planung der betreffenden Regeln ein besonders wichtiges Anliegen sein.

Im Bild 11.7 wird der komplexe Ablauf der Qualitätsplanung zusammenfassend und vereinfacht dargestellt. Dazu ist folgendes zu sagen:

Sowohl die Möglichkeit, daß der Kunde über die Anspruchsklasse entscheidet, als auch die Entscheidung des Anbieters für eine Anspruchsklasse sind dargestellt. Die unterschiedlichen Namen der Qualitätsforderung in den verschiedenen Konkretisierungsstufen, die im Bild angedeutet sind und oft zu Streitgesprächen führen, verlieren an Bedeutung, wenn das Ablaufprinzip klar ist. Deutlich wird schließlich, daß immer ein Anteil nicht festgelegter und ein Anteil festgelegter Einzelforderungen im Rahmen der Qualitätsforderung existieren. Letzterer wird naturgemäß im Verlauf der Qualitätsplanung immer kleiner. Es wäre aber unrealistisch, die Fixierung jeglicher Einzelforderung zu verlangen.

So liefert beispielsweise das Kaltfließpressen von Stahl eine Beschaffenheit der Oberfläche, die für die meisten Anwendungen zufriedenstellend ist. Die Festlegung einer speziellen Einzelforderung dazu ist also unnötig, obwohl aus Anwendungsgründen Forderungen an die Oberflächenbeschaffenheit gestellt sind.

Zu dieser Zusammenfassung gehört auch nochmals der Hinweis, daß erfahrungsgemäß zwei von drei Fehlern ihren Ursprung in der Qualitätsplanung haben.

12 Qualitätsverbesserung

> *Überblick*
>
> *„Qualitätsverbesserung" ist ein Zauberwort. Deshalb ist es angebracht, zu wissen, was sich dahinter verbirgt. Es zeigt sich, daß nur ausnahmsweise eine unmittelbare Verbesserung der Qualität gemeint ist.*

12.1 Vorbemerkungen

Der Tätigkeitsbegriff Qualitätsverbesserung wurde im Abschnitt 9.5 wegen dieses eigens ihm gewidmeten Kapitels 12 nur kurz gestreift.

Noch in der 4. Auflage 1987 zu [53] hat die Deutsche Gesellschaft für Qualität e.V. im Vorfeld der Normung darunter allein das verstanden, was nachfolgend „Qualitätssteigerung" heißt. Zur gleichen Zeit gab es in [7] diesen Begriff noch nicht.

Wird durch erfolgreiche Qualitätsverbesserung die Qualität verbessert? Jedenfalls bezeichnet dieser Begriff etwas offensichtlich Wünschenswertes. Man kann aber fast ohne Einschränkung wie bei „Qualitätsplanung" (bei der nicht die Qualität geplant wird, sondern die Qualitätsforderung) sagen: Durch Qualitätsverbesserung wird unmittelbar vorwiegend die Qualitätsfähigkeit verbessert, die Qualität nur ausnahmsweise unmittelbar.

Erst 1991 ist international geklärt worden, daß unter „quality improvement" drei sehr unterschiedliche Komponenten verstanden werden sollen.

12.2 Die drei Komponenten der Qualitätsverbesserung

Zunächst sind die betreffenden drei Begriffe nachfolgend entsprechend DIN 55350-11 [8] erklärt.

12.2.1 Qualitätsförderung

Erstmals erschien dieser Begriff 1987 in der 4. Auflage von [53]. Voraussetzung für eine zweifelsfreie Definition war die Klarheit des Begriffs Qualitätsfähigkeit. Er war wegen der internationalen Situation national besonders sorgfältig erarbeitet worden. In [16] ist Qualitätsfähigkeit nicht enthalten, sondern nur in [8] entsprechend Abschnitt 7.12. Daraus ergibt sich die Qualitätsförderung, ebenfalls gemäß [8], wie folgt:

> **QUALITÄTSFÖRDERUNG =**
>   **Verbessern der Qualitätsfähigkeit**

Man unterscheidet die verfahrensbezogene, die einrichtungsbezogene und die personenbezogene Qualitätsförderung. Auf die gedankliche Analogie dieser Aufteilung bei Qualitätslenkung gemäß Bild 9.1 sei hingewiesen. Die produktbezogene Komponente bezieht sich bei der Qualitätsförderung allerdings nur auf die Einrichtungen zur Realisierung von Produkten.

12.2.2 Qualitätssteigerung

Ein weltbekannter Automobilhersteller hat dafür den Slogan vom „never ending improvement of quality" benutzt. Gemeint ist aber die Qualitätsforderung. Qualitätssteigerung ist deshalb wie folgt erklärt:

> **QUALITÄTSSTEIGERUNG =**
> **Verschärfen und/oder Ausweiten einer Qualitätsforderung**
> **durch**
> **Verschärfen und/oder Hinzufügen von Einzelforderungen**

12.2.3 Qualitätserhöhung

Die Benennung ist bislang erklärtermaßen nur ein „Platzhalter". Qualitätserhöhung repräsentiert jene Qualitätsverbesserung, die durch umfassendes Qualitätsmanagement (siehe Kapitel 15) zusätzlich bewirkt wird.

12.3 Einzelheiten zu den drei Komponenten

Der Schwerpunkt liegt auf der Qualitätsförderung. Sie wird deshalb ausführlich behandelt. Die Qualitätssteigerung, für die nur ein besonders markantes Qualitätsverbesserungs-Beispiel angeführt wird, ist eine Angelegenheit der Qualitätsplanung (Kapitel 11). Die Qualitätserhöhung ist integrierter Bestandteil des umfassenden Qualitätsmanagements (Kapitel 15). Die letzten beiden Bestandteile der Qualitätsverbesserung werden hier deshalb nur kurz behandelt.

12.4 Qualitätsförderung

Diese Verbesserung kann dazu führen, daß z.B. bei einer laufenden Fertigung weniger Fehler entstehen. Das führt dann indirekt (mittelbar) zur Verbesserung der Qualität der gefertigten Produkte.

12.4 Qualitätsförderung

12.4.1 Allgemeines

Die möglichen Objekte der Qualitätsförderung resultieren aus deren Definition (siehe Qualitätsfähigkeit, Abschnitt 7.12): Es sind alle „Elemente zur Realisierung einer Einheit" der Organisation, also z.b. auch alle Elemente des Qualitätsmanagementsystems. Diese QM-Elemente können wie Einheiten bekanntlich beliebig unterteilt oder zusammengestellt werden (siehe Abschnitt 1.3). Deshalb gibt es keine logisch ermittelbare Anzahl von QM-Elementen, weder in Normen noch in der Praxis. In beiden Fällen entsteht jedoch erfahrungsgemäß regelmäßig der Wunsch nach einer anderen systematischen Unterteilung der „QM-Elemente zur Realisierung einer Einheit". Zur Prüfung, ob dieser Wunsch erfüllt werden kann, bietet sich das Bild 6.1 mit allen prinzipiell denkbaren Einheiten an. Man kommt bei näherer Betrachtung der dort aufgeführten Einheiten-Arten zu folgendem Ergebnis:

– *Tätigkeiten* von *Personen* kann man während ihres Ablaufs durch unmittelbar eingreifende Qualitätslenkung bezüglich ihrer Ergebnisse verbessern, also unmittelbar qualitätsfähiger machen. Das ist seit Urzeiten bekannt und gilt natürlich auch heute: Lehrer zeigen ihren Schülern, wie sie mit ihren Tätigkeiten bessere Eregebnisse erzielen. Mittelbar kann man den Tätigkeitsablauf durch die *Verfahren* verbessern, nach denen die Tätigkeiten ausgeführt werden. Ebenso wie Personen kann man Maschinen, also *Einrichtungen*, so ändern, daß ihre Tätigkeiten zu besseren Ergebnissen führen.

– *Produkte* kann man durchaus qualitätsfähiger machen; dann nämlich, wenn es *Einrichtungen* sind. Das gilt auch für immaterielle Einrichtungen wie beispielsweise Module zur Realisierung von Elementen einer Rechnersoftware.

– Jedes *System* (siehe Abschnitt 6.5), das irgendwelche Einheiten hervorbringt, also auch das *QM-System*, kann bezüglich aller seiner bei dieser Hervorbringung mitwirkenden Elemente qualitätsfähiger gemacht werden, beispielsweise das spezielle System Prozeß (siehe Abschnitt 9.1). Das ist auf dreierlei Art möglich: Man kann sowohl die Personen als auch die Einrichtungen als auch die Verfahrensanweisungen qualitätsfähiger machen.

– Daß man *Personen* durch motivierende Fortbildung und Schulung qualitätsfähiger machen kann, unterliegt prinzipiell kaum einem Zweifel.

Es schälen sich also als Einheiten mit verbesserungsfähiger Qualitätsfähigkeit im wesentlichen die im Bild 12.1 dargestellten drei Arten von Einheiten heraus. Sie sind zugleich Ziele der Qualitätsförderung.

Die nachfolgenden Gesichtspunkte zu den drei Zielen machen deutlich, daß Qualitätsförderung eine ständige und überall aktiv wahrzunehmende Aufgabe des Qualitätsmanagements ist.

Darüber hinaus ist einleuchtend, daß auch jegliche Qualitätssteigerung (siehe Abschnitt 12.5) begleitet sein muß von Qualitätsförderung. Noch besser ist zu diesem Zweck eine der Qualitätssteigerung vorauseilende Qualitätsförderung.

Bild 12.1: Die drei prinzipiell möglichen Objekte für Qualitätsförderung

Qualitätsförderung = Verbessern der Qualitätsfähigkeit			
Einheiten, auf die Maßnahmen der Qualitätsförderung angesetzt werden können			
Verfahren	Einrichtungen	Personen	
		Wissen*	Motivierung

* = auf dem Gebiet des Qualitätsmanagements

12.4.2 Verfahrensbezogene Qualitätsförderung

Wie bei Produkt-Innovationen ist es auch bei Verfahrensanweisungen: Sind sie erst einmal niedergeschrieben und eingeführt, ergeben sich Verbesserungsmöglichkeiten aus der Praxis; nämlich aus den Tätigkeiten, die nach diesen Verfahrensanweisungen mit dem Ziel ausgeführt werden, Ergebnisse zu erzielen, die jeweils die Qualitätsforderung erfüllen. Dabei ist besonders hervorzuheben, auch ohne Bezug auf das umfassende Qualitätsmanagement gemäß Kapitel 15, daß dies natürlich nicht nur für QM-Verfahrensanweisungen gilt.

Solche Qualitätsförderungs-Möglichkeiten werden nicht immer genutzt. In der Qualitätspolitik einer Organisation oder in einem aus dieser Qualitätspolitik folgenden QM-Grundsatz (siehe Kapitel 13) muß daher eine Regel enthalten sein, wie jeweils zwischen Kontinuität und Verbesserung der erforderliche Kompromiß zu wählen ist. Die Anwendung funktioniert erfahrungsgemäß nur dann, wenn Ziel, Inhalt und Bedeutung dieses Kompromisses ständiger Gegenstand der personenbezogenen Qualitätsförderung sind (siehe Abschnitt 12.4.4 bis 12.4.6).

12.4.3 Einrichtungsbezogene Qualitätsförderung

Der Schwerpunkt dieser Aufgabe liegt bei der Abwicklung von Aufträgen. Für die Beobachtung der dabei zutage tretenden Verbesserungs-Notwendigkeiten und für die daraus folgenden Verbesserungsmaßnahmen sind meist die Entwicklungs- und Instandhaltungsabteilungen zuständig. Im Vordergrund stehen dabei, je nach Situation,

– die Aufrechterhaltung einer durch Abnutzung oder Ausfälle gefährdeten,

– die Verbesserung einer zur Erfüllung der bestehenden Qualitätsforderungen nicht ausreichenden,

– die Verbesserung der zur Erfüllung verschärfter oder ausgeweiteter Qualitätsforderungen zu steigernden

Qualitätsfähigkeit der betreffenden Einrichtungen. Es handelt sich um Aufgabenstellungen wie beispielsweise die Verminderung der Arbeitsstreubreite [53] von Maschinen und Verfahren oder die periodische Aufrechterhaltung des Abnutzungsvorrats.

12.4 Qualitätsförderung 145

Zuweilen ist es nicht einfach, Analysemethoden zum Erkennen der möglichen Maßnahmen der einrichtungsbezogenen Qualitätsförderung zu finden. Deshalb müssen zu dem Verbesserungsbedarf, der über den aktuell nötigen hinausgeht, Verfahren entwickelt werden, durch welche die Aufdeckung möglicher zusätzlicher Verbesserungen erreicht wird. Sie müssen in einer Verfahrensanweisung niedergelegt werden. Manchmal erzwingt die Marktsituation schnelle Entscheidungen und Investitionen zur einrichtungsbezogenen Qualitätsförderung.

12.4.4 Allgemeines zur personenbezogene Qualitätsförderung

Die Qualitätsförderung in bezug auf die Qualitätsfähigkeit der Mitarbeiter und Mitarbeiterinnen ist für die Zukunft der Organisation existenzwichtig und deshalb eine langfristig wirkende Investition. Bild 12.1 zeigt die zweckmäßig stets zu kombinierende Zielsetzung „Wissensvermittlung" plus „Motivierung". Die beiden Ziele sind nicht separierbar. Allerdings greift immer wieder eine Denkrichtung um sich, die das Schwergewicht in der Motivierung sieht. Das ist sehr ernst zu nehmen: Auch ohne mehr Wissen wird man im allgemeinen bedeutend mehr leisten, wenn man besser motiviert ist.

Hier wird die folgende Meinung vertreten: Beide Ziele müssen stets gemeinsam angestrebt werden: Bei gleicher Motivierung ist der sachliche und damit auch der wirtschaftliche Erfolg ohne jeden Zweifel bei demjenigen besser, der seine Aufgaben fachkundiger angeht. Das wird im Wettbewerb der Zukunft eine weiter zunehmende Rolle spielen.

12.4.5 Personenbezogene Qualitätsförderung durch Vermittlung von QM-Wissen

Kaum ein Facharbeiter oder Ingenieur, und noch weniger die Mitglieder der obersten Leitung einer Organisation bringen in Deutschland normalerweise von der abgeschlossenen Berufsausbildung her irgendeine – geschweige denn eine gute – Ausbildung auf dem Gebiet Qualitätsmanagement mit (siehe Abschnitt 2.1.1). Das ist bedauerlich. Andere Industrieländer, die mit Deutschland auf dem Weltmarkt konkurrieren, haben in letzter Zeit wenigstens teilweise die Qualitätslehre zum Gegenstand der öffentlichen Ausbildung gemacht. In Deutschland hingegen hat noch nicht einmal eine Harmonisierung der Lehrinhalte der wenigen qualitätsbezogenen Lehraufträge sowie der Lehrinhalte der mittleren und höheren Ausbildungseinrichtungen begonnen. Auf diesem Fachgebiet ist deshalb hierzulande eine besonders intensive „postgraduale Fortbildung" nötig. Sie muß von jeder Organisation gestaltet und finanziell getragen werden, wenn sie empfindliche Nachteile im Konkurrenzkampf vermeiden will.

Noch vor wenigen Jahren bei der postgradualen, *externen Fortbildung* bestehende ernsthafte Schwierigkeiten sind inzwischen infolge behördlicher Überwachung wenigstens teilweise abgebaut. So gab es wegen des großen QM-Fortbildungsbedarfs – schwer erkennbar – private Ausbildungsinstitutionen, die in geschickter Weise mehr ihrem wirtschaftlichen Eigenerfolg dienten als seriösem und auf dem Stand der Technik aufbauenden Wissenszuwachs der Zuhörer. Masing hat diesen Übelstand mit seiner Arbeit vom „Forchheimer Trichter" karikiert [75].

Ein umfassendes überbetriebliches Fortbildungsprogramm bietet die **Deutsche Gesellschaft für Qualität** e.V. (**DGQ**). Sie konnte 1997 auf ihr 45jähriges Bestehen zurückblicken. Als

Gründungsmitglied (1956) ist sie bei der EOQ einziger offizieller Vertreter Deutschlands (EOQ = European Organization for Quality). Die DGQ ist als gemeinnützige Institution anerkannt, ihr Fortbildungsprogramm als öffentlich förderungswürdig. Man versucht, das Fortbildungsprogramm stets auf dem neuesten Stand zu halten, obwohl weder die finanziellen Möglichkeiten mit denen einer öffentlichen Ausbildung zu vergleichen sind, noch die Verfügbarkeit geeigneter Fachkräfte für die Fortbildung. Fast könnte man hier von einem circulus vitiosus sprechen.

Solche überbetriebliche Fortbildung kann keinesfalls die nötige *innerbetriebliche Schulung* auf diesem Gebiet ersetzen. Es muß auch klar sein, daß die innerbetriebliche QM-Schulung nicht eingeschränkt werden darf auf die Mitarbeiter des Qualitätswesens. Findet sich in der Organisation selbst kein geeigneter Schulungsleiter, bietet die DGQ auch die Ausrichtung innerbetrieblicher Schulungskurse an. Dabei wird berücksichtigt, daß der Lehrstoff den unterschiedlichen Führungsebenen der betrieblichen Hierarchie unterschiedlich vermittelt werden muß.

Erfreulich ist auch, daß die DGQ immer aufs neue erreicht, daß vollständige Fortbildungs-Durchgänge staatlich anerkannt werden und mit einer speziellen Berufsbezeichnung benannt werden können. Ein Beispiel ist der anerkannte Qualitätsingenieur. Es empfiehlt sich, hierzu die betreffenden Informationsschriften der DGQ anzufordern und zu studieren.

12.4.6 Personenbezogene Qualitätsförderung durch QM-Motivierung

Ihr Erfolg ist Ergebnis des Grades der Motivation, also der Identifizierung mit der Organisation und mit der eigenen Arbeit. Die Möglichkeiten zur Motivierung sind durch die allgemeinen gesellschaftspolitischen Rahmenvorstellungen stark beeinflußt, vor allem bezüglich Leistungs- und Lernbereitschaft. Diesbezüglich scheint hierzulande eine schlimme Talsohle inzwischen durchschritten. Alle Maßnahmen der Motivierung haben diesen Rahmenbedingungen Rechnung zu tragen. Beispielsweise sind „quality circles" (siehe Abschnitt 12.4.7) in Deutschland kaum in der gleichen Weise zu realisieren wie in Japan. Ähnliches gilt für „Zero-defects"-Aktionen (siehe hierzu ebenfalls den Abschnitt 12.4.7). Sie waren in USA sehr erfolgreich, z.B. während des Mondlandeprogramms. In einem Land jedoch, in dem vielfach mit Selbstbewußtsein das Sprichwort zitiert wird „Jeder Mensch macht Fehler!", ist von Programmen dieser Art nur unter günstigen Voraussetzungen ein Erfolg zu erwarten.

Bewährt hat sich Schulung in kleinen Arbeitskreisen zu aktuellen QM-Sachthemen im Rahmen eines Motivationsprogramms der Organisation. Das Vorbild der Führungskräfte in Fragen des Qualitätsmanagements spielt eine bedeutend wichtigere Rolle für die Motivierung als geschickt entworfene Plakate. Führungskräfte können am besten die Einsicht fördern, daß eine mit zufriedenstellender Qualität ihrer Leistungen auf dem Markt überdurchschnittlich erfolgreiche Organisation ihren Mitarbeitern auch die vergleichsweise beste Lebensqualität an einem gesicherten Arbeitsplatz bieten kann. Sie und alle anderen Mitarbeiter und Mitarbeiterinnen werden ihrer Aufgabe um so besser gerecht, je fachkundiger sie im Qualitätsmanagement sind, und je mehr jedermann merkt, wie engagiert die oberste Leitung der Organisation hinter diesem Ziel steht. Deshalb kommt es auch mehr und mehr vor, daß die oberste Leitung einer Organisation ihre obere Führungsschicht geschlossen in Grundlagen des Qualitätsmanagements schulen läßt und sich selbst daran beteiligt.

12.4.7 Kombinierte Programme

Solche Programme wurden meist anhand ihrer Bezeichnungen bekannt:

QUALITY CIRCLES

Man versteht darunter

> **QUALITÄTSZIRKEL =**
> Eine kleine, zielorientiert arbeitende Gruppe von Mitgliedern einer Organisation, die aufgrund ihres arbeitsspezifischen Wissens und ihrer Erfahrungen Vorschläge zu Themen der eigenen Arbeitsausführung und der zugehörigen Arbeitsergebnisse vorbringt und mit dem Ziel diskutiert, Qualitätsverbesserungen vorzuschlagen und sie ggf. selbst zu realisieren

Die Mitglieder eines Qualitätszirkels können ggf. aus funktionsbenachbarten Organisationseinheiten der gleichen Organisation stammen. Sie treffen sich zu vorher abgestimmten Zeiten. Die Diskussionen werden durch einen auf diese Aufgabe durch die Organisation vorbereiteten und dafür abgestellten Moderator oder durch ein von der Gruppe gewähltes Mitglied geleitet.

Ein Qualitätszirkel dokumentiert und präsentiert seine Arbeitsergebnisse selbst.

Bei zweckmäßiger Gestaltung ihrer Arbeit können Qualitätszirkel einen wesentlichen Beitrag zur Selbstverwirklichung und Arbeitszufriedenheit und damit zur qualitätsbezogenen Motivierung der Mitglieder einer Organisation leisten. Das jedenfalls ist die Lehrmeinung.

Hansen und Eßlinger [76] haben dazu beispielhaft ausgeführt, daß wohl in jedem Unternehmen „eine Stimmung anzutreffen ist wie folgt: Wir Arbeiter werden ohnehin nicht gefragt. Die Mißstände, die wir sehen, können wir doch nicht abstellen. Wenn wir etwas vorschlagen, nimmt man uns nicht ernst. Der Chef hat doch das letzte Wort.". Die Änderung dieser Einstellung und der sie auslösenden Randbedingungen (Arbeitsklima) ist das Sachproblem. Auch Hansen und Eßlinger lassen offen, ob dazu Quality Circles die Lösung sind.

Die Unsicherheit der Praxis, wie man mit den – zeitweilig als Modeerscheinung zu werten den – „Quality Circles" umgehen sollte, entnimmt man aus folgenden Hinweisen:

- ***Der Name*** ist uneinheitlich: Man nennt sie z.B. Quality Circle, Werkstattgruppe, Lernstatt, Q-up-group, Problemlösungsgruppe.
- ***Wer teilnimmt*** ist uneinheitlich: Hier sind es Freiwillige, dort von Führungskräften Delegierte.
- Die ***Gruppenleiter-Herkunft*** ist uneinheitlich: Einerseits wird ein „von der Gruppe Gewählter", andererseits ein „von der Organisation Ausgebildeter" vorgeschlagen.
- ***Wer Aufgaben stellt*** ist uneinheitlich: „Die Gruppe stellt sie sich selbst" ist die eine Auffassung. „Die Gruppe erhält sie von den Vorgesetzten vorgegeben, auch in der Bearbeitungsrangfolge" ist eine andere Meinung.

- *Die Lebensdauer der Gruppe* ist uneinheitlich: Bleibt bestehen nur für eine einzige Aufgabenlösung ↔ Bestand für mehrere Aufgabenlösungen bis zur festgelegten Auflösung ↔ Fortdauernder Bestand.
- *Die Auffassungen über nötige Investitionen* streuen extrem: Unter 1 TDM für Einrichtung einer Gruppe ↔ Jahrelange Vorbereitungsphase mit Ausbildung der Gruppenleiter in mehrtägigen Seminaren unabdingbar, und andere Vorstellungen.
- *Die Frage der Sonder-Honorierung guter Problemlösungen* ist ebenfalls nicht einheitlich beantwortet: Grundsätzlich keine Sonder-Honorierung ↔ Nur unter festgelegten Voraussetzungen objektiver Meßbarkeit Sonder-Honorierung vertretbar ↔ Honorierung von Problemlösungen nötig, weil andernfalls die Probleme zum Verbesserungsvorschlagswesen abwandern.

Diese vielfältige Uneinheitlichkeit zeigt:

Wenn man mit Quality Circle arbeiten will, sollte man sich vor ihrer Einführung über folgende Fragen klar werden:

- Ist neben Aktivitäten wie der Einführung von umfassendem Qualitätsmanagement, der ständigen Systematisierung des QM-Systems sowie der Existenz eines funktionsfähigen Verbesserungsvorschlagswesens eine derartige zusätzliche Aktivität lohnend?

und wenn diese erste Frage mit „Ja" beantwortet wird:

- Welche Gestaltung der Quality Circles im Hinblick auf die obigen Gesichtspunkte wird für richtig gehalten?

Nur mit einer entsprechend detaillierten Festlegung der obersten Leitung sollte dann die Arbeit begonnen werden.

„NULL-FEHLER"-PROGRAMME

Die Idee kam von Crosby ([99] und [136]). Sie wurde zuerst in den USA zur Zeit des Präsidenten J.F. Kennedy praktiziert, ebenfalls im Zusammenhang mit dem Mondlandeprogramm. Crosby gehört zu jener Pionier-Generation, die noch verkündete: „Qualität kostet nichts. Was Geld kostet, sind die Verstöße gegen die Qualität.". Qualität wurde von ihm demnach als das Gute, als die Erfüllung der Qualitätsforderung begriffen. Er konnte wie Juran nicht wissen, für welchen Qualitätsbegriff sich die internationale Gemeinschaft später entschließen würde; übrigens unter ausschlaggebender Mitwirkung der Fachleute aus den USA. Beide haben Schwierigkeiten mit dem Übergang auf den international sinnvoll definierten Qualitätsbegriff (siehe Kapitel 7).

„Null Fehler", das ist praktisch unmöglich; jedenfalls wenn man „Null" mathematisch genau nimmt. Man kann sich darüber streiten, ob ein Fehleranteil in Prozent oder als PPM-Wert in 10^{-6} das richtige Ziel ist, aber „Null Fehler", das geht prinzipiell nicht (vgl. auch Kapitel 10). Selbst wenn man definieren würde – etwas kühn – „Null Fehler = Minimierung des Fehleranteils", dann stellte sich die Frage: Warum solche Sonder-Aktionen, herausgelöst aus den ohnehin klaren Zielsetzungen der Qualitätsförderung?

Hier wie bei Quality Circles ist also die Frage zu prüfen: Was bringt mehr, eine in sich konsequente und schlüssige Systematik des umfassenden Qualitätsmanagements (siehe Kapitel 15) oder die daneben immer neue Motivierung mit Sonderprogrammen? Als Antwort bietet sich an: Der geschlossenen Lösung, konsequent angewendet, ist gegenüber immer neuen Sonderaktionen mit immer neuen Namen der Vorzug zu geben. Die Realisierung dieses Gedankens setzt allerdings voraus, daß man sie der obersten Leitung verständlich machen kann. Diese ist einem immer umfangreicheren Volumen von Versprechungen durch Berater ausgesetzt, alle Probleme mit „Patentlösungen" in kürzester Frist beseitigen zu können.

ZEITBEFRISTETE ORGANISATIONSINTERNE GESAMTPROGRAMME

Ganz Anderes gilt für solche Programme: Die Erfahrung lehrt, daß systematisch vorbereitete Programme dieser Art, kombiniert mit bewährten internen Programmen wie dem Verbesserungsvorschlagswesen, durchgeführt unter aktiver Förderung durch die obersten Leitung, große Erfolge bringen können. Dafür stehen zahlreiche Beispiele. Eine Aktion „Mach's gleich richtig", über ein Jahr hin laufend, vorbereitet während zweier Vorlaufjahre, eingebettet in das System des Qualitätsmanagements der Organisation, ist nur ein Fall unter vielen. Daß es keinen Fortschritt gibt, der – nachdem er erkämpft ist – „erworben werden" muß, damit man ihn auch besitzt, ist eine auch hier geltende Lebensweisheit.

12.5 Qualitätssteigerung

Bei den Diskussionen um das Schlagwort des „never ending of quality improvement" wurde eine in die entgegengesetzte Richtung zielende Frage gestellt: Sei es nicht nötig, eine Zielsetzung des „never ending quality diminution" zu propagieren (wieder mit quality als Qualitätsforderung)?! Viele Qualitätsforderungen seien, gemessen am Verwendungszweck, bekanntlich wegen der Macht der Beschaffer viel zu umfangreich und zu scharf. Resultat dieser Diskussion war: Das sei ein anderes, sicherlich auch sehr wichtiges Thema. Jedenfalls solle man mehr Wert auf eine Nutzen-angepaßte Qualitätsplanung legen. Die Einbeziehung von Qualitätssteigerung im Sinn von Abschnitt 12.2.2 in „quality improvement" sei jedoch international zwingend.

Ob eine solche Qualitätssteigerung nötig oder zweckmäßig ist, hängt vom Einzelfall ab. Einfluß haben Vertragssituation, Marketing-Ziele, technische oder wirtschaftliche Gesichtspunkte. In aller Regel bringt eine Qualitätssteigerung jedenfalls auch eine Kostensteigerung bei der Produktrealisierung mit sich, denn die neue Qualitätsforderung, der neue Maßstab für Qualitätslenkung und Qualitätsprüfung, ist verschärft und/oder ausgeweitet. Plausibel wäre deshalb beim Übergeng in die verbesserte Realisierung sogar eine „Qualitätsverschlechterung", weil sich zunächst mehr Fehler als bisher einschleichen, denn die Realisierung wird schwieriger. Was sich mittelbar erhöht, ist allenfalls die Anspruchsklasse des Produkts (siehe Abschnitt 6.4).

Das folgende Beispiel soll dazu zwei wichtige Gesichtspunkte klarstellen:

- Wenn man die angestrebte Verbesserung im Auge hat, kann bei der Qualitätsplanung außer dem „Verschärfen" und dem „Hinzufügen" auch das „Ändern" eine große Rolle für die Verbesserung spielen.
- Qualitätsverbesserungen sollten nicht nur im Hinblick auf Kundenwünsche, sondern auch mit internen Zielsetzungen der Organisation betrachtet werden.

Und hier nun das Beispiel:

Die in einem Werk zur Herstellung von Relais eingerichteten Qualitätsverbesserungsgruppen (siehe auch Abschnitt 12.4.7) stellten folgendes fest: Ein spezieller Relaistyp verursacht in sehr vielen Verarbeitungsstufen ungewöhnlich viele Probleme und damit auch Zusatzkosten. Daraufhin wurde eine Sondersitzung aller mit diesem Relaistyp befaßten Führungskräfte (Kostenstellenleiter) einberufen, einschließlich Entwicklung und Konstruktion. Erstaunliches Ergebnis war die Feststellung:

Fast jeder Kostenstellenleiter in den Realisierungsabteilungen bemüht sich verzweifelt, die hohen Kosten bei diesem Relais in seiner Kostenstelle durch Korrekturmaßnahmen zu senken. Der Erfolg war aber jeweils sehr bescheiden; und jeder vermied es, darüber mit Kollegen in anderen Abteilungen zu sprechen: Er wollte nicht „schlecht dastehen".

Nun aber wurde in Gegenwart der Konstrukteure schon in dieser ersten Sondersitzung festgestellt: Nach einer kleinen maßlichen Änderung eines Konstruktionsdetails kann voraussichtlich mit einer spürbaren Entspannung der bislang kostenmäßig überaus unbefriedigenden Situation gerechnet werden. Das war dann auch so.

Eindrucksvoll für den Nutzen einer konsequenten Qualitätsverbesserung war das Gesamtergebnis: Die erst nach jahrelangem Zögern von der obersten Leitung genehmigten Mittel für die Einrichtung der Qualitätsverbesserungsgruppen waren durch diese eine erfolgreiche produktbezogene Qualitätsverbesserungsmaßnahme infolge Fehlerkostenvermeidungen bereits in weniger als einem halben Jahr eingespart.

12.6 Qualitätserhöhung

Nach menschlichem Ermessen sollte damit gerechnet werden können, daß infolge des umfassenden Qualitätsmanagements (TQM) immer weniger Fehler entstehen, und zwar bei den Tätigkeiten wie auch bei ihren Ergebnissen. Deren Qualität wird also tatsächlich verbessert. Allerdings ist das in der Regel ebenfalls ein indirekter (mittelbarer) Effekt der Qualitätsförderung. Außerdem sind dem umfassenden Qualitätsmanagement zugeordnete Erfolge im allgemeinen kaum separierbar und daher auch nicht meßbar. Dennoch erscheint die prinzipielle Abgrenzung gegenüber Qualitätsförderung und Qualitätssteigerung sinnvoll.

12.7 Zusammenfassung

Durch Qualitätsverbesserung wird nur in Ausnahmefällen unmittelbar die Qualität von Einheiten verbessert. In der Regel handelt es sich um eine Verbesserung der Qualitätsfähigkeit oder um eine Ausweitung oder Verschärfung von Qualitätsforderungen. Nicht unerwähnt darf bleiben, daß zuweilen eine Ermäßigung der Qualitätsforderungen für beide Vertragspartner die bessere, weil wirtschaftlichere und dennoch den verlangten Gebrauchsnutzen bringende Lösung ist.

Qualitätsverbesserung setzt sich aus drei Komponenten zusammen. Deren gedankliche Unterscheidung ist zweckmäßig, auch wenn die Ermittlung des jeweiligen Nutzens des Verbesserungsergebnisses teilweise Schwierigkeiten bereitet. Das Bild 12.2 gibt einen einfachen Überblick über die drei Komponenten.

12.7 Zusammenfassung

Bild 12.2: Die drei Komponenten von Qualitätsverbesserung *(mit Verbesserungsziel)*

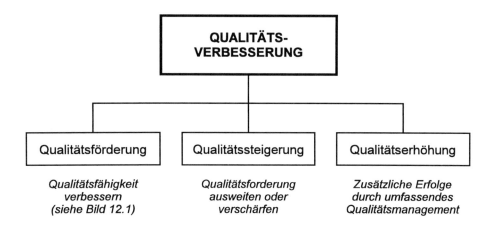

13 Das Qualitätsmanagementsystem (kurz: QM-System)

> **Überblick**
> *Man trifft noch gelegentlich auf die Vorstellung, das QM-System sei ein hierarchisch aufgebauter, eigenständiger Bereich der Organisation wie etwa die Bereiche Vertrieb oder Fertigung. Eine solche Vorstellung versperrt prinzipiell das richtige Verständnis qualitätsbezogener Aufgaben. Es könnte deshalb nützlich sein, zunächst (nochmals) die Gedankenmodelle des QTK-Kreises und des Qualitätskreises nachzuvollziehen, wie sie im Kapitel 4 eingehend geschildert sind. Man wird dann sehen, daß die Beschaffenheitsgestaltung ebenso sämtliche Bereiche der Organisation angeht, wie man es von der Termin- und Kostenverfolgung her gewohnt ist.*

13.1 Vorbemerkungen zur Benennung

13.1.1 Der Name selbst

Das Qualitätsmanagementsystem hieß bis 1994 im Deutschen „Qualitätssicherungssystem", normgerecht [7] kurz „QS-System". Im Abschnitt 9.2 ist die Benennungsänderung in „Qualitätsmanagement" infolge einer internationalen terminologischen Entwicklung dargelegt. Deshalb heißt es ab 1994 „Qualitätsmanagementsystem", normgerecht [15] kurz „QM-System".

13.1.2 Die Verwendung der Abkürzung „QM-" für den Vorsatz

Das Kürzel „QM-" gilt nicht nur für das QM-System, sondern universell auch für alle anderen Unterbegriffe des Qualitätsmanagements, bei denen „Qualitätsmanagement-" das vorgesetzte Bestimmungswort ist wie etwa in QM-Handbuch, QM-Plan, QM-Element, QM-Darlegung und QM-Daten.

Solche Abkürzungen tragen zur Vermeidung zwar bequemer, aber sinnverfälschender Wortverkürzungen im Alltagsgebrauch bei (siehe Bezeichnungshinweis im Abschnitt 1.2.3). Beispielsweise wurde im Abschnitt 9.2.2 berichtet, daß in den ISO-Normen das QM-System seit 1983 kompromißhalber verkürzt nur noch „quality system" genannt wurde. Diese ISO-Verkürzung förderte trotz der genormten deutschen Übertragung mit „Qualitätssicherungssystem" (bis 1994) und mit „Qualitätsmanagementsystem" (seit 1994) die deshalb unerlaubte deutsche Verkürzung „Qualitätssystem". Diese erschwert ihrerseits die notwendige begriffliche Unterscheidung zwischen dem Qualitätsmanagement mit seinen *Qualitätsmanagementelementen* (als Werkzeuge zur Erfüllung der Qualitätsforderung) und dessen Ergebnissen, den *Qualitätselementen* der materiellen oder immateriellen Angebotsprodukte:

Den Einzelforderungen an diese Qualitätselemente wird nämlich verschiedentlich ein Qualitätsforderungssystem zugeordnet, das ebenfalls oft mißverständlich zum „Qualitätssystem" verkürzt wird. Es betrifft Normteile, die in Typserien von Angebotsprodukten einheitlich verwendet werden, wobei sie dort die jeweils schärfste Einzelforderung erfüllen müssen, etwa bezüglich Druckfestigkeit eines Behälters für eine Typserie von Pumpen mit aufsteigendem Nenndruck.

Die Kenntnis dieser begriffsverwirrenden Benennungsprobleme ist vor allem im Export wichtig. So haben sich, wie [60] zeigt, viele deutsche Exportkunden der verkürzten Benennung „quality system" angeschlossen, z.b. die Niederlande, Portugal, Italien, Rumänien, Jugoslavien, Spanien und die Türkei.

13.2 Allgemeines zu QM-Systemen

13.2.1 Zweck eines QM-Systems

Es bezweckt die marktgerechte Erfüllung der Qualitätsforderung an das jeweilige Angebotsprodukt selbst (siehe Abschnitt 8.3.1) sowie an die zu ihm führenden Tätigkeiten (beginnend beim ersten Angebot), eingeschlossen die im Zusammenhang mit ihm erforderlichen internen Produkte. Die Qualität jedes materiellen oder immateriellen Angebotsprodukts soll auf dem Markt überlegen wirken. Man erreicht das langfristig bei vergleichbar niedrigen Kosten und termingerecht nur mit einem zielstrebig und systematisch aufgebauten und stets auf dem Stand der Technik gehaltenen QM-System. Dieses ist gleichzeitig Basis für eine überzeugende Darlegung der eigenen Qualitätsfähigkeit (siehe Abschnitt 7.12) gegenüber einem Auftraggeber oder gegenüber einer Zertifizierungsstelle (siehe Abschnitt 13.3.7).

13.2.2 Erklärung eines QM-Systems

In [16] und [53] lauten die Erklärungen übereinstimmend:

> **Qualitätsmanagementsystem   (kurz: „QM-System")**
> **Zur Verwirklichung des Qualitätsmanagements erforderliche**
> **Organisationsstruktur, Verfahren, Prozesse und Mittel**

Dabei ist Qualitätsmanagement gemäß Abschnitt 9.2.2 die Gesamtheit der qualitätsbezogenen Tätigkeiten und Zielsetzungen. Nach der Langzeitrevision wird die Definition voraussichtlich unter assoziativer Benutzung von Management (siehe Abschnitt 1.2.1) und Qualität (siehe Abschnitt 7.4) oder (besser) Qualitätsforderung (siehe Abschnitt 11.2) generisch auf das System (siehe Abschnitt 6.5) zurückgeführt werden. Dann lautet die einfache Definition: „Managementsystem bezüglich Qualitätsforderungen" oder „Qualitätsbezogenes Managementsystem". Dabei ist das Managementsystem ebenso einfach ein „System für Management".

13.2 Allgemeines zu QM-Systemen

Man erkennt hier wieder die offenbar gesetzmäßige Entwicklung einer systematischen Fachterminolgie zu Einfachheit und Verständlichkeit, wie sie am Beispiel des Sollwerts am Ende des Abschnitts 5.4 bereits erläutert wurde.

13.2.3 Die QM-Elemente

Wer ein QM-System entwickelt oder systematisiert, wer ein QM-Handbuch entwirft, ist vor die Frage gestellt, welche QM-Elemente er beachten, wie er sie gliedern und wie er sie gewichten soll. Gleiches gilt für die Darlegung eines QM-Systems gegenüber einem Auftraggeber oder einer behördlichen Stelle („QM-Darlegung"). QM-Elemente sind also wichtige Denk- und Arbeitswerkzeuge. Deren Systematisierung wurde bereits in [78] versucht. Dort sind auch zahlreiche Literaturstellen zu finden. Inzwischen ist in [8] geklärt, was QM-Elemente sind und wie sie grob zu gliedern sind:

> **QM-ELEMENT =** (kurz: „QME")
> **Element des Qualitätsmanagements oder eines QM-Systems.**
> **Anmerkungen:**
> - QM-Elemente unterscheidet man von Qualitätselementen.
> - Wie Einheiten (6.2) können auch QM-Element unterteilt oder zusammengestellt werden.
> - Es gibt 3 Arten von QM-Elementen QM-Führungselemente, QM-Ablaufelemente und QM-Aufbauelemente

QME sind also in ihrem Umfang beliebig wählbare Betrachtungseinheiten wie Arbeitsablaufelemente in der Arbeitswissenschaft. Die in der dritten Anmerkung genannte *dreifache Grob-Strukturierung der QME* ergibt sich indirekt auch aus den internationalen Normen [36] bis [40]. Sie ist dort zwar nicht besonders ausgeprägt, hat sich im deutschen Sprachraum indessen bereits gut eingeführt. Die Reihenfolge in der dritten Anmerkung ist übrigens auch eine zweckmäßige Planungsreihenfolge (siehe Kapitel 14). In [8] findet man folgende Erklärungen für die drei Arten von QME:

> **QM-FÜHRUNGSELEMENT =** (kurz: „QMFE")
> **QM-Element, bestehend aus Regeln, die – in Umsetzung der Unternehmenspolitik bezüglich Qualitätsmanagement – für alle QM-Ablaufelemente und QM-Aufbauelemente gelten**

Bemerkenswert ist in der nachfolgenden Erklärung für die QM-Ablaufelemente der Hinweis auf den „QM-Aspekt" der Tätigkeiten und Prozesse. Das sind die im Abschnitt 4.2 so genannten qualitätsbezogenen Tätigkeitselemente einer jeden Tätigkeit.

> **QM-ABLAUFELEMENT =** (kurz: „QMAE")
> QM-Element mit Regeln für den QM-Aspekt des Ablaufs
> von Tätigkeiten und Prozessen in einem
> festgelegten, abgegrenzten Bereich

Aus den QM-Ablaufelementen ergeben sich die erforderlichen QM-Aufbauelemente, in deren Abkürzung „O" für „Organisation" steht.

> **QM-AUFBAUELEMENT =** (kurz: „QMOE")
> Aus den QM-Ablaufelementen abgeleitetes QM-Element, das
> in der Aufbauorganisation als Stelle oder Person
> ausgewiesen ist, und dessen Aufgaben vorwiegend
> der Erfüllung von Qualitätsforderungen
> an materielle und immaterielle Produkte dienen

Es empfiehlt sich, die Anmerkungen zu diesen drei Erklärungen der Arten von QME in [8] zu beachten.

Bei den QMAE hatte sich zwischenzeitlich eine weniger empfehlenswerte Unterteilung verbreitet. Man stößt immer noch auf sie. Es ist die irreführende Unterscheidung zwischen „phasenbezogenen" und „phasenübergreifenden" QMAE. Eine solche Unterscheidung ist wegen der erwähnten beliebigen Unterteilbarkeit und Zusammenstellbarkeit von QME irreführend und widersprüchlich: „Phasen" kann man nämlich ebenso zusammenstellen oder unterteilen wie andere Einheiten. Dadurch können aus phasenbezogenen phasenübergreifende QME werden. Nötigenfalls möge sich der Leser selbst Beispiele für diese Ungereimtheit entwickeln.

Zweckmäßig ist hingegen die **Unterteilung der QME in zwei Hauptarten** unter dem Gesichtspunkt, ob sie **unmittelbar oder mittelbar** auf die Qualität der Einheiten einwirken. Man nennt sie „unmittelbar qualitätswirksam" **(uqw)** bzw. „mittelbar qualitätswirksam" **(mqw)**. Das sagt auch der Einleitungssatz zum Abschnitt 5.2.2 in DIN EN ISO 9004-1 [40c]. So sind beispielsweise QME zu Qualitätsprüfungen mittelbar qualitätswirksame QMAE. Das entspricht übrigens der „Weisheit", daß man durch Qualitätsprüfungen niemals zufriedenstellende Qualität erzeugen kann. Gleiches gilt für das QME Prüfmittelüberwachung. Man beachte hier auch die vollständige Analogie zur unmittelbaren und mittelbaren Qualitätslenkung, wie sie im Abschnitt 9.3 und im Bild 9.1 erläutert ist: Qualitätslenkung ist ein typisches QMAE.

Angesichts dieser Vielschichtigkeit zweckmäßiger und nicht empfehlenswerter Strukturierungen von QME ist es verständlich, daß auch bei der Erstellung der Normen zu QM-Systemen [36] bis [40] diesbezüglich Schwierigkeiten entstanden. Sie werden derzeit noch mit Zuordnungstabellen überbrückt. Für die Langzeitrevision bis etwa 2000 ist angestrebt, wenigstens die in mehreren Normen übereinstimmend aufgeführten QME auch übereinstimmend zu numerieren. Andererseits ist zu beachten: Außer dieser Numerierungsfrage interessieren den Fachmann vor allem die sachlogischen Zusammenhänge. Sie sind in der internationalen Normung nicht behandelt und werden deshalb in den Bildern 13.1 und 13.2 vorgestellt:

13.2 Allgemeines zu QM-Systemen

Bild 13.1: Ordnungs- und Wirkungsschema der QMFE

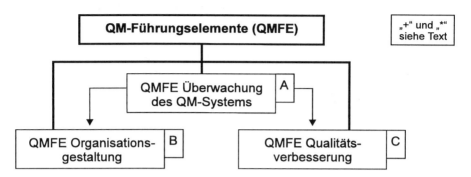

QMFE zu A: Qualitätspolitik*, QM-Grundsätze+, QM-Bewertung*, Internes Qualitätsaudit*, Qualitätsüberwachung (QM-System)*, Rückmeldungen zur Produktnutzung.
QMFE zu B: QM-Zuständigkeiten+ (auch für Schnittstellen jeglicher Art), Dokumentationsgrundsätze+, Dokumentation+.
QMFE zu C: Unmittelbare Qualitätsverbesserung*+, QM-Schulung, QM-Fachterminologie, QM-Darlegung* gegenüber Vertragspartnern und Dritten.

Bild 13.2: Ordnungs- und Wirkungsschema der QMAE

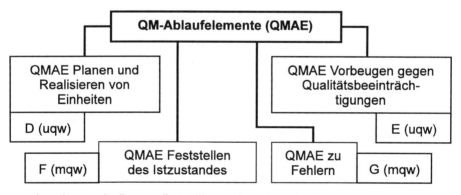

(uqw) = unmittelbar qualitätswirksam; **(mqw)** = mittelbar qualitätswirksam
Einzel-QMEA: Siehe Text

Im Bild 13.1 sind die zu den QMFE-Gruppen gehörigen Einzel-QMFE als Bildlegende eingetragen. Für die mit „+" gekennzeichneten QME sind Erklärungen und Anmerkungen in [8], für die mit „*" gekennzeichneten in [16] zu finden. Zur Verbesserung des Verständnisses der einzelnen QME und ihrer Zusammenhänge ist das Studium dieser Erklärungen und Anmerkungen zu empfehlen. Das gilt auch für die folgenden, zu den QMAE-Gruppen des Bildes 13.2 gehörigen (auch von der Normung prinzipiell so unterschiedenen) unmittelbar qualitätswirksamen **(uqw)** und mittelbar qualitätswirksamen **(mqw)** Einzel-QMAE:

Unmittelbar qualitätswirksame QMAE:

zu D: Qualitätsplanungen* aller Art (Planungen der Qualitätsforderungen an Produkte, Tätigkeiten, Personen, Einrichtungen und andere produktbezogene Einheiten wie z.B. an die Verpackung), Designlenkung, Vertragsprüfung*, Designprüfung*, Beschaffung, Lieferantenbeurteilung+, Auswahl von Unterauftragnehmern, Vorbereitung der Realisierung (Produktion) sowie die zugehörige Qualitätslenkung* (bei der Planung und Realisierung), eingeschlossen Prozeßlenkung.

zu E: Handhabung von Produkten und deren Transport, Verpackung, Lagerung und Versand, Qualitätsüberwachung (einzelne Einheiten)*, Wartung, Vorbeugungsmaßnahmen* sowie vom Auftraggeber beigestellte Produkte.

Mittelbar qualitätswirksame QMAE:

zu F: Qualitätsprüfungen*, insbesondere Eingangs-, Zwischen- und Endprüfungen, sowie Qualifikationsprüfungen, Qualitätsüberwachung (einzelne Einheiten)*, Validierung* (mit Designvalidierung) und Selbstprüfung*, alles einschließlich zugehörige Prüfplanung, Prüfungen bezüglich Qualitätsfähigkeit wie Qualitätsbewertung*, externes Qualitätsaudit und Verifizierung* (siehe auch Bild 9.4), außerdem die QMAE Prüfstatus+, Kennzeichnung und Rückverfolgbarkeit*, Prüf- und Auswertungsplanung sowie Prüfmittelüberwachung, schließlich alle Änderungsdienste wie z.B. Designänderung.

zu G: Behandlung fehlerhafter Einheiten* (derzeit in den Normen [36] bis [40] noch „Lenkung fehlerhafter Produkte" genannt), wie etwa Nacharbeit*, Reparatur* und Sonderfreigaben* sowie Korrekturmaßnahmen*.

Zu den Aufzählungen innerhalb der QME-Gruppen A bis G ist grundsätzlich anzumerken: Auch für die Langzeitrevision wird eine solche sachlogische Gliederung überlegt. Weil es sich nicht um eine zwingend-logische, sondern um eine zweckmäßig-plausible Unterteilung handelt, kann eine künftig genormte Einteilung von der hier aufgrund von Anwendungserfahrungen gewählten abweichen. Zu dieser ist noch im einzelnen zu erwähnen:

- Das QMFE Dokumentation hat in [37] bis [39] zwei Anteile mit unterschiedlichen Namen, nämlich „Lenkung der Dokumente und Daten" und „Lenkung von Qualitätsaufzeichnungen" (siehe dazu Bild 31.1).

- Ist beim QME Qualitätsüberwachung* (siehe Abschnitt 9.6) die überwachte Einheit das QM-System, so gehört dieser Anteil zu den QMFE der Gruppe A, dient es hingegen der Vorbeugung gegen Qualitätsbeeinträchtigungen, gehört dieser Anteil zu den QMAE der Gruppe E. Es kann aber auch Anteile davon in den QMAE der Gruppe F geben. Deshalb ist es nützlich, wenn den mit Aufgaben der Qualitätsüberwachung Beauftragten auch gesagt wird, was das Ziel ihrer Tätigkeit ist.

- Die oft (z.B. in [37] bis [39]) gemeinsam abgehandelten Korrektur- und Vorbeugungsmaßnahmen gehören nicht zu unterschiedlichen Gruppen von QMAE, sondern auch ihre Verfahren, ihre Ziele und vor allem ihre Anwendungshäufigkeiten sind sehr unterschiedlich. Das zeigt schon der für ihre Bedeutung bei der Qualitätsverbesserung nützliche Vergleich ihrer Definitionen gemäß Tabelle 13.1:

13.2 Allgemeines zu QM-Systemen

Tabelle 13.1: Gemeinsamkeiten und Unterschiede von Vorbeugungs- und Korrekturmaßnahmen, gezeigt anhand der beiden Definitionen gemäß [16]

VORBEUGUNGSMASSNAHME	KORREKTURMASSNAHME
Tätigkeit, ausgeführt zur Beseitigung der Ursachen eines ...	
... möglichen ...	... vorhandenen ...
... Fehlers, Mangels oder einer anderen unerwünschten Situation, um deren ...	
... Vorkommen ...	... Wiederkehr ...
... vorzubeugen	

Die gegenseitige Abgrenzung von Prüfungen bezüglich Qualität („was ist?") und Prüfungen bezüglich Qualitätsfähigkeit („was wird sein?") ist noch nicht abgeschlossen. Das zeigen schon Abschnitt 8.5.1 und Bild 8.3, vor allem aber Bild 9.4 mit den zugehörigen Erläuterungen im Abschnitt 9.9 zur Unausgewogenheit des derzeitigen Zustands.

Bei Bedarf kann man die QME, die in den Normen gemäß den Bildern 13.3 bis 13.6 mit unterschiedlichen Nummern vorkommen, jeweils den obigen sieben sachlogisch unterteilten Gruppen A bis G zuordnen.

13.2.4 Stand der Normen über QM-Systeme

Die *deutsche Normung zu QM-Systemen* ist in der zweiten Hälfte der 70er-Jahre durch maßgebliche industrielle Verbände mit Einsprüchen blockiert worden. Ursache war die Befürchtung, die Rechtsprechung könnte solche Normen in Schadensfällen zum Anlaß für kostentreibende Präzedenzentscheidungen hinsichtlich einzurichtender QM-Systeme nehmen. Diese durchaus plausible Befürchtung wurde höher eingeschätzt als der sachklärende und vereinheitlichende Nutzen solcher Normen, verbunden mit der Möglichkeit einer Einflußnahme auf die betreffende internationale Normung aufgrund national abgestimmter Grundlagen dazu. Alle entstandenen nationalen Entwürfe mußten deshalb inzwischen zurückgezogen werden und brauchen hier nicht mehr erörtert zu werden.

Deshalb konnte DIN dann zunächst auch kaum Einfluß auf die internationale Entwicklung nehmen. Die nachfolgend beschriebenen internationalen Normen wurden dann aber dennoch unmittelbar nach Erscheinen unvorbereitet angewendet, so wie sie waren.

Die *internationale Normung zu QM-Systemen* (mit ihren deutschsprachigen Fassungen) hatte ihren Ursprung in der US-Norm MIL-Q-9858A: Quality Program Requirements. Diese entstand in ihrer ersten Fassung 1958. Danach wurden auch zahlreiche weitere ausländische Normen entwickelt, in denen QM-Darlegungsforderungen in meistens drei Darlegungsstufen festgelegt wurden. Besondere Verbreitung und Anerkennung fanden die CSA-Standards Z 299.1 bis Z 299.4 (Canada). Es gab bei diesen Standards vier Darlegungsstufen. Mit steigendem Darlegungsumfang lauteten ihre Überschriften „Inspection Program Requirements" (Z 299.4), „Quality Verification Program Requirements" (Z 299.3), „Quality Control Program Requirements" (Z 299.2), und schließlich „Quality Assurance Program Requirements" (Z 299.1). Man erkennt daraus den Versuch, die Begriffe Verification, Control und Assurance in eine Rangordnung zu bringen.

Die erwähnten Standards waren wichtige Grundlagen für die Entwicklung der internationalen Normen ISO 9000 bis ISO 9004. Im März 1985 erschienen sie als Entwürfe, zwei Jahre später mit Datum 15.03.1987 als verabschiedete internationale Normen. Als Ausgabe Mai 1987 sind sie kurz danach zweisprachig (deutsch/englisch) als DIN ISO-Normen erschienen. Die Deutschfassung war mit Österreich abgestimmt. Eine weitere Ausgabe Mai 1990 folgte dreisprachig (D; E; F) mit dem gleichen englischen, aber einem geänderten deutschen Text, der nun auch mit der Schweiz abgestimmt war (die ihrerseits zusätzlich eine italienische Fassung herausbrachte).

Schon um diese Zeit bahnte sich mit der „Vision 2000" [79] des ISO/TC 176 die Entwicklung dieser Normen für das letzte Jahrzehnt an: Eine „Kurzzeitrevision" ohne fundamentale inhaltliche Änderungen erschien Mitte 1994 und fast zeitgleich mit der voll abgestimmten Deutschfassung im August 1994 wiederum dreisprachig als DIN EN ISO Normen (deutschsprachige Abstimmung D-A-CH). Die international gleichzeitig erschienene Begriffsnorm erschien dreisprachig als [16], allerdings erst ein Jahr später.

Die während des Erscheinens der 3. Auflage dieses Buches in Arbeit befindliche „Langzeitrevision" wird fundamentale inhaltliche Änderungen aufweisen: Ihr Gesamtumfang wird gegenüber den Bildern 13.3 bis 13.6 radikal auf voraussichtlich drei oder vier Grundnormen verkürzt sein. Angesichts des schon mehrfach hinausgeschobenen und derzeit optimistisch mit 2001 angegebenen Erscheinungstermins ist es nicht angebracht, hier bereits Einzelheiten mitzuteilen. Dazu wird auf [303] verwiesen.

Bis zum Erscheinen der neuen Normen nach etwa 2001 gelten die Normen gemäß den Bildern 13.3 bis 13.6. Sie zeigen den Normungsstand 1998.

Bild 13.3: Arten von Normen in der Normenreihe DIN EN ISO 9000 ff

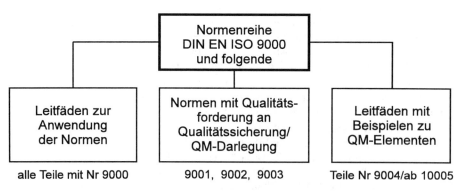

Nur einmal ist in jedem Bild der volle Titel der nationalen Fassungen der DIN EN ISO 9000-Familie genannt, sonst zwecks Übersichtlichkeit nur der ISO-Titel oder nur die Nummer der Norm.

13.2 Allgemeines zu QM-Systemen

Bild 13.4: Leitfäden mit der Nummer 9000 zur Anwendung der Normen

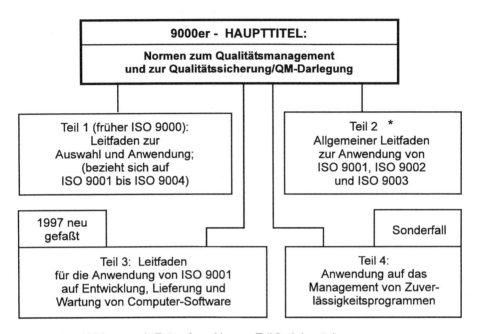

* Der national bisher nur als Entwurf erschienene Teil 2 wird zurückgezogen

Bild 13.3 gibt einen Überblick. Die beiden Arten von Leitfäden beiderseits der drei Standards mit Darlegungsforderungen haben sehr unterschiedliche Zwecke. Bild 13.4 zeigt die erste Sorte von Leitfäden (Teile von ISO 9000). Sie betreffen die Anwendung der Normen. Allerdings zeigt schon dieses Bild 13.4 eine erstaunliche Vielfalt: Nur drei von vier Standards heißen „Leitfaden". Teil 4 weicht ab. Ein Leitfaden, der Teil 3, betrifft zudem ein spezielles Produkt, nämlich Rechnersoftware. Teil 4 behandelt einen Teilaspekt des Qualitätsmanagements (siehe Kapitel 19).

Bild 13.5 enthält die drei Darlegungsstufen. Dabei ist es nützlich, in Bezug auf „Design" die Fußnote 19 aus [16] zu kennen. Sie lautet: „‚Design' kann ‚Entwicklung', ‚Berechnung', ‚Konstruktion' bzw. deren Ergebnis, ‚Entwurf', ‚Gestaltung' oder ‚Konzept' usw. einschließen und entsprechend benannt werden." Diese Fußnote gehört zum Begriff ‚Designprüfung'. Der Begriff Design selbst ist nicht definiert.

Bild 13.5: Normen mit Qualitätsforderung an die Qualitätssicherung/QM-Darlegung

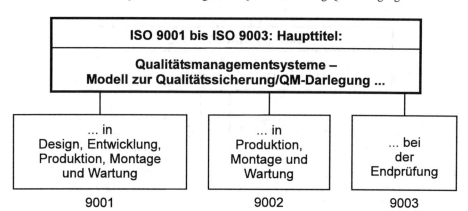

ISO 9001 weist 20 Hauptabschnitte mit QM-Elementen (QME) auf (Nummern 4.1 bis 4.20). 19 davon sind wortgleich nach ISO 9002 übernommen. Nach der Anzahl der Abschnitte hat ISO 9002 also eine „95%-Identität" mit ISO 9001. Beim Übergang nach ISO 9003 ist es ähnlich. Dies ist auch Ursache für die sich kaum noch ändernde Zielsetzung der Langzeitrevision, die drei Darlegungsstufen in eine einzige Norm ISO 9001 zu vereinigen. Ein knapper „Tailoring-Abschnitt" bietet ggf. mehr Auswahlmöglichkeit als die bisherigen drei Normen.

Angemerkt sei noch, daß auch bei kleinen und mittleren Organisationen alle QME der betreffenden Darlegungsstufe vorhanden sein müssen. Der Unterschied besteht darin, daß – je nach Größe der Organisation – jeweils mehrere davon durch eine einzige Stelle oder Person wahrgenommen werden.

Bild 13.6 enthält nun die andere Sorte von Leitfäden, die Reihen ISO 9004 und ab ISO 10005. In ihnen werden beispielhaft QME oder wichtige Verfahren oder Objekte des QM-Systems skizziert, und zwar aus sehr unterschiedlichen Aspekten. Die Leitfäden sind nicht gleichrangig untereinander. Teil 1 ist der Basis-Leitfaden, der in allen Fällen zu berücksichtigen ist. Er allein soll, wiederum als ISO 9004, nach der Langzeitrevision verbleiben und – soweit für erforderlich gehalten – Inhalte der anderen sechs im Bild gezeigten und weiterer Leitfaden-Normen aufnehmen.

Inzwischen hat die zweiterwähnte Nummernreihe 10017 erreicht.

13.2.5 Generelle Geltung der Normen zu QM-Systemen

Zwar sind diese Normen zu QM-Systemen, insbesondere die Grundnorm DIN EN ISO 9004-1, erkennbar mit Blick auf materielle Angebotsprodukte konzipiert worden. Grundsätzliche Absicht war und ist aber, daß diese Normen unabhängig davon für alle Arten von Einheiten gelten. In der „Vision 2000" [79] ist das ausdrücklich hervorgehoben. Diese inzwischen durch weitere grundsätzliche Absichtserklärungen ergänzte Darlegung der künftigen Strategie des ISO/TC 176 enthält auch die Zielsetzungen für die Weiterarbeit an dieser Normenserie.

13.2 Allgemeines zu QM-Systemen

Bild 13.6: Leitfäden mit Nummern 9004 und ab 10005: Beispiele zu QM-Elementen

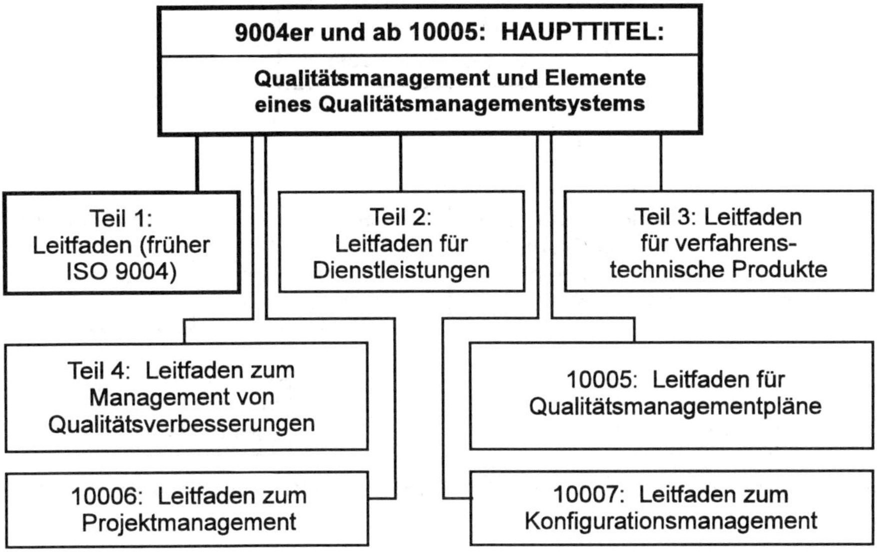

```
9004er und ab 10005: HAUPTTITEL:
Qualitätsmanagement und Elemente
eines Qualitätsmanagementsystems
```

- Teil 1: Leitfaden (früher ISO 9004)
- Teil 2: Leitfaden für Dienstleistungen
- Teil 3: Leitfaden für verfahrenstechnische Produkte
- Teil 4: Leitfaden zum Management von Qualitätsverbesserungen
- 10005: Leitfaden für Qualitätsmanagementpläne
- 10006: Leitfaden zum Projektmanagement
- 10007: Leitfaden zum Konfigurationsmanagement

Nun sind aber, wie die Bilder 13.3 bis 13.6 zeigen, entgegen der ursprünglichen Absicht bereits Normen zu speziellen Angebotsprodukten entstanden, und es entstehen immer wieder neue, z.B. im medizinischen Bereich EN-Normen ([338] und [339]) oder in neuester Zeit Normen zum Qualitätsmanagement bei der Instandhaltung. Das liegt einerseits an der erwähnten einseitigen Konzipierung der Kernnormen, andererseits aber auch an dem Wunsch weiter Anwenderkreise, „für die eigene Praxis anwendungsgerechte Normen" zu haben. Damit wird freilich der Hauptnutzen übergeordneter Normen wieder in Frage gestellt. Deshalb wurde mit [79] ein Kompromiß geschlossen, der inzwischen zur Dauereinrichtung geworden ist. Es sollen vier übergeordnete Produktkategorien (von Angebotsprodukten) gemäß Bild 13.7 unterschieden werden.

Die Definitionen zu den drei übergeordneten Kategorien außer Dienstleistung findet man in [36c]. Um Mißverständnissen vorzubeugen: Umfassende fachbezogene QM-Darstellungen wie etwa [345] oder [346] sind im Gegensatz zu produktbezogenen QM-Darlegungsnormen durchaus erwünscht. Auch Darstellungen zu Teilbereichen des Qualitätsmanagements und deren Zusammenhänge mit den übergeordneten Grundgedanken sind nützlich. Ein Beispiel ist der Zusammenhang zwischen Qualitätsmanagement und Projektmanagement [352].

Bei ISO waren vermutlich für die Festlegung der übergeordneten Produktkategorien andere Auswahlkriterien maßgebend als für die im Bild 13.7 mit angeführten, mit diesen verglichenen speziellen Einheiten aus [31]. Die enge Verwandtschaft zwischen beiden ist zugleich eindrucksvoll und erfreulich.

Bild 13.7: Vier übergeordnete Produktkategorien gemäß Vision 2000 [79]

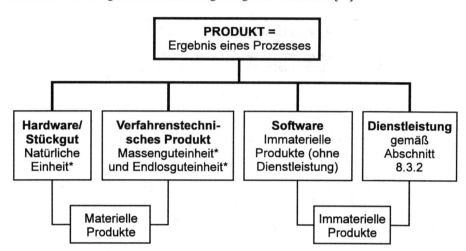

Die mit „*" gekennzeichneten Einheiten sind in DIN 55350-14 [31] als spezielle Einheiten erklärt

13.3 Spezielle QM-Elemente

13.3.1 Allgemeines

Hier werden von den vielen QME, die im Abschnitt 13.2.3 zu den Bildern 13.1 und 13.2 aufgelistet sind, nur diejenigen betrachtet, die entweder große Bedeutung haben oder kontrovers diskutiert werden. Einige bereits im Kapitel 9 behandelte QME werden hier nicht mehr aufgegriffen.

13.3.2 Die Qualitätspolitik

Sie steht über allen anderen QME. Zuweilen wird sie als kurz gefaßtes – werbewirksam gedachtes – Statement der obersten Leitung konzipiert, welche Bedeutung sie der Qualität beimißt. In [16] ist sie jedoch wie folgt erklärt:

> **QUALITÄTSPOLITIK =**
> **Umfassende qualitätsbezogene Absichten**
> **und Zielsetzungen einer Organisation,**
> **wie sie durch die oberste Leitung formell ausgedrückt werden**

Angemerkt ist dort: „Die Qualitätspolitik bildet ein Element der Unternehmenspolitik und ist durch die oberste Leitung genehmigt". Die offene Frage ist: Was versteht man unter „umfassend", und welche Zielsetzungen (Plural) sind gemeint? Darauf lautet die Antwort, auch unter Berücksichtigung der ergänzenden Ausführungen im Abschnitt 5.2 von [40c]:

13.3 Spezielle QM-Elemente

> **Die Qualitätspolitik muß die Zielsetzungen
> für die wichtigsten QM-Element
> in Form von Leitlinien für die QM-Grundsätze enthalten.**

Welche QM-Elemente einzubeziehen und wie diese Leitlinien zu formulieren sind, hängt z.B. von der Größe der Organisation, vom Spektrum ihrer Angebotsprodukte, von ihrer Organisationsstruktur ab. Man wird in aller Regel an den Anfang einige Worte über den Zusammenhang der Qualitätspolitik mit der Unternehmenspolitik stellen. Dann folgen meist einige übergeordnete Festlegungen für das ganze QM-System, die von Festlegungen zu einzelnen Hauptfunktionen zu trennen sind. Eine seriöse, gut gegliederte Qualitätspolitik enthält etwa 10 Hauptpunkte und füllt zwei Seiten DIN A4. Ein Aufbau-Beispiel aus [106] ist im Bild 13.8 gezeigt.

Qualitätspolitik hat erfahrungsgemäß eine starke Wechselwirkung mit der corporate identity. Das hat Masing indirekt in [81] erläutert. Nicht weniger eng ist der Zusammenhang mit der Qualitätskultur, die ihrerseits die Unternehmenskultur widerspiegelt. Diese Zusammenhänge sind eindringlich in [5] geschildert. Dort ist auch erkennbar, daß eine Organisation mit ihrer Qualitätskultur nicht unabhängig vom gesellschaftlichen Umfeld ist. Es erscheint angebracht, eine nachdenkenswerte Passage aus den betreffenden, außerhalb Deutschlands vor mehr als 10 Jahren entstandenen Ausführungen Kochers in [5] zu zitieren:

„Kultur ist Reichtum an Fragestellungen und wird an der Intensität ihrer geistigen Auseinandersetzungen über die Gedankenmodelle gemessen, die der beobachteten Realität zugrunde liegen könnten. Die geistige Produktivität wird sichtbar an der Beweglichkeit, der Elastizität und dem Tempo, mit dem an die Lösung solcher Probleme herangetreten wird. Zu diesem Zweck schafft sich jede Kultur ihre eigene Wissenschaft und Technik und verändert mit ihrer Hilfe die wirtschaftlichen und sozialen Strukturen. Dieser Wertewandel ist dann der Nährboden für grundlegende Veränderungen und neue Inhalte der neuen Kultur. Technik und Wissenschaft sind also durchaus in der Lage, Kulturleistungen zu vollbringen. Die Frage nach der Zukunft der Technik ist auch eine Frage nach der Zukunft der Kultur.

Als Unternehmenskultur bzw. Firmenkultur bezeichnet man entsprechend dem oben Gesagten die Gesamtheit aller Wertvorstellungen, Denkmuster, Gebräuche und Verhaltensnormen, nach denen im Unternehmen gelebt und gehandelt wird, und die das Erscheinungsbild der Unternehmung prägen."

Das sollte man bei der Konzipierung der Qualitätspolitik stets mit bedenken.

Bild 13.8: Beispiel für den Aufbau einer Qualitätspolitik

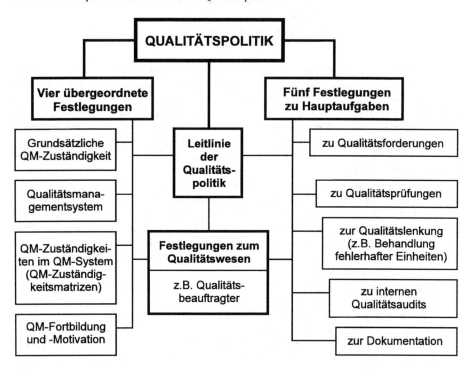

13.3.3 Die QM-Bewertung

Früher hieß dieses QME „Bewertung des QS-Systems (kurz: QSS-Bewertung)", ab 1990 dann „Management Review". Im Fall einer großen Organisation mit mehreren Werken kann deren oberste Leitung diese Aufgabe an die betreffenden örtlichen Leitungen delegieren. In [16] ist dieses QME wie folgt erklärt:

> **QM-BEWERTUNG =**
>
> **Formelle Bewertung des Standes und der Angemessenheit des QM-Systems in bezug auf die Qualitätspolitik und die Qualitätsziele durch die oberste Leitung**

Die oberste Leitung tut gut daran, ohne aktuellen Zwang einem kleinen Gremium leitender Mitarbeiter die Pflicht aufzuerlegen, zu festgelegten Zeitpunkten schriftliche Vorschläge für eine QM-Bewertung vorzulegen, die im Gremium abgestimmt sind. Andernfalls fällt erfahrungsgemäß die QM-Bewertung der Dringlichkeit von Tagesereignisse zum Opfer.

Wichtige Sonderanlässe für eine QM-Bewertung sind z.B. die erforderlichen Veränderungen anläßlich anstehender Firmen-Zusammenschlüsse.

13.3.4 Die Qualitätssicherung/QM-Darlegung

Diese „wahlfreie Synonymie" wurde 1994 mit Rücksicht auf Wünsche nach einer „1:1-Übersetzung" der ISO-Standards (was immer das sein mag) in [16] als Begriffsbenennung für „quality assurance" sowie in den Überschriften zu [37c] bis [39c] eingeführt. Sie ist mit ihren Entstehungszusammenhängen im Abschnitt 9.2.5 erläutert. Die dort ausführlich gegebene Begründung, warum die naheliegende Übersetzung „Qualitätssicherung" vermieden werden sollte, sei hier kurz zusammengefaßt: Nur so kann man wirksam ständige Verwechslungen mit dem Oberbegriff vermeiden, der zwar die neue Benennung „Qualitätsmanagement" hat, jedoch bis 1994 über zwei Jahrzehnte lang „Qualitätssicherung" hieß. Diese Empfehlung gemäß Abschnitt 9.2.5 gilt für den ganzen deutschsprachigen Raum. National ist sie gedeckt durch das jeweilige nationale Vorwort der oben angeführten vier Kernnormen der DIN EN ISO 9000-Familie. Dort wurde zum Begriff quality assurance jedem Anwender ausdrücklich freigestellt, welche der beiden synonymen deutschen Benennungen er anwenden will. Wie beachtenswert die hier gegebene Empfehlung ist, nur „QM-Darlegung" zu verwenden, zeigen nicht etwa nur qualitätsbezogene Stellenazeigen in Wochenendausgaben überregionaler Zeitungen.

QM-Darlegung ist international [16] wie folgt erklärt:

> **QM-DARLEGUNG =**
>
> **Alle geplanten und systematischen Tätigkeiten,**
> **die innerhalb des QM-Systems verwirklicht sind,**
> **und die wie erforderlich dargelegt werden,**
> **um ausreichendes Vertrauen zu schaffen,**
> **daß eine Einheit die Qualitätsforderung erfüllen wird**

Die Forderung („as needed" war bis 1994 mit „wie gefordert" übersetzt) richtet sich an die QM-Darlegung, nicht an das QM-System. Das wird oft mißverstanden, auch von obersten Leitungen. Zu der unzutreffenden Behauptung, die Forderung richte sich an das QM-System, gibt es sogar eine Begründung. Man sagt: Damit etwas dargelegt werden kann, muß es vorhanden sein. Demzufolge schließe die Darlegungsforderung die Forderung ein, daß das, was dargelegt werden soll, verwirklicht ist. Dagegen spricht allerdings schon die obige Erklärung. Sie formuliert in einem Nebensatz ein Faktum, nämlich daß die Tätigkeiten „verwirklicht sind". Das ist keine Forderung. Überdies kann man anhand des Begriffs Qualitätsprüfung (siehe Abschnitt 9.4) das Mißverständnis leicht erkennen: Auch dort ist die Existenz der Einheit, an der geprüft werden soll, inwieweit eine Forderung an sie erfüllt ist, selbstverständliche Voraussetzung für die Qualitätsprüfung, nicht aber Bestandteil der Qualitätsprüfung oder gar eine Forderung in der Prüfanweisung. Niemand würde wohl eine solche Existenzforderung für nötig halten, wenn sie nicht sogar als unsinnig zurückgewiesen würde.

Die QM-Darlegung wird für den Wirtschaftsverkehr (eingeschlossen den Handel) immer bedeutungsvoller. Immer schwieriger wird es bei den zunehmend komplexen Angebotsprodukten nämlich, die umfassende Erfüllung der Qualitätsforderung durch eine Abnahmeprüfung festzustellen. Überdies bewirkt die Vereinheitlichung der Denkweisen in der Europäischen Union (EU), daß solche Darlegungsforderungen, die in England bereits seit langem angewendet wurden, auch an deutsche Vertragspartner gestellt werden, die dorthin liefern wollen. Diese Zusammenhänge sind von bedeutenden Organisationen auch in ihrer Marktstellung als Großabnehmer erkannt worden, auch von staatlichen und kommunalen Organisationen. Das wiederum hat zunehmend dazu geführt, daß Auftragsvergaben von einer vorausgehenden QM-Darlegung des potentiellen Auftragnehmers (Lieferanten) abhängig gemacht werden; oder davon, daß er ein Zertifikat über die Qualitätsfähigkeit seines QM-Systems vorweisen kann (siehe Abschnitt 13.3.7).

QM-Darlegung dient der Schaffung von Vertrauen in die Qualitätsfähigkeit des QM-Systems oder eines seiner Teile. Im Einzelfall ist sie geprägt durch die Darlegungsstufe, z.B. eine der Darlegungsforderungen gemäß [37], [38] oder [39], oder durch einen davon ggf. abweichenden Darlegungsumfang, schließlich auch durch den Darlegungsgrad. Über alle diese Begriffe informiere man sich nötigenfalls in [8] und [16] und beachte dabei, daß in jedem von ihnen das Grundwort „Darlegung" vorkommt. Schon aus Gründen eines in sich geschlossenen Teil-Begriffssystems würde das die obige Empfehlung zur alleinigen Benutzung von „QM-Darlegung" rechtfertigen.

Für die QM-Darlegung gibt es drei Zielsetzungen, die in den drei nachfolgenden Abschnitten einzeln betrachtet werden. Dazu sei vorab ganz allgemein die Wechselwirkung zwischen der hier behandelten QM-Darlegung und einem Qualitätsaudit erläutert:

> Die für den auditierten Bereich qualitätsverantwortlichen Gesprächspartner der Qualitätsauditoren vollführen die QM-Darlegung für ihren Bereich. Die dargelegten Einzelheiten werden von den Qualitätsauditoren systematisch untersucht und mit den Darlegungsforderungen der vereinbarten Norm verglichen. Das nennt man ein Qualitätsaudit.

13.3.5 Das interne Qualitätsaudit

Beim internen Qualitätsaudit hat die (oberste) Leitung das Ziel, für den zu auditierenden Bereich zu erkennen, ob sie Vertrauen in dessen Qualitätsfähigkeit haben kann. Sie ist der Veranlasser.

Nur große Organisationen können sich eine eigene, hinreichend unabhängige Stelle für interne Qualitätsaudits leisten. Sie erhält von der obersten Leitung allgemeine oder spezielle Aufträge zur Durchführung von internen Qualitätsaudits und entwickelt entsprechende Auditpläne. Gegebenenfalls sollte man diese Stelle zur Unterscheidung von ihrer Aufgabe und in Anlehnung an die Revisionsabteilung im kaufmännischen Bereich „Qualitätsrevision" nennen. Man wird sie in der Hierarchie sehr hoch einstufen.

Entsprechendes gilt für den Qualitätsauditor in kleineren Unternehmen. In diesen werden mangels eigener dafür qualifizierter Personen allerdings oft auch externe Stellen oder Personen mit der Durchführung von internen Qualitätsaudits beauftragt. Dennoch bleiben die durch solche externen Stellen oder Personen durchgeführten Qualitätsaudits wegen ihrer internen Veranlassung interne Qualitätsaudits.

13.3 Spezielle QM-Elemente

Regelmäßiger Gegenstand interner Qualitätsaudits sollten alle QM-Elemente des QM-Systems sein. Der zweckmäßige Zeitabstand hängt von der Art der Angebotsprodukte ab. Besondere interne Qualitätsaudits können aus sehr unterschiedlichen Gründen und in sehr unterschiedlichem Umfang nötig werden. Stets sind ebenfalls QM-Elemente betroffen, meist wegen gravierender Fehler oder wegen Reklamationen.

Für Qualitätsaudits sollten die Regeln gemäß [83] bis [85] für die Auditdurchführung, für die Qualifikationskriterien für Qualitätsauditoren und für das Management von Auditprogrammen beachtet werden. Das gilt für alle Arten von Qualitätsaudits. Auch diese drei Normen unterliegen der Langzeitrevision. Sie werden voraussichtlich in eine einzige Norm zusammengefaßt werden, die auch auf Auditierungen im Umweltschutz anwendbar ist.

Die Berichterstattung über Qualitätsaudits enthält gegebenenfalls auch Vorschläge zur Verbesserung des QM-Systems. Weitere Einzelheiten zum Qualitätsaudit und seinem Inhalt, zudem einen Fragenkatalog, findet man in der DGQ-Schrift „Systemaudit" [82].

13.3.6 Das externe Qualitätsaudit

Es kann ein vom Auftraggeber verlangtes Qualitätsaudit oder ein Zertifizierungsaudit sein (siehe Abschnitt 13.3.7). In [37c] bis [39c] sind im Anwendungszweck bereits beide Fälle berücksichtigt, in den vorausgehenden beiden Fassungen a und b war nur der Vertragsfall angegeben.

Bei einem externen Qualitätsaudit bzw. einer QM-Darlegung zwischen Vertragspartnern ist – nicht nur aus Kostengründen – dringend anzuraten, Darlegungsumfang und Darlegungsgrad (siehe [8], [15] und [16]) dem Vertragszweck anzupassen und zu vereinbaren. Grundsätzliches Mittel dazu ist das in [36] beschriebene „Tailoring". Diese Möglichkeit wird erstaunlich wenig angewendet, vielleicht weil sie nicht hinreichend bekannt ist. Deshalb kommt es darauf an, daß der Auftragnehmer sich kundig macht. Nur dann kann er im Fall einer Darlegungsforderung seines Auftraggebers prompt reagieren. Ob er seine Vorstellungen über Darlegungsumfang und Darlegungsgrad dann verwirklichen kann, ist kaum noch eine Frage des Qualitätsmanagements. Hier geht es wie in anderen Fällen der Vereinbarung von Qualitätsforderungen mit dem Vertragspartner, z.B. an materielle oder immaterielle Produkte, wesentlich auch um Verhandlungsgeschick.

Die Konsequenzen aus dem externen Qualitätsaudit sind prinzipiell die gleichen wie die beim internen Qualitätsaudit geschilderten.

13.3.7 Das Zertifizierungsaudit

Beim Zertifizierungsaudit hat ebenfalls die oberste Leitung, möglicherweise aber auch ein Kunde das Ziel, aufgrund der Untersuchung durch eine unabhängige Stelle (third party) zu erkennen, ob sie Vertrauen in die Qualitätsfähigkeit (siehe Abschnitt 7.12) des QM-Systems haben kann. Die oberste Leitung beantragt das Zertifizierungsaudit bei einer Zertifizierungsstelle, ggf. auf Veranlassung durch einen Kunden. Das Zertifizierungsaudit ist ebenfalls ein externes Qualitätsaudit und umfaßt gemäß einer vereinbarten, genormten Darlegungsstufe stets das ganze QM-System. In großen Organisationen ist es ggf. auf das QM-System eines weitgehend selbständigen Geschäftsbereichs beschränkt.

Die Zertifizierungsstelle ist nach [53] eine Organisation, die ein Zertifizierungssystem anwendet und verwaltet sowie Zertifizierungen durchführt. Es gibt Zertifizierungssysteme für Produkte [87] und für Personal [89]. Im vorliegenden Fall geht es um ein Zertifizierungssystem für QM-Systeme [88].

Wer ein Zertifizierungsaudit beantragt, sollte darauf achten, daß die Zertifizierungsstelle akkreditiert ist. Dann ist die Erwartung berechtigt, daß ein erzieltes Zertifikat weit über die Grenzen des eigenen Landes hinaus von Vertragspartnern anerkannt wird. Das wird nur durch eine einheitliche Verfahrensweise erreicht, also durch ein einheitliches Zertifizierungssystem. Zu diesem Zweck hat das European Committee for Quality System Assessment and Certification (EQS) für solche Zertifizierungsstellen Mitte 1992 eine verbindliche EQS-Empfehlung für die Zertifizierungsaudits herausgegeben [90]. Nach diesen Regeln, die sich eng an [83] bis [85] anlehnen, werden nun europaweit die betreffenden Zertifizierungsaudits durchgeführt. Sie waren verfügbar in [91], gefolgt von [312], die beide schnell vergriffen waren. Sie wurden deshalb durch [313] ersetzt und durch [314] ergänzt, die beide umfangreiche Fragenkataloge zum Zertifizierungsaudit nach [37] und nach [315] enthalten. [315] ist durch fünf Handbücher [316] bis [321] ergänzt.

Die DQS Deutsche Gesellschaft zur Zertifizierung von Qualitätssicherungssystemen mbH wurde 1985 als gemeinnütziges Selbstverwaltungsorgan der deutschen Wirtschaft mit Sitz in Berlin gegründet. Seit Ende 1991 verfügt die DQS über die Akkreditierung der in Deutschland zuständigen Trägergemeinschaft für Akkreditierung für alle Branchen. Sie hat inzwischen tausende von QM-Systemen zertifiziert. In ihrer genannten Gründungsbezeichnung ist das Wort „Qualitätssicherungssysteme" mehrfach geändert worden, zunächst in „Qualitätsmanagementsysteme", nämlich im Zuge der ausführlich behandelten Umbenennung des Oberbegriffs, und schließlich, nach Akkreditierung auch für Umweltaudits, in „Managementsysteme". Hinzugefügt wurde „Qualitäts- und Umweltgutachter".

Für alle Arten von Qualitätsaudits spielt als Arbeitsmittel das QM-Handbuch eine große Rolle (siehe Abschnitt 13.4.6). Auch hier gelten dieselben Aussagen zu den Konsequenzen des Qualitätsaudits wie im Abschnitt 13.3.5.

War das Zertifizierungsaudit erfolgreich, erhält die zertifizierte Organisation ein Zertifikat. Es ist nach [53] ein Dokument, das nach den Regeln eines Zertifizierungssystems ausgestellt ist und bedeutet, daß das QM-System die Zertifizierungsforderung erfüllt hat, und daß ausreichendes Vertrauen besteht, daß die von der Organisation hervorgebrachten Angebotsprodukte die an diese gestellten Qualitätsforderungen erfüllen **werden**. Man beachte dazu:

Auch hier ist also wieder eine Frage zur Zukunft beantwortet worden, indem ein gegenwärtig dargelegter Zustand als zufriedenstellend befunden wurde.

Es ist die Frage nach dem Vertrauen in die Qualitätsfähigkeit.

13.3.8 Das Qualitätswesen

Begrifflich ist das Qualitätswesen bereits im Abschnitt 8.8 behandelt. Schon dort wurde darauf hingewiesen, daß es das bekannteste QM-Aufbauelement (siehe Begriff in Abschnitt 13.2.3) ist.

In den letzten Jahren zeichnet sich eine bemerkenswerte Entwicklung ab: Nach Akzeptanz durch die obersten Leitungen entstanden anfangs – vor allem in größeren Unternehmen – noch hierarchisch in mehreren Stufen gegliederte und in den verschiedenen Abteilungen und

13.3 Spezielle QM-Elemente

Unterabteilungen fachlich entsprechend den QM-Elementen sehr differenziert gestaltete Qualitätswesen. Neuerdings mehren sich aber die Fälle, in denen die Konsequenz aus der Erkenntnis gezogen wurde, daß Qualitätsmanagement eine Aufgabe aller Mitarbeiter und Mitarbeiterinnen in allen Hierarchie-Ebenen und Bereichen ist. Das Qualitätswesen wandelte sich deshalb in der Auffassung der obersten Leitungen und dann auch bald in der Realität zur Stabsabteilung mit hochkompetenten Fachberatern für Qualitätsmanagement, und zwar für alle Bereiche der Organisation, eingeschlossen oft auch alle Tochtergesellschaften. Kleine Organisationen, die heute zunehmend mit QM-Darlegungsforderungen konfrontiert werden, übertragen die qualitätsbezogene Koordinierungsverantwortung zuweilen einer „hauptamtlich" anderweitig tätigen Führungskraft. Ihr wird oft zugebilligt, sich selbst in geeigneter Weise zu schulen oder externe Berater beizuziehen.

Das Qualitätswesen ist „verlängerter Arm der obersten Leitung in qualitätsbezogenen Angelegenheiten". Dazu muß die oberste Leitung der Organisation dem Leiter des Qualitätswesens – wie anderen Ressortleitern – eine regelmäßige Berichtsmöglichkeit im Leitungsgremium der Organisation zubilligen, schriftlich und mündlich. Für die gesamte Belegschaft muß erkennbar werden, daß diese Berichterstattung in strittigen Fällen zu qualitätsbezogenen Entscheidungen der obersten Leitung führt, die im Einklang mit den Leitlinien der Qualitätspolitik stehen (siehe Abschnitt 13.3.2). Im übrigen wird auf Abschnitt 13.5.2 verwiesen, in dem die Variabilität der Aufgaben des Qualitätswesens betrachtet wird.

Dem Grundsatz, daß die oberste Leitung einer Organisation ihre qualitätsbezogene Verantwortung nicht delegieren kann, wird heute zunehmend dadurch Rechnung getragen, daß ein Mitglied der obersten Leitung als verantwortlich für alle Belange des Qualitätsmanagements ausgewiesen und speziell für das Qualitätswesen direkt zuständig ist.

13.3.9 Der Prüfstatus

Der Prüfstatus betrifft einen kleinen, aber sehr wichtigen Teilbereich des QMAE Qualitätsprüfungen, und zwar dort vor allem die Zwischenprüfungen. Er wird in der DIN EN ISO 9000-Familie als eigenständiges, in [37] bis [39] als zwölftes darzulegendes QME aufgeführt. In [16] kommt er nicht vor, ist aber in [8] wie folgt erklärt:

> **PRÜFSTATUS = Eine**
> – **am Produkt selbst auf einem angebrachten Träger aufgebrachte oder**
> – **in einem Begleitpapier des Produkts eingetragene oder**
> – **aus der Positionierung (z.B. Aufstellungsort, Lagerungsort usw.) des Produkts zweifelsfrei zu folgernde, oder**
> – **in der Datenverarbeitung im Rahmen eines CAQ-Systems abrufbare oder**
> – **in einer sonstigen geeigneten Weise dem Produkt zugeordnete**
> **Aussage darüber, daß eine planmäßige Qualitätsprüfung am Produkt durchgeführt wurde, wobei eine Information darüber enthalten ist, ob die betreffende[n] zur Qualitätsforderung gehörende[n] Einzelforderung[en] erfüllt ist [sind] oder nicht.**

Man kann den Prüfstatus auch als erforderliches Mittel für das QM-System einstufen (siehe Abschnitt 13.4.1). Als spezielles QM-Element ist er vergleichsweise unbekannt. Deshalb sind auch die vielgestaltigen Anmerkungen in [8] zu seiner Einsetzbarkeit und Praxisanwendung nützlich:

Zwischen

- dem Zeitpunkt der Aussage über die Durchführung der Qualitätsprüfung (z.B. durch einen personenbezogenen Stempel hinter dem Prüfarbeitsgang auf der Produktbegleitkarte zur jeweiligen Registrierung des Prüfstatus) und
- dem Zeitpunkt der Hinzufügung der Aussage über das (z.B. für die Weiterverarbeitung maßgebliche) Prüfergebnis

kann ein von der Prüfdauer und vom Auswertungsumfang abhängiger Zeitabstand entstehen. Nach diesem Zeitabstand wird ein positives Ergebnis z.B. durch einen Freigabestempel signalisiert. Erst dieses positive Ergebnis erlaubt zum Beispiel eine endgültige Entscheidung, ob das betreffende Produkt weiterverarbeitet wird. Bei nicht zufriedenstellendem Prüfergebnis wird das Produkt durch eine auffällige Kennzeichnung als fehlerhafte Einheit ausgewiesen und ggf. in einen Sperrbereich verbracht, oder es wird als Ausschuß ausgesondert.

Für welche Qualitätsprüfungen und in welcher Weise der Prüfstatus zu dokumentieren ist, wird anhand des Prüfablaufplans (siehe [8]) entschieden. Deshalb ist es auch zweckmäßig, den Prüfstatus getrennt für Eingangsprüfungen, für Fertigungsprüfungen und für die Endprüfung zu betrachten.

Nötigenfalls werden Durchführung und Ergebnis einer unplanmäßigen Qualitätsprüfung ebenfalls mittels Prüfstatus dokumentiert.

Ein in der Praxis weithin eingeführtes Mittel zur Dokumentierung des Prüfstatus bei quantitativen Qualitätsmerkmalen ist ein Stempel auf der Rückseite der Fertigungsbegleitkarte. Der Prüfstatus wird mit allen zugehörigen Informationen in die dafür vorgesehenen Kästchen des Stempelbildes eingetragen. Er ist damit für alle nachfolgenden Arbeitsgänge erkennbar dokumentiert.

13.3.10 Prüfmittelüberwachung

Was bei Qualitätsprüfungen ermittelt wird, auch für die Qualitätslenkung, hängt in seiner Richtigkeit und Präzision (siehe Kapitel 20) von den Prüfmitteln ab. Nicht hinreichend genaue oder gar fehlerhafte Prüfmittel führen deshalb zu einer nicht an die Wirklichkeit angepaßten Qualitätslenkung und überdies zu unrichtigen Prüfergebnissen. Deshalb hat die Prüfmittelüberwachung eine große Bedeutung für das Qualitätsmanagement. Inwieweit nämlich eine Einzelforderung im Rahmen der Qualitätsforderung an eine Einheit erfüllt ist oder inwieweit nicht, kann wirklichkeitsgerecht nur mit einem Prüfmittel festgestellt werden, welches seinerseits die Qualitätsforderung erfüllt, der es unterliegt. Der Erfüllung dieser Qualitätsforderung dienen Kalibrierung, Justierung und Eichung (Begriffe siehe [92]). Grundlagen hierzu findet man im Kapitel 20.

Die DGQ hatte 1980 die DGQ-Schrift 13-39 herausgegeben [93]. In ihr sind die Grundlagen der Prüfmittelüberwachung sehr anschaulich dargestellt. Es war eine Pilotauflage, der leider keine Überarbeitung folgte. Um so wichtiger ist es, die betreffende internationale Norm zu

13.3 Spezielle QM-Elemente

beachten [94]. Die Absicht, die mit dem in dieser Norm festgelegten Bestätigungssystem verfolgt wird, ist wie folgt formuliert: Es „ist sicherzustellen, daß das Risiko, daß ein Meßmittel Ergebnisse mit unannehmbaren Abweichungen liefert, in akzeptablen Schranken bleibt". Der Teil 2 dieser Norm [95] mit dem Titel „Qualitätssicherung von Messungen" ist ein anschauliches Beispiel für das im Abschnitt 9.2 erläuterte Benennungsproblem: Mit „Qualitätssicherung" ist die Darlegung der Meßtechnik bezüglich Unsicherheiten gemeint, um Vertrauen in diese Meßtechnik zu schaffen.

13.3.11 Qualitätsbezogene Kosten

Qualitätsbezogene Kosten sind bei keiner Art von materiellem oder immateriellem Produkt ein Bestandteil der Beschaffenheit. Sie haben deshalb auch nur insofern mit Qualitätsmanagement zu tun, als sie für dessen Abwicklung – wie für die Abwicklung jeder anderen Aufgabe in der Organisation – große wirtschaftliche Bedeutung haben (siehe Kapitel 4). Bei der Herausgabe von [16] hat man diese Erkenntnis berücksichtigt. Die ursprünglich in vielen Begriffserklärungen einzeln enthaltene Bezugnahme auf die große Bedeutung der Wirtschaftlichkeit aller qualitätsbezogenen Maßnahmen wurde – übrigens auch bei EOQ [60] – beseitigt. Statt dessen wurde in die Einleitung von [16] die folgende Formulierung aufgenommen:

„Alle in dieser Internationalen Norm angesprochenen Begriffe haben sowohl wirtschaftliche als auch terminrelevante Bezüge. Bei der Interpretation aller Definitionen dieser Internationalen Norm sollte dies bedacht werden, auch wenn diese Bezüge nicht in jeder Definition explizit zum Ausdruck kommen".

Tatsächlich sind dann auch alle betreffenden Hinweise in den Definitionen verschwunden. Nur zum Begriff Qualitätsmanagement ist eine letzte Anmerkung mit dem Wortlaut verblieben: „Beim Qualitätsmanagement werden Wirtschaftlichkeitsgesichtspunkte beachtet". Diese Anmerkung hätte man selbstverständlich auch bei sämtlichen anderen, dem Qualitätsmanagement zugeordneten Tätigkeitsbegriffen hinzufügen können.

Bemerkenswert am Praxisbezug der zitierten Anmerkung und des Einleitungshinweises erscheint allerdings zweierlei: Positiv ist zu vermerken, daß die Herausnahme des Kostenbezugs in die Einleitung dazu geführt hat, daß auch der terminrelevante Bezug mit erfaßt wurde, der bislang in keiner einzigen Definition vorkam. Bemerkenswert erscheint andererseits, daß dies bislang offensichtlich noch niemanden gestört hat, zumal der Zeitaspekt bei Dienstleistungen teilweise sogar zur Beschaffenheit gehört, z.B. der Ankunftszeitpunkt eines Zuges, der mit dem Fahrplan verglichen wird.

Unter Verweis auf das Kapitel 17 sei zusammenfassend bereits hier festgestellt: Obwohl qualitätsbezogene Kosten in [40] vorkommen, sind sie selbst kein QM-Element. Sie gehören zu KM-Elementen (siehe Abschnitt 4.5).

13.3.12 Produktsicherheit, Produkthaftung, Umweltschutz

Noch in [40b] waren in einem Hauptabschnitt zwischen anderen QM-Elementen die beiden ersten, systematisch untereinander fremden Gesichtspunkte zur Produktbeschaffenheit und zu Aspekten der Haftung für Folgeschäden miteinander vermischt. Dazu gab es hierzulande sogar Zustimmung [96]. Inzwischen ist bei ISO erkannt, daß die Funktionsfähigkeit des

QM-Systems zwar auf Wahrscheinlichkeit und Ausmaß von Produkthaftung durchaus Einfluß hat, daß diese selbst aber ein rechtlicher Aspekt des Einzelfalls ist. Deshalb ist in [40c] die Darstellung auf einen in sich geschlossenen Gesichtspunkt zurückgeführt worden, nämlich auf die Gruppe der Sicherheitsmerkmale. Daß diese im Gegensatz zur meist viel größeren Gruppe der Zuverlässigkeitsmerkmale in einem eigenen Hauptabschnitt herausgestellt sind, entspricht ihrer Bedeutung in der gesellschaftlichen Diskussion. Inzwischen gilt für Qualitätsmerkmale zum Umweltschutz Ähnliches. Allerdings wird dort noch nicht überall erkannt, daß Umweltschutz großenteils die Beschaffenheit unbeabsichtigter Produkte betrifft, die ebenfalls Ergebnisse von Prozessen sind und verschiedentlich „Nebenprodukte" genannt werden (unintended products).

13.3.13 Qualitätsprüfungen und Qualifikationsprüfungen

Wie entscheidend bei diesem QMAE (siehe Abschnitt 13.2.3) für das Verständnis – wie auch anderswo – begriffliche Klarheit ist, hier gemäß Abschnitt 9.4, eingeschlossen Abschnitt 8.5, zeigt sich in den internationalen Normen zu QM-Systemen [37] bis [40] in zunehmend erschreckender Weise: Das betreffende QME heißt in [37] bis [39] „Prüfungen" („inspection and testing"), in [40] jedoch „Produktverifizierung" („Product Verification"). Wollte man diese Überschriften ernst nehmen, sind für das Qualitätsmanagement selbst gemäß [40] Qualifikationsprüfungen empfohlen, im Rahmen einer Darlegungsforderung gemäß [37] bis [39] wären hingegen die Verfahren der Qualitätsprüfungen darzulegen. Das kann so nicht gemeint sein (siehe auch Bild 9.4).

Der für das Grundverständnis wichtige Unterschied wird manchmal als Spitzfindigkeit bezeichnet. Bei Anwendung der genannten Normen, insbesondere bei Planungsgesprächen, entstehen aber erfahrungsgemäß langwierige Diskussionen über diese Frage. Sie sind zusätzlich dadurch erschwert, daß man in [16] auf eine dritte Benennung stößt: „inspection".

Erst [15] hat klargestellt, daß in [16] mit „inspection" eine Qualitätsprüfung gemeint ist, nicht der Oberbegriff Prüfung. Die unterschiedlichen Überschriften und Unterüberschriften der internationalen Normen zur gleichen Sache sind also eine Irreführung für jeden Anwender. Nur wer die Entstehung der Normen kennt, weiß was gemeint ist: In allen drei Fällen, auch [40], geht es um Qualitätsprüfungen gemäß Abschnitt 9.4.

Neuerdings kommen bei diesem QME noch schlimmere Widersprüche hinzu, die teilweise auch „hausgemacht" sind. Sie können denjenigen erheblich verwirren, der die Hintergründe nicht kennt: Die Widersprüche sind ursprünglich aus einer gemeinsprachlich homonymiebedingten Ungeschicklichkeit bei der Auswahl der Benennungsübertragung entstanden. Die Definition wurde nicht beachtet [310]. Das Festhalten an dieser Auswahl führte zu einem Benennungsstreit [309] über „Prüfung", „Ermittlung" und „Inspektion". Aus ihm entstehen mittlerweile grundsätzliche Meinungsverschiedenheiten darüber, was eine mit „Prüfung" bezeichnete Tätigkeit umfaßt. Glücklicherweise ist davon vor allem der in Normen dokumentierte Stand der Technik betroffen, nicht die Arbeit in den Prüflabors und beim QME Qualitätsprüfungen. Der Langfristrevision der ISO 9000 family ist zu wünschen, daß sie diese auch im Abschnitt 9.9 angesprochene Ungereimtheiten in beiden Sprachen verschwinden läßt. Siehe auch einen Ansatz dazu im Bild 9.4.

13.4 Erforderliche Mittel für ein QM-System

13.4.1 Allgemeines

Vorab sei darauf hingewiesen, daß es keine vereinheitlichte Abgrenzung zwischen den QME und den für ein QM-System nötigen Mitteln gibt. Denkbar sind die folgenden extremen Auffassungen, zwischen denen es beliebige Abstufungen geben mag:

- Alles, was man für das QM-System benötigt, sind Mittel, unter anderem auch die QME;
- Nur finanzielle Mittel sind als Mittel zu betrachten.

Praxiswirksam werden solche Auffassungsunterschiede bei der Planung eines QM-Systems (siehe Kapitel 14). Es kommt immer wieder vor, daß wegen solcher Auffassungsunterschiede an unbedingt erforderliche Mittel nicht gedacht wird; was dann meist negative Folgen hat.

Andererseits hat heute das Qualitätsmanagement einen Grad an Komplexität erreicht, der zu einer bemerkenswerten Entwicklung führt: Auch maßgebliche Fachleute halten Normen zur Klärung qualitätsbezogener Grundbegriffe und damit der qualitätsbezogenen Gedankenmodelle wie [8] für überflüssig. Sie suchen deren Herausgabe durch Einsprüche beim betreffenden Leitungsgremium zu verhindern. Die Bemühungen der Fachleute des Qualitätsmanagements um solche Klärungen werden sogar mit – in weit verbreiteten Veröffentlichungen nachlesbaren – Bemerkungen folgender Art beurteilt: „Wir sollten uns vor Manirismen hüten und deren Vertreter als das ansehen, was sie sind: kleinkarierte Scharfmacher". Solche auf Emotionen zielende Formulierungen finden erfahrungsgemäß erstaunlich gute Resonanz, obwohl sie keine Hilfe bedeuten. Diese Resonanz spiegelt die zeitaufwendige Mühe wider, der sich jeder Fachmann mit zunehmendem Einsatz unterziehen muß, um seine Fachsprache im nötigen Umfang zu lernen, immer wieder aufzufrischen und zu beherrschen.

Nachfolgend sollen nicht begriffliche Klärungen vorgeschlagen werden. An Beispielen soll vielmehr erläutert werden, was man an Mitteln benötigt.

13.4.2 Personelle Mittel

Ein QM-System umfaßt – mit ganz wenigen Ausnahmen – die gesamte Organisation. Wie im Kapitel 4 und im Abschnitt 13.2.3 ausgeführt, sind die QME der jeweilige qualitätsbezogene Anteil der Tätigkeiten aller Mitarbeiter und Mitarbeiterinnen in einer Organisation, in allen Hierarchie-Ebenen und Bereichen. Die Meinung, deshalb sei jedes Aufbauelement der Organisation auch ein QM-Aufbauelement (weil ja in jedem Aufbauelement Qualitätsmanagement zu betreiben sei), ist jedoch unrichtig (siehe Erklärung dazu im Abschnitt 13.2.3). Personelle Mittel für ein QM-System betreffen vielmehr in der Regel ausschließlich die erforderlichen QM-Aufbauelemente. Zu diesen QM-Aufbauelementen heißt es in [8]:

„Das **Qualitätswesen** einer Organisation ist das bekannteste QM-Aufbauelement. Es gibt aber auch spezielle QM-Aufbauelemente, die im Rahmen übergeordneter QM-Ablaufelemente eingerichtet sind, beispielsweise der **„Beauftragte der obersten Leitung"** nach DIN EN ISO 9001, eine Gruppe Qualitätsbewertung (**Qualitätsbeauftragter**) in der Entwicklung oder eine Gruppe **Fertigungsprüffeld** in der Produktion."

Zu solchen aufbauorganisatorischen Stellen sind also zuerst die Fragen nach erforderlichen personellen Mitteln zu klären (siehe dazu auch Abschnitt 13.3.8). Gefragt ist die oberste Leitung. Sie muß z.B. entscheiden, ob und wo ein Qualitätsbeauftragter erforderlich ist. Das geschieht wie auch sonst in Abwägung der bestehenden Einflußfaktoren. Dabei ist besonders auf die fachliche Kompetenz zu achten: Angesichts des immer noch sehr unerfreulichen Zustands der öffentlichen Ausbildung in Qualitätslehre kommt es besonders auf die Auswahl geeigneter Fachkräfte an. Wer glaubt, qualitätsbezogene Führungs- und Koordinierungsaufgaben ließen sich allein „mit dem gesunden Menschenverstand" bewältigen, möge das Kapitel 2 nachlesen.

13.4.3 Finanzielle Mittel

Die wirtschaftlichen Erfolge eines zielstrebigen und systematischen Qualitätsmanagements sind unstrittig [98]. Das verführt aber „Qualitäts-Gurus" und in ihrem Gefolge oberste Leitungen zu Äußerungen wie „Qualität kostet weniger" [99] oder „Qualität ist umsonst" [100]. Oberste Leitungen anderer Organisationen ziehen daraus bisweilen den – grundsätzlich immer willkommenen – Schluß, daß für die Einrichtung und Aufrechterhaltung eines gut funktionierenden QM-Systems keine finanziellen Mittel aufgewendet zu werden brauchen. Noch weiter gehen Wirtschaftlichkeitsrechnungen, die mit dem QM-System künftig voraussichtlich vermiedene Fehlerkosten als verfügbare Investitionsmittel für dessen Einrichtung ansetzen.

Zwar ist es aufgrund der Erfahrungen fortgeschrittener Unternehmen durchaus berechtigt, solche Überlegungen als erfreulichen Erwartungshorizont zu skizzieren. Als Wirtschaftlichkeitsrechnungen sind sie aber ungeeignet, ja sogar gefährlich. Sie können nämlich nicht außer Kraft setzen, was auf allen anderen Gebieten anerkannt ist, daß nämlich investieren muß, wer Verbesserungen haben will.

Beim Qualitätsmanagement sind Investitionen wegen der im Kapitel 2 erläuterten Besonderheiten besonders umstritten. Sie werden erfahrungsgemäß immer wieder hinausgeschoben, auch in wirtschaftlich guten Perioden. Bei einer doppelt so schnell laufenden Fertigungsmaschine kann man den wirtschaftlichen Erfolg einfach errechnen. Ein „Anteil des Preises für zufriedenstellende Qualität" ist aber nicht kalkulierbar. Deshalb ist es auch so schwierig, qualitätsbezogene Erfolge insgesamt greifbar zu machen. Selbst die Erfassung von Fehlerkosten ist höchst problematisch.

Ohnehin sind qualitätsbezogene Kosten (siehe Kapitel 17) international und auch hierzulande ein ständig heiß diskutiertes Thema. Deshalb kommt es auf kaum einem anderen Arbeitsgebiet der Organisation so sehr darauf an, daß die oberste Leitung eine Vorstellung vom Nutzen getätigter Investitionen hat als auf dem Gebiet des Qualitätsmanagements. Aus diesem Grund wird das wesentliche Ergebnis der bereits eingangs dieses Abschnitts erwähnten PIMS-Studien [98] im Bild 13.9 veranschaulicht und auch als Tabelle eingefügt.

Das Ergebnis zur Abszisse dieses Bildes wurde branchen- und flächenübergreifend, vor allem aber aus dem Blickwinkel der Empfänger der Leistungen gewonnen. Daß sich die Verläufe der zugeordneten Ordinatenwerte von ROS und ROI so systematisch ansteigend zeigen, ist ein mittlerweile auch durch viele Einzelstudien belegtes Erfahrungsgut. In der Studie selbst heißt die Kundenzufriedenheit gemeinsprachlich „Qualität", obwohl Qualität fachlich etwas anderes meint (siehe Kapitel 7).

13.4 Erforderliche Mittel für ein QM-System

Außer dem mit Bild 13.9 veranschaulichten generellen Überblick über den durchschnittlichen finanziellen Erfolg einer systematisch verfolgten, zweckmäßigen Qualitätspolitik von Organisationen in den Vereingten Staaten von Amerika sei auch noch ein neueres Einzelbeispiel aus Deutschland angeführt. Es betrifft eines der großen Chemieunternehmen. Anläßlich der EOQ-Konferenz 1996 hat darüber dessen Vorstandsvorsitzer vorgetragen [311]:

Bild 13.9: Wesentliches Ergebnis der PIMS-Studien

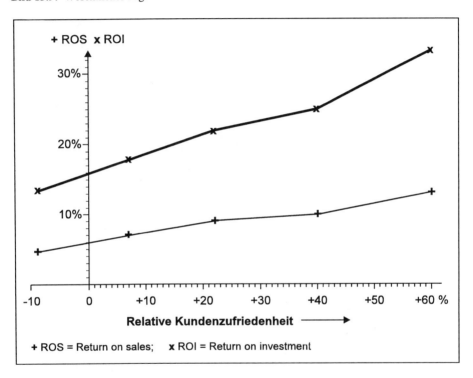

Zahlentabelle zum Bild 13.9:

Relative mittlere Kundenzufriedenheit in %	Umsatzrendite ROS (Return on sales) Mittelwert in %	Kapitalverzinsung ROI (Return on investment) Mittelwert in %
− 9	5	13
+ 7	7	18
+ 22	9	22
+ 40	10	25
+ 60	13	33

Das Beispiel war deshalb so eindrucksvoll, weil eine extrem wachstumsstarke Prosperitätsphase vorausging, die über Bequemlichkeit eine rasende Talfahrt auslöste. Der Vortragende hat mit einem radikalen kunden- und qualitätsbezogenen Rettungsprogramm unter Einbindung der Kreativität seiner gesamten Mannschaft Erfolg erzielt. Sein Kernsatz lautete:

Bild 13.10: Beispiel für den Erfolg eines umfassenden kunden- und qualitätsbezogenen Verbesserungsprogramms nach einer Krise

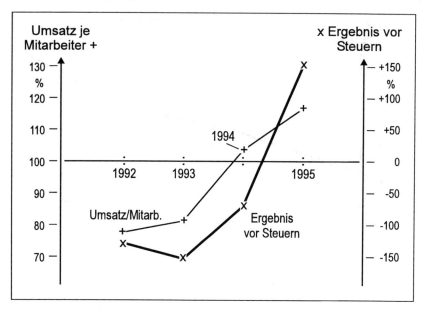

Zahlentabelle zum Bild 13.10:

Jahr	Umsatz in %	Umsatz je Mitarbeiter in %	Ergebnis vor Steuern in %
1986	100	100	+100
1988	151	96,0	+162
1992	189	78,9	−127
1993	187	82,5	−151
1994	192	103,4	−62
1995	202	117,0	+157

Anmerkungen:
Der Umsatz dieser Organisation liegt in der Größenordnung von 10^{10} DM; das Programm wurde durch eine neue oberste Leitung nach einer umsatzverwöhnten Existenzkrise eines deutschen Chemieunternehmens gestartet.

13.4 Erforderliche Mittel für ein QM-System

„Qualität geht immer vom ersten Mann eines Unternehmens aus.
Wenn nicht, können Sie sich alle noch so abstrampeln: Es wird nichts!".

Die sehr aufschlußreichen Zahlen dieser Entwicklung sind im Bild 13.10 veranschaulicht. Die Zahlentabelle dazu enthält ergänzend außer dem Bezugsjahr 1986 den aufschlußreichen Zwischenstand 1988.

Was im einzelnen an Investitionen im qualitätsbezogenen Bereich sinnvoll ist, kann allgemein nicht gesagt werden. Generelle Aussagen sind nur in speziellen Fällen möglich, die keine Besonderheit des Qualitätswesens sind. So gibt es Prüfeinrichtungen, die unabdingbar sind, aber nur selten benötigt werden. Auch in solchen Einzelfällen läßt sich keine Wirtschaftlichkeitsrechnung anstellen. Die oberste Leitung muß entscheiden.

13.4.4 Festlegungen zu Zuständigkeiten

Hierarchische Zuständigkeiten werden in Wirtschaft und Behörden durch die oberste Leitung meist in Organigrammen bekanntgegeben und erläutert. Zuständigkeiten und Entscheidungsprinzipien müssen aber zusätzlich auch für die quer durch die hierarchischen Regelungen erforderliche Zusammenarbeit festgelegt werden. Dazu dienen für das Qualitätsmanagement QM-Zuständigkeiten. Sie sind bereits im Abschnitt 13.2.3 im Bild 13.1 in der Gruppe B der QMFE aufgeführt und ein ganz bedeutendes Führungsmittel.

Zunächst müssen einige Begriffe erläutert werden.

Es ist üblich, QM-Zuständigkeiten in einer QM-Zuständigkeitsmatrix oder in mehreren solchen Matrizen in Form von Zuständigkeitsarten festzulegen. Unter einer Zuständigkeitsmatrix versteht man folgendes:

> **QM-Zuständigkeitsmatrix =**
> **Tabelle mit Organisationseinheiten (Stellen oder Personen)**
> **und QM-Aufgaben (QM-Elementen) mit eingetragenen**
> **Zuständigkeitsarten der Organisationseinheiten**
> **für QM-Elemente und QM-Schnittstellen**

Die Organisationseinheiten stehen üblicherweise in einer Vorspalte, die QM-Aufgaben in einer Kopfzeile. Für die Zuständigkeit gilt:

> **Zuständigkeit = Verantwortung und Befugnis**

Erwähnenswert ist hierzu, daß es für „Zuständigkeit" (ähnlich wie für Beschaffenheit) im Angloamerikanischen kein auch nur einigermaßen zweifelsfrei äquivalentes Wort gibt. Man muß kombiniert die Wörter „responsibility" (Verantwortung) und „authority" (Befugnis) anwenden.

In der Zuständigkeitsmatrix erscheinen an den Kreuzungspunkten zwischen QM-Element (QME) und Organisationseinheit nicht die Zuständigkeiten, sondern Zuständigkeitsarten. Zu den letzteren gilt die Erklärung:

> **Zuständigkeitsart =**
>
> **Art der Kombination von Verantwortung und Befugnis**

Sie wird gekennzeichnet durch einen Großbuchstaben (siehe unten). Diese Zuständigkeitsarten haben auch Bedeutung für die Schnittstellenzuständigkeiten. Daher muß auch der übergeordnet wichtige Begriff der Schnittstelle [101] klar sein. Er wird sogleich auf eine QM-Schnittstelle angewendet:

> **QM-Schnittstelle =**
>
> **Übergang an der Grenze zwischen zwei Funktionseinheiten des Qualitätsmanagements (QM-Elementen)**
> **mit vereinbarten Regeln** *(Schnittstellenzuständigkeiten)*
> **für die Übergabe von Einheiten (Daten, Signalen, Produkten)**

Es gibt tatsächliche und gedachte QM-Schnittstellen.

Nach diesen Begriffsklärungen seien zunächst einige Hinweise zur Notwendigkeit und zur Nützlichkeit einer QM-Zuständigkeitsmatrix gegeben. Bei der Einführung dieses Mittels der Organisationsstruktur kann es möglicherweise zweckmäßig sein, in Schulungen solche Hinweise zu verwenden:

Notwendig ist eine QM-Zuständigkeitsmatrix, weil die hierarchischen Zuständigkeiten (direkte disziplinarische und fachliche Unterstellungen) ergänzt werden müssen durch Zuständigkeitsfestlegungen quer durch die hierarchischen „Linienverantwortungen" zu folgenden QM-Aufgaben:

- Gemeinsame Bearbeitung aller wiederkehrenden, komplexen und fehleranfälligen QME, wobei Ursachen und Auswirkungen der Fehler nicht auf einzelne Abteilungen beschränkt sind;
- Aufgabenteilung und Informationsweitergabe an QM-Schnittstellen;
- Entscheidungsfindung bei unterschiedlicher Auffassung der beteiligten Mitwirkungsverantwortlichen und Informationsberechtigten über die zweckmäßige Abwicklung eines QM-Elements.

Dabei muß man entsprechend Abschnitt 13.2.3 zwischen unmittelbar und mittelbar qualitätswirksamen QME unterscheiden. Die Festlegungen müssen oft durch Ablaufdiagramme und Stellenbeschreibungen weiter erläutert werden. Außerdem muß sichergestellt sein, daß für die nicht vorab regelbare, fallweise Disposition und Improvisation genügend Raum bleibt.

13.4 Erforderliche Mittel für ein QM-System

Nützlich ist eine QM-Zuständigkeitsmatrix, weil
- Kompetenzstreitigkeiten seltener werden (geklärte Zuständigkeiten führen zu besseren und effizienteren Arbeitsergebnissen);
- die hierarchische Führungsverantwortung die notwendige Erweiterung über die eigene Stelle hinaus erfährt;
- unberechtigte Rückdelegationen besser aufgedeckt und verhindert werden können (wer die Befugnis hat, muß entscheiden);
- ihre Aufstellung und Diskussion in Gegenwart maßgeblicher Führungskräfte auf viele für die Praxis bedeutenden Probleme der QM-Zuständigkeiten aufmerksam macht, die bislang nicht erkannt wurden;
- im Zusammenhang mit diesem Erkennen häufig von der Ausführungsebene für dringend gehaltene Entscheidungen durch die oberste Leitung oder durch anwesende, dazu befugte Führungskräfte gefällt werden;
- durch solche Diskussionen und Entscheidungen das Verständnis für das QM-System mit seinen QME in der ganzen Organisation gefördert wird.

In der *Vorspalte* einer QM-Zuständigkeitsmatrix werden Inhalt und Abgrenzung der QME zur Platzeinsparung nur grob wiedergegeben. Genauer sind sie im QM-Handbuch (siehe Abschnitt 13.4.6) und in den QM-Verfahrensanweisungen zu einem QME und seinen Unterelementen angegeben. In der *Kopfzeile* finden sich die Organisationseinheiten mit ihren betriebsüblichen Buchstabenabkürzungen. Wesentlicher Inhalt einer QM-Zuständigkeitsmatrix ist die jeweils am *Schnittpunkt* zwischen QME und Organisationseinheit eingetragene Zuständigkeitsart.

Zur Anzahl möglicher Zuständigkeitsarten ist ein Kompromiß zu suchen zwischen jener Anzahl, die zur Regelung der komplizierten sachlichen Zusammenhänge wünschenswert wäre, und jener Anzahl, die in der Praxis von den Mitarbeiterinnen und Mitarbeitern (noch) verstanden und akzeptiert wird. In der Praxis haben sich Lösungen mit drei und vier Zuständigkeitsarten bewährt. Hier wird einer Lösung mit drei Zuständigkeitsarten der Vorzug gegeben. Sie könnte allerdings auch als „Viererlösung" bezeichnet werden. Bei der nachfolgenden Besprechung der Zuständigkeitsarten werden im Text wieder die bei den Definitionen der QM-Elemente im Abschnitt 13.2.3 eingeführten Abkürzungen QME, QMFE, QMAE und QMOE benutzt.

DIE DURCHFÜHRUNGSVERANTWORTUNG (Kennzeichen „D"):

Sie ist eine für jedes QME (Zeile) nur für eine einzige Organisationseinheit festlegbare Zuständigkeitsart. In keiner Zeile der QM-Zuständigkeitsmatrix darf also mehr als ein „D" vorkommen. Bei der Durchführungsverantwortung gibt es zwei Unterarten:
- Die *alleinige Durchführungsverantwortung*, wenn in einer Zeile der QM-Zuständigkeitsmatrix außer einem „D" nur „I" (siehe unten) vorkommen, oder wenn nur bei solchen Organisationseinheiten „M" vorkommen, die derjenigen mit der Eintragung „D" direkt (hierarchisch) unterstellt sind.
- Die *federführende Durchführungsverantwortung*, wenn in einer Zeile der QM-Zuständigkeitsmatrix Organisationseinheiten mit der Eintragung „M" vorkommen, die derjenigen mit der Eintragung „D" *nicht* direkt (hierarchisch) unterstellt sind.

Besonders wichtig ist die Regelung für **Entscheidungen bei Auffassungsunterschieden**: Sie werden bezüglich Durchführungsverantwortung und Mitwirkungsverantwortung getroffen vom gemeinsamen Vorgesetzten der betreffenden Stellen mit den Eintragungen „D" und „M".

Aufgaben des Durchführungsverantwortlichen sind: Unmittelbar zuständig für die Aufgabenabwicklung beim bezeichneten QME sowie für angemessene Informationsweitergabe an Mitwirkungsverantwortliche („M") und Informationsberechtigte („I"); nötigenfalls zeitgerechte Anforderung des Mitwirkungsbeitrags Mitwirkungsverantwortlicher.

> **Anmerkung:** Hier liegt der Unterschied zu Systemen mit vier ursprünglichen Zuständigkeitsarten: Dort werden unterschieden die „Mitwirkungsverantwortung mit Pflicht zu Sachbeiträgen" und die „Mitwirkungsverantwortung mit Sachbeiträgen auf Anforderung".

DIE MITWIRKUNGSVERANTWORTUNG (Kennzeichen „M")

Nach Information durch „D" über die Aufgabenabwicklung sind Aufgaben des (der) Mitwirkungsverantwortlichen:

– Lieferung eines Mitwirkungsbeitrags in Eigeninitiative, wenn dadurch die Aufgabe besser erfüllt wird; oder

– Lieferung eines Mitwirkungsbeitrags aufgrund einer Anforderung durch den Durchführungsverantwortlichen.

DIE INFORMATIONSBERECHTIGUNG (Kennzeichen „I")

Nach pflichtgemäßer Verarbeitung der durch „D" erhaltenen Information ist es Aufgabe des (der) Informationsberechtigten, aufgrund eigener Kenntnisse oder Aufgaben dann bei „D" eine Änderung der Aufgabenabwicklung herbeizuführen, wenn es ihm (ihnen) erforderlich erscheint.

Auch hier gibt es wieder Regeln für Entscheidungen bei Auffassungsunterschieden: Solche Entscheidungen erfolgen durch den Durchführungsverantwortlichen; jeder Informationsberechtigte hat gegen die Weisung des Durchführungsverantwortlichen Einspruchsrecht (mit Begründungspflicht) bei seinem eigenen Vorgesetzten.

Erhebliche Praxisbedeutung haben die

GRUNDSÄTZE ZUR ANWENDUNG
DER QM-ZUSTÄNDIGKEITSMATRIX:

Allgemeiner Grundsatz ist: Die QM-Zuständigkeitsmatrix gilt gemäß den folgenden Prinzipien auch für nicht aufgeführte QME (QM-Aufgaben) und Organisationseinheiten (Stellen oder Personen) wie folgt:

Für nicht aufgeführte QME ist jeweils der Leiter der Organisationseinheit mit dem Eintrag „D" beim übergeordneten QME (siehe Abschnitt 13.2.3) zuständig. Man muß also wissen, zu welchem übergeordneten QME ein betrachtetes, nicht aufgeführtes QME gehört, z.B. aus [78].

Für nicht aufgeführte STELLEN ODER PERSONEN entscheidet der Leiter der vorgesetzten Organisationseinheit, ob die bei ihr selbst für ein QME eingetragene Zuständigkeits-

13.4 Erforderliche Mittel für ein QM-System

art oder eine andere auch für die nicht aufgeführte unterstellte Organisationseinheit gilt. Sofern auch die vorgesetzte Organisationseinheit nicht eingetragen ist, haben beide keine QM-Zuständigkeit für das QME.

Wenn vorgesetzte und unterstellte Organisationseinheit aufgeführt sind, kann der Vorgesetzte fallweise über die für die unterstellte Organisationseinheit geltende Zuständigkeitsart entscheiden, auch in Abweichung von der im allgemeinen geltenden Zuständigkeitsart der ihm unterstellten Organisationseinheit in der QM-Zuständigkeitsmatrix.

Schließlich ist die QM-Zuständigkeitsart der QM-Zuständigkeitsmatrix noch von enormer

BEDEUTUNG FÜR QM-SCHNITTSTELLEN:

Bei Zuständigkeit für ein *mittelbar qualitätswirksames QMAE* oder für ein *QMFE* besteht zu vereinbarende oder vom gemeinsamen Vorgesetzten festgelegte Schnittstellenzuständigkeit gegenüber allen Stellen oder Personen mit eingetragener Zuständigkeitsart.

Bei Zuständigkeit für ein *unmittelbar qualitätswirksames QMAE* hängt die Schnittstellenzuständigkeit von der Betrachtungsrichtung ab:

– gegenüber der Stelle oder Person, die bezüglich des QTK-Kreises (siehe Kapitel 4) *vor* dem QMAE liegt, besteht Pflicht zur Informationsweitergabe über die eigene Qualitätsfähigkeit (siehe Abschnitt 7.12);

– gegenüber der Stelle oder Person, die bezüglich des QTK-Kreises *nach* dem QMAE liegt, besteht die Pflicht zur Weitergabe der Ergebnisse der Tätigkeiten (also der materiellen oder immateriellen Produkte) sowie der Informationen über das zugehörige eigene Qualitätsmanagement und dessen Ergebnisse; wozu pflichtgemäß auch bemerkte Fehler gehören.

Alle diese Gesichtspunkte zu den QM-Zuständigkeiten müssen bei der Planung des QM-Systems bekannt sein. Im Abschnitt 14.4.3 sind dazu zahlreiche weitere Gesichtspunkte angegeben.

Es gibt auch Organisationen, in denen solche Regelungen nicht vorgenommen werden. Nur selten liegt das daran, daß sie nicht bekannt sind. Sonst lautet die Begründung meist: Das ist viel zu kompliziert und erfordert einen zu hohen Aufwand. Dazu sei auf dessen Abwägung gegen die weiter vorne in diesem Abschnitt 13.4.4 aufgelisteten Gesichtspunkte zur Notwendigkeit und zum Nutzen dieses zweckmäßigen Mittels zur Gestaltung der Organisationsstruktur eines QM-Systems hingewiesen.

13.4.5 Dokumente zum QM-System und seinen Ergebnissen

Immer komplexer werden die technischen Systeme, immer bedeutungsvoller die Sicherheits-, Darlegungs- und Nachweisforderungen. Entsprechend weitet sich die Dokumentation aus. Dies sind alle jene Tätigkeiten, die mit allen Arten von Dokumenten zu tun haben (siehe Kapitel 31). Was man im allgemeinen unter einem Dokument versteht, ist im Abschnitt 31.2.1 behandelt.

In [16] sind verständlicherweise in erster Linie die verschiedenen Arten von qualitätsbezogenen Dokumenten von Bedeutung. Nach [8] ist dabei ein qualitätsbezogenes Dokument wie folgt erklärt:

> **QUALITÄTSBEZOGENES DOKUMENT = Dokument mit
> einer Anweisung für eine Tätigkeit des Qualitätsmanagements
> oder mit einer Qualitätsforderung an ein Produkt
> oder mit Aufzeichnungen über die jeweiligen Ergebnisse
> der Qualitätsprüfungen**

Auf der Basis der Begriffe und Erläuterungen zu Dokumenten in [36] bis [40] wurde bei DIN eine systematische Übersicht erarbeitet, deren angloamerikanische Benennungen man aus [102] entnehmen kann. Die Übersicht ist im Bild 31.1 wiedergegeben. Dort ist im Abschnitt 31.2.3 auch auf die prinzipielle Unterscheidung zwischen Qualitätsaufzeichnungen und Qualitätsforderungsdokumenten hingewiesen. Sie ist für die Ordnung qualitätsbezogener Dokumente nützlich. Weiter sind dort im Abschnitt 31.3 die Aufbewahrungsfristen erläutert.

Die ordnungsgemäße Beantragung, Erstellung, Genehmigung, Verteilung, Änderung und Einziehung der verschiedenen Dokumente bedarf einer sorgfältigen schriftlichen Regelung. Sie erfolgt üblicherweise im QM-Element Dokumentation, und zwar nach dem QM-Element Dokumentationsgrundsätze (siehe Abschnitt 31.4) in QM-Verfahrensanweisungen.

In diesen muß auch die Forderung niedergelegt sein, daß die eindeutige Zuordnung zwischen dem Dokument und der Einheit, auf die sich das Dokument bezieht, zu jedem Zeitpunkt sichergestellt ist, nicht nur wegen der im einzelnen auftragsbezogen festzulegenden Rückverfolgbarkeitsforderungen.

Eine spezielle Aufgabe der Dokumentation ist das **Konfigurationsmanagement** [49]. Es ist jener Teil der Dokumentation, der die jeweils aktuelle und eindeutige Erfassung der Konfiguration von Angebotsprodukten betrifft. **Konfiguration** ist dabei die „Gegenseitige Anordnung der Elemente einer Einheit" (siehe Abschnitt 19.2.4). Zu jedem Zeitpunkt muß also die bei der Festlegung der Bezugskonfiguration genau abzugrenzende Konfigurationseinheit durch die sie beschreibenden Dokumente eindeutig und wirklichkeitsgerecht beschrieben sein. Änderungen an der Konfigurationseinheit werden auf die Bezugskonfiguration bezogen. Sie müssen genehmigt und mit Änderungsdokumenten dokumentiert sein.

Ein wesentlicher Bestandteil des Konfigurationsdmanagements ist deshalb der Änderungsdienst (siehe Abschnitt 31.4).

13.4.6 Das QM-Handbuch

Ein spezielles und besonders wichtiges Dokument für fast alle Zwecke des Qualitätsmanagements (bzw. eine Sammlung von vielen qualitätsbezogenen Dokumenten) ist das QM-Handbuch. Seine Erklärung lautet nach [16]:

> **QM-HANDBUCH =
> Dokument, in dem die Qualitätspolitik festgelegt und
> das QM-System einer Organisation beschrieben ist**

13.4 Erforderliche Mittel für ein QM-System

Die „Beschreibung des QM-Systems" entspricht etwa DIN EN ISO 9004-1 [40]. Deshalb ist [40] auch die beste Vergleichsgrundlage für die Gestaltung, nicht aber ein Gliederungsvorschlag für ein QM-Handbuch.

Nicht etwa Ziele einer künftig beabsichtigten Gestaltung des QM-Systems dürfen beschrieben werden, sondern das, was ist.

Ein QM-Handbuch kann sich auf die Gesamtheit der qualitätsbezogenen Tätigkeiten einer Organisation oder nur auf einen Teil davon beziehen. Titel und Zweck des QM-Handbuchs spiegeln den Anwendungsbereich wider. Nach [16] enthält ein QM-Handbuch gewöhnlich oder es verweist mindestens auf

- die Qualitätspolitik (siehe Abschnitt 13.3.2);
- die QM-Zuständigkeiten (siehe Abschnitt 13.4.4), woraus sich die gegenseitigen Beziehungen von Personal in qualitätsbezogen leitender, ausführender oder in prüfender Tätigkeit ergeben;
- QM-Verfahrensanweisungen im QM-System, mindestens typische Beispiele, aus denen die festgelegten Verfahren hervorgehen;
- eine Festlegung zu den Einzelheiten des Änderungsdienstes für das QM-Handbuch selbst. Dieser spezielle Änderungsdienst sollte sich in die übergeordneten Regeln des Änderungsdienstes der Organisation harmonisch einfügen.

Außerdem gilt heute als unabdingbarer Inhaltsbestandteil mindestens eine grobe Darstellung der Organisation des Erstellers des QM-Handbuchs.

Im Zusammenhang mit Zertifizierungsaudits (siehe Abschnitt 13.3.7) taucht stets die Frage auf: Wie läßt sich ein unbeabsichtigter und möglicherweise geschäftsschädigender Know-How-Abfluß verhindern? Dazu gibt es mehrere Lösungen. Gut bewährt hat sich ein modularer Aufbau des QM-Handbuchs. Grundbestandteil ist dann ein „QM-Darlegungs-Handbuch". Dessen Kapitel können mit Ergänzungsteilen versehen werden, in denen für die Organisation wichtige Regelungen niedergelegt sind. Diese Ergänzungen gehören aber nicht zum QM-Darlegungs-Handbuch. Entsprechendes gilt für weitere intern wichtige Anlagen zum QM-Darlegungs-Handbuch.

Solche Lösungen sind auch durch [16] bestätigt. Dort heißt es in einer Anmerkung 3 zum Begriff QM-Handbuch: „Ein QM-Handbuch kann bezüglich Ausführlichkeit und Format unterschiedlich sein, um den Erfordernissen einer Organisation zu entsprechen. Es kann mehr als ein Dokument enthalten. Anhängig vom Zweck des Handbuchs kann ein Bestimmungswort verwendet werden, z.B. 'Qualitätssicherungs-Handbuch/QM-Darlegungs-Handbuch', 'Qualitätsmanagement-Handbuch'.". Am Schluß dieses (vervollständigten) Zitats zeigt sich zweierlei: Einerseits die kaum überwindbare Beschwerlichkeit der irreführenden Synonymbenennung „Qualitätssicherung/QM-Darlegung" in Wortverbindungen; andererseits die Fixierung der Übersetzer auf diese bereits mehrfach begründete (siehe z.B. Abschnitt 13.3.4) Unzweckmäßigkeit: Sie vergaßen sogar vollständig, die Benennung mit dem zweiten Bestimmungswort „quality management manual" zu übersetzen. Diese ist übrigens in diesem internationalen Hinweis der bisher einzige konkrete Ansatzpunkt dafür, daß das QM-Handbuch auch bei ISO eines Tages wieder so heißen wird, nicht mehr „quality manual".

Der im März 1995 erschienene internationale Leitfaden (Standard) mit Empfehlungen für die Erstellung eines QM-Handbuchs [103] liegt inzwischen auch als deutsche Ausgabe vor

[322]. Diese Erstellung ist eine umfangreiche Arbeit und damit eine Investition. Die Erfahrung lehrt, daß dieser Aufwand eine Verbesserung der Qualitätsfähigkeit der Organisation bewirkt, die ihr bei langfristiger Betrachtung erhebliche Marktvorteile verschaffen kann. Diese Erkenntnis ist nicht verwunderlich: Wie auf allen anderen Gebieten führt der Zwang zur schriftlichen Niederlegung eines Istzustandes oder Ergebnisses auch hier dazu, daß Fehlstellen, Doppelarbeit und Überbetonungen schneller erkannt und daher auch korrigiert werden können.

13.5 Einzelgesichtspunkte zum QM-System

13.5.1 Universelle Einsetzbarkeit von QM-Fachkräften

Qualitätslehre bezieht sich auf alle Fachgebiete. Sogar ein erfahrener Fachmann des Qualitätsmanagements staunt immer wieder über die prinzipielle Gleichartigkeit der Probleme. Er erkennt aber auch den Schlüssel zu dieser Universalität, nämlich die Betrachtung verschiedenster materieller und immaterieller Produkte und der an sie gestellten Forderungen mittels übergeordneter, abstrakter Gedankenmodelle. Daraus folgt auch: Besitzt eine Organisation Führungs- und Fachkräfte mit solchen guten und übergeordnet einsetzbaren Kenntnissen und Erfahrungen auf diesem Fachgebiet, sind sie überall im QM-System einsetzbar. Für Führungskräfte gilt das noch ausgeprägter als für Mitarbeiter und Mitarbeiterinnen „an der Front", z.B. für Qualitätsprüfer, die naturgemäß bei jeder neuen Prüfapparatur entsprechend eingewiesen werden müssen.

13.5.2 Variabilität der Aufgaben des Qualitätswesens

Welche in den Qualitätskreis hineinwirkenden QM-Elemente mit ihren Ergebnissen dem Qualitätswesen zugeordnet werden, hängt von der Branche, von der Größe der Organisation und von ihrer Qualitätspolitik ab. Es besteht – wie schon weiter vorne im Abschnitt 13.3.8 angedeutet – die Tendenz, das Qualitätswesen mehr und mehr als Stabsfunktion zu sehen und es für interne Qualitätsaudits und die Qualitätsüberwachung des QM-Systems einzusetzen. Mit der Erfüllung der Qualitätsforderungen an die Angebotsprodukte wird man die jeweils ausführenden Stellen beauftragen.

Für diese „Dezentralisierung" seien einige Beispiele genannt:

- Wenn ein Unternehmen im Vertrieb gute Ingenieure besitzt, die bereitwillig Empfehlungen des Qualitätswesens zur Qualitätsplanung aufgreifen, genügt nach dem Aufbau des zugehörigen Verfahrens eine fallweise Beratung durch das Qualitätswesen auf Anforderung.
- Bei großem Entwicklungsanteil einer Organisation werden die Prüflabors der Entwicklungsleitung unterstehen. Das Qualitätswesen wird dann viele Prüfaufgaben an diese Labors delegieren. Seine Mitwirkung an der Prüfplanung wird aber vielfach erwünscht sein.
- Bei mechanisierter oder automatisierter Fertigung und Fertigungsprüfung wird sich das Qualitätswesen mit einer Gruppe „Qualitätsrevision" auf interne Qualitätsaudits beschränken (siehe Abschnitt 13.3.5).

- Sind die Voraussetzungen für Selbstprüfung (siehe Kapitel 30) gegeben, wird es genügen, wenn das Qualitätswesen deren Wirksamkeit mit zufallsgesteuerten Produktaudits (siehe Abschnitt 9.8) begutachtet.

Ist allerdings das Fertigungsprogramm weitgehend dokumentationspflichtig oder einer QM-Darlegungsforderung unterworfen, wird man Einflußmöglichkeit und Verantwortung eines nur der obersten Leitung der Organisation verantwortlichen Qualitätswesens ausweiten, schon wegen der Produzentenhaftung.

13.5.3 Schulung in Qualitätsmanagement

Die Vermittlung des erforderlichen Fachwissens über Qualitätsmanagement (siehe Abschnitt 12.4.5) ist eine die ganze Organisation umfassende Aufgabe. Häufig wird sie im Auftrag der obersten Leitung der Organisation vom Qualitätswesen im Rahmen der für die ganze Organisation konzipierten Fortbildungsprogramme wahrgenommen. Wenn die oberste Leitung der Organisation selbst, mangels eigener Ausbildung und Erfahrung, keine klaren Vorstellungen über ein effizientes Qualitätsmanagement auf wissenschaftlicher Grundlage besitzt, kann der Chef des Qualitätswesens gelegentlich große Aufgeschlossenheit für seine Vorschläge erleben. Das gilt auch für den Anteil der auswärtigen Fortbildung sowie für die Anforderungen an die Ausbildung neuer Mitarbeiter, auch der postgradualen. In allen Fällen wird das Fortbildungsprogramm der DGQ mit ihrer umfangreichen Fachliteratur [104] in den Überlegungen einen bedeutenden Stellenwert einnehmen.

13.5.4 Motivation für Qualitätsmanagement

Entscheidend ist angesichts der grundsätzlichen Besonderheiten des Qualitätsmanagements (siehe Abschnitt 2.1), daß die oberste Leitung der Organisation allen Mitarbeitern und Mitarbeiterinnen unzweifelhaft und fortdauernd zu erkennen gibt, daß sie dem Qualitätsmanagement jenes Gewicht zuordnet, welches der kostenmäßigen und psychologischen Bedeutung dieser unternehmerischen Hauptaufgabe gerecht wird. Allmählich macht es die internationale Konkurrenz auch hierzulande offenkundig [343]:

Qualitätsmanagement ist fortlaufend Chefsache.

13.6 Stellenbeschreibungen

Für ein reibungsloses Funktionieren der QM-Elemente (Ablauf- und Aufbauorganisation) sind Stellenbeschreibungen und die Überwachung ihrer Einhaltung durch die Vorgesetzten eine wesentliche Hilfe. Sie ergänzen die QM-Zuständigkeitsmatrix (siehe Abschnitt 13.4.4), auch und gerade im Qualitätsmanagement. Fehlen solche Stellenbeschreibungen, so ergeben sich auch in der Linienverantwortung mehr oder weniger ausgeprägt Überschneidungen bei der Abwicklung der Aufgaben. Daraus folgen Bemühungen der Stelleninhaber um gegenseitige Abgrenzungen und „Machterhalt" mit allen negativen Folgen.

Bei der Erarbeitung solcher Beschreibungen tritt zutage, wo Konfliktstoff verborgen ist, und was im einzelnen bei der Übertragung von Aufgaben bedacht und geordnet werden muß. Ein Beispiel ist die häufig offene Frage eines Stellvertreters oder Platzhalters.

Eine Organisation, deren Führungsaufgaben in Stellenbeschreibungen festliegen, ist auch für qualifizierte Führungskräfte in der Regel attraktiver. Sie wissen, wie viel zusätzliche Energie man tagtäglich für gute Zusammenarbeit aufwenden muß, wenn solche Klarstellungen fehlen. Es ist Energie, die dem Erfolg der Organisation fehlt.

13.7 „Oberste Leitung" und „Leitung" der Organisation

Diese beiden Bezeichnungen sind in den Normen zu QM-Systemen weder aus dem Blickpunkt der Übersetzung noch aus dem Blickpunkt des Sachzusammenhangs konsequent angewandt. Deshalb ist hierzu eine klärende Anmerkung erforderlich: Die „oberste Leitung einer Organisation" ist unabhängig von der Größe der Organisation der Vorstand bzw. die Geschäftsführung nach den jeweils geltenden Regeln des Aktiengesetzes bzw. des GmbH-Gesetzes. Angloamerikanische Ausdrücke dafür sind „Management with executive responsibility", „Highest level of management" oder nur kurz „Executive management". Beispielsweise sollte die Qualitätspolitik einer Organisation grundsätzlich von deren in diesem Sinne verstandener oberster Leitung verkündet werden; auch wenn sie in ihrem Auftrag ausgearbeitet wird. Oder anders ausgedrückt: Um die Grunddisposition der „übergeordneten QM-Führungselemente" der Gruppe A aus Abschnitt 13.2.3 (siehe Bild 13.1) sollte sich diese oberste Leitung selbst kümmern. Ob das in Form einer Ressort-Zuteilung „Qualitätsmanagement" an ein Mitglied des Vorstandes oder der Geschäftsführung erfolgt oder in anderer Weise, muß den betreffenden Leitungsgremien überlassen bleiben. Ihre grundsätzliche qualitätsbezogene Verantwortung sollten sie jedoch prinzipiell wahrnehmen.

Viele QM-Führungsaufgaben können in großen Organisationen aber auch delegiert werden. So ist in einem Unternehmen mit zweistelligem Milliardenumsatz in vielen inländischen und ausländischen Werken beispielsweise die Einrichtung und Überwachung von QM-Systemen und die Durchführung von Systemaudits gewiß eine Aufgabe der jeweiligen Werkleitung.

Eine – wenn auch noch so kleine – „Stabsstelle Qualitätswesen" sollte aber schon aus psychologischen Gründen in jedem Stab der obersten Leitung sein. Ihre Wirkung hängt allerdings davon ab, ob bekannt ist, daß sie regelmäßig beim obersten Mann berichtspflichtig ist.

13.8 Einflüsse des EU-Rechts auf QM-Systeme

Auch von der EU (früher EG) kommen Einflüsse auf QM-Systeme zu. Man muß sich hierzu ggf. mit sehr viel Papier befassen. Dann gewinnt man zu den für das eigene QM-System relevanten Dingen Durchblick. Dabei hilft [114], das inzwischen in 2. Auflage vorliegt, mit wichtigen Original-Dokumenten und Erläuterungen. Nachfolgend sind einige Grundgedanken und Zusammenhänge gestreift.

13.8.1 Rechtlich geregelter und nicht geregelter Bereich

Die technische Harmonisierungspolitik der Europäischen Union bezieht nicht alle Produkte ein. Sie zielt mit ihrer Harmonisierung auf die Beseitigung von Handelshemmnissen nur bei solchen Produkten, bei denen im Rahmen der Qualitätsforderung die

13.8 Einflüsse des EU-Rechts auf QM-Systeme

Gruppe gesundheits- und sicherheitsrelevanter Qualitätsmerkmale
eine gewisse Mindestbedeutung hat. Sie gehören mit diesen Merkmalsgruppen zum rechtlich geregelten Bereich. Der rechtlich nicht geregelte Bereich überläßt die Vereinbarung der ganzen Qualitätsforderung (wie bisher) den Vertragspartnern. Zusätzliche Überlegungen sind demnach nur im rechtlich geregelten Bereich anzustellen.

Dort sind zwei operative Instrumente zu beachten, die EU-Richtlinien und die Konformitätsbewertungsverfahren im Rahmen des Gemeinschaftsrechts.

Im Hinblick auf die Tatsache, daß beide Instrumente von Anfang an durch den Rat der Europäischen Gemeinschaften im Amtsblatt der Europäischen Gemeinschaften veröffentlicht wurden, muß man sich mit einer teilweise erheblich von der genormten QM-Terminologie abweichenden „amtlichen QM-Terminologie" vertraut machen. So heißen die Qualitätsforderungen „Anforderungen" (Ursache erläutert im Abschnitt 11.1.3), die Qualifikationsprüfungen sind seit Ende 1990 unter dem Namen „Konformitätsbewertungsverfahren" mit neun „Modulen für die verschiedenen Phasen der Konformitätsbewertungsverfahren" eingeführt worden.

13.8.2 Die EU-Richtlinien

Sie betreffen ausschließlich Produkte des rechtlich geregelten Bereichs. Ursprünglich sollten sie sämtliche für die Qualifikationsprüfungen für erforderlich gehaltenen, sicherheitsrelevanten Einzelforderungen enthalten. Aber nur eine einzige EU-Richtlinie (sie hieß damals noch „EG-Richtlinie") wurde mit diesem Ziel erstellt, nämlich die sogenannte Niederspannungsrichtlinie von 1973 [115]. Seit 1984 verweist man auf Normen von CEN/CENELEC. Seit 1985 erschienen für etwa ein Dutzend Produktgruppen EG-Richtlinien, etwa jeweils drei in zwei Jahren. Sie mußten in nationales Recht umgesetzt werden. Beispiele sind

- Druckbehälter
- Spielzeug,
- Maschinen,
- Bauprodukte,
- persönliche Schutzausrüstungen,
- Gasverbrauchseinrichtungen,
- nichtautomatische Waagen,
- medizinische Implantate,
- Telekommunikations-Endgeräte,
- Warmwasserheizkessel,
- medizinische Geräte,
- Explosivstoffe für zivile Zwecke.

Alle anderen Produkte, aber auch sämtliche nicht zur Gruppe der gesundheits- und sicherheitsrelevanten Qualitätsmerkmale gehörigen Bestandteile von Qualitätsforderungen, gehören nicht zum rechtlich geregelten Bereich.

13.8.3 Konformitätsbewertungsverfahren

Diese Konformitätsbewertungsverfahren wurden 1991 gemäß Beschluß des Rates der Europäischen Gemeinschaften [116] verfügbar gemacht:

Bild 13.11: Bedeutung und Zusammenhang der neun Module der EU-Konformitätsbewertungsverfahren

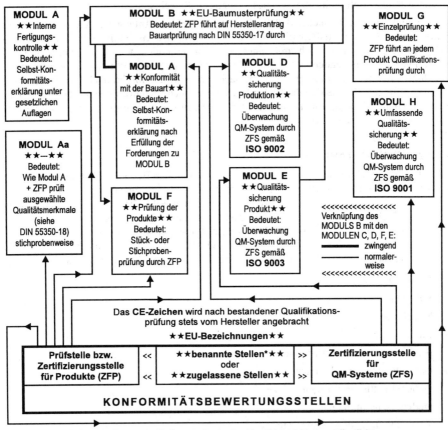

* Von den Mitgliedstaaten benannte Stellen werden laufend im EU-Amtsblatt veröffentlicht

Unter den neun im Bild 13.11 gezeigten Modulen sind im Beschluß die Module H, D und E mit der Erfüllung der QM-Darlegungsforderungen nach [37] (H), [38] (D) und [39] (E) verknüpft worden. Im Beschluß wird von einem „zugelassenen QS-System" gesprochen. Man sollte sich klar darüber sein, daß man für alle Module ein jeweils angemessenes QM-System benötigt. Die wichtigste Leitlinie des Beschlusses verdient wörtliche Erwähnung. Sie macht die oben geschilderte eingeschränkte Zielsetzung des rechtlich geregelten Bereichs deutlich:

"Hauptziel eines Konformitätsbewertungsverfahrens ist es, die Behörden in die Lage zu versetzen, sich zu vergewissern, daß die in den Verkehr gebrachten Produkte insbesondere in bezug auf den Gesundheitsschutz und die Sicherheit der Benutzer und Verbraucher den Anforderungen der Richtlinien gerecht werden."

Die graphische Darstellung der neun Module im betreffenden EG-Amtsblatt kann als allgemein bekannt gelten. Dort sind nur die im Bild 13.11 wie folgt gekennzeichneten ★★Bezeichnungen★★ zu finden. Sie sind in jedem Kasten anschließend („bedeutet:") jeweils in der QM-Fachsprache erläutert.

Das Modul B, die EU-Baumusterprüfung, ist dem Entwurfsbereich zugeordnet. Wichtiger erscheint seine feste Verknüpfung mit dem Modul C und seine „normalerweise" ebenfalls geltenden alternativen Verknüpfungen mit den Modulen D, E und F. Bei Reproduktionen des Amtsblatt-Bildes in Veröffentlichungen sind wesentliche Kennzeichnungen zuweilen verfälscht.

Man erkennt am Bild 13.11, daß die Langzeitrevision der DIN EN ISO 9000-Familie Rückwirkungen auch auf diese Konformitätsbewertungsverfahren haben wird.

13.8.4 Das CE-Zeichen

Hat ein Produkt aus dem rechtlich geregelten Bereich die Qualifikationsprüfung gemäß dem nach der Richtlinie zugelassenen oder empfohlenen Modul gemäß Bild 13.11 bestanden, erhält es das CE-Zeichen. Dieses wird vom Hersteller aufgebracht. Dazu findet man in [114] ebenfalls genügend Information. Berghaus [117] nennt das CE-Zeichen „eine Art 'Verwaltungszeichen', man könnte auch sagen 'eine Art Reisepaß' für das einzelne Erzeugnis". Es ist also weder ein Zeichen für die Erfüllung der vollständigen Qualitätsforderung an das Produkt, noch ein Zeichen dafür, daß diese Qualitätsforderung dem entspricht, was der Kunde benötigt oder will.

Das „GS-Zeichen" („Geprüfte Sicherheit") im nicht geregelten Bereich hat eine vergleichbare Bedeutung.

13.9 Zusammenfassung

Im QM-System wird Qualitätsmanagement betrieben. Qualitätsmanagement ist Bestandteil der Tätigkeit jedes Mitglieds der Organisation. Prinzipiell umfaßt es also sämtliche Bereiche einer Organisation sowie alle für die Geschäftsabwicklung wichtigen Einheiten. Umfassendes Qualitätsmanagement (siehe Kapitel 15) macht dies bewußt und motiviert zu mehr Effizienz.

Die große Vielfalt der zu berücksichtigenden Gesichtspunkte zeigt sich in der Praxis bei der Systematisierung eines QM-Systems und deshalb auch im Umfang dieses Kapitels. Denkwerkzeug der Systematisierung ist das QM-Element. 13 spezielle QM-Elemente wurden deshalb behandelt. Sie müssen sich einpassen in die Gesamtzielsetzung der Organisation. Nach der Erörterung von Einzelgesichtspunkten ist auch kurz geschildert, welchen Randbedingungen QM-Systeme seitens der Europäischen Union unterliegen.

Weitere Grundgedanken sind im nächsten Kapitel zur Planung des QM-Systems angesprochen.

14 Planung des Qualitätsmanagementsystems

> **Überblick**
>
> *Die erfolgreiche Gestaltung des Qualitätsmanagementsystems ist der Schlüssel zu systematischer Qualitätsverbesserung. Außerdem ist sie wichtigste Voraussetzung für Beantragung und Erlangung eines QM-Zertifikats sowie für die Einführung von umfassendem Qualitätsmanagement (TQM).*

14.1 Gesamtbetrachtung

14.1.1 Planungsgegenstand und Normen-Grundlagen

Ein QM-System (siehe Abschnitt 13.2.2) ist – anders gesagt – die Gesamtheit der QM-Elemente (nachfolgend kurz „QME"), eingeschlossen die für sie erforderlichen Mittel. Als Leitfaden zu seiner stets organisations-individuellen Planung kann und sollte primär DIN EN ISO 9004-1 [40] herangezogen werden. Mit berücksichtigen sollte man jedoch auch alle anderen allgemeingültigen Leitfaden-Normen der DIN EN ISO 9000-Familie, so etwa DIN ISO 9004-4 [46] zu Qualitätsverbesserungen. Die wichtigsten Normen dieser Familie sind im Abschnitt 13.2.4 und mit ihren Titeln in den Bildern 13.3 bis 13.6 vorgestellt. Schon für die Vorarbeiten der Planung und Systematisierung eines QM-Systems sollten sie verfügbar sein.

14.1.2 Hauptplanungsziele

Bei der Planung des QM-Systems geht es um Aufgaben, Umfang und Mittel für jedes QME. Wichtig ist außerdem die Einbindung des QME in die gesamte Organisationsstruktur. Die nicht normungsfähige Individualität dieser Planung hängt von den speziellen Zielen der Organisation, ihrer Größe sowie von ihren Angebotsprodukten und der, wiederum von diesen abhängigen, Art der Abwicklung der Tätigkeiten ab.

14.1.3 Planungsabgrenzung

Nicht unmittelbar die materiellen oder immateriellen Angebotsprodukte, die mit Hilfe des QM-Systems realisiert werden, sind das Ziel dieser Planung. Es sind vielmehr die Tätigkeiten dieser QME, deren Ergebnis die Angebotsprodukte sind. Das kann man nicht oft genug betonen, weil naturgemäß die Erstellung der Angebotsprodukte das Hauptziel einer Organisation ist. Auch [37c] bis [39c] machen jeweils gleich eingangs ausdrücklich darauf aufmerksam und sagen zur Forderung an die Darlegung dieser Tätigkeiten und der für sie festgelegten Verfahren:

> „Es ist zu betonen, daß die Forderungen an die Qualitätssicherung/QM-Darlegung, die in dieser Internationalen Norm, in ISO 9002 und ISO 9003 festgelegt sind, eine

Ergänzung (nicht eine Alternative) zu den festgelegten Qualitätsforderungen (an Produkte) sind. Diese Normen spezifizieren Forderungen, die festlegen, welche Elemente QM-Systeme zu umfassen haben, jedoch ist es nicht der Zweck dieser Internationalen Normen, für Einheitlichkeit von QM-Systemen zu sorgen."

Entsprechend sind die Qualitätsforderungen an die Tätigkeiten des Qualitätsmanagements, die ihrerseits auf zufriedenstellende Qualität der Angebotsprodukte zielen, etwas anderes als die jeweiligen Qualitätsforderungen an die Angebotsprodukte selbst. In Bild 14.1 ist diese Abgrenzung veranschaulicht.

Der zitierte Absatz aus den Einleitungen der drei Normen mit Darlegungsforderungen ist allerdings noch in einer zweiten Hinsicht bemerkenswert: Obwohl es nach dem prinzipiell übereinstimmenden Scope eben auf diese Darlegung (englisch: demonstration) ankommt, erlagen die Verfasser dieses Einleitungstextes der im Abschnitt 13.3.4 geschilderten Vorstellung der Notwendigkeit einer Trivialforderung nach der Existenz dessen, was dargelegt werden muß. Sie formulieren nicht, wie es richtig gewesen wäre: „welche Elemente der QM-Systeme bezüglich ihrer Qualitätsfähigkeit darzulegen sind", obwohl die Norm dies leicht erkennbar so und nur so meint.

Bild 14.1: Planungsabgrenzung bei der Planung des QM-Systems

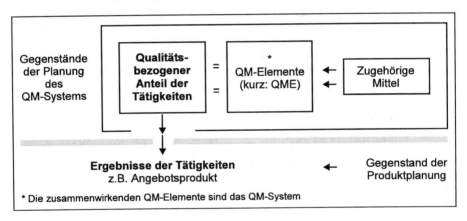

14.1.4 „Einführung" oder „Systematisierung" des QM-Systems?

Es gibt keine Organisation, in der nicht schon QME bestehen. Sie heißen meist nur nicht so. Ziel der Planung des QM-Systems ist demzufolge niemals die oft so genannte „Einführung", sondern in Wahrheit stets seine Systematisierung, die Verbesserung seiner Effizienz und Effektivität und damit seiner Erfolgsaussichten. Dabei gilt für die komplexen Aufgaben des Qualitätsmanagements besonders: Im arbeitsteiligen Geschehen einer großen Organisation ist ohne sorgfältige Planung Wettbewerbsüberlegenheit kaum zu erzielen. Ein Beispiel ist das im Kapitel 11 behandelte spezielle QME Qualitätsplanung. Der gleiche Grundsatz gilt für das ganze QM-System.

Dennoch wird in der Praxis das QM-System häufig nicht systematisch geplant. Es wird zwar immer seltener, daß eine neue Fabrik „auf die grüne Wiese" gestellt wird, ohne daß das zugehörige QM-System bei der Planung angemessen berücksichtigt worden wäre; aber es kommt doch noch vor. Die QME müssen sich dann „im Wildwuchs" entwickeln; denn ganz ohne sie geht es nicht, mögen sie auch noch den Namen „Endkontrolle" haben (siehe Abschnitt 9.7).

14.1.5 Kostengesichtspunkte

Angesichts des meist überproportional steigenden Kostenanteils des Qualitätsmanagements (siehe auch Kapitel 17) entstehen aus Planungsversäumnissen in doppelter Weise unnötige Mehrkosten: Das Qualitätsmanagement funktioniert ohne Plan schlechter, Improvisationen ergeben einen geringeren Wirkungsgrad. Die dann später doch nötige Planung ist zudem meist bedeutend teurer, auch wegen der zwischenzeitlich entstandenen Fehler.

14.1.6 Allgemeines zum Planungsbegriff

Planung ist „die gedankliche Vorwegnahme der Mittel und Schritte sowie deren Abfolge, die zur effektiven Erreichung eines Zieles notwendig erscheinen", also der „Versuch, die Zufälligkeit der Welt, die Vielfalt möglicher Alternativen und die Zukunftsunsicherheit, auch das Nichtwissen über mögliche Nebenfolgen bzw. Rückkopplungseffekte von Handlungen so zu reduzieren, daß Risikominimierung und zieladäquate Handlungsauswahl möglich werden". Diese Zitate aus [105] gehören dort zu einem der wenigen Schlüsselbegriffe, zum Begriff Planung.

14.2 Zielsetzungen

14.2.1 Häufiger Anlaß für die „Einführung" eines QM-Systems

Die oberste Leitung einer Organisation hat im allgemeinen die Aufgabe, einen möglichst hohen Ertrag sicherzustellen. Kommt der Vertriebschef zur obersten Leitung mit der Meldung, immer mehr Auftraggeber verlangten ein Zertifikat zum QM-System, und ohne dieses werde es immer schwerer, einen Auftrag hereinzubekommen, so drängt die oberste Leitung auf schnellste Beschaffung des Zertifikats. Die Zielsetzung kann nach DIN EN ISO 9001, DIN EN ISO 9002 oder DIN EN ISO 9003 verfolgt werden.

Schon im Herbst 1992 waren 660 Organisationen in der Bundesrepublik im Besitz eines solchen Zertifikats. Erteilt waren sie durch damals erst 7 Zertifizierungsstellen gemäß Bild 14.2. Inzwischen sind es über vierzig [298]. Auch andere Fakten wirkten schon damals bei „Einführungs"-Entscheidungen mit: Man will nichts versäumen, was schon so viele tun (siehe Abschnitt 13.3.7).

Inzwischen sind schon viele tausend Organisationen zertifiziert, und immer noch wächst die Anzahl nicht zeitproportional, sondern schneller. Aber es wird schon die Frage gestellt: „Was ist, wenn alle zertifiziert sind?".

Bild 14.2: Zertifizierungen in der Bundesrepublik bis Herbst 1992

Zertifizierer	Anzahl zertifiziert	Anteil in %
DQS	312	47,3
Norske	101	15,3
TÜV	94	14,2
Lloyd's	83	12,6
Germanischer Lloyd	42	6,4
Veritas	20	3,0
DEKRA	8	1,2
alle	660	100

14.2.2 Die wichtigen Ziele

Nicht nur aus dem Blickwinkel des Qualitätsmanagements, sondern auch in hohem Maße aus wirtschaftlichen Gründen wäre es ein Irrtum, diese vertriebstechnisch veranlaßte Zielsetzung als den einzigen Beweggrund für die „Einführung" eines QM-Systems zu betrachten (obwohl es oft vorkommt).

Das ergibt sich auch aus einfacher Logik: Die Darlegung des QM-Systems als Voraussetzung für die Erlangung eines Zertifikats kann zwar Vertrauen einflößen, daß das zu bestellende Produkt die Qualitätsforderung *„erfüllen wird"* ; was der Kunde aber letztlich will, ist die konkrete Erfüllung dieser Qualitätsforderung durch das Angebotsprodukt. Erster und wichtigster Zweck der Anwendung der DIN EN ISO 9000-Familie (siehe Bild 13.3) muß demnach die Systematisierung des eigenen Qualitätsmanagements sein, nicht ein Zertifikat. Jede oberste Leitung einer Organisation, die von ihrer Vertriebsleitung mit der Forderung nach Zertifikaten konfrontiert wird, muß das wissen. Sie muß auch die Gründe kennen. Nötig ist die Ausrichtung der Belegschaft auf einen neuen Teamgeist unter Anleitung der obersten Leitung und die Schaffung eines Qualitätsbewußtseins auf der Basis erweiterten Sachwissens. Nie besteht dafür eine so gute Chance wie beim geschilderten Marktzwang.

Man kann noch einen Schritt weitergehen und sagen: Als vorwiegend interne Aufgabenstellung angepackt, fördert die Anwendung der DIN EN ISO 9000-Familie ganz neue Möglichkeiten für Verbesserungen zutage. Ein Beispiel ist die Klärung von bislang verborgenen Zuständigkeits- und/oder Schnittstellenproblemen überall in der Organisation.

Die Verbesserungspotentiale können kaum überschätzt werden. Einen Grobüberblick über die Zielsetzungen gibt das Bild 14.3:

14.3 Einige Randbedingungen zur Planung eines QM-Systems

Bild 14.3: Mit Anwendung der DIN EN ISO 9000-Familie verbundene Zielsetzungen

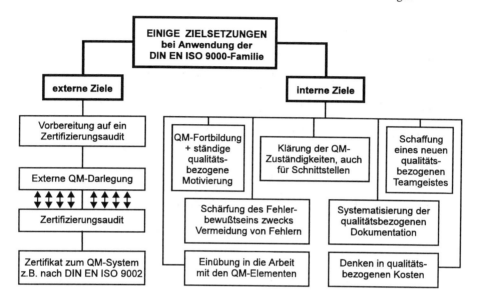

Die im Bild 14.3 rechts gezeigten internen Zielsetzungen bedürfen ebenso wie die externen einer weiteren Aufschlüsselung, und zwar bezogen auf die betrachtete Organisation. Hierfür wie auch für die spätere Realisierung hat sich die im Abschnitt 13.2.3 vorgestellte Systematisierung der QM-Elemente als nützlich erwiesen.

Außerdem sind noch einige Randbedingungen zu berücksichtigen und durch die oberste Leitung einige Vorentscheidungen zu treffen (siehe dazu Abschnitt 14.3.6). Andernfalls könnten die anfangs meist sehr engagierten Bemühungen auf Dauer nur zu einer wenig nützlichen Mittelvergeudung führen, ohne daß sich die Grundeinstellung der Mitarbeiter ändert.

14.3 Einige Randbedingungen zur Planung eines QM-Systems

14.3.1 Das Planungskonzept

Keine Organisation oder eines ihrer Teile kann, weder für eine Produktionsstätte noch für ein Dienstleistungsunternehmen, geplant werden, wenn nicht vorher ein Konzept für die Zielsetzungen der Planung und für die Planungsergebnisse festgelegt wurde. Das Konzept muß für beide den Umfang der zu erbringenden Leistungen und die zur Erreichung der Ziele verfügbaren menschlichen und sachlichen Mittel angeben (siehe z.B. Abschnitt 13.4). Für ein QM-System gilt dabei: Die Vielfalt möglicher Planungslösungen zum Organisationsproblem ist im Fall eines QM-Systems, wie nachfolgend gezeigt wird, wegen der häufigen Planung von Tätigkeitsanteilen größer als in anderen Bereichen, insbesondere in hierarchisch zu planenden.

14.3.2 Unterschiedliche Qualitätspolitik

Qualitätsmanagement kann mit vergleichbarem Erfolg in sehr unterschiedlicher Weise betrieben werden. Um dies zu verdeutlichen, werden zwei extreme Alternativen für die Erstellung eines materiellen Angebotsprodukts betrachtet (für ein immaterielles Produkt gilt Entsprechendes):

- Im ersten Fall stützt sich das Qualitätsmanagement vorwiegend auf die Investition hochwertiger, zuverlässiger und weitgehend automatisch arbeitender Fertigungseinrichtungen. Nur erstklassiges Material und hochwertiges Halbzeug werden verarbeitet. Solche Lösungen werden am häufigsten angestrebt, wenn mit einer lange andauernden Aufnahmefähigkeit des Marktes für das Angebotsprodukt gerechnet werden kann.

- Das andere Extrem besteht darin, daß man wenig investiert, daß demzufolge viel mehr Fehler möglich sind, und daß man deshalb beim Qualitätsmanagement die Prüfung des Realisierungsprozesses und der Endprodukte im Vordergrund sieht. Man will erreichen, daß fehlerhafte Zwischenprodukte vor der Weiterverarbeitung „aus dem Verkehr gezogen" werden. Auch sollen Endprodukte, die nicht zufriedenstellend sind, verläßlich aussortiert werden. Solche Lösungen werden z.B. dann bevorzugt, wenn mit einer Abnahme des Angebotsprodukts durch den Markt nur kurzfristig gerechnet werden kann.

Wo im Einzelfall die optimale Lösung zwischen diesen beiden Extremen liegt, oder ob es für unterschiedliche Angebotsprodukte der Organisation auch unterschiedliche Lösungen im Bereich zwischen den obigen beiden Extremen gibt, hängt vom Spektrum der Angebotsprodukte und von vielen anderen Gesichtspunkten ab.

Jedenfalls aber muß die Qualitätspolitik (Einzelheiten siehe Abschnitt 13.3.2 und Bild 13.8) verabschiedet existieren; nicht nur bezüglich des genannten Beispiels. Sie ist eine der Grundlagen für die Planung eines QM-Systems.

14.3.3 Die FMEA als Instrument der Planung eines QM-Systems

Die Fehlermöglichkeits- und -einflußanalyse (kurz FMEA) ist im Abschnitt 10.3.1 vorgestellt. Sie beruht auf einer Abschätzung des Fehlerrisikos R anhand des Produkts aus zwei Größen: Der Wahrscheinlichkeit W des Eintritts des möglichen, zum Schaden führenden Ereignisses, und dem erwarteten Ausmaß S (Wert) des Schadens im Fall dieses Ereignisses (siehe Abschnitt 10.2.2).

Weil man bei der Planung eines QM-Systems intern immer vor dem Problem steht, was man „zuerst anpacken" soll, benötigt man ein Kriterium dafür. Ein solches zu finden, ermöglicht die FMEA. Sie gestattet – wenn meist auch nur grob – die Abschätzung, was zuerst geordnet werden muß, damit die größten Risiken für das Qualitätsmanagement hinreichend vermindert sind. Im Hinblick auf diesen Anwendungsbereich des Werkzeugs FMEA nennt man sie in diesem Fall „QME-FMEA" [107].

14.3.4 Gesichtspunkte für die Anwendung der QME-FMEA

Die QME-FMEA sollte in der Organisation (im Unternehmen) durch die oberste Leitung eingeführt werden. Die Erläuterungen in den Abschnitten 10.2.2, 10.3.1 und 14.3.3 sind ausreichend für die Vorbereitung dieser Einführung. Das für Qualitätsmanagement und damit auch für die QME-FMEA verantwortliche Mitglied der obersten Leitung sollte eine

14.3 Einige Randbedingungen zur Planung eines QM-Systems

ihm berichtende Führungskraft einsetzen, die eine festgelegte Zuständigkeit (siehe Abschnitt 13.4.4) für die Beschaffung des Wissens sowie der Mittel hat, die für die QME-FMEA erforderlich sind. Diese Führungskraft sollte auch für die zugehörigen Vorschläge an die oberste Leitung zuständig sein. Außerdem sollte sie die festglegte Aufgabe haben, über Probleme und Ergebnisse der QME-FMEA an die oberste Leitung in festgelegten Zeitabständen zu berichten.

Die Analysen für die QM-Elemente sollten durch ein QME-FMEA-Team durchgeführt werden. In dieses Team sollten alle Spezialisten delegiert werden, welche die QM-Aufgaben kennen und Vorschläge zur Beseitigung von Ursachen für Ausfälle, Fehler und Mängel bei den materiellen und immateriellen Angebotsprodukten beitragen können. Die Schnittstellen im QM-System zwischen speziellen QME haben dabei eine hohe Bedeutung für die QME-FMEA, beispielsweise die Schnittstelle zwischen Marketing und Konstruktion für das QME Qualitätsplanung (= Planung der Qualitätsforderungen). Beispielsweise sollten daher, sofern nötig, Spezialisten der Abteilungen Marketing, Entwicklung, Konstruktion, Fertigung, Qualitätswesen, Lagerwesen, Vertrieb, Kundendienst und Betriebswirtschaft (zwecks Abschätzung der Größe S) Teammitglieder sein. Dennoch sollte das Team so klein wie irgend möglich bleiben.

Alle Mitglieder des QME-FMEA-Teams sollten vor ihrer aktiven Einsetzung in der FMEA-Methodik ausgebildet werden, und zwar sowohl allgemein als auch dadurch, daß sie mit einem speziellen, abteilungsübergreifenden Beispiel der Organisation vertraut gemacht werden.

Schließlich sollten beim Übergang in die Praxis alle Schritte für die Abwicklung einer QME-FMEA gemäß Bild 14.4 beachtet werden. Formblätter für die FMEA-Abwicklung gemäß den Stationen auf der linken und rechten Seite des Bildes 14.4 sollten bereits für die oben erwähnte Ausbildung verfügbar sein.

Die Ausarbeitung eines QM-Handbuchs (Abschnitt 13.4.6) entsprechend den existierenden Forderungen an die QME und in Übereinstimmung mit der Wirklichkeit in der Organisation ist eine günstige Gelegenheit, die Zusammenhänge besser zu erkennen, insbesondere hinsichtlich der Wirkung von QME-FMEA parallel zu dieser Ausarbeitung. Dann ist auch besser zu erkennen, ob zur Vermeidung häufiger Fehler (oder Ausfälle) oder zur Systematisierung vergessener, aber unentbehrlicher Tätigkeiten weitere Verfahren festgelegt und dokumentiert werden müssen. Das ist ein nicht überschätzbarer Vorteil. In der Praxis wächst nämlich die Gesamtheit der erforderlichen Verfahren, die schriftlich festgelegt werden sollten, ständig mit der Komplexität der Technik. Meist übersteigt diese Gesamtheit die Möglichkeiten der Spezialisten, alle nötigen Verfahrensanweisungen zu entwickeln.

Hilfreich für die Auswahl der QME oder ihrer Teile, für welche die Durchführung einer QME-FMEA erwogen werden sollte, sind Übersichten wie sie am Schluß dieses Kapitels (siehe hierzu auch [8]) erwähnt sind. Aber auch die Erfahrungen mit den vorhandenen QME hinsichtlich der Häufigkeit, mit der bei ihnen Ausfälle, Fehler oder Mängel vorkommen, sollten herangezogen werden, zusätzlich das Vergessen unentbehrlicher Tätigkeiten.

Bild 14.4: Prinzipielle Schritte des Ablaufs einer QME-FMEA

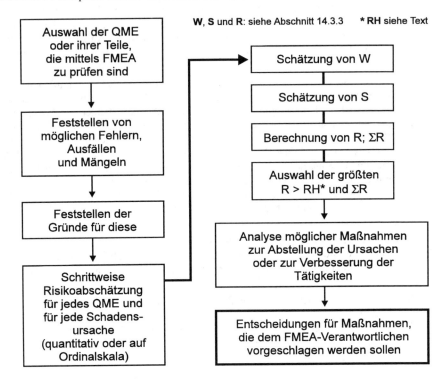

Die Auswahl der QME zur Bewertung mittels FMEA hat ein doppeltes Ziel:
- Zum ersten geht es darum, jene QME herauszufinden, welche die größte Risiko-Summe aufweisen, und dazu jene Teile davon mit den größten Einzelrisiken.
- Zum zweiten interessieren auch die QME und ihre Teile mit den kleinsten Risiko-Summen und Einzelrisiken. Für die erstgenannten werden Verfahrensanweisungen benötigt, für die letzteren möglicherweise nicht.

Im Bild 14.4 ist zu diesem Zweck ein Wert RH eingeführt. Er ist ein individuelles Grenzrisiko, unterhalb dessen die betreffende Organisation mit ihrer Mannschaft keine Möglichkeit zur Entwicklung von Verfahrensanweisungen besitzt; und zwar weil sie diese Mannschaft für die Entwicklung von Verfahrensanweisungen bei Risiken oberhalb RH einsetzen muß. In diesem Bild 14.4 ist die letzte Station ein Vorschlag zu Entscheidungen für Maßnahmen, die dem QM-Verantwortlichen der obersten Leitung der Organisation unterbreitet werden sollen. Solche Vorschläge werden zweckmäßig durch das QME-FMEA-Team erarbeitet.

In der Literatur ist die Durchführung einer Prozeß-FMEA und einer Konstruktions-FMEA samt Formblättern vielfach besprochen. Auch Software für den Abwicklungs-Formalismus wird angeboten. Für die weniger bekannte QME-FMEA sei hier zusammenfassend vorgeschlagen, sich der einfachen Ursprungsmethode mit den zwei Faktoren W und S zu bedienen, wie sie im Kapitel 10 geschildert ist. Jeder Anwender muß aufgrund der Situation in seiner Organisation letztlich selbst entscheiden, ob er die dazu nötigen quantitativen Abschätzungen durchführen kann oder nicht.

Abschätzungen anhand von Ordinal-Skalen, wie sie in Abschnitt 10.3.1 geschildert sind, sollten allerdings trotz Eintragung dieser Alternative im Bild 14.4 nur dann benutzt werden, wenn keine andere Möglichkeit besteht.

Je größer die Kenntnisse über das weite Feld der QME und des QM-Systems sind, um so größer wird auch der Erfolg der QME-FMEA sein.

14.3.5 Anweisung zur Planung des QM-Systems

Für die Planung eines QM-Systems ist eine vom QM-verantwortlichen Mitglied der obersten Leitung der Organisation herausgegebene und aktiv durch alle anderen Mitglieder dieses Leitungs-Gremiums (Vorstand/Geschäftsführung) mitgetragene schriftliche Festlegung mit klarer Zielsetzung erforderlich. Sie kann Bestandteil einer allgemeinen QM-Organisationsanweisung sein. Die Pflicht zur Anwendung der QME-FMEA sollte enthalten sein. Dazu gehört auch die Verpflichtung zur Wiederholung der Abschätzung der Einzelrisiken und ihrer Summen an vorgegebenen Haltepunkten während der Planung des QM-Systems, mindestens aber nach deren Abschluß.

Fehlt der Planung des QM-Systems eine deklarierte Zielsetzung, kann diese Planung nicht optimal wirtschaftlich und zugleich wirksam realisiert werden. Die Anweisung der obersten Leitung zur Planung des QM-Systems ist daher eines der wichtigsten QM-Führungselemente. Sie ist auch in [40] enthalten, wenn auch nur verstreut und ohne eigenständige Überschrift wie hier.

14.3.6 Entscheidungen der obersten Leitung in der Vorbereitungsphase

Die Klarstellung durch die oberste Leitung, daß Fachfragen unter Benutzung der *Fachterminologie* zu klären sind, ist eine erste notwendige Vorentscheidung. Diese Klärung muß sowohl die Festlegung der – glücklicherweise heute bereits verfügbaren – zu benutzenden terminologischen Standardwerke (z.B. [8], [11] bis [14] oder [53]) als auch die Verpflichtung zu deren Studium und Benutzung sowie die Überwachung der praktischen Durchführung dieser Anweisungen enthalten. Andernfalls entstehen erfahrungsgemäß endlose Begriffsdiskussionen. Die Erfahrung lehrt weiter, daß zunächst durch diese „Weisung von oben" eine „Hemmschwelle" überwunden werden muß: Fachterminologie erzeugt regelmäßig so lange eine Abwehrhaltung, als noch nicht erkannt ist, wie rational und zielsicher sie das Fachgespräch abzuwickeln gestattet.

Ein interessantes Detail hierzu ist der Abschnitt „Begriffe" in einem QM-Handbuch: Zuerst kommt immer die Frage: Wozu? Während der Entwicklung des QM-Handbuchs zeigt sich aber bald der Wunsch, weitere Teilsysteme von Fachberiffen einzubeziehen. Wachstumsfaktoren für den Kapitelumfang von über 3 sind dann keine Seltenheit.

Freilich kam es auch schon vor, daß eine neue oberste Leitung die Entscheidung des Vorgängers zur Benutzung der Fachsprache umgeworfen hat und nachdrücklich darauf bestand: „Die Sprache des Handbuchs muß der Werkstattsprache entsprechen!". Beim verlangten

Umschreiben auf „Werkstattslang" waren dann allerdings 27 Prozent der Fachprobleme nicht mehr ansprechbar. Deren Klärung unterblieb dann. Allein das Homonym „Qualitätskontrolle" zeigte in dieser Hinsicht sein schlimmes, jedoch naturgemäß auch sehr bequemes Gift (siehe Abschnitt 9.7).

Bild 14.5: Beispiele für erforderliche Vorentscheidungen der obersten Leitung vor Beginn der Systematisierung des QM-Systems

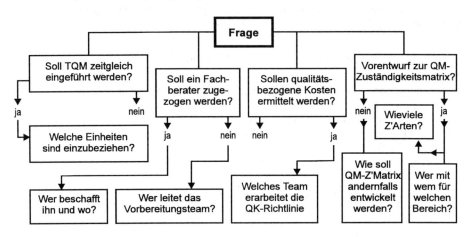

Das zusammen mit dem QM-System zu entwickelnde QM-Handbuch wirft viele weitere, teilweise bereits im Abschnitt 13.4.6 behandelte Fragen auf: Soll es nach DIN ISO 9004 Teil 1 [40c] oder nach der für das Zertifizierungsaudit vorgesehenen Forderung zur Darlegung des QM-Systems [37c] aufgebaut werden? Soll sich die Gliederung nach derjenigen der Norm richten? Wie kann man Know-how-Abfluß zum Mitbewerb verhindern? Viele dieser Fragen sind auch in [111] und [103] bzw. [322] behandelt. Nicht zuletzt muß schon in einem sehr frühen Stadium entschieden werden, welche Darlegungsforderung einem angestrebten Zertifizierungsaudit zugrunde gelegt werden soll, [37c], [38c], [39c] oder eine speziell der Organisation angepaßte. Diese Entscheidung ist nach der Kurzzeitrevision der DIN EN ISO 9000-Familie schwerer als früher: Schon durch diese erste Revision wurde nämlich [39c] gegenüber [39b] derart erweitert, daß nun im Gegensatz zu früher viele Organisationen [39c] für ausreichend halten werden. Nach der Langzeitrevision wird es noch schwieriger, weil es dann nur noch [37] mit noch unbekannten Tailoring-Regeln gibt. Freilich hat diese Entscheidung auch sehr viel mit dem Status der Organisation im Rahmen des EU-Handels zu tun (vgl. Abschnitt 13.8).

Weitere Vorentscheidungen sind erforderlich zu den Investitionsmitteln, zum Dokumentationsumfang und zum Zeitbedarf. Das Bild Bild 14.5 gibt einen groben Überblick über einige Fragen, die in der Vorbereitungsphase durch die oberste Leitung geklärt werden müssen. Zu fast jeder dieser Fragen gibt es Folgefragen.

14.4 Allgemeine Gesichtspunkte zur Organisationsplanung

Wie im Abschnitt 13.2.3 und mit den Bildern 13.1 und 13.2 erläutert, gibt es QM-Ablauf- und QM-Aufbauelemente. Beide werden geplant, gestaltet und überwacht durch die dort ebenfalls geschilderten QM-Führungselemente. Bei der Planung des QM-Systems sollte man dazu folgende Planungsgrundsätze beachten:

14.4.1 Das Problem „Aufbau- und Ablauforganisation"

Das Statische, die Stellen der „Aufbauorganisation", und das dynamische Geschehen, also die „Ablauforganisation", müssen unterschieden werden. Die hervorgehobenen beiden Benennungen werden nachfolgend benutzt. In der Organisationstheorie wird allerdings das Statische zuweilen lapidar „die Organisation" und das Dynamische „die Funktionen" genannt (oder auch: „die Tätigkeiten", „die Aufgaben", „die Maßnahmen"). Das Benennungs-Problem sei qualitätsbezogen veranschaulicht:

Beim Qualitätsmanagement heißt jene Stelle (Abteilung), die sich vorwiegend mit Qualitätsmanagement befaßt, oft „Qualitätsmanagement", obwohl als Benennung schon seit langem „Qualitätswesen" empfohlen ist (siehe Abschnitt 13.3.8). Beim Gespräch über die Alltagsaufgaben entsteht daraus das Mißverständnis, das Qualitätsmanagement werde für die ganze Organisation durch die Abteilung „Qualitätsmanagement" erledigt. Dieser Eindruck kann das gemeinsame Streben in allen Bereichen nach der Erfüllung der Qualitätsforderungen ernsthaft gefährden. Am schlimmsten ist, daß solche Mißverständnisse nicht ans Tageslicht kommen: Niemand hat Anlaß, darüber zu sprechen. Und wenn darüber doch einmal gesprochen wird, gibt es in der Regel Stimmen, die glauben machen wollen, Wörter seien „Schall und Rauch", und im übrigen verstehe man sich hervorragend.

14.4.2 Frühere Lösungsversuche zum Problem

Frederick Winslow Taylor hat schon vor der letzten Jahrhundertwende die Lösung für das beschriebene Organisationsproblem in seinen „Taylor'schen Funktionsmeistern" gesehen [108]. Für jede spezielle Aufgabe in der Ablauforganisation setzte er einen besonders dafür ausgebildeten Meister ein. Einige Zeit galt dies sogar als „Patentlösung" und wurde deshalb vielfach angewendet. Jeder Funktionsmeister wickelte in allen Abteilungen der Organisation seine spezielle Funktion ab, wann immer sie dort benötigt wurde.

Später erkannte man aber, warum diese Meister auch Schwierigkeiten hervorrufen mußten: Entweder sie wurden von den Stellen der Aufbauorganisation nicht hinreichend unterstützt, die sich für die betreffenden Funktionen nicht mehr verantwortlich fühlten; oder sie stellten ein harmonisches Funktionieren der ganzen Ablauforganisation in Frage, weil sie nur noch ihre eigene Aufgabe sahen und das Ganze immer mehr aus dem Auge verloren. Auch heute noch hat man übrigens den Eindruck, daß es bei manchen Organisationen einen „Qualitätsmanagement-Meister" gibt.

14.4.3 Die Planung der QM-Zuständigkeitsmatrix

In großen Organisationen ist es zweckmäßig und auch üblich, eine zentrale QM-Zuständigkeitsmatrix mit standortsbezogenen QM-Zuständigkeitsmatrizen zu kombinieren.

Schon bei deren Planung kommen Praxisprobleme zur Sprache, die andernfalls ungelöst weiter bestehen. Festgelegte Zuständigkeiten führen erfahrungsgemäß auch im Organisationsalltag dazu, daß in Zweifelsfragen zur Zuständigkeit, die immer wieder auftauchen, zum „Nachsehen, wie das in der Zuständigkeitsmatrix geregelt ist" aufgefordert wird. Das wiederum führt dazu, daß laufend weitere Probleme ans Tageslicht kommen, die dann aktuell gelöst werden können, wodurch künftig ein reibungsloserer Ablauf bewirkt wird.

Zur Planung der im Abschnitt 13.4.4 bereits grundsätzlich behandelten Zuständigkeitsarten ist zu ergänzen:

Zur Durchführungsverantwortung (Kennzeichen „D"):
Eine „Gesamtverantwortung" (auch „Alleinige Durchführungsverantwortung") kommt angesichts der starken organisatorischen und technischen Verflechtung aller QM-Probleme heute kaum noch vor. Meist existieren dem Durchführungsverantwortlichen nicht direkt unterstellte Organisationseinheiten, die Mitwirkungsverantwortung für die Erfüllung seiner Aufgabe tragen. Der Durchführungsverantwortliche hat dann eine so genannte *„Federführende Verantwortung"*.

Der federführend Verantwortliche könnte weder in sachlicher noch in zeitlicher noch in kostenbezogener Hinsicht zu einem zufriedenstellenden Ergebnis kommen, wenn er nur auf die menschliche Liebenswürdigkeit der mitwirkend eingeschalteten Mitarbeiter und Führungskräfte angewiesen wäre. Sie alle haben meist Mühe, ihre eigenen Aufgaben zu erledigen. Von ihnen benötigt der federführend Verantwortliche aber Informationen, ja vielleicht sogar aufwendige Mitarbeit. Deshalb müssen die Regeln für die Handhabung der federführenden Verantwortung von der obersten Leitung der Organisation schriftlich festgelegt und bekanntgemacht sein. Zweckmäßig sind diese Regeln Bestandteil einer **„Allgemeinen Führungsanweisung"**, die häufig bei der Planung eines QM-Systems aktuell wird.

Bekannt ist federführende Verantwortung aus der Personalführung oder der Terminlenkung. Ein Beispiel aus dem Qualitätsmanagement ist die Bearbeitung technischer Kunden-Reklamationen.

Entsprechend gilt **zur Mitwirkungsverantwortung** (Kennzeichen „M"):
Sie schließt automatisch Informationsberechtigung („I") ein. Wenn der Mitwirkungsverantwortliche glaubt, durch einen Beitrag zum QME die Erfüllung der betreffenden Qualitätsforderung verbessern zu können, muß er sich von sich aus beim Durchführungsverantwortlichen melden. Glaubt andererseits dieser, der Mitwirkungsverantwortliche könne einen wichtigen Beitrag leisten, schaltet er den Mitwirkungsverantwortlichen seinerseits ein.

Oft müssen sich mehrere oder gar viele solche Mitverantwortliche auf Anforderung des Durchführungsverantwortlichen (oder aus einem selbst für bedeutsam gehaltenen Grund) an der Aufgabenerfüllung beteiligen. Dann sind die im Abschnitt 13.4.4 aufgeführten Entscheidungsregeln bei Meinungsverschiedenheiten von Bedeutung.

Schließlich gilt **zur Informationsberechtigung:** (Kennzeichen „I"):
Der Informationsberechtigte besitzt folgende Informationszuständigkeiten: Die aufgrund der Informationsberechtigung erhaltene Information gestattet ihm das Mitdenken während der Aufgabenerfüllung. Zur aktiven Informationsweitergabe ist er befugt und verpflichtet, wenn nach seiner Ansicht die Aufgabenerfüllung bei Nutzung seiner Information besser laufen würde. Die Informationsberechtigung schließt also die Verantwortung ein, eine Änderung

beim QM-Element herbeizuführen, wenn die eigenen Kenntnisse oder Aufgaben eine solche Änderung im Interesse der ganzen Organisation geraten erscheinen lassen.

Insgesamt sei zur Planung QM-Zuständigkeitsmatrix nachdrücklich darauf hingewiesen, daß die in ihr enthaltene Zuständigkeitsverteilung durch Organigramme nicht dargestellt werden kann. In [109] waren solche QM-Zuständigkeitsmatrizen anhand vieler Beispiel erläutert. Zu [109] waren vier Nachfolgeschriften geplant, zu den Themen „QM-Aufbauorganisation", „QM-Handbuch", „QM-Systeme" und „QM-Ablauforganisation". Die ersten beiden Nachfolgeschriften [110] und [111] existieren, letztere bereits in 2. Auflage. Zu hoffen ist, daß im bislang noch nicht erschienenen Band „QM-Ablauforganisation" die QM-Zuständigkeitsmatrizen mit Zuständigkeitsarten und Entscheidungsregeln wieder behandelt sind.

14.5 Wichtige Einzelgesichtspunkte zur Organisationsplanung

14.5.1 Äquivalenz von Verantwortung und Befugnis

Sowohl in der Aufbauorganisation als auch in der Ablauforganisation müssen im Rahmen einer QM-Zuständigkeit und im Hinblick auf die Erfüllung einer Aufgabe Verantwortung und Befugnis äquivalent sein. Daraus folgt beispielsweise für die QM-Planung, daß die Verantwortung für die Erfüllung der Qualitätsforderungen an die Angebotsprodukte in der Fertigung dem Fertigungsbetrieb zufällt, nicht dem Qualitätswesen. Gegen dieses Prinzip würde verstoßen, wer einem Mitarbeiter oder einer Führungskraft des Qualitätswesens die Befugnis zum Stillsetzen einer Fertigungsmaschine oder gar der ganzen Fertigung erteilen würde. Das Qualitätswesen darf hier nur beratend tätig werden.

14.5.2 Organisationsplanung „ad rem"

Dieser Grundsatz besagt, daß die Planung einer Organisation mit Rücksicht allein auf die Sache zu erfolgen hat. Bei der Ablauforganisation ist das jedermann klar: Ziel ist die Erstellung der Leistung. Bei der Aufbauorganisation muß dieses Prinzip ebenso gelten, insbesondere für die Besetzung der Führungsstellen. Ohnehin haben Befähigung, Aktivität, Temperament und menschliche Wirkung der Führungskräfte unausweichlich im Alltag ein großes Gewicht. Sie sollten aber nicht Maßstab der Organisationsplanung sein.

14.5.3 Berücksichtigung geographischer Gegebenheiten

In Organisationen mit Betriebsstätten (Werken) in verschiedenen Landes- oder auch Stadtteilen hängt das Funktionieren der QM-Elemente mit davon ab, ob die geographischen Gegebenheiten bei der Planung berücksichtigt wurden. Mitarbeiter, die in der Ablauforganisation eng zusammenarbeiten müssen, sollten sich möglichst jederzeit ohne lange Anmarschwege zusammensetzen und aussprechen können. Für das Qualitätsmanagement ist deshalb ein jeweils ortszentrales Qualitätswesen die beste Lösung, auch bei unterschiedlichen Produktbereichen. Diese Lösung verhindert Doppelarbeit und berücksichtigt, daß es angesichts der bedauerlichen Ausbildungssituation auf diesem Fachgebiet nur wenige hochqualifizierte Führungskräfte gibt. Für die ortszentrale Lösung spricht außerdem die universelle Einsetzbarkeit von Fachleuten des Qualitätsmanagements (siehe Abschnitt 13.5.1).

14.5.4 Kontinuitätsprinzip zur Aufbauorganisation

Jede einmal festgelegte Aufbauorganisation hat Vor- und Nachteile. Die Nachteile liefern jederzeit stichhaltige Begründungen für Veränderungen. Solche Veränderungen sollten aber zuliebe der Kontinuität der Aufbauorganisation nur bei zwingender Notwendigkeit beschlossen werden. Bestehende Aufbauorganisationen sollten in der Regel mindestens zwei Jahre erhalten bleiben. Am wichtigsten ist Kontinuität für den Menschen. Er ist das „trägste Einzelglied in der Organisation". Je länger eine Aufbauorganisation besteht, desto besser spielt sie sich ein; sofern sie gut geführt ist.

Man beobachte beispielsweise, wie lange es dauert, bis sich eine Änderung der Aufbauorganisation innerhalb einer Organisation durchsetzt. Oft werden z.B. noch nach vielen Monaten oder gar Jahren längst überholte Adressen für den internen Postverkehr benutzt. Dieser Zustand hat sich durch die Datenverarbeitung wegen nicht auf den neuesten Stand gebrachter Speicherinhalte noch verschärft.

14.5.5 Aktualitätsprinzip zur Ablauforganisation

Für die Ablauforganisation gilt hingegen: Stets muß sie an die sich wandelnden Aufgaben und Möglichkeiten zur Erstellung der Leistungen der Organisation angepaßt werden. Das ist für den Menschen in der Organisation sehr zuträglich. Wenn man auch über job-rotation unterschiedlicher Meinung sein kann: Abwechslung bei den zugeteilten Aufgaben ist bedeutend förderlicher für die Zusammenarbeit als ständige Änderungen in der Aufbauorganisation. Diese Abwechslung ist auch einer der Kernpunkte neuerer Organisationsgestaltungen mit dem Namen „Lean production" oder „Lean management": Die Gruppenarbeit in Eigenverantwortung und Eigenkompetenz (Eigenzuständigkeit) fördert erfahrungsgemäß auch die Produktivität, trotz der Radikalabkehr vom Taylorismus.

14.5.6 Optimaler Organisationsgrad

Die Organisationslehre unterscheidet zwischen der durch Arbeitsanweisungen für wiederkehrende Aufgaben festgelegten Ablauforganisation, andererseits der „Disposition" und der „Improvisation".

Unter **„Disposition"** versteht man Weisungen der Führungskräfte für den in der Ablauforganisation nicht oder nur mit unverhältnismäßigem Aufwand generell festlegbaren **Einzelfall**. „Improvisation" betrifft ad-hoc-Dispositionen in **Sonder- und Notfällen**.

Die drei Anteile müssen in einem sinnvollen Verhältnis stehen:

„Unterorganisation" kennzeichnet eine Situation, in der viel disponiert werden muß, was ablauforganisatorisch festgelegt werden könnte und sollte. Umgekehrt wird der Disposition bei „Überorganisation" zu wenig Raum gelassen. Sie führt zu Schwerfälligkeit einer Ablauforganisation: Zu viele Einzelfälle sind durch eine kaum noch durchschaubare Menge von Arbeitsanweisungen geregelt.

„Desorganisation" besteht, wenn sich die von den einzelnen Stellen der Aufbauorganisation herausgegebenen Festlegungen zur Ablauforganisation überschneiden oder gar widersprechen, oder wenn in der Ablauforganisation gleichzeitig neue Festlegungen und die durch sie abgelösten, nicht mehr geltenden Regeln angewendet werden.

Die drei letztgenannten Formen der Organisation sind unerwünscht. Man sollte ihre Merkmale kennen und sie vermeiden.

Übergreifend spielt auch die **Organisations-Psychologie** eine ausschlaggebende Rolle. Es geht dabei um das durch die gesellschaftliche Situation geprägte individuelle Verhalten, um das Gruppenverhalten und um das Führungsverhalten. Alles dies hat großen Einfluß auf Leistung und Zufriedenheit der Mitglieder der Organisation, wird hier aber nicht näher betrachtet (siehe auch [292]).

14.6 Praxishinweise zur Planung des QM-Systems

14.6.1 Allgemeines

Bei der Planung eines QM-Systems sollte der Qualitäts-Termin-Kosten-Kreis (QTK-Kreis, siehe Kapitel 4) gedanklich im Hintergrund stehen : Er zeigt die qualitätsbezogenen Tätigkeiten oder Tätigkeitselemente, welche die Qualitätselemente der Angebotsprodukte erzeugen. Prinzipiell wird dabei der QTK-Kreis gedanklich auf die derzeit und voraussichtlich in nächster Zukunft von der Organisation zu erstellenden Angebotsprodukte angewendet.

Bild 14.6: Reihenfolge der Planungsgegenstände bei der Planung eines QM-Systems

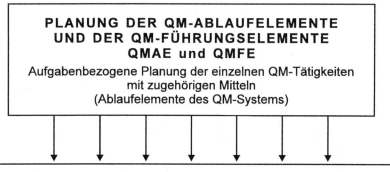

Daraus kann man alle benötigten QM-Ablaufelemente (QMAE) erkennen. Dies wäre allerdings ein sehr komplexer Planungsprozeß. Er führte zu einer sehr großen Anzahl wechselwirkender QMAE. Dazu kommen die QMFE.

Bei der praktischen Planung der QME wird man sich der Leitfäden bedienen, die im Abschnitt 14.1.1 genannt sind. Im Abschnitt 14.8 finden sich Anregungen, wie man zu einer fallangepaßt anwendbaren Übersicht der QME kommt. Dabei wird man auch zwischen den unmittelbar und den mittelbar qualitätswirksamen QMAE zu unterscheiden haben (siehe Bild 13.2), und außerdem zwischen den routinemäßigen und den fallbezogenen QMAE.

Erst wenn alle QMAE geplant sind, beginnt die Planung der QM-Aufbauelemente (QMOE), also speziell qualitätsbezogener organisatorischer Stellen oder Personen. Diese Abfolge ist im Bild 14.6 veranschaulicht. In der Praxis ist wegen der bestehenden Aufbauorganisation diese Stellenplanung oft nur eine „Umplanung".

14.6.2 Zur Planung der QM-Ablaufelemente

Routinemäßige QMAE: Anteilsmäßig überwiegen meist die routinemäßigen Tätigkeiten und Tätigkeitselemente wie etwa die der Qualitätsplanung, -prüfung und -lenkung. Zielsetzung und erforderlicher Aufwand sind bei diesen Tätigkeiten in der Regel auch am leichtesten zu überblicken. Ihre Planung ist eine laufende Aufgabe. Beispielsweise ändern sich die Angebotsprodukte, die Fertigungsmaschinen und viele andere Randbedingungen immer wieder. Deshalb ist es oft zweckmäßig, diese Planungsaufgaben jenen Stellen zu übertragen, welche auch die Realisierungsaufgaben planen.

Eine weitere in der Praxis bewährte Lösung besteht darin, daß man die Abteilung Arbeitsvorbereitung dem Qualitätswesen unterstellt. Daraus ergibt sich dann zwangsläufig eine engere Zusammenarbeit und gegenseitige Wissensvermittlung bezüglich der QMAE.

Ergebnisse der Planung dieser routinemäßigen QMAE sind beispielsweise

im Rahmen des **QMAE Prüfplanung**:

- **Prüfspezifikationen**, welche die Prüfmerkmale, ggf. mit zugehörigen vorgegebenen Merkmalswerten, und erforderlichenfalls die Prüfverfahren für eine Qualitätsprüfung festlegen (vor 1974 nannte man sie noch „Prüfvorschrift");
- **Prüfanweisungen**, in denen die anzuwendenden Prüfspezifikationen festgelegt sind sowie die Zeitpunkte und Prüfumfänge der durchzuführenden Qualitätsprüfungen;
- **Prüfablaufpläne** mit der Abfolge der Qualitätsprüfungen zu den Arbeitsgängen im Ablauf der Realisierung der Produkte;
- **Vereinbarungsprogramm** für die zeitgerechte Vereinbarung mit dem Kunden über Ermittlungsverfahren und Stichprobenverfahren;

im Rahmen der **Planung der QMAE Prüfmittel und Prüfmittelüberwachung:**

- Programme zur zeitgerechten Beschaffung von Prüf- und Datenverarbeitungsmitteln sowie von Einrichtungen zur Prüfmittelinstandhaltung, -kalibrierung und -eichung (siehe auch Abschnitt 13.3.10);

im Rahmen der **Planung des QMAE Dokumentation**:

- Festlegungen über die Dokumentation von Prüfergebnissen unter Beachtung geforderter Qualitätsnachweise und QM-Darlegungen und mit Rücksicht auf die Produzentenhaftung (siehe auch Abschnitt 13.4.5);

14.6 Praxishinweise zur Planung des QM-Systems

im Rahmen der **Planung des QMAE interne Qualitätsaudits**:
- Pläne zur Prüfung auf Erfüllung aller QM-Verfahrensanweisungen, der Prüfpläne sowie der vorgegebenen Verfahren der Qualitätslenkung, insbesondere aber Pläne zur Begutachtung der Selbstprüfung nach einem Zufallszeitplan. Die Anpassungsfähigkeit aller QMAE an unterschiedliche Qualitäten von Zulieferungen und eigener Produktrealisierungen ist bei allen diesen Auditplanungen ein bedeutsamer Gesichtspunkt (siehe auch Abschnitt 13.3.5);

im Rahmen der **Planung des QMAE Qualitätsplanung** (siehe Kapitel 11):
- die stufenweise Qualitätsplanung vor und nach Auftragserteilung;

im Rahmen der **Planung des QMAE Lieferantenbeurteilung**:
- die Methoden der Lieferantenbeurteilung unter Benutzung der Ergebnisse der Eingangsprüfung (siehe Abschnitt 9.4);

im Rahmen der **Planung des QMAE Selbstprüfung**
- die Qualitätslenkung aufgrund von Selbstprüfungen in den Stufen einer hochmechanisierten Fertigungsstraße für die Großserienfertigung, eingeschlossen stichprobenweise Qualitätsaudits;

Fallbezogene QMAE: Deren Planung ist weit schwieriger. Auch bei ihnen kann aber eine Vernachlässigung der Planung nachteilige Folgen haben. Die Erfahrung lehrt, daß man solche Aufgaben über die unterschiedlichsten Bereiche hin zusammenfassen kann. Man wird dies z.B. in einem zentralen „Qualitätswesen" tun (siehe Abschnitt 8.8).

Beispiele sind

- Beschaffung der vom Kunden oder durch Gesetz geforderten Qualifikations-Bescheinigungen („Approbationen", „Konformitätserklärungen") und sonstiger technischer Zulassungen bei privaten, behördlichen, nationalen oder übernationalen Zulassungs- und Zertifizierungsstellen sowie Qualifikationsgesellschaften;

- Ausarbeitung kostenoptimaler, qualitätsabhängiger Stichprobenverfahren für Qualitätsprüfungen zum Zweck der Qualitätslenkung.

14.6.3 Zur Planung der QM-Aufbauelemente (Organisationseinheiten)

Sind die QMAE des QM-Systems nach Umfang und Zielsetzung geplant, können daraus unterschiedliche Formen der qualitätsbezogenen Aufbauorganisation entwickelt werden. Wesentlich ist dabei die Berücksichtigung des Grundsatzes „ad rem" (siehe Abschnitt 14.5.2) und die Leitlinie, daß Gruppen des Qualitätswesens vorwiegend Tätigkeiten im Rahmen des Qualitätsmanagements ausführen sollten.

Beispiele für Gegenstände der Planung von QM-Aufbauelementen sind bereits im Abschnitt 13.3.8 genannt. Weitere in der Praxis vielfach realisierte sind

- eine Meßgerätewerkstatt für werkszentrales Qualitätswesen und für die Entwicklungsabteilungen, auch für die Prüfmittelüberwachung zuständig;
- ein Abnahmeprüffeld für End- und Abnahmeprüfungen (siehe [50]);
- ein in drei Schichten mit dem Gießereibetrieb zusammenarbeitendes Werkstoff-Prüflabor;

– eine „Sorgentötergruppe" aus hochqualifizierten Werkzeugmachern, die Unterstützung bei der Behandlung fehlerhafter Einheiten und bei Korrekturmaßnahmen bietet und auf Anforderung bei einer zentralen Stelle durch diese eingesetzt wird, beispielsweise durch das Qualitätswesen;
– eine Abteilung Qualitätsplanung im Entwicklungsbereich zur systematischen Unterstützung der Entwicklungs- und Konstruktionstätigkeiten bei der Planung der Qualitätsforderung an neue Produkte oder bei neuen Kunden, insbesondere auch für Vertragsprüfungen (siehe Abschnitt 16.4.3).

14.6.4 Planung des QM-Elements Kundendienst

Eine Organisation kann sich bezüglich ihrer Angebotsprodukte für ihre Produkt- und Qualitätsplanung aus sorgfältig analysierten Kundendienst-Berichten unschätzbare Informationen verschaffen. Dazu müssen die Tätigkeiten in der Kundendienst-Organisation so geplant werden, daß man mit kleinem Aufwand detaillierte, repräsentative Informationen über die Beurteilung der Qualität der Angebotsprodukte durch den Kunden gewinnt. Diese oft erfolgsentscheidenden Regelungen sind übrigens nicht Gegenstand von [37] bis [39]. Bei einem Zertifizierungsaudit kommen sie also nicht vor.

Zu dieser Planung gehört auch die Kenntnis, daß Mitarbeiter dazu neigen, Kundenreklamationen „auf direktem Wege lautlos" zu erledigen. Sie glauben, damit der Organisation einen guten Dienst zu erweisen. Meist gehört viel Überzeugungsarbeit dazu, allen Mitarbeitern und Mitarbeiterinnen klar zu machen, daß die Kundennähe bei Reklamationen zu den wichtigsten Beiträgen für die fortlaufende Qualitätsplanung gehört.

Schließlich sei erwähnt, daß auch Führungskräfte es oft lieber sehen, wenn Kundenreklamationen erledigt werden, bevor sie auf ihrem Schreibtisch landen. Die betreffende Aufklärungsarbeit ist deshalb so schwierig, weil sie die gesamte Vertriebskette erfassen muß. Im Fall des Einsatzes von verdeckten „Testkunden" ist es überlegenswert, diese auch in aller Form Reklamationen vorbringen zu lassen, deren Weg dann verfolgt werden kann.

14.6.5 Planung des QM-Elements Zuverlässigkeitsplanung

Zuverlässigkeit betrifft (wie Sicherheit, Umweltschutz usw.) eine spezielle Merkmalsgruppe im Rahmen der Beschaffenheit einer Einheit (siehe Abschnitt 6.3). Zuverlässigkeit ist demnach ein Teil der Qualität und Zuverlässigkeitsplanung ein Teil der Qualitätsplanung. Das ist auch international Stand der Technik, wie die Anmerkung 2 zum Begriff Zuverlässigkeit (dependability) in [16] zeigt. Diese Anmerkung wurde trotz vereinbarter Übernahme dann aber in [43] weggelassen. Allerdings sind einflußreiche Einzelbemühungen, die Zuverlässigkeit teilweise aus der Qualität auszugrenzen [119], mittlerweile abgeebbt. Die Gedankenfolge unter Verwendung einer Darstellung gemäß Bild 14.7 sollte man jedoch zur Abwehr solcher Versuche kennen, zumal die internationale Zuverlässigkeitsdefinition in [16] (siehe Kapitel 19) den Anschein erwecken könnte, als sei die Instandhaltungsbereitschaft der Einheit, deren Zuverlässigkeit betrachtet wird, Bestandteil ihrer Zuverlässigkeit, obwohl sie als deren Einflußfaktor gekennzeichnet ist.

14.6 Praxishinweise zur Planung des QM-Systems

Bild 14.7: Versuch der Ausgrenzung von Zuverlässigkeits-Bestandteilen aus der Qualität gemäß [119]

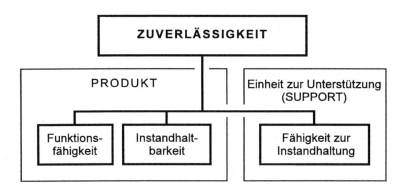

Die Darstellung des Bildes 14.7 wirkt dort einleuchtend, wo die Grundregel

Man darf während einer qualitätsbezogenen Betrachtung die Einheit nicht wechseln

nicht beachtet wird (siehe Abschnitt 6.2). Auch hier entsteht aus deren Nichtbeachtung das Mißverständnis: Strandberg, langjähriger Sekretär des IEC/TC 56 (dependability), argumentiert mit seinem Bild (siehe Bild 14.7) nämlich: Qualität beziehe sich „nur" auf das Produkt, also auf die Funktionsfähigkeit (reliability performance) und die Instandhaltbarkeit (maintainability performance). Für Zuverlässigkeit sei aber zusätzlich die Fähigkeit zur Instandhaltung (maintainance support performance) maßgebend. Sie gehöre ausweislich des Bildes ersichtlich nicht zum Produkt. Deshalb sei Zuverlässigkeit „die wichtigste Eigenschaft" („the most important characteristic"), übergreife mehr als die Qualität und müsse deshalb von ihr unterschieden werden.

Unter Beachtung der genannten Grundregel kann man jedoch sowohl Qualität wie auch ihren Bestandteil Zuverlässigkeit betrachten

– entweder nur für die Einheit Produkt

– oder für eine größere Einheit, die zusammengestellt ist aus der Einheit Produkt und jener Einheit, aus welcher die Fähigkeit zur Instandhaltung entsteht.

Nur diese Zusammenhänge machen verständlich, warum das nationale Vorwort zu [43] die Formulierung enthält:

„Mit der von ISO im DIS-Stadium gewählten Veröffentlichung im Rahmen der ISO 9000-Normenreihe soll dokumentiert werden, daß Zuverlässigkeitsmanagement ein Teil des Qualitätsmanagements ist. Dieser Sachverhalt wird allerdings durch die Wahl unterschiedlicher Haupttitel der Entwürfe verwischt. Außerdem ist die zwischen beiden Seiten abgestimmte Anmerkung zum Begriff Zuverlässigkeit nicht aufgenommen worden. Diese lautet: 'Zuverlässigkeit ist einer der zeitbezogenen Aspekte der Qualität'.".

Diese Formulierung zeigt die Ungewöhnlichkeit der nicht nur in diesem Fall zu beobachtenden Verfahrensweise des IEC/TC 56 im Vergleich mit den anerkannten Regeln für die nationale und internationale Normung.

Eine andere Frage ist, ob im Rahmen des QMAE Qualitätsplanung für das QMAE Zuverlässigkeitsplanung ein eigenständiges QMOE zweckmäßig ist. In Organisationen, in denen die zuverlässigkeitsbezogene Merkmalsgruppe die für die Angebotsprodukte entscheidende ist, kann das durchaus sinnvoll sein. Vor allem wird man hier engen Kontakt zu den Bauelemente-Anbietern und -Herstellern suchen müssen. Das ist sowohl für speziell gewünschte Bauelemente als auch für die genaue Kenntnis des Ausfallverhaltens serienmäßig beschaffter Bauelemente wichtig.

14.6.6 Planung des QM-Elements Wartung

Das QMAE „Servicing" in [37] mit seinen wenigen Zeilen war jahrelang begriffs-unklar. Durch aufwendige Quervergleiche, Rückfragen und weitere Überlegungen wurde schließlich klar: Gemeint ist die Qualitätsfähigkeit einer Wartungsgruppe für den Fall, daß der Lieferant sein Angebotsprodukt dem Kunden mit einem Wartungsvertrag für dieses Produkt verkauft. „Servicing" war und ist in [16] nicht enthalten. Dieses von der Planung her nicht besonders erwähnenswerte QMAE ist daher ein Modellfall für die Bedeutung von Begriffsklarheit. Man könnte auch sagen: Für den Umfang von Diskussionen bei Begriffsunklarheit.

14.7 Zeitablauf der „Einführung" eines QM-Systems

Für den Ablauf der meist jahrelangen Zeitspanne der „Einführung" eines QM-Systems lassen sich sehr detaillierte Pläne aufstellen. In der Literatur findet man Phasenpläne mit über 20 Phasen. Die Erfahrung zeigt aber, daß eine solche Fein-Detaillierung durch die Praxis in Frage gestellt wird.

Der Grund dafür liegt auf der Hand: Immer wieder müssen Kompromisse zwischen den drängenden Tagesaufgaben bei der Abwicklung von Kundenaufträgen und der Weiterentwicklung der Einführungsschritte getroffen werden. Zudem ergeben sich aus dem Arbeitsfortschritt häufig neue Erkenntnisse, die Veränderungen im Zeitablauf erzwingen. Deshalb erscheint es sinnvoll, die Phasen bei der Planung nur ganz grob festzulegen und die Detailplanung stets aktuell zwischenzuschieben. Eine überall anwendbare Grobplanung für den Zeitablauf der „Einführung" eines QM-Systems zeigt das Bild 14.8. Die gewählte, jeweils dreifache Aufgliederung der vier Hauptabschnitte kann bereits Variationen unterliegen, und zwar abhängig vom Produktprogramm, von der Größe der Organisation und ihrer Organisationsstruktur. Die vier Hauptabschnitte sollte man allerdings immer beachten. In den Einführungsprozeß müssen in geeigneter Weise von Anfang an auch Außenstellen der Organisation einbezogen werden. Sie sind für die Kontakte zu Kunden besonders wichtig. Die Erfahrung zeigt, daß detaillierte QM-Verfahrensanweisungen zur Ermöglichung, Nutzung und Auswertung von Kundenbeschwerden besonders wichtig sind, wenn entsprechend der QFD-Philosophie die „Stimme des Kunden" erfolgreich umgesetzt werden soll (siehe Abschnitt 14.6.4).

Bild 14.8: Grober Zeitablauf zur Systematisierung eines QM-Systems

Nummer	1 → Ständige Vorbereitungsphase (Vorbereitungsteam)			2 → Information Phase zur Schaffung der erforderlichen Einführungs-Randbedingungen		
Haupt-phase						
Unter-phase	Ist-zustand QME?	Was ist zu entscheiden? (Phase 1c*!)	Entscheidungen treffen! (ob. Leitung)	Führungskräfte -Schulung und -Motivierung	QME-FMEA: Risiko-abschätzung	Bearbeitungs-Rangfolge festlegen
Nummer	1a	1b	1c*	2a	2b	2c
	↓	Fortsetzung	↓	↓	Fortsetzung	↓
Nummer	3 → der obersten Haupt-Erarbeitungsphase (kombinierte Teams)			4 → Leitung Bewährungs- und Nutzungsphase (systematische Qualitätsverbesserungen)		
Haupt-phase						
Unter-phase	Erarbei-tung Do-kumente	Zusammen-stellung QM-Handbuch	Entscheidungen treffen! (ob. Leitung)	Zertifizierungs-Schulung (Probe)	QM-Anweisungen verbessern	Externe Qualitäts-audits
Nummer	3a	3b	3c*	4a	4b	4c

Anmerkung:
* Bei 1c Vorentscheidungen nötig, z.B. wer welche QM-Zuständigkeitsmatrix entwirft, bei 3c Hauptentscheidungen nötig, z.B. personelle Entscheidungen oder Entscheidung einer umstrittenen Zuständigkeit

14.8 Überblick über QM-Elemente

Schon im Abschnitt 13.2.3 ist ein systematischer Überblick über QM-Elemente gegeben, insbesondere mit den Bildern 13.1 und 13.2. Noch ausführlicher ist der dort bereits erwähnte, aber nur zwischen [37] und [40] vergleichende Überblick in [78]. Beide Unterlagen sind als Hilfsmittel zur Planung des QM-Systems brauchbar.

Immer wieder muß allerdings auf die Unterteilbarkeit und Zusammenstellbarkeit von QM-Elementen hingewiesen werden, außerdem auf die noch unterentwickelte Systematik ihrer Ordnung in [37] bis [49]. Für die bei Erscheinen der 3. Auflage dieses Buches bereits intensiv in der Bearbeitung befindliche Langzeitrevision der Normen ist eine bessere Ordnung der QME und eine übereinstimmende Numerierung vorgesehen.

14.9 Zusammenfassung zu den Kapiteln 13 und 14

Mehr als 10 Prozent dieses Buches sind dem QM-System gewidmet. Der Leser wird bei Prüfung der Systematik der Darstellung möglicherweise feststellen, daß es Teilinhalte gibt, die man in beiden Kapiteln bringen könnte. Anderseits wird er Erläuterungen zu vielen QM-Elementen vermissen. Ursache für beide Feststellungen sind die Vielschichtigkeit der Materie sowie das Bestreben des Verfassers, wesentliche Charakteristika der QME und ihrer systematischen Planung herauszustellen.

15 Umfassendes Qualitätsmanagement (TQM)

> **Überblick**
>
> *Umfassendes (früher „totales") Qualitätsmanagement ist für viele die große „Heilserwartung", für manche Anwender aber eine große Enttäuschung. Was dahintersteckt und wie man es richtig macht, wird hier skizziert.*

15.1 Vorbemerkungen zur Benennung

Bis zur Neudefinition von „quality management" als Oberbegriff durch ISO/ TC 176 (siehe Abschnitt 9.2) hieß TQM noch TQS und „Totale Qualitätssicherung". Der Begriff hatte jedoch nicht den gleichen Inhalt wie 20 Jahre vorher. Damals ging es noch um eine rein fachliche Erkenntnis. Sie besagte, daß Qualitätssicherung schon beim Einkauf und bei der Planung des Angebotsprodukts beginnen muß. Nicht etwa das „Kontrollieren des Produkts am Ende der Fertigung" sichere zufriedenstellende Qualität, sondern die „totale" Einbeziehung des Qualitätssicherungsgedankens auch in alle Tätigkeiten, die unmittelbar der Erstellung des Angebotsprodukts dienen.

Die neuere Bedeutung der gleichen Benennung meint jedoch die Ausdehnung des qualitätsbezogenen Denkens auch auf alle anderen Tätigkeiten einer Organisation, und auf sämtliche Ergebnisse dieser Tätigkeiten. Im Grunde war diese Ausweitung freilich bereits mit der Verallgemeinerung des Begriffs der Einheit (siehe Abschnitt 6.2) bewirkt, die der Qualitätsbetrachtung unterzogen werden kann und unterzogen werden sollte.

Auch der angloamerikanische Sprachraum zeigt erhebliche Unterschiede: So fand 1996 in Yokohama eine „Welt-Qualitätskonferenz" zu „Total Quality Control" statt. Programm und Erläuterungen ließen keinen Zweifel: Gemeint war umfassendes Qualitätsmanagement. 1997 war im UK bereits „Total quality management" das Thema, 77 Beiträge dazu sind in [302] dokumentiert. Jetzt ist also quality management als Oberbegriff offenbar anerkannt.

Auch Benennungen wie „Company wide quality control" (CWQC) oder die sehr mißverständliche Verkürzung auf „Total quality" sind üblich (gewesen). Im Deutschen führt sich seit 1995 für TQM mit [16] zunehmend die genormte Benennung „Umfassendes Qualitätsmanagement" ein. Sie wird auch in diesem Buch benutzt. Als Abkürzung wird jedoch „TQM" belassen.

15.2 Der Begriff Umfassendes Qualitätsmanagement

Man muß sich, bevor man über umfassendes Qualitätsmanagement redet, – wie auf allen anderen Gebieten – kundig machen, worum es geht: 1989 wurde erstmals in einem Vorläufer zu [16] eine international abgestimmte Erklärung vorgelegt. Sie war noch ausgerichtet auf das Ziel „Qualitätsverbesserung". In der Norm [16] stellt die derzeit international geltende Erklärung auf die Qualität ab. Dabei ist aus den Definitionshinweisen „alle Mitglieder" und „Zufriedenstellung der Kunden" zu entnehmen, daß alle qualitätsbezogenen Tätigkeiten, Tätigkeitskomponenten und Ergebnisse in der ganzen Organisation gemeint sind. Sie sind demnach zu betrachten im Hinblick auf die Gestaltung ihrer Beschaffenheiten. Ziel ist dabei offensichtlich nicht nur, daß die Qualitätsforderung an das Angebotsprodukt so erfüllt wird, daß es dem Kunden den gewünschten Nutzen auch tatsächlich verschafft. Mindestens richtet sich umfassendes Qualitätsmanagement zusätzlich an alle, oder wenigstens an die wichtigsten Tätigkeiten und deren Ergebnisse im Zusammenhang mit dem Angebotsprodukt. Dazu gehören im Hinblick auf die in der Definition erwähnte „Gesellschaft" („society") gemäß den Anmerkungen auch Umweltschutz und sparsamer Umgang mit verfügbaren Mitteln. In [16] ist erklärt:

Umfassendes Qualitätsmanagement (TQM) =

Auf die Mitwirkung aller ihrer Mitglieder gestützte Managementmethode einer Organisation, die Qualität in den Mittelpunkt stellt und durch Zufriedenstellung der Kunden auf langfristigen Geschäftserfolg sowie auf Nutzen für die Mitglieder der Organisation und für die Gesellschaft zielt.

In Diskussion über das umfassende Qualitätsmanagement wird heute vielfach so gut wie alles in einer Organisation an Tätigkeiten, Ergebnissen und Zielsetzungen einbezogen. Das ist ein ungerechtfertigter und für die Zusammenarbeit schädlicher Totalitätsanspruch. Deshalb lautet der neueste, wesentlich vereinfachte Definitionsvorschlag (siehe Bild 5.1):

Umfassendes Qualitätsmanagement (TQM) =
Ein alle Bereiche der Organisation
umfassendes Qualitätsmanagement

In [16] gibt es vier Anmerkungen zum umfassenden Qualitätsmanagement:

1 Der Ausdruck „alle ihre Mitglieder" bezeichnet jegliches Personal in allen Stellen und allen Hierarchie-Ebenen der Organisationsstruktur (gemeint ist: der Organisation).
2 Wesentlich für den Erfolg dieser Methode ist, daß die oberste Leitung überzeugend und nachhaltig führt, und daß alle Mitglieder der Organisation ausgebildet und geschult sind.
3 Der Begriff Qualität bezieht sich beim umfassenden Qualitätsmanagement auf das Erreichen aller geschäftlichen Ziele.
4 Der Begriff „Nutzen für die Gesellschaft" bedeutet Erfüllung der an die Organisation gestellten Forderungen der Gesellschaft.

15.2.1 Hilfsbegriffe zum umfassenden Qualitätsmanagement

In der ersten Definition und in den zitierten vier Anmerkungen zum umfassenden Qualitätsmanagement sind die Begriffe Qualität (siehe Kapitel 7), Organisation, Organisationsstruktur, Kunde (siehe Abschnitt 8.4, insbesondere Bild 8.2) und Forderungen der Gesellschaft benutzt. Drei davon, die mehr oder weniger bereits von der Benennung her verständ-

15.2 Der Begriff Umfassendes Qualitätsmanagement

lich sind, wurden schon weiter vorne benutzt. Hier werden sie nun mit ihrer jeweiligen Definition vorgestellt. Alle Definitionen stammen aus [16].

Die Organisation ist Oberbegriff für das früher in der DIN EN ISO 9000-Familie vorwiegend benutzte „Unternehmen" („company"). Schon nach der Kurzzeitrevision war „company" bereits durch „organization" ersetzt. [16] erklärt diese wie folgt:

> **Organisation =**
>
> **Gesellschaft, Körperschaft, Betrieb, Unternehmen oder Institution oder Teil davon, eingetragen oder nicht, öffentlich oder privat, mit eigenen Funktionen und eigener Verwaltung**

Die deutsche Erklärung für die Organisationsstruktur [16] ist nachfolgend bereits auf den Begriff Zuständigkeit abgestellt (siehe Abschnitt 13.4.4).

> **Organisationsstruktur =**
>
> **In einem Schema geregelte Zuständigkeiten, mit deren Hilfe eine Organisation ihre Aufgaben erfüllt**

Für die Langzeitrevision der ISO 9000 family werden die nachfolgenden einfacheren Definitionen diskutiert:

„**Organisation = System mit spezifischen Zielen und einer Organisationsstruktur**"

sowie

„**Organisationsstruktur = System von Zuständigkeiten**"

Die einem ständigen Wandel und auch modischen Strömungen unterworfenen Forderungen der Gesellschaft erklärt [16] wie folgt:

> **Forderungen der Gesellschaft =**
>
> **Verpflichtungen aufgrund von Gesetzen, Vorschriften, Verordnungen, Kodizes, Statuten und anderen Erwägungen**

Die drei Anmerkungen aus [16] zu den Forderungen der Gesellschaft lauten:

1. „Andere Erwägungen" betreffen vor allem Schutz der Umwelt, Gesundheit, Sicherheit, Schutz, Erhaltung von Energie- und natürlichen Hilfsquellen.
2. Alle Forderungen der Gesellschaft sollten bei der Festlegung der Qualitätsforderung in Betracht gezogen werden.
3. Forderungen der Gesellschaft enthalten juristische und gesetzliche Forderungen. Diese können je nach Rechtsprechung unterschiedlich sein.

Mit diesen Definition und Anmerkungen zum umfassenden Qualitätsmanagement kann man über diese stets hochaktuelle Methode mit Aussicht auf systematisch erzielbaren Erfolg diskutieren. Die größte Schwierigkeit bereitet dabei erfahrungsgemäß der Qualitätsbegriff.

Deshalb wird zuerst die Qualitätsbezogenheit des umfassenden Qualitätsmanagements betrachtet.

15.2.2 Qualitätsbezogenheit des umfassenden Qualitätsmanagements

Alle Mitglieder der Organisation sind angesprochen, und zwar ausdrücklich bezüglich ihrer qualitätsbezogenen Tätigkeiten oder Tätigkeitskomponenten zur Erreichung aller geschäftlichen Ziele. Denn „der Begriff Qualität bezieht sich" zweifellos nicht auf „nicht qualitätsbezogene" Tätigkeiten. Entsprechend bezieht sich umfassendes Qualitätsmanagement auf alle qualitätsbezogenen Ergebnisse und ebenfalls nicht auf „nicht qualitätsbezogene" Ergebnisse. Es geht demnach nicht nur um die QME im Rahmen des auf die Angebotsprodukte ausgerichteten QM-Systems, sondern auch um die qualitätsbezogenen Tätigkeitskomponenten aller anderen Tätigkeiten in der Organisation. Und es geht auch nicht nur um die QM-Elemente der Angebotsprodukte, sondern auch um die QM-Elemente der internen Produkte. Man beachte dazu das Kapitel 4, insbesondere die Abschnitte 4.5 und 4.11, sowie das ganze Kapitel 7.

Man muß sich zum umfassenden Qualitätsmanagement immer wieder und sicherlich noch lange mit Literatur auseinandersetzen, in welcher *nicht* der seit einem Vierteljahrhundert international unstrittige fachliche Qualitätsbegriff verwendet wird. In einem neuen und in der Wissenschaft schlecht vertretenen Fachgebiet ist das kein Wunder. Das darf aber nicht dazu führen, daß zweifelhaft wird, welcher Qualitätsbegriff den Überlegungen zum umfassenden Qualitätsmanagement zugrunde zu legen ist. Qualität ist selbstverständlich auch hier für beliebige Einheiten der Qualitätsbetrachtung die vieldimensionale, quantifizierte Wechselbeziehung zwischen Qualitätsforderung (quality requirement) und realisierter Beschaffenheit (totality of characteristics and their values). Oder hier einmal anders ausgedrückt:

> Qualität ist die quantitative Antwort auf die Frage, inwieweit die Qualitätsforderung mit ihren Einzelforderungen an die Qualitätsmerkmale durch die realisierte Beschaffenheit der betrachteten Einheit mit allen ihren ermittelten Merkmalswerten erfüllt ist.

Der Qualitätsbegriff spornt dazu an, bei Qualitätsbetrachtungen stets beide Seiten dieser Relation im Auge zu behalten: Es kommt in gleichem Maße auf die geforderte Beschaffenheit wie auf die realisierte Beschaffenheit an. Das gilt qualitätsmerkmalsweise, und zwar für jede betrachtete Einheit.

Umfassendes Qualitätsmanagement will also die Aufmerksamkeit darauf lenken, daß beide Beschaffenheiten verschieden sein können von dem, was erforderlich ist, damit alle Interessenpartner (siehe Abschnitt 15.7) zufrieden sein können: Jede Einzelforderung im Rahmen der Qualitätsforderung kann unzweckmäßig, aber auch jede Merkmalsrealisierung fehlerhaft sein.

Gerade beim umfassenden Qualitätsmanagement wäre es verhängnisvoll, normwidrig Qualität als Erfüllung der Qualitätsforderung(en) anzusehen. Dann würde das TQM-Modell in sich unlogisch: Man wäre verführt, eine Unqualität einzuführen, und dann spräche man doch wieder von „schlechter Qualität", was jedoch nur bei normgerechter Qualitätsdefinition sinnvoll ist. Solche Verwirrungen entgegen dem Stand der Technik führen dann oft zur Vorstellung, beim umfassenden Qualitätsmanagement handle es sich um etwas prinzipiell Neues. Oder man beklagt, daß der Erfolg ausbleibt [120]. Diese Klagen können natürlich viele Ursachen haben.

15.3 Unveränderte Benutzung der QM-Grundlagen

15.3.1 Allgemeines

Beim umfassenden Qualitätsmanagement werden die bewährten Gedankenmodelle und Arbeitstechniken des Qualitätsmanagements auf eine größere Anzahl von Einheiten in allen Bereichen und Hierarchie-Ebenen der Organisation angewendet, als es beim herkömmlichen Qualitätsmanagement mit Bezug allein auf die Angebotsprodukte üblich ist. Die Gestaltungsaufgabe des umfassenden Qualitätsmanagements besteht in der Festlegung, wer für diese Qualitätsbetrachtung in welchem Bereich für welche Einheiten zuständig ist. Es geht beim umfassenden Qualitätsmanagement aber *keineswegs*

- um einen neuen Qualitätsbegriff, oder
- um eine neue Art der Qualitätsbetrachtung, oder
- um verschiedene Qualitätsbegriffe (siehe Abschnitt 15.3.3).

Nach wie vor gilt, daß die Einheiten der Qualitätsbetrachtung (siehe Bild 6.1) allein bezüglich ihrer Beschaffenheit betrachtet werden. Diese beschaffenheitsbezogenen Elemente der Einheiten der Qualitätsbetrachtung werden heute auch **Qualitätskomponenten der Einheiten** genannt. Beim umfassenden Qualitätsmanagement geht es also nur um diese.

15.3.2 Bestandteile der Qualitätskomponenten

Alle Qualitätsmerkmale sind auch Qualitätskomponenten. Deshalb ist das neue Wort „Qualitätskomponente" eigentlich nicht erforderlich. Am nützlichsten erscheint es bei Tätigkeiten, bei denen das jeweilige Tun für die drei Ziel-Komponenten nur schwer zu trennen ist (siehe Kapitel 4). Auch Gruppen von Qualitätsmerkmalen kann man als unterschiedliche Qualitätskomponenten der Beschaffenheit bezeichnen, etwa die Sicherheitskomponente, die Zuverlässigkeitskomponente oder die Umweltschutzkomponente.

Der Lieferzeitpunkt eines materiellen Produkts und sein Preis sind nicht Bestandteile seiner Beschaffenheit. Sie gehören demnach nicht zu den Qualitätsmerkmalen. Bei materiellen Produkten sind sie daher weder Qualitätskomponenten noch Gegenstand von Qualitätsbetrachtungen. Im allgemeinen gilt dies auch für immaterielle Produkte, beispielsweise für eine Rechnersoftware, eine Gebrauchsinformation, einen Konstruktionsentwurf.

Qualitätsforderungen an Tätigkeiten heißen „Verfahrensanweisung". Sie legen fest „was durch wen, wann, wo und wie getan werden" muß [16]. Der Zeitablauf gehört also prinzipiell zur Beschaffenheit einer Tätigkeit und ist damit auch Bestandteil der Qualitätskomponente bei Tätigkeiten. Wiederum gehören aber Preis und Kosten der Tätigkeit nicht zu ihrer Beschaffenheit.

Eine spezielle Betrachtung ist beim umfassenden Qualitätsmanagement dem immateriellen Produkt „Dienstleistung" zu widmen (siehe Abschnitt 8.3.2): Die Qualitätsforderung an dieses Produkt enthält oft Einzelforderungen an den Zeitpunkt, zu dem es erbracht sein muß. Ein Beispiel ist ein Fahrplan. Just-in-time-Lieferungen sind ein anderes aus der Industrie. Aber auch hier gehören der Preis oder die Kosten des Ergebnisses der betreffenden Tätigkeiten (also der Dienstleistung) nicht zur Beschaffenheit. Das gilt auch dann, wenn die Tätigkeiten im Finanz- oder Kostenbereich der Organisation ausgeführt werden, z.B. zur Erstellung des Geschäftsberichts einer Organisation, der Betriebsabrechnungsbögen oder zur Preiskalkulation für materielle oder immaterielle Angebotsprodukte.

Immer dann, wenn Preis oder Kosten als „zur Qualität der zu vermarktenden Produkte und Dienstleistungen gehörig" betrachtet werden, steht diese Aussage im Widerspruch zum Stand der Technik und zur nationalen und internationalen Normung zum Qualitätsmanagement. Daß solche Abweichungen in vielen Veröffentlichungen zum umfassenden Qualitätsmanagement vorkommen, beweist nicht ihre Richtigkeit.

15.3.3 Die falsch verstandenen „zwei Arten von Qualität"

Vielfach wird bei Diskussionen zum umfassenden Qualitätsmanagement davon gesprochen, es würden hier abweichend vom üblichen Qualitätsmanagement „zwei Arten von Qualität in einem Unternehmen" gelten. Dies seien einmal die Qualität von Produkten und zum anderen die Qualität von Tätigkeiten. Diese Auffassung stammt aus einer Zeit, in welcher der umfassende, abstrakte Begriff der Einheit gemäß Abschnitt 6.2 (mit Bild 6.1) noch nicht allgemein bekannt war. In dieser Zeit war es zudem zeitweise das Ziel, viele weitere „Arten von Qualitäten" zu definieren. Das gelang aber wegen der branchenbezogenen Unterschiedlichkeit nicht und mündete schließlich in die Qualitätselemente im Qualitätskreis (siehe Abschnitt 4.12).

Es gibt also nur eine einzige Art von Qualität gemäß Kapitel 7. Daß sie sich auf alle (und durchaus nicht nur auf zwei) Arten von Einheiten beziehen kann, und daß man sich immer im klaren sein muß, von welcher Einheit man jeweils spricht, ist eine Grundforderung der Qualitätslehre. Sie besagt, daß man während der Betrachtung einer Einheit diese Einheit nicht wechseln darf.

15.4 Das Neue beim umfassenden Qualitätsmanagement

Dank der Möglichkeit der Beibehaltung einer unveränderten Methodik der Qualitätsbetrachtung von Einheiten wegen des starken Abstraktionsgrades des Begriffes Einheit beschränkt sich die Diskussion darüber, was das Neue am umfassenden Qualitätsmanagement ist, auf die Frage, welche Einheiten (zusätzlich) betrachtet werden. Daß dabei stets nur die Qualitätskomponenten zu betrachten sind, sei nochmals besonders hervorgehoben.

Zur Erläuterung dient das Bild 15.1. Es besteht aus drei Säulen. Oben sind jeweils die Tätigkeiten gezeigt, symbolisiert als (hier senkrecht nach unten gerichtete) Pfeile, unten die daraus entstehenden Ergebnisse, symbolisiert als Rechtecke. Dieses Bild ist für die Darlegung der Entscheidungs-Problematik zum umfassenden Qualitätsmanagement im Grunde zu primitiv. Das ist allgemein zu beachten. Anhand von zwei Beispielen sei dies erläutert:

- QMAE der mittelbaren und der unmittelbaren Qualitätslenkung wirken sehr unterschiedlich auf die Qualität des Angebotsprodukts. Sie gehören aber beide zur linken Säule.
- Das QMAE „innerbetrieblicher Transport" hat zwar keinen direkten Kundenbezug, gehört also zur rechten Säule, aber es kann die Qualität des Angebotsprodukts erheblich beeinträchtigen.

Dennoch zeigt dieses Bild die Entscheidungsschwerpunkte:

15.4 Das Neue beim umfassenden Qualitätsmanagement

Bild 15.1: Unterscheidung der Tätigkeiten und ihrer Ergebnisse bezüglich Qualität des Angebotsprodukts der Organisation

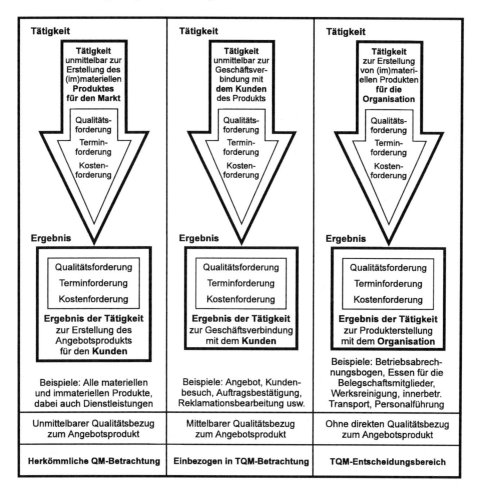

Selbstverständlich stehen auch beim umfassenden Qualitätsmanagement die Angebotsprodukte und die Tätigkeiten zu ihrer Planung und Realisierung im Mittelpunkt. Das ist *die linke Säule* im Bild 15.1. Man kann sie dem herkömmlichen Qualitätsmanagement fortgeschrittener Art zuordnen. Es ist nämlich durchaus (noch) nicht überall üblich, daß die Tätigkeiten und Prozesse zur Planung und Realisierung des Angebotsprodukts qualitätsbezogen mit der gleichen Sorgfalt geplant werden wie die Angebotsprodukte selbst.

Wer sein QM-System systematisch plant und betreibt, wird bei den Tätigkeiten und Ergebnissen *der mittleren Säule* des Bildes 15.1 alle jene in sein Qualitätsmanagement einbezogen haben, die QM-Elemente dieses Systems sind. Nur deren interne, die ganze Organisation umfassende, systematisch qualitätsbezogene Betrachtung schafft darlegbar ausreichendes Vertrauen für den Kunden, daß der Lieferant die Qualitätsforderung an das Angebotsprodukt und alle damit direkt zusammenhängende Aufgaben erfüllen wird.

Das wesentlich Neue am umfassenden Qualitätsmanagement ist die Einbeziehung aller Einheiten *der rechten Säule* des Bildes 15.1, also auch hier der Qualitätskomponenten der Tätigkeiten und der Ergebnisse. Die Beispiele zeigen, daß es sich um jene Einheiten handelt, durch die der Bezieher des Angebotsprodukts allenfalls sehr indirekt betroffen ist.

15.4.1 Unterschiedliche Betrachtungs-/Entscheidungs-Möglichkeiten

Inwieweit die Qualitätskomponenten der rechten Säule des Bildes 15.1 zum umfassenden Qualitätsmanagement gehören (sollten), läßt sich nicht begrifflich entscheiden.

- Man kann sich auf den Standpunkt stellen, daß sie nicht dazu gehören, weil sie keinen direkten Kundenbezug haben, der als das Wesentliche des umfassenden Qualitätsmanagements zu betrachten sei.

- Man kann sich auf den Standpunkt stellen, daß die Qualitätskomponenten sowohl der betreffenden Tätigkeiten als auch der zugehörigen Ergebnisse zum umfassenden Qualitätsmanagement gehören, eben weil sie ebenfalls beschaffenheitsbezogene Komponenten haben, also Qualitätskomponenten.

- Schließlich kann man zu den Einheiten der rechten Säule den Standpunkt vertreten, daß die Qualitätskomponenten nur der Tätigkeiten, nicht aber die der Ergebnisse zum umfassenden Qualitätsmanagement gehören. Begründung dafür wäre, daß alle Tätigkeiten in der Organisation einbezogen sein müssen, nicht aber notwendigerweise auch alle Ergebnisse dieser Tätigkeiten. Für den Erfolg der Organisation entscheidend seien außer allen Tätigkeiten nur diejenigen Ergebnisse, die unmittelbar oder mittelbar Qualitätsbezug zum Angebotsprodukt hätten.

Der Qualitätsbezug zum Angebotsprodukt bezieht selbstverständlich auch Unterlieferanten ein. Ein erfolgreich dem Prinzip des umfassenden Qualitätsmanagements unterworfenes Verhältnis Auftraggeber/Unterlieferant ist deshalb ebenfalls ein wesentlicher Beitrag zum Gesamterfolg dieser viel diskutierten Managementmethode.

Wer Qualitätskomponenten von Ergebnissen zum umfassenden Qualitätsmanagement zählt, die *keinen* Qualitätsbezug zum Angebotsprodukt haben, muß allerdings damit rechnen, daß ihm vorgeworfen wird, er mache das Gleiche wie schon seit Jahrzehnten Verfechter von Auffassungen wie etwa, daß „alles Marketing ist", daß „alles vertriebsbezogen betrachtet werden muß", daß es „letztlich überall nur auf's Geld ankommt" usw. Ein solcher scheinbarer oder wirklicher Totalitätsanspruch simplifiziert nicht nur die Wirklichkeit; er löst zudem auch psychologische Gegenreaktionen bei vielen Mitarbeitern aus. Für das umfassende Qualitätsmanagement wären solche Gegenreaktionen nicht dienlich. Sie kommen aber bereits vor, weil bei seiner Einführung der Rahmen des umfassenden Qualitätsmanagements im allgemeinen nicht hinreichend abgegrenzt wurde auf die Qualitätskomponenten und auf den Qualitätsbezug zum Angebotsprodukt.

15.4.2 Notwendige Entscheidungen der obersten Leitung

Wichtig für die Einführung des umfassenden Qualitätsmanagements in einer Organisation ist daher, daß durch die oberste Leitung von Anfang an klargestellt wird, welcher der möglichen Standpunkte gemäß Abschnitt 15.4.1 gilt. Man bezeichnet die betreffende Entscheidung als diejenige über den „Einzugsbereich des umfassenden Qualitätsmanagements".

Die oberste Leitung wird sich zu diesen Entscheidungen ausführlich beraten lassen. Ihr sollten die Notwendigkeit und die Konsequenzen ihrer Entscheidung vor Augen geführt werden, und zwar auch in ihrer teilweise sehr engmaschigen Verflechtung mit anderen Management-Zielen [297].

Aus der prinzipiellen Entscheidung zum Einzugsbereich folgen die – dann auch schriftlich bekannt zu machenden – Einzelentscheidungen über die Arten von Tätigkeiten und Ergebnissen der rechten Säule des Bildes 15.1.

Eine weitere wichtige Entscheidung betrifft die QM-Zuständigkeitsarten für die erweiterten Aufgabenbereiche (die man nicht „TQM-Zuständigkeiten" nennen sollte). Es kann sinnvoll und für die Abwicklung besser sein, wenn man die Qualitätskomponenten der Tätigkeiten nicht alle, oder sogar nur vereinzelt, der Überwachung durch das Qualitätswesen zuordnet. Zuliebe der Unmittelbarkeit der Einflußnahme sollte man diese Befugnis den jeweiligen Chefs überlassen. Daraus ergibt sich dann von selbst die Notwendigkeit, alle diese Chefs intensiv in Qualitätsmanagement zu schulen. Ein meist sehr brisantes Beispiel sind Qualitätskomponenten von Vertriebstätigkeiten.

Wie am besten entschieden wird, hängt von der Organisation, ihrer Größe, vom Produktspektrum und vielen anderen Einflüssen ab. Bei Tätigkeiten spielt es auch eine Rolle, ob sie bisher als Aktivität, Tätigkeit, Maßnahme, Handlung, Ablauf oder Prozeß bezeichnet wurden (siehe Abschnitt 9.1).

15.4.3 Neue Randbedingungen zum umfassenden Qualitätsmanagement

In dieser Hinsicht ist auf sehr zahlreiche Veränderungen hinzuweisen. Sie haben Namen wie „Lean production" (mit allen „Lean"-Abwandlungen), „Verkürzung des Lebenszyklus der Produkte", „Intensivierung der Innovation", „Diversifizierung der Qualitätsforderungen", „Standortnachteile", „Weltweite Wettbewerbsverschärfung". Zwar bewirken diese Randbedingungen vielfältige Einflüsse, die das umfassende Qualitätsmanagement (und andere neue Methoden) unausweichlich machen, sie sind aber nicht Wesenszüge des umfassenden Qualitätsmanagements selbst.

15.5 Einführung des umfassenden Qualitätsmanagements

15.5.1 Allgemeines

Bei der Einführung des umfassenden Qualitätsmanagements werden, wie gezeigt, die QM-Grundlagen unverändert benutzt. Daraus ergibt sich eine bemerkenswerte gedankliche Vereinfachung mit der Schlußfolgerungen:

- Im Mittelpunkt auch des umfassenden Qualitätsmanagements steht die jeweilige Qualitätsforderung an die Einheit; nur geht es jetzt im allgemeinen um mehr Einheiten. Alles im Kapitel 11 Gesagte ist gültig.
- Nichterfüllungen von Einzelforderungen im Rahmen einer Qualitätsforderung ziehen die Anwendung der QM-Elemente Behandlung fehlerhafter Einheiten und Korrekturmaßnahmen nach sich.

Diese Aufführung von Entsprechungen könnte beliebig fortgesetzt werden. Es ergäbe sich nur eine Wiederholung der Erläuterungen zum Qualitätsmanagement in früheren Kapiteln. Das gilt auch für die erforderlichen Entscheidungen der obersten Leitung. Es sind die gleichen, wie sie gemäß Abschnitt 14.3.6 für die „Einrichtung" eines QM-Systems nötig sind. Sofern sie noch nicht getroffen wurden, sollten sie jetzt nachgeholt werden. Einzig die im Abschnitt 15.4.2 genannten zum „Einzugsbereich des umfassenden Qualitätsmanagements" kommen jetzt hinzu.

Es muß auch auf folgendes hingewiesen werden: In der Literatur wird umfassendes Qualitätsmanagement vielfach als etwas völlig Neues behandelt, das allenfalls dem Namen nach etwas mit Qualitätsmanagement zu tun hat. Es werden auch laufend neue Zeitschriften zu diesem Thema ins Leben gerufen. Aus der bekanntesten, in fast 50 Ländern verbreiteten Zeitschrift „Total Quality Management" sind die Beispiele der Tabelle 15.1 entnommen. Sie vermitteln den Eindruck, man müsse sich bei der Einführung des umfassenden Qualitätsmanagements die erforderlichen „Elemente" oder „Faktoren" neu zusammenstellen, die zu beachten sind. Erstes Beispiel sind die acht „TQM-Grundelemente" nach Bossink et al. [121], ein zweites die acht „Kritischen TQM-Erfolgsfaktoren" nach Porter et al. [122]. In der nachfolgenden Tabelle ist versucht, sie zeilenweise einander zuzuordnen. Man sieht aber, daß nur eine geringe Verwandtschaft besteht. Beide Tabellenspalten enthalten Gesichtspunkte, die für ein QM-System ebenso wichtig sind wie für die Einführung des umfassenden Qualitätsmanagements.

Tabelle 15.1: Gesichtspunkte zum umfassenden Qualitätsmanagement: Auswahl nach zwei Verfassern

TQM-Grundelemente nach Bossink et al. [121]	Kritische TQM-Erfolgsfaktoren nach Porter et al. [122]
Führungskräfte-Engagement, Einpflanzung Unternehmenskultur, Wechselbeziehung Linie/Stab, Technologie-Perspektive, Betonung des Vorwärtskommens, Verbesserung Marktkontakt, Integration Produkterstellung, Totalität	TQM-Engagement der Führung, TQM-Einführungsstrategie, TQM-Organisationsstruktur, Qualitätsbezogene Technologien Schulung und Fortbildung, Informationsaustausch für TQM, Mitarbeiter-Engagement, QM-System/Prozeßmanagement

Daß in der Literatur die prinzipielle Verfahrensgleichheit des Qualitätsmanagements im QM-System und beim umfassenden Qualitätsmanagement nur sehr mangelhaft hervorgehoben wird, ist möglicherweise durch folgendes verursacht: Die in der DIN EN ISO 9000-

15.5 Einführung des umfassenden Qualitätsmanagements 225

Familie verwendeten QM-Elemente sind im Angloamerikanischen bisher nicht definiert wie neuerdings in [8]. Überdies lassen, wie bereits erwähnt, die Abschnittsüberschriften der Grundnormen mit QM-Darlegungsforderungen die alleinige Qualitätsbezogenheit der betreffenden Inhalte nicht deutlich genug erkennen. Sie vermitteln sogar den erfahrungsgemäß oft irreführenden Eindruck der umfassenden Behandlung des betreffenden Themas. Beispielsweise macht die Überschrift „Design" glauben, hier werde insgesamt über Entwicklung gesprochen. Es geht aber um das QM-Element Entwicklung, nicht um deren Termin- und Kostengestaltung. In der ersten deutschsprachigen Fassung waren daher in allen Überschriften „QM-Elemente" genannt. Wegen der nicht exakt wörtlichen Übersetzung mußte diese Hilfe wieder beseitigt werden.

Zu den QM-Elementen – die nichts anderes sind als die Qualitätskomponenten jener Tätigkeiten, die unmittelbar oder mittelbar der Erstellung des Angebotsprodukts dienen – sind in DIN 55350-11 [8] inzwischen Begriffserklärungen niedergelegt. Es wird versucht, sie auch bei ISO zu vereinheitlichen. Das wird gefördert durch die neue Überschrift „QM-Elemente" des Hauptabschnitts 5 von [40c]. Früher lautete sie „Grundsätze zum Qualitätssicherungssystem" [40b].

15.5.2 Einführung des umfassenden Qualitätsmanagements und Motivierung

Auch hierzu ist festzustellen: Eine gute qualitätsbezogene Motivation aller Mitglieder einer Organisation ist schon in den Normen der DIN EN ISO 9000-Familie ein wesentliches Anliegen. Es kommt hier nichts Neues hinzu, und es wird nichts Anderes verlangt. Oft muß der Hinweis auf das umfassende Qualitätsmanagement allerdings als Werkzeug dafür eingesetzt werden, daß die im QM-System bisher nicht realisierte geistige Umorientierung nun „unter der neuen Fahne" verwirklicht werden soll.

15.5.3 Einführung des umfassenden Qualitätsmanagements und Innovation

Innovationen „tragen dazu bei, neue Märkte zu schaffen und Bedürfnisse besser zu befriedigen" (Brockhaus-Enzyklopädie). Zielsichere und rechtzeitige Produktinnovationen sind vor allem dann möglich, wenn Technologie-Innovationen stattfinden. Aber auch geschickte Prozeß-Innovationen gestatten in einer Organisation gelegentlich eine marktwirksame Produktinnovation. Es gibt also viele Gelegenheiten für Innovationen. Daß solche mit einer größeren Wahrscheinlichkeit gefunden werden, wenn alle Mitglieder der Organisation für Entdeckung oder systematische Hervorbringung von Innovationen hochmotiviert sind, liegt auf der Hand. Insoweit ist Motivierung bei der Einführung von umfassendem Qualitätsmanagement zusammen mit der in Tabelle 15.1 erwähnten „Betonung des Vorwärtskommens" oft eine wesentliche Unterstützung der Innovation.

15.5.4 Erfahrungen mit der Einführung des umfassenden Qualitätsmanagements

Zufällig sind etwa gleichzeitig zwei weit ausholende Befragungen zum umfassenden Qualitätsmanagement ausgewertet worden. Van de Wiele et al. [123] erhielt in England und Niederlande 358 Antwortserien zu 1542 Befragungen (23,2 Prozent), Stauss [124] in Deutschland 252 Antwortserien zu 4324 Befragungen (5,83 Prozent). Schon die beiden Prozentsätze sind interessant. In beiden Fällen wurden die Fragen meist auf eine Beurteilungsskala mit fünf Noten gestützt, eine weltweit übliche Marketing-Befragungsskala. Die Ergebnisse sind dementsprechend meist nur qualitative Aussagen. Sie sind jedoch gleich bestürzend: Selbst unter den wenigen antwortwilligen Organisationen bestehen erhebliche Grundmängel im Verständnis des umfassenden Qualitätsmanagements oder bezüglich der dafür geltenden Voraussetzungen und Randbedingungen. Daraus kann eine kluge oberste Leitung den berechtigten Schluß ziehen: „Es ist viel zu gewinnen, wenn es gelingt, das umfassende Qualitätsmanagement in meiner Organisation zügig auf der Basis der unverzüglichen Ausweitung und Systematisierung des bestehenden QM-Systems einzuführen. Das ist es wert, dafür auch persönlich Zeit und Engagement einzusetzen.". Dafür werden nicht einmal eine spezielle Literatur oder spezielle Verfahrensweisen benötigt. Es sind die erwähnten Entscheidungen zu treffen und die erforderlichen Mittel zur Verfügung zu stellen. Vor allem aber muß die oberste Leitung einen „langen Atem" haben.

15.6 Einzelfragen zum umfassenden Qualitätsmanagement

15.6.1 Anmerkungen zu Qualitätsverbesserung

Qualitätsverbesserung war definitionsgemäß ursprünglich das wesentliche Ziel des umfassenden Qualitätsmanagements. Die neue Norm [8] macht die drei Komponenten von Qualitätsverbesserung deutlich: Siehe auch Kapitel 12. Selbstverständlich sollen alle drei Komponenten in allen Bereichen beim umfassenden Qualitätsmanagement Bestandteil der Aktivitäten sein, nicht nur die Qualitätserhöhung. Nützlich ist dazu die Beachtung von [46].

Indessen ist die neueste Auffassung zum umfassenden Qualitätsmanagement von dieser isolierten Einzelzielsetzung glücklicherweise wieder abgerückt. Das ohnehin mißverständliche „never ending improvement of quality" (Ford) ist eben weder im QM-System noch beim umfassenden Qualitätsmanagement der ausschließliche Schwerpunkt, die Qualitätssteigerung sogar manchmal aus Kostengründen unerwünscht.

15.6.2 Anmerkungen zu Quality function deployment

Vielfach wird zusammen mit dem umfassenden Qualitätsmanagement auch QFD (siehe Abschnitt 11.7) erwähnt. Hierzu ist bisher durch ISO noch keine einheitliche und allseits anerkannte Definition erwogen, geschweige denn gefunden. Deshalb sollte man sich an die durch die DGQ gegebene halten [53].

In Diskussionen sollte man beachten, daß die Auffassungen noch schwanken: Die einen betrachten QFD als die umfassende Qualitätsplanung, also als die Planung der Qualitätsforderungen

(a) an die Angebotsprodukte (materiell oder immateriell), und zwar unter besonderer Beachtung von Wechselbeziehungen zwischen den Einzelforderungen.

(b) an die (menschlichen oder maschinellen) Tätigkeiten, die zu den Angebotsprodukten führen, und die zur Geschäftsverbindung mit dem Kunden zu erledigen sind,

(c) an die Qualitätsfähigkeit der Menschen, Mittel und Maschinen, welche diese Tätigkeiten ausführen.

15.6 Einzelfragen zum umfassenden Qualitätsmanagement

Andere schränken im Hinblick auf die in Abschnitt 11.7 gegebene Definition diese Methode auf (a) ein. Hier wird empfohlen, bei Einführung des umfassenden Qualitätsmanagements folgende generelle Entscheidung zu treffen: Überall, wo bei der Planung der Qualitätsforderung durch den Einsatz von QFD der Zusatzaufwand durch eine angemessene Verminderung des Risikos eines unsicheren Planungsergebnisses aufgewogen wird, soll QFD systematisch eingesetzt werden. Hinzugefügt sollte werden, wie QFD begrifflich in die bestehende Qualitätsplanung einzuordnen ist, damit nicht der Eindruck entsteht, es gehe hier um etwas prinzipiell Neues.

15.6.3 Umfassendes Qualitätsmanagement und neue Begriffe

Der unzutreffende erste – und oft auch bleibende – Eindruck, es handele sich beim umfassenden Qualitätsmanagement um etwas prinzipiell Neues, wird dadurch gefördert, daß immer neue Begriffe auftauchen. In der Regel zeigt sich bei näherer Betrachtung, daß lediglich neue Namen für wohlbekannte Begriffe oder sogar für Grundbegriffe erfunden und in Umlauf gebracht worden sind. Das kann daran liegen, daß sich die betreffenden „Erfinder" nicht mit den bestehenden Begriffssystemen auseinandergesetzt haben und sie deshalb nur wenig oder überhaupt nicht kennen; aber auch an schlichter „Geschäftstüchtigkeit".

Wer die jeweilige Verbindung des neuen (synonymen) Namens mit dem bewährten Begriff nicht erkennt, hat die für ein schnelles Vorwärtskommen hinderliche Vorstellung, er müsse Neues zusätzlich in sich aufnehmen, wenn er umfassendes Qualitätsmangement einführen will. So wird neuerdings oft von „Kriterien" im Sinn von Merkmalen oder auch von Merkmalswerten gesprochen. Ein interesssantes Beispiel zur Kundenzufriedenheit diene der weiteren Erläuterung. Hierbei setzt sich die Beschaffenheit nicht mehr aus Merkmalen und Merkmalswerten zusammen. Zur Qualitätsplanung werden nicht mehr Qualitätsmerkmale ausgewählt, gewichtet und klassifiziert. Jetzt sind es „Faktoren", welche die Kundenzufriedenheit bewirken. Dabei bleibt offen, ob es die Merkmale oder die Merkmalswerte oder beides sind. Die Einteilung in die Merkmalsklassen wird ersetzt durch eine Einteilung in „unzufrieden machende" (dissatisfiers), „zufrieden machende" (satisfiers) sowie in „Freude machende" (delighters) Faktoren. Ersteres sind offenbar fehlerhafte Merkmalswerte, das zweite nicht fehlerhafte. Das vom Kunden „nicht erwartete", „Freude machende" Merkmal kommt ohnehin nur dann vor, wenn der Lieferant die Qualitätsforderung für sein Angebotsprodukt selbst für den Markt festlegt. Das wird aber nicht einmal erwähnt; ebenso wenig die überaus bedeutsame Eingangsgröße für die Qualitätsforderung, nämlich die Anspruchsklasse nach Abschnitt 6.4.

Zu allen diesen, anhand des Beispiels geschilderten neuen Begriffsentwicklungen sei hervorgehoben: Sie sind in der Regel nicht nur überflüssig, sondern sie gefährden überdies eine einheitliche Entwicklung des Qualitätsmanagements. Deshalb sollte man bei Einführung des umfassenden Qualitätsmanagements darauf bedacht sein, mit bestehenden und genormten Begriffen des Qualitätsmanagements zu arbeiten.

15.6.4 Umfassendes Qualitätsmanagement, Selbsteinschätzung und Qualitätspreise

Die Qualitäts-Selbsteinschätzung (quality self assessment) gewinnt national und international ständig an Bedeutung. Auch sie ist lediglich ein neues (synonymes) Wort für einen bekannten, genormten und weltweit üblichen Begriff. Es handelt sich nämlich um ein erweiteres internes Systemaudit (siehe Abschnitt 13.3.5). Wegen der Erweiterung der Audituntersuchung über die Tätigkeiten des QM-Systems hinaus auch auf Ergebnisse dieser Tätigkeiten muß die Bezugsgrundlage des internen Systemaudits ebenfalls erweitert werden. Die mehr oder weniger bewährten Darlegungsforderungen gemäß [37] und [38] beziehen sich nämlich nur auf die Tätigkeiten des QM-Systems. Sie müssen ergänzt werden durch interne Vorgaben im Rahmen der konkretisierten Qualitätspolitik. Immer häufiger wird dazu empfohlen, auch die Merkmale der verschiedenen Qualitätspreise als ergänzende Bezugsgrundlage zu verwenden. Sie seien überdies viel umfassender. Das geht bis zur Behauptung, die Darlegungsforderung gemäß DIN EN ISO 9001 (siehe [37]) decke „nur 10% der Forderungen des Malcolm Baldrige National Award ab". Deshalb muß hier kurz auf diese Preise eingegangen werden. Der Leser soll sich selbst ein Urteil bilden können. Die Preise werden in immer mehr Ländern in Anlehnung an die beiden nachfolgend genannten und anhand von zwei Bildern erläuterten Preise entwickelt, so z.B. in den Niederlanden, in Finnland und auch in Deutschland.

Hier werden also die beiden wichtigsten „Qualitätspreise" angesprochen, gleichsam die „Väter" solcher Preise, und zwar im Bild 15.2 der Malcolm Baldrige National Award und im Bild 15.3 der European Quality Award der EFQM [125]. Zink et al. haben dazu einen Überblick gegeben [126]. Dabei ist allerdings zu beachten, daß sie für ihre Ausführungen nicht den genormten Qualitätsbegriff verwenden und (daher) unter „Qualitätskonzept" das Konzept für die Gestaltung des umfassenden Qualitätsmanagements verstehen. Auch sonst werden bei Qualitätspreisen viele neue Begriffe eingeführt (siehe vorausgehender Abschnitt). So heißen die Tätigkeiten und Mittel als Quellen der Ergebnisse bei EFQM z.B. „Befähiger" [127]. Das ist gefährlich, weil „Befähiger" durchaus nicht immer qualitätsfähig sind, aber qualitätsfähig sein sollten.

Neuerdings werden Qualitätspreise auch an kleine und mittlere Organisationen verliehen [337]. Sie haben alle QME von [37], [38] oder [39] mit geringerem Darlegungsgrad vertrauensgewährend qualitätsfähig darzulegen.

Mit qualitätsbezogener Fachsprache ist in den genannten beiden Bildern angesprochen, was im Original in Angloamerikanisch formuliert ist. Deshalb wird empfohlen, im Bedarfsfall auch die Originalbeschreibungen der beiden Preise heranzuziehen, die sich Jahr für Jahr weiterentwickeln.

In beiden Bildern sind die Reihenfolgen der aufgeführten Merkmalsgruppen sowie deren Numerierung gegenüber dem Original nicht geändert. Hervorzuheben ist auch, daß der European Quality Award in allen Merkmalsgruppen ausdrücklich auf das umfassende Qualitätsmanagement abgestellt ist.

Man sieht beispielsweise: Die allenthalben und auch in [37] bis [40] herausragende Bedeutung einer systematischen Planung der Qualitätsforderungen an Tätigkeiten und Ergebnisse spiegelt sich im Malcolm Baldrige National Award der USA mit nur 60 von 1000 möglichen Punkten als am wenigsten gewichtige Merkmalsgruppe (genannt „Beurteilungskriterium") wider. Im European Quality Award kommt Qualitätsplanung überhaupt nicht vor. Es ist zu hoffen, daß eine erfolgreiche Planung beim deutschen „Ludwig-Erhard-Preis – Auszeichnung für Spitzenleistungen im Wettbewerb" bei dessen Weiterentwicklung immer mehr in den Vordergrund gerückt wird, und daß dieser – ähnlich wie der Malcolm Baldrige National Award – künftig durch höchste Repräsentanten der Politik verliehen, nicht nur als „ureigene Angelegenheit der Wirtschaft" betrachtet wird [355].

15.6 Einzelfragen zum umfassenden Qualitätsmanagement

Bild 15.2: Merkmale des Malcolm Baldrige National Award (USA) und ihre Bewertung

Nummer	Merkmalsgruppen und -untergruppen	Punkte*
1.0	**Führungsqualität**	**90**
1.1	Vorstand/Geschäftsführung	45
1.1	Regelung von Qualitätsfragen	25
1.3	Gesellschaftliche Verantwortung	20
2.0	**Information und Analyse**	**80**
2.1	Umfang und Handhabung von Qualitätsdaten und Information	15
2.2	Wettbewerbs- und Qualitätsforderungsvergleich	25
2.3	Analyse von Qualitätsdaten und Information	40
3.0	**Strategische Qualitätsplanung**	**60**
3.1	Prozeß der strategische Qualitätsplanung	35
3.2	Qualitätsbezogene Ziele und Pläne	25
4.0	**Nutzung der Mitarbeiter**	**150**
4.1	Behandlung der Mitarbeiter	20
4.2	Engagement der Mitarbeiter	40
4.3	Qualitätsbezogene Schulung und Fortbildung	40
4.4	Anerkennung der Mitarbeiter und Leistungsmessung	25
4.5	Wohl und Moral der Mitarbeiter	25
5.0	**Produkt-Qualitätsmanagement**	**140**
5.1	Entwicklung und Einführung von guten Produkten	40
5.2	Qualitätslenkung von Prozessen	35
5.3	Qualitätsverbesserung von Prozessen	30
5.4	Qualität der Unterlieferanten	20
5.5	Qualitätsprüfungen	15
6.0	**Qualitätsbezogene Ergebnisse**	**180**
6.1	Produktqualität (eingeschlossen Dienstleistungen)	75
6.2	Qualitätsbezogenes Geschäftsergebnis	45
6.3	Qualitätsbezogene interne Ergebnisse	25
6.4	Qualität der Unterlieferanten-Produkte	35
7.0	**Kundenzufriedenheit**	**300**
7.1	Behandlung der Beziehung zum Kunden	65
7.2	Verpflichtetsein gegenüber Kunden	15
7.3	Feststellung von Kundenzufriedenheit	35
7.4	Ergebnisse zur Kundenzufriedenheit	75
7.5	Vergleiche zur Kundenzufriedenheit	75
7.6	Ermittlung künftiger Kundenerwartungen	35
* Maximale Anzahl Punkte		**1000**

Bild 15.3: Merkmale des European Quality Award und ihre Bewertung

Nummer	Merkmalsgruppen und -untergruppen	Punkte*
1.0	**Führungsqualität** **Merkmalsuntergruppen:** Sichtbares Führungs-Engagement; Stetige TQM-Kultur; Leistungsanerkennung; Resourcen-Bereitstellung; Engagement bei Kunden und Unterlieferanten; Aktive QM-Förderung außerhalb der Organisation	100
2.0	**Politik und Strategie** **Merkmalsuntergruppen:** Zielsetzung TQM; Basisinformationen; Auswirkung auf Wirtschaftspläne; TQM-PR; Strategie-Audit	80
3.0	**Mitarbeiterbehandlung** **Merkmalsuntergruppen:** Verbesserungsprogramme zur Mitarbeiterführung; Begabungsnutzung und -förderung; Aufgabenerteilung und Erfolgsprüfung; TQM-Motivierung	90
4.0	**Resourcenmanagement** **Merkmalsuntergruppen:** Finanzielle, Informations-, und materielle Mittel; Technologie-Entwicklung und -Anwendung	90
5.0	**Prozeßmanagement** **Merkmalsuntergruppen:** Erkennung Schlüssel- und Hilfsprozesse; Prozeßführung; Prozeßverbesserung; Prozeßänderung	140
6.0	**Kundenzufriedenheit** **Merkmalsuntergruppen:** Zufriedenheit Produkt; Zufriedenheit Tätigkeiten an Schnittstellen; Zufriedenheit Nebenleistungen; Zufriedenheit Reklamationsabwicklung	200
7.0	**Mitarbeiterzufriedenheit** **Merkmalsuntergruppen:** Auftragserteilung; Leistungsprüfung; Arbeitsbedingungen; Informationszugang; Fortbildungsmöglichkeiten; Anerkennungen; Sicherheit des Arbeitsplatzes	90
8.0	**Wirkung auf Gesellschaft** **Merkmalsuntergruppen:** Verschiedene Engagements für Gemeinschaft; Preise dafür; Umweltschutz; Resourcenverwendung; Vorbeugung gegen Negativ-Image; Seriosität Werbung	60
9.0	**Geschäftsergebnisse** **Merkmalsuntergruppen:** Umsatzgrößen; Gewinn; Liquidität; Wert für Anteilseigner; Eigenmittel; Wertschöpfung; Marktanteile; Fehlleistungsaufwand; Zykluszeiten	150
* Maximale Anzahl Punkte		1000

Allein diese beiden Feststellungen sollten genügen, um den folgenden Vorschlag zu stützen: Man verwende für die Selbsteinschätzung mittels erweitertem internen Qualitätsaudit eine auf die Organisation des Lieferanten zugeschnittene Darlegungsforderung. Sie sollte von den internationalen Normen [37] bis [40] ausgehen, die produktspezifischen und verfahrensspezifischen Leitfäden der Normenreihe 9004 sowie die genannten beiden Preise einbeziehen. An die Spitze sollte die zu den wesentlichen qualitätsbezogenen Aufgaben konkretisierte Qualitätspolitik der Organisation gestellt sein. Die Festlegung dieser Zusammenstellung muß durch die oberste Leitung erfolgen. Ein von dieser eingesetztes Vorbereitungsgremium kann nach generellen Anweisungen hierzu Empfehlungen ausarbeiten. Diese müssen allerdings von der obersten Leitung dann in gründlichen Beratungen in allen Einzelheiten geprüft und nötigenfalls geändert werden. Dadurch wird erkennbar, daß die oberste Leitung danach auch voll hinter diesen Bezugsgrundlagen für die erweiterten internen Systemaudits steht.

Das erweiterte interne Systemaudit kann sowohl durch interne Führungskräfte als auch durch eine fachkundige externe Stelle durchgeführt werden. Das Ergebnis einer solchen „Selbsteinschätzung" muß selbstverständlich geeignete Konsequenzen nach sich ziehen.

Im übrigen sei zum Quality Self Assessment erwähnt, daß es für das QM-System auf der Basis des umfassenden Qualitätsmanagements das Gleiche anstrebt wie Selbstprüfung für die Qualitätslenkung am Arbeitsplatz: Eine unmittelbare Rückkoppelung der Untersuchungsergebnisse zum qualitätsbezogenen Handeln.

Natürlich bleibt es jeder Organisation überlassen, sich aus geschäftspolitischen Gründen um Qualitätspreise zu bewerben. Deren Erwerb verspricht zunehmend eine zusätzliche Motivierung für alle Mitglieder der Organisation und erhöhtes Image. Der deutsche „Ludwig-Ehrhard-Qualitätspreis" wurde z.B. 1997 unter der Schirmherrschaft des Bundespräsidenten verliehen.

Offen bleibt, ob erwartet werden kann, daß die für die Vergabe solcher Preise gebildeten Organisationen eines Tages auf die international vereinheitlichte Fachsprache des Qualitätsmanagements „einschwenken" werden.

15.7 Umfassendes Qualitätsmanagement und Interessenpartner

Der Begriff Interessenpartner ist international (mit der Benennung „stakeholder") festgelegt. In einer Ergänzung zu [16] ist er in [35c] definiert und entsprechend nach [53] übernommen worden. Das Denkmuster dazu ist heute bereits weit verbreitet.

> **Interessenpartner =**
> **Eine Einzelperson oder eine Gruppe von Personen mit gemeinsamem Interesse an der Leistung der Organisation eines Lieferanten und an der Umwelt, in der sie arbeitet**

Interessenpartner können sein: Geschäftsführung, Belegschaft, Aufsichtsrat, Aktionäre, Kommanditisten, Betriebsrat, die Gesellschaft (siehe Forderungen der Gesellschaft im Abschnitt 15.2.1). Die Interessen können teilweise sehr unterschiedlich sein. Beim Qualitätsmanagement allerdings ist festzustellen: Zufriedenstellende Qualität wird meist von jedermann gewünscht.

15.8 Zusammenfassung

Es ist von großer Bedeutung, ob bei Einführung des umfassenden Qualitätsmanagements die Sachverhalte begrifflich geklärt sind, und wie die oberste Leitung der Organisation die nötigen Entscheidungen trifft. Daraus ergeben sich weitreichende Konsequenzen für die Praxis, z.B. für die anstehenden Entscheidungen, deren sachbezogene Wirkung und für die Einstellung der Mitarbeiter zum umfassenden Qualitätsmanagement.

Es ist mühselig, unbequem und aufwendig, diese gedankliche Klarheit vorab zu schaffen. Gelingt dies, vermindern sich zwar die Möglichkeiten des nachträglichen Lavieren-Könnens; wer aber zielstrebig optimale Ergebnisse erzielen will, muß die Begriffe klären. In Wissenschaft und Praxis ist das prinzipiell nicht bestritten. Es gilt auch für umfassendes Qualitätsmanagement und ist gerade für dieses wichtig, weil es für die Mitarbeiter am wenigsten verwirrend und damit einfacher ist, wenn sie die neuen Ziele mit den gewohnten, genormten Sprachwerkzeugen und Gedankenmodellen ansteuern können.

Für die oberste Leitung ist es sicherlich beschwerlich, sich – meist ohne vorausgehende eigene Ausbildung zu diesem Thema – mit dem Sachverhalt des Qualitätsmanagements so zu beschäftigen, daß die nötigen Entscheidungen zum umfassenden Qualitätsmanagement aus eigener Einsicht und Überzeugung entsprechend den vorausgegangenen Erläuterungen getroffen werden können. Nur so aber kann der erwünschte Erfolg erzielt werden.

Motivation bringt – wie die Praxis eindrucksvoll zeigt – zwar auch ohne Sachwissen und Sachklarheit Erfolge, manchmal sogar bemerkenswerte; jedoch sind *mit* Sachwissen und Sachklarheit die Erfolge im allgemeinen größer. Vor allem haben sie aber eine weit größere Aussicht auf Beständigkeit und ermöglichen darauf aufbauende weitere Verbesserungen.

16 Qualität und Recht

> *Überblick*
>
> *Seit Anbeginn wird hierzulande systematisches Qualitätsmanagement, noch dazu in Normen niedergelegt, als unmittelbar rechtserheblich betrachtet. In Wirklichkeit besteht indessen meist keine oder nur eine mittelbare Rechtserheblichkeit. Wie andere Zielsetzungen soll auch das Qualitätsmanagement dazu beitragen, daß Rechtsstreitigkeiten zwischen den Vertragspartnern vermieden werden, also z.B. zwischen dem Lieferanten und seinem Kunden.*

16.1 Allgemeines

Dieses Kapitel erhebt nicht den Anspruch, auch nur einen Bruchteil rechtserheblicher Fragen an der Schnittstelle zwischen Qualität und Recht behandeln zu können. Es kommt vielmehr darauf an, dem Fachmann des Qualitätsmanagements Zugang zu den wesentlichen Grundgedanken und Quellen zum Thema zu ermöglichen. Eine prinzipielle Überlegung sei dabei vorausgestellt. Sie betrifft die unterschiedlichen Denkweisen der beiden Disziplinen.

Der Qualitätsfachmann kann sehr viel vom Juristen lernen, wenn es um die praktische Anwendung abstrakter Formulierungen und Definitionen geht, die für sehr viele unterschiedliche Fälle und über einen langen Zeitraum unverändert gelten. Ein Beispiel ist der § 459 BGB ff. Er ist systematisch und harmonisch eingebettet in alle relevanten Gesetzestexte [128] und gestattet seit der letzten Jahrhundertwende fortdauernd die Behandlung jeglicher Haftung für Sachmängel, ohne daß auch nur ein einziger Buchstabe hätte geändert werden müssen. Zu hoffen ist, daß die ebenso abstrakten Begriffe Beschaffenheit, Einheit, Anspruchsklasse und Qualitätsforderung in den künftigen Jahrzehnten ohne jede Änderung gestatten, Qualitätsmanagement in einheitlicher Denkweise zu praktizieren.

Umgekehrt wäre es wünschenswert, wenn in beiden Disziplinen die Notwendigkeit erkannt würde, daß die Fachsprachen, so weit irgend möglich, kompatibel und frei von Homonymen widersprüchlichen Inhalts sein sollten.

Zur näheren Befassung mit Qualität und Recht wird dem Qualitätsfachmann der DGQ-Band 19-30 „Qualität und Recht" (1. Auflage 1988) empfohlen [129], und zwar jeweils in der neuesten Auflage. Er will dem Juristen das Denken des Qualitätsfachmanns vermitteln, und dem Qualitätsfachmann das des Juristen. Besonders nützlich ist für den Qualitätsfachmann dort die Zusammenstellung juristischer Begriffe (derzeit im Abschnitt 9.1).

16.2 Das Risiko nicht zufriedenstellender Qualität

Die Grundlagen zu Risikobetrachtungen, insbesondere im Qualitätsmanagement, sind im Kapitel 10 erläutert. Dort ist auch das Werkzeug FMEA angesprochen. Prinzipiell muß man

dabei nach [129] unterscheiden zwischen zwei Folgen nicht zufriedenstellender Qualität. Es kann sein, daß die betreffende Einheit dem Anwender
- nicht den erwarteten Nutzen verschafft; oder daß sie ihm
- einen Schaden zufügt.

Die Qualitätsforderung an die Einheit enthält beide Gesichtspunkte. Der zweite Gesichtspunkt betrifft die Merkmalsgruppe der sicherheits- und gesundheitsrelevanten Merkmale.

Qualitätsmanagement ist, natürlich im Hinblick auf beide Gesichtspunkte, eine Rechtspflicht. Der Ersteller der Einheit muß – so die übliche juristische Formulierung – die zumutbare und angemessene Sorgfalt walten lassen, um die Qualitätsforderung in beiderlei Hinsicht zu erfüllen.

Das im Kapitel 10 erläuterte, 1984 erzielte Einvernehmen zwischen Technik und Wirtschaft zur Frage der Einschätzung technischer Risiken ist für die wünschenswerte Versachlichung der Suche nach der zumutbaren und angemessenen Sorgfalt bedeutungsvoll (siehe Bild 10.1).

16.3 Qualität in der Rechtswissenschaft

Nicht nur in der naturwissenschaftlichen Lehre ist Qualität ein kaum vorkommender Begriff. Die Rechtswissenschaft kennt ihn überhaupt nicht. Das stellt man fest, wenn man die für qualitätsbezogene Sachverhalte relevanten Texte der Gesetze und der zugehörigen Kommentare durchsieht.

Dennoch ist es von erheblicher rechtlicher Bedeutung, ob eine Leistung zufriedenstellende Qualität hat. Nur wenn das der Fall ist, hat derjenige, welcher die Leistung erstellt (also geplant und realisiert) hat, seine Leistungspflicht ordnungsgemäß erfüllt.

Diese Leistungspflicht umfaßt nicht nur die Erfüllung der Qualitätsforderung an die Einheit, sondern auch den vereinbarten Liefertermin und den Preis. Im vorliegenden Zusammenhang wird indessen nur die qualitätsbezogene Leistungspflicht betrachtet. Wer sie wirtschaftlich erfüllen will, muß die gesetzlichen Sprachregelungen in bezug auf die Qualität kennen.

Zufriedenstellende Qualität ist zwar stets „rechtserheblich", in der Regel aber glücklicherweise nicht strittig. Nur wenn vom Kunden oder Auftraggeber Fehler festgestellt worden sind, werden die Ergebnisse des Qualitätsmanagements möglicherweise rechtserheblich. Deshalb ist ein sehr wichtiges Element zum Thema „Qualität und Recht" der Gebrauch der Begriffe Fehler und Mangel, und zwar sowohl im Recht, als auch – daraus abgeleitet – in der Technik. Die betreffenden Hinweise finden sich nachfolgend.

16.3.1 Fehler und Mangel

Zwischen Recht und Technik besteht im Gebrauch dieser beiden Begriffe kein Gegensatz. Das gilt mit den ausführlichen Begründungen und Erläuterungen aus [130], obwohl es maßgebliche Juristen gibt, die einen solchen Gegensatz nicht nur selber sehen, sondern auch glauben betonen zu müssen. Meist stammen sie aus Bereichen der Rechtsanwendung, in denen ein betrachteter Fehler bereits zum Mangel geworden ist, z.B. bei einer gerichtlichen Auseinandersetzung über nicht zufriedenstellende Qualität.

16.3 Qualität in der Rechtswissenschaft

Man kann zum Glück, jedenfalls bis zum Produkthaftungsgesetz von 1990, sogar eine sinnvolle gegenseitige Ergänzung des fachlichen Sprachgebrauchs in Recht und Technik feststellen, ohne Widersprüche und Überschneidungen, auch in der Rechtsprechung zu den §§ 823 BGB ff (Schadensersatzpflicht). Dazu sollte man folgendes wissen:

– Der Mangel ist im BGB mehrfach als Fehler definiert, an den spezielle Bedingungen geknüpft sind. Er ist also gemäß [61] ein Unterbegriff des Fehlers. Die Definition des § 459 hat folgenden Inhalt:

> (Mangel einer Sache =)
> **Fehler, der den Wert einer Sache oder ihre Tauglichkeit zu dem gewöhnlichen oder zu dem nach dem Vertrage vorausgesetzten Gebrauch aufhebt oder nicht unerheblich mindert**

– Bis in den Wortlaut hinein entsprechen sich die Definitionen der §§ 459 (Mangel einer Sache), 537 (Mangel einer Mietsache) und 633 (Mangel eines Werks). Im Rahmen des Qualitätsmanagements spielen prinzipiell alle drei eine Rolle, von der Häufigkeit der Anwendung her allerdings die Definition des Mangelbegriffs gemäß § 459 BGB die größte. Der dort definierte Mangel wird im BGB in den dann nachfolgenden gesetzlichen Regelungen des Schuldrechts ständig angewendet.

– In diesem Recht der Schuldverhältnisse des BGB kommt der Mangel etwa 200 mal vor, wenn er gemeint ist, im § 460 bereits dreimal. Wem in § 459 im Gesetzestext selbst die Benennung „Mangel" für dessen Definition fehlt, möge diesen hundertfältigen Rückgriff in allen Abschnitten des BGB-Schuldrechts beachten.

– Wenn allerdings im Gesetzestext eine Situation angesprochen ist, in der noch nicht klar ist, ob es sich um einen Mangel oder einen Fehler handelt, wird der (im Gesetz nicht definierte) Oberbegriff Fehler benutzt.

Als die obige Definition des Mangels vor rund 100 Jahren festgelegt wurde, war der Fehlerbegriff offensichtlich so klar – z.B. von der Schule her -, daß man eine eigene Definition nicht für erforderlich hielt. Jedenfalls findet sich in keinem Gesetz eine Begriffsbestimmung des Fehlers. Das ist auch verständlich, denn seine Anwendung geht weit über den Rechtsbereich hinaus.

Der Begriffsinhalt für den Fehler ist durch eine unmißverständliche, überaus kurze Definition für den Bereich von Wirtschaft und Technik inzwischen international und national zweifelsfrei festgelegt. Schon im Abschnitt 5.4 wurde die Fehlerdefinition mit äquivalenten fremdsprachigen Benennungen sowie mit einigen Anmerkungen als Beispiel zur Erklärung des Aufbaus einer Begriffsnorm verwendet. Die einfache Definition sei hier wiederholt:

> **Fehler = Nichterfüllung einer Forderung**

Diese Fehlerdefinition kann man sachlich zutreffend anstelle des Wortes „Fehler" zwanglos in die obige Mangeldefinition einfügen, wenn man nach dem Komma „der" in „die" ändert.

Im Qualitätsmanagement, wenn es also um die Beschaffenheit der Einheit geht, ist die Forderung eine Qualitätsforderung, im Kostenmanagement eine Kostenforderung und im Terminmanagement eine Terminforderung.

Aus den Definitionen von Mangel und Fehler sieht man: Ein Mangel ist ausnahmslos und immer ein Fehler, aber (glücklicherweise) ein Fehler nur in speziellen Fällen gemäß Definition auch ein Mangel [128].

Von der Fehlerdefinition sind zu unterscheiden das Fehlerkriterium und die Fehlerbeschreibung. Diese Unterscheidungen werden vielfach nicht beachtet. Deshalb sei hier mit Beispielen auf die beiden anderen Begriffe hingewiesen:

- Ein **Fehlerkriterium** ist eine „Festlegung zur Feststellung, ob ein Fehler vorliegt". Das Fehlerkriterium gestattet also im gemeinsprachlichen Sinn die Unterscheidung, ob ein festgestellter Sachverhalt oder Zustand ein Fehler ist oder nicht. Man beachte die Analogie zum Ausfallkriterium im Abschnitt 19.2.5. Im Qualitätsmanagement kann man das Fehlerkriterium sowohl generalisierend in qualitativer Weise betrachten, als auch quantitativ. Bei qualitativer Betrachtung ist ganz allgemein die Nichterfüllung einer Einzelforderung im Rahmen der Qualitätsforderung das Fehlerkriterium (siehe dazu auch das Kapitel 11). Bei qualitativer Betrachtung des Fehlerkriteriums kann man ebenso gut sagen: Die Einzelforderung selbst ist – unter anderem – auch eine „Festlegung zur Feststellung, ob ein Fehler vorliegt".

- Eine **Fehlerbeschreibung** ist eine „Beschreibung einer oder mehrerer nicht erfüllter Einzelforderungen". Solche Fehlerbeschreibungen kommen in jeder Fußballreportage vor, insbesondere in Abseits- und Foul-Situationen. Auch parlamentarische Untersuchungsausschüsse bemühen sich um möglichst objektive Fehlerbeschreibungen. Sie werden allerdings – nicht nur von Juristen – häufig unrichtig „Fehlerdefinition" genannt. Ein juristisches Beispiel ist die Fehlerbeschreibung im §3 des Produkthaftungsgesetzes. Gemeint ist also nicht die obige (eingerahmte) Definition des Fehlerbegriffs, sondern die Beschreibung der Nichterfüllung einer oder mehrerer spezieller Einzelforderungen, die der betrachtete Fehler ist.

Besonders eigenwillig ist die möglichst zu vermeidende, aber immer wieder anzutreffende Benennung **„Entwicklungsfehler"**. Sie wird zuweilen von Juristen für das Risiko (im mathematischen Sinn, nicht im Sinn des Kapitels 10) benutzt, daß ein Produkt infolge der technischen und technologischen Weiterentwicklung veraltet. Besser, wenn auch durchaus nicht treffend, ist die ebenfalls benutzte Bezeichnung „Entwicklungsrisiko" für den Zustand eines Produkts, den man besser „technisch veraltet" nennen sollte.

Für den Mangel gibt es Regeln für die Einteilung nach seiner Schwere, ähnlich wie für den Fehler bei der Fehlerklassifizierung und Fehlergewichtung (siehe Abschnitt 11.6). Darüber findet man Einzelheiten auch im Bild 16.1. Die Regeln stammen teils aus dem Recht, teils aus der Technik.

16.3 Qualität in der Rechtswissenschaft

Bild 16.1: Überblick zur Anwendung der Begriffe Fehler und Mangel in Technik und Recht

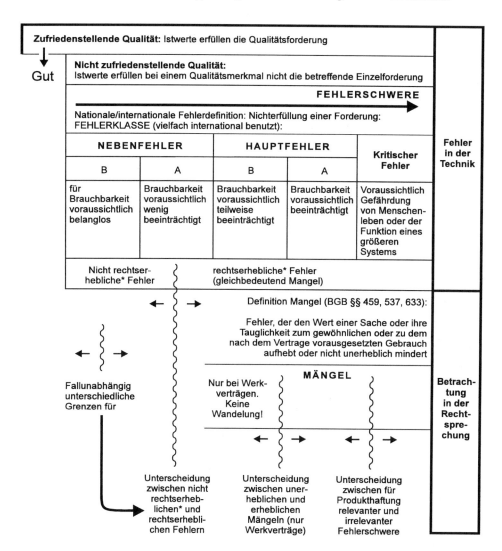

Anmerkungen:

* Unter „rechtserheblich" ist hier die Rechtserheblichkeit eines Fehlers im Sinn der §§ 459, 537 und 633 BGB zu verstehen.

Weil nicht rechtserhebliche Fehler in der Rechtsprechung im allgemeinen nicht auftauchen, wird zuweilen unberechtigt von einer Synonymität zwischen „Fehler" und „Mangel" gesprochen. Vertretbar ist es, von einer Synonymität zwischen „rechtserheblichem Fehler" und „Mangel" zu sprechen.

16.3.2 Die zugesicherte Eigenschaft

Sie müßte „zugesicherter Merkmalswert" heißen. Engagierte Entwicklungsingenieure, die ihren künftigen Kunden Funktionsfähigkeit und Zweckeignung des neu entwickelten Produkts möglichst überzeugend erläutern (nicht etwa: zusichern!) wollen, muß man erfahrungsgemäß nachdrücklich sagen: „Unter 'Zusicherung einer Eigenschaft' versteht man die dem Kunden gegenüber ausdrücklich oder impliziert erklärte Bereitschaft zur Übernahme der Fehlerfolgekosten bei Nichterfüllung der Einzelforderung an ein bezeichnetes oder erkennbar funktionswichtiges Qualitätsmerkmal."

Fehlt einer verkauften Sache eine zugesicherte Eigenschaft, ist dies selbstverständlich ebenfalls ein Fehler. Im rechtlichen Bereich entsteht daraus wie üblich ein Mangel mit den beschriebenen besonderen Rechtsfolgen. Es ist nämlich, juristisch formuliert, die

> **Zugesicherte Eigenschaft =**
>
> **Eigenschaft, die eine verkaufte Sache zum Zeitpunkt des Gefahrübergangs auf den Kunden aufgrund ausdrücklicher oder implizierter Zusage des Lieferanten haben muß**

16.4 Überblick über die Rechtsgrundlagen zu „Qualität und Haftung"

Haftung bedeutet: Einem Anspruch ausgesetzt sein. Im engeren Sinn ist Haftung Schadensersatzpflicht. Sie wird bei Nichterfüllung der Leistungspflicht in bezug auf die Qualitätsforderung wirksam. Dann haftet der Lieferant durch Einstehen für die Folgen aus seiner mangelhaften Erfüllung. Es gibt dafür vier unterschiedliche Rechtsgrundlagen:

- Das **Vertragsrecht** findet sich in mehreren Abschnitten des zweiten Buchs des BGB über die Schuldverhältnisse (BGB §§ 241 bis 853). Es betrifft nicht nur schriftliche Verträge, sondern jede Art von rechtsgültig getroffenen Vereinbarungen zwischen Verkäufer (Auftragnehmer, Lieferant, first party) und Käufer (Auftraggeber, Kunde, second party). Siehe hierzu auch die Abschnitte 16.4.1 und 16.4.2.

- Das „**Recht der unerlaubten Handlung**", kurz und für den Nichtjuristen ebenso schwer verständlich auch bezeichnet als das „**Deliktsrecht**", baut auf BGB §§ 823 ff auf. Dort wird für diese Fälle die Schadensersatzpflicht geregelt. Den Absatz 1 des § 823 sollte man kennen:

    „Wer vorsätzlich oder fahrlässig das Leben, den Körper, die Gesundheit, die Freiheit, das Eigentum oder ein sonstiges Recht eines anderen widerrechtlich verletzt, ist dem anderen zum Ersatze des daraus entstehenden Schadens verpflichtet."

    Siehe hierzu auch die Abschnitte 16.5.1 und 16.5.2.

- Das am 01.01.1990 in Kraft getretene **Produkthaftungsgesetz** [132]. Siehe hierzu auch den Abschnitt 16.5.3.

- Die **Gefährdungshaftung**. Sie ist im Abschnitt 16.5.4 kurz behandelt.

Diese vier Rechtsgrundlagen können nebeneinander wirksam sein.

16.4.1 Allgemeines zur Haftung aus Vertrag

Es kommt immer noch vor, daß beim Abschluß eines Liefer- oder Werkvertrages über die Qualitätsforderung an das Angebotsprodukt und über die Qualitätsprüfungen nichts festgelegt wird. Nur Preis und Liefertermin sind behandelt. Das hat rechtlich zur Folge, daß nur dann ein die Haftung auslösender Mangel existiert, wenn er nach dem Gesetz vorliegt. Weil keine Qualitätsforderung vereinbart wurde, ist dies nach BGB § 459 aber nur der Fall bei einem „Fehler, der den Wert oder die Tauglichkeit zu dem gewöhnlichen ... Gebrauch aufhebt oder nicht unerheblich mindert". Nur dann entsteht ein Haftungsanspruch gegen den Lieferanten.

Diese zwangsläufig sehr allgemeine Formulierung des Gesetzes über nicht zufriedenstellende Qualität ist für den Einzelfall nur selten zu einer angemessenen Klärung von nachträglich auftretenden Auffassungsunterschieden zwischen den Geschäftspartnern geeignet. Das Gleiche gilt für die dann ebenfalls wirksam werdenden, übereinstimmenden Formulierungen zur – so aber nicht bezeichneten – zufriedenstellenden Qualität in den §§ 243 BGB und 360 HGB. Dort ist als Maßstab für die vertraglich nicht vereinbarte Qualitätsforderung eine „mittlere Art und Güte" festgelegt.

Dies alles macht klar, wie zweckmäßig, ja wie unentbehrlich nötig von Anfang an und spätestens bei Vertragsschluß Vereinbarungen über die Qualitätsforderung und über die Qualitätsprüfungen sind. Dabei ist zu beachten, daß sich mit der Abnahme der Ware durch den Kunden die Beweislast des Lieferanten für ordnungsgemäße Erfüllung des Vertrages in eine Beweislast des Kunden für Mängel verwandelt; es sei denn, der Kunde legt keinen Wert auf sein Recht aus der Gewährleistungspflicht des Lieferanten und verzichtet z.B. auf die Eingangsprüfung nach HGB § 377.

16.4.2 Vertragshaftungsfolgen Minderung, Wandelung, Nachbesserung

Meist verzichtet der Kunde nicht auf sein Recht aus der Gewährleistungspflicht des Lieferanten. Er muß im Handelsverkehr dann einen Mangel der Vertragsware – das ist das erhaltene Produkt – nach HGB § 377 unverzüglich rügen. Was „unverzüglich" ist, hängt vom Fall ab. Ggf. wird vom Gericht entschieden. Rügt der Abnehmer einen Mangel nicht fristgerecht, geht er seiner Gewährleistungsansprüche verlustig. Diese bestehen im Rahmen der **Gewährleistungshaftung** wahlweise in einer

– Herabsetzung des Kaufpreises, das ist die sogenannte **Minderung** nach BGB § 462. Zusätzlich gelten die §§ 465, 472 und 475;
– Rückgängigmachung des Kaufs gegen Rückgabe der Ware, das ist die sogenannte **Wandelung**. Dafür gilt ebenfalls BGB § 462. Zusätzlich gelten die §§ 465, 467, 469, 470, 471 und 475;
– **Nachbesserung** nach BGB § 476a, die anstelle von Minderung oder Wandelung vereinbart sein muß, was mit der Annahme der „Allgemeinen Verkaufsbedingungen" eines Lieferanten durch individuelle Vertragsunterzeichnung sehr häufig geschieht.

Offene Mängel sind sofort zu rügen. **Verdeckte Mängel** können innerhalb der gesetzlichen Frist von einem halben Jahr (Verjährungsfrist für die Gewährleistung nach BGB § 477), müssen aber nach ihrer Entdeckung unverzüglich gerügt werden. Die Verjährungsfrist kann im Vertrag verlängert werden. Sie gilt nicht bei Fehlern, die durch den Verkäufer arglistig verschwiegen wurden (weil er verhindern wollte, daß sie ihm als Mängel vorgehalten werden).

Bei Stichprobenprüfung gelten auch offene Mängel im nicht geprüften Teil des Prüfloses als verdeckte Mängel. Die Vereinbarung von Stichprobenprüfung ist keine „billigende Inkaufnahme eines gewissen Fehleranteils im Lieferlos", sondern lediglich die Vereinbarung eines Prüfrisikos. Deshalb behält der Abnehmer auch bei einer solchen Vereinbarung seine Gewährleistungsansprüche für jedes einzelne erhaltene Produkt.

Die Gewährleistungshaftung hat ihre gesetzliche Grundlage im BGB. Deren für den Kunden günstige Erweiterung durch Erklärung eines Herstellers nennt man **„Garantie"**. Typische Beispiele dafür sind Garantien von Automobilherstellern bezüglich Durchrostung von Auto-Karosserien. Einzelheiten zu den Möglichkeiten und zur Gestaltung solcher Erweiterungen findet man in [129].

16.4.3 Vertragshaftungsminderung durch Vertragsprüfung

Vertragsprüfung ist ein bedeutsames QM-Element. Man hätte es in diesem Buch genausogut in den Kapiteln 11 (Qualitätsplanung) oder 13 (QM-System) behandeln können (siehe auch die Hinweise im Abschnitt 14.9). Die Entscheidung, dieses QME hier zu besprechen, ist bedingt durch die vielfältige Rechtsrelevanz dieses QME. Es bestimmt wie kein anderes die Wirtschaftlichkeit und Treffsicherheit des Qualitätsmanagements. Zugleich aber enthält es delikate Bestandteile. Besprochen wird hier nur die qualitätsbezogene Vertragsprüfung.

Aus den 60er-Jahren stammt die folgende Erkenntnis [21]: Der Kunde ist wegen seiner mehr oder weniger großen Marktmacht nicht nur stets der „König", sondern er stellt auch sehr oft – als Nichtfachmann – Qualitätsforderungen, die für den gewünschten Produktnutzen nicht optimal sind. Deshalb wurde damals die Zielsetzung des Qualitätsmanagements (es hieß noch Qualitätssicherung) verändert: An die Stelle der „Zufriedenstellung des Kunden" trat zuerst „Erfüllung des Verwendungszwecks" und später dann die „Erfüllung der dem Verwendungszweck gerecht werdenden Qualitätsforderung". Diese Erkenntnis ist wegen der extrem herausgestellten Kundenbezogenheit des umfassenden Qualitätsmanagements und wegen QFD (dort wegen der „Stimme des Kunden") mancherorts in Vergessenheit geraten oder gar verdrängt worden. Man sollte diese Erkenntnis aber nicht vergessen.

Die Vertragsprüfung setzt hier an. In [16] ist sie wie folgt erklärt:

> **Vertragsprüfung =**
> **Vor der Vertragsunterzeichnung durch den Lieferanten**
> **ausgeführte systematische Tätigkeiten, um sicherzustellen,**
> **daß die Qualitätsforderung angemessen festgelegt,**
> **frei von Unklarheiten, dokumentiert und**
> **durch den Lieferanten realisierbar ist**

Verantwortlich für die Vertragsprüfung ist der Lieferant. In der Regel wird er sie zusammen mit dem Kunden durchführen. Die Formulierung „Vor der Vertragsunterzeichnung" muß

16.4 Überblick über die Rechtsgrundlagen zu „Qualität und Haftung"

relativiert werden bezüglich zweier möglicher Situationen. Jede Organisation kann beiden begegnen. Es geht um
- Einzelverträge auf der Basis von Individualverhandlungen und
- Angebotsabgaben zu (öffentlichen) Ausschreibungen.

Im ersten Fall müssen die im Abschnitt 11.11 erläuterten Gesichtspunkte der stufenweisen Qualitätsplanung vor und nach Auftragserteilung beachtet werden. Jede Gelegenheit muß genutzt werden, mit dem künftigen Auftraggeber die fachgerechte und zweckentsprechende Qualitätsforderung zu entwickeln oder durch Änderungen zu erreichen.

Außerdem müssen möglichst früh auch die im Bild 16.2 enthaltenen, nicht unmittelbar zum Angebotsprodukt gehörigen Qualitätsforderungen daraufhin geprüft werden, ob sie erforderlich sind.

Bild 16.2: Qualitätsforderungen, die im Vertragsfall zusätzlich zu bedenken sind

---

Was ist außer der Qualitätsforderung an das Angebotsprodukt im Vertrag mit dem Auftraggeber zu beachten?

1   Wofür gelten Grenzwerte (Meßunsicherheitsfrage)?

2   Welche Prüfvereinbarungen benötigen Lieferant und Kunde?

3   Sind Vereinbarungen zum Auftraggeber-Durchgriff zu einem Unterlieferanten erforderlich?

4   Welche Qualitätsforderung gilt für die Verpackung?

5   Welche Qualitätsforderung gilt für den gesamten Versand?

6   Gibt es eine Qualitätsforderung zur Montage oder eine zu Messungen danach?

7   Soll ein Wartungs- oder Instandhaltungsvertrag zum zu liefernden Angebotsprodukt abgeschlossen werden?

8   Sind Vereinbarungen zur Dokumentation zu treffen?

9   Existiert eine QM-Darlegungsforderung, und wenn ja, welche? Muß ggf. auch ein spezieller QM-Darlegungsumfang und ein spezieller QM-Darlegungsgrad vereinbart werden?

10 Sind Verfahrensanweisungen zu Produkten erforderlich, die vom Kunden zur Erstellung des Angebotsproduktes beigestellt werden?

11 Gibt es eine Umweltschutzforderung zum Angebotsprodukt?

Anmerkung: Siehe auch Bild 11.1

Bei einer Ausschreibung ist es marktüblich, vor der Angebotsabgabe keine externe Vertragsprüfung mit dem potentiellen Auftraggeber vorzunehmen. Das gilt auch dann, wenn der Angebotsabgeber erkennt, daß der Ausschreibung zur Erzielung der Zweckeignung wesentliche Einzelforderungen fehlen; oder wenn Einzelforderungen in der Ausschreibung existieren, die für diesen Zweck geändert werden müßten. Auch der Gesetzgeber hat dem Anbieter dazu keine unzumutbaren Verpflichtungen auferlegt. Im § 242 BGB hat er aber festgelegt, daß der Lieferant (nach Vertragsunterzeichnung) als Fachmann seine Leistung „so zu bewirken" hat, „wie Treu und Glauben es mit Rücksicht auf die Verkehrssitte erfordern". Nun muß der Lieferant also dem ausschreibenden Auftraggeber sagen, „was Sache ist". Das kann äußerst schwierige Nachverhandlungen nötig machen. Tut der Auftragnehmer (der Lieferant) das aber nicht, kann er wegen **Übernahmeverschuldens** auf Schadensersatz verklagt werden.

Dies ist nur eines von vielen Beispielen zur Vertragsprüfung, wie sie in [129] mit Situationsschilderungen und jeweiliger rechtlicher Würdigung erläutert sind. Diese praxisnahen Hinweise sollte jeder Qualitätsfachmann kennen.

Zur qualitätsbezogenen Vertragsprüfung ist schließlich zu bedenken, daß sie – schon aus wirtschaftlichen Gründen, aber auch aus Gründen sachlicher Zusammenhänge – eng mit einer alle anderen Vertragspunkte umfassenden Vertragsprüfung verbunden sein sollte.

16.4.4 Allgemeine Geschäftsbedingungen (AGB)

Eine spezielle Bedeutung der AGB in Kaufverträgen wurde bereits aus den obigen Hinweisen zur Nachbesserung deutlich. Wie dort erläutert, erhalten AGB allerdings nur durch Einzelübereinkunft im Vertragsfall Rechtswirksamkeit. Das gilt auch für ihre Festlegungen zur Gewährleistung. Im Streitfall wird durch die Gerichte scharf geprüft, ob solche AGB beim Vertragsschluß tatsächlich rechtswirksam wurden, und ob sie sich nicht unzulässig von tragenden Grundsätzen des Rechts entfernen, z.B. durch Nutzung von Marktmacht. Solches zu verhindern, war Zweck des 1977 in Kraft getretenen Gesetzes zur Regelung des Rechts der Allgemeinen Geschäftsbedingungen („AGB-Gesetz" [133]). Das Bild 16.3 zeigt die geltende Auffassung über die Wirkung der AGB in Kombination mit den gesetzlichen Festlegungen des BGB und des HGB. In diesem Bild sollte die spaltenweise Differenzierung der subsidiären Wirkungen auch dann beachtet werden, wenn aus Gründen des Verbraucherschutzes der Unterschied zwischen Kaufleuten und Nichtkaufleuten gesetzlich „eingeebnet" werden sollte.

Im Recht wird als subsidiär eine Rechtsnorm bezeichnet, eben die „subsidiäre Rechtsnorm", die nur für den Fall Geltung beansprucht, daß eine andere nicht zum Zuge kommt. Im Bild 16.3 ist diese „andere" Rechtsnorm die vertragliche Vereinbarung, hinter der das Recht der vertraglichen Schuldverhältnisse des BGB steht.

16.4 Überblick über die Rechtsgrundlagen zu „Qualität und Haftung" 243

Bild 16.3: Schematische Darstellung des Verhältnisses zwischen vertraglichen Vereinbarungen und subsidiären Wirkungen gesetzlicher Festlegungen

Wenn im schuldrechtlichen Vertrag zwischen Vertragsparteien zu den fallbezogen regelungsbedürftigen Sachverhalten folgende Festlegungen bestehen ...	... dann gelten für den Vertrag bei Kaufleuten | bei Nichtkaufleuten die Festlegungen des/der
keine	BGB + HGB | BGB
Allgemeine Geschäftsbedingungen (kurz: ABG)	Die AGB, soweit nicht nach AGB-Gesetz unzulässig; jedoch BGB + HGB | BGB für Sachverhalte, die nicht oder durch unzulässige AGB-Regelungen geregelt sind
Ein Individualvertrag	Individualvertrags (außer sittenwidrigen und gegen gesetzliche Verbote verstoßenden Festlegungen); dazu BGB + HGB | BGB bezüglich nicht geregelter Sachverhalte

16.4.5 Fehlen einer zugesicherten Eigenschaft

Besondere Rechtsfolgen sind die Konsequenz aus einem Mangel, der durch das Fehlen einer zugesicherten Eigenschaft (siehe Abschnitt 16.3.2) entstanden ist. Sie bestehen darin, daß der Verkäufer, der wie sonst bei der Gewährleistung verschuldensunabhängig haftet, nun

auch für die Mangelfolgeschäden haftet.

Die Risiken aus einer gelegentlich situationsbedingt durchaus sinnvollen, ja zuweilen sogar unvermeidbaren Zusicherung von Eigenschaften müssen also besonders sorgfältig bedacht werden. Die oberste Rechtsprechung legt hier sehr scharfe Maßstäbe an. Ein eindrucksvolles Beispiel ist das in [131] enthaltene Fensterlackurteil des BGH vom 5.7.1972.

16.5 Die Produkthaftung

Auch hierzu empfiehlt es sich gegebenenfalls, juristisch weniger geschultes technisches Personal ausdrücklich auf folgendes aufmerksam zu machen:

> Produkthaftung ist eine Haftungsart, bei welcher der Produzent nicht für das Produkt selbst haftet, sondern für Folgeschäden, die ein Fehler am Produkt bei dessen Anwendung beim Kunden verursacht.

Deshalb spricht man auch von einer „Produzentenhaftung".

16.5.1 Übersicht zur verschuldensabhängigen Produkthaftung

Bei der Haftung aus Vertrag (Abschnitt 16.4.1) entsteht ein Anspruch auf Gewährleistung im allgemeinen unabhängig vom Verschulden des Lieferanten. Eine Verschärfung im Sinn der Einbeziehung von Folgeschäden in die Haftung gibt es im Vertragsrecht nur beim Fehlen zugesicherter Eigenschaften (siehe Abschnitt 16.4.5) und bei positiver Vertragsverletzung.

Die auch unabhängig von einem Vertragsverhältnis mögliche Produkt- bzw. Produzentenhaftung leitet sich jedoch rechtlich dann aus einem Verschulden des für den Schaden Verantwortlichen her, wenn sie auf BGB § 823 Abs.1 gegründet ist, also auf das so genannte „Recht der unerlaubten Handlung" (Deliktsrecht). Speziell geht es dabei um das fahrlässige oder vorsätzliche Außerachtlassen der Verkehrssicherungspflicht mit der Folge, daß jemand Schaden erleidet (siehe Zitat zum BGB § 823, Abs. 1 im Abschnitt 16.4).

Auch diese Verkehrssicherungspflicht bemißt sich nach der „angemessenen und zumutbaren Sorgfalt" des Handelns. Wird sie außer Acht gelassen, kann ein Produkt entstehen, das nicht ordnungsgemäß

- entwickelt ist, beispielsweise unter Außerachtlassung der anerkannten Regeln der Technik;
- konstruiert ist, sei es mit untauglichem Material, in Verkennung der Gebrauchsnotwendigkeiten usw.;
- gefertigt ist, beispielsweise weil der Maschinenführer nicht mit der gebotenen Sorgfalt seine Arbeitsanweisungen eingehalten hat;
- mit einer Gebrauchs- oder Bedienungsanleitung versehen ist; beispielsweise weil der Lieferant den Kunden unzulänglich über Eigenarten und Gefahren des Gebrauchs des Angebotsprodukts unterrichtet hat; ein besonders interessantes Beispiel dazu ist das Estilurteil des BGH vom 11.7.1972, das ebenfalls in [131] zu finden ist;
- durch den Lieferanten bei seiner Anwendung im Markt beobachtet wird, wodurch er sich mindestens fahrlässig der Möglichkeit begibt, nötigenfalls durch eine Rückrufaktion weiterem Folgeschaden durch sein Produkt vorzubeugen; man denke hier nur an die zahlreichen Rückrufaktionen verschiedener Automobilhersteller.

Diesen unterschiedlichen Ursachen für Folgeschäden entsprechen im Rahmen der Verkehrssicherungspflicht gemäß BGB § 823 die jeweiligen Verantwortungen desjenigen, der die Leistung erbringt, nämlich die so genannte

Entwicklungsverantwortung,
Konstruktionsverantwortung,
Fabrikationsverantwortung,
Instruktionsverantwortung
und die
Produktbeobachtungsverantwortung.

In allen diesen Punkten obliegt der obersten Leitung die betreffende Organisationsverantwortung.

16.5.2 Die Beweislastumkehr bei Produkthaftung nach BGB § 823

Die oberste Rechtsprechung zur verschuldensabhängigen Produkt- bzw. Produzentenhaftung hat für die Entwicklungs-, Konstruktions- und Fabrikationsverantwortung die sogenannte Beweislastumkehr entwickelt. Sie ist nicht gesetzlich festgelegt. Sie entstand allein durch Gesetzesauslegung. Die in den 60er-Jahren entstandene Beweislastumkehr besagt:

Nicht der mit der modernen Technik und Massenfertigung kaum vertraute Verbraucher muß die unerlaubte Handlung des Produzenten nachweisen, sondern dieser Produzent muß – in Umkehrung dieses sonst durchgängig geltenden Rechtsprinzips – beweisen, daß er keine unerlaubte Handlung begangen hat. Er muß einen sogenannten **Entlastungsbeweis** führen. Er muß das Gericht überzeugen, daß er seiner Verkehrssicherungspflicht mit einer dem Fall angemessenen und zumutbaren Sorgfalt nachgekommen ist, daß er also alles Angemessene und Zumutbare getan hat, um den entstandenen Schaden zu verhindern.

Zur Konkretisierung dieses Gedankengangs empfiehlt es sich, in der angegebenen Literatur [131] oder an anderer Stelle besonders beachtete Modellurteile des Bundesgerichtshofs zu studieren. Erste Beispiele sind das Schubstrebenurteil vom 17.6.1967 und das Hühnerpesturteil vom 26.11.1968.

16.5.3 Das verschuldensunabhängige Produkthaftungsgesetz von 1990

Aufgrund einer seit 1976 in konkreter Diskussion befindlichen „Richtlinie des Rates der EG zur Angleichung der Rechts- und Verwaltungsvorschriften der Mitgliedsstaaten über die Haftung für fehlerhafte Produkte" wurde sehr verspätet mit Wirkung vom 01.01.1990 das Produkthaftungsgesetz gültig. Am wichtigsten erscheint im Rahmen des Qualitätsmanagements der § 3 des Gesetzes mit der Überschrift „Fehler". Dessen Absatz 1 hat den Wortlaut:

„(1) Ein Produkt hat einen Fehler, wenn es nicht die Sicherheit bietet, die unter Berücksichtigung aller Umstände, insbesondere
   a) seiner Darbietung,
   b) des Gebrauchs, mit dem billigerweise gerechnet werden kann,
   c) des Zeitpunkts, in dem es in den Verkehr gebracht wurde,
berechtigterweise erwartet werden kann."

Dieser Absatz (1) des § 3 ist also eine „Fehlerbeschreibung", nicht eine Fehlerdefinition (siehe Abschnitt 16.3.1).

Der Absatz (2) dieses § 3 schließt das „Entwicklungsrisiko" (siehe ebenfalls Abschnitt 16.3.1) durch die Bestimmung aus „Ein Produkt hat nicht allein deshalb einen Fehler, weil später ein verbessertes Produkt in den Verkehr gebracht wurde". Die neuen Bestimmungen sind außerdem gemäß der Übergangsvorschrift des § 16 des Gesetzes „nicht auf Produkte anwendbar, die vor dessen Inkrafttreten in den Verkehr gebracht worden sind".

Die wesentlichen Kenngrößen dieses neuen Gesetzes sind die folgenden:

– Betroffen sind alle beweglichen Angebotsprodukte einschließlich Elektrizität; ausgeschlossen sind landwirtschaftliche Naturprodukte.

– Schadensersatzpflichtig sind Hersteller, Lieferanten und Importeure.

– Verjährung des Haftungsanspruchs 3 Jahre von dem Zeitpunkt an, in dem der Ersatzberechtigte von dem Schaden, dem Fehler und von der Person des Ersatzpflichtigen Kenntnis erlangt hat oder hätte erlangen müssen.

– Erlöschen aller Ansprüche 10 Jahre nach dem Inverkehrbringen des Produkts, ausgenommen schwebende Verfahren.

– Selbstbeteiligung des Geschädigten in der Höhe von etwa DM 1000, ausgedrückt in Einheiten der künftigen europäischen Währung.

Weitere Einzelheiten sollte man aus der umfangreichen Literatur zur Produkthaftung entnehmen, beispielsweise aus [129] und [131]. Zu [129] ist zu bemerken, daß der seinerzeit vorliegende Entwurf des Produkthaftungsgesetzes, der Basis für die eingehende rechtliche Würdigung war, durch [132] kaum geändert wurde.

Erste Erfahrungen besagen, daß die Erwartungen kompetenter Fachleute erfüllt wurden: Nach Einführung der verschuldensunabhängigen Produkthaftung hat nicht die verschiedentlich befürchtete „Amerikanisierung" eingesetzt. Nur ein Bruchteil aller Produkthaftungsfälle hat sich auf die verschuldensunabhängige Produkthaftung verlagert. Die erste oberste Rechtsentscheidung zu diesem Gesetz erfolgte sogar erst 1995, mehr als fünf Jahre nach Inkrafttreten des Gesetzes.

Es muß immer wieder darauf hingewiesen werden, daß zum Thema „Qualität und Recht" in der Praxis für die meisten Organisationen die vertragsrechtlich relevante Gewährleistungshaftung mit großem Abstand vor der Produkthaftung im Vordergrund steht und deshalb vorrangig zu beachten ist.

16.5.4 Die Gefährdungshaftung

Noch schärfere Maßstäbe bezüglich Haftung für Folgeschäden legt die sogenannte Gefährdungshaftung an. Ihr Wesen besteht darin, daß Verschulden oder Nichtverschulden dessen, der einen Schaden verursacht, für seine Haftungsverpflichtung unerheblich ist. Bekannte Beispiele sind die Haftpflicht eines Kraftfahrzeughalters, eines Arzeneimittelherstellers oder eines Betreibers öffentlicher Verkehrsmittel.

Im Rahmen von „Qualität und Haftung" gilt Gefährdungshaftung beispielsweise für branchenbezogen eingeführte Gesetze wie das Arzneimittelgesetz [134] und das **Gerätesicherheitsgesetz**, kurz „GSG". Letzteres wird ständig erneuert und durch Verordnungen ergänzt, die aufgrund des § 4, Abs. 1 des GSG [135] erlassen werden. Letztes Beispiel ist die „Achte Verordnung zum GSG", die Neufassung vom 20.02.1997 der Verordnung über das Inverkehrbringen von persönlichen Schutzausrüstungen – 8.GSGV (BGBl I S. 316). Auch diese GSGV zeigt wieder die Bedeutung des „Inverkehrbringens".

Beim GSG betrachtet der Gesetzgeber ebenso wie die EU-Behörde in ihren Harmonisierungsrichtlinien die Verkehrssicherungspflicht als erfüllt, wenn das in den Verkehr gebrachte Angebotsprodukt die Einzelforderungen an die Gruppen der sicherheits- und der gesundheitsbezogenen Qualitätsmerkmale aller dafür geltenden DIN-Normen, VDE-Bestimmungen und sonstigen öffentlichen technischen Regelwerke erfüllt. Dadurch gewinnen diese an sich außerhalb des politischen Hoheitsbereichs aufgestellten Regeln erhebliche rechtliche Bedeutung für denjenigen, der seiner Verkehrssicherungspflicht genügen will.

16.6 Ausländische Haftungsrichtlinien

Schon vor längerer Zeit wurden in der Öffentlichkeit spektakuläre Verbraucherschutz-Entscheidungen der USA-Rechtsprechung (als „Naderismus") bekannt. Solche Extremfälle zeigen dem Exporteur zwei Notwendigkeiten:

- Er muß sich über das Recht zur Produkt- bzw. Produzentenhaftung jenes Landes gründlich informieren, dem sein Kunde angehört;
- Er muß mit seinem Kunden klären, ob deutsches Recht oder das Recht des Landes gelten soll, in dem der Kunde lebt.

Eine ständig weiter vervollkommnete Übersicht zu diesen unterschiedlichen rechtlichen Regelungen ist beispielsweise in [131] zu finden.

16.7 Maßnahmen zur Minderung von Haftungsrisiken

Die quantitative Abschätzung eines Haftungsrisikos ist Voraussetzung für dessen realistische Einschätzung. Hilfsmittel zur Risikoabschätzung sind im Kapitel 10 angesprochen.

Der schärfer werdende, globale Konkurrenzkampf in der freien Marktwirtschaft verführt zunehmend dazu, unvertretbare Haftungsrisiken einzugehen. Dieser zusätzlichen Gefahr sollte man dadurch vorbeugen, daß diesbezüglich regelmäßig interne Qualitätsaudits angesetzt werden (siehe Abschnitt 13.3.5).

Allgemein wird jedes Haftungsrisiko vermindert durch

- Sicherstellung der Lieferung nur von Leistungen zufriedenstellender Qualität nach sorgfältiger Ermittlung und Berücksichtigung des Verwendungszwecks; das erreicht man durch entsprechend
- sorgfältige Auswahl und dokumentierte Überwachung des Personals für Fertigung und Prüfung zur Vorbeugung gegen Fabrikationsfehler, weiter durch
- Mitarbeiterschulung in Qualitätsmanagement, auch bei Fertigungen mit QM-Darlegungsforderungen, schließlich durch
- angemessene Beachtung des Standes der Technik mittels Anwendung der anerkannten Regeln der Technik.

Zusätzlich wirken bei der meist viel bedeutsameren Vertragshaftung vorbeugend

- eine vertragliche Klärung der Haftung für Mangelfolgeschäden (ohne Verletzung nicht abdingbarer gesetzlicher Regelungen), die nicht voraussehbaren eingeschlossen;

- eine Beschränkung der Haftung aus Verschulden, wenn möglich;
- die Vereinbarung von Prüfmethoden und Prüfmitteln;
- die Vereinbarung deutschen Rechts bei Exportlieferungen.

Bezüglich aller Haftungsrisiken kommen außerdem **Rückstellungen** in Frage, die allerdings nicht vorbeugend wirken, sondern allenfalls die momentanen Folgen eines Schadens mildern können.

Schließlich ist auch eine **Versicherung** gegen Risiken aus der Produkt- bzw. Produzentenhaftung möglich. Die Versicherungsunternehmen haben sich deshalb Spezialisten des Qualitätsmanagements verpflichtet. Diese prüfen das QM-System einer um eine solche Versicherung nachsuchenden Organisation. Das Ergebnis ist maßgeblich für die Höhe der Versicherungsprämie. Auch von dieser Seite her gewinnt also systematisches und erfolgreiches Qualitätsmanagement an Bedeutung.

16.8 Zusammenfassung

Das Risiko nicht zufriedenstellender Qualität kann sowohl darin bestehen, daß das Angebotsprodukt dem Kunden nicht den erwarteten Nutzen verschafft, als auch darin, daß es ihm einen Schaden zufügt. Beide Fälle sind nicht nur wirtschaftlich zu bedenken, sondern auch rechtlich. Allerdings taucht in keinem Gesetz der Begriff Qualität auf. Um so mehr muß man sich im Qualitätsmanagement mit den qualitätsbezogenen Formulierungen vertraut machen, die in den Gesetzen und in der Rechtsprechung benutzt werden. Deren Mittelpunkt sind die Begriffe Fehler und Mangel, wobei der Mangel ein im Gesetz definierter Spezialfall des Fehlers ist.

Die Produkthaftung ist ständig in aller Munde. Bei ihr haftet man allerdings nicht für das Produkt selbst, sondern für Folgeschäden eines Mangels des Produkts, die meist außerhalb des Produkts entstehen. In der Praxis wesentlich bedeutungsvoller ist für die meisten Organisationen die Vertragshaftung. Sie wird anhand der gesetzlichen und durch Garantie erweiterten Gewährleistungshaftung behandelt. Das in der DIN EN ISO 9000-Familie hervorgehobene QM-Element Vertragsprüfung ist in diesem Rahmen besprochen. Es ist auch ein wesentliches rechtswirksames Instrument des Qualitätsmanagements. Kurz skizziert sind abschließend noch die notwendige Beachtung ausländischer Haftungsrichtlinien beim Export sowie Maßnahmen zur Minderung von Haftungsrisiken.

TEILGEBIETE

17	Qualität und Kosten	253
18	Qualität und Termine	283
19	Zuverlässigkeitsbezogene Merkmalsgruppe als Beispiel	289
20	Meßunsicherheit im System der Abweichungen	309
21	Der Ringversuch	333
22	Abweichungsfortpflanzung und abgestufte Grenzwerte	339
23	Statistische Qualitätslenkung und SPC	355
24	Statistische Verfahren anhand qualitativer Merkmale	363
25	Statistische Verfahren anhand quantitativer Merkmale	377
26	Statistische Tests	399
27	Statistische Versuchsplanung	407
28	Normierte Qualitätsbeurteilung	411
29	Qualitätsregelkarten	425
30	Selbstprüfung	429
31	Dokumentation	435
32	Weitere qualitätsbezogene Werkzeuge	443

17 Qualität und Kosten

> *Überblick*
>
> *Wieviel kostet die Qualität eines Produkts mit dem Verkaufspreis 100 DM? Weil es dazu keine Antwort gibt, kann es keine Erfolgsrechnung zum Qualitätsmanagement geben. Qualitätsbezogene Kosten haben deshalb nur für die Organisation selbst Bedeutung, nicht für ihre Erfolgsrechnung. Für die Verbesserung des Qualitätsmanagements sind sie jedoch wichtige, ja unentbehrliche Indikatoren.*

17.1 Vorbemerkung zur Benennung

Etwa um den Erscheinungszeitpunkt der ersten Auflage dieses Buches wurde ein wichtiger Name zum Thema geändert: Die „Qualitätskosten" wurden umbenannt in „Qualitätsbezogene Kosten". Anlaß war die ISO-Formulierung „quality-related costs" in [40a]. Damit waren aber auch Inhalts-Diskussionen verbunden. Die alte Frage kam: „Gibt's Qualität umsonst?". Andere griffen die bekannte Formulierung auf „Qualität kostet weniger" [136]. Solche Fragen zeigen, daß Begriffe ungeklärt sind: Der Name „Qualitätsbezogene Kosten" allein muß zu verschiedenen Vorstellungen führen, je nach dem, ob man Qualität normgerecht als Relation zwischen realisierter Beschaffenheit einer Einheit und der Qualitätsforderung an diese versteht (siehe Kapitel 7), oder normwidrig als Erfüllung der Qualitätsforderung.

Was Benennungen betrifft, wird hier erneut nachdrücklich folgender prinzipielle Standpunkt vertreten: Es war und ist stets gefährlich, allein aus Benennungen logische Schlußfolgerungen zu ziehen oder gar Konzepte abzuleiten. Bei „Qualitätsplanung" schon war zu erkennen (siehe Abschnitt 11.1.1), daß eingeführte Benennungen unmittelbar irreführend sein können, wenn man sie logisch zu interpretieren versucht. Dieser Standpunkt hat bei qualitätsbezogenen Kosten zudem einen praktischen Hintergrund: In derselben Weise nämlich, wie man bei „Qualitätsmanagement" in Wortverbindungen die Abkürzung „QM-" verwendet, so wird sich auch in diesem Kapitel zeigen: Ohne die nachfolgend benutzte Abkürzung „QK-" für Wortverbindungen zu den qualitätsbezogenen Kosten bzw. zu den Qualitätskosten kommt man nicht aus. Diese Abkürzung läßt nicht mehr erkennen, ob sie die eine oder die andere Benennung abkürzt. Es kommt also auf den gedanklichen Hintergrund, auf die Definition an, nicht auf den Namen.

17.2 Allgemeiner Überblick zu Kosten

Die Kenntnis von Aufwand und Erfolg ist für die Führung einer Organisation unentbehrlich. Maßnahmen zu Kostenreduzierung und Kostenoptimierung lassen sich nur treffen, wenn man die Kosten und ihre gegenseitigen Abhängigkeiten im einzelnen zuordnen kann. Jede Organisation hat daher, und zwar nicht nur aus steuerlichen Gründen, eine meist sehr detaillierte, eng zusammenwirkende doppelte Buchhaltung, ursprünglich nach dem inzwischen aufgehobenen § 38 Abs.1 HGB, jetzt nach den Einzelregelungen für die verschiedenen Gesellschaftsformen. Dabei bildet die **Finanzbuchhaltung** den gesamten Geschäftsverkehr mit „allem, was außerhalb der Organisation liegt", ab. Demgegenüber zeigt die Betriebsbuchhaltung, die auch „**Kostenrechnung**" heißt, die Kosten des Prozesses der Leistungserstellung auf. Sie erfaßt nach einem vorgegebenen Schema so gut wie vertretbar ohne Ausnahme alle entstehenden Kosten. Diese Kosten werden dann zusammen mit anderem Aufwand dem Ertrag der Organisation gegenübergestellt. Das ist ein Hauptziel der Betriebswirtschaft.

Bei jeder Rationalisierungsbemühung ist die gegenseitige Abhängigkeit der Kosten zu beachten. Es muß verhindert werden, daß die eine Kostengruppe mit Erfolg gesenkt wird, dadurch aber eine andere anwächst, möglicherweise sogar dort um mehr, als die isoliert erzielte Einsparung hier ausmacht.

17.3 Die Besonderheit der qualitätsbezogenen Kosten

Qualitätsmanagement ist – wie Termin- und Kostenmanagement – eine in allen Bereichen der Organisation vorkommende Hauptaufgabe. In jeder Tätigkeit sind qualitätsbezogene Komponenten enthalten (siehe auch Abschnitt 15.3.2). Deshalb fallen fast überall in der Organisation und bei jeder Tätigkeit Kosten für das Qualitätsmanagement an. Diese Kostenanteile kann man schon vom Prinzip her nicht alle erfassen, geschweige denn praktisch in wirtschaftlicher Weise (siehe unten). Es ist genauso, wie wenn jemand fragen würde: „Was kostet es, einen Termin einzuhalten?". Alles dies wurde grundsätzlich bereits im Abschnitt 13.3.11 angesprochen.

Wenn überhaupt, dann haben qualitätsbezogene Kosten deshalb nur in einem speziellen Kontext Bedeutung. Mit Sicherheit ist es kein üblicher betriebswirtschaftlicher Kontext, der als wesentliche Aufgabe den Vergleich von Kosten und Aufwand mit dem Ertrag ansteuert.

Masing und Kamiske haben an der Diskussion über qualitätsbezogene Kosten intensiv mitgewirkt (siehe [137] bis [139]). Masing hat 1993 aufgrund einer damals noch nicht öffentlich verfügbaren, im Auftrag der International Academy for Quality erstellten Studie einer international besetzten Projektgruppe mit dem Titel „Überlegungen zu qualitätsbezogenen Kosten" erneut das Thema grundsätzlich aufgegriffen [140]. In allen diesen Arbeiten klingt an, was nachfolgend in folgenden Feststellungen zusammengefaßt sei:

- Den qualitätsbezogenen Kostenanteil bei Tätigkeiten zu isolieren und zu erfassen, ist unmöglich, weil bei jeder Tätigkeit prinzipiell mit gleicher Aufmerksamkeit und zeitgleich Termin- und Kostenforderungen erfüllt werden müssen. Schon [7] formulierte lapidar: „Die Beurteilung der Qualitätskosten dient... nicht der Erfassung der Kosten der Qualitätssicherung oder der Ermittlung der Kosten für die Qualität einer Einheit.". [15] unterstreicht dies erneut.

- Demzufolge – und das meint dieses Zitat ebenfalls – ist es prinzipiell ausgeschlossen, bei den Ergebnissen von Tätigkeiten, den Produkten, eine Angabe über den „Kostenanteil der Produktqualität" zu machen.

Qualität läßt sich also nicht nur nicht anfassen (siehe Abschnitt 7.9), sondern auch nicht isoliert kostenmäßig erfassen, beispielsweise in einer „qualitätsbezogenen Erfolgsrechnung", die es deshalb nicht geben kann.

Daher ist auch keine betriebswirtschaftliche „Qualitätskostenrechnung" möglich. In Organisationen, die QK-Nachweise praktizieren (siehe weiter unten), ist das Wort „Qualitätskostenrechnung" deshalb verpönt. Es sind sogar Fälle bekannt, in denen die oberste Leitung der Organisation den dienstlichen Gebrauch dieses Wortes untersagt hat. Es erzeugt nämlich bei Betriebswirten – zuweilen möglicherweise auch unterbewußt – den Irrtum (oder die Erwartung), man könne eine solche „qualitätsbezogene Erfolgsrechnung" vielleicht doch durchführen. Man denkt, QK würden ermittelt, um festzustellen, „was die Qualität wert ist, was sie kosten darf".

17.4 Konsequenzen aus der Besonderheit der qualitätsbezogenen Kosten

17.4.1 Negative Konsequenzen

Angesichts der geschilderten Besonderheit ist es erklärbar, wenn immer wieder die Meinung vertreten wird: Qualitätsbezogene Kosten zu betrachten, koste nur Geld und bringe nichts weiter als nur Irreführungen. Verständlicherweise werden solche Meinungen gestützt, wenn beispielsweise in [16] in die Definition der qualitätsbezogenen Kosten diejenigen Kosten einbezogen werden, „welche durch das Sicherstellen und Sichern zufriedenstellender Qualität verursacht sind". Diese Kosten kann man eben in der Praxis – wie plausibel ist und begründet wurde – prinzipiell nicht erfassen, ja man kann sie nicht einmal abschätzen, weil sie nicht isolierbar sind.

Angesichts dieser Unmöglichkeit wird es auch erklärbar, daß die Bearbeiter von [141] in eine betriebswirtschaftliche Gesamtbetrachtung einer Organisation ausgewichen sind, daß sie in dieser Gesamtbetrachtung den Begriff Qualität vermieden und nur noch in „TQM" verwendet, und daß sie sich einer Betrachtung des Verhältnisses „Gewinn/Kosten" der ganzen Organisation zugewendet haben (wozu es weltweit sehr viele anerkannte Standardwerke gibt). Auch in [141] tauchen die „Kosten der Erfüllung der Qualitätsforderungen" auf. In [40c] im Hauptabschnitt 6 finden sich neuerdings ebenfalls alle diese oben als nicht praktikabel erläuterten Gedanken wieder. In [40b] waren sie noch nicht vorhanden. Dort gab es nur die 4 Gruppen der qualitätsbezogenen Kosten, wie sie im Abschnitt 17.5 erläutert sind. Weil die Einrückung des betreffenden QK-Abschnittes in [40c] durch die [141] produzierenden Fachleute nicht aurorisiert war, ist zu hoffen, daß nach der Langzeitrevision die hier erläuterten Gedanken berücksichtigt werden.

17.4.2 Positive Konsequenzen

Sie klingen in [140] bereits an und können auf folgende Feststellungen verdichtet werden:
- *QK-Groberfassungen sind ausreichend.* Das heißt:
  Wenn Erfassung und Nachweis von qualitätsbezogenen Kosten (QK-Elementen, siehe Abschnitt 17.5) in einer Organisation für festgelegte Zielsetzungen betrieben wird, kann dies mit einer wesentlich geringeren Erfassungsgenauigkeit geschehen, als es in jeglicher betriebswirtschaftlichen Kostenrechnung üblich und erforderlich ist.

- *Für ausgewählte QM-Elemente sind QK-Nachweise sinnvoll.* Das heißt: Es ist eine von jeder Organisation für ihre eigenen Zwecke und Ziele zu entscheidende Frage, bei welchen qualitätsbezogenen Funktionen zur stets erwünschten Steigerung von Effizienz und Effektivität auch das Hilfsmittel „Qualitätsbezogene Kosten" als Indikator eingesetzt werden soll. Und man sollte es einsetzen.
- *QK-Vollständigkeit ist niemals Ziel von QK-Nachweisen.* Das heißt: Im Hinblick auf die freie Wahl jeder Organisation gemäß der vorausgehenden Feststellung erübrigt sich jede Überlegung, ob qualitätsbezogene Kosten „vollständig erfaßt sind". Solche Ziele gibt es in der Betriebswirtschaft, die sich um den Ausgleich zwischen Kosten, Aufwand und Ertrag kümmern muß, nicht aber bei der Bereitstellung von Hilfsmitteln für die Effizienz- und Effektivitätssteigerung des Qualitätsmanagements.
- *Die QK-Besonderheit beachtende Erfahrungen sind nutzbar.* Das heißt: Es existieren viele Erfahrungen zu QK-Nachweisen, eingeschlossen Regeln zu deren Einführung und Nutzung sowie quantitative Angaben zu Erfolgen. Sie sollten von jeder Organisation berücksichtigt werden, die QK-Nachweise nutzt. Wer dies tut, kann demnach, beispielsweise durch Anwendung von [142] und [143], Erfassungs- und andere Fehler vermeiden, die vor einem Vierteljahrhundert noch verständlich waren. Aber auch neueste Arbeiten ([144] bis [146]) zeigen, daß sich an den Chancen und der Variabilität der Anwendung nichts geändert hat.

Als positiv kann man im Fall der Nutzung von QK-Nachweisen schließlich die Intensivierung der Zusammenarbeit zwischen qualitätsbezogener und betriebswirtschaftlicher Arbeit einstufen. So kann man der erwähnten irrtümlichen Annahme vorbeugen, man könne eine „qualitätsbezogene Erfolgsrechnung" durchführen. Am besten weist man dazu auf den QTK-Kreis hin (siehe Kapitel 4) und erläutert die wirklichen Zusammenhänge: Qualitätsbezogene Kosten werden aus dem K-Kreis „herausgeholt", in dem es tatsächlich um Kosten, Aufwand und Ertrag geht, sie werden dann zusammengestellt und dem Q-Kreis als Hilfsmittel zur Verbesserung der Effizienz und der Effektivität des Qualitätsmanagements zur Verfügung gestellt. Erst eine Analyse der qualitätsbezogenen Kosten zeigt nämlich, wo „dicken Brocken" und damit die Ansatzpunkte für die kostenbezogen aussichtsreichsten Verbesserungsmaßnahmen zu finden sind.

17.5 Begriffe und Normen zu qualitätsbezogenen Kosten

17.5.1 Die qualitätsbezogenen Kosten als Ganzes

Wegen des erwähnten speziellen Kontextes muß die begriffliche Grundlage für QK-Überlegungen sorgfältig beachtet werden. Bei einer Einführung von QK-Nachweisen muß sie in QK-Verfahrensanweisungen niedergelegt sein. Die Erfahrung zeigt, daß dies insbesondere für Fehlprodukte gilt. Diese sind seit langem in [53] und neuerdings auch in [8] definiert.

17.5 Begriffe und Normen zu qualitätsbezogenen Kosten

Vorab werden hier die wegen des speziellen Kontextes eingeschränkte Kurzdefinition der „Qualitätsbezogenen Kosten" sowie die erklärende Alternativdefinition gemäß [53] betrachtet:

> **Qualitätsbezogene Kosten =**
> **Kosten, die *vorwiegend* durch Qualitätsforderungen verursacht sind;**
>
> **das heißt: Kosten, die**
> ♦ **durch Tätigkeiten der Fehlerverhütung,**
> ♦ **durch planmäßige Qualitätsprüfungen,**
> ♦ **durch intern oder extern festgestellte Fehler sowie**
> ♦ **durch die externe QM-Darlegung verursacht sind**

Die Kurzdefinition ist eine **Inhaltsdefinition**. In der Praxis erweist sie sich vor allem in Grenzfällen als nützlich. Hier kann man oft recht gut feststellen, wofür das meiste Geld ausgegeben wird.

Die zweite Definition (also im Kasten alles hinter „das heißt:") ist eine auf den ersten Blick scheinbar besser taugliche **Umfangsdefinition**. Sie läßt jedenfalls leichter die praktische Notwendigkeit einer Unterteilung in „QK-Elemente" erkennen. Diese sind in [8] sehr naheliegend als „Element der qualitätsbezogenen Kosten" definiert. Damit hat man eine überaus nützliche Analogie zu den QM-Elementen (siehe Abschnitt 13.2.3) und den Qualitätselementen (siehe Abschnitt 4.11), die alle jeweils ebenso beliebig unterteilbar und zusammenstellbar sind wie QK-Elemente.

Der obigen Umfangsdefinition entspricht die weltweit – bis zum Erscheinen von [40c] und der angloamerikanischen Fassung zu [16] – geltende englische Definition

Quality costs = The expenditure incurred by prevention and appraisal activities and by the losses due to internal and external nonconformities.

Sie zählt wie die oben eingerahmte Umfangsdefinition auf, was zu den qualitätsbezogenen Kosten gehört. Es sind die im Bild 17.1 mit ihren ebenfalls aus [8] stammenden Definitionen gezeigten **vier Gruppen qualitätsbezogener Kosten**, die man kurz „QK-Gruppen" nennt. Sie sind alle vier als „Gruppe von QK-Elementen... " erklärt. Empfehlenswert ist ggf. das Studium der zahlreichen Anmerkungen in [8] zu den Definitionen im Bild 17.1.

Die EOQ definiert in [60] diese vier QK-Gruppen ohne nennenswerte Abweichung. Der einzige wesentliche Unterschied betrifft die externen Fehlerkosten (eFK). Sie sind dort eingeschränkt auf die Fehlerkosten nach dem Gefahrübergang auf den Kunden. Das ist indessen für den Lieferanten des Angebotsprodukts eine zwar interessante, aber nicht mehr unmittelbar lenkbare Größe. Vor allem aber fragt man sich, warum es dann bei EOQ außerdem auf „poor quality" eingeschränkte „Kunden-QK" gibt.

Schließlich sei noch die in der Praxis nicht realisierbare und daher (wie vielfach begründet) für zu ermittelnde Indikatoren unbrauchbare „Idealdefinition" aus [16] erwähnt. Sie lautet: „Kosten, die durch das Sicherstellen (ensuring) zufriedenstellender Qualität und durch das

Schaffen von Vertrauen, daß die Qualitätsforderungen erfüllt werden, entstehen, sowie Verluste infolge des Nichterreichens zufriedenstellender Qualität.".

Bild 17.1: Die vier QK-Gruppen (Gruppen qualitätsbezogener Kosten)

Zu den QK-GRUPPEN: „Jede QK-Gruppe ist (mit Fortsetzung rechts) definiert als „Gruppe von QK-Elementen, mit denen Kosten erfaßt werden, die verursacht sind durch ... →	**Fehlerverhütungskosten:** (VK) (prevention costs) → ...Vorbeugungs- und Korrekturmaßnahmen im Rahmen des Qualitätsmanagements in allen Bereichen der Organisation *QK-Elemente: Siehe Bild 17.2*
	Prüfkosten: (inspection costs) (PK) → ...alle planmäßigen Qualitätsprüfungen *QK-Elemente: Siehe Bild 17.3*
	Fehlerkosten: (nonconformity costs) (FK) → ... die Nichterfüllung von Einzelforderungen im Rahmen von Qualitätsforderungen *QK-Elemente: Siehe Bild 17.4*
	intern festgestellte (iFK) | **extern festgestellte** (eFK)
	Externe QM-Darlegungskosten: (eDK) (external quality assurance costs) → ...externe QM-Darlegungen *QK-Elemente: Mögliche Unterteilung hier nicht näher behandelt, meist aber geringfügig*

Anmerkung:
Früher hießen die Prüfkosten „appraisal costs" und die Fehlerkosten „failure costs"

Die vier QK-Gruppen nach Bild 17.1 seien nachfolgend einzeln betrachtet. Jede QK-Gruppe enthält mehrere QK-Elemente. Die zu den Fehlerverhütungskosten gehörigen sind aus Bild 17.2 zu entnehmen, die zu den Prüfkosten gehörigen aus Bild 17.3 und die zu den Fehlerkosten gehörigen aus Bild 17.4.

17.5.2 Die Fehlerverhütungskosten

„Ist nicht das gesamte Qualitätsmanagement nichts anderes als Fehlerverhütung?". Solche oder ähnliche Fragen klingen zunächst überzeugend. Im Grunde aber sind es rhetorische Fragen. Selbstverständlich geht es überall im Qualitätsmanagement *auch* um Fehlerverhü-

17.5 Begriffe und Normen zu qualitätsbezogenen Kosten

tung; aber eben nicht nur darum. Ein Beispiel ist die Qualitätsplanung. Deren Hauptziel ist die Konkretisierung der Kundenerwartung. Natürlich muß Qualitätsplanung (auch) im Auge haben, daß potentiellen Fehlern vorgebeugt wird.

Aus der obigen Frage, auf die keine Antwort erwartet wird, schließt man oft auf die angebliche Unerfaßbarkeit von Fehlerverhütungskosten. Hier sei gemäß der zweiten positiven Konsequenz im Abschnitt 17.4.2 der Standpunkt vertreten, daß jede Organisation selbst entscheiden sollte, ob sie Fehlerverhütungskosten erfassen will oder nicht. Es seien ihr aber Entscheidungshilfen gegeben in Form der Erfahrungen praktizierender Organisationen. Dazu gehört auch der Hinweis auf die QK-Elemente, die üblicherweise zu den Fehlerverhütungskosten gerechnet werden. Im Bild 17.2 sind sie zu finden.

Bild 17.2: QK-Elemente der Fehlerverhütungskosten (VK)

Die Fehlerverhütungskosten setzen sich zusammen aus Kosten für folgende Tätigkeiten:

Nr	QK-Element	Tätigkeiten
1.1	Qualitätsplanung zur Fehlerverhütung	Weiterentwickeln der Qualitätsforderung bei neuen und geänderten Einheiten vor Beginn der Realisierung aufgrund von Fehlermeldungen und Korrekturmaßnahmen
1.2	Interne Qualitätsfähigkeits-Untersuchungen	Ermitteln der Qualitätsfähigkeit der eigenen Mitarbeiter, Einrichtungen und Mittel, welche für die Realisierung der Angebotsprodukte eingesetzt werden
1.3	Externe Qualitätsfähigkeits-Untersuchungen	Ermitteln der Qualitätsfähigkeit von Unterlieferanten anhand von Systemaudits und/oder einer Qualitätsprüfung der von ihnen zu kaufenden oder gekauften Einheiten
1.4	Prüfplanung	Planen und Vorbereiten der Qualitätsprüfungen sowie der zugehörigen Auswertungen zur Ergebnisfeststellung
1.5	Entwicklung und versuchsweiser Bau von Prüfmitteln	Entwickeln und Durchführen von Vorversuchen und Erprobungen an Prüfmitteln, sofern die betreffenden Kosten nicht aktiviert werden
1.6	Schulung in Qualitätsmanagement	Vorbereiten und Durchführen von internen oder externen Schulungsprogrammen, um Mitarbeiter der Organisation über die Grundsätze und Methoden des Qualitätsmanagements zu unterrichten und sie fortzubilden
1.7	Qualitätsverbesserungs-Programme	Alle internen Aktionen zur Verbesserung der Qualitätsfähigkeit und zur Hebung des Qualitätsbewußtseins
1.8	Qualitätsvergleich mit dem Wettbewerb	Feststellen der Qualität von Einheiten des Wettbewerbs, eingeschlossen alle Untersuchungen im Rahmen von Vergleichen der Qualitätsforderungen (benchmarking)
1.9	Mittelbare Qualitätslenkung (siehe Bild 9.1)	Mittelbares Lenken der Realisierung der Einheit, z.B. anhand von Korrektur- und Vorbeugungsmaßnahmen, mit dem Ziel der Erfüllung der Qualitätsforderung
1.10	Interne Qualitätsaudits; QM-Darlegungen	Alle Arten von internen Qualitätsaudits (System-, Verfahrens- und Produktaudits), sowie alle internen QM-Darlegungen
1.11	Leitung des Qualitätswesens	Leitung und Verwaltung aller QM-Aufbauelemente, eingeschlossen den Qualitätsbeauftragten der Organisation
1.12	Sonstige Tätigkeiten zur Fehlerverhütung,	die nicht einwandfrei einem der obigen QK-Elemente der Fehlerverhütungskosten zugeordnet werden können

17.5.3 Die Prüfkosten

Eine Hilfe zur organisationsspezifischen Festlegung der Prüfkosten sind die Norm [50], der Abschnitt 9.4 sowie die Bilder 9.2, 9.3 und 9.4. Man erkennt aus den wesentlichen Prüfungsarten auch die sinnlogische Zuordnung zu den QK-Gruppen. Im Gegensatz zur Definition der Qualitätsprüfung ist es durchgängig üblich, den Prüfkosten auch die Kosten der vorausgehenden Ermittlungen sowie der nachfolgenden Auswertungen zuzurechnen. Im Bild 17.3 sind die daraus resultierenden QK-Elemente zusammengestellt.

Bild 17.3: QK-Elemente der Prüfkosten (PK)
Die Prüfkosten setzen sich zusammen aus Kosten für folgende Tätigkeiten:

Nr	QK-Element	Tätigkeiten bzw. Anschaffungen
2.1	Eingangsprüfung	Alle Arten von Qualitätsprüfungen an zugelieferten oder anzuliefernden Einheiten wie Einzelteilen, Bauelementen, Werkstoffen, DV-Programmen usw. durch den Käufer oder auf Veranlassung des Käufers dieser Einheiten
2.2	Zwischenprüfung	Alle Arten von Qualitätsprüfungen an noch nicht vollständig realisierten Einheiten oder an Teilen davon
2.3	Endprüfung	Alle Arten von Qualitätsprüfungen an vollständig realisierten Einheiten vor dem Gefahrübergang, z.B. vor Auslieferung von Angebotsprodukten an ein Lager oder an den Kunden, eingeschlossen wiederkehrende Prüfungen
2.4	Prüfungen bei eigenen Außenmontagen	Qualitätsprüfungen des Montageergebnisses vor der Übergabe der Leistung an den Kunden
2.5	Abnahmeprüfungen	Qualitätsprüfungen im Zusammenhang mit der Abnahme von Leistungen durch den Auftraggeber (Kunden) oder dessen Beauftragten
2.6	Prüfmittelanschaffung	Kapital- und Bereitstellungskosten für alle Anschaffungen von Prüfmitteln
2.7	Prüfmittelbetrieb und -instandhaltung	Betriebs-, Instandhaltungs- sowie Kalibrier-, Justier- und Eichkosten für alle Prüfmittel sowie Prüfhilfsmittel
2.8	Qualitäts-Gutachten	Grundsätzliche Qualitätsprüfungen an Einheiten sowie Qualifikationsprüfungen zur Erzielung einer erforderlichen oder erwünschten Qualifikation für eine Einheit
2.9	Laboruntersuchungen	Qualitätsbezogene Untersuchungen und Ermittlungen an materiellen Einheiten mit den Mitteln eines Labors
2.10	Prüfdokumentation	Durch Erstellung, Archivierung und Verwaltung der Dokumente über Qualitätsprüfungen entstehende Kosten (des QM-Elements Dokumentation) unter Berücksichtigung von Produkthaftung und Sicherheitsforderungen
2.11	Sonstige Tätigkeiten und Anschaffungen für Qualitätsprüfung,	die nicht einwandfrei einem der obigen QK-Elemente der Prüfkosten zugeordnet werden können, beispielsweise im Zusammenhang mit einer DV-Anlage für Qualitätsdaten

17.5 Begriffe und Normen zu qualitätsbezogenen Kosten

Bild 17.4: QK-Elemente der Fehlerkosten (FK)

Nr	QK-Element	Tätigkeiten oder ihre Ergebnisse
		Intern festgestellte Fehlerkosten
3.1	Ausschuß *	Intern festgestellter Ausschuß
3.2	Nacharbeit *	Intern festgestellte Nacharbeit
3.3	Sortierprüfung ◊	Intern festgestellte Sortierprüfung
3.4	Wiederholungsprüfung ◊	Intern festgestellte Wiederholungsprüfung
3.5	Qualitätsbezogene Mengenabweichung	Durch vermeidbare Fehler entstehender Abfall mit der Folge einer kleineren als der möglichen Ausbringung
3.6	Wertminderung	Wegen teilweiser Nichterfüllung der Qualitätsforderung unvermeidbare Minderung des Verkaufserlöses
3.7	Problemuntersuchung	Ermittlungen zur Behebung von Problemen des Qualitätsmanagements während und nach der Realisierung der Einheit
3.8	Qualitätsbezogene Unklardauer	Unplanmäßige Dauer der Nichtfortsetzung der Realisierung der Einheit oder der Qualitätsprüfung der Einheit aus qualitätsbezogenen Gründen
3.9	Sonstige Kosten infolge intern festgestellter Fehler,	die nicht einwandfrei einem der QK-Elemente intern festgestellter Fehlerkosten zugeordnet werden können
		Extern festgestellte Fehlerkosten
3.11	Ausschuß *	Vor der Abnahme durch den Auftraggeber (Kunden) im Außendienst festgestellter Ausschuß
3.12	Nacharbeit *	Vor der Abnahme durch den Auftraggeber (Kunden) im Außendienst festgestellte Nacharbeit
3.13	Gewährleistung	Kosten von Leistungen nach dem Gefahrübergang zur Erfüllung von Gewährleistungs- und Garantieansprüchen aufgrund selbst anerkannter Verpflichtungen (z.B. bei Rückrufaktionen) oder aufgrund berechtigter qualitätsbezogener Reklamationen von Auftraggebern (Kunden)
3.14	Produzentenhaftung	Regelung von Sach-, Personen- oder Vermögensschäden infolge mangelhafter Produkte im Rahmen der Produzenten- und Produkthaftung
3.15	Sonstige Kosten infolge extern festgestellter Fehler,	die nicht einwandfrei einem der QK-Elemente der extern festgestellten Fehlerkosten zugeordnet werden können

* siehe DIN 55350-11 [8]; ◊ siehe DIN 55350-17 [50]

17.5.4 Die Fehlerkosten

Die Aufteilung der QK-Elemente (nachfolgend QKE) der Fehlerkosten in zwei Untergruppen gemäß Bild 17.4 hat Abrechnungsgründe. Diese hier unterstützte Auffassung entspricht den hierzulande gewonnenen Erfahrungen, wenn sie auch im Gegensatz zu [60] steht. Die extern festgestellten Fehlerkosten kommen nämlich in der Betriebswirtschaft in der Regel viel später an als die intern festgestellten. Würde man beide gemeinsam betrachten, obwohl sie möglicherweise aus weit auseinanderliegenden Zeiträumen stammen, so würde dies häufig zu Fehleinschätzungen führen.

Alle Organisationen, die sich mit QK-Nachweisen befaßt haben, weisen darauf hin, daß Fehlerkosten besondere Aufmerksamkeit verlangen. Die betreffenden Besonderheiten werden im Abschnitt 17.5.6 behandelt.

17.5.5 Möglichkeiten der Zusammenstellung, Unterteilung und Ergänzung von QK-Elementen

Es kann zweckmäßig sein, jeweils einzelne der in den Bildern 17.2 bis 17.4 aufgeführten QKE zusammenzustellen. Dann hat man ein weniger detailliertes Kontengerüst für die qualitätsbezogenen Kosten. In kleineren Organisationen wird das möglicherweise ausreichen. Die Zusammenstellung sollte aber nie so weit gehen, daß vollständige QK-Gruppen (siehe Bild 17.1) zusammengelegt werden. Hingegen kann es sinnvoll sein, einzelne eng verwandte QKE aus verschiedenen QK-Gruppen zusammenzustellen und über ihre Zuordnung zu einer QK-Gruppe sogleich zu entscheiden.

Beispiele zum Bild 17.2 sind die Zusammenstellung der QKE 1.1 + 1.2 + 1.4 oder der QKE 1.6 + 1.7, Beispiele zum Bild 17.3 die Zusammenstellung der QKE 2.2 + 2.3, der QKE 2.4 + 2.5, der QKE 2.6 + 2.7 oder der QKE 2.8 + 2.9. Schließlich können zum Bild 17.4 die QKE 3.1 + 3.6 + 3.11, die QKE 3.6 + 3.13 + 3.14 oder die QKE 3.2 + 3.3 + 3.4 + 3.7 + 3.12 zusammengestellt werden.

Man kann QKE auch unterteilen. Das kann sich, vor allem bei großen Organisationen, schon für das allgemeine Erfassen anbieten. Für fallbezogene Sonderuntersuchungen wird es vielfach erforderlich sein. Jedes QKE kann bei Bedarf unterteilt werden. Ein Beispiel ist die Unterteilung des QKE Gewährleistung (3.13) einerseits in Kosten für Leistungen im Rahmen der gesetzlichen Gewährleistung und andererseits in Garantiekosten, also Kosten, die für zugesagte Leistungen erbracht werden, welche über die Gewährleistung hinausgehen. Das QKE Produkthaftung ist ein weiteres Beispiel. Die Kosten lassen sich hier unterteilen in solche für verschuldensabhängige und solche für verschuldensunabhängige Produkthaftungsfälle nach dem Produkthaftungsgesetz.

Schließlich kann man auch zusätzliche QKE für nützlich halten und in die QK-Gruppen einbauen. Sie müssen ebenso sorgfältig definiert werden wie die in den Bildern 17.2 bis 17.4 aufgeführten. Ein Beispiel sind die externen QM-Darlegungskosten (siehe Bild 17.1).

Zusammenstellung, Unterteilung und Ergänzung von QKE geben demnach jeder Organisation viele Möglichkeiten der Anpassung ihrer Vorstellungen über QK-Nachweise an ihre eigenen Gegebenheiten und Zielsetzungen.

17.5.6 Die Besonderheit „Fehlerkosten"

Die Erfassung von Ausschuß, Nacharbeit und vermeidbarem qualitätsbezogenem Abfall ist schon deshalb eine Besonderheit, weil Fehler oft nicht gesetzmäßig, sondern zufallsbedingt vorkommen. Verursacht ist diese Besonderheit jedoch entscheidend durch die grundsätzliche Besonderheit jeglichen Qualitätsmanagements, durch die Angst vor dem Fehlergespräch (siehe Abschnitt 2.1.3).

17.5 Begriffe und Normen zu qualitätsbezogenen Kosten

Deshalb sollte beispielsweise das Fehlermeldesystem von seinen Schrecken für die Mitarbeiter befreit werden [147]. So ist von „Katastrophenmeldungen" auf schreiend rot leuchtendem Spezialpapier abzuraten. Sie können zum Alptraum für das Wochenende werden, wenn man mit solchen Unterlagen zur regelmäßigen „Montagsbesprechung" beim Chef erscheinen muß.

Die Angst besteht, seien nun QK-Nachweise eingeführt oder nicht. Sie führt dazu, daß in der Praxis in erstaunlichem Umfang Fehlerkosten auf anders bezeichneten Konten verschwinden. Man nennt das auch

Fehlerkosten-Umwidmungen.

Hierfür gibt es zahlreiche Methoden. Kaum eine andere innerbetriebliche Aktivität wird mit so viel Erfindungsreichtum und Originalität betrieben, und zwar gemäß langjährigem Erfahrungsautausch unabhängig von Branche und Nationalität. Man könnte dazu viele bemerkenswerte Erlebnisse berichten. Nachfolgend werden indessen nur einige dieser Methoden beschrieben. Nicht nur im Fall der Erstellung von QK-Nachweisen ist es also dringend anzuraten, ständig an der Verbesserung des Fehlermeldesystems zu arbeiten.

(1) Die „Ladenhütermethode"

Fehlprodukte werden, wie man erklärt, „in der Absicht eingelagert, sie zur Vermeidung von Verlusten für die Organisation für einen anderen Verwendungszweck nutzbar zu machen". Eine anderweitige Verwendung mißlingt jedoch fast immer. Deshalb werden von der nächsten oder übernächsten Inventur ab diese Fehlprodukte als „unverkäufliche Ladenhüter" betrachtet. Solche werden erfahrungsgemäß als Marktschicksal hingenommen. Ein Wertberichtigungskonto entlastet eines Tages das Lager. Es wird durch Rückstellungen gespeist. Deren Bezeichnung läßt nicht darauf schließen, daß es sich hier um die stillschweigende Bereinigung eines Qualitätsproblems handelt. Die Fehlerkosten-Umwidmung ist gelungen.

(2) Nacharbeit verschwindet im Recycling

Kaum eine materielle Produkte produzierende Organisation kommt ohne eine Recycling-Stelle zur Verwertung unvermeidbaren Abfalls aus. Man nenne sie nie „Nacharbeitsstelle". Dann wird nämlich „zur Vereinfachung" auf das Konto dieser Stelle, die für planmäßige Wiederaufarbeitung zuständig ist, auch vermeidbare qualitätsbezogene Nacharbeit geschrieben. Wieder ist dann eine Fehlerkosten-Umwidmung gelungen.

(3) Nacharbeit verschwindet in Mehrarbeit

„Weil es praktisch das Gleiche ist", wird bei dieser Umwidmungsmethode Nacharbeit „zur Vereinfachung" zusammen mit Mehrarbeit verrechnet. Jedes Gespräch über die Ursachen von vermeidbarer qualitätsbezogener Nacharbeit, also über Fehlerkosten, endet dann in einer Diskussion über den nicht qualitätsbezogenen Mehrarbeitsanteil auf dem Sammelkonto, der ohnehin der Löwenanteil sei.

(4) Qualitätsbezogener Abfall verschwindet in unvermeidbarem Abfall

Tatsächlich unvermeidbarer, verfahrensbedingter Abfall hängt sachlich oft eng mit vermeidbarem qualitätsbezogenem Abfall zusammen. Deshalb ist hier die Versuchung besonders groß, ein Sammelkonto zu führen. Es bestehen auch enge Zusammenhänge mit den vielfach undurchsichtigen, anschließend behandelten Materialverbrauchs-Zuschlagsfaktoren.

(5) Lukrative Materialverbrauchs-Zuschlagsfaktoren

„Zur Sicherstellung eines reibungslosen Fertigungsablaufs" werden diese Faktoren oft Schritt um Schritt erhöht. Diese Maßnahme wird vielfach auch von Vorständen und Geschäftsführungen gedeckt. Das wird so begründet: Ein guter Betriebsleiter muß über Reserven verfügen, damit er beweglich bleibt. Nichts sei schlimmer als Fertigungsunterbrechungen wegen vermeidbarer Materialknappheit. Dies aber sei dispositiv vermeidbar.

Die mit solchen Begründungen oft auf unangemessen hohe Werte gesteigerten Materialverbrauchs-Zuschlagsfaktoren bilden nun ein großes Auffangpotential für die unauffällige Unterbringung von umgewidmetem (vermeidbarem) qualitätsbezogenem Abfall. Er verschwindet undokumentiert.

(6) Lukrative Vorgabezeiten

Es gilt Analoges wie bei der Methode (5). Das Auffangpotential dient hier der Unterbringung von umgewidmeter Nacharbeit.

Es kann wegen der bestehenden Ursachen keine Zweifel geben, daß es bei immateriellen Produkten entsprechende Methoden der Fehlerkostenumwidmung gibt. Sie in allen Bereichen aufzudecken und ihre Anwendung zu erschweren, ist eine maßgebliche Aufgabe der Qualitätsverbesserung.

17.5.7 Kennwert „Fehlerkosten-Dunkelziffer d"

Welches Ausmaß Fehlerkosten-Umwidmungen erreichen können, zeigen Untersuchungen mit der Fehlerkosten-Dunkelziffer d. Der Kennwert d ist der Quotient aus zwei Fehlerkosten-Summen. Im Zähler stehen alle Fehlerkosten FK_n **nach** einer in der ganzen Organisation hinreichend akzeptierten Einführung von QK-Nachweisen. Nenner ist der beim Leiter des Erfassungsbereichs **vor** der Einführung der QK-Nachweise durch die oberste Leitung erfragte Schätzwert FK_{lv} für diese Summe. Es ist also

$$d = FK_n / FK_{lv}.$$

Solche Kennzahlen lassen sich nämlich plausiblerweise nur durch die oberste Leitung der Organisation in Erfahrung bringen. Selbst sie muß dazu einen strategisch-psychologischen Plan anwenden. Die beiden dafür erforderlichen Kennzahlen FK_n und FK_{lv} liegen nämlich Jahre auseinander. Die späteren müssen deshalb sorgfältig inflations- und auch sonst organisationsbezogen bereinigt sein. Das Bild 17.5 zeigt die Häufigkeitsverteilung solcher Fehlerkosten-Dunkelziffern d bei 23 Werken eines großen deutschen Unternehmens. Es ist eine logarithmische Normalverteilung. Keine Information könnte eindrucksvoller das Problem der Fehlerkosten-Umwidmungen quantifizieren. Nicht nur für diesen Beispielfall dürfte gelten, was er zutage gefördert hat: Ein Bereichschef weiß umso weniger über die Fehler in seinem Bereich und deren Kosten, je höher seine Position ist.

17.5.8 Begriffsklärung Fehlprodukte

Die Fehlerkosten-Dunkelziffern des Bildes 17.5 zeigen, daß wegen der „Fehlerkosten-Umwidmungen" verbindliche interne Begriffsklärungen zu „Fehlprodukte" eine wichtige Voraussetzung für Erfolg sind. Es muß zweifelsfrei festgelegt sein, was man z.B. unter Ausschuß, Nacharbeit und Abfall zu verstehen hat. Solche Festlegungen erfolgten bereits

17.5 Begriffe und Normen zu qualitätsbezogenen Kosten 265

vor langer Zeit im Rahmen einer Aktion zur Einführung von QK-Nachweisen in einer großen Organisation. Später wurden sie überbetrieblich in einem industirellen Verband verbessert. Dann wurden sie in der DGQ (Deutsche Gesellschaft für Qualität e.V.) anläßlich der Übernahme in einen Vorläufer von [53] weiter verbessert. Heute sind sie in [8] genormt. Jede Organisation kann sie unverändert oder abgewandelt für ihren Bereich für verbindlich erklären.

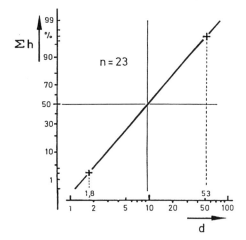

Bild 17.5:
Verteilung von Fehlerkosten-Dunkelziffern d bei 23 Werken eines Unternehmens

17.5.9 Begriffsklärung QK-Elemente

Kurzfassungen der Definitionen der QKE finden sich in den Bildern 17.2 bis 17.4. Beispiele und Erläuterungen dazu können dem DGQ-Band 14-17 [142] entnommen werden. Wählt eine Organisation davon abweichende oder ergänzende QKE aus (siehe Abschnitt 17.5.5), müssen diese ebenso sorgfältig definiert und erläutert werden.

17.5.10 Der Normentwurf DIN ISO 10014 : 1996-08

Der internationale Normentwurf [114] ist wenige Monate nach seinem Erscheinen auch als deutscher Normentwurf unter dem Titel „Leitfaden zur Handhabung der Wirtschaftlichkeit im Qualitätsmanagement" erschienen. Er ist im Abschnitt 17.4.1 bereits als „negative Konsequenz aus der Besonderheit qualitätsbezogener Kosten" angesprochen. Nicht weniger auffällig ist die Benutzung der Benennung „Faktoren" für Merkmale der Kundenzufriedenheit. Auch im Angloamerikanischen wird nicht die genormte Benennung „characteristic" benutzt. Der Normentwurf bringt seinem Anwender nicht nur keinen Nutzen, sondern er verwirrt ihn sogar wegen der Nichtbenutzung genormter Grundbegriffe. Er verläßt die qualitätsbezogene Betrachtung zugunsten einer umfassenden Wirtschaftlichkeitsbetrachtung für die ganze Organisation. Dazu gibt es viele und wesentlich bessere Grundlagen.

17.6 QK-Richtlinie der obersten Leitung der Organisation

Die Erstellung von QK-Nachweisen erfordert ein enges Zusammenarbeiten vieler Stellen der Organisation. Nur in der obersten Leitung der Organisation haben sie eine gemeinsame vorgesetzte Stelle. Deshalb müssen die wesentlichen Prinzipien der QK-Erfassung und der Auswertung der QK-Nachweise in einer schriftlichen Anweisung durch die oberste Leitung der Organisation festgelegt werden. Sie heißt häufig „QK-Richtlinie".

Es genügt nicht, wenn die oberste Leitung der Organisation die Einführung von QK-Nachweisen „begrüßt" oder gar nur „duldet". Es genügt auch nicht, wenn sich die Leiter des Qualitätswesens und des Rechnungswesens auf die Erstellung von QK-Nachweisen „einigen". Alle solche Versuche sind erfahrungsgemäß zum Scheitern verurteilt. Jedermann muß merken, daß es der obersten Leitung der Organisation selbst sehr ernst ist mit der Einführung der QK-Nachweise. Alle müssen erkennen, daß es sich um eine Daueraktion handelt. Nur bei fortdauernder Nutzung der QK-Nachweise für Verbesserungsmaßnahmen kann ein nachhaltiger Erfolg erzielt werden.

Die QK-Richtlinie muß auch die für die Organisation geltenden Definitionen der Fehlprodukte und QK-Elemente enthalten (siehe Abschnitte 17.5.8 und 17.5.9). Sie sollte außerdem die zu benutzenden QK-Kennzahlen und Bezugsgrößen (siehe Abschnitt 17.8) wie auch die mindestens zu erstellenden QK-Berichte (siehe Abschnitt 17.10) festlegen.

Die fachlichen Anweisungen in der QK-Richtlinie haben erfahrungsgemäß gute Akzeptanz, wenn sie auf einem durch die oberste Leitung veranlaßten Gemeinschaftsvorschlag von Rechnungswesen und Qualitätswesen beruhen und von der obersten Leitung der Organisation aktiv getragen werden.

17.7 QK-Erfassung

17.7.1 Allgemeines

Die Erfahrung lehrt: Qualitätskosten sind sowohl in ihrer Größenordnung als auch in ihrer gegenseitigen Abhängigkeit schwer zu beurteilen. Deshalb muß man sie einzeln erfassen und nachweisen. Dazu werden sie aus den anderen Kosten aussortiert und in geeigneter Weise übersichtlich dargestellt. Dann zeigt sich meist, daß die Gesamtheit der qualitätsbezogenen Kosten im Durchschnitt hinter den Personal- und den Materialkosten die drittgrößte Kostengruppe ist. Oft übertrifft sie die Forschungs- und Entwicklungskosten bei weitem. Nach der PARETO-Regel (auch: Lorenz-Gesetz) ist demnach die Beachtung der qualitätsbezogenen Kosten meist wichtiger als die von Forschungs- und Entwicklungskosten, von Transportkosten, von Personalverwaltungskosten oder ähnlichen spezifischen Kosten jeweils kleineren Gesamtumfangs. Auf den ersten Blick erstaunlich ist deshalb das Ergebnis einer Erhebung in der deutschen Maschinenbauindustrie [148]: 1980 ermittelte durchschnittlich nur etwa jedes sechste Unternehmen seine qualitätsbezogenen Kosten, sortierte sie also zur gesonderten Ordnung und Überwachung aus dem gesamten Kostengerüst aus, in welchem sie in jeder Organisation selbstverständlich irgendwie erfaßt sind.

Die im Abschnitt 2.1.3 behandelte grundsätzliche Besonderheit des Qualitätsmanagements liefert eine plausible Erklärung dafür.

17.7.2 Disponierte QK-Sortierung

Das Bild 17.6 zeigt die in der QK-Richtlinie der Organisation (siehe Abschnitt 17.6) verbindlich festzulegende „disponierte Sortierung" der QK-Anteile nach ihrer Aussonderung aus den Kostenerfassungsgruppen. Sie besteht in der festgelegten Zuordnung dieser Anteile zu QKE. Diese Festlegung muß über lange Zeiträume unverändert beibehalten werden können, um einen aussagefähigen **„Längsvergleich"** der QKE zu ermöglichen (das ist ein Vergleich „in sich" abhängig von der Zeit; siehe auch Abschnitt 17.9.5). Entsprechend sorgfältig ist die Festlegung zu planen.

17.7.3 Einzelheiten zur QK-Erfassung

Aus Bild 17.6 ist zu erkennen: „QK-Erfassung" ist ein nicht sehr zweckmässiges Wort. Alle qualitätsbezogenen Kosten sind – wie schon erwähnt – in den Gesamtkosten bereits enthalten. Diese werden betriebswirtschaftlich für die Organisation möglichst vollständig erfaßt. Wenn man dennoch von QK-Erfassung spricht, so aus einem anderen Grund: Vielfach müssen in den üblichen Kostenerfassungsgruppen verborgene QK-Anteile erst als solche identifiziert werden. Das kann bei „Fixkosten-Angestellten" nötig sein, beispielsweise in den Entwicklungsabteilungen. Dort werden oft hohe Prozentsätze der Arbeitszeit für Qualitätsmanagement angewendet. Im Rahmen der Kostenstellen-Verrechnung sind es aber Entwicklungstätigkeiten. Überdies gibt es keine oberste Leitung, der es nicht angenehm wäre, einen hohen Entwicklungskostenanteil auszuweisen.

Meist sind höchstens 20 bis 30 Prozent aller qualitätsbezogenen Kosten davon betroffen. Ihre „Erfassung vor Ort" kann mit Genauigkeitsansprüchen erfolgen, die im Vergleich mit der primären Erfassung von Kosten in der Organisation ermäßigt sind. Eine Schlüsselnummer zwecks Zuordnung zum betreffenden QKE in der Datenverarbeitung sollte sofort beigefügt werden. Bei Schätzung muß festgelegt sein, wann der Schätzwert spätestens wieder geprüft werden muß, ggf. auch die Schätzmethode. Die Fachleute der Kostenrechnung kennen für unterschiedliche Schätzgenauigkeiten meist gute Faustregeln.

70 bis 80 Prozent der qualitätsbezogenen Kosten sind also bereits aussortierbar erfaßt. Sie erhalten zur Aussortierung als QK-Anteile nur noch die Schlüsselnummer zwecks Zuordnung zum betreffenden QKE. Zusätzliche Belege werden dabei nicht benötigt.

- Beispielsweise werden Prüfkosten in der Regel schon bisher eigens erfasst, wenn auch auf mehreren Kostenstellen.
- Gleiches gilt meist für Ausschuß- und Nacharbeitskosten.

Nachfolgend ist eine Möglichkeit der Aufgabenaufteilung zwischen Rechnungswesen und Qualitätswesen skizziert. Andere Aufgabenteilungen sind denkbar, auch unter Beiziehung von Linienverantwortlichen. Entscheidend ist die Festlegung der Aufgabenverteilung.

Bild 17.6: Prinzipien der disponierten QK-Sortierung

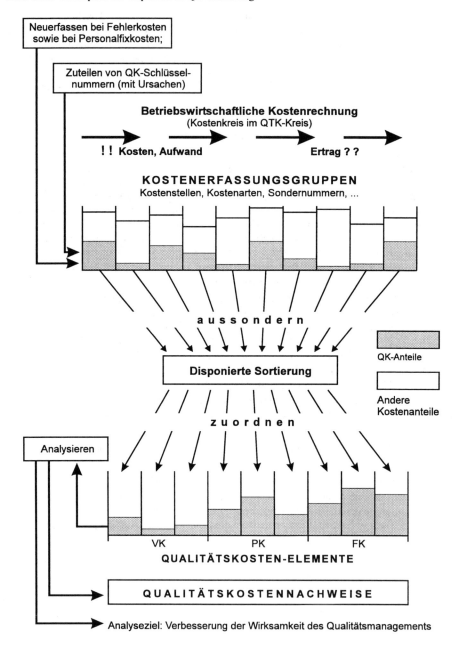

17.7.4 Die Aufgaben des Rechnungswesens

Im Rahmen der Planung und der regelmäßigen Erstellung von QK-Nachweisen hat das Rechnungswesen folgende Aufgaben:

- Erarbeitung der Methode für die Aussonderung der QK-Anteile aus den betrieblichen Kostenerfassungsgruppen zur Einsortierung in die Konten der QKE;
- dazu: Festlegung der zusätzlich nötigen Schlüsselnummern im Rahmen des bestehenden Kostenrechnungssystems unter Berücksichtigung des (möglicherweise bereits existierenden) Fehlerschlüssels;
- Erstellung der periodischen QK-Nachweise für die Kostenstellen sowie deren Zusammenfassung für die hierarchischen Organisationsebenen;
- Unterstützung des Qualitätswesens mit Sonderauswertungen, wenn die Analysen von QK-Nachweisen Zusammenhänge aufdecken, die genauer untersucht werden müssen.

Bei allen planerischen und routinemäßigen Tätigkeiten muß eine enge Zusammenarbeit zwischen Rechnungswesen und Qualitätswesen sichergestellt sein. Daraus resultiert dann auch ein besseres wechselseitiges Verständnis.

17.7.5 Vermeidung von Doppelerfassungen

Wenn bereits erfaßte QK-Anteile zur Aussortierung in die QKE mit Schlüsselnummern versehen werden, ist auf die Vermeidung von Doppelerfassungen zu achten. Solche könnten z.B. bei Fehlerkosten vorkommen: Sie sind bei den Kostenstellen unter einer Kostenart aufgeführt, die für die ganze Organisation oder für einen Geschäftsbereich gilt, ggf. je nach QKE mit unterschiedlichen Schlüsselnummern. Auf dieser Kostenart werden dann also alle Fehlerkosten der Organisation oder des Geschäftsbereichs gesammelt ausgewiesen. Dann darf man nur entweder die von den Kostenstellen kommenden oder nur die bei der Kostenart gesammelten Fehlerkosten erfassen.

Entsprechende Vorsichtsmaßnahmen gegen Doppelerfassungen gelten bei vergleichbaren Irrtumsmöglichkeiten im Kontengerüst.

17.7.6 Fehlerursachen-Nummer

In der Schlüsselnummer des aus der betriebswirtschaftlichen Kostenrechnung ausgesonderten und dem betreffenden QKE zuzuordnenden QK-Anteils wird man zweckmäßig noch weitere Informationen unterbringen. Beispielsweise wird man die Fehlerursache und ggf. zusätzlich der Fehlerverhütung dienende Informationen einbauen. Auch hier ist zu beachten: Die aus den QK-Nachweisen abgeleiteten Folgerungen und Maßnahmen können nur insoweit richtig sein, wie die Urdaten sachgerecht und im wesentlichen vollständig sind.

17.8 QK-Kennzahlen und ihre Bezugsgrößen

Ständig ändern sich die Material- und die Lohnkosten. Auch der Umsatz einer Organisation bleibt nicht konstant. Deshalb soll man qualitätsbezogene Kosten nicht nur in Geldwerten, sondern auch als QK-Kennzahlen angeben. Solche QK-Kennzahlen verbessern, besonders wenn sie kombiniert betrachtet werden, sowohl die Anschaulichkeit der QK-Nachweise als auch die Möglichkeiten zur Beurteilung der zeitlichen Entwicklung der gesamten qualitätsbezogenen Kosten, der einzelnen QKE und QK-Gruppen.

Bei der Verwendung von QK-Kennzahlen bedient man sich also desselben Hilfsmittels, wie es im Qualitätsmanagement zur Analyse technischer Zusammenhänge üblich und bekannt ist, der Bildung von relativen Kennzahlen, oft mit der Dimension 1 (siehe normierte Qualitätsbeurteilung, Kapitel 28).

Über die Frage, welche QKE oder Zusammenfassungen davon auch als QK-Kennzahlen darzustellen sind, und über zweckmäßige Bezugsgrößen für die QK-Kennzahlen, muß bereits bei der Planung der QK-Nachweise entschieden werden. Eine für alle Beurteilungszwecke optimal geeignete Bezugsgröße gibt es nicht. Man wird sogar in der Regel unterschiedliche Bezugsgrößen für die verschiedenen hierarchischen Ebenen der Organisation, für die QK-Gruppen oder für einzelne oder zusammengefaßte QKE verwenden. Zweckmäßig ist jedenfalls die Verwendung von Bezugsgrößen, die in einem sachlichen Zusammenhang mit der jeweils betrachteten QK-Größe stehen.

Gebräuchliche Bezugsgrößen für QK-Kennzahlen sind beispielsweise Umsatz, Werkleistung, Herstellkosten, Veredelungswert, Fertigungslohnkosten, Kopfzahl, Anzahl gefertigte Einheiten. Bezüglich der Vor- und Nachteile ihrer Anwendung wird auf [142] verwiesen.

17.9 QK-Analyse

17.9.1 Der Einführungseffekt

Anläßlich der Vorbereitung der Einführung von QK-Nachweisen muß die oberste Leitung der Organisation auf die voraussichtliche Entwicklung der qualitätsbezogenen Kosten in der ersten Zeit der Anwendung von QK-Nachweisen hingewiesen werden. Erfahrungsgemäß stellt diese Entwicklung eine große Versuchung dar, die mit viel Aufwand und Mühe vorbereitete und dann eingeführte Anwendung von QK-Nachweisen wieder einzustellen. Ursache dafür ist die im Bild 17.7 dargestellte erfahrungsgemäße Diskrepanz zwischen der Entwicklung der wirklich gemäß QK-Richtlinie existierenden qualitätsbezogenen Kosten und den in den QK-Nachweisen erfaßten in der sogenannten Lernphase: Während nämlich die wirklich existierenden in Wahrheit abnehmen, steigen die in den QK-Nachweisen erfaßten zunächst kontinuierlich an. Beides ist sehr plausibel und nicht anders zu erwarten:

- Bereits in der **Vorphase** (Vorbereitung der Einführung) werden alle Führungsebenen der Organisation in die Planung der QK-Nachweise und ihrer Erstellung eingeschaltet. Das führt zu einer enorm erhöhten Aufmerksamkeit bezüglich qualitätsbezogene Kosten. Insbesondere die Fehlerkosten werden stark beachtet. Ursache ist die erkennbar intensive Planung der Verbesserung des zugehörigen Meldesystems. Die Folge aller dieser Einflüsse ist eine sinkende Tendenz der noch unbekannten wirklichen qualitätsbezogenen Kosten. Dies ist ein erster, psychologisch verständlicher Erfolg der Aktion zur Einführung von QK-Nachweisen. Man erkennt ihn aus dem herkömmlichen Kostenmeldesystem.

- Ebenso plausibel ist es, daß in der **Lernphase** (der ersten Zeit nach der Einführung der QK-Nachweise) die erfaßten qualitätsbezogenen Kosten zunächst fortlaufend ansteigen: Jedermann lernt ständig dazu, was QK-Anteile und QK-

17.9 QK-Analyse

Elemente sind, und wo sie entstehen. Entsprechend vermehren sich während einiger Monate die angegebenen QK-Anteile deshalb, weil bisher nicht gemeldete QK-Anteile nun gemeldet werden.

Bild 17.7: Zeitliche Entwicklung der qualitätsbezogenen Kosten bei der Einführung von QK-Nachweisen

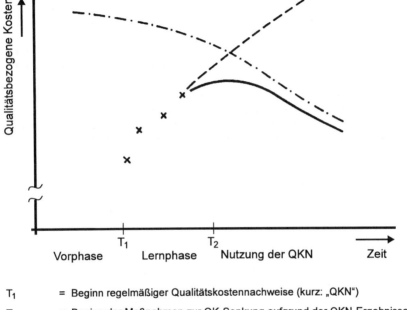

T_1 = Beginn regelmäßiger Qualitätskostennachweise (kurz: „QKN")
T_2 = Beginn der Maßnahmen zur QK-Senkung aufgrund der QKN-Ergebnisse
— — — wirkliche qualitätsbezogene Kosten
x x x x erste QKN-Ergebnisse
- - - - Erwartung der Gegner einer QKN-Einführung
———— erfahrungsgemäße und plausible Entwicklung weiterer QKN-Ergebnisse

– Die **Nutzungsphase** bringt nun auch bei den QK-Nachweisen die durch erste QM-Rationalisierungen bewirkte Verminderung. Diese ist meist für alle Beteiligten überraschend groß. Im Bild 17.7 ist eine bleibende Differenz zu erkennen zwischen den wirklichen qualitätsbezogenen Kosten und denen, die in den QK-Nachweisen erscheinen. Sie ist verursacht durch die oben behandelte und durchaus hinnehmbare Unvollständigkeit und Ungenauigkeit der Aussonderung gemäß Bild 17.6.

Diese Entwicklung ist mehr oder weniger ausgeprägt. Sie wird aber gesetzmäßig beobachtet. Sie liefert den Gegnern der Einführung von QK-Nachweisen einen scheinbar stichhaltigen Beweis für die Richtigkeit ihrer von Anfang an vorgebrachten Warnung: Durch diese Aktion werde ein nicht vertretbarer und ständig steigender unproduktiver Aufwand getrieben. Durch die ersten Ergebnisse sei dies nun „einwandfrei nachgewiesen".

Dabei fällt ins Gewicht, daß Einführungsgegner oft Schlüsselpositionen in der Organisation innehaben. Sie besitzen meist auch ein bemerkenswertes Gespür für die im Bild 17.5 dargestellten Fehlerkosten-Dunkelziffern, die durch die QK-Nachweise aufgehellt werden sollen.

Wenn die oberste Leitung der Organisation die geschilderten Zusammenhänge nicht schon vorher verstanden hat, erliegt sie nur allzu leicht dieser Zweckbehauptung. Sie zieht die mit den Gegenargumenten beabsichtigte Schlußfolgerung: Sie stellt die Aktion zur gesonderten Herausstellung der qualitätsbezogenen Kosten in QK-Nachweisen ein. Dann laufen auch die Einführungsgegner keine Gefahr mehr, daß in ihren Bereichen bemerkenswerte Fehlerkosten-Dunkelziffern zutage kommen.

Mit der Einstellung der Aktion ist nicht nur die erhebliche Investition für die Einführung und ihre Vorbereitung verloren. Vor allem ist auch für lange Zeit die Chance vertan, in der Organisation die psychologischen Voraussetzungen zu schaffen, unter denen allein eine Senkung der qualitätsbezogenen Kosten ohne Qualitätseinbußen möglich ist.

17.9.2 Schwerpunkt-Suche

Die bereits im Abschnitt 17.7.1 kurz erwähnten PARETO-Analysen liefern Schwerpunkte für einzuleitende Korrektur- und Verbesserungsmaßnahmen. Vor der Erläuterung eines praktischen Beispiels sei dieses Analysemittel grundsätzlich erklärt: In [60] findet man die folgende Definition: Untersuchungsmethode mittels Anordnung aller eine betrachtete Situation beeinflussenden Faktoren in einer Ordnung ihres relativen Einflusses mit dem Ziel, eine detailliertere Untersuchung auf die Hauptfaktoren konzentrieren zu können.

Es ist jeder Organisation zu empfehlen, stets das gleiche Formblatt für PARETO-Analysen zu verwenden und dieses Formblatt als Quadrat wie im Bild 17.8 (nicht als Rechteck) zu gestalten. Dann kann der „Paretoeffekt" ohne Verzerrung jeweils als größter (orthogonaler) Abstand der Paretolinie von der Winkelhalbierenden der beiden Koordinaten abgeschätzt werden.

Bei Anwendung dieses Analysemittels auf qualitätsbezogene Kosten ergeben sich oft Überraschungen: Einzelne QKE oder Kostenstellen oder Produkte oder Entstehungsursachen können sich als bisher unbemerkte Häufungspunkte für QK-Anteile herausstellen. Im Bild 17.8 ist ein praktisches Beispiel aus der Industrie gezeigt. Hier wurden 24 QKE untersucht. Unter den ersten 7 dieser 24 QKE gehören 6 (also ein Viertel der 24) mit zusammen 2/3 aller erfaßten qualitätsbezogenen Kosten zu den Fehlerkosten. Die ersten drei Fehlerkosten-Elemente machen bereits mehr als die Hälfte der Kosten aller 24 QKE aus.

17.9.3 Anteile der QK-Gruppen

Nicht überall brauchen die FK zu überwiegen wie im Beispiel des Bildes 17.8. Das Bild 17.9 erläutert, wie unterschiedlich sogar innerhalb ein und derselben Organisation der Anteil der drei QK-Gruppen VK, PK und FK an allen qualitätsbezogenen Kosten sein kann. Es handelt sich um ein Unternehmen der elektrotechnischen Industrie.

17.9 QK-Analyse

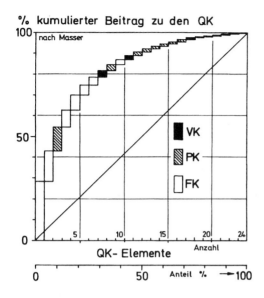

Bild 17.8:
Paretoverteilung von 24 QK-Elementen (praktischer Fall)

Die zwei Betriebe (3 und 4) mit den größten FK-Anteilen weisen keine VK aus. Dahinter braucht kein ursächlicher Zusammenhang zu stehen. Dennoch gilt als allgemeine Erfahrung, daß man durch Erhöhung der VK in der Regel ein Vielfaches dieses Einsatzes bei den FK und PK einsparen kann. In solchen Fällen spielen die Erkenntnisse aus graphischen Analysen mit Bild 17.10 vielfach eine ausschlaggebende Rolle.

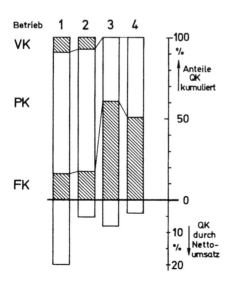

Bild 17.9:
Anteile der QK-Gruppen an allen qualitätsbezogenen Kosten und am Netto-Umsatz bei vier Betrieben eines Werks

Grundsätzlich ist freilich auch festzuhalten, daß es für die jeweiligen Anteile der 3 QK-Gruppen innerhalb der gesamten qualitätsbezogenen Kosten keine allgemein gültige Regel gibt.

17.9.4 Der verbotene „QK-Quervergleich"

Schon der bei Erläuterung des Bildes 17.9 angestellte „Quervergleich" von QK-Kennzahlen oder QK-Gruppen innerhalb einer Organisation ist gefährlich. Er ist auch nutzlos, ja oft sogar irreführend. Noch unnützer und gefährlicher sind QK-Quervergleiche zwischen unterschiedlichen Organisationen, auch innerhalb der gleichen Branche. Angesichts der ausgeprägten Vorliebe von Verbänden und den obersten Leitungen von Organisationen für „statistische Vergleiche" jeglicher Art muß dies ausdrücklich hervorgehoben werden. Dennoch in der Praxis angestellte Vergleichsbemühungen mit oft großem Aufwand haben noch immer zu dem sehr ernüchternden Ergebnis geführt, daß ein Vergleich nicht möglich ist. Ein heute schon lange zurückliegendes, prinzipiell aber nach wie vor eindrucksvolles Beispiel ist der jahrelange, schließlich aber doch gescheiterte Versuch in der deutschen Kabelindustrie, die Prüfkosten bei Nachrichtenkabeln zu vergleichen. Angesichts behördlich vorgeschriebener Prüfumfänge glaubte man, die Randbedingungen seien einheitlich genug. Das war ein Irrtum. Schon allein die Methoden der Erfassung und Weiterverrechnung der laufenden Prüffeldkosten unterschieden sich ganz erheblich von Organisation zu Organisation. Dieser „Quervergleich" endete mit einer Analyse, warum er trotz scheinbar gleichartiger Vorausetzungen nicht zu vergleichbaren Ergebnissen führen konnte.

Wer diese Erfahrungen berücksichtigt, kann mit vermiedenen Quervergleichen seiner Organisation und deren oberster Leitung viel Geld sparen.

Was nötig ist, sind nicht Vergleiche zu Anderen, sondern die Verbesserung der zeitabhängigen Analysen der eigenen Situation. Diese ist immer verbesserungsfähig.

17.9.5 Grundanalyse, Fallanalysen und „QK-Längsvergleich"

Die periodisch herauszugebenden QK-Nachweise für die verschiedenen Kostenstellen und Hierarchieebenen sollten eine **Grundanalyse** enthalten. Sie läßt sich in aller Regel automatisch mit EDV erstellen. Auch maschinell hergestellte graphische Darstellungen sollten enthalten sein, z.B. ein Analysediagramm gemäß Bild 17.10.

Man kann dieses Analysediagramm „QK-Längsvergleichs-Korrelationsdiagramm" nennen. Es zeigt nämlich sowohl den Zeitablauf als auch ständig das Verhältnis FK/(VK+PK). Wegen seiner zahlreichen Informationen ist es als Grundanalyse zu empfehlen. Es ist in Organisationen umfassend praktisch angewendet worden.

Fallanalysen mit wechselnden Zielsetzungen und Hilfsmitteln liefern die nötigen Ergänzungen. Beides zusammen ergibt Ausgangspunkte für erfolgversprechende Maßnahmen zur Verbesserung der QM-Effizienz, was meist auch zu einer QK-Senkung führt. Im bereits genannten DGQ-Band [142] finden sich zahlreiche weitere Anregungen, sowohl für fallabhängige als auch für zeitabhängige QK-Analysen („**QK-Längsvergleiche**").

Man sollte fortlaufend bestrebt sein,
– möglichst viele Analysenbestandteile zu automatisieren;
– tabellarische und graphische Darstellungen zu kombinieren.

17.11 QK-Besprechungen

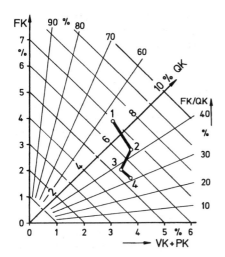

Bezugsgröße für
die QK-Kennzahlen
ist der Umsatz

Bild 17.10:
QK-Analyse mit nur einem einzigen, einzutragenden Punkt für einen Berichtszeitraum

17.10 QK-Berichte

Zu unterscheiden ist zwischen den weitgehend maschinell erstellten QK-Nachweisen und dem stets mit Arbeitseinsatz von Führungskräften verbundenen QK-Berichtswesen.

QK-Berichte erscheinen – gemäß QK-Richtlinie – ebenfalls periodisch. Das Zeitintervall ist zweckmäßig größer als bei den maschinell erstellten QK-Nachweisen. Ziel solcher QK-Berichte ist es unter anderem, die von zufälligen Schwankungen befreite Entwicklung der qualitätsbezogenen Kosten zusammen mit den Ursachen dieser Entwicklung aufzuzeigen. Vielfach wird dem Qualitätswesen der Organisation die Erstellung dieser QK-Berichte federführend übertragen. Das betriebliche Rechnungswesen kann wertvolle Beiträge zur Aufdeckung von Ursachen-Ketten leisten.

QK-Berichte stützen sich auf die QK-Nachweise und erläutern diese. Sie müssen ebenso aktuell sein wie die anderen Kostenberichte in der Organisation. Je mehr sie sich gleichbleibender und einfacher Darstellungsmethoden bedienen, je mehr sie sich auf die Aufgabenstellung des Empfängers einstellen, um so größer ist ihre Wirkung im Betriebsalltag. Ein Beispiel ist das im Bild 17.10 gezeigte Schaubild, das mit einem einzigen einzutragenden Punkt je Berichtszeitraum eine Fülle von Information zur Verfügung stellt. Es eignet sich für alle Führungsebenen. Die qualitätsbezogenen Kosten und die QK-Gruppen sind dort übrigens als QK-Kennzahlen eingetragen. Bezugsgröße für diese QK-Kennzahlen ist der Umsatz.

17.11 QK-Besprechungen

Als besonders wichtig für den Erfolg haben sich QK-Besprechungen erwiesen. Jeweils nach Erscheinen der QK-Nachweise und QK-Berichte sollten routinemäßig Besprechungen der Führungskräfte aller im Qualitätsmanagement mitwirkenden Stellen stattfinden. Weil Qualitätsmanagement in allen Bereichen der Organisation betrieben wird, werden aus allen Bereichen Führungskräfte teilnehmen. Je nach Größe der Organisation werden es eine oder mehrere periodisch stattfindende Besprechungen solcher Art sein.

Zum Thema gehören Verbesserungs- und Korrekturmaßnahmen, deren Notwendigkeit und Chancen durch die QK-Nachweise zutage gefördert worden sind. Weiter gehören zur Tagesordnung die Verteilung von neuen Aufgaben und die Erläuterung von Berichten über erledigte Aufgaben. Gäste aus allen Bereichen der Organisation können geladen werden.

Die oberste Leitung der Organisation, in größeren Organisationen die Bereichsleitungen, sollten sich vorbehalten, bei solchen Besprechungen zu erscheinen. Dies darf keine Theorie bleiben, wenn es Wirkung haben soll.

17.12 Verminderung von qualitätsbezogenen Kosten

Besonders aussichtsreich sind Maßnahmen zur Verminderung aller qualitätsbezogenen Kosten dann, wenn man bei einer produktbezogenen Analyse für ein spezielles Produkt hohe QK-Anteile feststellt, die aus vielen Kostenerfassungsgruppen zusammenkommen, dort aber – für sich allein gesehen – bisher nicht übermäßig hoch erschienen. In einem solchen Fall kann vielleicht eine vergleichsweise geringe Änderung in der Fertigung oder Konstruktion zur Beseitigung eines bislang nicht allgemein aufgefallenen Qualitätsproblems und zu erheblichen QK-Verminderungen führen.

Stets muß bei der Einleitung und Durchführung von Maßnahmen zur QK-Verminderung bedacht werden:

- Die qualitätsbezogenen Kosten hängen mit allen anderen Kosten eng zusammen.
- Die natürliche Verhaltensweise jedermanns beim Fehlergespräch ist ein oft kaum zu überwindendes Erfolgshindernis (siehe Abschnitt 2.1.3).

17.13 Aufwand und Erfolg

17.13.1 Allgemeines

Kaum ein Erfolg ist ohne vorherige Investition möglich: Für Disposition und Einführung – bis zum ersten QK-Nachweis – benötigt man (nur) mindestens 0,1 Prozent eines Brutto-Monatsumsatzes, in kleinen Organisationen allerdings wesentlich mehr. Für diese Investition gibt es keine sie begründende **Wirtschaftlichkeitsrechnung**: Erst die QK-Nachweise selbst decken auf, welche Ziele angestrebt werden müssen, um Erfolge zu erreichen. Deshalb sind für einführungsinteressierte oberste Leitungen Kenntnisse über praktisch erzielte Erfolge bei der Anwendung des Verfahrens wichtig. Einige Beispiele zeigen die Bilder 17.11 bis 17.13.

17.13 Aufwand und Erfolg

① FK in 2 Jahren: Betrieb mit über 1000 Beschäftigten
② QK in 6 Jahren: Anderer Betrieb gleicher Größe
③ QK in 5 Jahren: Organisation mit 1 Mrd. Umsatz
④ FK-Kennzahl 1.VJ/4.VJ: Zusammenfassung von Bild 17.12

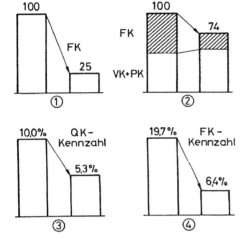

Bild 17.11:
Vier Beispiele für QK-Verminderungen

17.13.2 Erfolgsbeispiele

Betrachtet werden Organisationen, die über jahrelange Erfahrung mit QK-Nachweisen verfügen. Die geschilderten Erfolge sollten mit anderweitig erzielbaren Rationalisierungseffekten verglichen werden. Es sind mehrere Beispiele bekannt, bei denen die Einführung zunächst lange nicht genehmigt wurde. Als sich dann aber bald verblüffende Erfolge einstellten, war die oberste Leitung der Organisation zwar erfreut, aber auch ungehalten: Sie wollte wissen, warum dieses erfolgreiche Verfahren nicht schon viel früher praktiziert worden sei. Verständlich werden solche Fragen bei Betrachtung des Bildes 17.11. Wo gelingt es sonst noch, binnen 2 Jahren wie im Beispiel 1 eine Kostengruppe auf ¼ zu senken? Dabei war der Ausgangswert in DM eine siebenstellige Zahl. Im Fall 2 mußte die Summe aus VK und PK um etwa 5% erhöht werden, um eine QK-Verminderung um 26 % zu erreichen. Im Fall 3 hatte sich in der Zeitspanne der Betrachtung von fünf Jahren der Umsatz verdoppelt. Die ohne Einbußen bei der Qualitätslage erzielte Einsparung lag hier bei etwa 100 Mio DM.

Solche Erfolge müssen stabilisiert werden. Der Weg dorthin verläuft auch nicht geradlinig. Vor allem in Einzelbereichen ergibt sich durch Zufallseinflüsse infolge des Fehlergeschehens oft ein erhebliches Auf und Ab. Ein typisches Beispiel ist das Bild 17.12. Es enthält Einzelheiten zum Fall 4 des Bildes 17.11. Speziell die letzten 3 Monate drängen die Frage auf, ob der neuerliche Anstieg noch Zufall sei. Jedenfalls ist aber Stabilisierung des Erreichten eine wichtige Aufgabe.

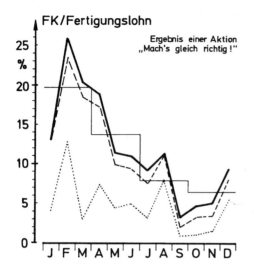

Bild 17.12:
Zufalls-Schwankungen einer FK-Entwicklung

·········· Nacharbeit;
------ Nacharbeit + Ausschuß;
―― alle Fehlerkosten

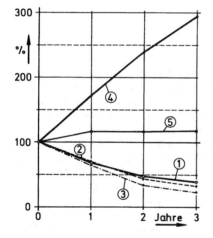

① = Qualitätsbezogene Kosten;
② = Fehlerrate;
③ = Fehlerkosten;
④ = Verbesserungsvorschläge und Fehlerquellenhinweise;
⑤ = ① x ④

Bild 17.13:
Kennzahlen zum Zusammenhang zwischen Erfolg und Einsatz bei der Anwendung von QK-Nachweisen

Bild 17.13 schließlich zeigt sehr eindrucksvoll, daß die Umgestaltung des Betriebsklimas der Schlüssel zum Erfolg ist: Multipliziert sind dort jeweils die ständig ansteigenden Raten der Verbesserungsvorschläge (VV) und Fehlerquellen-Hinweise (FQH) mit den ständig abnehmenden QK-, FK- und Fehler-Raten. Die Ergebnisse liegen ausnahmslos über dem Wert 1. Das ist ein in sich schlüssiges Ergebnis: Die Anstrengungen zur Verbesserung des Betriebsklimas, resultierend in der Zunahme der VV und FQH, kommen nicht im vollen prozentualen Ausmaß der Verminderung der qualitätsbezogenen Kosten zugute. Man kann sogar von einem „Wirkungsgrad der VV und FQH bezüglich der qualitätsbezogenen Kosten" sprechen. Im vorliegenden Beispiel liegt er zwischen 85 und 90 Prozent. Man wird zwar in jedem Einzelfall andere Reaktionen der Mitarbeiter erleben, aber die Grundlinie ist stets die gleiche: Entscheidend für den Erfolg ist die innere Einstellung – an sich eine alte Erfahrung.

17.14 QK-Budgetierung

Wenn das System der QK-Nachweise einige Zeit erfolgreich gelaufen ist, wenn sich Führungskräfte und Mitarbeiter an die neue Denkweise gewöhnt haben, dann kann die oberste Leitung der Organisation beginnen, für die qualitätsbezogenen Kosten Budgets vorzugeben. Sie wird sich dazu mindestens des Rates des Qualitätswesens bedienen. Besser ist es, diese Vorgaben im Kreis aller Betroffenen zu erarbeiten. Dabei ergibt sich erfahrungsgemäß ein besonders wertvoller Informationsaustausch über Erreichtes und Beabsichtigtes, sofern alle Beteiligten darin übereinstimmen, daß im Vergleich mit der betriebswirtschaftlichen Kostenrechnung und -budgetierung solche QK-Budgets ebenso nur ganz grobe Anhaltspunkte sein können wie die QK-Nachweise selbst.

Außerdem muß man sich auch bei diesen QK-Budgets im klaren sein, daß sie ein Werkzeug zur Steigerung der Effizienz und Effektivität des Qualitätsmanagements sind, nicht etwa ein Budget für die Aufwendungen für das Qualitätsmanagement oder für die Qualität der Angebotsprodukte. Man kann das nicht oft genug wiederholen.

17.15 Zusammenfassung

Beim Vergleich der Erfahrungen zu Aufwand und Erfolg der Einführung von QK-Nachweisen ist festzustellen: Die erzielten Erfolge sind zwar sehr unterschiedlich, im Vergleich mit anderen Rationalisierungsmöglichkeiten aber durchwegs sehr eindrucksvoll. Um sie zu erzielen, bedarf es der Kenntnis der Erfassungs- und Analyse-Methoden, der Zusammenhänge der qualitätsbezogenen Kosten mit den anderen Kostengruppen der Organisation und der Erfahrungen mit monatlichen QK-Nachweisen in allen Bereichen. Voraussetzung für den Erfolg ist auch eine gründliche, systematische Vorbereitung in Zusammenarbeit zwischen Betriebswirtschaft und Qualitätswesen. Der fortdauernde, aktive Einsatz der obersten Leitung der Organisation, eingeschlossen das Bestehen auf der Fortführung der QK-Nachweise in der kritischen Anfangsphase gegen den Rat der Einführungsgegner, ist ebenso unabdingbar. Das Betriebsklima ändert sich nur dann in der erforderlich positiven Weise.

Der auf eine gute Leistung der Organisation gerichtete Gemeinschaftssinn wird gestärkt. Die Hinwendung der Mitarbeiter zur eigenen Arbeit verbessert das Verständnis für ihren Beitrag. Gleichzeitig erkennen sie den Nutzen, der aus dieser Änderung für sie selbst entspringt. Das trägt zur Vermeidung von Qualitätsbeeinträchtigungen bei, ja es führt häufig zu Verbesserungen der Qualitätsfähigkeit bei geringeren qualitätsbezogenen Kosten. Insoweit besteht eine überaus enge Verwandtschaft zu den Grundgedanken des umfassenden Qualitätsmanagements (siehe Kapitel 15).

QK-Budgets, eingeführt im „fortgeschrittenen Zustand" der QK-Nachweise, können zusätzliche Zielsicherheit beim Bemühen um Erhöhung von Effizienz und Effektivität des Qualitätsmanagements bewirken.

Erreichtes ist kein stabiler Zustand. Der Erfolg muß durch ständig neue Aktivitäten und Maßnahmen gesichert werden. Diese müssen um so konsequenter angesetzt und um so intensiver gestaltet werden, je höher das erreichte Niveau schon ist.

Kaum ein anderes Gebiet wird so widersprüchlich und gegensätzlich diskutiert wie das der qualitätsbezogenen Kosten. Das liegt daran, daß immer wieder betriebswirtschaftliche Argumente zum „wirtschaftlichen Erfolg zufriedenstellender Qualität" vorgebracht werden. Dieser Erfolg ist zwar erfahrungsgemäß sehr bedeutsam (siehe die Bilder 13.9 und 13.10), betriebswirtschaftlich jedoch nicht im einzelnen durch Kostenrechnung festzustellen, schon gar nicht mit qualitätsbezogenen Kosten. Diese sind Indikatoren für Korrektur- und Verbesserungsmaßnahmen beim Qualitätsmanagement. Sie ermöglichen die Auswahl aussichtsreicher Handlungsschwerpunkte.

Wegen der widersprüchlichen Diskussionen über dieses Führungshilfsmittel ist die Darstellung dieses Kapitels ausführlich erläutert und begründet.

17.16 Die Kosten als Beschaffenheitsmerkmal

17.16.1 Allgemeines

Mehrfach bereits wurde hervorgehoben, daß der Preis eines Produkts oder einer Tätigkeit nicht Beschaffenheitsmerkmal dieser Einheiten selbst ist. In diesem Kapitel über Qualität und Kosten sei abschließend aber auf wichtige Ausnahmen hingewiesen, wenngleich sie auch nicht eigentlich zum Thema Qualität und Kosten gehören. Bei diesem Thema geht es nämlich um die Qualität eines Angebotsprodukts und um Kosten, die *dem Ersteller* des Angebotsprodukts entstehen.

Die Ausnahmefälle beziehen sich jedoch ausnahmslos auf die Kosten, die *dem Kunden* nach dem Gefahrübergang aus dem Produkt entstehen.

17.16.2 Die Grenzfall-Argumente

Sicherlich ist die Meinung zutreffend, daß die dem Ersteller eines Angebotsprodukts entstehenden Kosten sich im Preis dieses Angebotsprodukts wiederfinden werden. Daraus darf man aber nicht schließen, es sei Willkür, den Gefahrübergang zum Kunden zum Kriterium dafür zu machen, ob die Kosten (oder der Preis) eines Angebotsprodukts zu seiner Beschaffenheit gehörten oder nicht. Auch nach dem Gefahrübergang gehört der Preis eines Angebotsprodukts, das nach den Regeln eines BGB-Schuldverhältnisses beschafft wird, nicht zu seiner Beschaffenheit, wie wichtig er auch für die Kaufentscheidung des Kunden gewesen sein mag. Ein anderes Kriterium ist maßgebend dafür, ob Kosten Beschaffenheitsmerkmale sein können.

17.16 Die Kosten als Beschaffenheitsmerkmal

17.16.3 Die Ausnahmefälle

Die Ausnahmefälle betreffen vorwiegend Einheiten, die

nicht dem Recht der Schuldverhältnisse des BGB unterworfen

sind. Ihr Charakteristikum ist, daß die Beschaffenheit der Einheit im wesentlichen Geld ist. Dazu muß man zunächst klären, daß Geld ein immaterielles Produkt ist. In alten Zeiten, da man, auf Geldscheinen aufgedruckt, noch das Recht besaß, den Geldschein in Gold umzutauschen, konnte man noch im Zweifel sein. Im Zeitalter des bargeldlosen Zahlungsverkehrs und der Vielfalt von Schecks und Kreditkarten besteht aber kein Zweifel: Geld ist nur in Form von Münzen für deren Hersteller und in Form von Gewicht im Geldbeutel ein materielles Produkt, ansonsten aber ein Titel, den man zum Kauf von gewünschten Angebotsprodukten verwenden kann. Geld ist also ein immaterielles Produkt, und zwar im Normalfall als Ergebnis der Arbeit seines Eigentümers oder dessen Kapitals.

Beispiele für immaterielle Produkte, deren Beschaffenheit im wesentlichen Geld ist, sind solche, deren Beschaffenheit durch die Reichsversicherungsordnung oder auf der Basis des Kreditwesen-Gesetzes über das Bundesaufsichtsamt für das Kreditwesen gesetzlich geregelt ist. Es sind also vorwiegend mit Versicherungsgesellschaften und mit Banken abzuwikkelnde Geldgeschäfte. Dort spricht man auch nur selten über den „Preis". Meist geht es um regelmäßig zu zahlenden Versicherungsprämien, Sparprämien, Depotgebühren usw. Diese sind dann ausschlaggebender Bestandteil der Beschaffenheit des Produkts, z.B. des Versicherungsvertrags, des Sparvertrags oder der vereinbarten Geldanlage.

17.16.4 Bedeutung der Ausnahmefälle

Es gibt bereits Banken und Sparkassen, bei denen das umfassende Qualitätsmanagement eingeführt wird. Immer häufiger wird der Bankkunde mit großformatigen Zeitungsanzeigen von Banken darauf hingewiesen, daß deren Zahlungsverkehr mittlerweile „nach ISO 9002 zertifiziert" sei. Es kann also kein Zweifel bestehen: Für die oben als Beispiele aufgezählten immateriellen Produkte haben die Qualitätslehre und die Prinzipien des Qualitätsmanagements enorme Bedeutung. Deshalb muß man darauf achten, daß diese in den letzten Jahrzehnten produktunabhängig entwickelten Prinzipien auch die gedankliche Einordnung der Produkte des Geldverkehrs und der Versicherungswirtschaft gestatten, die – wie beispielsweise ein Lebensversicherungsvertrag – stets immaterielle Produkte sind.

Dabei ist auch die Wechselwirkung zu beachten

- zwischen der Erbringung der Dienstleistung, die zu den betreffenden immateriellen Produkten führt und Zertifizierungsgegenstand ist,
- und diesen immateriellen Produkten selbst, eben der Dienstleistung:

Der Versicherungsmakler erbringt seine Dienstleistung dem Versicherungsnehmer als immaterielles Produkt: Er bereitet ihm nämlich den Versicherungsvertrag unterschriftsreif vor. Auch bei ihm kommt es sehr auf die Art und Weise an, wie er das persönlich tut und aufgrund der Festlegungen seiner Gesellschaft tun kann. Entsprechendes gilt für die Geldgeschäfte einer Bank und einer Sparkasse.

Es ist ähnlich wie bei einem Kellner in einem Restaurant: Er serviert anläßlich seiner Dienstleistung dem Gast ein materielles Produkt, nämlich das Essen. Dabei bringt er gleichzeitig mit seiner Dienstleistung („Bedienung") ein immaterielles Produkt hervor, das alle denkbaren Schattierungen von guter und schlechter Qualität aufweisen kann, wie jedermann weiß.

Wie bei materiellen Produkten ist auch bei diesen immateriellen Produkten, deren Beschaffenheit im wesentlichen Geld ist, eine riesige Vielfalt festzustellen. In den betreffenden Dienstleistungsbranchen der Geld- und Versicherungswirtschaft gilt es wie bei den materiellen Produkten, die branchenunabhängigen Prinzipien des Qualitätsmanagements fachkundig auf die speziellen immateriellen Produkte anzuwenden.

In der Öffentlichkeit werden Vergleiche von unterschiedlichsten Versicherungs- und Bankleistungen durch unabhängige Test-Institutionen wie die Stiftung Warentest oder spezialisierte andere Publikationsorgane viel beachtet. Sie bestehen in Beschaffenheitsvergleichen aufgrund von Qualitätsprüfungen. Sie können wirtschaftlich für die betroffenen Dienstleistungsunternehmen unter Umständen existenzwichtig sein. Die dem Beschaffenheitsvergleich zugrundeliegende Qualitätsforderung wird ausgerichtet am besten Anbieter, zum Beispiel an der niedrigsten Prämie bei gleicher Leistung, und zusätzlich an den Bedürfnissen der Kunden, beispielsweise an einer möglichst hohen Gewinnbeteiligung.

Mit Sicherheit ist es nützlich, wenn die Qualitätslehre unter Beibehaltung ihrer Prinzipien für diese Ausnahmefälle im Sinn von [79] zügig weiterentwickelt wird. Schon jetzt aber ist klar: Alle in diesem Buch enthaltenen Betrachtungs- und Verfahrenshinweise sind anwendbar, weil die Grundgedanken hinreichend abstrakt und zugleich einfach zu verstehen sind.

18 Qualität und Termine

> *Überblick*
>
> *Bei vielen Einheiten sind Zeitpunkte oder Zeitspannen Bestandteile der Beschaffenheit dieser Einheiten. Man denke nur an Transport- oder andere Dienstleistungen. Oft haben solche zeitbezogenen Merkmale eine enorme Bedeutung als Qualitätsmerkmale.*

18.1 Allgemeines

„Zeit ist Geld". Vor 250 Jahren wurde dieser mittlerweile sprichwörtliche „Ratschlag für einen jungen Geschäftsmann" erstmals formuliert; natürlich mit „time is money". Kaum ein anderes Sprichwort wird so oft benutzt wie dieses; neuerdings leider in einer vom „Erfinder" nicht so gemeinten, selbstsüchtigen Weise. Es stammt von Benjamin Franklin (1706 bis 1790), dem amerikanischen Politiker, Naturwissenschaftler und Schriftsteller; auch Erfinder des Blitzableiters. Das Sprichwort leitet vom vorausgehenden Kapitel auf dieses über. Es läßt sogar die Frage auftauchen, ob der obige Titel nicht besser „Qualität und Zeit" lauten würde, zumal „Zeit" eine neutrale Merkmalsangabe ist, „Termin" aber eine Forderung bezeichnet.

Dem in einer Organisation arbeitenden Menschen wird es kaum noch bewußt, in wie hohem Maß im industriellen Zeitalter die Zeit der Maßstab für die Beurteilung der Arbeit geworden ist. Aber im Grunde kommt es allein auf deren Ergebnisse an. Dieser Zusammenhang wird heute im Zeichen der Gruppenarbeit und des umfassenden Qualitätsmanagements zunehmend „hinterfragt". Dazu ist auch aller Anlaß. Beispielsweise hat Schulze mit einer wohl nicht hinreichend bekannten, breit angelegten Studie [149] herausgefunden, daß nicht einmal die Hälfte der regulären Arbeitszeit mit zweifelsfrei rein berufsbezogener Tätigkeit ausgefüllt ist; wobei hier unter „berufsbezogen" wie auch nachfolgend bezeichnet stets „arbeitsbezogen" gemeint ist also „die Berufsarbeit betreffend". Fast ein Drittel der Arbeitszeit wird nach Schulzes repräsentativer Untersuchung für zweifelsfrei freizeitbezogene, also für nicht arbeitsbezogene Angelegenheiten verwendet. Einzelheiten sind aus dem Bild 18.1 zu entnehmen.

Schulze schätzt, daß es praktisch nutzbare 25 Prozent Reserven gibt. Auch Hoff [150] weist darauf hin, daß sich die betriebliche Arbeitszeit „im Umbruch" befindet. Bei der Mitarbeiterbeurteilung gewinnt nach seinen Feststellungen die Ergebnisorientierung an Bedeutung. Einer seiner Slogans lautet: „Statt dem Blick auf die Stechuhr zählt Gruppenarbeit". Diese Veränderungen grundsätzlicher Auffassungen über Berufsarbeit führen z.B. zu folgenden Fragen: Wie schlagen sich diese Veränderungen in der qualitätsbezogenen Normung und Literatur nieder? Welche Erfahrungen sind dabei gesammelt worden? Wie sehen die Gedankenmodelle für die Berücksichtigung des zeitbezogenen Aspekts des Qualitätsmanagements aus?

Bild 18.1: Anteiliger Einsatz von Arbeitszeit und Freizeit für berufliche Arbeit („arbeitsbezogen") und für Freizeit-Angelegenheiten („freizeitbezogen")

Die Buchstaben-Kennzeichnungen der in den Kästen eingetragenen Prozentanteile bedeuten:

A = Zeit ist voll für die berufliche Arbeit eingesetzt
T = Zeit ist teils für die berufliche Arbeit,
teils für Privatangelegenheiten eingesetzt
P = Zeit ist voll für Privatangelegenheiten eingesetzt

a) **während der Verweildauer in der Organisation,**
eingeschlossen Pausen (11 Prozent)

42	28	30
A	T	P

b) **übrige Wachzeit außerhalb der Organisation, ohne 8 Stunden Schlaf**

10	17	73
A	T	P

Anmerkung: Dieses Ergebnis stammt aus der Zeit von 1980 bis 1982

18.2 Qualitätsbezogene Normung und Termine

Viele Jahre hat es gedauert, bis national, regional und international – und zwar in dieser Reihenfolge – die Kosten als Element des K-Kreises erkannt wurden. Vorher war die Formel „at an economical level" Bestandteil vieler qualitätsbezogener Begriffe. Eigentümlicherweise gab es aber nirgends eine qualitätsbezogene Definition, in der auf die Notwendigkeit hingewiesen worden wäre, daß alle Tätigkeiten auch gemäß Terminplan ausgeführt und die Angebotsprodukte termingerecht geliefert werden müssen. Niemand kam auf die Idee, solche Forderungen in Definitionen einzubeziehen. Erst als die kostenbezogenen Formulierungen zugunsten einer allgemeinen Erläuterung aus den einzelnen Definitionen herausgenommen wurden, ist erkannt worden, daß der Erfüllung der Terminforderungen, der Kostenforderungen und der Qualitätsforderungen prinzipiell gleicher Rang einzuräumen ist (siehe Kapitel 4). Daraus entstand eine Einleitungsformulierung, wie sie bereits im Abschnitt 13.3.11 zitiert worden ist. Die Entdeckung, daß die kostenbezogenen Gesichtspunkte aus den qualitätsbezogenen Definitionen ausgegliedert werden müssen, weil sie für alle Sachverhalte gelten, die durch solche qualitätsbezogenen Definitionen beschrieben sind, hat also zur Erkenntnis geführt, daß terminbezogene Gesichtspunkte – die nicht enthalten waren – „eigentlich" ebenso ausgegliedert werden hätten müssen.

Im Abschnitt 17.16 sind die Sonderfälle behandelt, bei denen die Kosten beim Qualitätsmanagement als Beschaffenheitsmerkmal anzusehen sind. Entsprechend werden nachfolgend die zahlreichen Fälle behandelt, bei denen zeitbezogene Merkmale zur Beschaffenheit jener Einheit gehören, auf welche sich die Betrachtungen zum Qualitätsmanagement beziehen.

18.3 Qualitätsbezogene Literatur und Termine

Der Liefertermin von Angebotsprodukten ist eine Forderung, deren Erfüllung Angelegenheit der Termingestaltung ist. Diese Termingestaltung obliegt Tätigkeiten, die gemäß der grundlegenden Modellvorstellung des Qualitätsmanagements (siehe Kapitel 4) auch einer Qualitätsforderung unterworfen sind, die sich an die Beschaffenheit der Tätigkeit richtet.

Der erste systematische Durchbruch zu einer Diskussion des Zusammenhangs zwischen beiden Aufgaben, der qualitätsbezogenen und der terminbezogenen, dürfte die Arbeit von Dombrowski sein [151]. Er stellt heraus: Terminpläne als Ergebnisse von Planungstätigkeiten enthalten als wesentliche Beschaffenheitsmerkmale Zeitvorgaben (Termine) für die Beendigung bezeichneter Werkstattarbeiten. Die dann tatsächlich festgestellten Zeitabläufe ermöglichen die Ermittlung der Qualität der Ausführungstätigkeiten bezüglich dieser Zeitvorgaben. Oder anders ausgedrückt: Der Terminplan als Ergebnis der Terminplanung ist der zeitbezogene Anteil der Qualitätsforderung an die Werkstatt-Tätigkeiten. Auch alle Tätigkeiten der Terminlenkung im Rahmen der Fertigungslenkung haben also Qualitätsrelevanz. Es ist die qualitätsbezogene Komponente dieser Tätigkeiten (vgl. Bild 15.1).

Die unterschiedlichen Zeitvorgaben für Tätigkeiten und Ergebnisse gilt es nun zu sortieren.

18.4 Zeitbezogene Größen als Qualitätsmerkmale

18.4.1 Zeitabweichungen als Qualitätsmerkmale für Tätigkeiten

Was im Abschnitt 18.3 anhand von [151] für die speziellen Tätigkeiten der Terminlenkung erläutert wurde, gilt für praktisch jede Art von Tätigkeit. Es gibt kaum eine berufsbezogene Tätigkeit, für die der Ausführende beliebig Zeit zur Verfügung hätte. Bei Entwicklung und Forschung ist das ebenfalls so, auch wenn die verfügbaren oder hingenommenen Zeitspannen oft andere Größenordnungen haben können. Es ist aber festzuhalten: Dies alles gilt nur für die Einheitenart Tätigkeit. Deren Beschaffenheit enthält den Zeitablauf. Dieser ist demzufolge ein Gestaltungselement des Qualitätsmanagements.

18.4.2 Zeitabweichungen als Qualitätsmerkmale für Ergebnisse

Immaterielle Produkte werden nach Bild 13.7 in zwei übergeordnete Produktkategorien eingeteilt. Die eine sind Software-Produkte. Für die zweite Produktkategorie, die Dienstleistungen, kommt in aller Regel ebenfalls ein zeitbezogenes Qualitätsmerkmal, ja oft sogar eine zeitbezogene Merkmalsgruppe für das Qualitätsmanagement zum Tragen: Allein der große Bereich von Reparaturaufträgen enthält in aller Regel eine Termin-Festlegung für die Fertigstellung des Reparaturergebnisses. Wer hätte sich nicht auch in einem Speiselokal schon über eine unübliche Verzögerung der Servierung des bestellten Essens geärgert?

Diese beiden Beispiele könnten durch sehr viele andere alltägliche ergänzt werden, welche die Dienstleistung selbst, also das Ergebnis der Tätigkeiten betreffen, nicht etwa die Tätigkeiten zur Erbringung der Dienstleistung. Diese Tätigkeiten können in unterschiedlichster Kombination Ursache für das nicht zufriedenstellende Ergebnis sein. Im Beispiel des Speiselokals können Ursachen sein: Die Tätigkeiten in der Küche; der Mangel an Personal; die Nichtverfügbarkeit von Geschirr; die Nichtverfügbarkeit von Essenszutaten usw.

Ein anderer Bereich von Dienstleitungen sei ebenfalls mit einem Beispiel angesprochen: Eine Zugverspätung ist das Ergebnis der Tätigkeiten des im Schienenverkehr tätigen Reiseunternehmens. Sie kann zu empfindlichen Nachteilen für den Reisenden führen, unter denen allein ein versäumter Anschluß (in mehrfachem Sinn) schlimme Folgen haben kann. Ähnliches gilt für Spediteure jeglicher Art.

18.4.3 Zeitspannen-Grenzwerte als Qualitätsmerkmal

Diese Grenzwerte können bekanntlich Mindest-Zeitspannen oder Höchst-Zeitspannen sein [24]. Auch hier muß man wieder unterscheiden zwischen den Einheiten, für die solche Zeitspannen-Grenzwerte als Einzelforderungen gelten, an denen die Qualität der Realisierung gemessen wird. Einmal können solche Grenzwerte für die Einheitenart Tätigkeit und deren Ablauf gelten, seien es nun in irgendeinem Prozeß menschliche oder maschinelle Tätigkeiten. Beispiele dafür sind Höchstwerte für das Warten auf telefonische Auskunftserteilung über eine gesuchte Telefonnummer oder über eine Zugverbindung. Andererseits gelten für zahlreiche Prozesse Mindestwerte. Andernfalls wird die technische oder eine andere Forderung nicht erfüllt, sei es ein Vulkanisationsvorgang, das Einkochen von Obst oder ein Gärungsprozeß bei der Kuchenherstellung. Aber auch an die Einheitenart materielles Produkt werden Zeitspannen-Grenzwerte als Einzelforderung gestellt. Am bekanntesten sind Mindesthaltbarkeitsdauern ab Herstellungsdatum bei Lebensmitteln oder Arzneien, die in Wahrheit Zeitspannen-Höchstwerte des unbedenklichen Gebrauchs sind. Solche gibt es auch im technischen Bereich, beispielsweise bei Flugzeugreifen. Man kann sich auch auf den Standpunkt stellen, alle diese Grenzwerte seien durch ablaufende Änderungsprozesse bestimmt. Das ist richtig. Die betreffenden Einzelforderungen gehören aber zum Produkt und zu dessen Gebrauch durch den Kunden.

18.4.4 Zykluszeiten als Qualitätsmerkmal

Daß sich der Lebenszyklus von Produkten – nicht nur bei solchen der Datenverarbeitung – immer mehr verkürzt, ist bekannt. Dazu gehört der Wunsch der Hersteller der betreffenden Angebotsprodukte, daß der Innovationszyklus in Entwicklung und Produktion dieser Angebotsprodukte ebenfalls kleiner werde. Dieser allgemeine Wunsch findet seinen Ausdruck in vorgegebenen Höchst-Zeitspannen für die betreffenden Tätigkeiten und Ergebnisse.

Die Merkmalsgruppe zuverlässigkeitsbezogener Qualitätsmerkmale ist ein weiterer und sehr umfangreicher Bereich der Anwendung von vorgegebenen Zykluszeiten (siehe dazu das Kapitel 19).

18.5 Zusammenfassung

Kosten werden nur in Ausnahmefällen zu Bestandteilen der Beschaffenheit von Einheiten und damit Gegenstand des Qualitätsmanagements (siehe Abschnitt 17.16). Sie stehen dann bei diesen Einheiten aber im Mittelpunkt des Qualitätsmanagements. Ganz anders ist es bei zeitbezogenen Qualitätsmerkmalen. Sie sind bei allen Arten von Einheiten möglich. Insbesondere bei Tätigkeiten und bei Dienstleistungen sind fast stets zeitbezogene Qualitätsmerkmale im Spiel.

Wenn aber vom Kunden aus der Liefertermin eines Angebotsprodukts betrachtet wird, so ist dieser kein Qualitätsmerkmal dieses Produkts, denn er gehört nicht zur Beschaffenheit des Produkts. Vielmehr ist der wirkliche Lieferzeitpunkt in Relation zum Termin die Qualität des Ergebnisses derjenigen Tätigkeiten des Lieferanten, die auf Terminerfüllung zielen.

Auch anhand dieser Erläuterungen erkennt man auf's neue, wie wichtig bei allen Betrachtungen zum Qualitätsmanagement die Klarheit über die Einheit ist, die jeweils betrachtet wird.

19 Zuverlässigkeitsbezogene Merkmalsgruppe als Beispiel

> *Überblick*
>
> *Zuverlässigkeit ist ebenso Teil der Qualität wie Sicherheit; oder wie die Qualität anderer Merkmalsgruppen der Beschaffenheit von Einheiten, die sich zudem teilweise überschneiden. Der Teilaspekt Zuverlässigkeit ist allerdings nicht nur einer der am häufigsten benötigten, sondern auch einer, zu dem oft eine sehr große, manchmal sogar die wichtigste Merkmalsgruppe der Beschaffenheit gehört. Stellvertretend für andere Teilaspekte wird dieser seit längster Zeit systematisch erschlossene Teilaspekt hier ausführlich behandelt, zumal sich andere Teilaspekte wie etwa die Gruppe der Umweltschutzmerkmale noch in stürmischer Entwicklung befinden.*

19.1 Vorbemerkungen

19.1.1 Benennung Zuverlässigkeit

Zuverlässigkeit hieß früher zur Unterscheidung von der menschlichen Zuverlässigkeit „technische Zuverlässigkeit". Das umständliche Adjektiv „technische" wurde später weggelassen. Heute wäre es falsch, weil Zuverlässigkeit im Rahmen des Qualitätsmanagements weit über die Technik hinausgeht. Außerdem besteht bei der menschlichen Zuverlässigkeit stets Anlaß zur Überlegung, ob nicht die Verläßlichkeit gemeint ist.

Die zugehörige englische Benennung ist „dependability", nicht mehr „reliability". Deshalb wurde auch IEC/TC 56 „umgetauft". „Reliability" ist nämlich im Angloamerikanischen ein Homonym: Einerseits ist der Begriffsinhalt „Funktionsfähigkeit", andererseits „Erfolgswahrscheinlichkeit".

19.1.2 Zuverlässigkeit als Bestandteil der Qualität

Zuverlässigkeit ist „Teil der Qualität im Hinblick auf das Verhalten der Einheit während oder nach vorgegebenen Zeitspannen bei vorgegebenen Anwendungsbedingungen". Das ist auch logisch zwingend: Zuverlässigkeit betrifft die Beschaffenheit von Einheiten. Als Bestandteil der Qualität rückt Zuverlässigkeit mit der Ausbreitung der Datentechnik über alle Bereiche hin zunehmend in den Vordergrund.

Verschiedentlich kam es zur Ansicht, Zuverlässigkeit sei der Qualität gleichgeordnet oder gar übergeordnet (siehe Abschnitt 14.6.5). Beides ist inzwischen nach dem Stand der Technik nicht mehr vertretbar, obwohl es wegen der nachfolgend erwähnten Vorgeschichte immer noch Vertreter dieser Ansicht gibt. Organisatorisch wie sachbezogen ergeben sich wirtschaftlichere Verfahrensweisen, wenn man Zuverlässigkeit als Bestandteil der Qualität betrachtet. Wenn vereinzelt große Unternehmen eigene Zuverlässigkeitsorganisationen haben, so ist das kein Gegenbeweis. Auch in der Normung ist national bereits seit langem, international seit 1990 Klarheit in Vorgängern von [16] geschaffen. Ein Beispiel ist die Einbeziehung der Zuverlässigkeit auch international als Anliegen von Qualitätsmanagementsystemen [43]. Die vollständigen Analogien Qualitätsforderung/Zuverlässigkeitsforderung, Qualitätsmerkmal/Zuverlässigkeitsmerkmal usw. sind organisatorisch und wirtschaftlich sehr hilfreich und entscheidend.

19.1.3 Vorgeschichte und Randbedingungen

Die Zuverlässigkeitslehre hatte ihren Anfang in der Elektrotechnik, und zwar vor allem in der sich schnell entwickelnden Elektronik. Diese Vorgeschichte spiegelt sich in Literatur und Normen auch heute noch wider, auch wenn die IEC-Publikation 271 sowie die DIN-Vornormen 40041 und 40042 inzwischen längst außer Kraft gesetzt und durch DIN 40041 : 1990-12 [51] ersetzt sind. International dauert die Konsolidierung länger, weil bei IEC/TC 56 die Umarbeitung des im Dez. 1990 erschienenen IEV-Kapitels 191 teilweise noch auf überholten Vorstellungen aufbaut (IEV = International Electrotechnical Vocabulary) [69]. So ist der zweite Teil dieses Kapitels 191 nur historisch zu erklären. Er gehört nicht nur nicht zum Begriffsbereich dependability, sondern es finden sich dort auch Begriffserklärungen, die nicht dem internationalen Stand der Technik entsprechen. Auch der immer noch getrennte Ablauf der internationalen Normung (ISO/IEC) spielt für die Zähigkeit der betreffenden Anpassungen eine große Rolle.

Das wirkt auch auf Deutschland zurück, z.B. mit dem bewußt vom Qualitätsbegriff abgekoppelten Zuverlässigkeitsbegriff des IEC/TC 56 mit der Definition in [43] „Zusammenfassender Ausdruck zur Beschreibung der Verfügbarkeit und ihrer Einflußfaktoren Funktionsfähigkeit, Instandhaltbarkeit und Instandhaltungsbereitschaft". Ihr haftet ersichtlich nicht nur der erwähnte Eigenständigkeitsanspruch an, sondern ihr Begriffsinhalt deckt sich nur teilweise mit dem der Definition im Abschnitt 19.2.3, die national einvernehmlich zwischen Elektrotechnik und Qualitätsmanagement schon vor fast einem Jahrzehnt mit [51] verabschiedet wurde. Insbesondere führt diese Definition, wie im Abschnitt 14.6.5 anhand des Bildes 14.7 unter Hinweis auf die Ursache erläutert ist, regelmäßig zu Unklarheiten über die betrachtete Einheit.

19.2 Die Fachsprache der Zuverlässigkeitslehre

19.2.1 Überblick

Fragen der Zuverlässigkeit lassen sich nur dann wirtschaftlich und zielsicher bei der Zuverlässigkeitsplanung diskutieren oder durch Experimente klären, wenn man sich auch bei den Begriffen des Standes der Technik bedient. Den Umfang der Fachsprache dieses Gebiets erkennt man an folgenden Zahlenangaben: Die drei im Abschnitt 19.1.3 genannten, außer Kraft gesetzten Vornormen enthielten zusammen 213 Begriffe. In der 6. Auflage des „Glossary" der EOQ (European Organization for Quality) [60] sind 154 Zuverlässigkeitsbegriffe zusammengestellt. Die Ausgabe 1990 des IEV 191 des IEC/TC 56 [69] enthält 245 Begriffe und nochmals 27 in zwei nachfolgenden Abschnitten zu Dienstleistungen im Telekommunikationsbetrieb (siehe Hinweis im Abschnitt 19.1.3). Naturgemäß überschneiden sich die Begriffe dieser Normen.

19.2 Die Fachsprache der Zuverlässigkeitslehre

Die gemeinsam durch Elektrotechnik und Qualitätsmanagement betriebene deutsche Normung zum Komplex Zuverlässigkeit mit dem Ergebnis [51] hat die Menge dieser Begriffe durch Straffung, Abstraktion und Weiterentwicklung auf 101 Begriffe „abgemagert". Diese noch weiter verbesserungsfähige Norm ist Basis für die nachfolgenden Erläuterungen zur Fachsprache dieses Teilgebiets des Qualitätsmanagements.

19.2.2 Zuverlässigkeit

Die im Abschnitt 19.1.2 eingangs zitierte Definition ist in der Norm [51] als „Kurzform" bezeichnet. Die Langform ist wegen der Begriffs-Analogie der Qualitätsdefinition weitgehend angeglichen. Sie lautet *„Beschaffenheit einer Einheit bezüglich ihrer Eignung, während oder nach vorgegebenen Zeitspannen bei vorgegebenen Anwendungsbedingungen die Zuverlässigkeitsforderung zu erfüllen"*. Zwar ist hier noch die „Eignung" aus der Qualitätsdefinition „konserviert" (vgl. Abschnitt 7.6), jedoch erkennt man in der Verwendung von „Zuverlässigkeitsforderung" einen bemerkenswerten Fortschritt (vgl. Abschnitt 19.1.2).

Ein Alltags-Beispiel soll diesen Begriff zunächst anschaulich machen: In der Pharma- und Lebensmittelindustrie ist „Haltbarkeit" ein wichtiger Bestandteil der Zuverlässigkeitsforderung. Ein zugehöriges Zuverlässigkeitsmerkmal ist die „Mindesthaltbarkeit". Sie müßte eigentlich „voraussichtliche kürzeste Haltbarkeit" heißen. Sie ist nämlich nicht der Wert einer Einzelforderung. Vielmehr wird unter den vorgegebenen Anwendungsbedingungen durch den Hersteller (oder durch eine neutrale Stelle) in einem Versuch eine Haltbarkeitsverteilung ermittelt. Das ist prinzipiell das gleiche wie eine Lebensdauerverteilung (siehe Abschnitt 19.2.13). Ein festgelegtes Haltbarkeitsquantil (auch „Lebensdauerquantil"), z.B. bei drei Prozent, gilt dann ab Herstellungsdatum als „Mindesthaltbarkeit" – es sei denn, es ist etwas anderes vereinbart oder vorgeschrieben.

Der betreffende ermittelte Wert ist meist auf der Packung hinter „mindestens haltbar bis" individuell als Datum angegeben. Dieses Datum schließt nicht ganz aus, daß (mit einer sehr geringen Wahrscheinlichkeit, z.B. eben drei Prozent) die betreffende Einheit verdorben ist, wenn das Datum soeben erreicht ist; beispielsweise bei einem Milchprodukt wegen extremer Hitze bei der Gewinnung der Milch im Kuhstall. Viel häufiger kommt es aber wegen der geschilderten Methodik des Ermittlungsverfahrens vor, daß die Einheit noch lange danach völlig in Ordnung ist.

Die vorgegebenen Anwendungsbedingungen können eine Kühlschranklagerung „unter x °C" oder „nicht über 25 °C" und ggf. zusätzlich eine größte relative Luftfeuchte sein.

19.2.3 Zuverlässigkeitsforderung

Die zur Qualitätsforderungsdefinition analoge Erklärung dieses für das Zuverlässigkeitsmanagement wichtigen Zentralbegriffs lautet in [51]: **„Zuverlässigkeitsforderung = Gesamtheit der betrachteten Einzelforderungen an die Beschaffenheit einer Einheit, die das Verhalten der Einheit während oder nach vorgegebenen Zeitspannen bei vorgegebenen Anwendungsbedingungen betreffen, und zwar in der betrachteten Konkretisierungsstufe der Einzelforderungen"**. Setzt man hier die Qualitätsforderung aus Abschnitt 11.2 ein, folgt die wesentlich kürzere Definition, die hier empfohlen wird:

> **Zuverlässigkeitsforderung =**
> **Teil der Qualitätsforderung, der das Verhalten der Einheit während oder nach vorgegebenen Zeitspannen bei vorgegebenen Anwendungsbedingungen betrifft.**

Entsprechend wird empfohlen, die Zuverlässigkeit selbst kürzer zu erklären:

> **ZUVERLÄSSIGKEIT =**
> **Qualität im Hinblick auf die Zuverlässigkeitsforderung**

Statt „im Hinblick auf die" könnte man kürzer auch sagen: „bezüglich der". Jedenfalls ist aber mit dieser Kurzdefinition der Zusammenhang zwischen Qualität und Zuverlässigkeit sofort erkennbar.

19.2.4 Zustand, Ereignis, Konfiguration

Erkenntnistheoretisch ist man möglicherweise kaum in der Lage, die ersten beiden Begriffe widerspruchsfrei zu definieren. Für die Zuverlässigkeitslehre – aber auch darüber hinaus in Technik und Wirtschaft – benötigt man jedoch handhabbare Erklärungen für diese beiden Grundbegriffe. Sie existieren in [51], wobei andere bereits bekannte Begriffe beigezogen werden

> **Zustand =**
> **Beschaffenheit einer Einheit zum Betrachtungszeitpunkt**

Der Zustand kann ein ganz allgemein betrachteter, ein vorgegebener oder ein Istzustand sein. Das

> **Ereignis = Übergang von einem in einen anderen Zustand**

kann z.B. das „Entstehen einer Abweichung" oder das „Entstehen eines Fehlers" sein. Beide Ereignisse sind zugleich Änderungen.

Gerade bei Produkten, bei denen die zuverlässigkeitsbezogene Merkmalsgruppe eine überragende Bedeutung hat, müssen alle im Laufe der Realisierung vorgenommenen Änderungen des Produkts dokumentiert sein. Bei der NASA nannte man diesen Änderungsdienst „Konfigurationsmanagement", weil die sich ändernden Konfigurationen des Produkts dokumentiert werden. Dabei ist

19.2 Die Fachsprache der Zuverlässigkeitslehre

> **Konfiguration =**
> **Gegenseitige Anordnung der Elemente einer Einheit**

Alle drei Begriffe dieses Abschnitts sind Unterbegriffe der Beschaffenheit. Die Konfigurationsdefinition müßte nämlich eigentlich lauten „Beschaffenheit bezüglich der gegenseitigen Anordnung der Elemente einer Einheit".

19.2.5 Störung, Versagen und Ausfall

Auch in der Gemeinsprache kann man die Störung als Oberbegriff für Versagen und Ausfall betrachten. Sie ist wie folgt erklärt:

> **Störung = Fehlende, fehlerhafte oder unvollständige**
> **Ausführung einer geforderten Funktion durch die Einheit**

Eine Störung kann viele Ursachen haben, beispielsweise

- eine nicht zugelassene Beanspruchung der Einheit;
- den Wegfall notwendiger äußerer Voraussetzungen wie z.B. der Energieversorgung für die Einheit;
- eine Ursache, die in der Einheit selbst liegt.

Liegt die Ursache in der Einheit selbst, ist dies ein „Versagen" der Einheit:

> **Versagen = Störung bei zugelassener Beanspruchung**
> **der Einheit aufgrund einer in ihr selbst liegenden Ursache**

Bisher hatten sich alle erläuterten Begriffe auf beliebige Einheiten bezogen. Von einem „Ausfall" redet man hingegen nur bei einem materiellen Produkt:

> **Ausfall =**
> **Beendigung der Fähigkeit eines materiellen Produkts,**
> **eine geforderte Funktion auszuführen,**
> **und zwar aufgrund einer im Produkt selbst liegenden Ursache**

Besonders zu beachten ist, daß ein Ausfall entsprechend dieser Erklärung auch zu einem Zeitpunkt entstehen kann, in welchem das materielle Produkt die geforderte Funktion nicht ausführt. In einem solchen Fall bleibt der Ausfall häufig unbemerkt. Er zeigt sich dann erst später als Versagen (siehe Begriff oben).

Ein **Ausfallkriterium** ist eine

"Festlegung zur Feststellung, ob ein Ausfall vorliegt".

Diese Erkärung gehört zu jenen, die vielfach den Eindruck erwecken, sie seien überflüssig, weil das Gesagte selbstverständlich sei. Tatsächlich ist aber gerade deren Erarbeitung oft sehr schwierig gewesen. So war es auch hier mit der Formulierung „Festlegung zur Feststellung".

Ausfälle können sehr unterschiedliche Ursachen und Erscheinungsformen haben. Dazu gibt DIN 40041 [51] zahlreiche **Ausfallaspekte** an, die man bei Beschäftigung mit dieser Materie studieren sollte.

19.2.6 Anwendungs-, Erfassungs- und Betrachtungsbeginn

Anwendungs- und Erfassungsbeginn sind als Kalenderzeitpunkte zunächst selbsterklärend. Siehe aber Abschnitt 19.2.8. Sie können sich nämlich bei einer Zuverlässigkeitsbetrachtung unterscheiden. Anderes gilt für den Betrachtungsbeginn:

> **Betrachtungsbeginn =**
>
> **Zeitpunkt, auf den für die Bildung von Zuverlässigkeitskenngrößen jeder Anwendungsbeginn gelegt wird**

Dieser Zeitpunkt ist häufig fiktiv, beispielsweise wenn mehrere Einheiten gemeinsam betrachtet werden, wobei deren jeweiliger Anwendungsbeginn auf unterschiedliche Kalenderzeitpunkte fällt. Gleiches gilt für Ausfallzeitpunkte als Betrachtungsbeginn.

Der Betrachtungsbeginn ist Anfang der Betrachtungsdauer. Bis zu deren Ende kann jeder beliebige Betrachtungszeitpunkt t hinsichtlich irgendwelcher Zuverlässigkeitskenngrößen von Interesse sein (siehe Abschnitt 19.3).

19.2.7 Die verschiedenen betrachteten Zeitspannen

Die ordnungsgemäße, also definitionsgerechte Handhabung der zahlreichen unterschiedlichen Zeitspannen ist ein wesentlicher Schlüssel zur Vermeidung von Mißverständnissen bei Problemlösungen im Rahmen des Zuverlässigkeitsmanagements. Verwiesen wird hier wieder auf DIN 40041 [51]. Dort war in absehbarer Zeit eine Weiterentwicklung zu erwarten – die dann nicht realisiert wurde –, die nach Möglichkeit hier bereits vorweggenommen wird. Deshalb werden hier die wichtigsten Arten von Zeitspannen vorgestellt und kurz erläutert, insbesondere deren gegenseitiger Zusammenhang.

19.2.8 Die Anwendungsdauer

Kernbegriff für alle anderen Zeitspannen ist die

> **Anwendungsdauer = Zeitspanne der Anwendung der Einheit**

19.2 Die Fachsprache der Zuverlässigkeitslehre

Unter **Anwendung** versteht man dabei den Einsatz der Einheit in der Absicht, sie planmäßig unter den vorgegebenen Anwendungsbedingungen ständig oder zeitweise zu betreiben. Die Anwendung der Einheit schließt also ggf. Zeitspannen ein, in denen die Einheit planmäßig nicht betrieben wird. Diese Zeitspannen heißen **Betriebspausen**.

Die Anwendungsdauer kann den gesamten planmäßigen Einsatz der Einheit umfassen oder einen betrachteten Teil davon. Wird der gesamte planmäßige Einsatz der Einheit betrachtet, spricht man zweckmäßig von der *„Anwendungsdauer ab Anwendungsbeginn"*. Die Hinzufügung „ab Anwendungsbeginn" ist zur Vermeidung von Irrtümern und Verwechslungen ggf. auch bei den Benennungen aller „Intervalle der Anwendungsdauer" anzubringen, aus denen die nachfolgend beschriebenen anderen Zeitspannen definiert sind.

Der **Anwendungsbeginn** ist dabei der Anfangszeitpunkt des gesamten planmäßigen Einsatzes der Einheit. Von diesem sind die Anfangszeitpunkte spezieller betrachteter Teilintervalle im Verlauf der Anwendungsdauer ab Anwendungsbeginn zu unterscheiden. Sowohl für den Anwendungsbeginn als auch für die Anfangszeitpunkte spezieller betrachteter Teilintervalle im Verlauf der Anwendungsdauer ab Anwendungsbeginn können entweder Kalenderzeitpunkte angegeben oder der gemeinsame fiktive Anfangszeitpunkt „Null" festgesetzt werden.

19.2.9 Die Klardauer (Up time = UT)

Sie bezieht sich auf die Anwendungsdauer, in der auch Betriebspausen enthalten sein können:

> **Klardauer =**
> **Intervall der Anwendungsdauer,**
> **das nicht durch einen Ausfall unterbrochen ist**

Sie kann ab Anwendungsbeginn oder einem anderen Anfangszeitpunkt betrachtet werden.

19.2.10 Die Unklardauer

Auch sie ist wieder aus dem „Intervall der Anwendungsdauer" definiert:

> **Unklardauer =**
> **Intervall der Anwendungsdauer ab dem Ausfallzeitpunkt,**
> **bis die Funktionsfähigkeit wiederhergestellt ist**

Wenn der tatsächliche Zeitpunkt des Ausfalls nicht feststellbar ist (siehe Erläuterung zum Ausfall im Abschnitt 19.2.5), wird nötigenfalls ein fiktiver Ausfallzeitpunkt festgelegt, beispielsweise der Zeitpunkt des Versagens.

Es ist zu beachten, daß die Unklardauer nicht der down time entspricht (siehe Abschnitt 19.2.12). Ihre Benennung mit „Ausfalldauer" ist irreführend, weil sich ein Ausfall meist zu einem Zeitpunkt ereignet.

19.2.11 Geforderte Anwendungsdauer und Betriebsdauer

Auf Unterscheidung dieser beiden Zeitspannen kommt es besonders an. Außerdem ist hier wieder auf die möglichen unterschiedlichen Anfangszeitpunkte zu achten; auch in der Benennung, die zutreffendenfalls erweitert werden muß auf „... der Anwendungsdauer ab Anwendungsbeginn ...". oder z.b. auf „... der Anwendungsdauer ab dem ersten Ausfall ...".

> **Geforderte Anwendungsdauer =**
> **Intervall(e) der Anwendungsdauer, in dem (denen) der Anwender die Ausführung der geforderten Funktion verlangt**

Demgegenüber heißt die „operating time", die ebenfalls bezüglich der möglichen unterschiedlichen Anfangszeitpunkte sorgfältig zu unterscheiden ist

> **Betriebsdauer =**
> **Intervall(e) der Anwendungsdauer,**
> **in dem (denen) die geforderte Funktion ausgeführt wird**

Eine **Betriebspause** ist komplementär ein Intervall der Anwendungsdauer, in dem der Anwender die Ausführung der geforderten Funktion nicht verlangt. Bei der Betriebspause ist in der Erklärung der „alternative Plural" nicht erforderlich, solange sie nicht selbst im Plural steht.

19.2.12 Störungsdauer (Down time = DT)

Die Unklardauer ist aus der Anwendungsdauer (siehe Abschnitt 19.2.8) definiert, die Betriebspausen enthalten kann. Die Störungsdauer jedoch ist plausiblerweise aus der geforderten Anwendungsdauer (siehe Abschnitt 19.2.11) abgeleitet. Ihr Verständnis beruht zudem naturgemäß auf der Kenntnis des Begriffs der Störung (siehe Abschnitt 19.2.5). Für die Störungsdauer gilt wie bei der Betriebspause die Entbehrlichkeit des „alternativen Plural".

> **Störungsdauer =**
> **Intervall der geforderten Anwendungsdauer,**
> **in dem eine Störung besteht**

Der **Ausfallabstand** (time between failures; TBF) braucht als „Zeitintervall zwischen zwei aufeinanderfolgenden Ausfällen" kaum erklärt zu werden. Von ihm ist aber die *Betriebsdauer zwischen zwei aufeinanderfolgenden Ausfällen* (operating time between failures) zu unterscheiden, die ihrerseits wiederum nicht mit der **Klardauer zwischen zwei aufeinanderfolgenden Ausfällen** übereinzustimmen braucht.

Entsprechend ist von der **Zeitspanne bis zum ersten Ausfall** (time to first failure; TTFF) die *Betriebsdauer bis zum ersten Ausfall* (operating time to first failure) zu unterscheiden.

Die Abkürzungen „OTBF" und „OTTFF", die sofort das „operating" und den Unterschied zu TBF und TTFF erkennen ließen, sind nicht üblich.

19.2.13 Die Lebensdauer

Es ist international üblich und im Hinblick auf die Vergleichbarkeit von Zuverlässigkeitsbetrachtungen sinnvoll, die Lebensdauer nicht mit der Klardauer (siehe Abschnitt 19.2.9) zu definieren, weil die Klardauer Betriebspausen enthalten kann:

> **Lebensdauer =**
> **Betriebsdauer einer nichtinstandzusetzenden Einheit**
> **vom Anwendungsbeginn bis zum Zeitpunkt des Versagens**

Eine **instandzusetzende Einheit** ist dadurch gekennzeichnet, daß sowohl die Möglichkeit als auch die Absicht besteht, einen Fehler zu beheben. Hingegen besteht bei der oben verwendeten **nichtinstandzusetzenden Einheit** (das Adjektiv wird zusammengeschrieben) entweder nicht die Möglichkeit, oder, wenn die Möglichkeit besteht, nicht die Absicht zur Instandsetzung.

19.2.14 Die Brauchbarkeitsdauer

Bei ihrer Erklärung braucht der „alternative Plural" ebenfalls nicht verwendet zu werden, weil es sich um eine durchlaufende Zeitspanne handelt

> **Brauchbarkeitsdauer =**
> **Intervall der Anwendungsdauer, in dem**
> **die Zuverlässigkeitsforderung erfüllt wird,**
> **oder nach dem eine instandzusetzende Einheit aufgrund**
> **ihres Ausfallverhaltens nicht mehr instandgesetzt wird**

Sie spielt in Verträgen im Rahmen der Zuverlässigkeitsforderung oft eine zentrale Rolle und gilt dort in der Regel „ab Anwendungsbeginn" (was dann mindestens gedanklich und möglichst auch im Vertrag im Einvernehmen mit dem Kunden hinzugefügt werden sollte). Deshalb müssen Mißverständnisse über die Bedeutung dieses Zuverlässigkeitsmerkmals vermieden werden. In [51] greift die Erklärung der Brauchbarkeitsdauer auf die Erfüllung einer „Forderung bezüglich betrachteter Zuverlässigkeitskenngrößen" zurück. Oben ist dies durch die Zuverlässigkeitsforderung ersetzt. Deren Erklärung im Abschnitt 19.2.3 enthält implizit nicht nur die genannte Formulierung aus [51]; sie fordert sogar zweimal dazu auf, sich jeweils über das klar zu werden, was betrachtet wird.

In speziellen Bereichen wird die so definierte Brauchbarkeitsdauer bedauerlicherweise auch „technische Lebensdauer" genannt. Diese Bezeichnung ist mißverständlich (um nicht zu sagen: irreführend). Die Lebensdauer nach Abschnitt 19.2.13 ist nämlich unstrittig aus der Betriebsdauer definiert, während die Brauchbarkeitsdauer gemäß der obigen Definition auf einem Intervall der Anwendungsdauer aufbaut, in dem eine Zuverlässigkeitsforderung erfüllt wird. Das kann das gleiche sein, wenn es keine Betriebspausen gibt, braucht es aber nicht zu sein. Manchmal sind die Betriebspausen viel länger als die Betriebsdauern. Allerdings muß darauf hingewiesen werden, daß es Kunden gibt, in deren Vorstellung die Brauchbarkeitsdauer (bzw. die von solchen Kunden so genannte „technische Lebensdauer") aus Betriebsdauern erklärt werden muß. Das kann zu gewaltigen praktischen Unterschieden in der Bewertung führen. Deshalb ist es im Zweifel angebracht zu klären, was einvernehmlich unter Brauchbarkeitsdauer zu verstehen ist.

19.3 Zuverlässigkeitsbetrachtungen

Die im Abschnitt 19.2 erklärten Begriffe können sowohl auf einzelne Einheiten angewendet werden als auch auf Kollektive von Einheiten, letzteres beispielsweise wenn man aus den zahlreichen erläuterten Zeitspannen oder Intervallen Mittelwerte für solche Kollektive bildet oder als Grenzwerte vorgibt. Einen Überblick über den Zusammenhang zuverlässigkeitsbezogener Zeitpunkte, Zeitspannen und Intervalle gibt das Bild 19.1.

Bild 19.1 ist aus [71] entnommen und inzwischen auch nach [51] übernommen worden.

Die nachfolgenden Zuverlässigkeitsbetrachtungen des Abschnitts 19.3 beziehen sich ausschließlich auf Kollektive von Einheiten.

19.3.1 Bestand bei nichtinstandzusetzenden Einheiten

Hierbei handelt es sich um spezielle Angaben über gleichartige nichtinstandzusetzende Einheiten innerhalb eines Kollektivs. Es ist

$n(0)$ = Anzahl der Einheiten bei Anwendungsbeginn, die für eine Zuverlässigkeitsbetrachtung erfaßt werden
 = **Anfangsbestand**;

$n_g(t)$ = Anzahl der Einheiten des Anfangsbestands n (0), deren Lebensdauer eine betrachtete Betriebsdauer t_B mindestens erreicht („g" = gut)
 = **Bestand**;

$n_s(t)$ = $n(0) - n_g(t)$ = Anzahl der bis zum Zeitpunkt t_B ausgefallenen Einheiten („s" = schlecht);
 dieser Begriff hat keine spezielle Benennnung;

$n_g(t)_r$ = $n_g(t) / n(0)$
 = **Relativer Bestand**.

Bild 19.1: Zeitpunkte, Zeitspannen und Intervalle bei Zuverlässigkeitsbetrachtungen (Darstellung entsprechend [71] bzw. [51])

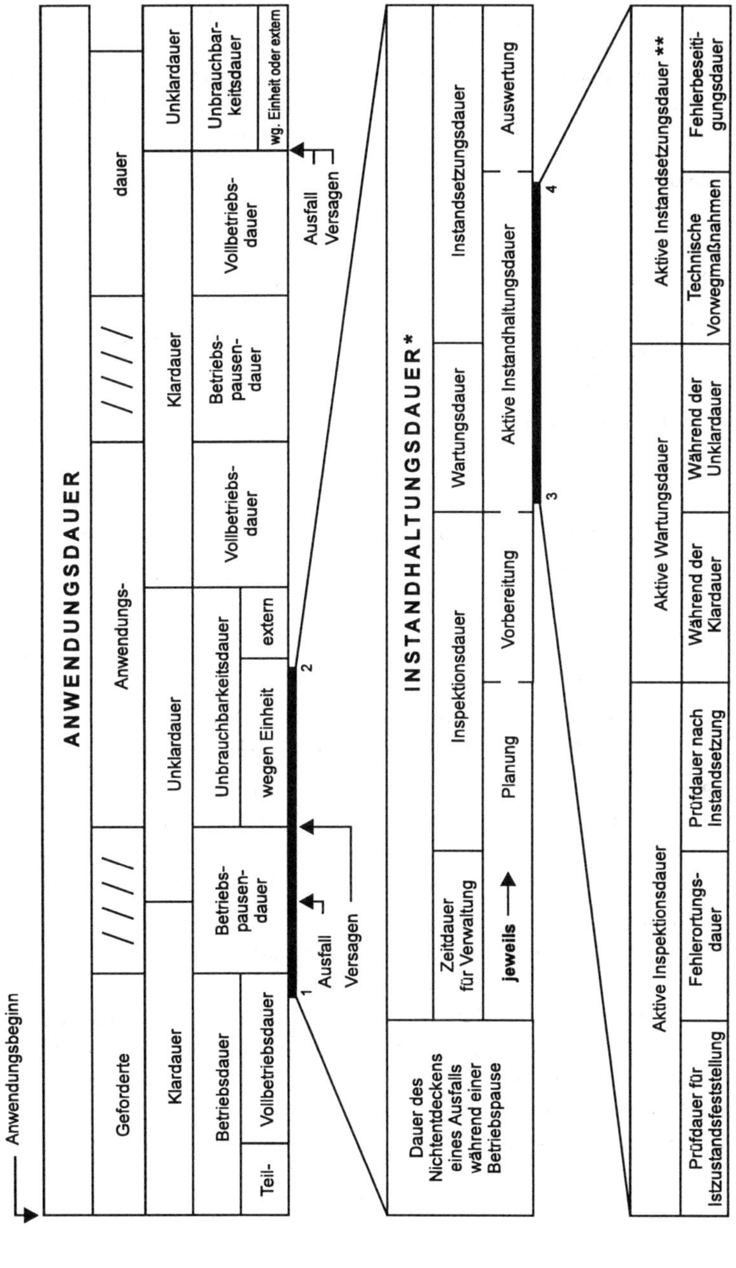

* Zweckmäßig möglichst in der Betriebspausendauer   ** Während Unbrauchbarkeits- oder Betriebspausendauer

Anmerkungen: Achtung: Die Balkenlängen sind nicht Maßstab für die Zeitspannen

Die Versetzung der Anfangszeitpunkte 1 und 3 sowie der Endzeitpunkte 2 und 4 gegenüber den Zeitdauergrenzen darüber zeigt an: Zeitverschiebungen und Zeitüberlappungen sind sinnvoll und möglicherweise in der dargestellten Art zweckmäßig

19.3.2 Zuverlässigkeitskenngrößen für nichtinstandzusetzende Einheiten

Zuverlässigkeitskenngrößen werden im Ausland oft mit dem Begriff Zuverlässigkeit vermischt. Ursache ist, daß „reliability" auch heute noch für den Begriff der Überlebenswahrscheinlichkeit verwendet wird. Von praktischer Bedeutung bei nichtinstandzusetzenden Einheiten sind die **vom Bestand abgeleitete Zuverlässigkeitskenngrößen**. Diese Zuverlässigkeitskenngrößen werden *nur mit Betriebsdauern* t_B errechnet (siehe Abschnitt 19.2.11), denen nachfolgend zur Vermeidung von Doppelindizes der Index „B" weggenommen wird.

- **Ausfallhäufigkeit** $\quad L(\Delta t) = n_g(t_1)_r - n_g(t_2)_r;$
  (für $t_2 > t_1$)

- **Temporäre Ausfallhäufigkeit** $\quad L(\Delta t)_t = L(\Delta t)/n_g(t_1)_r;$

- Temporäre Ausfallhäufigkeitsdichte $\quad L(\Delta t)_{td} = L(\Delta t)_t /(t_2 - t_1);$
  auch: „**Ausfallquote**" $\quad q(t)$

- **Ausfallhäufigkeitssumme** $\quad F(t)_s = 1 - n_g(t)_r;$

- **Ausfallquotient** $\quad = F(t)_s / t;$

19.3.3 Zuverlässigkeitsparameter für nichtinstandzusetzende Einheiten

Der Grenzwert der Ausfallquote q(t) für gegen Null gehendes Zeitintervall $\Delta t = (t_2 - t_1)$ heißt Ausfallrate:

- **Ausfallrate** $a(t)$ = Grenzwert von $q(t)$ für $\Delta t \to 0$.

Die Ausfallrate ist der wichtigste Zuverlässigkeitsparameter. Gleichzeitig gilt:

**Ausfallrate = Ausfallwahrscheinlichkeitsdichte
dividiert durch die Überlebenswahrscheinlichkeit**

Weitere Zuverlässigkeitsparameter für nichtinstandzusetzende Einheiten sind

- Die **Mittlere Lebensdauer** als Erwartungswert der Lebensdauerverteilung (sie ist nicht die „mean time to first failure", und zwar weil der **MTTFF** nicht die Betriebsdauern, sondern die Anwendungsdauern zugrunde liegen);

Nur wenn die Lebensdauern exponentialverteilt sind, ist die mittlere Lebensdauer gleich dem Kehrwert der (dann konstanten) Ausfallrate. Die Lebensdauerverteilung ist hierbei die Verteilungsfunktion der Lebensdauern. Es gilt [198]:

- Die **Überlebenswahrscheinlichkeit** als Wahrscheinlichkeit, daß die Lebensdauer eine betrachtete Betriebsdauer ab Anwendungsbeginn mindestens erreicht.

- Die **Ausfallwahrscheinlichkeit** als Wahrscheinlichkeit, daß die Lebensdauer eine betrachtete Betriebsdauer ab Anwendungsbeginn nicht erreicht.

- Die **Ausfallwahrscheinlichkeitsdichte** als erste Ableitung der Lebensdauerverteilung.

19.3.4 Zuverlässigkeitsparameter für instandzusetzende Einheiten

Man unterscheidet folgende Lageparameter der betreffenden Verteilungen:
- Die **Mittlere Klardauer** (MUT) als Erwartungswert der Verteilung der Klardauern.
- Die **Mittlere Unklardauer** als Erwartungswert der Verteilung der Unklardauern (Angloamerikanische Abkürzung nicht üblich).
- Die **Mittlere Betriebsdauer bis zum ersten Ausfall** als Erwartungswert der Betriebsdauern bis zum ersten Ausfall („MOTTFF" nicht üblich).
- Die **Mittlere Betriebsdauer zwischen zwei Ausfällen** (MTBF) als Erwartungswert der Betriebsdauern zwischen zwei aufeinanderfolgenden Ausfällen (die eigentlich richtige Abkürzung „MOTBF" ist nicht üblich).
- Der **Mittlere Ausfallabstand** als Erwartungswert der Verteilung der Ausfallabstände (siehe Abschnitt 19.2.12). Für den mittleren Ausfallabstand darf nicht die Kurzbezeichnung „MTBF" verwendet werden, weil mit „MTBF" immer die Mittlere Betriebsdauer zwischen zwei Ausfällen gemeint ist (die mit „MOTBF" abgekürzt werden müßte, was aber nicht üblich ist).
- Die **Mittlere Störungsdauer** (MDT) als Erwartungswert der Verteilung der Störungsdauern (siehe Abschnitt 19.2.12).

Für die jeweiligen Erwartungswerte ist der Mittelwert einer Stichprobe der betreffenden Merkmalswerte ein Schätzwert.

19.3.5 Zusammenhänge zwischen den obigen Größen der Zuverlässigkeitsbetrachtung

Über die oben erkennbaren mathematischen Verknüpfungen hinaus sind folgende Zusammenhänge zu erwähnen:
- Die Ausfallhäufigkeit ist ein Schätzwert für die Ausfallwahrscheinlichkeit;
- die Ausfallquote ist ein Schätzwert für die Ausfallrate.
- Schätzwert für die Überlebenswahrscheinlichkeit ist der relative Bestand. Er müßte „Überlebenshäufigkeit" heißen. Das ist jedoch nicht üblich.
- Ausfallwahrscheinlichkeit und Überlebenswahrscheinlichkeit addieren sich zu Eins, ebenso wie Ausfallhäufigkeitssumme und relativer Bestand.
- Die für die Brauchbarkeitsdauer vorgegebenen Anwendungsbedingungen enthalten in der Regel auch Aussagen über die Instandhaltung der Einheit.

19.3.6 Weitere Hilfsmittel für Zuverlässigkeitsbetrachtungen

Die in [51] enthaltenen „Bestimmungs- und Einflußfaktoren im Hinblick auf Zuverlässigkeitskenngrößen" beziehen sich auf
- Beanspruchungen wie Nenn- und Istbeanspruchung,
- Planungsbezogene Bestimmungsfaktoren wie die Arten von Redundanzen,

- Fertigungsbezogene Bestimmungsfaktoren wie Voraltern, Einlaufen und Einbrennen,
- Einsatzbezogene Bestimmungsfaktoren wie Dauer- und Aussetzbetrieb, Wartung, Instandsetzung und Inspektion sowie die speziellen Vorstellungen zum
- Zuverlässigkeitswachstum.

Die dann folgenden „Aspekte zu Zuverlässigkeitsprüfungen" wurden teilweise bereits im Abschnitt 9.4.1 angesprochen. Verwiesen sei auch auf die Beanspruchungsaspekte, die unter dieser Überschrift ebenfalls in [51] verzeichnet sind.

19.4 Beschreibung des Zuverlässigkeitsverhaltens mittels „Badewannenkurve" und Wahrscheinlichkeitsverteilungen

Das Bild 19.2 zeigt die vergleichsweise gut bekannte „Badewannenkurve". Dort ist die Ausfallrate a(t) abhängig vom Betrachtungszeitpunkt t dargestellt. Sie hat drei charakteristische Abschnitte. Betrachtet wird dabei ein Kollektiv gleichartiger Einheiten.

Die Ausfallrate wird auch mit dem Buchstaben λ bezeichnet.

Bild 19.2: Die „Badewannenkurve": Die Ausfallrate a(t) (bzw. λ) abhängig vom Betrachtungszeitpunkt

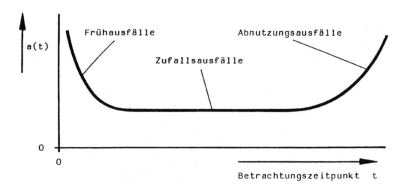

Zum Bild 19.2 ist folgendes zu erläutern:
- Die **Frühausfallphase** ist durch „Kinderkrankheiten" der Einheiten bestimmt. Vermindern sie sich, folgt bei diesem theoretischen Modell die
- **Phase einer konstanten Ausfallrate.** Sie bewirkt, daß die Lebensdauerverteilung eine Exponentialverteilung ist, oft während einer sehr lange andauernden Zeitspanne. Gegen Ende der mittleren Lebensdauer der Einheiten beginnt ein wieder ansteigender Zweig. Er betrifft die
- **Spätausfallphase**, in der Verschleißausfälle beginnen, verursacht durch die fortschreitende Alterung der Einheiten.

Eine gleichartige „Badewannenkurve" wird auch bei der menschlichen Sterblichkeit beobachtet. Zur mathematischen Beschreibung solcher Ausfallwahrscheinlichkeiten eignet sich die **Weibullverteilung** (siehe Abschnitt 25.4). Mit einer geringfügig abgewandelten Form dieser Funktion beschreibt man die jeweilige integrale **Ausfallwahrscheinlichkeit** bis zum Betrachtungszeitpunkt t

$$F(t) = 1 - e^{-\left(\frac{t-t_i}{t_0-t_i}\right)^b}$$

Die Konstante t_i ist als negativer Wert eine „**Inkubationsdauer**", als positiver Wert eine „**Vorinanspruchnahmedauer**".
t_0 ist die „**Charakteristische Lebensdauer**".
Für $t = t_0$ hat F(t) den Wert $1 - 1/e = 63{,}2121\,\%$. Für $t_i = 0$ ist die

Ausfallwahrscheinlichkeitsdichte = d(F(t))/dt =
$$f(t) = (b/t_0) \cdot (t/t_0)^{b-1} \cdot e^{-(t/t_0)^b}$$

Die **Ausfallrate** (siehe Abschnitt 19.3.3 und Bild 19.2) als Quotient aus Ausfallwahrscheinlichkeitsdichte f(t) und Überlebenswahrscheinlichkeit (1 − F(t)) ergibt einen vergleichsweise einfachen Ausdruck:

Ausfallrate =
$$a(t) = f(t)/(1 - F(t)) = (b/t_0) \cdot (t/t_0)^{b-1}.$$

Man erkennt im Zusammenhang mit dem Bild 19.2 folgendes:
- Für b < 1 fällt abhängig von t die Ausfallrate. Mit b < 1 läßt sich also die Ausfallcharakteristik während der Frühausfallphase beschreiben.
- Für b = 1 ist die Ausfallrate konstant. Sie hat dann einen Wert nach der einfachen Beziehung $a(t) = 1/t_0$; b = 1 entspricht also der Phase einer konstanten Ausfallrate im Bild 11.2 (Zufallsausfälle).
- Für b > 1 ergibt sich eine ansteigende Charakteristik für die Ausfallrate. Insbesondere führt b > 2 zu einem Verlauf wie in der Spätausfallphase des Bildes 11.2 (Abnutzungsausfälle).

19.5 Planung der Zuverlässigkeitsforderung (Zuverlässigkeitsplanung)

19.5.1 Allgemeines

Im Rahmen der Qualitätsplanung ist die Zuverlässigkeitsplanung oft das mit Abstand wichtigste Element des Qualitätsmanagements. Im Hinblick auf die Bedeutung der Zuverlässigkeit der Einheit bei der späteren Produktnutzung gilt dies vor allem bei elektronischen

Schaltungen; aber nicht nur bei diesen. Man plant dabei auf der Basis der Zuverlässigkeitsforderung zunächst anhand des „Badewannenbodens" (vgl. Bild 19.2). Man setzt also eine konstante Ausfallrate voraus. Daraus ergibt sich der Vorteil der Addierbarkeit von Einzel-Ausfallraten der verschiedenen Bauelemente.

Praktikable Arbeitseinheit für die Ausfallrate ist das **fit**:

$$1 \underline{f}\text{ailure} \underline{\text{i}}\text{n} \underline{\text{t}}\text{ime} = 10^{-9} \text{ [1/h]}.$$

Wachsende Bedeutung hat die Rückführung von Erfahrungen aus der Qualitätsprüfung und Produktnutzung in die Zuverlässigkeitsplanung.

19.5.2 Problem Frühausfallphase

Für die Frühausfallphase gibt es einerseits Methoden der Vorbeugung. Ein Beispiel ist eine spezielle Wärme-Vorbehandlung mit dem Namen „Einbrennen", im Angloamerikanischen „burn-in" genannt. Dabei handelt es sich um ein „beschleunigtes Voraltern durch erhöhte Beanspruchung", durch welche die Brauchbarkeitsdauer (siehe Abschnitt 19.2.14) allerdings nicht vermindert werden darf. Andererseits gibt es im Rahmen der Zuverlässigkeitsplanung umfangreiche Rechenverfahren zur Ermittlung von Zuschlagsfaktoren zu jenen Werten der Ausfallraten, die wie für die Phase konstanter Ausfallraten gerechnet wurden.

19.5.3 Komplexe Systeme

Hier kombinieren sich die Zuverlässigkeitskenngrößen der Komponenten. Bezieht sich die Zuverlässigkeitsplanung auf eine instandzusetzende Einheit – wie bei einer großen Fertigungsstraße – ist die Instandhaltungsplanung ein wichtiger Bestandteil. Bei einer nichtinstandzusetzenden Einheit – wie im allgemeinen bei einem Nachrichtensatelliten – wird man die Frage der erforderlichen Redundanzen klären müssen.

Außerdem gewinnt auch die folgende Überlegung immer mehr an Bedeutung: Das Modell der Zufallsausfälle geht (in der Phase konstanter Ausfallrate) von der Voraussetzung aus, daß jedes Bauelement des komplexen Systems zu jedem Zeitpunkt mit gleicher Wahrscheinlichkeit ausfallen kann, also auch sofort nach der Inbetriebnahme des Systems. Für einige spezielle, im System aber sehr wichtige Bauelemente kann man jedoch sagen, daß dieses Modell der Zufallsausfälle nicht zutrifft. Die Lebensdauer dieser Bauelemente ist zwar ebenfalls nicht vorhersehbar; die Erfahrung lehrt aber, daß sich um ihre mittlere Lebensdauer eine Lebensdauer-Streuung ergibt, die kleiner ist, oft wesentlich kleiner, als sie sich aus dem Modell der Zufallsausfälle ergäbe. In solchen Fällen sollte man überlegen, inwieweit es berechtigt ist, auf den Beitrag eines solchen Bauelements zur Ausfallrate des komplexen Systems das Prinzip der Abweichungsfortpflanzung anzuwenden (siehe Abschnitt 22.1). Falls eine solche Anwendung möglich ist, kann diese Anwendung ausschlaggebend dafür sein, eine scharfe Forderung erfüllen zu können, beispielsweise an die Brauchbarkeitsdauer (siehe Abschnitt 19.2.14).

19.5.4 Redundanzen

Insbesondere bei nichtinstandzusetzenden Einheiten kann es zur Erzielung einer zufriedenstellenden Zuverlässigkeit erforderlich sein, in die Einheit mehr technische Mittel einzubauen, als zur Funktionserfüllung benötigt werden. Man nennt dies einen redundanten Aufbau.

Hierzu ist zu entscheiden, ob eine Systemredundanz, eine Komponentenredundanz, eine funktionsbeteiligte oder eine nicht funktionsbeteiligte Redundanz oder eine Kombination daraus die zweckmäßige Lösung ist. Parallel geschaltete redundante Funktionseinheiten, die im Normalfall nicht in Betrieb sind, können z.B. für eine ausgefallene Funktionseinheit einspringen. Bezüglich der Disposition von Redundanzen wird auf die Literatur verwiesen [73].

19.6 Zuverlässigkeitsprüfungen

19.6.1 Allgemeines

Zuverlässigkeitsprüfungen sind stets zerstörende Prüfungen. Schon deshalb sind sie sehr aufwendig. Hinzu kommt, daß Ergebnisse von Prüfungen etwa unter Einsatzbedingungen erst nach Durchlaufen der Lebenserwartung der Einheiten vorliegen können. Das erfordert in der Regel große Zeitspannen. Deshalb können Zuverlässigkeitsprüfungen nur Ergänzung einer sorgfältigen Zuverlässigkeitsplanung sein; es sei denn, man wendet erheblich beschleunigte Lebensdauerprüfungen an (siehe nächster Abschnitt).

19.6.2 Beschleunigte Lebensdauerprüfungen

Die Beanspruchung der Prüfobjekte wird bedeutend höher dimensioniert als die für den Betrieb der Einheit zu erwartende. Dadurch wird die Lebensdauer verkürzt. Das Problem besteht darin, die Relation zwischen Ausfallart und Ausfallmechanismus nicht zu verändern, die Lebensdauer aber dennoch so zu verkürzen, daß der Prüfaufwand vertretbar wird.

19.6.3 Das Lebensdauernetz

Logarithmiert man die Weibullfunktion F(t) (siehe Abschnitt 19.4) zweimal und die Abszisse Zeitdauer einmal, so erhält man Skalen, deren Aufzeichnung zum sogenannten Lebensdauernetz führt. Dieses ist dadurch gekennzeichnet, daß eine unvermischte Weibullverteilung in ihm eine Gerade ergibt. Das Lebensdauernetz hat den gleichen Zweck wie jedes andere Wahrscheinlichkeitsnetz, nämlich die Feststellung der zur Stichproben-Häufigkeitsverteilung gehörigen Wahrscheinlichkeitsverteilung: Folgende Fragen sind zu klären: Ist es eine vermischte oder eine unvermischte Weibullverteilung? Welche Werte haben die Parameter der Weibullfunktion(en)?
Im Bild 19.3 ist ein solches Netz wiedergegeben. Das eingetragene Beispiel stammt aus dem DGQ-Band [74]. Auf ihn wird zum weiteren Studium ebenso verwiesen wie auf eine Norm mit dem Titel „Statistische Auswertung von Daten; Schätz- und Testverfahren bei der zweiparametrigen Weibull-Verteilung" [248]. Sie hat den Vorteil, daß mit ihr auch die Ergebnisse zensorisierter Stichproben bearbeitet werden können. Solche kommen gerade bei Untersuchungen zur Lebensdauer oder Brauchbarkeitsdauer oft vor, weil man nicht abwarten kann, bis alle Prüfobjekte ausgefallen sind. Zusätzlich ist in dieser Norm das gesamte mathematische Rüstzeug für die nicht ganz einfache Errechnung aller Vertrauensbereiche enthalten. Überdies wird in dieser Norm auch diskutiert, wie sie im Vergleich mit anderen Normen zu diesem Thema zu betrachten ist. Einzelheiten siehe [248].

Bild 19.3: Lebensdauernetz mit Beispieleintrag

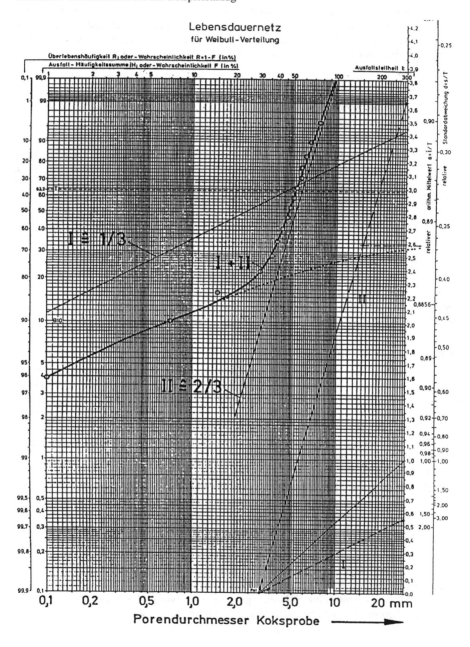

Obwohl diese Norm von der Voraussetzung ausgeht, daß die betrachtete Stichprobe einer unvermischten Weibull-Verteilung entstammt, ist sie auch nützlich, wenn die Stichprobenergebnisse auf eine Mischverteilung schließen lassen. Dann kann man nötigenfalls für deren graphische Analyse die Regeln anwenden, die im Kapitel 25 dazu angegeben und auf die im Bild 19.3 eingezeichnete Stichprobenverteilung angewendet sind. Analyseziel ist es, eine Information über die Anzahl der vermischten Einzelverteilungen, über ihren Anteil an der vermischten Verteilung sowie über Werte ihrer Verteilungsparameter [198] zu gewinnen.

19.7 Risikobetrachtung bei Zuverlässigkeitsfragen

Vom Kapitel 10 ist in Erinnerung zu rufen, daß zu keinem Betrachtungszeitpunkt ein technisches System die Ausfallrate Null haben kann. Inhaltsgleich ist die Aussage: Es gibt kein „Risiko Null". Die „Risikolenkung" bei der Zuverlässigkeitsplanung besteht darin, einen der jeweiligen Situation angemessenen Kompromiß zwischen Aufwand und Risiko zu finden. Man muß demnach stets diese beiden Komponenten gemeinsam quantitativ betrachten. Siehe dazu das Kapitel 10 sowie die in der Literatur dazu angegebenen Grundlagenarbeiten aus technischer Sicht von Hosemann ([56] und [57]) und aus rechtlicher Sicht von Jäger [58] sowie die umfassende Kurzdarstellung zum letztgenannten Aspekt von Marburger [59].

19.8 Zusammenfassung

Die Qualitätsforderung „schließt ggf. Sicherheit, Zuverlässigkeit (einschließlich Verfügbarkeit), Wiederverwendbarkeit, Instandhaltbarkeit, angemessenen Mitteleinsatz, Umweltverträglichkeit usw. ein". Dieses Zitat aus [7] zeigt, daß Zuverlässigkeitsmanagement ein Teil des Qualitätsmanagements ist. Das wird eingangs angesichts immer noch bestehender und immer wieder neu belebter, abweichender Ansichten (siehe [119] und Abschnitt 14.6.5) besonders hervorgehoben. Man hat sich zu dieser Gesamtbetrachtung entschlossen, weil jede Aufteilung zu wesentlich unwirtschaftlicheren und überdies auch zu weniger zielsicheren Lösungen führt: Die Beschaffenheit einer Einheit muß als Ganzes Gegenstand des Qualitätsmanagements sein. Zur Beschaffenheit gehört eben auch die oft sehr große Gruppe der ausgewählten Zuverlässigkeitsmerkmale, die ihrerseits Qualitätsmerkmale sind.

Zuverlässigkeitsmanagement muß ggf. weit in die Zukunft des zu realisierenden Produkts hinein planen. Dazu bedarf es besonders leistungsfähiger Werkzeuge. Sie alle in diesem Kapitel vorzustellen ist unmöglich. Deshalb wurden die wichtigsten Grundgedanken angesprochen und häufig auf die Literatur verwiesen. Auch hier erwähnenswert erscheint die Anregung, daß man sich zutreffendenfalls mit Ausfallmodellen befassen sollte, welche die sehr einfache und deshalb gerne benutzte Rechentechnik mit Zufallsausfällen nicht ermöglicht. Insofern besteht eine Analogie zur Anwendung abgestufter Grenzwerte (siehe Abschnitt 22.2).

Als Teilaspekt des Qualitätsmanagements ist Zuverlässigkeitsmanagement auch als Teil des Q-Kreises im Modell des QTK-Kreises zu betrachten. Für das Zuverlässigkeitsmanagement gelten also die Bilder 4.1 bis 4.4 mit analogen Erläuterungen ebenfalls.

Immer wieder erlebt man Streit darüber, was zu den Zuverlässigkeitsmerkmalen gehört und was nicht. Dieser Streit ist überflüssig wie der über die Zuordnung eines Merkmals zu einer betrachteten oder zu einer anderen Merkmalsgruppe. Jede Organisation sollte selbst die betreffende Einteilung und Zuordnung festlegen, soweit dies für ihre Funktionen nötig ist. Beispielsweise wird ein Produzent elektrischer Energie ebenso wie eine Großbäckerei größten Wert auf die Zuverlässigkeitsmerkmale zur Verfügbarkeit ihrer Einrichtungen legen, welche das Angebotsprodukt, etwa den Strom oder das verpackte Vollkornbrot, produzieren. Für die Großbäckerei wird dabei – im Gegensatz zum Stromlieferanten – die Mindesthaltbarkeit seines Produkts große Bedeutung haben.

Abschließend sei noch ein Hinweis gegeben, der bei Zuverlässigkeit fast noch wichtiger ist als bei Qualität: Was bei Qualität zur meist inhaltslosen Anwendung dieses Begriffs in der Werbung und die Rückwirkung auf die Fachsprache gesagt wurde, lese man im zweiten Absatz von Abschnitt 7.10.3 nach. Bei Zuverlässigkeit läuft das häufig in der gleichen Weise ab. Die fachlich unvertretbare Antwort lautet hier: „Unzuverlässigkeit". Das ist noch schlimmer als „Unqualität": „Unzuverlässigkeit" ist nämlich ein durchaus gebräuchliches Wort der Gemeinsprache und wirkt deshalb auch einleuchtender als das Kunstwort „Unqualität", das – anders als „unqualifiziert" – in keinem Wörterbuch zu finden ist. Im Qualitätsmanagement kann es aber weder eine „Unqualität" noch eine „Unzuverlässigkeit" geben.

20 Die Meßunsicherheit im System der Abweichungen

> *Überblick*
>
> *Qualitätsmanagement ist undenkbar ohne Qualitätsprüfungen, diese undenkbar ohne Meßtechnik. Daraus folgt die Bedeutung der Meßunsicherheit. Sie ist ein Maß für die Genauigkeit von Messungen. Vergessen wird oft, daß für Realisierungsunsicherheiten vergleichbare Gesetzmäßigkeiten gelten, und daß man beide zusammen betrachten, aber auch sorgfältig voneinander unterscheiden sollte.*

20.1 Allgemeines zu Meßunsicherheit und Genauigkeit

„Genauigkeit" wird allgemein überall in der Technik benutzt. Daß man in der Produktwerbung ähnlich wie bei „Qualität" abweichend von der Fachsprache nur Gutes (nämlich eine hohe Genauigkeit) meint, ist schon kaum noch verwunderlich. Genauigkeit bezeichnet indessen **qualitativ** das „Abweichungsverhalten" irgend eines Vorgangs.

Für das Qualitätsmanagement definiert DIN 55350-13 [32] diesen Begriff in weltweit abgestimmter Formulierung wie folgt:

> **Genauigkeit =**
> **Qualitative Bezeichnung für das Ausmaß der Annäherung**
> **von Ermittlungsergebnissen an den Bezugswert,**
> **wobei dieser je nach Festlegung oder Vereinbarung**
> **der wahre, der richtige oder der Erwartungswert sein kann**

Die **quantitative** Antwort auf die Frage nach der Genauigkeit kann prinzipiell in einem **vorzugebenden Wert** (z.B. für die Meßunsicherheit oder für die Meßabweichung) oder in einem **ermittelten Wert** (z.B. der Meßunsicherheit oder der Meßabweichung) bestehen. Beispielsweise sind in DIN 1319-1 [92] **Fehlergrenzen** vorgegebene Werte, nämlich „Abweichungsgrenzbeträge für Meßabweichungen eines Meßgerätes" (siehe dazu aber auch Abschnitt 20.7). Letztlich basieren auch die Vorgaben von Grenzwerten für **Meßabweichungen** oder von Abweichungsgrenzbeträgen für **Meßunsicherheiten** auf gedanklichen „Ermittlungen" nach dem gleichen Prinzip, wie es nachfolgend für die „ermittelten Genauigkeiten" erläutert wird.

Die quantitative Antwort auf die Frage nach der „ermittelten Genauigkeit" findet man aus einer näheren Betrachtung der Ermittlungsergebnisse von Messungen und der Bezugswerte für die Meßabweichungen: Dabei ist ein

> **Ermittlungsergebnis = durch die Anwendung eines**
> **Ermittlungsverfahrens festgestellter Merkmalswert**

Das Ermittlungsverfahren dient dem Zweck der Beurteilung eines Sachverhalts. Es kann ein Beobachtungsverfahren, ein Meßverfahren, ein statistisches Schätzverfahren, ein Berechnungsverfahren oder eine Kombination daraus sein. Die Bezugswerte können gewonnen werden

– aus theoretischen Überlegungen, z.b. der **wahre Wert** (siehe Abschnitt 20.5.3), wobei dieser in speziellen Fällen, nämlich bei mathematisch-theoretischen Ermittlungsverfahren, als „**exakter Wert**" bezeichnet wird;
– aus internationalen, nationalen oder Gebrauchsnormalen, z.b. deren jeweiliger **richtiger Wert** (siehe Abschnitt 20.5.4);
– aus den Ergebnissen von Ringversuchen (siehe Kapitel 21), z.B. die aus den Ergebnissen dieser Versuche abgeleiteten **richtigen Werte** (siehe Abschnitt 20.5.4).

Vor der näheren Erläuterung der Ermittlungsverfahren und der Bezugswerte sei ein Gesamtüberblick gegeben. Er betrifft das (übergeordnete) System der Abweichungen.

20.2 Überblick zum System der Abweichungen und Unsicherheiten

Das Bild 20.1 zeigt den übergeordneten Rahmen zum Thema Meßabweichungen und Meßunsicherheit. Mit dieser Darstellung soll die Erkenntnis vermittelt werden: Auf allen Gebieten können zur Ermittlung von Unsicherheiten aus Abweichungen die gleichen Methoden und Kennwerte angewendet werden. Das ist teilweise noch nicht bekannt. Man erlebt auf unterschiedlichen Anwendungsgebieten Kennwerte mit gleichem Namen, die nach unterschiedlichen Rechenregeln ermittelt sind. Ein Beispiel ist [163]. Das Bild 20.1 zeigt deshalb den gedanklichen Überbau.

Ausgewählte Einzelbeispiele für scheinbar verschiedenartige Unsicherheiten in der untersten Bildebene sind die Positionsunsicherheit und die Meßunsicherheit. Wie sie zusammengehören, erkennt man, je weiter man im Bild über die jeweiligen Oberbegriffe nach oben geht: So ist die Positionsunsicherheit die Realisierungsunsicherheit eines **Einstellwertes**, (weil man z.B. einen Drehstahl nicht exakt auf die beabsichtigte Position **eingestellt** hat). Die Meßunsicherheit ist die Unsicherheit eines **Ermittlungsergebnisses** (weil der Meßwert, mit dem man z.B. die Drehstahl-Einstellung **ermittelt**, den wahren (Einstell-)Wert nicht exakt angibt). Oder einfacher gesagt: Ein Positionswert hat als Einstellwert und Praxisbezug die Feststellung „Dieser Wert ist beabsichtigt!", ein Meßwert beantwortet als Ermittlungsergebnis und Praxisbezug die Frage „Welcher Wert ist es?". Um das Bild 20.1 nicht zu überladen, ist ab Ebene 2 jeweils immer nur ein einziger Unterbegriff vollständig aufgeführt.

Für die Begriffe aller Bildebenen unter dem Oberbegriff Merkmalswert (mit seiner Abweichung von einem geklärten Bezugswert) gilt analog: Ob die Frage „Welcher Wert ist es?" anhand einer Berechnung, einer statistischen Schätzung oder Beobachtung geklärt wird, ob die Beobachtung dabei eine Messung oder eine Entfernungsschätzung oder eine Bewertung der Lichtstärke eines Sternes ist: Immer befindet man sich auf der linken Seite des Bildes 20.1. Entsprechendes gilt für die rechte Seite: Gleichgültig, ob man den Drehstahl an einer Werkzeugmaschine einstellt (positioniert), ob ein Sprinter 100 m in 10,5 s laufen will, oder ob der Zug nach München laut Fahrplan 264 Minuten fährt, immer gilt: „Dieser Wert ist beabsichtigt!".

20.2 Überblick zum System der Abweichungen und Unsicherheiten

Bild 20.1: Systematische Betrachtungsebenen von Merkmalswerten, zugehörigen Abweichungen und Unsicherheiten

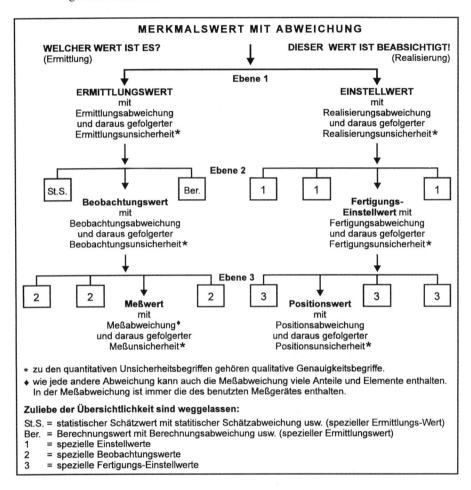

Nun geht es entscheidend um den gemeinsamen Überbau: Beide, Ermittlungswert und Einstellwert, sind Merkmalswerte. Statt des Merkmalswertes selbst kann man jeweils auch seine Abweichung von einem vereinbarten oder festgelegten Bezugswert betrachten. Der Merkmalswert und seine Abweichung stehen über den Bezugswert in der einfachen Linearbeziehung

„Abweichung = Merkmalswert minus Bezugswert".

Deshalb verändert eine solche Lineartransformation auch die Standardabweichung einer Häufigkeits- oder Wahrscheinlichkeitsverteilung nicht.

Die rechte und die linke Seite des Bildes 20.1 sind in der Praxis fest verkoppelt. Inwieweit man nämlich den Merkmalswert, der „auf der rechten Bildseite" beabsichtigt war, auch wirklich erreicht hat, muß „von der linken Bildseite her" mit der Frage „Welcher Wert ist es?" geprüft werden. Das geschieht täglich in Industrie, Wirtschaft, Handel und Verkehr milliardenmal, in zunehmender Häufigkeit vollautomatisch in Regelkreisen. Dabei wird oft vergessen, daß sich immer die beiden Abweichungen (von der rechten und von der linken Seite des Bildes 20.1) kombinieren, und damit auch die Unsicherheiten: Stets sind also prinzipiell beide vorhanden. Beispielsweise entsteht bei der Messung einer Positionsabweichung zusätzlich eine Meßabweichung. Deshalb ist es auch erforderlich und überdies sehr zweckmäßig, daß die Betrachtung von Unsicherheiten (auf der rechten und linken Seite des Bildes 20.1) nach denselben Methoden und mit denselben statistischen Verfahren und Kenngrößen erfolgt.

Die für alle Abweichungen und Unsicherheiten geltenden Grundgedanken werden nachfolgend am Beispiel der Meßtechnik dargelegt, also für Meßabweichungen und die Meßunsicherheit. Damit soll auch die Gesamtsituation beleuchtet werden, die bei jeder Beurteilung in der prinzipiellen Überlagerung dere genannten beiden Abweichungen besteht. Zunächst werden dazu die begrifflichen Grundlagen präsentiert.

20.3 Begriffliche Grundlagen

20.3.1 Allgemeines

Nationale und internationale Normen zu den Begriffen der Meßtechnik wandeln und vervollkommnen sich ständig. Beispielsweise ist seit der zweiten Auflage dieses Buches eine neue Begriffsnorm [92] erschienen, welche die früher geltende Grundnorm [153] ersetzt. Die Normenserie DIN ISO 5725 über die Genauigkeit von Meßverfahren und Meßergebnissen ([164] bis [169]) ist inzwischen ebenfalls weiter bearbeitet, insbesondere deren Teil 5. Auch grundlegende, ausführliche internationale Festlegungen zur Meßunsicherheit sind inzwischen erschienen ([157] und [158]). Systematik und Abstraktion werden dabei laufend verbessert, beispielsweise mit [160]. Wer mehr über die beteiligten Organisationen wissen will, studiere [159]. Nur die wichtigsten Begriffe werden nachfolgend behandelt, zumal die internationale Situation in fortdauernder Bewegung ist und nicht stets mit der nationalen harmonisiert ist.

20.3.2 Messung, Meßgröße, Meßwert

Die bereits erwähnte, neu gestaltete und umgearbeitete deutsche Grundnorm [92] sagt: „Messung = Ausführen von geplanten Tätigkeiten zum quantitativen Vergleich der Meßgröße mit einer Einheit". Es wird also der spezielle Wert einer physikalischen Größe als Vielfaches einer Einheit oder eines Bezugswertes ermittelt. Das vor knapp 10 Jahren in Deutschland erstmals zweisprachig (englisch/deutsch) erschienene und inzwischen in zweiter Auflage neu erschienene „VIM" [152] sagt kürzer: „Messung = Gesamtheit der Tätigkeiten zur Ermittlung eines Größenwertes".

Setzt man die Erklärung für die Gesamtheit der (geplanten) Tätigkeiten in die Definition für die Messung ein, so lautet diese:

20.3 Begriffliche Grundlagen

> **Messung =**
> Vergleichen der Meßgröße eines quantitativen Merkmals mit einem die Maßeinheit verkörpernden Normal dieses Merkmals, wobei der Meßwert das Produkt aus dieser Maßeinheit und jenem Zahlenwert (einer reellen Zahl) ist, der angibt, wie oft die Maßeinheit in der Meßgröße enthalten ist

Dabei ist entsprechend [92]
- die **Meßgröße** die physikalische Größe, der die Messung gilt, und
- der **Meßwert** der zur Meßgröße gehörige Einzelwert, welcher der Ausgabe eines Meßgerätes oder einer Meßeinrichtung eindeutig zugeordnet ist.

Die „physikalische Größe" ist dabei ein quantitatives Merkmal.

20.3.3 Das Meßsystem mit seinen Unterbegriffen

Die Meßunsicherheit kann für unterschiedliche Einheiten betrachtet werden, ebenso wie unterschiedliche Einheiten einer Qualitätsbetrachtung unterzogen werden können. Das Meßsystem ist dabei die umfassendste Einheit. Mit der Systemdefinition aus Abschnitt 6.5 wird klar, daß es, wie auch Hofmann hervorhebt [323], „durch eine Hüllfläche von seiner Umgebung abgegrenzt oder abgegrenzt gedacht" wird:

> **Meßsystem = System (6.5) zur Ausführung einer Messung unter den gegebenen Umgebungsbedingungen**

Die Umgebungsbedingungen spiegeln sich in den Einflußgrößen wider. Die zusammenwirkenden Elemente sind der Beobachter, das Meßprinzip und die Meßmethode (die zusammen das Meßverfahren ergeben), die Meßanweisung, die Meßmittel und das Meßobjekt. Im einzelnen sind gemäß [92]

- eine *Einflußgröße* (influence quantity) eine Größe, die nicht Gegenstand der Messung ist, jedoch die Meßgröße oder die Ausgabe beeinflußt, z.B. die Temperatur bei Messung des elektrischen Widerstands;
- ein *Meßprinzip* (principle of measurement) die physikalische Grundlage der Messung, z.B. der Dopplereffekt bei Polizei-Radarmessung;
- eine *Meßmethode* (method of measurement) eine spezielle, vom Meßprinzip unabhängige Art des Vorgehens bei der Messung, z.B. die Nullabgleich-Meßmethode oder die Substitutions-Meßmethode;
- ein *Meßverfahren* (measurement procedure) die praktische Anwendung eines Meßprinzips und einer Meßmethode, z.B. die thermoelektrische Temperaturmessung nach der Ausschlag-Meßmethode;
- eine *Meßanweisung* (measurement instruction) eine nach jeweiliger Erfordernis detaillierte Beschreibung der praktischen und theoretischen Tätigkeiten für die Durchführung einer Messung nach einem vorgegebenen Meßverfahren;

- die *Meßmittel* (measuring equipment) alle Meßgeräte, Normale und Hilfsmittel, die zur Ausführung einer Messung erforderlich sind;
  Anmerkung 1: Trotz der in der DIN EN ISO 9000-Familie gerade wegen ihrer Meßunsicherheit unverändert bedeutsamen Prüfmittel und Meßmittel [94] wurde dieser Begriff im letzten Durchgang des Normungsverfahrens aus [92] entfernt und fehlt dort deshalb. Die Begründung „Verwechslungsgefahr mit dem Mittelwert aus einzelnen Meßwerten" möge der Leser selbst bewerten.
  Anmerkung 2: Prinzipiell gibt es keine Prüfmittel, weil Prüfung das Feststellen ist, inwieweit der (irgendwie vorher) ermittelte Merkmalswert die relevante Forderung erfüllt. Vielfach wird indessen durch in Meßmittel eingebaute Einrichtungen diese Feststellung automatisiert sofort nach der Ermittlung getroffen. Damit wird das Meßmittel zum Prüfmittel. Deshalb lautete eine Anmerkung zu den (in [92] gestrichenen) Meßmitteln „Meßmittel für Prüfzwecke werden auch 'Prüfmittel' genannt". Diese Logik kann jeden Benennungsstreit schlichten helfen.

- das *Meßobjekt* (measuring object) die Einheit, an der gemessen wird, neuerdings in [92] definiert als „Träger der Meßgröße".

Das Zusammenwirken dieser Einheiten des Meßsystems, die man entsprechend der Systemdefinition auch „Elemente des Meßsystems" nennt, ist im Bild 20.2 veranschaulicht.

Bild 20.2: Zusammenwirken der Einheiten eines Meßsystems

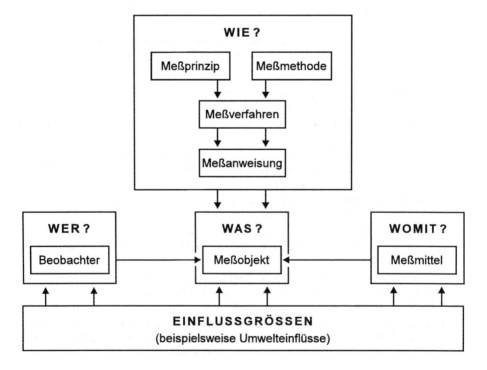

Zu beachten ist bei Diskussionen in Englisch, daß die Benennung „measuring system" vielfach nicht das oben im Text und im Bild 20.2 beschriebene und umfassend verstandene Meßsystem bezeichnet, sondern eine Meßeinrichtung (die oft auch „measuring equipment" heißt).

20.3.4 Die Abweichung als Oberbegriff für die Meßabweichung

Für jede Art von Merkmal gilt die Festlegung, daß eine Abweichung der „Unterschied zwischen einem Merkmalswert oder einem dem Merkmal zugeordneten Wert und einem Bezugswert" ist (siehe [24]). So besteht beispielsweise beim qualitativen Merkmal „Farbe" zwischen dem Merkmalswert „dunkelrot" und dem Bezugswert „hellrot" die Abweichung „dunkler": Man sagt „Dieses Rot ist dunkler als jenes".

Die spezialisierte Definition für die Abweichung bei einem **quantitativen Merkmal** lautet, ebenfalls gemäß [24]:

> **Abweichung =**
> **Merkmalswert oder ein dem Merkmal zugeordneter Wert**
> **minus Bezugswert**

Die Meßabweichung ist – wie schon das Bild 20.1 zeigt – ein Sonderfall der Abweichung eines quantitativen Merkmalswertes unter vielen anderen. Bei ihr ist der „Merkmalswert" der Meßwert oder „ein dem Merkmal zugeordneter Meßwert" (z.B. der Mittelwert aus mehreren Meßwerten oder der Meßwert eines mit dem interessierenden Merkmal stramm korrelierten Merkmals). Die Frage nach dem jeweiligen Bezugswert für eine Meßabweichung wird im Abschnitt 20.5 anläßlich der Erläuterungen zum „System der Meßabweichungen" behandelt.

20.4 Anmerkung zur Benennung „Meßabweichung"

Die bestehende Literatur verlangt Anmerkungen zur Benennung „Meßabweichung". Diese Benennung ist zwar sogleich ohne besondere Erklärung verständlich; man muß aber wissen: Bis 1983 hieß erstaunlicherweise jede Art von Meßabweichung normgerecht „Fehler". Das war und ist unzweckmäßig und irreführend. Sowohl in der Technik als auch nach dem bürgerlichen Gesetzbuch (z.B. § 459) versteht man nämlich unter einem Fehler die Nichterfüllung einer Forderung. Die Forderung kann eine Vorschrift, eine Regel oder eine andere anerkannte Festlegung sein. Jedermann ist von der Schule an bekannt: Ein Fehler sollte nicht vorkommen.

Eine Meßabweichung ist indessen bei jeder Messung prinzipiell unvermeidbar. Sie ist allerdings nicht mit jedem beliebigem Betrag hinnehmbar. Deshalb muß man für erlaubte Beträge von Meßabweichungen eine Grenze festlegen. Sie heißt gemäß Eichordnung [162] „Fehlergrenze". Wird sie überschritten, ist die Meßabweichung ein Fehler. Diese Schlußfolgerung gilt bei Verletzung einer Grenze überall, nicht nur in der Technik.

Jede Unterhaltung über die Zulässigkeit einer Meßabweichung war verständlicherweise erheblich erschwert, solange sie unabhängig von ihrem Betrag „Fehler" hieß. Ursache für die erst so spät erfolgte Terminologiebereinigung ist das hohe Ansehen von Carl Friedrich Gauß (1777 bis 1855). Er veröffentlichte zwar alles in Latein, seine Werbung für seine Schriften schrieb er aber in Deutsch, z.B. in den „Göttingischen gelehrten Anzeigen". Dort bezeichnete er Meßabweichungen (lateinisch: errores) als „Fehler". Seine „Übersetzung" wurde sicherlich auch dadurch gefördert, daß ihm als Landvermesser des Königreiches Hannover und Hobby-Astronomen jegliche Meßabweichung als Fehler (als „unerlaubt") erscheinen mußte, unabhängig von ihrem Betrag.

Dieser berühmte Wissenschaftler stand auch nach seinem Tode bei der Gründung (1887) der obersten nationalen Behörde für die Meßtechnik, der „Physikalisch-Technischen Reichsanstalt", geistig Pate. So gelangte die Benennung „Fehler" für alle Meßabweichungen in den Wortschatz der ihm folgenden Generationen von Meßtechnikern. Das galt auch für die Nachfolge-Einrichtung, die heutige „Physikalisch-Technische Bundesanstalt" mit Sitz in Braunschweig.

Die offizielle Terminologiebereinigung erfolgte nach zehnjährigen schwierigen Diskussionen 1983 mit dem betreffenden Vorgänger von [155]. Alle Meßabweichungen sind seitdem „Abweichungen", eingeschlossen Meßgeräte.

Die frühere Honmonymie wirkte sich auch auf andere Normungsbereiche aus. In diesen waren Abweichungen in „Fehler" umbenannt worden. Dies führte zu vielen Mißverständnissen. Beispiele sind die Normen zur Verzahnungstechnik und zu Parallelendmaßen. Die Umbenennung der Abweichungen in „Fehler" wurde ab 1983 wieder rückgängig gemacht.

Auch im Angloamerikanischen erweist sich die Gleichbenennung (Homonymie) zweier unterschiedlicher, in der modernen Technik aber immer mehr auch gemeinsam benötigter Begriffe zunehmend als verhängnisvoll. Dort beginnt soeben erst zaghaft die offizielle Terminologiebereinigung: In der 2. Auflage von [152] heißt es beispielsweise beim Begriff 3.8: „'Experimental standard deviation of the mean' is sometimes incorrectly called standard error of the mean".

Die frühere Homonymie kann man sich heute im deutschen Sprachraum kaum noch vergegenwärtigen. Daß ihre Beseitigung im Ausland gerade erst beginnt, sollte man als Exporteur wissen, wenn Meßtechnik im Spiel ist.

20.5 Das System der Meßabweichungen

20.5.1 Elemente einer Meßabweichung

Für eine Meßabweichung Δx ist international *prinzipiell der wahre Wert der Meßgröße der Bezugswert* (obwohl man ihn im allgemeinen nicht kennt).

Δx wird in zwei additiv zusammenwirkende Bestandteile unterteilt, in die zufällige Meßabweichung und die systematische Meßabweichung:

Die **zufällige Meßabweichung** Δx_{ran} ist eine Zufallsgröße. Der Index „ran" ist von „random" hergeleitet. Zufällige Meßabweichungen zeigen sich beispielsweise, wenn dieselbe Meßgröße mit derselben Meßeinrichtung durch denselben Beobachter in kurzen Zeitabständen mehrfach aufeinanderfolgend gemessen wird. Dabei stellen sich in der Regel unter-

20.5 Das System der Meßabweichungen

schiedliche Meßwerte ein, ohne daß diese einen zeitlichen Trend aufweisen. Die Abweichungen der Einzelmeßwerte dieser „Wiederholmeßreihe" von deren Erwartungswert sind die zufälligen Meßabweichungen. Praktisch anwendbarer Bezugswert für zufällige Meßabweichungen ist daher der Erwartungswert. Er ist nach [32] wie folgt erklärt:

> **Erwartungswert =**
> **Mittleres Ermittlungsergebnis, das aus der unablässig wiederholten Anwendung des unter vorgegebenen Bedingungen angewendeten Ermittlungsverfahrens gewonnen werden könnte**

Die Definition für die Meßtechnik in [92] ist etwas aufwendiger, läuft aber im wesentlichen auf den gleichen Inhalt hinaus: „Wert, der zur Meßgröße gehört, und dem sich das arithmetische Mittel der Meßwerte der Meßgröße mit steigender Anzahl der Meßwerte, die aus Einzelmessungen unter denselben Bedingungen gewonnen werden können, immer weiter annähert". Daß auch der Erwartungswert im Grunde ein idealer Wert ist, erkennt man aus der Formulierung im Konjunktiv der Definition im Kasten besser. Weil er grundsätzlich nicht genau festgestellt werden kann, wird er in der Praxis durch den arithmetischen Mittelwert der betreffenden Meßreihe ersetzt.

Anmerkung: Mit diesen zwei Definitionen offenbart sich eine fast tragisch zu nennende Problematik deutscher Grundnormung: Obwohl die beiden Normungsgremien, welche die Grundnormen [32] und [92] erzeugen, die jeweils andere Grundnorm offiziell mittragen (Prinzip der Mitträgerschaft), war es trotz engster Zusammenarbeit und guten Willens auf beiden Seiten nicht möglich, zu einer einheitlichen deutschen Definition zu finden.

Die **systematische Meßabweichung** Δx_{syst} ist im Hinblick auf ein betrachtetes einzelnes Meßsystem keine Zufallsgröße. Ein einfaches Beispiel für eine systematische Meßabweichung ist die aus einem fehlenden oder fehlerhaften Nullpunktsabgleich resultierende Meßabweichung. Sie führt überall im Meßbereich zu einer gleichbleibenden „Mißweisung". Bezugswert für eine systematische Meßabweichung muß prinzipiell der wahre Wert sein (siehe Abschnitt 20.5.3); also derjenige, den man eigentlich ermitteln will.

Die systematische Meßabweichung wird wiederum unterteilt. Sie besteht aus der **bekannten** systematischen Meßabweichung und der **unbekannten** systematischen Meßabweichung. Ist eine systematische Meßabweichung bekannt, kann sie bei der Messung als Korrektion (siehe Abschnitt 20.5.6) berücksichtigt werden. Ob das nötig und sinnvoll ist, hängt vom Einzelfall ab.

Diese Art der Unterteilung einer Meßabweichung in ihre additiv kombinierten Anteile fragt nicht danach, ob deren **Ursachen** bekannt sind oder nicht. Erst recht ist nach den Ursachen selbst nicht gefragt. Beide Fragen gehören zu einer anderen Aufgabenstellung. Ihre Beantwortung ist für Berechnung und Beurteilung von Meßabweichungen und Meßunsicherheiten entbehrlich.

Diese sehr nützliche Trennung (Entkoppelung) der erwähnten Fragestellungen sollte auch auf alle anderen gemäß Bild 20.1 möglichen Untersuchungen zu Unsicherheiten angewendet werden.

20.5.2 Die drei Genauigkeitsebenen

Die Unterteilung der Meßunsicherheit in ihre Anteile gemäß Abschnitt 20.5.1 führt wegen der unterschiedlichen Bezugswerte erfahrungsgemäß oft zu Mißverständnissen. Daher sind die drei Genauigkeitsebenen gemäß Bild 20.3 beachtenswert:

Bild 20.3: Drei Genauigkeitsebenen zur Betrachtung von Meßabweichungen

Genauigkeits-ebene	Benennung d. Wertes	Erwartungs-wert *	Systematische Meßabweichung	Zufällige Meßabweichung
Theoretisch ideell	Wahrer Wert x_W	x_W	keine	keine
Genaueres Meßsystem 1	Richtiger Wert $x_{1\,conv}$ =	$E(X_1)$ +	$\Delta x_{1\,syst}$ +	$\Delta x_{1\,ran}$
Zu beurteilendes Meßsystem 2	Meßwert $x_{2\,obs}$ =	$E(X_2)$ +	$\Delta x_{2\,syst}$ +	$\Delta x_{2\,ran}$

Alle Werte des genaueren Meßsystems erhalten den Index „1",
alle Werte des zu beurteilenden Meßsystems erhalten den Index „2".

 * Der Erwartungswert einer stetigen Zufallsgröße X mit der Wahrscheinlichkeitsverteilung f(x) ist $E(X) = \int x \cdot f(x) \cdot dx$.

Der untersten Genauigkeitsebene ist **„das zu beurteilende Meßsystem 2"** zugeordnet. Es ist das in der Praxis – wo auch immer – eingesetzte Meßsystem. Alle seine Werte erhalten den Index „2". Sehr oft werden die Meßwerte dieses in der Praxis überall „an der Front" angewendeten Meßsystems benutzt, ohne daß man sich Gedanken über etwa vorhandene Meßabweichungen macht. Das liegt daran, daß so gut wie immer die Möglichkeit fehlt, Meßabweichungen festzustellen: Es fehlt die Zeit, Anhaltspunkte für die Werte der zufälligen Meßabweichungen durch eine Wiederholmeßreihe zu beschaffen. Zur aktuellen Ermittlung systematischer Meßabweichungen würde ein genaueres Meßsystem 1 benötigt, das ebenfalls fehlt.

Der **mittleren Genauigkeitsebene**, deren Werte den Index „1" erhalten, ist **„das genauere Meßsystem 1"** zugeordnet. In der Praxis ist es nur dann verfügbar, wenn das zu beurteilende Meßsystem einer Eichung, Justierung oder Kalibrierung unterzogen wird. Dann liefert das genauere Meßsystem 1 als Vergleichsgrundlage die im Abschnitt 20.5.5 näher behandelten **„richtigen Werte"**. Nur wenn sie existieren, kann man systematische Meßabweichungen des zu beurteilenden Meßsystems 2 quantitativ praktisch feststellen.

Auch dieses genauere Meßsystem 1 hat Meßabweichungen. Deshalb benötigt man gedanklich eine möglichst unveränderbare **oberste Genauigkeitsebene**. Das sind die im nachfolgenden Abschnitt 20.5.3 näher behandelten **„wahren Werte"** x_W. Meist sind dies aber theo-

20.5 Das System der Meßabweichungen

retisch ideelle Werte. Deren Ersatz durch richtige Werte ist also gleichbedeutend mit dem Verschwinden der obersten Genauigkeitsebene „Theoretisch ideell".

20.5.3 Der wahre Wert

Der wahre Wert x_w ist prinzipiell das Ziel jeglicher Messung. Das gilt, obwohl er im allgemeinen nicht festgestellt werden kann. Seine international abgestimmte Definition lautet gemäß [32]:

> **Wahrer Wert = Tatsächlicher Merkmalswert unter den bei der Ermittlung herrschenden Bedingungen**

Dieser ideelle Wert ließe sich nur dann feststellen, wenn sämtliche Ermittlungsabweichungen vermieden werden könnten. Nur bei diskreten Merkmalen kann man ihn zuweilen angeben, beispielsweise die Anzahl 3 der in einem Zimmer anwesenden Personen. Gelegentlich läßt er sich auch in anderen Fällen aus theoretischen Überlegungen ableiten.

20.5.4 Die Grundgleichung für das System der Meßabweichungen

Sie beschreibt die allein der Beobachtung zugängliche Differenz Δx_{obs} zwischen dem Meßwert $x_{2\,obs}$ des zu beurteilenden Meßsystems 2 und dem richtigen Wert $x_{1\,conv}$ des genaueren Meßsystems 1:

$$\Delta x_{obs} = x_{2\,obs} - x_{1\,conv} =$$
$$\Delta x_{2\,ran} - \Delta x_{1\,ran} + \Delta x_{2\,syst} - \Delta x_{1\,syst} =$$
$$\left(\Delta x_{2\,syst} + \Delta x_{2\,ran}\right) - \left(\Delta x_{1\,syst} + \Delta x_{1\,ran}\right).$$

Graphisch ist diese Grundgleichung anhand eines Beispiels im Bild 20.4 dargestellt.

Bild 20.4: Graphische Darstellung eines Beispiels zur Grundgleichung für das System der Meßabweichungen

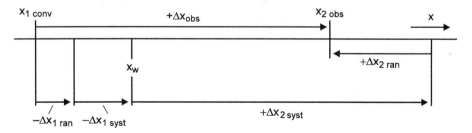

20.5.5 Der Ersatzwert „Richtiger Wert"

Für die Praxis ersetzt der vom genaueren Meßsystem 1 anläßlich einer Kalibrierung zur Verfügung gestellte richtige Wert $x_{1\,conv}$ den wahren Wert (der Index „conv" knüpft an die englische Bezeichnung des richtigen Wertes als „conventionel true value" an). [32] definiert ihn wie folgt:

> **Richtiger Wert = Wert für Vergleichszwecke, dessen Abweichung vom wahren Wert für den Vergleichszweck als vernachlässigbar betrachtet wird**

Hier hat [92] erfreulicherweise bis auf den Zusatz „Bekannt" vor dem ersten Definitionswort die gleiche Definition. Der richtige Wert muß dort also „bekannt" sein. Einen unbekannten, gedachten richtigen Wert gibt es demnach bei [92] nicht.

Die Definition zeigt: Die Betrachtung, die zur Vernachlässigung der Meßabweichung des richtigen Wertes geführt hat, kann objektiv fehlerhaft sein.

20.5.6 Die Korrektion

Korrektionen folgen aus dem Ergebnis einer **Kalibrierung**. Diese ist nach [53] das Ermitteln der systematischen Meßabweichungen einer Meßeinrichtung unter vorgegebenen Anwendungsbedingungen ohne verändernden Eingriff in die Meßeinrichtung (siehe auch Abschnitt 20.8.4).

Bekannt sind nur die im Bild 20.4 **oberhalb** der Abszisse gezeigten Werte. Aus ihnen ergibt sich (falls Bild 20.4 eine Kalibrierung veranschaulicht) die Korrektion. Sie hat bei gleichem Betrag das umgekehrte Vorzeichen wie Δx_{obs}. Was man an sich benötigen würde, ist $\Delta x_{2\,syst}$. Der Wert Δx_{obs} als einzig feststellbare Differenz ist aber, wie man aus der Grundgleichung und aus Bild 20.4 erkennt, gegenüber $\Delta x_{2\,syst}$ verfälscht um drei Unterschiedswerte. Es sind die Werte von $\Delta x_{1\,ran}$, von $\Delta x_{1\,syst}$ und von $\Delta x_{2\,ran}$. Von diesen drei sind die ersten beiden meist sehr klein. Auch $\Delta x_{2\,ran}$ kann man für eine spezielle Meßaufgabe klein halten, wenn man mit dem zu beurteilenden Meßsystem 2 beim betreffenden Meßwert eine Wiederholmeßreihe aufnimmt.

Die Korrektionen sind in der Regel für jeden Punkt des Meßbereichs der zu beurteilenden Meßeinrichtung 2 unterschiedlich. Deshalb verwendet man oft Korrektions-Tabellen oder -Kurven. Die letzteren werden fälschlich oft „Eichkurve" genannt. **Eichung** ist aber [53] eine – oft behördliche – „Qualitätsprüfung eines Meßgerätes in bezug auf die Forderungen der Eichvorschrift [162] und bei Erfüllung der Forderungen dessen diesbezügliche Kennzeichnung".

Das Beseitigen systematischer Meßabweichungen durch verändernden Eingriff in das Meßgerät nach dem Kalibrieren, soweit es für die vorgesehene Anwendung erforderlich ist, nennt man „**Justierung**".

20.5.7 Mißverständnisse zum System der Meßabweichungen

Vielfach wird in Fachdiskussionen über Meßabweichungen der Eindruck erweckt, die im Bild 20.4 als prinzipiell unbekannt bezeichneten Werte und Abweichungen unterhalb der Abszisse seien bekannt, z.b. der wahre Wert. Solche in der Regel unrealistischen Voraussetzungen führen erfahrungsgemäß häufig zu Mißverständnissen und falschen Einschätzungen der Anteile der Meßabweichungen. Deshalb sollte man beachten:

– Die Werte der bei einer Kalibrierung, Justierung oder Eichung des zu beurteilenden Meßsystems 2 entstehenden zufälligen Meßabweichung $\Delta x_{1\,ran}$ des genaueren Meßsystems 1 sind bei jeder Messung andere (vgl. Bild 20.4).

– Die betreffende zufällige Meßabweichung $\Delta x_{1\,ran}$ wird Bestandteil der Korrektion. Bei der Weiterbenutzung des zu beurteilenden Meßsystems 2 ist sie also Anteil der **unbekannten systematischen Meßabweichung**. Deren Betrag ist allerdings normalerweise wesentlich kleiner als der Betrag von $\Delta x_{2\,syst}$, nicht unbedingt aber kleiner als die Differenz zwischen $\Delta x_{2\,syst}$ und Δx_{obs} (vgl. Bild 20.4).

– Bei der Weiterbenutzung des zu beurteilenden Meßsystems 2 entstehende zufällige Meßabweichungen $\Delta x_{2\,ran}$ haben bei jeder Messung voraussichtlich einen anderen Betrag und ein anderes Vorzeichen. Diesen Schwankungen folgt auch der Meßwert. Er ist der Ausgangspunkt für die jeweilige Korrektion. Nur wenn eine Wiederholmeßreihe ausgeführt wird (was in der Praxis selten ist), kann man den Einfluß der zufälligen Meßabweichungen verkleinern.

Ein weiteres häufiges Mißverständnis ist, daß man Meßabweichungen für jede Einheit des Meßsystems (siehe Bild 20.2) eigens definieren müsse, so beispielsweise [92] die Meßabweichung eines Meßgerätes. Sicherlich ist zur Meßabweichung eines Meßgerätes vieles meßgerätespezifisches zu sagen. Das gilt aber auch für beobachterspezifische oder meßobjektspezifische Meßabweichungen. Eine jeweils eigenständige Definition für solche einheitenspezifischen Meßabweichungen täuscht deren begriffliche Notwendigkeit vor. Eine solche existiert aber ebensowenig wie bei den unterschiedlichen Merkmalen der Beschaffenheit oder den unterschiedlichen Dienstleistungen. Außerdem wird das Begriffssystem unnötig aufgebläht. Die ständige Ausweitung der Technik und ihrer Anwendungen zwingt vielmehr dazu, abstrakt zu denken und die individuelle Klärung der jeweils einheitenbezogenen Anwendungsbesonderheiten des Begriffs zu verlangen.

20.6 Zusammensetzung der Meßabweichungen zur Meßunsicherheit

20.6.1 Allgemeines

Bild 20.5 zeigt den Zusammenhang zwischen den Meßabweichungen und der Meßunsicherheit sowie deren Zuordnung zum Meßergebnis. Man erkennt aus diesem Bild die Einordnung der Korrektion sowie qualitativ die Zusammensetzung der Meßabweichungen zur Meßunsicherheit. Die festgestellten (bekannten) systematischen Meßabweichungen gehören **dann nicht** zur Meßunsicherheit, wenn sie als Korrektion verwendet werden (was nicht immer nötig ist). Das gilt für jeden Punkt des Meßbereichs (siehe Abschnitt 20.5.6). Der in einem einzelnen Meßwert enthaltene Einzelwert der zufälligen Meßabweichung ist gemäß Bild 20.4 unbekannt. Eine Zufallskomponente u_{ran} kann aus ihm nicht gewonnen werden.

Deshalb ist die Ermittlung von u_{ran} nur über eine Wiederholmeßreihe möglich; es sei denn, man verfügt über Angaben des Meßgeräte-Herstellers über die Zufallskomponente (vgl. auch Abschnitt 20.6.6).

Bild 20.5: Zusammenhang zwischen den Meßabweichungen und der Meßunsicherheit sowie Zuordnung zum Meßergebnis

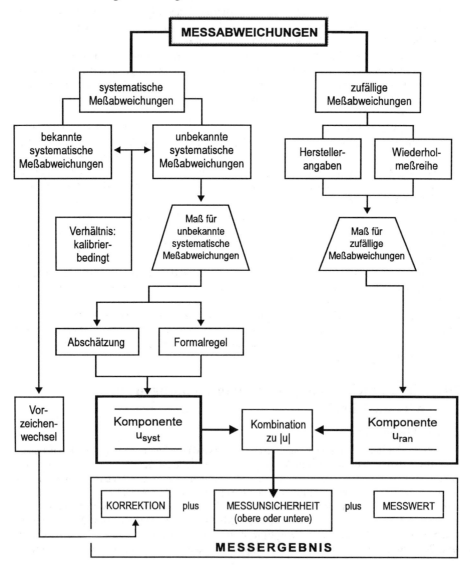

20.6.2 Berichtigtes und unberichtigtes Meßergebnis

Es gibt zwei „gleichberechtigte Philosophien" zur Benennung des Meßergebnisses. Sie sollten zur Vermeidung von Mißverständnissen bekannt sein:

– Wer Wert darauf legt, daß systematische Meßabweichungen grundsätzlich festgestellt und als Korrektion (siehe Abschnitt 20.5.6) berücksichtigt werden, neigt dazu, mit „Meßergebnis" das bereits berichtigte Meßergebnis zu benennen. Das nicht berichtigte Meßergebnis heißt dann folgerichtig „Unberichtigtes Meßergebnis". Damit wird absichtsgemäß darauf aufmerksam gemacht, daß es „noch etwas zu berichtigen" gibt.

– Wer meint, es sei praxisbezogen besser, das, was das Meßsystem (unberichtigt) ausgibt, als das „Meßergebnis" zu bezeichnen, wird folgerichtig, sofern und nachdem eine Berichtigung erfolgte, den Namen „Berichtigtes Meßergebnis" benutzen.

Bild 20.6: Die zwei Benennungssysteme für Meßergebnisse und Meßwerte

Begriffsinhalt	Benennung DIN 1319-1 zum		Benennung DIN 55350-13 zum	
	Meßwert	Meßergebnis	Meßwert	Meßergebnis
Noch nicht um die bekannte systematische Meßabweichung berichtigt	Meßwert	Unberichtigtes Meßergebnis	Meßwert	Meßergebnis
Um die unbekannte systematische Meßabweichung berichtigt	Berichtigter Meßwert	Meßergebnis	Berichtigter Meßwert	Berichtigtes Meßergebnis

Die beiden „Benennungsphilosophien" zum Thema „Meßunsicherheit" dieses Kapitels unterscheiden sich ersichtlich in einer für das Verständnis entscheidenden Weise: Das Wort „Meßergebnis" spricht unterschiedliche Sachverhalte an. Es kommt aber noch schlimmer: Wer die erstgenannte „Benennungsphilosophie" für das Meßergebnis vertritt, der kann – sogar mit logischer Berechtigung – fordern, daß für den Meßwert dennoch die zweitgenannte gelten müsse (weil man unkorrigiert mißt). So ergibt sich eine gleichsam „überkreuzte" Unterschiedlichkeit in der Benennungsphilosophie.

Auf alles dies wird hier mit dem Bild 20.6 deshalb ausführlich und nachdrücklich hingewiesen, weil beide „Benennungsphilosophien" in gleichrangigen Grundnormen festgelegt sind. Der Anwender sollte sich für seinen Bereich für eine der beiden entscheiden. Er sollte diese Zusammenhänge auch deshalb kennen, weil er beim Literaturstudium und beim Austausch von Meßergebnissen wissen bzw. mit seinem Partner klären sollte, was die benutzten Benennungen bedeuten. Es nutzt ihm nichts – falls er diese Benennungsdiskrepanz überhaupt kennt – den Mangel an Einigungsfähigkeit der Normungsgremien zu beklagen. Er benötigt sachbezogene Klarheit.

20.6.3 Die Meßunsicherheit als Abweichungsbetrag

Die Meßunsicherheit ist, wie im Bild 20.5 erkennbar, ein Abweichungsbetrag, nicht etwa ein Abweichungsbereich (Intervall). Das vollständige Meßergebnis besteht aus dem um die bekannten systematischen Meßabweichungen berichtigten Mittelwert (der Meßwerte einer Wiederholmeßreihe), verbunden mit einem Intervall, in dem vermutlich der wahre Wert x_w der Meßgröße liegt. Die Differenz zwischen der oberen Grenze dieses Intervalls und dem berichtigten Mittelwert bzw. die Differenz zwischen dem berichtigten Mittelwert und der unteren Grenze dieses Intervalls wird „Meßunsicherheit" genannt. Meistens, aber nicht immer, haben beide Differenzen den gleichen Betrag.

Die Meßunsicherheit ist ebenso ein Kennwert des vollständigen Meßergebnisses, wie ihr übergeordneter Begriff, die Ergebnisunsicherheit, ein Kennwert des vollständigen Ermittlungsergebnisses ist. In [32] ist die Ergebnisunsicherheit wie folgt erklärt:

> **Ergebnisunsicherheit (uncertainty of result) =**
>
> **Geschätzter Betrag zur Kennzeichnung eines Wertebereichs, innerhalb dessen der Bezugswert liegt, wobei dieser je nach Festlegung oder Vereinbarung der wahre Wert oder der Erwartungswert sein kann**

Zur Unterscheidung von der Meßunsicherheit, mit welcher der Abweichungsbereich in der eingangs dieses Abschnitts beschriebenen Weise gekennzeichnet wird, kann man den ganzen Abweichungsbereich, der im symmetrischen Fall doppelt so groß ist, „**Meßunsicherheitsbereich**" nennen. Im symmetrischen Fall hat demnach die Meßunsicherheit den halben Betrag des Wertes des Meßunsicherheitsbereichs.

20.6.4 Die obere und die untere Meßunsicherheit

Der berichtigte Mittelwert M (siehe Abschnitt 20.6.3) ist Ausgangspunkt sowohl für den nach kleineren Werten hin geltenden Betrag der Meßunsicherheit, den man die „**untere Meßunsicherheit**" nennt, als auch für den nach größeren Werten hin geltenden Betrag der Meßunsicherheit, den man die „**obere Meßunsicherheit**" nennt. Diese Bezeichnungen haben allerdings erst dann Bedeutung, wenn die beiden Beträge unterschiedlich sind (siehe auch Bild 20.7). Nur dann entsteht ein unsymmetrisch zu M liegender Bereich mit den Bereichsgrenzen B_{un} und B_{ob}. Für diesen unsymmetrischen Fall ist zur Angabe der Meßunsicherheit festgelegt:

– Meßunsicherheit = von der oberen und der unteren Meßunsicherheit der größere Betrag.
– Weite des Meßunsicherheitsbereichs = obere plus untere Meßunsicherheit
  = $u_{ob} + u_{un}$ = Differenz der beiden Bereichsgrenzen = $B_{ob} - B_{un}$.

20.6 Zusammensetzung der Meßabweichungen zur Meßunsicherheit

Bild 20.7: Obere und untere Meßunsicherheit in einem unsymmetrisch liegenden Meßunsicherheitsbereich

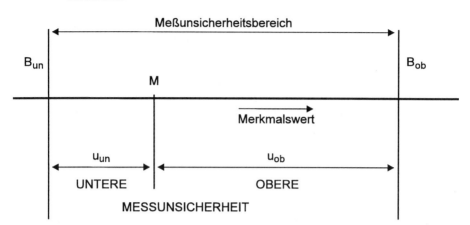

M = (berichtigtes) Meßergebnis (siehe Bild 20.6)

20.6.5 Lage des wahren Wertes

Ob das Meßunsicherheitsbereich den wahren Wert einschließt, hängt zum ersten vom gewählten Vertrauensniveau $1 - \alpha$ (siehe nachfolgend) ab. Zum zweiten ist die Lage des Meßunsicherheitsbereichs durch die Lage des Ausgangspunktes M bestimmt (vgl. Bild 20.7). Dessen Genauigkeit hängt davon ab, inwieweit die systematischen Meßabweichungen bekannt geworden sind und korrigiert werden konnten.

20.6.6 Die Komponenten der Meßunsicherheit

Die Meßabweichungen haben additiv zusammenwirkende Anteile. Die Meßunsicherheit hingegen setzt sich – nicht unbedingt additiv – aus Komponenten zusammen. Diese Zusammensetzung der Meßabweichungen zum Kennwert Meßunsicherheit aus ihren Komponenten war im Abschnitt 20.6.1 mit Bild 20.5 qualitativ besprochen worden. Die quantitative Methode ist unterschiedlich für die **Meßunsicherheit eines Einzelmeßwertes** und die **Meßunsicherheit einer Wiederholmeßreihe**. In beiden Fällen wird die Meßunsicherheit aus zwei Komponenten kombiniert, nämlich aus

– der „Komponente der unbekannten systematischen Meßabweichungen der Meßunsicherheit", bezeichnet mit u_{syst}, kurz auch „systematische Komponente" genannt, und
– der „Komponente der zufälligen Meßabweichungen der Meßunsicherheit", bezeichnet mit u_{ran}, kurz auch „Zufallskomponente" genannt.

Die Zufallskomponente u_{ran}

Als Maß u_{ran} für die zufälligen Meßabweichungen wird das t-fache der Wiederholstandardabweichung s_r eingesetzt. Dabei stammt s_r aus einer oder mehreren Wiederholmeßreihen.

Sie können vom Meßgerätehersteller oder vom Anwender des Meßgerätes mit dem betreffenden Meßgerät ausgeführt worden sein. Hinter dem Faktor t der früher so genannten Studentverteilung (jetzt: „t-Verteilung") steckt das Vertrauensniveau 1 − α. Es ist die Wahrscheinlichkeit für das Zutreffen der Aussage, daß der Meßunsicherheitsbereich im Fall der Abwesenheit systematischer Meßabweichungen den (dann mit dem wahren Wert übereinstimmenden) Erwartungswert einschließt (vgl. Abschnitt 20.6.5).

Ist nichts anderes vereinbart, wird für t der Zahlenwert 1,96 eingesetzt. Er entspricht, bei Normalverteilung der zufälligen Meßabweichungen, einem Vertrauensniveau 1 − α von 95 Prozent und bedeutet, daß der Abstand der (symmetrisch liegenden) Vertrauensgrenzen für den Erwartungswert der (unbekannten) Zufallsverteilung vom Mittelwert der Wiederholmeßreihe mit der bekannten Formel $t \cdot s_r \cdot \sqrt{n}$ errechnet wird. Dabei ist n die Anzahl der Meßwerte der Wiederholmeßreihe. Oft wird für t auch gerundet der Zahlenwert 2 eingesetzt.

Ist ein höheres Vertrauensniveau erforderlich oder verlangt, oder weicht die Verteilung der zufälligen Meßabweichungen erheblich von einer Normalverteilung ab, sind entsprechend höhere Werte für t einzusetzen.

Wird nur eine einzige Meßunsicherheit für den Meßbereich angegeben, ist für die Ermittlung der betreffenden Zufallskomponente die größte im Meßbereich vorkommende Wiederholstandardabweichung $s_{r\,max}$ einzusetzen.

Die systematische Komponente u_{syst} und das Problem ihrer Abschätzung

In beiden im Abschnitt 20.6.6 eingangs genannten Fällen (Einzelmeßwert oder Wiederholmeßreihe) ist die Abschätzung eines Maßes für die Komponente der unbekannten systematischen Meßabweichungen ein besonderes Problem. Weil man ein Maß für etwas Unbekanntes benötigt, geht es gewissermaßen um eine „Quadratur des Kreises". Dessen muß man sich stets bewußt sein, auch beim Studium der zugehörigen Literatur. Diese geht bisweilen von Annahmen aus, die vom Wunsch mitbestimmt sein könnten, bekannte statistische Rechenformalismen anzuwenden. Bezüglich Einzelheiten sei daher besonders auf das Studium von [156] hingewiesen. Auch [176] kann herangezogen werden. Einen Überblick aus unterschiedlichen Aspekten kann man aus [172] bis [175] gewinnen.

Ist man aus Erfahrung oder im jeweils vorliegenden Fall zu einer Abschätzung von u_{syst} in der Lage, sollte das Vertrauen, das den Schätzwerten zugemessen wird, in seiner Größenordnung dem Vertrauensniveau für die Ermittlung der Zufallskomponente u_{ran} entsprechen (siehe oben).

Ist eine Abschätzung mangels irgendwelcher Anhaltspunkte nicht möglich, darf man u_{syst} dennoch nicht vernachlässigen. Würde dies gestattet, dann würde derjenige, der von den unbekannten systematischen Meßabweichungen nichts weiß (oder nichts wissen will), eine kleinere Meßunsicherheit angeben können als derjenige, der sich mit Erfolg um Kenntnisse und Erfahrungen zur Gewinnung eines Näherungswertes bemüht hat. Deshalb sollte dann die Regel gelten, daß für u_{syst} das p-fache der Zufallskomponente einzusetzen ist. Ist für p nichts vorgegeben oder vereinbart, sind Zahlenwerte zwischen 0,5 und 1 zu nehmen. Auch wenn von anderen Meßaufgaben her bekannt ist, daß es Fälle mit Zahlenwerten für p weit außerhalb dieses Bereichs gibt, ist die Anwendung dieser Regel im allgemeinen besser als die Vernachlässigung von u_{syst}.

20.6 Zusammensetzung der Meßabweichungen zur Meßunsicherheit

20.6.7 Die Kombination der Komponenten u_{ran} und u_{syst}

Die Anweisung für die Kombination der beiden Komponenten zur Meßunsicherheit sollte eingeschränkt werden auf die algebraische oder die „pythagoreische" Addition. Selbst bei gleichen Beträgen von u_{ran} und u_{syst} übersteigt der Unterschied dieser beiden Kombinationsregeln nie das Verhältnis $\sqrt{2}$.

Um die Meßunsicherheit nicht zu klein anzugeben, sollte immer dann der algebraischen Addition der Vorzug gegeben werden, wenn keine Vereinbarungen oder Vorgaben zur Kombination vorliegen. Diese Regel beachtet in angemessener Weise die oben geschilderte, stets mehr oder weniger vorhandene Fragwürdigkeit von u_{syst}.

Die Ermittlung der Meßunsicherheit aus den Komponenten u_{ran} und u_{syst} erfolgt dem Prinzip nach über den gesamten Meßbereich hin. Die Meßunsicherheit hängt nämlich im allgemeinen vom Meßwert ab.

Das Ziel der Ermittlung der Meßunsicherheit erkennt man aus der Begriffsbestimmung zur Ergebnisunsicherheit im Abschnitt 20.6.3: Man sieht aus der Definition, daß außer dem wahren Wert – der in der praktischen Anwendung dieser Regeln durch den richtigen Wert ersetzt werden kann – auch der Erwartungswert als Bezugswert benutzt werden kann. Das ist ersichtlich dann erforderlich, wenn kein genaueres Meßsystem 1 (siehe Bild 20.3) zur Verfügung steht. Gerade dann aber ist es nötig, die insgesamt unbekannt bleibenden systematischen Meßabweichungen besonders sorgfältig abzuschätzen.

20.6.8 Die Meßunsicherheit eines Einzelmeßwertes

Der Einzelmeßwert ist der Regelfall in der Technik. Das wird bei Diskussionen zur Meßunsicherheit oft übersehen. Eine Komponente u_{ran} für die zufälligen Meßabweichungen kann aus einem Einzelmeßwert nicht abgeleitet werden. Noch weniger wird der Meßgeräte-Benutzer aus eigener Kenntnis oder Abschätzung etwas über die Komponente der unbekannten systematischen Meßabweichungen u_{syst} sagen können. Er ist auf die Informationen des Herstellers des Meßgerätes angewiesen. Vor allem benötigt er die Korrektionen für den gesamten Meßbereich. Er muß darauf vertrauen, daß diese Angaben den genormten Regeln entsprechen. Im übrigen muß er ein Meßgerät verwenden, dessen Meßunsicherheit nach Herstellerangabe kleiner als diejenige ist, deren Überschreitung zu unerwünschten Folgen bei der Anwendung des Einzelmeßwertes führen könnte. Beispielsweise verwendet er ein Meßgerät mit der **Genauigkeitsklasse** x. Das genormte **Klassenzeichen** der Genauigkeitsklasse gibt an, daß die Meßabweichungen des Meßgeräts innerhalb festgelegter Grenzen bleiben. Das kann wegen der systematischen Meßabweichungen auch sinnvoll sein, wenn die Möglichkeit besteht, eine Wiederholmeßreihe aufzunehmen:

20.6.9 Die Meßunsicherheit einer Wiederholmeßreihe

Das Ziel einer Wiederholmeßreihe ist wie beim Einzelmeßwert ein Einzelergebnis. Die Wiederholmeßreihe liefert dazu mit ihrem Mittelwert ein verläßlicheres Ergebnis als ein Einzelmeßwert. Zum zweiten gestattet sie anhand der Wiederholstandardabweichung s_r eine vom Meßgerätehersteller unabhängige Aussage über die Zufallskomponente u_{ran} der Meßunsicherheit für den betrachteten Fall.

Über die unbekannten systematischen Meßabweichungen kann der Meßgeräte-Benutzer mit der Wiederholmeßreihe nichts aussagen. Er ist wie bei einem Einzelmeßwert auf die Angaben des Meßgeräteherstellers angewiesen; oder auf seine eigene Erfahrung oder Abschätzung; oder auf eine Kalibrierung seines Meßgeräts.

20.7 Die mißverständliche „Garantiefehlergrenze"

Schon die Benennung verführt zu einem ersten Mißverständnis. Fehlergrenzen sind vorgegebene Werte. Als solche kann man sie vereinbaren oder (als „Eichfehlergrenzen" bzw. als „Verkehrsfehlergrenzen") in einem Gesetz oder in einer Verordnung vorschreiben. Man kann darüber diskutieren und verhandeln. Vorgegebene Werte als solche kann man aber grundsätzlich nicht „garantieren".

Das zweite Mißverständnis ist eine Folge des ersten und weitaus folgenschwerer: Es gibt nämlich Meßgeräte-Hersteller, die ihren Kunden „garantieren" wollen, daß die Beträge der Meßabweichungen des angebotenen Meßgerätes keinesfalls größer sind als die für dieses Gerät gesetzlich festgelegten Eichfehlergrenzen. Diese Absicht erscheint beim ersten Hinsehen als durchaus sinnvoll. Nun sind aber die Eichfehlergrenzen (glücklicherweise) oft beträchtlich größer als der größte jemals bei diesem Meßgerät festgestellte Betrag von Einzel-Meßabweichungen.

Würde man eine solche „Garantiefehlergrenze" unter Nutzung des Abweichungsfortpflanzungsgesetzes (siehe Abschnitt 22.1) in ein Meßunsicherheits-Kalkül einbeziehen, so läge man zwar wohl in allen Fällen „auf der sicheren Seite", jedoch weitab von der oft bedeutend günstigeren Wirklichkeit. Deshalb kann man festhalten: Das Wort „Garantiefehlergrenze" sollte vermieden werden. Im Zweifel ist klärungsbedürftig und nach Klärung aufschlußreich, was gemeint ist.

Die Häufigkeit der Benutzung dieses Wortes in der Praxis ist kein Gegenbeweis zur hier begründeten und in ihren Folgen oft sehr schwerwiegenden Mißverständlichkeit. Diese führt (wegen der „sicheren Seite") allerdings meist „nur" zu wirtschaftlichen Nachteilen. Man sollte solche Nachteile hier wie anderswo keinesfalls in Kauf nehmen, auch wenn sie „auf der sicheren Seite" liegen.

20.8 Meßtechnik und Qualitätsmanagement

20.8.1 Die zwei aufeinanderfolgenden Qualitätsprüfungen

Jeder Qualitätsprüfung anhand quantitativer Merkmale ist die **Lösung einer Meßaufgabe** vorgeschaltet. Gesucht sind die wahren Werte. Man findet sie aber niemals genau. Immer stellen sich Meßabweichungen ein. Deshalb ist eine der meßobjektbezogenen Qualitätsprüfung vorgeschaltete „Qualitätsprüfung hinsichtlich Meßunsicherheit" erforderlich. Dabei dürfen die Beträge der Meßabweichungen nicht größer sein als die Fehlergrenze(n). Ist diese **Qualitätsforderung an das Meßsystem** erfüllt, ist die erste Qualitätsprüfung erfolgreich abgeschlossen. Sie gehört zur linken Hälfte des Bildes 20.1.

20.8 Meßtechnik und Qualitätsmanagement

Die **zweite** Qualitätsprüfung ist die meßobjektbezogene, nämlich die Feststellung, was der hinreichend genau ermittelte Meßwert über die Erfüllung der betreffenden Einzelforderung im Rahmen der **Qualitätsforderung an das Meßobjekt** aussagt. Hier geht es also um die Realisierungsabweichungen der rechten Hälfte des Bildes 20.1.

In Kenntnis dieser beiden Qualitätsprüfungs-Aufgaben vermeidet man Verwechslungen zwischen

- den durch das Meßsystem und seinen Einheiten (siehe Bild 20.2) verursachten Meßabweichungen einerseits, und

- den durch die Zufallsstreuung der Einzelwerte gleichartiger Meßobjekte einer Fertigungsserie verursachten Abweichungen der Einzelwerte eines betrachteten Qualitätsmerkmals vom Soll- oder Nennwert andererseits.

Außerdem erkennt man die Gemeinsamkeit der prinzipiellen Betrachtungsweise:

- Bei beiden Qualitätsprüfungen werden festgestellte mit vorgegebenen Werten verglichen;
- Bei beiden Qualitätsprüfungen gibt es zufällige und systematische Abweichungen und daraus resultierende Unsicherheiten (siehe Bild 20.1);
- Für beide Qualitätsprüfungen können gleiche Methoden der mathematischen Statistik eingesetzt werden.

20.8.2 Die „zulässigen Abweichungen"

Wer erstmals von „zulässigen Abweichungen" hört, versteht darunter vernünftigerweise alle erlaubten Abweichungen von irgendeinem Bezugswert. Sie beginnen bei der Abweichung Null und reichen bis zu den beiden Grenzabweichungen (mit Vorzeichen), oder bis zum Abweichungsgrenzbetrag (wie z.B. bei Fehlergrenzen). Dieses Verständnis findet sich auch in der Normung. Die Zusammenhänge zeigt das Bild 20.8. Es könnte auf Meßabweichungen bezogen sein. Dann wäre der wahre oder der richtige Wert der Bezugswert B. Es könnten auch die Abweichungen der Einzelwerte von Meßobjekten einer Fertigungsserie erläutert sein. Bezugswert B wäre dann der Nenn- oder der Sollwert.

Aus historischen Gründen werden jedoch auch heute noch unter „zulässige Abweichungen" manchmal *nur* die Werte der Grenzabweichungen verstanden. Aus Gründen der Logik und des Standes der Technik sollten solche unrichtigen Auffassungen unverzüglich korrigiert werden. Sie waren seinerzeit ausgelöst worden durch die Entwurfsfassung für eine frühere Ausgabe von DIN 7182-1. Diese war wegen dieser Vorstellungen sehr intensiv diskutiert worden, und zwar mit dem Ergebnis, daß man unter „zulässigen Abweichungen" das zu verstehen hatte, was eingangs dieses Abschnittes gesagt ist, nicht etwa Grenzabweichungen. Hier wird das hervorgehoben, weil man auch heute noch die unrichtige Vorstellung „Grenzabweichung" vielfach antrifft. Sie ist deshalb so gefährlich, weil man das Mißverständnis meist nicht sogleich erkennen kann.

Bild 20.8: Veranschaulichung zugelassener und nicht zugelassener Werte und ihrer Transformation in zulässige und unzulässige Abweichungen

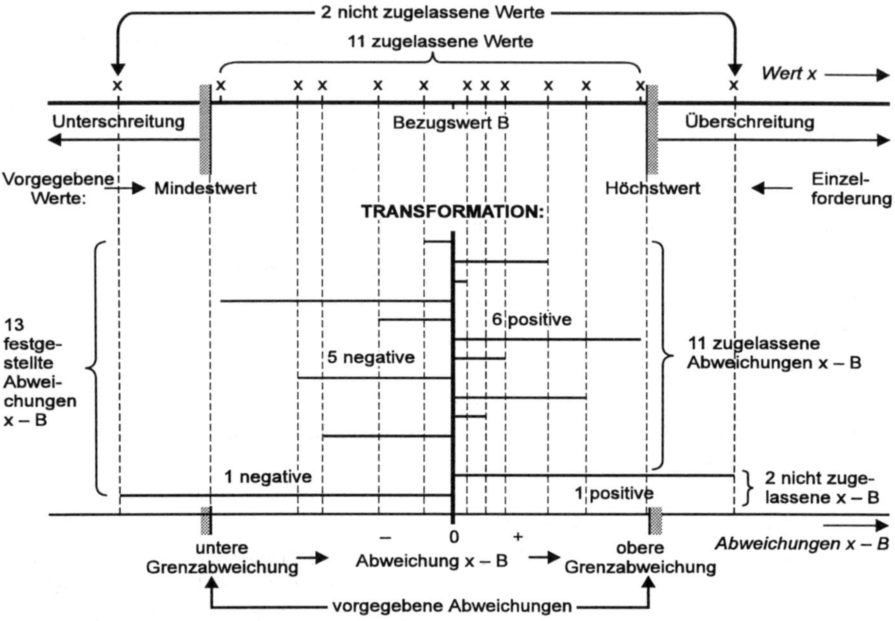

20.8.3 Erkennungsgrenze, Erfassungsgrenze und Erfassungsvermögen

Auch die Umweltschutztechnik verlangt Qualitätsmanagement. Die zu prüfenden Einzelforderungen sind häufig sehr kleine Höchstwerte, gleichviel ob es eine Strahlungsintensität oder eine unerwünschte Stoffbeimengung ist. Die meßtechnische Problematik wurde bekannt am medienwirksamen Beispiel des Dioxins im Kaffeefilter.

Nicht nur in solchen Fällen, sondern auch bei anderen Fragestellungen geht es darum, ob ein Systemzustand vom Grundzustand des Systems signifikant abweicht. Ein wichtiges Beispiel aus dem Maschinenbau ist die Frage nach der geometrischen Veränderung eines statischen Systems unter Belastung. Die auch international im wesentlichen übernommene deutsche Norm [177] mit dem Titel gemäß Überschrift dieses Abschnitts stellt das erforderliche Werkzeug für die Beantwortung solcher Fragen bereit. Sie betrachtet das Problem mit einem bemerkenswerten Abstraktionsgrad.

Schon die Fragestellung zeigt, daß sie quantitativ nur mit Hilfe von stochastischen Überlegungen sicher beantwortet werden kann. Die allgemein geltenden Regeln statistischer Tests anhand quantitativer Merkmale (siehe Kapitel 26) mit Nullhypothese und Alternativhypothese werden mit dem folgenden Ergebnis angewendet: Aufgrund einer Meßreihe kann die für die betreffende Meßgröße definierte Erkennungsgrenze (für eine signifikante Abweichung vom Grundzustand) ebenso zweifelsfrei festgelegt werden wie die zugehörige Erfassungsgrenze als ihr zugeordneter Wert der Zustandsgrößendifferenz. Das Erfassungsvermögen schließlich ist am wichtigsten. Es ist derjenige Wert der Zustandsgrößendifferenz, bei dem die Abweichung vom Grundzustand mit der Wahrscheinlichkeit $1 - \beta$ erkannt wird. $\beta \ll 1$ ist dabei die (festzulegende) Wahrscheinlichkeit des Fehlers 2. Art.

Einfach ausgedrückt kann man sagen: Das Verfahren ist eine Verfeinerung des Begriffs der Ansprechschwelle [92] für den Grundzustand.

Zur Einübung empfehlenswert ist die Durcharbeitung des Praxisbeispiels in [177]. Man erkennt dabei, wie die Meßreihe geplant werden muß und welche Entscheidungen zur Durchführung des statistischen Tests zu treffen sind.

20.8.4 Kalibrierdienst DKD

Viele Organisationen nutzen heute den ursprünglich durch die Physikalisch-Technische Bundesanstalt (PTB) eingerichteten Deutschen Kalibrierdienst (DKD). Er wurde nötig, weil einleuchtenderweise viele, vor allem kleinere Organisationen unverhältnismäßigen Aufwand treiben müßten, wollten sie für die bei ihnen benutzten Meßmittel der Genauigkeitsebene 2 (siehe Bild 20.3) die für die eigene Kalibrierung nötige Serie von Meßmitteln der nächsthöheren Genauigkeitsklasse selbst anschaffen und betreiben. Andererseits war klar, daß die PTB nicht alle benötigten Kalibrierungen selbst bewältigen kann. Deshalb wurden – zunächst bei größeren Organisationen – vorhandene Kalibrierlabors für die öffentliche Benutzung durch die PTB akkreditiert. Jedermann kann dort gegen Gebühr seine betreffenden Meßgeräte kalibrieren lassen. Inzwischen ist der DKD eine eigenständige Institution mit Kalibrierlabors für alle geläufigen physikalischen Größen und festliegenden Genauigkeitsklassen. Einzelheiten entnehme man aus [324].

20.9 Zusammenfassung

Qualitätsmanagement hängt in allen Bereichen und für alle betrachteten Einheiten von der Verläßlichkeit der Ergebnisse von Qualitätsprüfungen ab. Zudem erhöht sich deren Bedeutung wegen immer schärferer und umfangreicherer Forderungen an die Meßobjekte und an die Meßgenauigkeit laufend. Deshalb gewinnt auch Klarheit über das System der Meßabweichungen und über die Meßunsicherheit einen immer größeren Stellenwert. Aus diesen Gründen nimmt das Kapitel über Meßunsicherheit einen erheblichen Raum ein. Es soll dem Leser Antwort auf die wichtigsten Grundfragen und Klarheit zu weithin noch unklaren oder widersprüchlichen Detailfragen vermitteln.

Die im Mittelpunkt stehende Meßunsicherheit wird in das übergeordnete System der Abweichungen eingefügt. Damit soll die Bedeutung einheitlicher statistischen Schätzverfahren auch für andere Unsicherheitsprobleme hervorgehoben werden. Die Behandlung der Grundfragen unterliegt in der Normung teilweise unterschiedlichen, aber gleichrangigen Auffassungen, wozu noch Unterschiede in den Begriffsfestlegungen kommen. Diese Erschwernis macht zusätzliche Erläuterungen nötig.

Schließlich werden historische Hypothesen wie die „zulässigen Abweichungen" und bahnbrechende Weiterentwicklungen wie Lösungen zum Problem der Erkennungs- und Erfassungsgrenze kurz angesprochen.

21 Der Ringversuch

> **Überblick**
>
> *„Wettbewerb bezüglich Meßunsicherheit", auch so könnte man Ringversuche nennen. Sie betreffen Meßverfahren und Meßergebnisse. Ihre Planung und Durchführung setzt meßtechnische und statistische Kenntnisse voraus. Obwohl jedermann und jede Organisation mindestens mittelbar betroffen sind, wurden die Regeln für Ringversuche zur Meßunsicherheit nach einer Entwicklung über Jahrzehnte hin erst 1994 international vereinheitlicht.*

21.1 Allgemeines

Ringversuche (interlaboratory tests) werden mit unterschiedlichen Zielsetzungen ausgeführt. Nach Wilrich werden vier Zielsetzungen unterschieden:
– Entwicklung und Vereinheitlichung reproduzierbarer Meßverfahren;
– Ermittlung quantitativer Maße für die Genauigkeit eines vereinheitlichten Meßverfahrens;
– Zertifizierung von Referenzmaterialien (z.B. gemäß [326]);
– Qualitätsprüfung der beteiligten Labors auf Erfüllung von Forderungen an die Meßunsicherheit (z.B. bei klinisch-chemischen Labors);

Immer haben sie den Zweck, die Genauigkeit von Meßverfahren und Meßergebnissen unterschiedlicher Laboratorien quantitativ zu vergleichen. Der Schwerpunkt liegt z.B. auf den Meßeinrichtungen der Labors, oder beim vereinheitlichten Meßverfahren, oder bei den Referenzmaterialien.

Der Genauigkeitsbegriff ist bereits im Abschnitt 20.1 im Zusammenhang mit der Meßunsicherheit erläutert. Bei Ringversuchen sind die beiden Komponenten der Genauigkeit von Bedeutung, die Richtigkeit und die Präzision. Maßgeblich für die Vergleichmethodik sind die Bedingungen, unter denen die betreffenden Messungen in den Laboratorien ausgeführt werden. Sie entscheiden auch über die Auswertungsmethodik. Auch dazu müssen die wichtigsten Begriffe erläutert werden.

21.2 Begriffliche Grundlagen

21.2.1 Komponenten der Genauigkeit

Die **Richtigkeit** hieß früher „Treffgenauigkeit". Sie kennzeichnet die „Nähe" des Meßergebnisses zum Bezugswert. In [32] ist sie mit Hilfe des Ermittlungsergebnisses gemäß Abschnitt 20.1 und des Erwartungswerts gemäß Abschnitt 20.5.1 wie folgt erklärt:

> **Richtigkeit =**
> Qualitative Bezeichnung für das Ausmaß der Annäherung des Erwartungswertes des Ermittlungsergebnisses an den Bezugswert, wobei dieser je nach Festlegung oder Vereinbarung der wahre oder der richtige Wert sein kann

Je größer dieses Ausmaß ist, je näher also der Erwartungswert am Bezugswert liegt, um so richtiger ist das Ermittlungsergebnis.

Die **Präzision** hieß früher „Wiederholgenauigkeit". Deshalb wurde sie häufig mit dem Unterbegriff „Wiederholbarkeit" (heute ersetzt durch „Wiederholpräzision") verwechselt. Dieser Nachteil wurde durch die Angleichung an die international üblichen Benennungen beseitigt. Die Präzision kennzeichnet das Streuungsverhalten der einzelnen Meßwerte. Nach [32] gilt:

> **Präzision =**
> Qualitative Bezeichnung für das Ausmaß der gegenseitigen Annäherung voneinander unabhängiger Ermittlungsergebnisse bei mehrfacher Anwendung eines festgelegten Ermittlungsverfahrens unter vorgegebenen Bedingungen

Je größer das Ausmaß der gegenseitigen Annäherung der voneinander unabhängigen Ermittlungsergebnisse ist, je enger diese also beieinanderliegen, umso präziser arbeitet das Ermittlungsverfahren.

„Präzision" ist allerdings vielfach noch als Bezeichnung für etwas „besonders Genaues" üblich. Es gibt Herstellerfirmen von Meßgeräten, die deshalb „Präzision" in ihrem Firmennamen bevorzugen. Dazu sagt [92]: „Die Benennung „Präzision" soll nicht anstelle von „Genauigkeit" verwendet werden".

21.2.2 Die Versuchsbedingungen

Richtigkeit ist gedanklich den systematischen Meßabweichungen verwandt (siehe Abschnitt 20.5.1). Es wäre aber unrichtig, die Präzision allein den zufälligen Meßabweichungen zuzuordnen. Bei der definitionsgerechten „mehrfachen Anwendung eines festgelegten Ermittlungsverfahrens" können die „vorgegebenen Bedingungen" nämlich sehr unterschiedlich sein. Deshalb ist man zunächst übereingekommen, zwei Extremfälle zu betrachten, einerseits die **Wiederholbedingungen**, und andererseits die **Vergleichbedingungen**. Später hat man erkannt, daß man sich mit **Zwischenbedingungen** zwischen diesen beiden Extremfällen ebenfalls systematisch befassen muß. Vollständig wurde die Betrachtung der Bedingungen aber erst 1993 nach Einführung der **erweiterten Vergleichbedingungen**. Die ebenfalls **qualitativen** Definitionen für diese vier unterschiedlichen Bedingungen sind in der nachfolgenden Tabelle 21.1 dargestellt.

21.2 Begriffliche Grundlagen

Tabelle 21.1: Ringversuchs-Bedingungen

Wiederhol-bedingungen =	Zwischen-bedingungen =	Vergleich-bedingungen =	Erweiterte Ver-gleichbedingungen =
Bei der Gewinnung voneinander unabhängiger Ermittlungsergebnisse geltende Bedingungen, b e s t e h e n d i n d e r			
wiederholten Anwendung	A n w e n d u n g		
des festgelegten Ermittlungsverfahrens			eines Ermitt-lungsverfahrens
a m i d e n t i s c h e n O b j e k t d u r c h			
denselben Beobachter	*denselben oder verschiedene Beobachter*	verschiedene Beobachter	
in kurzen Zeitabständen	*bei unterschiedlichen Zeitabständen*	zu verschiedenen Zeiten	
mit derselben	*mit derselben oder verschiedenen*	mit verschiedenen	
G e r ä t e a u s r ü s t u n g (e n)			
am selben Ort (im selben Laboratorium)		an verschiedenen Orten (in verschiedenen Laboratorien)	

Die Zwischenbedingungen sind auch deshalb entstanden, weil es viele Laboratorien im Mehrschichtbetrieb gibt, z.B. zu einem Hochofen im Stahlwerk.

Alle bisher wiedergegebenen und die folgenden Begriffe sind enthalten in der Normenserie [164] bis [169] für Ringversuche. Das Wort „Ringversuche" (früher interlaboratory test, dann colaborative assessment experiment bzw. interlaboratory experiment) ist allerdings neuerdings in den Hintergrund getreten gegenüber dem umfassenderen Haupttitel der Normenserie.

21.2.3 Die speziellen Präzisionsbegriffe

Aus den allgemeinen qualitativen Definitionen der Tabelle 21.1 ergeben sich zunächst die – ebenfalls allgemeinen qualitativen – Grundbegriffe

    Wiederholpräzision   =   Präzision unter Wiederholbedingungen

    Vergleichspräzision   =   Präzision unter Vergleichbedingungen

Analog dazu gibt es die noch näher einzugrenzende

    Zwischenpräzision   =   Präzision unter Zwischenbedingungen.

Als quantitative Definitionen sind in Übereinstimmung mit den modernen statistischen Verfahren festgelegt

Wiederholstandardabweichung =
Standardabweichung der Ermittlungsergebnisse unter Wiederholbedingungen;
Vergleichstandardabweichung =
Standardabweichung der Ermittlungsergebnisse unter Vergleichbedingungen oder unter erweiterten Vergleichbedingungen
(es ist anzugeben welche Bedingungen gelten);
Zwischenbedingungs-Standardabweichung =
Standardabweichung der Ermittlungsergebnisse unter Zwischenbedingungen.

Im Hinblick auf die drei Zeilen mit kursiv geschriebenen, alternativen Zwischenbedingungen der Tabelle 21.1 unterscheidet man die Zwischenbedingungs-Standardabweichungen. Die Verfahrensweise der Auswertung der Meßreihen richtet sich danach, wie viele der drei alternativen Komponenten von denen bei Wiederholbedingungen abweichen (B = Bias). Man spricht von der vB-Zwischenbedingungs-Standardabweichung mit v = 1, 2 oder 3.

Neben diesen speziellen Standardabweichungen hat man neben Wiederhol- und Vergleichstandardabweichung noch die früher allein geltenden quantitativen Begriffe beibehalten, nämlich den

„Betrag, unter dem oder höchstens gleich dem der Absolutwert der Differenz zwischen zwei unter den genannten Bedingungen gewonnenen Ergebnissen, von denen jedes eine Serie von Ermittlungsergebnissen repräsentiert, mit einer vorgegebenen Wahrscheinlichkeit erwartet werden kann".

Dieser Betrag hat die neuen Bezeichnungen „**kritischer Wiederholdifferenzbetrag**" und „**kritischer Vergleichdifferenzbetrag**", je nach den geltenden Bedingungen. Früher hießen sie „Kritische Wiederholdifferenz" und „Kritische Vergleichdifferenz". Für eine mit 95 Prozent vorgegebene Wahrscheinlichkeit sind es die „**Wiederholgrenze**" und die „**Vergleichgrenze**", beides Grenzen für einen Abstand.

Diese früheren quantitativen Definitionen waren praktisch begründet: Es war oft eine erhebliche wirtschaftliche Belastung, auch nur 2 Meßwerte zu beschaffen, beispielsweise unter Wiederholbedingungen. Zur Vertiefung sei auf [32], auf [164] bis [169] und auf Bild 21.1 hingewiesen.

21.3 Der Versuchsplan für einen Ringversuch gemäß Norm

Nach den genannten Normen sieht der Versuchsplan wie folgt aus: Aus q Chargen von Proben mit q unterschiedlichen Niveaus des zu prüfenden Merkmals werden Zufallsstichproben an p Laboratorien gesandt. Diese führen n Messungen unter Wiederholbedingungen für jedes der q Niveaus des Merkmals aus. Aus diesen Meßreihen werden nach einem vorgegebenen Schema Wiederholstandardabweichung, vB-Zwischenbedingungs-Standardabweichung oder Vergleichstandardabweichung quantitativ errechnet.

Erweiterte Vergleichbedingungen kommen in den erwähnten internationalen Normen allerdings noch nicht vor, zu denen derzeit die deutschsprachigen Fassungen entstehen

21.4 Praktische Anwendung von Ringversuchen

(Teil 1 liegt vor). Zunächst ist nur in [92] der Begriff geklärt. Das war nötig, weil immer wieder vorkommt, daß auch ohne Festlegung des Ermittlungsverfahrens Ringversuche durchgeführt werden.

Bild 21.1: Das Begriffsschema des Ringversuchs

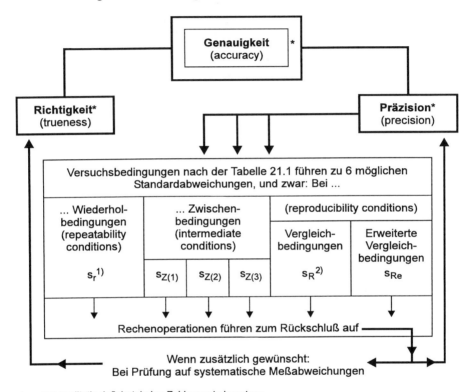

* nur qualitativ definiert; keine Zahlenwerte benutzen

1) Früher (und behelfsmäßig):
   Kritischer Wiederholdifferenzbetrag bzw. Wiederholgrenze

2) Früher (und behelfsmäßig):
   Kritischer Vergleichdifferenzbetrag bzw. Vergleichgrenze

21.4 Praktische Anwendung von Ringversuchen

Ringversuche werden heute in vielen Bereichen der industriellen Praxis durchgeführt. Entsprechendes gilt für Behörden, die sich mit Technik befassen. Manchmal geht es nur um **Einzelringversuche**, sowohl in zeitlicher als auch in sachlicher Hinsicht. Gegenstand des Ringversuchs ist dann meist ein besonders kritisches oder bedeutungsvolles oder ein meßtechnisch schwer erfaßbares Merkmal.

Es gibt aber auch hochentwickelte, **periodische Ringversuche**. Teilweise existieren dafür behördliche Vorschriften. Ein Beispiel sind die Ringversuche der klinisch-chemischen Labors. Dort werden unter anderem Proben von Körperflüssigkeiten geprüft (z.B. von Blut), die von Ärzten bei Patienten entnommen wurden. Es liegt auf der Hand, daß aus unerlaubt großen Meßabweichungen (Fehlern) schlimmste Folgen für die Gesundheit oder unnötige gesundheitliche Vorsorge entstehen können. Das System dieser Ringversuche ist so umfangreich, daß ein Rechenzentrum für die mathematisch-statistische Verarbeitung der Daten und zur Veranschaulichung der Ergebnisse mittels Plotter eingerichtet wurde. Die Meßunsicherheiten in der Labormedizin sind durch dieses Ringversuchs-System im Lauf der Jahre bedeutend geringer geworden. Dazu gehört wegen der Unmöglichkeit der Bereitstellung identischer Proben auch die Verwendung zertifizierter Referenzmaterialien [326].

Die zentrale Auswertung wurde verschiedentlich zum Anlaß genommen, von einem „Sternversuch" zu sprechen. Unter diesem Namen versteht man jedoch meist Versuche zum Vergleich von Ermittlungsergebnissen, bei denen eine Zentralstelle die Meßobjekte herstellt und versendet.

22 Abweichungsfortpflanzung und abgestufte Grenzwerte

> *Überblick*
>
> *Eine der größten wirtschaftlichen Chancen überlegener Qualitätsplanung liegt – vor allem bei Großserienfertigung – in der Nutzung der Abweichungsfortpflanzung für abgestufte Grenzwerte. Moderne Datenverarbeitung und Sensortechnik machen sie trotz Rechenaufwand lohnend. Unabdingbar ist dazu vor allem gediegenes Fachwissen der Planer und derjenigen, die in der Realisierung damit umzugehen haben.*

22.1 Abweichungsfortpflanzung

22.1.1 Vorbemerkung zur Benennung

Die Abweichungsfortpflanzung wird noch oft als „Fehlerfortpflanzung" bezeichnet. Dieser überholte Name stammt aus der mathematischen Statistik. Er ist historisch begründet. Carl Friedrich Gauß fand das „Fehlerfortpflanzungsgesetz" bei der Analyse von Meßabweichungen. Er nannte sie „Fehler" (siehe Kapitel 20, insbesondere den Abschnitt 20.4).

22.1.2 Das Abweichungsfortpflanzungsgesetz

Das Abweichungsfortpflanzungsgesetz besagt: Bei **k** später zusammenwirkenden Abweichungsquellen mit dem Index **i** ist die Verteilung der resultierenden Abweichungen wie folgt charakterisiert:

Abweichung des Gesamtmittelwertes vom Bezugswert:

$$\Delta\mu_{ges} = \sum_{i=1}^{i=k} \Delta\mu_i \ ;$$

Standardabweichung der resultierenden Abweichungen:

$$\sigma_{ges} = \sqrt{\sum_{i=1}^{i=k} \sigma_i^2}$$

Die $\Delta\mu_i$ sind die Abweichungen der Einzelmittelwerte μ_i von ihren Bezugswerten, z.B. von den Sollwerten S_i; und die σ_i die Standardabweichungen der Einzelverteilungen der Merkmalswerte der k Abweichungsquellen.

Die Formel für $\Delta\mu_{ges}$ gilt ohne Einschränkung.

Die Formel für σ_{ges} gilt nur dann, wenn die Abweichungsquellen **voneinander unabhängig** sind, und wenn die Verteilungen der Abweichungen der einzelnen Abweichungsquellen **Normalverteilungen** sind. Mit steigender Anzahl k der Abweichungsquellen vermindern sich die Forderungen an die Normalitätsvoraussetzung, nicht aber die an die Unabhängigkeit der Abweichungsquellen.

Den Wurzelausdruck nennt man auch „Pythagoreische Addition".

22.1.3 Beispiele praktischer Anwendung der Abweichungsfortpflanzung

Ein erstes einfaches, sehr bekanntes Beispiel für die Abweichungsfortpflanzung mit k = 2 sind Serienfertigungen von sogenannten „Paßteilen" also von zwei unterschiedlichen Werkstücken, die später zusammengebaut werden und dabei in einer so genannten (zweifachen) „Merkmalskette" mit den jeweiligen Merkmalswerten funktional zusammenwirken. Abweichungsquellen sind in diesem Fall die zusammenwirkenden Einzelmerkmale. Beispielsweise kann es sich um eine Paarung von Paßflächen eines Werkstücks mit Welle mit einem Werkstück mit zugehöriger Bohrung handeln.

Das Werkzeug zur wirtschaftlichen Nutzung der Abweichungsfortpflanzung in der Konstruktionspraxis nicht nur für solche einfachen Paarungen, sondern auch für wesentlich umfangreichere Merkmalsketten mit k > 2, ist die Anwendung **abgestufter Grenzwerte** (siehe Abschnitt 22.2). Auch ohne Überlegungen zum dazu unabdingbaren Werkzeug der mathematischen Statistik leuchtet ein, daß bei einer serienmäßigen Zufalls-Paarung das Zusammentreffen von Abweichungs-Extremwerten aus den Werkstückserien des jeweiligen Umfangs n um so unwahrscheinlicher ist, je größer n ist. Es hat nämlich die Wahrscheinlichkeit $1/n^2$, fällt also quadratisch mit n ab.

Zur Behandlung der abgestuften Grenzwerte im Abschnitt 22.2 sei schon hier auf folgendes hingewiesen: Der zusätzliche Aufwand in der Konstruktion bzw. Qualitätsplanung ist nicht unerheblich. Deshalb wurde die Abweichungsfortpflanzung früher oft auch dann nicht angewendet, wenn sie wirtschaftlich erheblichen Nutzen versprach. Heute indessen ist angesichts des Standes der Technik auf den Gebieten Sensortechnik und Datenverarbeitung die Anwendung sehr erleichtert und entsprechend chancenreich.

22.1.4 Die Abweichungsfortpflanzung im weiteren Sinne

Nach einer Anmerkung in der leider bezüglich ihrer Ergänzungen unvollendeten Norm DIN 7186-1 „Statistische Tolerierung" (siehe Abschnitt 22.2.1) ist dieses Konstruktionsprinzip „nicht nur auf Längenmaße, sondern sinngemäß auch auf andere Meßgrößen anwendbar". Diese einleuchtende Übertragbarkeit auf andere physikalische Größen ist sehr wichtig, hier aber nicht gemeint. Unter „im weiteren Sinne" wird vielmehr verstanden, daß die gleichen Denk- und Berechnungsmodelle auch die Lösung zahlreicher anderer Aufgaben gestatten, bei denen stochastische Prozesse beteiligt sind. Ein Beispiel ist die Optimierung von Realisierungsprozessen. Man berücksichtigt hierbei die in der Vergangenheit beobachteten Streuungen der verschiedenen Kenngrößen des Realisierungsprozesses und seines Ablaufs unter Anwendung der Gesetzmäßigkeiten der Abweichungsfortpflanzung. Ganz allgemein gilt also: Die Universalität des Grundprinzips „Abweichungsfortpflanzung" bietet auf vielen Gebieten zahlreiche nützliche Anwendungsmöglichkeiten verschiedener Art.

22.1.5 Anwendungsspezifische Geltung der Abweichungsfortpflanzung

Die Frage in jedem Anwendungsfall lautet: Wie werden die Voraussetzungen für die Anwendbarkeit, also „Normalverteilung" und „Unabhängigkeit der Abweichungsquellen", in der Praxis geprüft? Die allgemeine Antwort besagt, daß in jedem Anwendungsfall diese Frage mit fachspezifischer Kenntnis geprüft werden muß, und zwar sowohl bezüglich der Verteilungsform der Istwerte-Verteilungen der k Einzelmerkmale, als auch bezüglich der (nicht erlaubten) Korrelation zwischen diesen Einzelmerkmalen. Das gilt auch für die Anwendung der Abweichungsfortpflanzung auf die Meßtechnik:

22.1.6 Abweichungsfortpflanzung und Meßtechnik

Die Abweichungsfortpflanzung gilt für alle Arten von Abweichungen, sofern die im Abschnitt 22.1.2 genannten Voraussetzungen erfüllt sind. Deshalb gilt für ein Meßsystem mit k Einheiten (siehe Abschnitt 20.3.3 und Bild 20.2) die Abweichungsfortpflanzung in gleicher Weise. Es ist nicht erforderlich, dafür spezielle Theorien zu entwickeln oder anzuwenden. Allerdings wurden die Meßabweichungen schon zu einem früheren Zeitpunkt aus dem Blickwinkel der Abweichungsfortpflanzung betrachtet als die Realisierungsabweichungen in der Konstruktionspraxis. Diese beginnt erst ganz allmählich, abgestufte Grenzwerte anzuwenden. Daher kann man dort bezüglich der Grundgedanken und Anwendungsprinzipien von Veröffentlichungen profitieren, die ursprünglich nur für die Meßtechnik gedacht waren, z.B. von [178].

22.2 Abgestufte Grenzwerte

22.2.1 Vorbemerkungen zur Benennung

Früher wurde das Verfahren zur Ermittlung abgestufter Grenzwerte unterschiedlich benannt. Jedes größere Unternehmen hatte (oder hat) eine Konstruktionsrichtlinie dazu. Sie hieß (heißt) z.B. „Toleranzfestlegung unter Berücksichtigung statistischer Gesichtspunkte" oder „Optimale Toleranzfestlegung unter Berücksichtigung der Maßkettentheorie und der statistischen Eigenschaften des Fertigungsprozesses". Solche Benennungen machen klar, daß es um die **Berechnung vorzugebender Merkmalswerte** geht.

Die Praxis suchte eine kürzere Benennung. Es führte sich der sehr mißverständliche Ausdruck „Statistische Tolerierung" ein. Er wurde auch Titel der bislang einzigen nationalen Norm hierzu [179]. Dieser Ausdruck war aber bereits vorher belegt. Im Angloamerikanischen heißt er – bis jetzt benutzt – „statistical tolerancing". Darunter verstand (versteht) man in der mathematischen Statistik das auch international neu bezeichnete Verfahren zur „Ermittlung des statistischen Anteilsbereichs aus Stichproben-Meßwerten". Dabei geht es um eine Kenngröße zu einer vorliegenden Häufigkeitsverteilung. Diese kann zwar bei den Überlegungen zu abgestuften Grenzwerten eine wichtige Rolle spielen, ist aber etwas ganz anderes. Man sollte das Verfahren nach [235] kennen. Ergebnis solcher Ermittlungen ist der Statistische Anteilsbereich. Er ist in [235] wie folgt erklärt:

> **Statistischer Anteilsbereich =**
> **Aus Stichprobenergebnissen errechneter Schätzbereich,**
> **der mindestens einen festgelegten Anteil $1 - \gamma$**
> **der (zugehörigen) Wahrscheinlichkeitsverteilung**
> **auf dem vorgegebenen Vertrauensniveau $1 - \alpha$ einschließt**

Dieser Statistische Anteilsbereich wird in älterer Literatur und weithin auch heute noch „Statistischer Toleranzbereich" genannt. Manchmal wird sogar verkürzt nur vom „Toleranzbereich" gesprochen, insbesondere im Angloamerikanischen vom „tolerance interval". Die Berechnung dieses „statistischen Toleranzbereichs" hat aber nichts mit der **Vorgabe** von Merkmalswerten zu tun. Vielmehr liefert die Ermittlung von Merkmalswerten dabei einen Schätzwert für den Zufallsstreubereich der betrachteten Zufallsgröße.

Die hier geschilderte Benennungssituation führt immer wieder zu Mißverständnissen. Das gilt zunehmend, weil der statistische Anteilsbereich wegen der heutigen Möglichkeiten der Datenverarbeitung eine zunehmende Bedeutung bei statistischen Tests im Rahmen von Qualitätsprüfungen besitzt.

Die seit über 10 Jahren genormte Benennung „**Abgestufte Grenzwerte**" vermeidet alle genannten Schwierigkeiten. Sie stammt ebenfalls aus der Praxis. Sie benutzt nämlich das anschauliche Bild des Ergebnisses einer „Statistischen Tolerierung" nach [179] im Wahrscheinlichkeitsnetz. Dieses Ergebnis kann ein abgestufter Mindestwert, ein abgestufter Höchstwert oder ein abgestufter Toleranzbereich sein. Zugleich fördert diese Benennung das Verständnis für die **Verwendung des Quantil-Begriffs** bei der Berechnung dieser vorzugebenden Merkmalswerte. Das Beispiel eines dreifach abgestuften Toleranzbereichs aus der Praxis ist im Bild 22.1 gegeben. Die „GUQ" sind die unteren Grenzquantile, die „GOQ" die oberen (Einzelheiten siehe Abschnitt 22.2.5).

Bild 22.1: Beispiel aus der Praxis für einen dreifach abgestuften Toleranzbereich: Abgestufte Grenzwerte für das Qualitätsmerkmal „Betriebskapazität" bei Fertigungslängen von Nachrichtenkabeln für die Bezirksebene

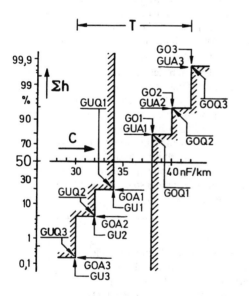

Es bedeuten:

GOA = Höchstunterschreitungsanteil (im abgestuften Mindestwert)

GU = Mindestwert (im abgestuften Mindestwert)

GUQ = Mindestquantil (im abgestuften Mindestwert)

GUA = Mindestunterschreitungsanteil (im abgestuften Höchstwert)

GO = Höchstwert (im abgestuften Höchstwert)

GOQ = Höchstquantil (im abgestuften Höchstwert)

C = Betriebskapazität

T = Toleranzbereich

Anmerkung:
Dieses Bild 3 aus [182] wurde mit den dortigen Bildern 1 und 2 nach [24] übernommen

22.2.2 Grundgedanke und Bedeutung abgestufter Grenzwerte
Die Grundgedanken zur Ermittlung abgestufter Grenzwerte sind:
Es geht um ein funktionswichtiges Merkmal, also um ein Qualitätsmerkmal. Seine Besonderheit ist, daß es durch das Zusammenwirken mehrerer **Einzelmerkmale** entsteht. Das Funktionsmerkmal heißt „**Schließmerkmal**". Jedes Individuum (z.B. Werkstück) vieler einzelner Realisierungsserien trägt mit dem Einzelistwert seines Einzelmerkmals zum Istwert des Schließmerkmals bei. Zu den zweckmäßigen Bezeichnungen finden sich Einzelheiten in [182]. Man sollte sie wegen der Vielfalt der zu behandelnden Größen beachten.

Die Einzelistwerte weichen vom betreffenden Einzel-Sollwert sowohl zufällig als auch systematisch ab (siehe Realisierungsabweichungen im Bild 20.1). Auf diese Abweichungen der einzelnen „Abweichungsquellen" wird das Abweichungsfortpflanzungsgesetz angewendet (siehe Abschnitt 22.1). Die Verteilung der Istwerte des Schließmerkmals läßt sich gut vorhersagen, wenn man die Verteilungen der Istwerte der Einzelmerkmale kennt. Umgekehrt kann man bei vorliegenden Forderungen an die Werteverteilung des Schließmerkmals auf zweckmäßig abzustufende Grenzwerte für die Einzelmerkmale rückschließen. Der mathematisch-statistische Rechenmechanismus muß darauf abgestellt sein, zu prüfen, inwieweit die Bedingungen für die Gültigkeit des Abweichungsfortpflanzungsgesetzes erfüllt sind, ob also die Einzelmerkmale voneinander unabhängig, und inwieweit die Werte der Einzelmerkmale normalverteilt sind.

Als erstes einfaches Beispiel sei das Gewicht eines Ziegelsteins gewählt. Es ergibt sich aus den Werten von Volumen und Wichte. Kennt man die Verteilungen der Istwerte von Länge, Breite, Höhe und Wichte, so kann man die Verteilung der Istwerte des Gewichts errechnen. Man könnte dafür auch abgestufte Grenzwerte ermitteln. Oder man könnte bei einer vorgegebenen Verteilung des Schließmerkmals Gewicht die abgestuften Grenzwerte für die k = 4 genannten Einzelmerkmale festlegen. Ob das bei einem Ziegelstein nötig und zweckmäßig ist, soll hier keine Rolle spielen. Es geht um ein einfaches und dennoch aufschlußreiches Beispiel.

Zur **Bedeutung abgestufter Grenzwerte** ist folgendes zu ergänzen:
Sie können für die Wirtschaftlichkeit einer Serienfertigung ausschlaggebend sein. Ihre Ermittlung und Festlegung erfolgt bei der Qualitätsplanung. Versäumt man den Einsatz dieses Verfahrens, wo es anwendbar wäre, wird die Funktionstüchtigkeit der Produkte allerdings nicht in Frage gestellt; es ergeben sich sogar höhere Realisierungssicherheiten. Dieser verführerische, bereits bei anderen Gelegenheiten beobachtete „Vorteil" auf Kosten der Wirtschaftlichkeit ist, zusammen mit dem unbestreitbaren Mehraufwand bei Berechnung und Realisierungsbeobachtung, Ursache für die noch geringe Akzeptanz des Verfahrens.

Die Rechenmethoden zur Ermittlung abgestufter Grenzwerte gründen sich, wie eingangs dieses Abschnitts bereits erwähnt, auf das Abweichungsfortpflanzungsgesetz: Man teilt die Funktionstoleranz eines Schließmerkmals nicht mehr linear in k Teile, wenn in diese Funktionstoleranz k Einzeltoleranzen von k Einzelmerkmalen eingehen. Man versucht vielmehr, möglichst weitgehend die im Abschnitt 22.1.2 erläuterte Formel für σ_{ges} des Abweichungsfortpflanzungsgesetzes zu nutzen. Die Erfahrung lehrt: *Dadurch wird manchmal die Lösung eines Konstruktionsproblems mit verfügbaren Fertigungseinrichtungen überhaupt erst möglich.*

Allerdings muß man sich diese Erleichterung „verdienen": Nicht alle Istwerte der Einzelmerkmale dürfen bis zu den äußersten Grenzwerten (äußersten Grenzquantilen) der erweiterten Toleranzbereiche der Einzelmerkmale hin abweichen. Der größte Anteil muß in einem engen Bereich in der Mitte liegen, wie er das übrigens bei richtiger Einstellung ganz von selber tut. Man nennt diesen Bereich deshalb „Mittenbereich".

22.2.3 Allgemeines zur Ermittlung abgestufter Grenzwerte

Hierzu müssen zunächst die möglichen Arten des Zusammenwirkens von Einzelmerkmalen behandelt werden. Danach folgt die Erläuterung und Begründung für die Einschränkung der vorliegenden Ausführungen auf lineare Merkmalsketten. Daran schließt sich die Erklärung der zwei unterschiedlichen Aufgabenstellungen bei der Ermittlung abgestufter Grenzwerte an, und schließlich wird auf die große Bedeutung der Form der Istwerte-Verteilungen der Einzelmerkmale eingegangen.

Zu den **Arten des Zusammenwirkens der Einzelmerkmale** ist zu sagen:
Sie können in einer Merkmalskette gemäß den vier Grundrechnungsarten zusammenwirken. Im obigen Beispiel „Ziegelstein" des Abschnitts 22.2.2 besteht das Zusammenwirken aus einer Multiplikation der drei Längenwerte und des Wertes der Wichte. Die rechnerische Behandlung von Merkmalsketten hängt deshalb von der Art des Zusammenwirkens der Einzelmerkmale ab. Nachfolgend wird als Beispiel der einfachste und in der Technik zugleich häufigste Fall betrachtet, nämlich die lineare Merkmalskette gemäß Bild 22.2. Bei anderen Arten des Zusammenwirkens ist zwar der rechnerische Formalismus andersartig und oft auch schwieriger, nicht aber der Grundgedanke und die im Abschnitt 22.2.2 erläuterte Zielsetzung für die Ermittlung abgestufter Grenzwerte.

Bei einer **„linearen Merkmalskette"** kommt der Wert ihres funktionswichtigen Schließmerkmals durch Addition oder durch Subtraktion oder durch eine Kette solcher algebraischer Operationen mit den Werten der Einzelmerkmale zustande. Das gilt ganz allgemein für vorgegebene und für festgestellte Werte eines Schließmerkmals und der Einzelmerkmale. Den zwei Beispielen für solche lineare Merkmalsketten im Bild 22.2 kann man folgende Praxisbedeutungen zuordnen:

Mögliche Praxisbedeutung zu Teilbild 22.2 a):
Dicke des Blechpakets eines Transformatorkerns: Sie ist ein reines Additions-Schließmaß. Die Verteilung der Dicken-Schließistmaße von Transformatorkernen einer Serienfertigung entsteht aus dem additiven Zusammenwirken aller Blechdicken-Einzelistmaße.

Mögliche Praxisbedeutung zu Teilbild 22.2 b):
Luftspaltmaß eines Elektromotors: Es ist ein sehr kleines Schließmaß. Bei ihm sind die Maße des Stators, des Rotors, der Welle, der Lagerschilde, der Lager, der Position der betreffenden Bohrungen usw. beteiligt, teilweise in Addition, teilweise in Subtraktion.

Die **zwei Aufgabenstellungen** zur Ermittlung abgestufter Grenzwerte sind sorgfältig zu unterscheiden: Die **erste Aufgabenstellung** geht vom Schließmerkmal aus. Beispielsweise kann sich die maximal zugelassene Toleranz des Schließmerkmals aus dem Verwendungszweck eines Produkts ergeben. Dann sind dazu die abgestuften Grenzwerte für die beteiligten k Einzelmerkmale festzulegen.

22.2 Abgestufte Grenzwerte

Bild 22.2: Beispiele für lineare Merkmalsketten

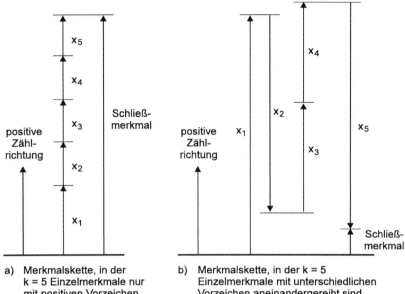

a) Merkmalskette, in der k = 5 Einzelmerkmale nur mit positiven Vorzeichen aneinandergereiht sind

b) Merkmalskette, in der k = 5 Einzelmerkmale mit unterschiedlichen Vorzeichen aneinandergereiht sind

Die **zweite Aufgabenstellung** geht von den k Einzelmerkmalen aus. Man kennt die Verteilungen der Istwerte dieser k Einzelmerkmale und kann dafür geeignete abgestufte Grenzwerte vorgeben. Man will wissen, welche Verteilung der Istwerte des Schließmerkmals erwartet wird bzw. erreicht werden kann. Für diese erwartete Verteilung der Werte des Schließmerkmals können dann ebenfalls realistische abgestufte Grenzwerte ermittelt werden.

In beiden Fällen benutzt man das gleiche Berechnungsverfahren. In beiden Fällen sind gemäß den Voraussetzungen für die Gültigkeit des Abweichungsfortpflanzungsgesetzes Kenntnisse über die Form der Istwerte-Verteilungen der Einzelmerkmale erforderlich. Stets ist außerdem zu prüfen, ob die Einzelmerkmale in der Merkmalskette voneinander unabhängig sind.

Für die **Form der Istwerte-Verteilung der Einzelmerkmale**, durch welche die Merkmalskette gebildet wird, muß man Grenzen setzen. Das könnte prinzipiell in Form von zwei vorgegebenen kontinuierlichen Grenzverteilungen im Wahrscheinlichkeitsnetz (z.B. als Gerade) geschehen, einer oberen und einer unteren. Zwischen diesen Grenzverteilungen sollten dann alle Istwerte-Verteilungen liegen. Die Anwendung solcher Grenzverteilungen kann man dadurch aktualisieren, daß während der Realisierung die Häufigkeitsverteilung der (automatisiert ermittelten) Istwerte maschinell in ein Wahrscheinlichkeitsnetz eingetragen wird, das die beiden vorgegebenen Grenzverteilungen (vorgedruckt) enthält.

Bislang behilft man sich bei der Qualitätsplanung allerdings vorwiegend mit der Fixierung solcher Grenzverteilungen durch einige Festpunkte. Das geschieht mittels Grenzquantilen und führt zu abgestuften Grenzwerten wie im Bild 22.1. Während der Realisierung brauchen dann nicht die Istwerte-Verteilungen selbst, sondern nur deren Lage zu den abgestuften Grenzwerten beachtet zu werden. Das kann nach Abschnitt 22.2.6 mit zwei Prüfverfahren geschehen.

Bei Einführung abgestufter Grenzwerte liegen über die Verteilungen der Istwerte der Einzelmerkmale bei den verschiedenen Realisierungseinrichtungen allerdings meist nur sehr spärliche oder keine Informationen vor. Sie müssen beschafft werden. Dazu sind nicht nur statistische Fachkenntnisse erforderlich, sondern häufig auch zusätzliche Messungen.

Wegen dieses Mehraufwands wird zur Vereinfachung oft unterstellt, aber durchaus nicht immer zu Recht, daß die Abweichungen der Istwerte der Einzelmerkmale vom zugehörigen Sollwert normalverteilt sind. Diese Annahme sollte mindestens auf Plausibilität geprüft werden. Bestehen nämlich zwischen Annahme und Wirklichkeit größere Diskrepanzen, führt die Berechnung zu Ergebnissen, welche durch die spätere Wirklichkeit nicht bestätigt werden. Das wird dann meist nicht der ungenügenden Vorinformation über die Verteilungen angelastet, sondern fälschlich dem Verfahren selbst.

22.2.4 Gedanken zur praktischen Festlegung abgestufter Grenzwerte

Die gedankliche Erfassung der Prinzipien zur Ermittlung und Festlegung abgestufter Grenzwerte wird durch das bekannte Hilfsmittel der normierten Darstellung der Zusammenhänge (siehe auch Kapitel 28) und durch verschiedene weitere Idealisierungen erheblich erleichtert. Zur konkreten Erläuterung dient nachfolgend das **Beispiel Längenmaße**. Es wird anhand der zweiten Aufgabenstellung gemäß Abschnitt 22.2.3 besprochen. Für die erste Aufgabenstellung ergeben sich entsprechende Lösungsansätze.

Zuerst ist die oft in ihrer Bedeutung übersehene **lineare Wirkung von Mittelwerts-Abweichungen** der k Verteilungen der k Einzelmaße auf die Verteilung des Schließmaßes zu behandeln. Es geht also um die Lage-Kenngrößen dieser Verteilungen. Man erkennt: Im allgemeinen liegt kein Mittelwert der k Verteilungen der Einzelistmaße genau beim Sollwert für dieses Einzelmaß. Das Abweichungsfortpflanzungsgesetz besagt aber für den Mittelwert der Verteilung der Schließistmaße: Seine Abweichung vom Sollwert ergibt sich aus der algebraischen Summe der Abweichungen der k Mittelwerte der k Verteilungen der k Einzelistmaße von ihrem jeweiligen Einzelsollmaß (siehe Abschnitt 21.1.2).

Dieser leicht errechenbare lineare Einfluß hat oft erhebliche Auswirkungen. Man benötigt zu seiner Ermittlung kein statistisches Kalkül. Daher sollte man glauben, daß er besonders aufmerksam beachtet wird. Das ist aber erfahrungsgemäß nicht immer der Fall. Deshalb ist dieser Einfluß zuweilen Anlaß für die unrichtige Meinung, die Anwendung „abgestufter Grenzwerte" führe zu schlechteren Ergebnissen, als man sie angesichts der Abweichungsfortpflanzung erwarten sollte.

Es muß demnach eine erstrangige Zielsetzung zum Einsatz abgestufter Grenzwerte sein, Mittelwerts-Abweichungen der Verteilungen der Istwerte der k Einzelmerkmale zu vermeiden (oder auszugleichen). Erst wenn dies gelingt, entsteht der entscheidende Vorteil abgestufter Grenzwerte aus den Streuungsgrößen aufgrund der Abweichungsfortpflanzung. Bei Betrachtung dieser Streuungsgrößen benutzt man zunächst **vier Idealisierungen**:

22.2 Abgestufte Grenzwerte

(1) Es gibt keine Abweichungen der Mittelwerte der k Verteilungen der Einzelistmaße von den Einzelsollmaßen. Das ist eine sehr mutige und meist nicht besonders realistische Idealisierung, zumal angesichts der Ausführungen eingangs dieses Abschnitts.

(2) Die k Verteilungen der Einzelistmaße sind normalverteilte Verteilungsfunktionen. Das ist schon eher realistisch, zumal bei einer großen Anzahl k von zusammenwirkenden Einzelmerkmalen die Forderungen an die Normalität weniger scharf sind.

(3) Die k Verteilungen der Einzelistmaße haben das gleiche Streuungsmaß. Diese Idealisierung ist gleichbedeutend mit der „Standardisierung" dieser Verteilungen, die durchwegs zum Mittelwert Null und zur Standardabweichung Eins führt.

(4) Bei allen Einzelmaßen und beim Schließmaß haben die Quotienten „(Toleranz)/(Standardabweichung)" den gleichen Wert. Damit sind (wegen der Idealisierung (3)) auch die Toleranzen für alle Einzelmaße gleich groß.

Mit diesen vier Idealisierungen erkennt man die großen Möglichkeiten, die sich aus der Abweichungsfortpflanzung für die Toleranzgestaltung ergeben, sofern die Mittelwerts-Abweichungen vom Sollwert hinreichend klein gehalten werden können. Bild 22.3 zeigt eindrucksvoll:

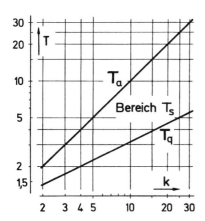

Bild 22.3: Normierte Darstellung zum Idealfall Abgestufte Grenzwerte

Zu den k idealisierten Einzeltoleranzen T_i gehört bei der zweiten Aufgabenstellung gemäß Abschnitt 22.2.3 mit T_q eine idealisierte Schließtoleranz nach der Beziehung $T_q/T_i = \sqrt{k}$. Man nennt T_q deshalb die „**Quadratische Schließtoleranz**".

Sucht man umgekehrt bei vorgegebener Schließtoleranz zur ersten Aufgabenstellung gemäß Abschnitt 22.2.3 die „idealen" Einzeltoleranzen, ist die Umkehrung dieser Gleichung zu benutzen, nämlich $T_i/T_q = 1/\sqrt{k}$.

Gegenübergestellt ist in diesem Bild 22.3 unter denselben Voraussetzungen die „**Arithmetische Schließtoleranz**" T_a. Sie ergibt sich aus der herkömmlichen linearen Addition der Einzeltoleranzen und führt zu den Gleichungen

$$T_a/T_i = k \quad \text{bzw.} \quad T_i/T_a = 1/k.$$

Die wirtschaftliche Bedeutung der abgestuften Grenzwerte erkennt man aus den verknüpften Abhängigkeiten

$$T_q/T_a = 1/\sqrt{k} \quad \text{oder umgekehrt} \quad T_a/T_q = 1/\sqrt{k}$$

Die **wirklichen Verhältnisse** sind nur selten so ideal wie oben vorausgesetzt. Nachfolgend werden dazu wiederum Praxislösungen zur zweiten Aufgabenstellung gemäß Abschnitt 22.2.3 dargelegt. Für die erste gilt Entsprechendes.

Die realisierbare Schließtoleranz liegt plausiblerweise zwischen T_q und T_a. Sie hat den Namen **„Statistische Schließtoleranz T_s"**. Sie liegt um so näher an T_q (und damit um so günstiger), je größer k ist. Dabei sind gemäß Bild 22.4 zu unterscheiden die

„**Optimale statistische Schließtoleranz $T_{s\,optimal}$**"

und die „**Angewendete statistische Schließtoleranz $T_{s\,angewendet}$**".

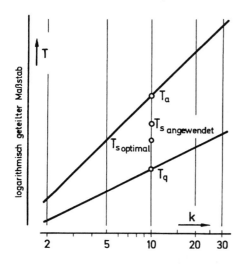

Bild 22.4:
Optimale und angewendete statistische Schließtoleranz

Optimal kann man sich T_q nähern, wenn man ohne Begrenzung des Aufwands das Ziel verfolgt, den Einfluß aller Abweichungen der wirklichen Verhältnisse von den obigen vier Idealisierungen einzeln zu ermitteln und zu berücksichtigen. Das kann sich lohnen, wenn abgestufte Grenzwerte für eine sehr umfangreiche und für viele Jahre andauernde Serienfertigung wertvoller Produkte zu ermitteln sind.

In der Regel wird man aber diesen Aufwand scheuen. Deshalb wird man sich auf die wichtigsten Einflußfaktoren beschränken. Beispielsweise wird man den Einfluß unterschiedlicher Variationskoeffizienten der k Verteilungen der Istwerte der k Einzelmerkmale berücksichtigen. Oder man wird auffällige Abweichungen dieser Verteilungen von einer Normalverteilung durch Korrekturfaktoren in Rechnung stellen. Jede Abweichung vom Idealfall wird

22.2 Abgestufte Grenzwerte

sowohl die optimale als auch die angewendete statistische Schließtoleranz von der quadratischen Schließtoleranz weiter entfernen, und zwar in Richtung auf die arithmetische Schließtoleranz hin. Der betreffende Punkt wandert im Bild 22.4 also nach oben.

Man kann noch weiter generalisieren. Dazu sind **formale, zusammenfassende Abschätzungen aller Einflußfaktoren** entwickelt worden. Bild 22.5 zeigt ein Beispiel. Die Parameterkurven folgen der Formel

$$T_{s\,angewendet} = T_a \cdot g^{k-1} + T_q \cdot \left(1 - g^{k-1}\right)$$

Den zweckmäßigen Kennwert $1 > g \geq 0{,}6$ findet man aus Anwendungserfahrungen. Ersichtlich kann g um so kleiner gewählt werden, je besser sich die praktischen Verhältnisse den idealen nähern, beispielsweise die Verteilungsform der Einzelistwerte der Normalverteilung. Weitere Varianten dieser zusammenfassenden Formalbetrachtung sind möglich und üblich. Zum Beispiel wird in der Formel statt des Exponenten (k–1) auch der Exponent $(k-1)^{0,5}$ benutzt.

Hinsichtlich der Einzelheiten des Verfahrens zur Ermittlung abgestufter Grenzwerte mit zahlreichen möglichen individuellen Korrekturfaktoren zur Berücksichtigung der praktischen Verhältnisse wird auf die Literatur [181] verwiesen. Mit diesen Faktoren kommt man in aller Regel näher an die optimale statistische Schließtoleranz heran als mit der formalen Gesamt-Berücksichtigung nach der obigen Formel.

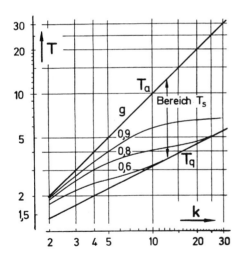

Bild 22.5:
Zur formalen Berechnung angewendeter statistischer Schließtoleranzen nach der Formel

$$T_{s\,angewendet} = T_a \cdot g^{k-1} + T_q \cdot \left(1 - g^{k-1}\right)$$

22.2.5 Beschreibung mit Quantilen und Grenzquantilen

Abgestufte Grenzwerte werden zweckmäßig mit Grenzquantilen beschrieben. Für deren Merkmalswert ist jeweils ein Anteil der Werte der Verteilung vorgegeben, die unter diesem Merkmalswert liegen. Die nachfolgende Definition für – im Zusammenhang mit abgestuften Grenzwerten allein zu betrachtende – quantitative Merkmale stammt aus [24]:

> **Quantil = Merkmalswert, unter dem ein vorgegebener Anteil der Merkmalswerte einer Verteilung liegt**

Das Quantil hat also die Dimension des Merkmalswertes. Der zugehörige vorgegebene Anteil der Merkmalswerte der Verteilung hat die Dimension 1.

Gemäß Definition ist der Anteil der Merkmalswerte der Verteilung unter diesem Merkmalswert stets vorgegeben, sowohl bei einem zu ermittelnden als auch bei einem vorzugebenden Quantil. Im Fall eines zu ermittelnden Quantils ist es ein vorgegebener Unterschreitungsanteil, im Fall eines vorzugebenden Quantils ein Grenz-Unterschreitungsanteil. In beiden Fällen muß zudem entweder eine wirkliche oder eine gedachte Verteilung existieren. Daraus ergibt sich:

- Ein vorzugebendes Quantil ist ein – zum vorgegebenen Grenz-Unterschreitungsanteil – vorgegebener Merkmalswert, beispielsweise ein Mindestquantil (bei dem der zugehörige Grenz-Unterschreitungsanteil ein Höchst-Unterschreitungsanteil ist), oder ein Höchstquantil (bei dem der zugehörige Grenz-Unterschreitungsanteil ein Mindest-Unterschreitungsanteil ist). Das vorzugebende Quantil heißt **Grenzquantil**.

- Ein zu ermittelndes Quantil ist ein – zum vorgegebenen Unterschreitungsanteil – ermittelter Merkmalswert. Es heißt Istquantil.

Aus den Grenzquantilen ergibt sich (siehe Bild 22.1) der **abgestufte Mindestwert** als eine „abfallende Folge von Mindestquantilen mit zugehöriger abfallender Folge von Höchst-Unterschreitungsanteilen", sowie der **abgestufte Höchstwert** als eine „ansteigende Folge von Höchstquantilen mit zugehöriger ansteigender Folge von Mindest-Unterschreitungsanteilen". Ein **abgestufter Grenzwert** ist also ein „abgestufter Mindestwert oder ein abgestufter Höchstwert", oder direkter ausgedrückt, ein „aus einer Folge von Grenzquantilen aufgebauter mehrstufiger Grenzwert mit zugehörigen Grenz-Unterschreitungsanteilen". Der **abgestufte Toleranzbereich** schließlich ist in einfacher Weise erklärt als ein „Bereich zugelassener empirischer Verteilungsfunktionen (Häufigkeitssummenverteilungen) zwischen einem abgestuften Mindestwert und einem abgestuften Höchstwert".

Wichtig ist in diesem Zusammenhang außerdem: Als „**Abgestufte Toleranz**" des abgestuften Toleranzbereichs gilt grundsätzlich die Differenz „größtes Höchstquantil (des abgestuften Höchstwertes) minus kleinstes Mindestquantil (des abgestuften Mindestwertes)". Dies ist gleichbedeutend mit der Differenz „größter Höchstwert minus kleinster Mindestwert". Das Bild 22.1 zeigt ein praktisches Beispiel mit eingetragener abgestufter Toleranz T.

In [24], [179] und [180] finden sich noch weitere nützliche Hinweise zum Prinzip und zur Praxis der Ermittlung vorzugebender abgestufter Grenzwerte oder Toleranzbereiche. Wer zielsicher und rationell rechnen und ermitteln will, muß diese Zusammenhänge umfassend verstanden und in zweckmäßige Berechnungsabläufe umgesetzt haben.

22.2.6 Qualitätsprüfungen bei abgestuften Grenzwerten

Ob die – durch die abgestuften Grenzwerte vorgegebene – Forderung erfüllt ist, kann nach zwei verschiedenen Methoden geprüft werden: Beim

Vergleich der Istquantile beim vorgegebenen Grenz-Unterschreitungsanteil mit dem zugehörigen Grenzquantil

wird das jeweils zu ermittelnde Istquantil beim Grenz-Unterschreitungsanteil mit dem betreffenden Grenzquantil verglichen. Die Forderung ist erfüllt

- im Falle eines abgestuften Mindestwertes, wenn alle Istquantile mindestens so groß sind wie die zugehörigen Mindestquantile;
- im Falle eines abgestuften Höchstwertes, wenn alle Istquantile höchstens so groß sind wie die zugehörigen Höchstquantile;
- im Falle eines abgestuften Toleranzbereichs, wenn die beiden vorgenannten Bedingungen erfüllt sind.

Beim

Vergleich des Ist-Unterschreitungsanteils beim Grenzquantil mit dem diesem zugehörigen Grenz-Unterschreitungsanteil

wird der zu ermittelnde Ist-Unterschreitungsanteil beim Grenzquantil mit dem zu diesem Grenzquantil gehörigen Grenz-Unterschreitungsanteil verglichen. Die betreffende Forderung ist erfüllt

- im Falle eines abgestuften Mindestwertes, wenn für alle Mindestquantile der Ist-Unterschreitungsanteil höchstens so groß ist wie der zugehörige Höchst-Unterschreitungsanteil;
- im Falle eines abgestuften Höchstwertes, wenn für alle Höchstquantile der Ist-Unterschreitungsanteil mindestens so groß ist wie der zugehörige Mindest-Unterschreitungsanteil;
- im Falle eines abgestuften Toleranzbereichs, wenn die beiden vorgenannten Bedingungen erfüllt sind.

Zur **Auswahl der Prüfmethode** ist zu sagen: Empfohlen wird die zweite Prüfmethode, insbesondere bei einer Qualitätsprüfung ohne maschinelle Rechenhilfsmittel. Man muß dabei nur die der Größe nach geordneten Istwerte bis zum betreffenden Grenzquantil hin abzählen und den zugehörigen Anteil der Häufigkeitsverteilung bilden. Er muß bei abgestuften Mindestwerten kleiner als der (oder höchstens gleich dem) und bei abgestuften Höchstwerten größer als der (oder mindestens gleich dem) betreffende(n) Grenz-Unterschreitungsanteil sein.

Bezüglich der **Spezifikation abgestufter Grenzwerte** ist für deren systematisches Verständnis erschwerend, daß sie beim Höchstquantil oft statt des zugehörigen Mindestanteils, der unter diesem Höchstquantil liegen muß (also statt des Mindest-Unterschreitungsanteils), den Höchstanteil von Istwerten spezifizieren, der das Höchstquantil überschreiten darf. Wenn man diese Praxis allerdings kennt, braucht man zur Anwendung der obigen Regeln nur das Komplement dieses Höchstanteils zu 1 zu bilden, um zu dem Mindest-Unterschreitungsanteil zu kommen.

Zehn beredte **Praxisbeispiele** zur Benutzung abgestufter Grenzwerte bringt [183], ohne daß diese als solche besonders hervorgehoben wären. Auch daraus erkennt man die offensichtlich selbstverständliche Unentbehrlichkeit dieses Hilfsmittels der Qualitätsplanung.

22.2.7 Psychologische Gesichtspunkte zu „abgestufte Grenzwerte"

Die skizzierten sachlichen Schwierigkeiten bei der Einführung abgestufter Grenzwerte sind durchaus lösbar. Insbesondere erleichtern, wie erwähnt, die sich ständig verbessernden Möglichkeiten der maschinellen Datenverarbeitung und der Sensortechnik sowohl die Berechnungs- als auch die Beobachtungsaufgaben. Auch hier gilt aber, was für das Qualitätsmanagement überall zutrifft: Es gibt kaum einen technischen Lösungsweg, der ohne Beachtung psychologischer Gesichtspunkte wirtschaftlich optimal beschritten werden könnte. Im vorliegenden Fall sind zwei solche Einflüsse zu berücksichtigen. Sie werden nachfolgend einzeln behandelt. Der erste ist durch die Geschichte der Technik bestimmt. Der zweite entspringt dem natürlichen Wunsch jedes Menschen, bei der Erfüllung von verantwortlich übernommenen Aufgaben Sicherheitsreserven einzubauen, um späteren Vorwürfen vorzubeugen.

Zunächst ist auf den Gegensatz zwischen **der klassischen und der flexiblen Toleranzvorstellung** einzugehen: Eine Toleranz ist die Differenz zwischen Höchstwert und Mindestwert. Nach klassischer Vorstellung ist sie eine „hundertprozentig zwingende Anweisung". Einerseits darf kein einziger Istwert den Höchstwert überschreiten oder den Mindestwert unterschreiten. Andererseits aber ist innerhalb des Toleranzbereichs jede Lage von Istwerten gleichberechtigt erlaubt. Die gedankliche Loslösung von diesem Prinzip fällt speziell dem Maschinenbau-Ingenieur in beiden Punkten schwer. Das liegt an seiner Ausbildung; aber auch daran, daß im Maschinenbau Grenzwerte oft tatsächlich keinesfalls über- oder unterschritten werden dürfen. Solche Fälle von denen zu unterscheiden, bei denen abgestufte Grenzwerte eingesetzt werden können, ist gedanklich im allgemeinen noch nicht hinreichend verarbeitet.

Zu bedenken ist dabei einerseits, daß bei Zufallseinflüssen der Istwert eines Einzelmerkmals gelegentlich auch einmal sehr große Abweichungen vom Sollwert haben kann. Andererseits ist infolge der Abweichungsfortpflanzung ein gegenseitiger Ausgleich zwischen den einzelnen Abweichungen zu erwarten, sobald Merkmalswerte funktional zusammenwirken.

Aus der klassischen (arithmetischen) Toleranzvorstellung ergibt sich bei der zweiten Aufgabenstellung nach Abschnitt 22.2.3 eine Schließtoleranz, die angesichts der Abweichungsfortpflanzung viel zu groß ist. Bei der ersten Aufgabenstellung würde man wegen einer funktionsbedingt kleinen Schließtoleranz bei der klassischen Toleranzvorstellung viel zu teuere Fertigungsmaschinen mit einer viel kleineren Arbeitsstreubreite zur Realisierung der Einzelmerkmale benötigen, als sie objektiv wirklich nötig sind. Beide Effekte sind unerwünscht und mit oft großen Nachteilen verbunden. Diese Nachteile können durch die Anwendung abgestufter Grenzwerte gemildert, wenn nicht sogar beseitigt werden.

Der zweite psychologisch bedeutsame Gesichtspunkt ist **die sprichwörtliche „Angsttoleranz"**: Ein Konstrukteur ist im allgemeinen bestrebt, sicherzustellen, daß „auf keinen Fall etwas passieren" kann. Maßstab dafür sind seine Erfahrungen und Vorstellungen. Diese gründen sich – jedenfalls in der Regel – nicht auf das Prinzip der Abweichungsfortpflanzung, auch ganz allgemein nicht auf statistisches Denken. Bei Merkmalsketten (Maßketten) ist deshalb hinsichtlich der Gestaltung der Toleranzen bisher eine einfache Additionsbetrachtung die Regel:

– Beispielsweise sei vom Verwendungszweck her für ein aus fünf Einzelmaßen gebildetes Schließmaß die Toleranz 0,2 mm erforderlich. Dann werden den fünf Einzelmaßen Einzeltoleranzen zugeordnet werden, die im Durchschnitt 0,2/5 = 0,04 mm betragen. Das bedeutet Abweichungsgrenzbeträge von 0,02 mm.

Was der Mann in der Werkstatt zu einer solchen Festlegung sagt, zeigt ein gutes Gespür für die tatsächlich wirksamen Zusammenhänge der Praxis, wenn diese Aussage auch nicht eben freundlich ist: Er beschreibt diese Art der arithmetischen Festlegung von Toleranzen anschaulich als „Angsttoleranzen". Der Konstrukteur selbst würde sie wohl eher mit „verantwortungsbewußte Toleranzen" richtig bezeichnet sehen.

Werden nun bei solcherart arithmetisch (linear) ermittelten Einzeltoleranzen kleinere Grenzwert-Überschreitungen oder -Unterschreitungen in der ausführenden Werkstatt – zunächst mit schlechtem Gewissen – verschwiegen und durchgelassen, so zeigt sich: Im zusammengebauten System gibt es keine Schwierigkeiten oder Funktionsstörungen. Es kommt nämlich nicht die lineare Additionsbetrachtung des Konstrukteurs zur Wirkung. In Wirklichkeit gilt vielmehr etwa die Abweichungsfortpflanzung mit ihrer „pythagoreischen Addition" der Abweichungsbeiträge.

Die Werkstatt schließt aus diesen Ereignissen, daß „die Toleranzen wohl nicht so ernst gemeint sein können, wie sie in der Zeichnung stehen".

Am nächsten Arbeitstag wird dann ein anderes Werkstück gefertigt, dessen Merkmalswerte (Maße) nicht zu einer Merkmalskette gehören. Alle Einzeltoleranzen sind selbst Funktionstoleranzen. Die gestern noch „unproblematischen" Grenzwert-Überschreitungen oder -Unterschreitungen führen jetzt zu massiven (internen oder externen) Beanstandungen. Diese werden von der Werkstatt, wenn sie die Gesetze der Abweichungsfortpflanzung und ihre Voraussetzungen nicht kennt, vielfach als Willkür oder gar als Ungerechtigkeit mißverstanden.

Zu Toleranzen für Längenmaße gibt es dazu eine aufschlußreiche Untersuchung eines deutschen Großunternehmens: Sie zeigt, daß bei 60 von 100 Maßtoleranzen Werte außerhalb der Grenzwerte vorkamen, daß dies aber nur bei zwei davon zu Funktionsstörungen führte.

Dieses Erscheinungsbild ist erfahrungsgemäß branchenunabhängig und weitgehend auch merkmalsunabhängig. Es erschwert eine systematische und konsequente Qualitätsplanung und Qualitätslenkung unter Einsatz abgestufter Grenzwerte erheblich. Das tatsächlich Erforderliche wird in der Zeichnung, die zur letzten Konkretisierungsstufe der Qualitätsforderung gehört, durch den Konstrukteur oft in unnötiger Weise verschärft (wie gesagt, aus nicht den Fakten gerecht werdendem Verantwortungsbewußtsein).

Nur eine konsequente Offenlegung der geschilderten Zusammenhänge mit Unterstützung der obersten Leitung der Organisation, und parallel dazu die Vermittlung des benötigten Fachwissens, können hier auf Dauer die Verhältnisse bessern.

22.3 Zusammenfassung

Oft resultiert ein funktionswichtiges Qualitätsmerkmal als Schließmerkmal aus einer k-gliedrigen Merkmalskette von Einzelmerkmalen. Dann gilt für das Verhältnis zwischen der Schließtoleranz und den k Einzeltoleranzen wegen der Abweichungsfortpflanzung in der Regel nicht der lineare Umrechnungsfaktor k. Je größer k ist, umso näher liegt dieser Faktor dann bei $\sqrt{k}$ (siehe Bild 22.5). Das ist nicht nur von ausschlaggebender Relevanz für die

Wirtschaftlichkeit eines Entwurfs. Es ermöglicht zuweilen überhaupt erst eine realisierbare konstruktive Lösung. Jedenfalls aber kann sich eine Organisation, welche diese Regel berücksichtigt und in ihren Entwicklungs- und Konstruktionsabteilungen in die Praxis umsetzt, gegenüber einem Wettbewerber, der dies nicht für nötig hält, entscheidende wirtschaftliche Vorteile verschaffen.

Voraussetzung ist allerdings, daß für die betreffende Qualitätsplanung die erforderlichen Kenntnisse und Arbeitsmittel zur Bewältigung der zusätzlichen Ermittlungs- und Planungsaufgaben auf statistischer Basis bereitgestellt werden, und daß die nötigen Bedingungen für den Einsatz dieses Hilfmittels erfüllt werden.

23 Statistische Qualitätslenkung und SPC

> *Überblick*
>
> *Qualitätslenkung wäre ein eigenes Buch wert. Hier wird nur ein wichtiger Teilaspekt behandelt, die statistische Prozeßlenkung. Auch sie dient dem Ziel der Erfüllung der Qualitätsforderungen. Wie die Einheiten zu sortieren sind, die dabei betrachten werden müssen, wird zum Nachteil des Ergebnisses häufig offengelassen oder gar durcheinandergebracht.*

23.1 Allgemeines

Statistische Prozeßlenkung (statistical process control = SPC) wird nicht nur bei den Unterlieferanten der Automobilindustrie großgeschrieben. Sie ist derjenige Teil der statistischen Qualitätslenkung (siehe Abschnitt 9.3), der sich auf die Einheit „Prozeß" bezieht. Statistische Qualitätslenkung ist dabei ihrerseits „derjenige Teil der Qualitätslenkung, bei dem statistische Verfahren eingesetzt werden", beispielsweise die im Kapitel 29 behandelten Qualitätsregelkarten. Statistische Qualitätslenkung enthält häufig statistische Qualitätsregelung [196]. Ihr Ziel ist aber nicht nur der Prozeß, sondern auch das, was der Prozeß als Ergebnis liefert.

Für die Anwendung von SPC muß bekannt sein, was Prozesse sind. Dazu existiert in [16] eine von allen anderen Erklärungen abweichende Definition. Ihr Begriffsinhalt enthält nämlich auch die im Prozeß eingesetzten „Mittel". Demgegenüber werden diese in allen anderen nationalen und internationalen Erklärungen eines Prozesses allenfalls unter „wobei ..." als Erläuterung beigefügt. In [185] ist das im einzelnen erläutert.

Hier wird die einfache, derzeit für die Nachfolgeausgabe von [16] im Rahmen der Langzeitrevision der ISO 9000 family zugrundegelegte Erklärung aus Abschnitt 9.1 bevorzugt: „Prozeß ist ein **System von Tätigkeiten**". Dabei gilt die Definition des Systems von Abschnitt 6.5. Die in diesem System von Tätigkeiten angewendeten materiellen und immateriellen Mittel werden in der Nachfolgeausgabe von [16] voraussichtlich in einer Anmerkung erscheinen. Diese Mittel sind hier beispielsweise Prüfgeräte und Rechenhilfsmittel für die Qualitätsprüfung, deren Ergebnisse Voraussetzung für die Qualitätslenkung sind. Viel wichtiger ist indessen, gerade im vorliegenden Zusammenhang SPC, daß in einem Prozeß eine Eingabe in ein Ergebnis umgewandelt wird. Noch abstrakter soll das in [16] künftig durch die einfache Erklärung der Tätigkeit zum Ausdruck kommen, die sich ebenfalls in Abschnitt 9.1 findet.

Zu den für einen Prozeß benötigten Mitteln können auch Personal, Einrichtungen und Anlagen, Technologie und Methodologie gehören [16]. Fertigungsprozesse, chemische Prozesse, Dienstleistungsprozesse und Energieumwandlungsprozesse sind Beispiele für solche Prozesse, die allesamt als Mittel auch eine Energiezufuhr benötigen. Bezüglich der Eingabe und der Ergebnisse ist zu beachten, daß sie ebenfalls materiell, immateriell oder kombiniert sein können. Besonders wichtig ist auch hier wieder: Ein Prozeß kann als Einheit in kleinere Einheiten unterteilt oder mit anderen zusammenhängenden Prozessen zu einer größeren Einheit zusammengestellt werden. Das ist schon deshalb wichtig, weil bei Beachtung dieses durchgängigen Prinzips jeglicher Streit darüber überflüssig ist, ob die Qualitätslenkung eines Prozesses (SPC) ein eigenständiger Prozeß ist, oder ob er zum Prozeß gehört, der gelenkt werden soll. Das kann man so oder so betrachten. Nötig ist allerdings, daß alle Diskussionspartner die Art der Betrachtung kennen.

Statistische Qualitätslenkung ist fast überall die angebrachte Methode der Qualitätsbeeinflussung während und nach der Realisierung von Angebotsprodukten. Das wird häufig nur für Serienfertigungen akzeptiert. Indessen sind bei Individualfertigungen statistische Denkweisen bei der Qualitätslenkung ebenso bedeutungsvoll wie bei Serienfertigungen. Man kann sogar sagen, daß sie dort schwerer zu realisieren sind. Dort fehlen nämlich die zahlreichen Individuen, welche die Einzelwerte für stochastische Verteilungsbetrachtungen liefern. Dennoch sind prinzipiell die gleichen Zufallseinflüsse wirksam wie bei Serienfertigungen. Wer sie auch bei Individualfertigungen zu berücksichtigen gelernt hat, wird meist wirtschaftlicher fertigen können.

23.2 Qualitätsfähigkeit, statistische Qualitätslenkung und SPC

Statistische Qualitätslenkung, eingeschlossen SPC, zielt auf die Erfüllung der Qualitätsforderung (siehe Abschnitt 11.2). Das gilt nicht nur für die Angebotsprodukte selbst. Alle Elemente der Organisation, mit denen die Angebotsprodukte realisiert werden, sind einzubeziehen. Alle diese Elemente (Einheiten) müssen qualitätsfähig sein.

Im Abschnitt 7.12 ist Qualitätsfähigkeit erklärt. Man findet dort auch die immer wieder anzutreffenden, unterschiedlichen und zum Teil widersprüchlichen Auslegungen zu diesem Begriff. Deshalb ist es bei der statistischen Qualitätslenkung allgemein und bei SPC insbesondere wichtig, sorgfältig darauf zu achten, ob ihr Ziel die Realisierungselemente der Organisation oder die Angebotsprodukte selbst sind. Daß dies wegen der unterschiedlichen Qualitätsforderungen an die Tätigkeiten und ihre Ergebnisse nötig ist, wurde am Beispiel Dienstleistung bereits im Abschnitt 8.3.2 ausführlich dargelegt. Diese Unterscheidung ist aber gerade bei SPC leichter gefordert als realisiert. Vielfach sind nämlich die Qualitätsmerkmale eines Prozesses mit den Qualitätsmerkmalen seines Ergebnisses stramm korreliert. Diese Korrelation wird überdies zunehmend für SPC ausgenutzt [196].

23.3 Die stochastische Modellvorstellung zu SPC

Enormen Einfluß auf die stochastische Modellvorstellung zu SPC hatte in den 80er-Jahren die Anleitungsschrift eines großen amerikanischen Automobilherstellers für seine Unterlieferanten [189]. Sie verbreitete sich weltweit in der Automobilindustrie. Nicht nur die dort enthaltene Quintessenz des „never-ending improvement in quality" ist häufig mißverstanden worden. Es ist einerseits eine fortdauernde Verschärfung und Ausweitung der Qualitätsforderung, die man „Qualitätssteigerung" nennt (siehe Abschnitt 12.3). Andererseits aber war und ist Qualitätsförderung gemeint (siehe Abschnitt 12.2), also die Verbesserung der Qualitätsfähigkeit (siehe Abschnitt 7.12).

Darüber hinaus handelte es sich bei [189] trotz der weltweiten Anwendung auf den verschiedensten Gebieten der Technik um eine spezielle, sehr einfache Modellvorstellung zu SPC. Sie vernachlässigt nämlich die Langzeitstreuung. Tut man das, kommt man zwar einfacher zu einem Beurteilungsergebnis. In Bereichen aber, in denen aus physikalischen oder anderen Gründen eine Langzeitstreuung unvermeidbar ist, die wesentlich größer ist als die Kurzzeitstreuung, führt eine derart vereinfachte SPC möglicherweise zu fehlerhaften oder irreführenden Resultaten. Gänzlich unbrauchbar ist eine solche Vernachlässigung verständlicherweise, wenn die Langzeitstreuung die Kurzzeitstreuung weit übertrifft. Zur Einarbeitung in diese Zusammenhänge werden zunächst die zugehörigen Grundbegriffe erläutert:

23.4 Begriffliche Grundlagen zu SPC

23.4.1 Allgemeines

International liegen die begrifflichen Grundlagen nach einer Vorarbeit von über zwei Jahrzehnten seit Mitte 1993 in Form der Standards [187] und [188] vor. National gibt [186] die nötigen Erklärungen. Die nationale Norm und die internationalen Normen sind weitgehend widerspruchsfrei aufeinander abgestimmt. Weil die deutsche Norm [186] mit geringerem Umfang und besser systematisierten Definitionen einen unmittelbaren Zugang zum unentbehrlichen Gedankengebäude liefert, wird sie nachfolgend benutzt. Dabei muß allerdings beachtet werden, daß [186] in allen Begriffsdefinitionen von einem vorher erklärten Prozeßmerkmal spricht. Nach dessen Definition ist es aber eben nicht nur ein Prozeßmerkmal, sondern entgegen seiner Benennung auch ein Produktmerkmal. Dem gegenüber benutzt [188] unterschiedliche Merkmalsbenennungen, nämlich einmal das Prozeßmerkmal, einmal das Produktmerkmal. Das ist unabdingbar nötig, wenn man Prozesse beschreiben und dennoch den Inhalt des Grundbegriffs Qualitätsfähigkeit anerkennen will, der sich zweifelsfrei auch auf die Prozeßergebnisse, also die Produkte bezieht (siehe dazu Abschnitt 7.12).

23.4.2 Qualitätslage von Produkt- und Prozeßmerkmalen

Die Qualitätslage ist eine „Qualitätskennzahl, gewonnen durch Vergleich der ermittelten Werte mit der betreffenden Qualitätsforderung". Bei Qualitätsprüfungen anhand qualitativer Merkmale wird als Qualitätslage oft der Anteil fehlerhafter Einheiten oder die Anzahl Fehler je hundert Einheiten verglichen. Bei Qualitätsprüfungen anhand quantitativer Merkmale erfolgt der Vergleich mit der Qualitätsforderung anhand von Angaben über Lage und Streuung der Werte des Qualitätsmerkmals. Als Prozeßmerkmal benutze man ausschließlich „ein den Prozeß kennzeichnendes Merkmal", als Produktmerkmal ebenso ausschließlich „ein das Produkt kennzeichnendes Merkmal" (wobei „kennzeichnend" ein zusammenfassender Ausdruck für „Erkennen oder Unterscheiden" in der Merkmalsdefinition ist, siehe Abschnitt 8.2). **Nicht eine Begriffsfrage**, sondern eine Sachfrage des betreffenden Anwendungsfalls ist es, ob und inwieweit ein Merkmal des Prozesses mit einem Merkmal des Prozeßergebnisses (also des Produkts) korreliert ist, und inwieweit daher auch ein Produktmerkmal zur Kennzeichnung des Prozesses benutzt werden kann, der das Produkt hervorbringt. Man kann nicht oft genug wiederholen, daß auch bei noch so strammer Korrelation für das Prozeßmerkmal eine andere Einzelforderung gilt als für das Prouktmerkmal, und daß diese beiden deshalb beim Qualitätsmanagement grundsätzlich unterschieden werden müssen.

23.4.3 Beherrschter Prozeß, beherrschte Fertigung

Ein weit verbreitetes Mißverständnis ist die Meinung, ein Prozeßmerkmal, ein Prozeß oder eine ganze Fertigung seien beherrscht, wenn die Qualitätsforderung an sein Ergebnis, das Produkt, erfüllt wird. Mit diesem Irrtum sind Erkenntnismöglichkeiten verbaut. Außerdem verstößt man gegen international festgelegte Auffassungen, die auch in [186] ihren Niederschlag gefunden haben.

Allerdings wurde und wird bislang immer wieder übersehen, daß man sich bezüglich der Beherrschung des Prozesses zunächst stets nur mit einem einzigen Prozeßmerkmal befassen sollte. Es ist wie bei der Qualität: Auch bei ihr muß man merkmalsweise ermitteln (siehe Bild 7.2) und kann erst abschließend insgesamt bewerten. Deshalb sollte man zwischen dem beherrschten Prozeßmerkmal und dem beherrschten Prozeß unterscheiden, zumal schon die Definition (im Gegensatz zur Qualität) eine positive Bewertung enthält. Als erstes also das beherrschte Prozeßmerkmal:

> **Beherrschtes Prozeßmerkmal =**
> **Prozeßmerkmal, bei dem sich die Parameter der Verteilung**
> **der Merkmalswerte praktisch nicht oder**
> **nur in bekannter Weise oder in bekannten Grenzen ändern**

Wie es bei der Beschreibung der Qualität einer Einheit schwierig wird, sie kurz zu beschreiben, wenn auch nur bei einem einzigen Qualitätsmerkmal eine Einzelforderung nicht erfüllt ist, so wird es auch bei der Beschreibung der Beherrschtheit der Einheit Prozeß schwierig, wenn auch nur ein einziges Prozeßmerkmal nicht berherrscht ist.

> **Beherrschter Prozeß =**
> **Prozeß, bei dem die Prozeßmerkmale, welche die Qualität**
> **des Prozesses beeinflussen, beherrschte Prozeßmerkmale sind.**

Mindestens aufschlußreich ist übrigens, daß in [186] in allen Definitionen „Werte eines Produkt- oder Prozeßmerkmals" oder das ambivalent definierte „Prozeßmerkmal" vorkommen, beim beherrschten Prozeß indessen, im obigen Sinn wohl kaum mißverständlich, die „Merkmalswerte des Prozesses".

Einleuchtenderweise ist eine **beherrschte Fertigung** eine Fertigung, bei der die Prozesse beherrscht sind. Alles was nachfolgend über den beherrschten oder nicht beherrschten Prozeß gesagt wird, gilt deshalb analog für die beherrschte oder nicht beherrschte Fertigung. Sind die genannten Voraussetzungen für die Beherrschtheit eines Prozeßmerkmals nicht gegeben, so ist es ein „nicht beherrschtes Prozeßmerkmal", und demzufolge ist dann in der Regel auch der ganze Prozeß „nicht beherrscht".

Der Begriff „Beherrschter Prozeß" kennzeichnet also nicht die Qualitätsfähigkeit des Prozesses. Oft ist ein beherrschter Prozeß zwar eine wichtige Voraussetzung für die Erfüllung der Qualitätsforderung an sein Ergebnis, aber es gibt auch Fälle, in denen er keine hinrei-

23.4 Begriffliche Grundlagen zu SPC

chende Voraussetzung ist, oder in denen er als Voraussetzung nicht erforderlich ist. Anders ausgedrückt: Bei einer sehr einfachen Qualitätsforderung kann eine nicht beherrschte Fertigung durchaus zu Produkten zufriedenstellender Qualität führen. Umgekehrt kann es bei einer anspruchsvollen Qualitätsforderung vorkommen, daß eine beherrschte Fertigung nicht qualitätsfähig ist und deshalb zu fehlerhaften Produkten führt. **Prozeßbeherrschung** und die als „Qualitätsfähigkeit eines Prozesses" definierte **Prozeßfähigkeit** sind also sorgfältig zu unterscheiden. Kirstein hat dazu eine, nach seiner eigenen Aussage ursprünglich von Deming stammende, einfache und einleuchtende Vierfeldertafel gemäß Bild 23.1 vorgestellt [197]. Sie wird seitdem in der Literatur ständig verwendet. Ein Studium der Bedeutung der Fälle A bis D ist empfehlenswert. Für jegliche Qualitätslenkung, auch für die statistische und für SPC, haben sie eine Bedeutung, die man kaum überschätzen kann.

Bild 23.1: Vier Kombinationen von beherrschtem und qualitätsfähigem Prozeß

DER PROZESS IST		beherrscht	
		JA	NEIN
qualitäts-fähig	JA	A	C
	NEIN	B	(D)

23.4.4 Verteilung der Werte eines Prozeßmerkmals

Ein beherrschtes Prozeßmerkmal (siehe Abschnitt 23.4.3) wird durch die „**Prozeßeigenstreuung**" beschrieben. Sie ist die „Streuung der Werte eines Prozeßmerkmals eines beherrschten Prozesses". Der Wortbestandteil „„...eigen..." in der Benennung bedeutet, daß „anderen Einflüsse" als die unmittelbar auf das Prozeßmerkmal selbst wirkenden wie etwa zugelassene Abweichungen bei der Prozeßlenkung, bei den Einrichtungen und eingesetzten Materialien oder Meßabweichungen, nicht mit einbezogen sind.

> **Anmerkung:** Nach [188] hat ein „statistischer Kennwert für die Prozeßeigenstreuung bei einem gegebenen Merkmal", beispielsweise die Standardabweichung oder die Spannweite der Verteilung der Werte dieses Prozeßmerkmals, den Namen „process capability". Diese englische Benennung für ein Streuungsmaß sollte keinesfalls mit „Prozeßfähigkeit" übertragen werden. Sie ist historisch bedingt, heute in höchstem Maße irreführend und Anlaß dafür gewesen, daß (siehe letzter Absatz des Abschnitts 7.12) „Qualitätsfähigkeit" international nicht definiert werden konnte.

Läßt man „andere Einflüsse" auf die Streuung der Werte des Prozeßmerkmals zu, vergrößert sich die Prozeßeigenstreuung auf die „**Prozeßgesamtstreuung**".
Die Prozeßeigenstreuung kann man als analog zu Wiederholbedingungen, die Prozeßgesamtstreuung als analog zu Vergleichbedingungen ansehen.

Den zweiseitigen Zufallsstreubereich zur Wahrscheinlichkeit $(1-\alpha)$ der Werte eines den (nicht notwendigerweise beherrschten) Prozeß kennzeichnenden Prozeß- oder Produktmerkmals nennt man „**Natürlicher Prozeßbereich**". Dessen Grenzen sind „**Natürliche Prozeßgrenzen**". Deren Differenz ergibt die „**Prozeßstreubreite**" (Angloamerikanisch „process spread"). Will man also Prozeßstreubreiten vergleichen, müssen dazu die Form der Verteilungen der Werte der verglichenen Merkmale und der jeweilige Wert von $(1-\alpha)$ bekannt sein.

23.4.5 Kurzzeit- und Langzeitstreuung

Die Modellvorstellung des erwähnten großen Automobilherstellers der Vereinigten Staaten von Amerika [189] bezog sich allein auf die Kurzzeitstreuung. Dabei ist es ohne Belang, wie lange oder kurz diese stets gleichbleibende Streuung wirksam sein mag. Das Problem für die verallgemeinernde Erklärung unter Berücksichtigung der Langzeitstreuung war: Wie ist „kurz" und wie ist „lang" zu erklären? Dieser Unterschied wird mit den beiden Definitionen in der Tabelle 23.1 anhand des Erwartungswertes zunächst noch nicht erläutert. Es wird lediglich konstatiert, daß ein Unterschied besteht:

Tabelle 23.1: Definitionsvergleich von Kurzzeit- und Langzeitstreuung

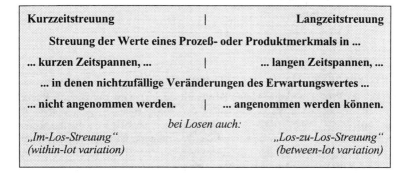

Das Entscheidende ist die vierte Zeile im Kasten, die nichtzufälligen Veränderungen des Erwartungswertes. Die für jeden Anwendungsfall überaus individuelle Komponente von „kurz" und „lang" zeigt die (fast) wortgleiche Anmerkung zu beiden Definitionen: „Je nach Anwendungsfall können die kurzen (die langen) Zeitspannen Bruchteile von Sekunden oder Tage oder noch größere Zeitspannen sein". Man muß also jeweils den Prozeß analysieren.

Neuerdings befaßt sich ISO/TC 69 (Application of statistical methods) intensiv mit Kenngrößen der Qualitätsfähigkeit von Prozessen (Quality capability statistics). In einer im Januar 1998 eingereichten Normvorlage wird der Versuch unternommen, die Vielfalt der möglichen „distribution time models" anhand von acht typischen Verteilungs-Zeit-Modellen im Hinblick auf ihre Qualitätsfähigkeit systematisch zu ordnen und dafür Qualitätsfähigkeits-Kenngrößen anzugeben.

23.4.6 Prozeßfähigkeit und Prozeßfähigkeitsindex

Die **Prozeßfähigkeit** ist die Qualitätsfähigkeit (siehe Abschnitt 7.12) eines Prozesses. Sie ist für ein spezielles Merkmal des Prozeßergebnisses quantitativ gekennzeichnet durch den

> **Prozeßfähigkeitsindex =**
> **Toleranz für das betrachtete Merkmal des Prozeßergebnisses dividiert durch die Prozeßstreubreite dieses Merkmals**

Weil die Prozeßfähigkeit nach [186] eine Qualitätsfähigkeit gemäß [8] ist, geht es um die Erfüllung der Qualitätsforderung an das Prozeßergebnis. Der Prozeßfähigkeitsindex ist deshalb prinzipiell für Produktmerkmale definiert, nicht wie in [186] für Prozeßmerkmale. Auch hier gilt wieder: Wenn Prozeßmerkmale mit den Produktmerkmalen korreliert sind, kann man selbstverständlich in quantitativer Kenntnis dieser Korrelation auch einen „indirekten Prozeßfähigkeitsindex für das Produkt" aus dem korrelierten Prozeßmerkmal errechnen.

Schließlich ist das „**Prozeßstreubreitenverhältnis**" der Kehrwert des Prozeßfähigkeitsindex.

23.5 Praxis von statistischer Qualitätslenkung und SPC

Stark hat nachgewiesen [194], daß die im Abschnitt 23.4 dargelegten Zusammenhänge für SPC mit gleichermaßen wirkender Kurzzeit- und Langzeitstreuung generell gelten. Nur für einige spezielle Anwendungsbereiche können sie entsprechend [189] durch Einschränkung auf die Kurzzeitstreuung vereinfacht werden. Diese Vereinfachungen haben dann zu Fehlschlüssen geführt, wenn auch Langzeitstreuung wirksam waren oder wurden. Die Ursachen der Fehlschlüsse waren lange Zeit unklar. Deshalb ist es wichtig, daß man in der Praxis vor solchen Vereinfachungen prüft, ob sie vertretbar sind.

Es mag für denjenigen, der sich mit SPC neu befaßt, unerfreulich sein, daß er sich zunächst so viele Begriffe erarbeiten muß. Die Erfahrungen mit SPC unter Vernachlässigung der Langzeitstreuung zeigen aber, daß andernfalls die Gefahr folgenreicher Fehleinschätzungen besteht.

In jedem Jahr wächst die umfangreiche Literatur über SPC-Anwendung weiter an. Es ist also nötig, daß sich ein Anwender seine allgemeinen und seine fachspezifischen Grundlagen für SPC jeweils erarbeitet. Eine wesentliche Hilfe für Erarbeitung der allgemeinen Grundlagen sind die DGQ-Bände [191] bis [193] sowie ein reichhaltiges Literaturverzeichnis in [194]. Ein Beispiel für spezielle SPC-Anwendungen ist [195].

Zudem kommen immer neue Möglichkeiten der Verbesserung und Verfeinerung hinzu. Der Einsatz von Expertensystemen für SPC [196] ist eine dieser Möglichkeiten.

24 Statistische Verfahren anhand qualitativer Merkmale

> *Überblick*
>
> *Statistische Beschreibungen und Analysen „machen mehr aus Information"; manchmal erstaunlich viel mehr. Wenn man die Grundgedanken kennt und weiß, wie es geht, wenn man sich außerdem vor Mißverständnissen zu schützen weiß, verlieren statistische Methoden auch ihre sprichwörtlichen Unwägbarkeiten und werden zum unentbehrlichen, alltäglichen Werkzeug.*

24.1 Zweck der Kapitel 24 bis 27

Ziel der Erläuterungen in den Kapiteln 24 bis 27 ist die Vermittlung eines Überblicks über das umfangreiche Sachgebiet statistischer Verfahren. Im Vordergrund stehen Betrachtungen zur zweckentsprechenden Anwendung der zahlreichen statistischen Verfahren im Hinblick auf das Qualitätsmanagement. Diese Gesichtspunkte sind wichtiger als das nötige Handwerkszeug aus der mathematischen Statistik. Allerdings müßte man die Kenntnis dieses Handwerkszeugs als Grundlage für das Verständnis der Anwendungstheorie voraussetzen können. Der Versuch, in gedrängter Weise beides zu behandeln, kann daher lediglich eine Anregung zu weiterem Selbststudium sein.

24.2 Allgemeines über statistische Prüfverfahren

24.2.1 Determiniert und zufallsmäßig vorkommende Ereignisse

Jedem angehenden Ingenieur werden Wahlvorlesungen über mathematische Statistik angeboten. Seine Ausbildung ist aber primär darauf ausgerichtet, determiniert faßbare Vorgänge anwenden zu lernen. Sein Ziel ist das Gestalten-Können. Früher glaubte man sogar, durch solche Gesetze sei grundsätzlich alles Geschehen in der Natur bestimmt.

Aber auch ganz allgemein ist für den Menschen – aus seiner Entwicklungsgeschichte gesehen – im Alltag das determinierte Denken das „normale". Stochastisches Denken ist ungewöhnlich.

Wer z.B. beim Würfelspiel dreimal hintereinander eine „6" hatte, benötigt den Verstand, um das Gefühl zu vertreiben, beim vierten Einzelwurf sei es unwahrscheinlicher, eine „6" zu haben.

Je länger ein Fachmann des Qualitätsmanagements im Betriebsalltag statistische Prüfverfahren anwendet, um so besser erkennt er die fundamentale Bedeutung dieser determinierten Grundeinstellung der meisten Menschen. Dieses Erkennen ist zugleich der Schlüssel für die Schaffung der richtigen Randbedingungen beim Einsatz statistischer Prüfverfahren: Weil niemand von sich aus zu statistischen Denkansätzen neigt, muß eine behutsame und systematische Ausbildung dies langsam zu erreichen versuchen.

24.2.2 Mathematische Statistik: Eines unter vielen Hilfsmitteln

Je mehr Werkzeug man hat, um so erfolgversprechender ist das Tun. Viele Fachleute des Qualitätsmanagements – und erst recht der mathematischen Statistik – halten die mathematischen Regeln für das einzige Kriterium der Brauchbarkeit und Wirksamkeit statistischer Prüfverfahren. Das steigert sich bis zu extremen Auffassungen: Danach seien die für die Qualifikation des Einsatzes solcher Prüfverfahren Berufenen um so geeigneter, je weniger sie von den Prüfobjekten der statistischen Qualitätsprüfung verstehen. Dann nämlich seien sie am ehesten neutral.

Auf vielen anderen Gebieten der Technik ist es erstaunlicherweise umgekehrt: Man freut sich, wenn anerkannt wird, daß die Mathematik ein unentbehrliches Hilfsmittel neben vielen anderen ist. Wie oft bleibt es in der Praxis bei Versuchen ohne statistische Versuchsplanung und bei „Überlegungen mit dem gesunden Menschenverstand".

Umgekehrt sollte man anerkennen, daß für die Disposition von statistischen Prüfverfahren technische Vorinformationen aus dem Umfeld des Qualitätsmanagements von großer Bedeutung sein können, zuweilen von ausschlaggebender. Meist verbessern solche Vorinformationen die Wirtschaftlichkeit, oft auch die Wirksamkeit des Einsatzes von statistischen Verfahren.

24.2.3 Qualitative und quantitative Merkmale als Prüfobjekte

Prüfobjekte bei Anwendung statistischer Prüfverfahren im Qualitätsmanagement können Träger qualitativ oder quantitativ erfaßter Merkmale sein. Hiernach sind die Prüfverfahren benannt. Die Begriffe zu diesen Merkmalsarten sind im Abschnitt 8.2 behandelt. Einzelheiten sind in [24] nachzulesen. Das vorliegende Kapitel 24 befaßt sich mit qualitativ erfaßten Merkmalen, das Kapitel 25 mit quantitativ erfaßten Merkmalen von Prüfobjekten.

Die Bezeichnung „Statistische Prüfverfahren anhand qualitativer Merkmale" wird manchmal mißverstanden. Ursache können quantitative Prüfmerkmale bei der Anwendung qualitativer Prüfverfahren sein. Hier zeigt sich wieder, wie unheilvoll der Wechsel der Einheit während einer Betrachtung ist: Die Prüfung bezieht sich auf ein Prüfobjekt, das Prüfkriterium auf das Prüfergebnis. Jedes Prüfverfahren führt schließlich zu einer der beiden qualitativen Aussagen „zufriedenstellend" oder „nicht zufriedenstellend".

„Qualitativ" meint dabei nicht etwa „qualitätsbezogen", sondern den Gegensatz zu „quantitativ".

Die vergleichsweise langen (normgerechten) Benennungen „Prüfung anhand qualitativer Merkmale" und „Prüfung anhand quantitativer Merkmale" sollte man im allgemeinen konsequent anwenden. Die kürzeren, aber mißverständlichen früheren Bezeichnungen „Attributprüfung" und „Variablenprüfung" sind nur noch für die betreffenden Annahmeprüfungen gestattet, werden aber auch dort zunehmend vermieden.

24.3 Statistische Prüfverfahren anhand qualitativer Merkmale

24.3.1 Allgemeines

Diese Verfahren sind sehr primitiv. Das betreffende qualitative Merkmal ist oft nur ein Nominalmerkmal. Es hat je Einzelwert den winzigen Informationsinhalt von nur einem einzigen bit. Als alternatives Merkmal („Binärmerkmal", „dichotomes Merkmal") liefert es z.B. nur die zwei möglichen Merkmalswerte „fehlerfrei" oder „fehlerbehaftet". Entsprechend primitiv sind mathematisches Rüstzeug und Analyse. Diese Nachteile werden heute immer noch kaum beachtet. Das hat zwei Gründe:

- Zum ersten ist die Handhabung der betreffenden mathematischen Statistik sehr einfach. Mit primitivsten Taschenrechnern kann jedermann neue Prüfpläne erfinden. Erfahrungsgemäß entstehen dadurch persönliche Erfolgserlebnisse, obwohl die international einheitliche Normung dieser Stichprobenverfahren ([204] bis [207]) unter normalen Umständen eine Anwendung solcher „Erfindungen" ausschließt.
- Zum zweiten sind die Verfahren außerordentlich einfach anzuwenden. Deshalb haben sie sich auch in der Praxis durchgesetzt. Sie sind überall anzutreffen und fast regelmäßig Gegenstand von Liefervereinbarungen.

Deshalb muß man diese Verfahren trotz ihres geringen objektiven Nutzens beherrschen. Man sollte sich aber vor Fehleinschätzungen ihrer Aussagen hüten, insbesondere wenn es um die Qualität der eigenen Produkte geht.

24.3.2 Modellverteilungen diskreter Zufallsgrößen

Für die mathematisch-statistische Disposition von statistischen Prüfverfahren anhand qualitativer Merkmale werden gemäß Tabelle 24.1 drei Modellverteilungen diskreter Zufallsgrößen benutzt, nämlich

die Hypergeometrische Verteilung $P(x)_H = P(X=x;N,d,n)$ (1)
die Binomialverteilung $P(x)_B = P(X=x;n,p')$ (2)
die Poissonverteilung $P(x)_P = P(X=x;\mu)$ (3)

Für die Formulierung dieser drei Verteilungen werden, wie man aus Formel (1) sieht, vier diskrete Größen benötigt, die Anzahlen N, n und d sowie die Zufallsgröße X, die in allen drei Fällen die Werte x hat.

- N = Anzahl aller Einheiten (oder Ereignisse), die der statistischen Betrachtung zugrundeliegen
(kurz: „**Umfang der Grundgesamtheit**"),
- d = Anzahl von Einheiten (oder Ereignissen) unter den N Einheiten (oder Ereignissen), die Träger des betrachteten qualitativen Merkmals sind
(kurz: „**Merkmalsträger in der Grundgesamtheit**"),
- n = Anzahl der Einheiten (oder Ereignisse), die zur Beurteilung als Stichprobe aus der Grundgesamtheit gezogen werden
(kurz „**Stichprobenumfang**"), und
- x = Anzahl von Einheiten (oder Ereignissen) unter den n Stichprobeneinheiten (oder -ereignissen), die Träger des betrachteten qualitativen Merkmals sind
(kurz „**Merkmalsträger in der Stichprobe**").

Es gelten die in Tabelle 24.1 aufgeführten Beziehungen und Übergänge zwischen den drei genannten Verteilungen.

Tabelle 24.1: Formeln für und Übergänge zwischen diskreten Verteilungen

Beziehung	Nr	Übergang			
		für	mit	von	auf
$P(x)_H = \dfrac{\binom{d}{x} \cdot \binom{N-d}{n-x}}{\binom{N}{n}} = \dfrac{\binom{n}{x} \cdot \binom{N-n}{d-x}}{\binom{N}{d}}$	(1)	$N \to \infty$ $d \to \infty$	$\dfrac{d}{N} = p'$	$P(x)_H$	$P(x)_B$
$P(x)_B = \binom{n}{x} \cdot p'^x \cdot (1-p')^{n-x}$	(2)	$n \to \infty$ $p' \to 0$	$n \cdot p' = \mu$	$P(x)_B$	$P(x)_P$
$P(x)_P = \dfrac{\mu^x \cdot e^{-\mu}}{x!}$	(3)	$\mu \to \infty$	$\mu \to \infty$	$P(x)_P$	$N(x)$ *

* $N(x)$ bedeutet: Normalverteilung beim Merkmal x;
$p = x/n$ = Anteil fehlerhafter Einheiten in der Stichprobe;
$p' = d/N$ = Anteil fehlerhafter Einheiten im Prüflos.

24.3.3 Beispiele für die Anwendung im Qualitätsmanagement

Werden die Beziehungen (1) bis (3) auf statistische Prüfverfahren im Qualitätsmanagement angewendet, so ist das Prüflos die Grundgesamtheit des Umfangs N. Die Grundgesamtheit hat hier also endlichen Umfang.

„Merkmalsträger" sind „fehlerhafte Einheiten" (oder vorkommende Fehler). Zufallsgröße ist die Anzahl x der in der Stichprobe enthaltenen fehlerhaften Einheiten (oder Fehler). Dieser Anzahl wird oft auch das Symbol i zugeteilt. Hier wird mit dem Symbol x weitergearbeitet. Der Funktionswert P(x) dieser Zufallsgröße gibt die Wahrscheinlichkeit dafür an, daß in der Stichprobe (des Umfangs n) x fehlerhafte Einheiten vorkommen, wenn die Parameter der benutzten Gleichung vorher festgelegte Werte haben.

Zur Erläuterung der Zusammenhänge sind nachfolgend numerische Beispiele zu den Beziehungen (1) bis (3) ausgeführt. Die Übergänge von einer Beziehung in die andere sollten zahlenmäßig besonders beachtet werden.

24.3 Statistische Prüfverfahren anhand qualitativer Merkmale

Beispiel H (In der Vergleichstabelle 24.5 ist das der Fall 2 von „H"):
Hypergeometrische Verteilung (siehe Beziehung (1));
Drei vorgegebene Parameterwerte: $N = 10$; $d = 2$; $n = 3$;
Gesucht: Wahrscheinlichkeit $P(x)_H$ bei Zufallsstichproben.
Hier ist also

$$P(x)_H = \frac{\binom{d}{x}}{\binom{N}{n}} \cdot \binom{N-d}{n-x} = \frac{\binom{n}{x}}{\binom{N}{d}} \cdot \binom{N-n}{d-x} = \frac{1}{120} \cdot \binom{2}{x} \binom{8}{3-x}$$

Damit ergeben sich die Zahlenwerte der Tabelle 24.2.

Tabelle 24.2: Zahlenbeispiel zu einer hypergeometrischen Verteilung

x	$\binom{2}{x}$	$\binom{8}{3-x}$	$P(x)_H$ in %	$\Sigma P(x)_H$ in %
0	1	56	46 2/3	46 2/3
1	2	28	46 2/3	93 1/3
2	1	8	6 2/3	100

Beispiel B (In der Vergleichstabelle 24.5 ist das der Fall 5):
Binomialverteilung (siehe Beziehung (2));
Zwei vorgegebene Parameterwerte (siehe Übergang):
$p'\ (= d/N = 2/10) = 0{,}2$; $n = 3$;
Gesucht: Wahrscheinlichkeit $P(x)_B$ bei Zufallsstichproben.
Hier ist also

$$P(x)_B = \binom{n}{x} \cdot p'^x \cdot (1-p')^{n-x} = \binom{3}{x} \cdot 0{,}2^x \cdot 0{,}8^{3-x}$$

Damit ergeben sich die Zahlenwerte der Tabelle 24.3.

Tabelle 24.3: Zahlenbeispiel zu einer Binomialverteilung

x	$\binom{2}{x}$	$0{,}2^x$	$0{,}8^{3-x}$	$P(x)_B$ in %	$\Sigma P(x)_B$ in %
0	1	1	0,512	51,2	51,2
1	3	0,2	0,64	38,4	89,6
2	3	0,04	0,8	9,6	99,2
3	1	0,008	1	0,8	100

Beispiel P (in der Vergleichstabelle 24.5 ist das der Fall 6):
Poissonverteilung (siehe Beziehung (3));
Ein einziger vorgegebener Parameterwert (siehe Übergang):
$\mu \, (= n \cdot p' = 3 \cdot 0{,}2) = 0{,}6$;
Gesucht: Wahrscheinlichkeit $P(x)_P$ bei Zufallsstichproben.
Hier ist also

$$P(x)_P = \mu^x \cdot e^{-\mu} / x! = 0{,}6^x \cdot (0{,}54881164) / x!$$

Damit ergeben sich die Zahlenwerte der Tabelle 24.4.

Tabelle 24.4: Zahlenbeispiel zu einer Poissonverteilung

x	$0{,}6^x$	x!	$P(x)_P$ in %	$\Sigma P(x)_P$ in %
0	1	1	54,881 16	54,881 16
1	0,6	1	32,928 70	87,809 86
2	0,36	2	9,928 70	97,688 47
3	0,216	6	1,975 72	99,664 19
4	0,129 6	24	0,296 36	99,960 55
5	0,077 76	120	0,035 56	99,996 11
6	0,046 656	720	0,003 56	99,999 67
7	0,027 993 6	5040	0,000 31	99,999 98

Bei den drei obigen Beispielen H, B und P (Tabellen 24.2 bis 24.4) sind jeweils der gleiche Anteil fehlerhafter Einheiten in der Grundgesamtheit (20%) sowie der gleiche Stichprobenumfang (n = 3) gewählt. Zum Beispiel H mit der Grundgesamtheit N = 10 und der Gesamtanzahl fehlerhafter Einheiten (Fehler) d = 2 werden nun drei weitere Varianten mit dem gleichen Fehleranteil p' = 0,2, aber mit jeweils unterschiedlichem Umfang der Grundgesamtheiten hinzugefügt, nämlich mit N = 5, N = 20 und N = 50. Dann werden in der nachfolgenden Tabelle 24.5 die Wahrscheinlichkeiten P(x) der vier Varianten 1H bis 4H des variierten Beispiels H und die Beispiele B und P verglichen. Schon bei diesen überaus kleinen Grundgesamtheiten unterscheiden sich die P(x) nur sehr wenig. Das ist von enormer Bedeutung für die Anwendungspraxis und wurde deshalb hier so ausführlich dargestellt.

24.3.4 Allgemeines zur Anwendungspraxis

Für die Anwendungspraxis kommt man fast immer mit der einfach zu handhabenden Poissonverteilung (Beziehung (3)) aus. Man sollte sich darin, trotz der umfangreichen Literatur über die Wahl des „richtigen" Verteilungsmodells, auch nicht beirren lassen. Man bedenke z.B.: Schon das Nichtbemerken einer einzigen fehlerhaften Einheit bei der Qualitätsprüfung ändert das Prüfergebnis um erheblich mehr, als die Ergebnisunterschiede der Tabelle 24.5 zwischen den Verteilungsmodellen ausmachen, und zudem um mehr als die Unterschiede zwischen fast allen – als Beispiele gewählten – Umfängen der sehr kleinen Grundgesamtheiten.

24.3 Statistische Prüfverfahren anhand qualitativer Merkmale

Tabelle 24.5: Vergleich der drei diskreten Verteilungsmodelle H, B und P

Fall Modell	1 H	2 H	3 H	4 H	5 B	6 P
Parameter:						
N	5	10	20	50	(∞)	–
d	1	2	4	10	(∞)	–
p'	(0,2)	(0,2)	(0,2)	(0,2)	0,2	(0)
n	3	3	3	3	3	(∞)
$\mu = n \cdot p'$	(0,6)	(0,6)	(0,6)	(0,6)	(0,6)	0,6
ergibt in Prozent:						
P(x=0)	40	46,67	49,12	50,41	51,20	54,88
P(x=1)	60	46,67	42,11	39,80	39,40	32,93
P(x=2)	–	6,67	8,42	9,18	9,60	9,88
P(x=3)	–	–	0,35	0,61	0,80	1,98
P(x=4)	–	–	–	–	–	0,30
P(x=5)	–	–	–	–	–	0,04
zusammen	100	100	100	100	100	100
	eingeklammerte Zahlenwerte sind nicht selbst Parameterwerte					

Zusätzlich ist bei der Beurteilung der Zahlenwerte der Tabelle 24.5 zu bedenken: Bei den kleinen Stichprobenumfängen, zu denen man in der Praxis häufig schon aus Kostengründen greift, kommen nur wenige diskrete Zahlen als Fehleranteile vor. Sie sind durch die mögliche Anzahl der in der Stichprobe gefundenen fehlerhaften Einheiten (oder Fehler) und den Stichprobenumfang bestimmt. Nicht jeder beliebige Prozentsatz von p kann sich ergeben.

Alle diese Fragen sind aber ohnehin „akademisch". International ist nämlich mit [205] und mit vielen vorausgehenden gleichlautenden nationalen Normen (z.B. DIN 40080) ein einziges Stichprobensystem anhand qualitativer Merkmale für alle Anwendungen festgelegt. Es ist heute mit [204] ausführlich erklärt. Das erforderliche Zahlenmaterial ist in diesen Normen umfassend bereitgestellt. Nirgendwo in der Welt braucht also zu Stichprobenverfahren anhand qualitativer Merkmale noch jemals etwas gerechnet zu werden. Das gilt auch für die in den nachfolgenden Erläuterungen behandelten Informationen. Auch die in diesem Kapitel kurz behandelten, neuerdings ergänzten Stichprobenverfahren anhand qualitativer Merkmale ändern an dieser Aussage nichts.

24.3.5 Die Operationscharakteristik (OC) und ihre Auswahl

Die Wirkungsweise einer Stichprobenprüfung wird mit Hilfe einer OC beurteilt. Sie ist nach [202] wie folgt definiert:

> **Operationscharakteristik (OC) =**
> Für eine Annahmestichprobenprüfung
> die Annahmewahrscheinlichkeit L(c) eines Prüfloses
> als Funktion seiner Qualitätslage

Die OC gibt Antwort auf die Frage „Mit welcher Wahrscheinlichkeit wird ein Prüflos mit einem Fehleranteil p' angenommen, sofern in einer Stichprobe des Umfangs n höchstens eine Anzahl x = c fehlerhafter Einheiten (oder Fehler) zugelassen wird?". Die Wahrscheinlichkeit heißt (siehe Definition) „**Annahmewahrscheinlichkeit L(c)**", die Anzahl c „**Annahmezahl**" und das Zahlenpaar n – c „**Stichprobenanweisung**" (bei Einfach-Stichprobenprüfung). Zu jeder solcher Stichprobenanweisung gehört eine OC.

Das Ermittlungsprinzip für eine OC ist unabhängig davon, welche der Beziehungen (1) bis (3) der Ermittlung zugrundeliegt. Man findet die Annahmewahrscheinlichkeit L(c) durch Summation der Wahrscheinlichkeiten für das Aufkommen an Stichproben mit x = 0 bis x = c fehlerhaften Einheiten (oder Fehlern):

$$L(c) = \sum_{x=0}^{x=c} P(x)_{\text{H oder B oder P}} \qquad (4)$$

Nachfolgend wird dies am Beispiel der Poissonverteilung erläutert, die ohnehin am häufigsten eingesetzt wird. Die Gleichung (4) hat dann die Form:

$$L(c)_P = \sum_{x=0}^{x=c} P(x)_P = \sum_{x=0}^{x=c} \left(\mu^x \cdot e^{-\mu} / x! \right) \qquad (5)$$

Nützlich ist die einfache Rekursionsformel für die Poissonverteilung

$$P(x+1)_P = P(x)_P \cdot \{\mu/(x+1)\} \qquad (6)$$

Die Summation ist für alle zur Aufzeichnung der OC nötigen μ auszuführen. Ein Berechnungsbeispiel für c = 2 ist in der Tabelle 24.6 angegeben.

Die Werte der Zeile P(x=0) ergeben sich in einfacher Weise zu

$$P(0)_P = e^{-\mu}. \qquad (7)$$

Die (diskreten) Spaltenwerte, für deren Berechnung die Gleichung (6) besonders nützlich ist, kann man als Stabdiagramme abhängig von x aufzeichnen. Die Aufzeichnung beendet man natürlich nicht bei x = c. Auch die (kontinuierlichen) Zeilenwerte P(x) lassen sich als Kurvenzug über der Abszisse $\mu = n \cdot p'$ auftragen. Verbindet man (unzulässigerweise) die Stabenden der Stabdiagramme miteinander, so ergeben sich scheinbar gleiche Kurvenverläufe wie bei den P(x). Diese Ähnlichkeit führt erfahrungsgemäß zu Verständnis- und Lernschwierigkeiten.

24.3 Statistische Prüfverfahren anhand qualitativer Merkmale

Tabelle 24.6: Zahlenbeispiel einer Operationscharakteristik

Bei $\mu = n \cdot p' =$		0,5	1	2	3	4	5	6
ist	→ $P(x=0) =$	60,7	36,8	13,5	5,0	1,8	0,7	0,2
	→ $P(x=1) =$	30,3	36,8	27,1	14,9	7,3	3,4	1,5
	→ $P(x=2) =$	7,6	18,4	27,1	22,4	14,7	8,4	4,5
also	$L(c=2) =$	98,6	92,0	67,7	42,3	23,8	12,5	6,2

Zur Beurteilung einer Stichprobenanweisung interessiert in der Praxis den Lieferanten die Antwort auf die Frage: „Wie häufig ist die Rückweisung eines Prüfloses bei einer guten Fertigung?". Dazu muß er Annahmewahrscheinlichkeiten L(c) in der Nähe von Hundert Prozent betrachten. Das sind Rückweisewahrscheinlichkeiten in der Nähe von Null Prozent. Sie erlauben die Abschätzung des **tatsächlichen Lieferantenrisikos** bei der vereinbarten oder vorgegebenen oder ausgewählten Stichprobenanweisung.

Den Kunden hingegen interessiert die Antwort auf die Frage: „Wie häufig ist die Annahme eines Prüfloses bei schlechter Lieferung?". Dazu muß er Annahmewahrscheinlichkeiten L(c) in der Nähe von Null Prozent betrachten. Sie gestatten die Abschätzung des **tatsächlichen Kundenrisikos** bei der vereinbarten oder vorgegebenen oder ausgewählten Stichprobenanweisung.

Diese tatsächlichen Risiken sind von den nominellen Risiken zu unterscheiden, die regelmäßig ohne dieses Adjektiv „nominell" bezeichnet sind. Die nominellen Risiken gelten nicht für die tatsächliche Qualitätslage des Prüfloses, sondern für die AQL (Lieferantenrisiko) oder LQL (Kundenrisiko). Es ist beinahe wie bei der Garantiefehlergrenze (vgl. Abschnitt 20.7).

Die genannten Grenzbereiche sollen möglichst gut ablesbar sein. Dazu wird in Deutschland die Transformation der linearen Ordinate L_1 der Annahmewahrscheinlichkeit nach L_2 gemäß der Transformationsgleichung

$$L_2 = (2/\pi) \cdot \arcsin\left(\sqrt{L_1}\right) \tag{8}$$

bevorzugt. Auch die Abszisse wird in Deutschland durchweg transformiert. Ziel ist eine „Lupenwirkung" für kleine Werte von μ, also für geringe Fehleranteile oder Fehleranzahlen. Man verwendet dazu eine Quadratwurzel-Transformation. Das ergibt OC gemäß allen Darstellungen in [216].

Wegen solcher Transformationen muß man beim Studium von Literatur auf die verwendeten Darstellungsmaßstäbe achten. Das gilt vor allem für ausländische Arbeiten. Weitere übliche Möglichkeiten von Transformationen sind bei der Ordinate die Teilung wie in einem Wahrscheinlichkeitsnetz, bei der Abszisse die logarithmische Teilung. Je nach Maßstabswahl ist der optische Eindruck ein und derselben OC außerordentlich unterschiedlich. Beispielsweise werden in [205] für beide Koordinaten nur Linearmaßstäbe verwendet.

Als **„Allgemeine OC"** bezeichnet man L(c) abhängig von $\mu = n \cdot p'$ (siehe Beispiel Tabelle 24.6). Dabei ist μ das Produkt aus Stichprobenumfang n und Anteil p' fehlerhafter Einheiten (oder Anzahl Fehler pro Hundert Einheiten) im Prüflos.

Die „**Spezielle OC**" für eine vorgegebene, vereinbarte oder ausgewählte Stichprobenanweisung n – c findet man aus der allgemeinen OC sehr einfach: Der Abszissenwert $\mu = n \cdot p'$ wird durch n dividiert. Damit hat man die für die Beurteilung der Stichprobenanweisung erforderliche Abszisse, die Qualitätslage p'.

Für alle genormten (Einfach-) Stichprobenanweisungen genügt demnach ein einziges Bild der allgemeinen OC für sämtliche vorkommenden Annahmezahlen c. Es ist das Bild 24.1. Wie wenig einem Normenanwender zugetraut werden kann (oder zugetraut wird), zeigt [205] und demzufolge auch [216]. In [216] ist das Bild 24.1 zwar verfügbar, aber in Anlehnung an [205] sind für alle genormten Stichprobenumfänge n die betreffenden Serien von speziellen OC für Einfach-Stichprobenprüfung abhängig von p' aufgezeichnet. Das ergibt in [216] für die ausgewählte Vorzugsreihe von Stichprobenanweisungen zwar nur 14 Seiten zusätzlich, in [205] aber mit 31 Seiten fast den halben Umfang der gesamten Norm.

Zur **Auswahl einer individuellen OC** sei folgende Aufgabenstellung angenommen: Man will es bei serienmäßig angelieferten Prüflosen mit durchschnittlich 94% Wahrscheinlichkeit ausschließen, daß Prüflose mit einem Anteil fehlerhafter Einheiten über 1 Prozent angenommen werden. Man kann diesen Punkt der zu suchenden speziellen OC „Rückzuweisende Qualitätsgrenzlage" nennen (siehe Abschnitt 24.3.7). Brauchbar sind dann alle OC gemäß Bild 24.1, die nach Division der Abszisse durch n bei L = 6% einen Wert von p' bis höchstens 1% ergeben. Das wird z.B. erreicht

- für c = 2 mit n = 600 (Stichprobenanweisung n – c = 600 – 2), oder auch
- für c = 0 mit n = 280 (Stichprobenanweisung n – c = 280 – 0).

Diese Stichprobenanweisungen sind nicht genormt. Bei c = 2 müßte man auf n = 800, bei c = 0 auf n = 315 übergehen, um genormte Stichprobenumfänge zu haben. Hier allerdings kommt es auf das zu erläuternde Auswahlprinzip an, wozu bei n = 600 und n = 280 geblieben wird. Im ersten Fall erreicht man eine für den Lieferanten passable Annahmewahrscheinlichkeit L = 98% erst etwa bei p' = 0,1% = 0,6/600. Das ist ein Zehntel von p' = 1%. Schon diese OC mit c = 2 ist also sehr flach. Im zweiten Fall wird L = 98% erst bei einem Wert p' unter 0,01 % erreicht. Das ist weniger als 1/100 von 1%. Daraus erkennt man in Bestätigung der allgemeinen Ausführungen in der Übersicht (siehe Abschnitt 24.3.1), daß infolge des kleinen Informationsinhalts überaus unwirtschaftlich geprüft werden muß. Ursachen sind:

- Die „Steilheit" der OC (und damit das Trennvermögen der Stichprobenverfahren anhand qualitativer Merkmale) ist sehr klein und nimmt mit abnehmender Annahmezahl c rapide weiter ab;
- Zur Sicherstellung einer einigermaßen fehlerfreien Lieferung benötigt(e) man riesige Stichprobenumfänge.

24.3 Statistische Prüfverfahren anhand qualitativer Merkmale

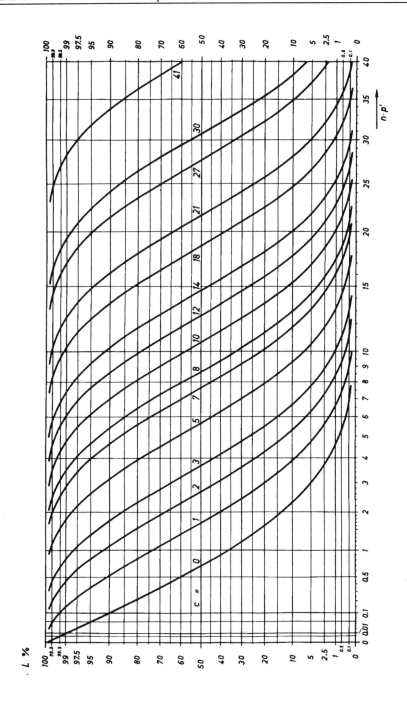

Bild 24.1: Allgemeine Operationscharakteristiken (OC) für genormte Einfach-Stichprobenanweisungen zur Annahmestichprobenprüfung anhand qualitativer Merkmale

24.3.6 Die Annehmbare Qualitätsgrenzlage = AQL
In [188] findet man folgende Erklärung:

> **Annehmbare Qualitätsgrenzlage (AQL) =**
> **Bei Betrachtung einer kontinuierlichen Serie von Losen**
> **eine Qualitätslage, die für Zwecke einer Stichprobenprüfung**
> **die Grenze einer zufriedenstellenden mittleren Prozeßlage ist**

Die Formulierung „für Zwecke einer Stichprobenprüfung" bedeutet: Die AQL ist **kein zugelassener Fehleranteil**. Ein solcher müßte eigens vereinbart werden. Dieser Sachverhalt muß besonders hervorgehoben werden. Man begegnet nämlich immer wieder der unrichtigen Auffassung, mit der AQL sei auch ein zugelassener Fehleranteil dieser Größe vereinbart.

Die Definition für die AQL in [202] ist kürzer, prägnanter und ungefährlicher. Sie kennzeichnet einen Punkt auf der OC, ohne die Zufriedenstellung (des Lieferanten oder des Kunden?) anzusprechen: „Qualitätslage, der eine vorgegebene große Annahmewahrscheinlichkeit zugeordnet ist".

Dieser Kennwert AQL ist nach internationalem Verständnis der Schlüsselwert für Auswahl und Wirkung einer Stichprobenanweisung. Bei seiner Auswahl geht es um eine bedeutungsvolle Entscheidung. Ist sie getroffen, durch einseitige Festlegung oder durch Vereinbarung, so ist die Durchführung der Stichprobenprüfung anhand qualitativer Merkmale problemlos, sofern die oben geschilderten genormten Verfahren beherrscht werden. Wesentlich schwerer sind allerdings die Grundgedanken zu verstehen, nach denen die Normen [204] bis [207] entstanden sind [208]. Auch die Frage, wie man zum Schlüsselwert AQL kommt, hängt eng damit zusammen [217]. Näheres findet man in der angegebenen Literatur. Ein besonderer Kennwert zur „AQL-Philosophie" ist dabei die Annahmewahrscheinlichkeit bei der AQL, bezeichnet mit L(AQL). Die L(AQL) für normale, reduzierte und verschärfte Prüfung ist in [208] analysiert.

Wenn im Rahmen von Lieferverpflichtungen die Anwendung dieser Verfahren unumgänglich ist, sollte man sich mit den geschilderten Zusammenhängen näher befassen. Es muß aber betont werden, daß solche vorgegebenen Stichprobenverfahren nur selten für die Qualitätsprüfung der eigenen Fertigung ausreichen.

Zur angloamerikanischen Benennung sei angemerkt: Derzeit laufen wieder einmal große Diskussionen über die Benennung. Die „richtige" und jetzt wieder vorgeschlagene lautet „Acceptable quality limit", aber die geltende ist „Acceptable quality level". Wichtig ist, daß man weiß, was AQL bedeutet.

24.3.7 Die Rückzuweisende Qualitätsgrenzlage

In immer neuer Anwendung der drei Gleichungen gemäß Tabelle 24.1 sind mittlerweile auch sogenannte „LQ-Pläne" für Einzellose genormt [206]. Sie gehen von der rückzuweisenden Qualitätsgrenzlage aus, die nach [202] analog zur AQL erklärt ist als „Qualitätslage, der eine vorgegebene kleine Annahmewahrscheinlichkeit zugeordnet ist". Die Gesamtbeurteilung der Stichprobenverfahren anhand qualitativer Merkmale gemäß Abschnitt 24.3.1 gilt für diese neue Variante besonders ausgeprägt.

24.3 Statistische Prüfverfahren anhand qualitativer Merkmale

24.3.8 Skip-lot-Stichprobenprüfung

Diese Verfahren haben sich gut eingeführt, weil sie zusätzliche Wirtschaftlichkeit versprechen. Sowohl in [207] als auch in [218] ist das Prinzip beschrieben. Charakteristisch sind zusätzliche Prüfkriterien, die erfüllt werden müssen, wenn aus einer Serie von fortlaufenden Prüflosen zwischenzeitlich einige ungeprüft bleiben können sollen. Das kann in zwei Prüfstufen unterschiedlichen Ausmaßes des Prüfverzichts erfolgen. Freilich ist auch hier die Gesamtbeurteilung des Abschnitts 24.3.1 zu beachten.

24.3.9 Stichprobenanweisung, Stichprobenplan, Stichprobensystem

Die bereits im Abschnitt 24.3.5 erklärte **Stichprobenanweisung** ist gemäß [53] eine „Anweisung über den Umfang der zu entnehmenden Stichprobe(n) sowie über die Prüfmerkmale für die Feststellung der Annehmbarkeit des Prüfloses". Doppel-, Mehrfach- und sequentielle Stichprobenprüfung bedingen den Plural bei „Stichprobe(n)" (siehe auch [220]).

Der **Stichprobenplan** ist, ebenfalls nach [53], eine „Zusammenstellung von Stichprobenanweisungen nach übergeordneten Gesichtspunkten, die sich aus dem Stichprobensystem ergeben, mit Regeln für den Verfahrenswechsel". In den Stichprobentabellen von [205] und [216] sind es die Spalten der Tabellen für die AQL-Werte. Je größer das Prüflos, umso größer ist innerhalb des Stichprobenplans auch der festgelegte Stichprobenumfang n, die Annahmezahl c und damit das Trennvermögen der Stichprobenanweisung. Man vergleiche dazu das Bild 24.1.

Das **Stichprobensystem** ist seinerseits eine „Zusammenstellung von Stichprobenanweisungen oder von Stichprobenplänen mit Regeln für ihre Anwendung". Beispiel für eine Anwendungsregel ist der festgelegte Verfahrenswechsel zwischen den Beurteilungsstufen „normale Prüfung", „reduzierte Prüfung" und „verschärfte Prüfung". Dieser „Verfahrenswechsel" (genormte Bezeichnung) wird deshalb oft auch „Beurteilungswechsel" genannt. Das wird damit begründet, daß das „Verfahren der Stichprobenprüfung" sich beim Beurteilungswechsel nicht ändert.

24.3.10 Auswahl der Stichprobeneinheiten

Die Aussage über die Qualität eines Prüfloses aufgrund einer Stichprobe kann – im Rahmen der statistischen Schätzabweichungen (siehe das Kapitel 20) – nur dann zutreffend sein, wenn die Stichprobeneinheiten so gezogen wurden, daß sie „repräsentativ" für das Prüflos sind. Die Stichprobe darf die Qualität des Prüfloses nicht systematisch verfälschen. Jede Anweisung zur Entnahme von Stichprobeneinheiten aus Prüflosen muß diesem Grundsatz folgen. Einzelheiten zur hier besonders wichtigen Begriffsklärung und zu den Grundgedanken finden sich in [31], [202], [221], [231], [336], [353] und [354].

Letzten Endes kann nur im Einzelfall entschieden werden, wie man unter angemessener Berücksichtigung dieser Grundgedanken die Stichprobe auswählt. Eine Möglichkeit dazu besteht in der Zielsetzung, daß jede Einheit des Prüfloses die gleiche Chance haben muß, in die Stichprobe zu gelangen. Die Literatur erleichtert die Einarbeitung in die Regeln der Probenahme.

24.3.11 Losqualität, Prüfumfang und Prüfschärfe

Der Prüfumfang bei den behandelten Einfachstichprobenverfahren ist bei der zunächst meist gewählten „normalen Prüfung" unabhängig von der Qualität des Prüfloses. Immer müssen so viele Einheiten geprüft werden, wie es die vorgegebene, vereinbarte oder ausgewählte Stichprobenanweisung festlegt. Diese Starrheit mildert sich geringfügig durch den im Abschnitt 24.3.9 beim Stichprobensystem bereits beschriebenen und in [205] in allen Einzelheiten genormten Verfahrenswechsel. Eine weitere Verbesserung im Hinblick auf die Berücksichtigung der Losqualität besteht in der Benutzung oder Vereinbarung von Doppel-Stichprobenprüfung. Man beachte dabei auch [209] mit prinzipiellen Ausführungen zum Begriff und zur Bedeutung der Prüfschärfe.

Den prinzipiellen Leitgedanken für eine **Doppelstichprobenanweisung** kann man anhand des im Abschnitt 24.3.5 behandelten Beispiels zur Auswahl einer individuellen OC erklären: Zunächst werden 280 Einheiten geprüft. Wird keine fehlerhafte gefunden, kann das Prüflos angenommen werden. Der Prüfumfang ist kleiner als die Hälfte von 600. Wird jedoch bei den ersten 280 Einheiten auch nur eine einzige fehlerhafte Einheit gefunden, müssen weitere 320 geprüft werden (2. Stichprobe). Unter allen 600 geprüften Einheiten dürfen dann nicht mehr als zwei Einheiten fehlerhaft sein.

24.3.12 „Gut genug?" – oder „Wie gut?"

Ziel einer Qualitätsprüfung ist die Feststellung, **inwieweit** die Qualitätsforderung erfüllt ist. Genormte Stichprobenanweisungen zur Prüfung anhand qualitativer Merkmale führen aber nicht zu einer Aussage darüber, **wie gut** Prüflose sind. Alles konzentriert sich auf die Frage, ob x höchstens gleich c ist. Ist das der Fall, so ist das Prüflos **gut genug**.

24.3.13 Zusammenfassung

Wer es nur mit qualitativen Merkmalen zu tun hat, wer von seinen Kunden zur Prüfung nach [205] verpflichtet wird oder selber glaubt, das sei die beste Methode, muß sich mit diesen Verfahren weit mehr befassen, als es anhand dieser Kurzdarstellung möglich ist. Vor allem muß er sich mit einer zweckmäßigen Festlegung des Schlüsselwertes AQL für die Auswahl der Stichprobenanweisungen [217] genau befassen. Für diese Auswahl gibt es kaum andere Literatur. Ganz allgemein muß er aus dem gewonnenen Wissen erkennen, wie wenig Aussagemöglichkeiten diese Verfahren bei einigermaßen wirtschaftlichen Stichprobenumfängen haben. Die umfangreiche, in diesem Kapitel aufführlich dargestellte Literatur zu den Verfahren selbst und insbesondere die sehr detaillierten Darlegungen in den Normen machen diese Einarbeitung gut möglich.

Wer aber Werteverteilungen quantitativer Merkmale auf Erfüllung von Qualitätsforderungen zu prüfen hat und nicht durch Kunden zur Anwendung von [205] angehalten ist, sollte sich mit Stichprobenverfahren anhand quantitativer Merkmale befassen. Es ist nicht verwunderlich, daß der Trend zu solchen Verfahren geht. Sie gestatten im Gegensatz zu den hier behandelten die Beantwortung der Ursprungsfrage jeder Qualitätsprüfung, **wie gut** ein Prüflos ist. Die daraus gewonnenen Informationen sind auch weit besser geeignet für die statistische Qualitätslenkung (siehe Kapitel 23).

Stichprobenprüfungen anhand qualitativer Merkmale wurden in der Vergangenheit bevorzugt, weil sie in der Handhabung einfach sind und aufwendige Rechentechniken nicht erfordern. Man wendet sie heute oft weiter an, weil man es gewohnt ist, oder weil es der Kunde so verlangt. Im Vergleich mit dem erforderlichen Prüfaufwand ist die gewonnene Information sehr gering.

25 Statistische Verfahren anhand quantitativer Merkmale

> *Überblick*
> *Zwar gehört viel mehr dazu, diese Verfahren zu beherrschen als bei denen anhand qualitativer Merkmale, aber sie liefern auch bedeutend aussagekräftigere Ergebnisse. Allerdings darf man sie nicht primitiver anwenden, als die Wirklichkeit ist. Dazu gehört auch die Prüfung auf Normalverteilung.*

25.1 Allgemeines und Zielsetzung dieses Kapitels

Die im Kapitel 24 behandelten statistischen Verfahren anhand qualitativer Merkmale wurden in mehr als 5 Jahrzehnten entwickelt. Sie sind weltweit in Normen vereinheitlicht. Bei den Prüfverfahren anhand quantitativer Merkmale begannen bei ISO erst 1973 Gespräche über ein „Primitivverfahren" für normalverteilte Merkmalswerte. 1976 wurde dieses als Entwurf verabschiedet. Die erste ISO-Fassung von [230] stammt aus dem Jahr 1981, die neueste von 1989. Daraus erkennt man auch die Entwicklungsdauer solcher komplexer internationaler Normen.

Statistische Prüfverfahren anhand quantitativer Merkmale haben im allgemeinen eine wesentlich größere Aussagefähigkeit als solche anhand qualitativer Merkmale. Entsprechend größer sind die Schwierigkeiten bei der mathematisch-theoretischen Behandlung. Meist kann man Wahrscheinlichkeitsverteilungen kontinuierlicher Zufallsgrößen annehmen, gelegentlich auch die von diskreten Zufallsgrößen.

Im Gegensatz zu den Prüfverfahren anhand qualitativer Merkmale kann und sollte man spezielle Aspekte des jeweiligen Anwendungsfalls in die Disposition des Verfahrens einbeziehen. Das beginnt mit der Frage nach der vermutlich auf die beobachteten Werte zutreffenden theoretische Modellverteilung, von denen es sehr viele gibt. An zwei Beispielen sei der Unterschied anschaulich gemacht:

- **Beispiel 1:** Qualitätsprüfung eines Durchmessers
  Eine Durchmesserlehrung ergibt qualitativ (ordinal) einen Wertebereich mit nur drei Werten: „Zu klein", „Im Toleranzbereich" und „Zu groß". Mathematisch-statistisch interessieren weder Nennwerte von 0,28 mm, 2,8 mm oder 28 mm noch die Art der Verteilung der Istwerte.
  Prüft man hingegen anhand von Einzel-Istwerten des quantitativen Merkmals „Durchmesser", hängt die zweckmäßige Art der mathematisch-statistischen Behandlung vom vermutlichen Modell der vorliegenden Istwerte-Verteilung und von der Qualitätsforderung ab.

- **Beispiel 2**: Nutzung technischer Vorinformationen
  Der (passive) elektrische Widerstand von Kabelleitern könnte mathematisch-statistisch alle Widerstandswerte von Null bis Unendlich haben. Man weiß aber: Der Kabelleiter hat einen Nenndurchmesser, z.B. 1,36 mm. Widerstandswerte sind außerdem nahezu normalverteilt und liegen in einem eng begrenzten Wertebereich. Dieses praktische Wissen ist eine bedeutsame Vorinformation. Sie ist nicht nur wichtig für die Auswahl des geeigneten Meßgeräts, sondern auch für die wirtschaftliche Disposition des anzuwendenden statistischen Prüfverfahrens.

Zielsetzung der nachfolgenden Ausführungen über statistische Prüfverfahren anhand quantitativer Merkmale ist eine knappe Darlegung allgemein zutreffender Gesetzmäßigkeiten bei der Disposition solcher Prüfverfahren. Die größte Bedeutung haben dabei die fallangepaßt anzuwendenden theoretischen Modellverteilungen. Wählt man nämlich eine nicht zutreffende Verteilung, so begeht man einen sogenannten *„Fehler im Ansatz"* . Er kann zu einer unzutreffenden Prüfaussage führen. Dazu findet sich in den Abschnitten 25.2 bis 25.5 mehr. Die große Anzahl möglicher theoretischer Modellverteilungen impliziert nämlich zahlreiche folgenschwere Verwechslungsmöglichkeiten. Erst dann folgt die Behandlung der Schätzfunktionen [201] für diese Stichprobenverfahren im Abschnitt 25.6.

25.2 Wahrscheinlichkeitsverteilungen kontinuierlicher Zufallsgrößen

Man weiß zwar allgemein qualitativ, daß das Körpergewicht, der Lebenshaltungskostenindex, die Fahrdauer zum Arbeitsplatz, die monatlichen Ausgaben für Lebensmittel in einer Durchschnittsfamilie und auch die Lebensdauer des Menschen aufgrund vielfältiger Wirkungen schwanken. Man weiß auch, daß diese Schwankungen mit statistischen Verfahren erfaßt werden können. Meist fehlen aber die nötigen Vorkenntnisse und die Analysepraxis, wie sie zur Bewältigung der betreffenden Aufgaben im Qualitätsmanagement erforderlich sind. Dieses Thema wird nämlich in der Ausbildung von Ingenieuren und Technikern fast nie ausreichend behandelt. Deshalb werden nachfolgend einige grundlegende Hinweise gegeben.

25.2.1 Häufigkeitssumme und Verteilungsfunktion

Die „Gauß'sche Glockenkurve" ist weithin bekannt. Sie ist das theoretische Modell der Wahrscheinlichkeitsdichte für die Verteilung der absoluten oder der relativen Häufigkeiten quantitativer Zufallsereignisse. Vielleicht liegt ihr gute Bekanntheitsgrad daran, daß die Glocke ästhetisch anspricht. Diese Glockenkurve spielt jedoch in der Praxis der Analyse von Stichprobenergebnissen allenfalls eine untergeordnete Rolle. Analysemittel ist in der Regel die Häufigkeitssumme. Hinter ihr steht als theoretisches Modell die Integralfunktion der Wahrscheinlichkeitsdichte, die Verteilungsfunktion.

Die empirische Verteilungsfunktion (früher: Häufigkeitssummenverteilung) hat gegenüber der Glockenkurve den Vorteil, daß sich bei ihr benachbart liegende Zufallsereignisse in ihrem Beitrag zur Häufigkeitssumme „gegenseitig ausgleichen". Auch das ist eine Art „Abweichungsfortpflanzung" im Hinblick auf die Abweichungen der tatsächlichen Häufigkeiten von den theoretisch erwarteten bei benachbarten Merkmalswerten. Mathematisch zeigt sich das darin, daß bei einer stetigen Wahrscheinlichkeitsdichte die Verteilungsfunktion monoton steigt. Vereinbart ist schließlich, daß diese Integralfunktion stets den Endwert Eins besitzt. Sie ist also grundsätzlich auf die Gesamtheit aller betrachteten Zufallsereignisse bezogen, das sind bei der Qualitätsprüfung die beobachteten Werte.

25.2.2 Netzpapiere zur Funktions- und Verteilungsanalyse

Ein bewährtes Hilfsmittel für die graphische Analyse von Meßergebnissen hinsichtlich funktionaler Abhängigkeiten sind Netzpapiere. Deren Koordinaten sind entsprechend der vermuteten funktionalen Abhängigkeit so eingeteilt, daß die manuell oder maschinell eingezeichneten Werte bei Zutreffen der Vermutung mehr oder weniger gut durch eine Gerade angenähert werden können. Aus dieser Geraden kann man die mathematische Form der Funktion mit ihren Parametern ableiten.

Ein solches Hilfsmittel sind auch spezielle Wahrscheinlichkeitsnetze. Bekannt ist das gewöhnliche Wahrscheinlichkeitsnetz für die Normalverteilung. Seine Ordinate ist nach der Umkehrfunktion des Normalverteilungs-Integrals geteilt, seine Merkmalsabszisse linear. Zur Analyse eines Stichprobenergebnisses werden die der Größe nach geordneten Meßwerte bei nicht abfallender Wertefolge mit den zugehörigen Häufigkeitssummen nach [222] aufgezeichnet. Entstammen die Meßwerte einer Normalverteilung, ergibt sich im Wahrscheinlichkeitsnetz eine Punktfolge, die durch eine Gerade angenähert werden kann. Zufällige Abweichungen der Meßpunkte von der „besten Geraden" sind dabei die Regel (vgl. Bild 25.1). Zur Abschätzung, welche Abweichungen als nicht mehr zufällig zu betrachten sind, gehört Erfahrung. Vorsicht ist am Platz, wenn die Punktfolge Knicke aufweist oder im ganzen Bereich gleichmäßig gekrümmt ist.

Solche Abweichungen können auch mit Hilfe statistischer Tests (siehe Kapitel 26) quantitativ analysiert werden. Im allgemeinen wird erfahrungsgemäß unterschätzt, wie groß die Abweichungen der Meßpunkte von der „besten Geraden" sein dürfen, ohne daß deswegen schon die Vermutung verworfen werden müßte, daß die Stichprobe aus einer Normalverteilung stammen kann. Unterschätzt wird auch sehr häufig der Stichprobenumfang für eine brauchbare Aussage aufgrund eines Tests auf Normalverteilung.

Die Häufigkeitssummen-Punkte müssen sowohl bei Häufigkeitsverteilungen mit Werteklassen als auch bei solchen mit Einzelwerten (wie im Bild 25.1) erwartungstreu aufgezeichnet werden [222]. Eintragungsfehler kommen häufig vor; auch bei programmierten Aufzeichnungen. Sie können zu schwerwiegenden Fehlschlüssen führen. Solche Fehler findet, wer (in der Einübungsphase) die aus der Aufzeichnung entnommenen Kennwerte mit den errechneten vergleicht. Er sollte zunächst das graphische Ergebnis notieren und erst danach rechnen. Unterschiede sind außerordentlich lehrreich.

Bild 25.1: Empirische Verteilungsfunktion 14 männlicher Körperlängen im gewöhnlichen Wahrscheinlichkeitsnetz mit geschätzten Parameterwerten (Kennwerten) der zugehörigen Verteilungsfunktion

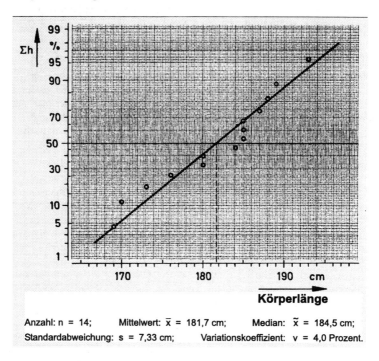

Anzahl: n = 14;   Mittelwert: $\bar{x}$ = 181,7 cm;   Median: $\tilde{x}$ = 184,5 cm;
Standardabweichung: s = 7,33 cm;   Variationskoeffizient: v = 4,0 Prozent.

25.2.3 Einteilung der Wahrscheinlichkeitsverteilungen

Analyseaufgaben in der statistischen Qualitätsprüfung sind – wie auch andere statistische Hilfsmittel – im QM-Element „Statistische Methoden" in der ISO 9000-Familie ([37c] bis [40c]) kurz erwähnt, angesprochen z.B. in [231]. Bei den im Qualitätsmanagement stets anzustrebenden quantitativen Merkmalen unterteilt man die Wahrscheinlichkeitsverteilungen von Zufallsgrößen in zwei große Gruppen. Diese Unterteilung, die man in der Literatur kaum findet, ist von praktischer, nicht etwa von erkenntnistheoretischer Bedeutung. Bild 25.2 skizziert diese Einteilung.

(1) *Verteilungen mit kleinem Variationskoeffizienten*

Diese erste Gruppe von Verteilungen hat also einen – im Vergleich mit der zweiten Gruppe, den Unsymmetriegrößen – kleinen Quotienten aus Standardabweichung und Betrag des Mittelwerts. Die Schwankung der Länge von Streichhölzern aus einer Streichholzschachtel ist ein Beispiel. Sehr viele kontinuierliche Merkmale (siehe Bild 8.1) in allen Bereichen haben Verteilungen mit kleinem Variationskoeffizienten. Dieser ist häufig eine sehr nützliche Information über die relative Schwankungsbreite der Merkmalswerte.

25.2 Wahrscheinlichkeitsverteilungen kontinuierlicher Zufallsgrößen

Bild 25.2: Praxisbezogene Einteilung der Wahrscheinlichkeitsverteilungen

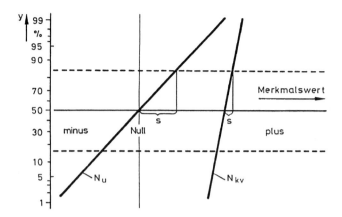

y   = Ordinatenteilung wie beim gewöhnlichen Wahrscheinlichkeitsnetz
N_u = Normalverteilung einer Unsymmetriegröße
N_{kv} = Normalverteilung mit kleinem Variationskoeffizienten

(2) Verteilungen von Unsymmetriegrößen

Diese zweite Gruppe von Verteilungen betrifft solche, deren Erwartungswert Null ist [191]. Ihr Variationskoeffizient hat aus diesem Grund zufällige Werte weit über Eins und enthält daher keine nützliche Information. Man nennt sie „Verteilungen von Unsymmetriegrößen" deshalb, weil die beiden Verteilungskurven-Zweige die positiven und negativen Abweichungen vom Symmetriepunkt Null enthalten, meist in etwa gleicher Menge. Sie werden auch als *„Betragsverteilungen"* bezeichnet (Erklärung siehe Abschnitt 25.3).

Die Analyse der Verteilungen mit kleinem Variationskoeffizienten wird hier nicht näher behandelt. Dazu wird auf die Literatur (z.B. [210] bis [215] und [224] bis [243]), die nationalen und internationalen Normen (z.B. [230]), die zusätzlich erforderlichen, in vielen Werken integrierten, aber auch in unterschiedlichsten Ausführungen separat verfügbaren statistischen Tabellen (z.B. [238] bis [242]) und schließlich auf die Zusammenstellungen der Verfahren in den Taschenbüchern des DIN [13] und der ISO [237] verwiesen.

Zur hierzulande kaum behandelten Analyse der Verteilungen von Unsymmetriegrößen ([243] bis [246]) steht nachfolgend die Unterteilung der Arten von Unsymmetriegrößen an erster Stelle:

25.2.4 Einteilung der Unsymmetriegrößen

Zunächst werden die beiden Arten von Unsymmetriegrößen vorgestellt, ggf. mit ihren Unterarten, die inhaltlich auch in [191] erwähnt sind:

Unmittelbare Unsymmetriegrößen (kurz UUG) sind solche, bei denen die Meßwerte selbst einer Verteilung entstammen, deren Erwartungswert Null ist. Die Meßwerte einer solchen Beobachtungsreihe haben mit etwa gleicher Häufigkeit positive und negative Vorzeichen.

Mittelbare Unsymmetriegrößen (kurz MUG) können durch die Eigenart der Erfassung ihrer Werte oder aus einer Rechenoperation entstehen.

– **Aus der Eigenart der Erfassung** entstehen sie,

  ★ wenn bei einer unmittelbaren Unsymmetriegröße die (an sich gemessenen oder jedenfalls meßbaren) Vorzeichen der Meßwerte weggelassen werden, weil erfahrungsgemäß nur die Beträge interessieren, oder

  ★ wenn das Meßverfahren die Feststellung der Vorzeichen nicht gestattet, obwohl sie physikalisch an sich vorhanden wären.

– **Rechnerisch** entstehen sie durch die Transformation einer Verteilung mit kleinem Variationskoeffizienten (siehe Abschnitt 25.2.3, (1)) auf den Mittelwert. Diese Transformation nennt man „Zentrierung". Zuweilen ist es auch zweckmäßig, auf den Median zu zentrieren. Die Zentrierung ist die Vorstufe der „**Standardisierung**", bei der die zentrierten Werte zusätzlich durch die Standardabweichung dividiert werden.

Zentrierte Verteilungen mit einem vor der Zentrierung kleinen Variationskoeffizienten kommen insbesondere in der Meßtechnik und im Qualitätsmanagement vor: Wenn man nur Meßabweichungen oder nur Individualabweichungen vom Soll- oder Nennwert registriert (siehe Kapitel 20 und Bild 20.1), dann hat man damit die Verteilung einer mittelbaren Unsymmetriegröße erzeugt. Das geschieht zuweilen mit einer Selbstverständlichkeit, die erkennen läßt, daß man sich der gedanklichen Zentrierung der Verteilung kaum noch bewußt ist.

Voraussetzung für das Erkennen einer (unmittelbaren oder mittelbaren) Unsymmetriegröße ist, daß man die im Abschnitt 25.2.3 erläuterte Unterteilung der Verteilungen von Zufallsgrößen kennt. Außerdem können physikalische und technische Überlegungen wesentliche weitere Beiträge liefern. Dieses Erkennen ist bei mittelbaren Unsymmetriegrößen oft besonders erschwert.

Ein heute angesichts der modernen Zeitmeßtechnik schon „klassisches" Beispiel für eine mittelbare Unsymmetriegröße wegen Weglassens der in Wirklichkeit vorhandenen Vorzeichen (Eigenart der Erfassung) zeigt das Bild 25.3: Das unerwünschte Ausschwingen der spiraligen Unruhfeder einer mechanischen Uhr aus ihrer Schwingungsebene beim Schwingversuch nennt man „**Flachlaufabweichung**" (früher „Flachlauffehler", vgl. Abschnitt 20.4). Man ermittelt die Beträge c – d. Sie reichen für die Beurteilung aus. Es wäre wesentlich aufwendiger, die Werte a mit ihren Vorzeichen festzustellen, die bei jeder einzelnen Feder dem Betrag nach etwa gleich groß, von Feder zu Feder aber unterschiedlich sind.

Beispiel für eine wegen nicht mehr vorhandener Vorzeichen (ebenfalls Eigenart der Erfassung) entstehende mittelbare Unsymmetriegröße ist die Erfassung von Nebensprechkopplungen in Nachrichtenkabeln. Anstatt vieler unmittelbarer Unsymmetriegrößen (z.B. der kapazitiven oder der magnetischen Kopplungen) mißt man zusammengefaßt deren Gesamtwirkung, die zugehörigen Nebensprechdämpfungen. Diese sind ein logarithmisches Maß für das Verhältnis der Spannungen in den sich gegenseitig wegen der Nebensprechkopplungen (sehr gering) beeinflussenden Leitungskreisen.

25.3 Betragsverteilungen

Bild 25.3: Flachlaufabweichung einer Uhren-Unruhfeder

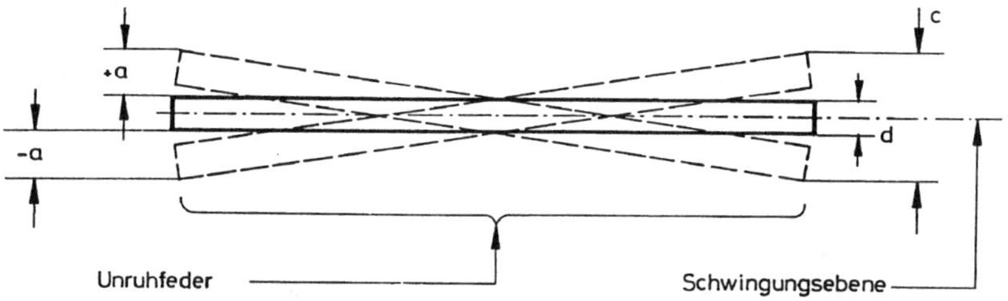

Theorie: Werte ±a der Unsymmetriegröße „Auslenkung aus der Schwingungsebene"
Praxis: Stets positive Werte c – d der Flachlaufabweichung

Weitere Beispiele für Unsymmetriegrößen finden sich in allen Branchen. Im Maschinenbau sind es z.b. Form- und Lageabweichungen, eingeschlossen die Oberflächenrauheit, Rundlaufabweichungen, Exzentrizitäten (z.b. [256]), Ungleichwandigkeiten, Durchbiegungen und ähnliche funktionswichtige Merkmale. Rationalisierung und Erhöhung der Produktivität führen zu immer größeren Drehzahlen und Durchlaufgeschwindigkeiten. Damit werden immer kleinere Grenzbeträge für Unsymmetriegrößen nötig. Diese selbst werden infolgedessen immer wichtiger für das Qualitätsmanagement.

Kennt man Unsymmetriegrößen, stellt man sogar fest: Auch Merkmale, von denen man es nicht erwartet hätte, sind Unsymmetriegrößen, also „betragsverteilt". Jedenfalls kann man es physikalisch oft (noch?) nicht erklären. Ein Beispiel ist der Gewichtsanteil von Verunreinigungen in Metallschmelzen.

25.3 Betragsverteilungen

25.3.1 Allgemeines

Unsymmetriegrößen werden in der Praxis häufig „Betragsverteilungen" genannt, weil unmittelbar oder mittelbar nur die Abweichungsbeträge vom Symmetriepunkt praktische Bedeutung besitzen (der deshalb oft zugleich Erwartungswert ist), nicht aber die Vorzeichen der Abweichungen. Das kommt, wie erwähnt, häufig und in allen Bereichen vor.

Bei Qualitätsprüfungen geht es auch bei Betragsverteilungen um die Feststellung, inwieweit die Qualitätsforderung erfüllt ist. Dabei erweisen sich spezielle Wahrscheinlichkeitsnetze oft als hilfreich. Sie heißen „Betragsnetze erster und zweiter Art" (Einzelheiten: Siehe Abschnitt 25.3.4). Man muß nämlich nach der Art des Qualitätsmerkmals unterscheiden zwischen den nachfolgend behandelten Betragsverteilungen erster und zweiter Art.

Zum praktischen Einsatz gibt es auch im deutschen Sprachraum Literatur. Ein Beispiel ist [249].

25.3.2 Betragsverteilungen erster Art

Die betrachtete (unmittelbare oder mittelbare) Unsymmetriegröße betrifft zufällige Abweichungen ihrer Werte vom angestrebten Wert Null bei einem quantitativen Merkmal, das sich *nur in einer einzigen Dimension ändert*. Beispiele für Betragsverteilungen erster Art sind die im Bild 25.3 gezeigte Flachlaufabweichung und die danach erwähnten Nebensprechkopplungen.

Zur systematischen Analyse von Betragsverteilungen erster Art wurden in den Vereinigten Staaten von Amerika die meisten Beiträge geliefert ([243] und [244], dort weitere Literatur). Umfangreiche Tabellenwerke sind dort herausgegeben worden. Sie betreffen vor allem den auch im Teil 1 von [249] vorkommenden Sonderfall, daß der Mittelwert der Unsymmetriegröße aus irgendwelchen Gründen systematisch und nennenswert von Null abweicht.

Betragsverteilungen erster Art erhielten dort den anschaulichen Namen „folded distributions". Dazu muß man wissen, daß man hierzulande unter einer „gefalteten Verteilung" das Ergebnis eines anderen Vorgangs versteht. Er heißt im englischen Sprachraum „convolution" und kennzeichnet die Abweichungsfortpflanzung bei der Mischung von Verteilungen.

25.3.3 Betragsverteilungen zweiter Art

Die betrachtete (unmittelbare oder mittelbare) Unsymmetriegröße betrifft zufällige Abweichungen ihrer Werte vom angestrebten Wert Null bei einem quantitativen Merkmal, das sich *in zwei Komponenten (Dimensionen) ändert* . Ein „klassisches" Beispiel für Betragsverteilungen zweiter Art ist die Schießscheibe, auf deren Zentrum ein fest eingespanntes Gewehr gerichtet ist. Eine hinreichende Anzahl von Schüssen bei Windstille ergibt bei entsprechender Abschußdistanz ein rotationssymmetrisches Trefferbild. Die Dichte der Einschüsse nimmt nach außen hin schnell ab. Niemand kommt auf den Gedanken, die Treffer in kartesischen Koordinaten mit ihren Vorzeichen in den vier Quadranten anzugeben, obwohl es durchaus möglich wäre. Es zählen nur die „Ringe". Sie sind die Beträge des Abstandes eines Einschußlochs vom Zentrum. Dieses ist der „zweidimensionale Symmetrie-Nullpunkt" der Schießscheibe.

Ein weiteres, allgemein bekanntes Beispiel ist die Unwucht von Reifen, Radfelgen und ganzen Autorädern. Hier sind Gewichtswert und Winkellage die beiden Komponenten. Für die Serienfertigung von Reifen und Radfelgen sind, so lange es sich um zufällig auf alle Winkellagen verteilte Unwuchten handelt, allein die Beträge der Gewichte von Interesse. Sie folgen einer Betragsverteilung zweiter Art. Entsprechendes gilt für die Unsymmetriegrößen aller rotationssymmetrischen Gebilde. Ein Beispiel ist [256]. Dessen Autor hat allerdings diese Unsymmetriegröße nicht als solche erkannt. Das hatte zur Folge, daß er sie im Lebensdauernetz (mit zwei Parametern) statt im Betragsnetz zweiter Art (mit einem Parameter) auswertete. Für dieses eingangs allgemein begründete Nichterkennen gibt es in der Literatur viele Beispiele. Gelegentlich sind unrichtige Auswertungsergebnisse die Folge.

Bei den Betragsverteilungen zweiter Art ist entsprechend dem Beispiel „Schießscheibe" zu beachten, daß die meßtechnische Realisierung der Zweidimensionalität oft ungleich aufwendiger wäre als die Betragsermittlung. Häufig bereitet es schon Schwierigkeiten, ein Bezugs-Koordinatensystem festzulegen. Man denke beispielsweise an die Exzentrizitäten metallischer Werkstücke aus hydraulischen Pressen. Es ist also sogar ein Glück, daß in der Praxis häufig nur der Betrag des Wertes interessiert. Man kann ihn zumeist leichter feststellen.

25.3 Betragsverteilungen

Die Betragsverteilung zweiter Art hat auch den Namen

„**Rayleigh-Verteilung**".

Deshalb wird das Betragsnetz zweiter Art verschiedentlich auch als „Rayleigh-Netz" bezeichnet.

25.3.4 Die graphische Darstellung von Betragsverteilungen

Die Arbeiten zu den „folded distributions" begannen in den USA schon 1959. Nicht nur in der Industrie fallen ständig Betragsverteilungen an. Täglich wird mit Betragsnetzen gearbeitet. Sie werden meist unternehmensintern entwickelt und gedruckt. Im Handel gibt es bisher nur selten Vordrucke.

Entsprechend den Betragsverteilungen erster und zweiter Art (siehe Abschnitte 25.3.2 und 25.3.3) erfolgt die Darstellung von Betragsverteilungen in Betragsnetzen erster und zweiter Art. Der Nullpunkt der Häufigkeitssumme liegt im Darstellungsbereich, anders als beim gewöhnlichen Wahrscheinlichkeitsnetz und beim Weibullnetz (Lebensdauernetz). Betragsverteilungen beginnen stets bei diesem Nullpunkt. Normale Häufigkeitssummen der Beträge ergeben in beiden Netzen eine Gerade durch den Nullpunkt.

Sowohl die Darstellung einer Normalverteilung im gewöhnlichen Wahrscheinlichkeitsnetz als auch die Darstellung der Rayleigh-Verteilung im Weibullnetz (Lebensdauernetz, siehe auch [248]) benötigen zwei Parameterwerte. Zur Darstellung einer normalen Betragsverteilung genügt indessen ein einziger Parameterwert, das Streuungsmaß. Es kennzeichnet die Neigung der Geraden durch den Nullpunkt des Netzes. Diese bedeutende Analyse-Erleichterung ist Nutzung des Erwartungswertes Null einer Betragsverteilung sowie der Tatsache, daß der Variationskoeffizient keine nützliche Information enthält, sondern ein Zufallsereignis mit großen Zahlenwerten ist.

Zu bedenken ist weiter, daß bei Betragsnetzen ebenso wie bei gewöhnlichen Wahrscheinlichkeitsnetzen Merkmalstransformationen vorkommen und genutzt werden können und sollten.

Das Betragsnetz erster Art (siehe Bild 25.4) ist ein „halbiertes" („folded") gewöhnliches Wahrscheinlichkeitsnetz mit der Ordinate $y_1 = 2 \cdot (y - 0{,}5)$ mit $y \geq 0{,}5$, wobei y die Ordinate des gewöhnlichen Wahrscheinlichkeitsnetzes ist. Wegen dieses Zusammenhangs kann man notfalls ein gewöhnliches Wahrscheinlichkeitsnetz zur Aufzeichnung einer Betragsverteilung erster Art benutzen, nachdem man die Ordinate, ab 50 % beginnend mit Null, gemäß der obigen Gleichung beschriftet hat.

Das Betragsnetz zweiter Art (siehe Bild 25.5) hat eine Ordinate, die nicht aus dem gewöhnlichen Wahrscheinlichkeitsnetz abgeleitet werden kann. Sie ist die Umkehrfunktion der Weibullverteilung mit dem Formparameter $b = 2$ und dem Verschiebungsparameter $a_o = 0$ (siehe Formel in Abschnitt 25.4).

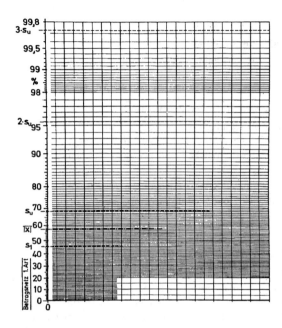

Bild 25.4:
Das Betragsnetz erster Art

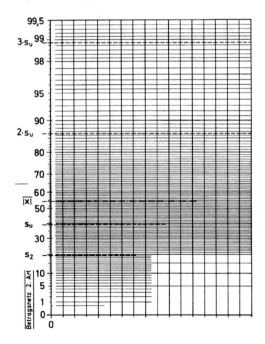

Bild 25.5:
Das Betragsnetz zweiter Art
(Rayleigh-Netz)

25.3.5 Kennwerte von Betragsverteilungen

Ob eine Betragsverteilung erster oder zweiter Art vorliegt, weiß man – wie in den obigen Beispielen – häufig aus technischen oder physikalischen Zusammenhängen. Dann ist klar, daß man zur Analyse von Meßwerten das Betragsnetz erster oder zweiter Art benutzen sollte.

Vielfach hilft auch ein formales Erkennungszeichen: Der Variationskoeffizient der Beträge hat bei der normalen Betragsverteilung

- erster Art einen Wert von etwa 75 %, genau $((\pi/2) - 1)^{0,5} = 0,7555$;
- zweiter Art einen Wert von etwa 50 %, genau $((4/\pi) - 1)^{0,5} = 0,5227$.

Weitere charakteristische Kennwerte kann man aus der Literatur [245] entnehmen. Dazu gehört auch die oft interessierende Standardabweichung der vorzeichenbehafteten ursprünglichen Normalverteilung der Unsymmetriegröße. Sie ist der Abszissenwert zur Häufigkeitssumme von etwa

- 70 % (genau zu 68,26 %) beim Betragsnetz erster Art;
- 40 % (genau zu 39,35 %) beim Betragsnetz zweiter Art.

Beim Betragsnetz zweiter Art gibt es außerdem den sogenannten „charakteristischen Wert", den Skalenparameter Θ. Man findet ihn als Abszisse zur Häufigkeitssumme von etwa 63 % (genau zu $1 - 1/e = 0,6321$).

25.3.6 Praxisbeispiele für Betragsverteilungen

Im Bild 25.6 sind zwei praktische Beispiele aufgezeichnet: Das **Beispiel 1** links im Betragsnetz erster Art zeigt die Beträge der kapazitiven Nebensprechkopplungen in einem Nachrichtenkabel. Man hatte sie mit ihren Vorzeichen gemessen. Deren arithmetischer Mittelwert ergibt normalerweise einen im Vergleich mit der Standardabweichung sehr kleinen Wert von nur einigen pF. Er interessiert in der Praxis nicht. Wichtig ist vielmehr, daß es eine normale Betragsverteilung bleibt, und daß deren Streuungsmaß – im Bild also die Neigung der Wahrscheinlichkeitsgeraden im Betragsnetz – nicht zu groß wird. Die ursprüngliche Standardabweichung von etwa 45 pF kennzeichnet als Kennwert die normale Häufigkeitssumme der Beträge vollständig.

Das im Bild 25.6 rechts stehende **Beispiel 2** gibt die Zusammenfassung der Ergebnisse von drei Fertigungsmaschinen wieder. Die Häufigkeitssumme ist vermischt. Solche Mischverteilungen kommen häufig vor. Mit ausreichender Erfahrung können sie visuell in der Regel mit großer Treffsicherheit nach [255] praxisgerecht analysiert werden. Die Anwendung solcher – auch maschinell anwendbarer – graphischer Verfahren ist trotz des Vorliegens weit entwickelter mathematischer Analysemodelle im allgemeinen erfolgversprechender. Im vorliegenden Fall arbeitet offensichtlich die eine der drei Maschinen mit einer um etwa den Faktor 2,5 größeren Streuung als die anderen beiden. Der charakteristische Wert (der Skalenparameter Θ) ihres Verteilungsanteils von 1/3 der Werte, der offenbar normal ist, liegt bei fast 6 % Exzentrizität, derjenige der anderen beiden Maschinen bei nur 2,4 %.

Zeichnet man diese Art Mischverteilung in einem normalen Wahrscheinlichkeitsnetz mit logarithmischer Merkmalsteilung auf, wird in besonders irreführender Weise ein „normales" Analyse-Ergebnis vorgetäuscht. Diese Täuschung wird näher behandelt im Abschnitt 25.3.7.

Bild 25.6: Beispiele für Betragsverteilungen erster und zweiter Art

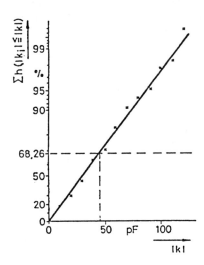

Beispiel 1:
Kapazitive Nebensprechkopplungen als normale Betragsverteilung erster Art

Beispiel 2:
Exzentrizität von Kupfer-Industrierohren als 2:1 vermischte Betragsverteilung zweiter Art

25.3.7 Fehlerhafte logarithmische Transformation

Der gefährlichen Täuschung durch die fehlerhaft auf eine Betragsverteilung angewendete logarithmische Transformation fällt man leicht zum Opfer. Die Anwendung erfolgt meist nach erlernter „Gebrauchsanleitung", weil man die tatsächlich zutreffende Modellvorstellung „Betragsverteilung" nicht kennt. Die Folge sind systematische Fehlschlüsse. Sie führen allerdings in der Regel nicht zu Funktionsbeeinträchtigungen, sondern „nur" zu einer unwirtschaftlichen Fertigung. Meist kommt es daher auch nicht zu Schwierigkeiten bei der Verwendung der Produkte. Man hört deshalb bei Richtigstellung der fehlerhaften Transformation zuweilen die scheinbar praxisgerechte Beurteilung: „Es ist doch nichts passiert, das ist doch alles nur graue Theorie!" Es ist wie beim Versäumnis der Festlegung abgestufter Grenzwerte (siehe Abschnitt 22.2): Die zitierte Praxisbeurteilung zeigt zum wiederholtenmal, daß unnötig hoher Aufwand einer Serienfertigung nicht gegen den (meist erheblich geringeren) Mehraufwand einer verbesserten Planung und Ergebnisanalyse abgewogen wird. Zudem sind solche „Sicherheitspolster" gerne gesehen.

Im Bild 25.7 links ist ein veröffentlichtes Zahlenbeispiel zu der im Bild 25.3 erläuterten Flachlaufabweichung gegeben (die damals noch „Flachlauffehler" hieß). Die gezeigte Häufigkeitssumme im Wahrscheinlichkeitsnetz mit logarithmischer Merkmalsteilung wurde als Lognormalverteilung interpretiert. In der Tat ergeben die Meßpunkte bis 95% Häufigkeitssumme etwa eine Gerade. Erst aus dem weiteren, systematisch von der Geraden abweichenden Verlauf erkennt man, daß ein unzutreffendes Verteilungsmodell gewählt ist.

25.3 Betragsverteilungen

Bild 25.7: Beispiel einer fehlerhaften logarithmischen Transformation einer eindimensionalen Betragsverteilung (Flachlaufabweichung)

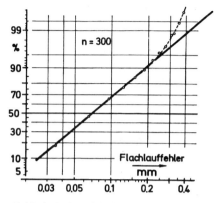
Fehlerhafte logarithmische Transformation

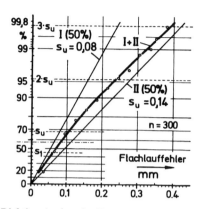
Richtige Analyse im Betragsnetz erster Art

Die Aufzeichnung derselben Werte rechts im Betragsnetz erster Art bestätigt nicht nur diese Vermutung. Sie offenbart zudem eine Vermischung der Häufigkeitsverteilung aus zwei Anteilen etwa im Verhältnis 1:1. Das Verhältnis 1,75 der Streuungswerte hätte möglicherweise eine wichtige technische Erkenntnis vermittelt. Sie blieb bei der „Analyse mit dem Fehler im Ansatz" verborgen. Zudem ist zu erkennen: Die Festlegung eines Grenzquantils auf der Basis der Meßergebnisse, etwa zu einem Mindest-Unterschreitungsanteil von 99 %, würde hier zu einem um ein Drittel zu hohen Höchstquantil führen, nämlich zu 0,43 mm. Erfüllen könnte man aber die Höchstquantil-Forderung ≤ 0,32 mm.

Wegen ihrer wirtschaftlichen Bedeutung werden diese Zusammenhänge mit Bild 25.8 systematisch gezeigt und erläutert:

Bild 25.8: Systematik fehlerhafter logarithmischer Transformationen normaler Betragsverteilungen erster und zweiter Art im Vergleich mit der Normalverteilung

Darstellung bei linearen Merkmalsteilungen

Wahrscheinlichkeitsdichte

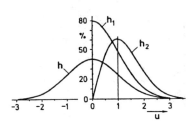

Verteilungsfunktion

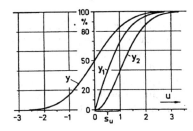

h, y = **Normalverteilung**;

Als Verteilungsfunktionen im Wahrscheinlichkeitsnetz

lineare Merkmalsteilung

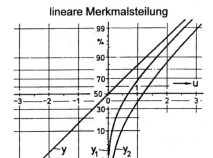

logarithmisch transformiert

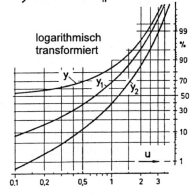

h_1, y_1 = Normale Betragsverteilung erster Art;
h_2, y_2 = Normale Betragsverteilung zweiter Art
(Rayleigh-Verteilung)

Die Beträge einer normal verteilten Unsymmetriegröße erster bzw. zweiter Art ergeben die Wahrscheinlichkeitsdichten h_1 und h_2 im Teilbild 25.8 oben links und die Verteilungsfunktionen y_1 und y_2 im Teilbild unten links, jeweils in Lineardarstellung. Zeichnet man y_1 und y_2 im gewöhnlichen Wahrscheinlichkeitsnetz mit linearer Merkmalsteilung auf (siehe Teilbild oben rechts), so ergibt sich ein negativ gekrümmter Kurvenzug. Er beginnt bei kleinen Häufigkeitssummen jeweils nahe dem Merkmalswert Null fast senkrecht und wird dann immer flacher.

Vielfach wird nun angesichts dieses Kurvenbildes nach gelernter Gebrauchsanleitung logarithmisch transformiert. Der Variationskoeffizient wird mangels Kenntnis der Zusammenhänge nicht näher als Kriterium für das vermutete Verteilungsmodell betrachtet.

In zwei Fällen scheint sich die logarithmische Merkmalstransformation sogar zu bestätigen: Zum ersten bei kleineren Stichprobenumfängen, wenn es also nur sehr kleine „Extremwerte-Kurvenzweige" gibt. Vor allem aber bei den häufig vorkommenden, wegen der Einbeziehung mehrerer Fertigungseinrichtungen vermischten Verteilungen gemäß Bild 25.7 links (oder wenn man die Verteilung aus Bild 25.6 rechts logarithmisch transformiert hätte). Dann ermöglichen die logarithmisch transformierten Meßpunkte die Einzeichnung einer gut ausgleichenden Geraden. *In Wirklichkeit ist aber dann diese Transformation ein Fehler im Ansatz.* Bei Mischverteilungen ist die Gefahr besonders groß: Die positive Krümmung infolge der Transformation (siehe Bild 25.8 rechts unten) wird kompensiert durch die negative Krümmung infolge der Vermischung (siehe Bilder 25.6 und 25.7 jeweils rechts).

Wirtschaftliche Bedeutung hat dabei insbesondere, daß der am meisten interessierende Extremwerte-Kurvenzweig nach einer solchen Transformation prinzipiell zu scharf bewertet wird.

25.3.8 Von Null systematisch abweichender Erwartungswert

Bei Unsymmetriegrößen wird in der Praxis immer wieder beobachtet: Der Mittelwert, der sich aus den Werten mit Vorzeichen ergibt oder ergeben hätte, weicht systematisch von Null ab. Ursache können beispielsweise falsch eingestellte Werkzeuge oder Materialfehler sein. Im Betragsnetz ergibt sich daraus eine vor allem im Ursprung positiv gekrümmte Häufigkeitssummenlinie. Graphisch kann man den Betrag der Mittelwert-Abweichung aus dem Schnittpunkt der Asymptote an den Extremwerte-Kurvenzweig mit der Abszisse abschätzen. Ein anschauliches Beispiel dafür findet man in Bild 4 des Teils 1 von [249]. Für die Analyse eignen sich auch die amerikanischen Arbeiten über „folded distributions" ([243] und [244] mit angegebener Literatur, insbesondere die Tabellen zur Mittelwerts-Abweichung). Das Vorzeichen der Mittelwert-Abweichung kann aus einer Betragsverteilung natürlich nicht entnommen werden.

25.4 Die Weibull-Verteilung

Die Weibullverteilung ist ein vergleichsweise universelles Verteilungsmodell. Deshalb sollte es jeder Fachmann des Qualitätsmanagements kennen. Wallodi Weibull (1887 bis 1979), seinerzeit Professor am Königlich Schwedischen Institut für Technologie in Stockholm, hat gefunden, daß man durch Modifikation der Parameter b, Θ und a_0 der Exponentialverteilung

$$F(x) = 1 - e^{\left(\frac{x-a_0}{\Theta}\right)^b}$$

sehr viele statistische Verteilungsprobleme auf einen gemeinsamen Nenner der prinzipiellen Analyse zurückführen kann. Im Abschnitt 19.4 ist eine spezielle Anwendungsform dieses Verteilungstyps wiedergegeben.

Weibullverteilungen haben sich in der Zuverlässigkeits- und Festigkeitslehre und darüber hinaus als unentbehrlich erwiesen [248], z.B. für Lebensdauerbetrachtungen (siehe Bild 19.3). Das Betragsnetz zweiter Art ist – wie oben erwähnt – ein spezielles Weibull-Netz für $a_0 = 0$ und für $b = 2$.

25.5 Zusammenhang der Verteilungsmodelle

Die obige Behandlung der Stichprobenprüfung anhand quantitativer Merkmale ist wesentlich durch das Bemühen geprägt, beim Vorliegen von Unsymmetriegrößen die Bedeutung des „Fehlers im Ansatz" hervorzuheben und Möglichkeiten zu seiner Vermeidung zu zeigen. Das Prüfergebnis kann aber auch ganz allgemein nur dann im Rahmen des gewählten Vertrauens- oder Signifikanzniveaus liegen, wenn das gewählte Verteilungsmodell der tatsächlichen Verteilung der betrachteten Zufallsgröße möglichst gut entspricht. Andernfalls kann das Ergebnis unrichtig sein.

Bild 25.9: Übergänge zwischen stetigen Wahrscheinlichkeitsverteilungen

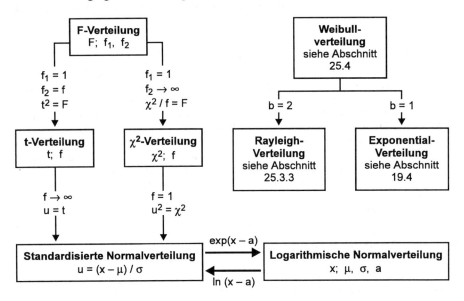

Übergänge zwischen diskreten Verteilungen: Siehe Tabelle 24.1. Für $\mu > 9$ und $u = (x + 0{,}5 - \mu)/\sqrt{\mu}$ geht die Poissonverteilung in die standardisierte Normalverteilung über

Inwieweit bei Wahl eines nicht zutreffenden Verteilungsmodells das Ergebnis verfälscht wird, kann man anhand der „Robustheit eines Prüfverfahrens" abschätzen. Wichtig hierfür sind auch die Zusammenhänge und Übergänge zwischen den verschiedenen Verteilungsmodellen. Eingeschlossen sind dabei die diskreten Wahrscheinlichkeitsverteilungen, die im Kapitel 24 und dort insbesondere in Tabelle 24.1 mit ihren Übergängen behandelt wurden. Einzelheiten zu den hier allein interessierenden Übergängen zwischen Wahrscheinlichkeitsverteilungen kontinuierlicher Merkmale entnehme man aus der Literatur [225]. Die wichtigsten sind im Bild 25.9 zusammengefaßt.

25.6 Schätzfunktionen für quantitative Stichprobenprüfungen

25.6.1 Allgemeines
Eine Schätzfunktion ist in [201] wie folgt erklärt:

> **Schätzfunktion =**
> **Kenngröße zur Schätzung eines Parameters**
> **der Wahrscheinlichkeitsverteilung**

Dabei ist ein Parameter nach [198] eine „Größe zur Kennzeichnung einer Wahrscheinlichkeitsverteilung", und eine Kenngröße nach [200] eine „Funktion der Beobachtungswerte, die eine Eigenschaft der Häufigkeitsverteilung charakterisiert".

Für Stichprobenprüfungen anhand quantitativer Merkmale werden im Hinblick auf Toleranzbereiche oder Grenzwerte für Schätzfunktionen meist die Schätzwerte für die Überschreitungswahrscheinlichkeit an einem oberen Grenzwert (Höchstwert) und für die Unterschreitungswahrscheinlichkeit an einem unteren Grenzwert (Mindestwert) angewendet. Bei einseitigen Grenzwerten und damit einseitigen Aufgabenstellungen für die Qualitätsprüfung interessiert naturgemäß nur der eine dieser beiden Schätzwerte. Bei zweiseitigen Aufgabenstellungen gilt die Summe aus beiden; jedenfalls prinzipiell (siehe aber Abschnitt 25.6.6).

Für diese Schätzfunktion werden mit der Qualitätsforderung verknüpfte „Qualitätszahlen" benutzt. Eine Qualitätszahl (Bezeichnung „Q") ist in [230] sinngemäß wie folgt erklärt:

> **Qualitätszahl (Q) = Funktion des Grenzwertes,**
> **des Stichprobenmittelwertes und der Standardabweichung.**
> **Anmerkung:** Der ermittelte Funktionswert wird
> zur Feststellung der Annehmbarkeit des Prüfloses
> mit dem Annahmefaktor k verglichen

Qualitätszahlen sind eine spezielle Art der normierten Qualitätsbeurteilung (siehe Kapitel 28, insbesondere Abschnitt 28.6).

25.6.2 „Feststellung" oder „Entscheidung" über Annehmbarkeit
Die Norm [230] spricht von „Entscheidung" statt von „Feststellung". Wenn man akzeptiert, daß eine Entscheidung mindestens zwei Entscheidungsmöglichkeiten voraussetzt, ist „Entscheidung" hier unzutreffend: Der Annahmefaktor k liegt im Prüfplan fest. Die Qualitätszahl wird aus einem Stichprobenergebnis errechnet. Der Vergleich der Qualitätszahl Q mit dem Annahmefaktor k führt als Vergleich zweier Zahlen mathematisch zweifelsfrei zu einem einzigen Ermittlungsergebnis. Bei diesem Vergleich gibt es nichts zu entscheiden. Deshalb müßte es in [230] „Feststellung" heißen.

Das ist auch normativ geordnet: Nach [51] ist ein Ausfallkriterium eine „Festlegung zur Feststellung, ob ein Ausfall vorliegt". Analog dazu ist ein Fehlerkriterium eine „Festlegung zur Feststellung, ob ein Fehler vorliegt". Ganz entsprechend ist ein Schätzfunktion für eine Stichprobenprüfung (die oft auch noch „Stichprobenkriterium" genannt wird) eine „Festlegung zur Feststellung, ob ein Prüflos wie vorgestellt angenommen werden kann" (wie es auch die obige Anmerkung bei der Qualitätszahl besagt). Diese Feststellung wird getroffen anläßlich einer Annahmestichprobenprüfung, die ihrerseits entsprechend [50] definiert ist als „Statistische Qualitätsprüfung zur Feststellung, ob ein Produkt wie bereitgestellt oder geliefert annehmbar ist". Man kann übrigens diese jeweiligen „Festlegungen zur Feststellung ..." auch als Einzelforderungen im Rahmen einer Qualitätsforderung an die jeweilige Prüftätigkeit auffassen.

Ursache für das folgenschwere Durcheinander von „Feststellen" und „Entscheiden" ist wie in vielen solchen Fällen die Übersetzung: „Decide" kann beides heißen. Hier ist „Feststellen" gemeint, nicht „Entscheiden". Auch die „decision theory" der mathematischen Statistik muß man so auffassen, daß sie zwei Gruppen von Festlegungen umfaßt. Das sind

– Festlegungen zu den der Anwendung von statistischen Verfahren vorausgehenden und notwendigen Entscheidungen: Dabei kann nur festgelegt sein, daß und mit welchem Ziel zu entscheiden ist. Zu welchen Werten der Entscheidungsprozeß im Anwendungsfall führt, kann naturgemäß nicht festgelegt sein.

– Festlegungen zum Ablauf der Ermittlungen und Feststellungen bei Anwendung des Verfahrens während der statistischen Qualitätsprüfung oder des statistischen Tests (siehe Kapitel 26).

Bei Qualitätsprüfungen kommt es erfahrungsgemäß psychologisch außerordentlich auf zwei Dinge an: Daß die Entscheidungen vor den Qualitätsprüfungen und statistischen Tests bewußt als solche aufgefaßt und auch tatsächlich getroffen werden, und daß man den Ergebnissen der Ermittlungen und Feststellungen, die sich aus einfach erzielbaren Rechenergebnissen eindeutig ableiten lassen, nicht den Anschein von Entscheidungen gibt.

Erst nach der Beendigung von Qualitätsprüfungen und nach statistischen Tests stehen möglicherweise wieder Entscheidungen an: Wenn nämlich deren Ergebnis unerwünscht ist oder einen Fehler aufgedeckt hat.

Auf diesen Unterschied wird hier deshalb so großer Wert gelegt, weil jede Stichprobenprüfung und jeder statistische Test tatsächlich sehr weittragende, vorausgehende Entscheidungen nötig macht. Diese müssen einerseits bei der jeweiligen Disposition von fallangepaßten Stichprobenverfahren anhand quantitativer Merkmale als Entscheidungen begriffen werden. Sie mit einer pauschalen Vorwort-Vorbemerkung wie in [258] zu behandeln, fördert das Verständnis für die Notwendigkeit dieser Entscheidungen in keiner Weise.

Andererseits ist dieser Unterschied auch psychologisch eminent wichtig: Prüfpersonal vor Ort entscheidet nur selten vorab über die nachfolgend als Beispiele genannten Randbedingungen zur Prüfung, spricht aber erfahrungsgemäß dennoch oft gerne von den „Entscheidungen", die es getroffen habe. Das kann beim Realisierungspersonal unnötigerweise Emotionen wecken.

25.6.3 Beispiele für Entscheidungen

Beispiele für die erwähnten Vorab-Entscheidungen sind die Festlegung der Annehmbaren Qualitätsgrenzlage, des Vertrauensniveaus oder des Signifikanzniveaus (siehe dazu Abschnitt 26.4).

Eine wichtige Entscheidung betrifft im vorliegenden Fall die folgende Frage: Soll ein Annahmefaktor festgelegt werden für eine Überschreitungswahrscheinlichkeit als Durchschnittserwartung oder unter „Einbau zusätzlicher statistischer Sicherheiten"? Empfohlen wird, hier ebenso vorzugehen wie [230], also nach dem Stand der Technik. Das bedeutet (wie bei [205]): Auf der OC (siehe Abschnitt 24.3.5) liegt der Punkt, dem die AQL zugeordnet wird, bei um so größeren Annahmewahrscheinlichkeiten, je größer der Losumfang (und damit der Stichprobenumfang) ist, und zwar zwischen 90% und 99%. Für die Zuordnung von k zur AQL gilt andererseits: Der theoretisch sich aus der AQL ergebende Annahmefaktor würde weit über dem Bereich der tatsächlichen Tabellenwerte liegen. Daraus ergibt sich quantitativ: Der Annahmefaktor k gehört jeweils etwa zum 50%-Punkt der Operationscharakteristiken. Er gehört also zur Durchschnittserwartung.

Ein praktisches Beispiel zeigt, daß dies keineswegs selbstverständlich ist: Bei der Disposition spezieller Variablenprüfpläne für einen ganzen Industriezweig war, noch bevor [230] erschien, mit Unterstützung beratender mathematischer Statistiker anders entschieden worden, nämlich im Sinn des Einbaus zusätzlicher, nicht unerheblicher „statistischer Sicherheiten".

25.6.4 Beispiele für Feststellungen

Bei zweiseitiger Aufgabenstellung gibt es eine untere Qualitätszahl Q_{un} und eine obere Qualitätszahl Q_{ob}, bei einer einseitigen nur eine davon. Mit

$\bar{x}$ = Stichprobenmittelwert,
s = Standardabweichung der Stichprobe,
G_{un} = unterer Grenzwert und
G_{ob} = oberer Grenzwert

sind die **Qualitätszahlen** gemäß Abschnitt 25.6.1 durch folgende Beziehungen gekennzeichnet:

$$G_{un} = \frac{\bar{x} - G_{un}}{s} \quad ; \quad \frac{G_{ob} - \bar{x}}{s} = G_{ob}$$

Man sieht, daß es sich hier um standardisierte Verteilungsgrößen handelt. Wenn die Standardabweichung als bekannt gelten kann, ist s durch σ zu ersetzen. Dann können wegen des Wegfalls der Unsicherheit von s kleinere k angesetzt werden. Alle diese Gesichtspunkte sind in [230] bereits berücksichtigt.

Feststellung der Annehmbarkeit erfolgt durch die Prüfung der Bedingung(en) $G_{un} \geq k_{un}$ und/oder $Q_{ob} \geq k_{ob}$. Dabei sind k_{un} und k_{ob} die sogenannten „**Annahmefaktoren**". Bei zweiseitiger Aufgabenstellung ist sehr häufig festgelegt: $k_{un} = k_{ob}$. Sind (Ist) die Bedingung(en) erfüllt, lautet die Feststellung: Das Prüflos ist angenommen. Sind sie nicht erfüllt, muß festgestellt werden: Das Prüflos ist nicht angenommen. Das macht dann Entscheidungen nötig. Diese haben jedoch mit dem Stichprobenverfahren selbst nichts zu tun.

25.6.5 Vorteile von Qualitätszahlen und Annahmefaktoren
Solche Qualitätszahlen und Annahmefaktoren haben folgende Vorteile:
- Auch im Fall nicht normaler Verteilungen von Merkmalswerten kann man für die Schätzfunktionen Qualitätszahlen anwenden. Dazu wird die standardisierte Form dieser Verteilungen in bezug auf eine normale Verteilung von Merkmalswerten gleicher Standardabweichung und gleichen Mittelwerts angegeben. Dies erfolgt durch Abszissen-Korrekturfaktoren für festgelegte Ordinatenwerte. Beispiele sind in [226] gegeben. Entsprechend können die Annahmefaktoren k geändert werden.
- Bei abgestuften Grenzwerten (siehe Abschnitt 22.2) werden die Annahmefaktoren k_v unter Berücksichtigung der Grenz-Unterschreitungsanteile auf die n Grenzquantile angewendet. Dann sind entsprechend der Anzahl der Grenzquantile für ein einziges Merkmal mehrere Qualitätszahlen zu ermitteln.
- Schließlich geben solche Verfahren − wie die normierte Qualitätsbeurteilung (siehe Kapitel 28) − die Möglichkeit, Qualitätszahlen für unterschiedliche Qualitätsforderungen zu vergleichen. So kann man ein angemessenes Qualitätsurteil über eine Einheit mit vielen Qualitätsmerkmalen finden, oder man kann unterschiedliche Einheiten vergleichen.

Wer alle diese Möglichkeiten nutzt, erkennt den ungleich höheren Nutzen von Stichprobenverfahren anhand quantitativer Merkmale gegenüber denen anhand qualitativer Merkmale, wie sie im Kapitel 24 beschrieben sind.

25.6.6 Besonderheit bei zweiseitiger Aufgabenstellung
Eine Besonderheit ist bei zweiseitigen Aufgabenstellungen die Antwort auf die Frage: Um wieviel höher müssen die beiden Annahmefaktoren k_{un} und k_{ob} gegenüber der einseitigen Aufgabenstellung sein, wenn die Summe aus der Unterschreitungswahrscheinlichkeit am Mindestwert und der Überschreitungswahrscheinlichkeit am Höchstwert nicht größer sein darf als bei einseitiger Aufgabenstellung der eine dieser Werte an einer dieser Grenzen? Die zunächst überraschende, in [228] jedoch begründete Antwort lautet: Es können bei sonst gleichen Einzelforderungen für die einseitige und die zweiseitige Aufgabenstellung praktisch die gleichen Annahmefaktoren verwendet werden.

25.7 Stichprobenverfahren mit Vorinformation

Thomas Bayes (1702 bis 1761), englischer Mathematiker und Statistiker, hat die nach ihm benannte Regel zur Berechnung der bedingten Wahrscheinlichkeit aufgestellt. Deshalb werden Schätz- und Testverfahren bei Berücksichtigung von Vorinformation auch als „Bayes-Verfahren" bezeichnet. [238] ist „eine anwendungs- und benutzerorientierte Einführung in dieses bedeutende Teilgebiet der Statistik". Darauf bauen auch mehrere in Aachen entstandene Dissertationen zum Thema wie etwa [227] auf. Diese Arbeit behandelt den aktuellen Fall, daß die Verteilung der Qualitätszahlen (siehe Abschnitt 25.6.1) als Vorinformation (a-priori-Verteilung) bekannt ist.

Nachdrücklich wird insbesondere für die hier behandelten Verfahren anhand quantitativer Merkmale empfohlen, die Möglichkeit des Einbaus von Vorinformation in individuelle

25.7 Stichprobenverfahren mit Vorinformation

Stichprobenverfahren zu nutzen. In der Regel ist dazu ein Fachmann in jener Technik erforderlich, zu der die Prüfobjekte gehören. Er kennt die Zusammenhänge bisheriger Realisierungen aus technologischen und historischen Gründen. Sehr erwünscht ist dabei, daß er auch von der Theorie der hier diskutierten Stichprobenprüfungen und der Einbeziehung von Vorinformation etwas versteht.

Durch Einbau von Vorinformation werden die Prüfpläne wirtschaftlicher und aussagefähiger. Meist ist der Mehraufwand heute auch schon wesentlich geringer als der erwartbare Nutzen.

26 Statistische Tests

Überblick

Wer angesichts der anwendungsgerecht bereitstehenden Einfachwerkzeuge den Einsatz statistischer Tests scheut, wo sie genutzt werden können, vergibt eine bedeutende Möglichkeit zusätzlicher Information über das, was in seinem Verantwortungsgebiet geschieht und künftig geschehen sollte.

26.1 Vorbemerkung zur Benennung

Im Abschnitt 13.3.13 sind die unterschiedlichen angloamerikanischen Benennungen zur Qualitätsprüfung angesprochen. Neben „verification" wird vielfach „inspection and testing" verwendet. Das ist aber keine Anspielung auf statistische Tests. Es muß leider festgestellt werden, daß bisher sowohl im Angloamerikanischen als auch im Deutschen unter „Test" sehr unterschiedliche Dinge verstanden werden. Daran ändern auch branchenspezifische Definitionen nichts, die meist auf eine spezielle Qualitätsprüfung hinauslaufen (so in der Filmbranche bei Testfilmen). Bei Rechnersoftware ist ein Test oft die Endprüfung, also ein Synonym für eine spezielle Qualitätsprüfung. In der Entwicklung meint man häufig die Erprobung, anderswo nur die Messung (z.B. in [188] und teilweise in [187]).

In der neuesten Fassung 1996 des ISO/IEC Guide 2 [327] ist nun zweifelsfrei international festgelegt worden, daß das englische Wort „test" den Begriffsinhalt von Ermittlung hat (siehe Bild 9.4). Die Test-Definition lautet im Guide 2 nun nämlich: „Technical operation that consists of the determination of one ore more characteristics of a given product, process or service according to a specified procedure". Trotz der nach wie vor fehlenden Einheit (siehe Abschnitt 6.2) und dem ebenfalls fehlenden Wert (value) des Merkmals könnte man sich über diese im Grundsatz zweifelsfreie Ermittlungs-Definition an sich freuen, zumal diese Festlegung über die Zwischenlösung [328] auch nach [86] übernommen werden wird. Die nationale Situation läßt indessen nicht nur keine Bereinigung, sondern eine Zementierung der zunächst aus Unkenntnis entstandenen normativen Verwirrung erwarten [309]. Deshalb ist diese Vorbemerkung im Kapitel 26 zur Benennung länger als in der zweiten Auflage.

Der für Qualitätsmanagement, Statistik und Zertifizierungsgrundlagen zuständige Normenausschuß übersetzt zwar in seinem für Qualitätsmanagement zuständigen Gremium wie seit nun zwei Jahrzehnten bei allen internationalen Normen (und vorher bei EOQ) üblich „inspection" mit „Prüfung", der vor einem halben Jahrzehnt hinzugekommene, für Zertifizierungsgrundlagen zuständige hingegen „test" mit „Prüfung". Eine Einigung bzw. die wünschenswerte Vereinheitlichung ist derzeit nicht zu erwarten. Das ist keine Nebensächlichkeit, sondern tagtäglich, nur im deutschen Sprachraum, millionenmal aktuell und daher zudem auch eine Standortfrage. Vorgänge dieser Art haben nämlich weitreichende Folgen: Ganze Normenserien können u.a. deshalb nicht auf den neuesten Stand gebracht werden.

Für das Qualitätsmanagement ist folgendes empfehlenswert: Wenn von Qualitätsprüfung die Rede ist, gilt der Begriff gemäß Abschnitt 9.4, wenn von Test die Rede ist, dann ist grundsätzlich und ausschließlich ein statistischer Test angesprochen. Für statistische Tests gelten weltweit übereinstimmende mathematisch-statistische Regeln, und überall werden sie als „Test" bezeichnet. Man beachte auch die nach wie vor geltende Empfehlung in [50], die infolge der zwischenzeitlichen Entwicklung wesentlich bedeutungsvoller ist als bei Herausgabe der Norm. Sie findet sich dort, besonders hervorgehoben, im kurzen Text-Vorspann zum Hauptabschnitt „3 Begriffe" und lautet seit nunmehr 10 Jahren unverändert: „Die Benennung „Test" synonym zu „Prüfung" wird nicht empfohlen. In der Normung zu Qualitätssicherung und Statistik ist die Benennung „Test" dem statistischen Test vorbehalten.". Heute würde es heißen: „zu Qualitätsmanagement, Statistik und Zertifizierungsgrundlagen".

26.2 Allgemeines

Ein statistischer Test ist nach [201] wie folgt erklärt:

> **Statistischer Test =**
> **Ein unter definierten Voraussetzungen geltendes Verfahren,**
> **um mit Hilfe von Stichprobenergebnissen zu entscheiden,**
> **ob die wahre Wahrscheinlichkeitsverteilung**
> **zur Nullhypothese oder zur Alternativhypothese gehört**

Die „wahre Wahrscheinlichkeitsverteilung" ist die Verteilung jener gedachten Grundgesamtheit, die hinter den im Test zu analysierenden Merkmalswerten der Stichprobe steht. Statt „zu entscheiden" lese man „festzustellen".

Die Hypothesen eines statistischen Tests zielen auf die Feststellung eines Vertrauensbereichs für vermutete Parameterzuordnungen. Für statistische Tests gibt es wie für Stichprobenverfahren Operationscharakteristiken (OC).

26.3 Gedankliches Vorgehen beim statistischen Test

Wesentliche Zielsetzung bei statistischen Tests ist nicht etwa der Versuch, das vermutete oder erwartete Ergebnis bestätigen zu können. Ziel des Tests ist es vielmehr, die bestehende Vermutung oder das erwartete Ergebnis zu widerlegen. Je weniger es gelingt, durch den Test diese Vermutung oder Erwartung zu widerlegen, um so mehr wird ihr Zutreffen gestützt. Dieses Zutreffen kann und soll bei dieser seriösen Methode also nie „bewiesen" werden. Man kann demnach fachgerecht niemals sagen: „Dieser Test hat bewiesen, daß meine Vermutung zutrifft.".

Dieses auch auf anderen Gebieten angewendete Grundprinzip seriösen wissenschaftlichen Vorgehens sollte jedem Fachmann des Qualitätsmanagements bekannt sein und selbstverständlich werden; gerade weil die menschliche Neigung unverkennbar ist, umgekehrt vorzugehen, nämlich durch einen Versuch bestätigen zu wollen, was man vermutet oder erwartet.

26.3 Gedankliches Vorgehen beim statistischen Test

Ein einfaches Beispiel möge dieses Prinzip erläutern:

Voraussetzung: Zugelassen sind alle Normalverteilungen.

Vermutung: Der Erwartungswert μ der wahren Normalverteilung liegt über einem vorgegeben Wert m, also $\mu > m$.

Anmerkung: In der Praxis könnte m eine Einzelforderung im Rahmen der Qualitätsforderung sein. Ein Beispiel ist der Mindestwert für den Mittelwert der Verteilung der Werte der Betriebskapazität eines Fernmelde-Bezirkskabels.

Die Nullhypothese (die stets mit „H_0" bezeichnet wird, und die man verwerfen zu können hofft) wird **entgegen der Vermutung** formuliert:

$H_0 : \mu \leq m$.

Die Alternativhypothese (die stets mit „H_1" bezeichnet wird und das Gegenteil der Nullhypothese enthalten muß) **formuliert also die Vermutung**:

$H_1 : \mu > m$.

Entscheidung: Signifikanzniveau 5 %.

Die **Durchführung** des statistischen Tests besteht nun gedanklich in der Berechnung des Vertrauensbereichs für die zufällige Lage des Erwartungswertes μ der wahren Normalverteilung in Bezug auf den Stichprobenmittelwert $\bar{x}$. Angesichts der Vermutung interessiert, wo der Vertrauensbereich des Erwartungswertes in Bezug zu m liegt.

Mögliche Ergebnissse:

– Liegt m jenseits der oberen Vertrauensgrenze (Lage m_1), kann die Nullhypothese nicht verworfen werden. Der gesamte Vertrauensbereich für μ liegt unterhalb von m. Damit ist die Vermutung $\mu > m$ nicht etwa absolut, sondern auf dem vorgegebenen Signifikanzniveau 5 % widerlegt, und zwar gemäß Bild 26.1 in sehr anschaulicher Weise.

– Liegt m – von $\bar{x}$ aus gesehen – diesseits der oberen Vertrauensgrenze für μ (Lage m_2), oder unterhalb dieses Stichprobenmittelwerts $\bar{x}$ im Vertrauensbereich (Lage m_3), so kann die Nullhypothese ebenfalls nicht verworfen werden. Die Differenz zwischen der möglichen Lage des Erwartungswertes μ und dem vorgegebenen Wert m liegt dann nämlich zufällig irgendwo im Vertrauensbereich für den Erwartungswert. Die Vermutung ist nicht widerlegt. Sie ist freilich auch nicht bestätigt.

– Liegt m aber – wiederum von $\bar{x}$ aus gesehen – jenseits der unteren Vertrauensgrenze für μ (Lage m_4), dann liegt der gesamte Vertrauensbereich oberhalb von m. Damit besteht auf dem vorgegebenen Signifikanzniveau Vertrauen, daß der Erwartungswert der wahren Wahrscheinlichkeitsverteilung, wo auch immer er in dem für ihn aus den Stichprobenwerten errechneten Vertrauensbereich liegt, über dem Mindestwert für den Mittelwert $\bar{x}$ liegt. Die Nullhypothese kann verworfen werden. Die Vermutung ist gefestigt, weil das Gegenteil der Vermutung widerlegt ist. Allerdings ist die Vermutung nicht etwa bestätigt.

Die gedankliche Durcharbeitung eines solchen Beispiels ist für das grundlegende Verständnis des dem Prinzip nach immer gleichen Ablaufs eines statistischen Tests und der dabei wesentlichen Gedanken sehr wichtig. Deshalb sind die vier genannten Lagen von m relativ zum Vertrauensbereich für den Erwartungswert μ im Bild 26.1 veranschaulicht. Dabei hat m als vorgegebener Wert – wie im Bild 26.1 skizziert – stets dieselbe Lage, auch wenn m im Text „vom Mittelwert $\bar{x}$ aus" betrachtet wird.

Bild 26.1: Mögliche Ergebnisse eines statistischen Tests gemäß Textbeispiel

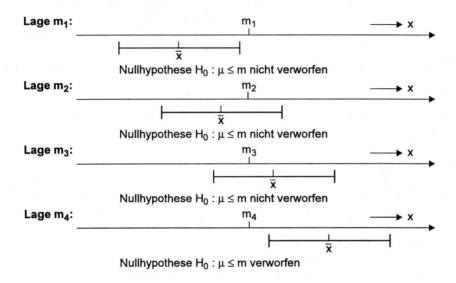

Die anhand des Beispiels gezeigte gedankliche Vorgehensweise bei einem statistischen Test mit der zugehörigen Entscheidung und den möglichen Ergebnissen sowie deren Beurteilung ist im Bild 26.2 veranschaulicht: Die Entscheidung ist dort der Kasten mit der Nummer 2.4.

26.4 Maßstab für die Verläßlichkeit eines Testergebnisses

Vorgegeben wurde oben ein – als Signifikanzniveau bezeichneter – quantitativer Maßstab für die gewünschte Verläßlichkeit der Aussage des statistischen Testergebnisses. In welcher Beziehung steht er zum Vertrauensniveau?

Für Schätzintervalle für Verteilungsparameter nach [250] sowie für Schätzintervalle für Zufallsstreubereiche nach [235] wird als Verläßlichkeitsmaß das **Vertrauensniveau** vorgegeben. Es ist nach [201] wie folgt erklärt:

> Vertrauensniveau =
>
> **Mindestwert $1-\alpha$ der Wahrscheinlichkeit,
> der für die Berechnung eines Vertrauensbereichs
> oder eines statistischen Anteilsbereichs vorgegeben ist**

26.4 Maßstab für die Verläßlichkeit eines Testergebnisses

Bild 26.2: Gedankliches Vorgehen bei einem statistischen Test (grundlegende wissenschaftliche Untersuchungsmethode)

* Vielfach wird diese Entscheidung nicht zur Durchführung, sondern zur Vorbereitung des statistischen Tests gerechnet. Mit „Voraussetzung" läßt die Definition des statistischen Tests (siehe Text) dies offen.

Wie die Grenzwerte für Qualitätsmerkmale einseitig oder zweiseitig liegen können, so ist es auch mit den Grenzen z.B. eines Vertrauensbereichs: Sind beide Grenzen Zufallsgrößen, ist es ein „zweiseitig abgegrenzter Vertrauensbereich". Es kommt aber auch vor, daß eine der Grenzen keine Zufallsgröße ist, sondern der kleinst- oder größtmögliche endliche oder unendliche Wert für den wahren Wert des in seiner Lage mit dem Vertrauensbereich zu schätzenden Verteilungsparameters. Dann handelt es sich um einen „einseitig abgegrenzten Vertrauensbereich". Analoges gilt für den statistischen Anteilsbereich.

Bei statistischen Tests hat man hingegen (siehe Abschnitt 26.3) das **Signifikanzniveau** zu wählen. Hierfür gilt, ebenfalls nach [201]:

> Signifikanzniveau =
> Höchstwert α der Wahrscheinlichkeit, die Nullhypothese
> zu verwerfen, obwohl die wahre Wahrscheinlichkeitsverteilung,
> welche für die Durchführung des statistischen Tests
> vorgegeben ist, zur Nullhypothese gehört

In der Wahl des Signifikanzniveaus liegt ebenso eine Entscheidung wie in der Wahl des Vertrauensniveaus. Üblich sind Vertrauensniveaus $1 - \alpha$ von 90, 95, 99 oder von mehr Prozent, und entsprechend Signifikanzniveaus α von 10, 5, 1 oder von weniger Prozent. Das Signifikanzniveau könnte man auch „Risiko eines unzutreffenden Testergebnisses infolge statistischer Schätzabweichungen" nennen.

Weil die Ermittlung von Vertrauensbereichen ein wesentliches – allerdings verstecktes – Element auch der statistischen Tests ist, muß man sich daran gewöhnen, daß die mathematische Statistik zwei in ihrer Bedeutung derart entgegengesetzt aufzufassende Entscheidungskriterien verwendet, obwohl die grundsätzliche Verfahrensweise in beiden Fällen dieselbe ist.

26.5 Statistische Tests anhand qualitativer Merkmale

Vielfach besteht die Vermutung, statistische Tests seien auf quantitative Merkmale beschränkt. Diese Vermutung ist unzutreffend. Für qualitative Merkmale gibt es nahezu im gleichen Umfang wie für quantitative Merkmale statistische Tests.

Allein in den Normen [28] und [29] werden auf vielen Druckseiten die betreffenden Verfahren vorgestellt. Dazu gehören der (**ordinale**) Vergleich

- einer Gesamtheit mit einem vorgegebenen Wert;
- zweier Gesamtheiten bei unabhängigen Stichproben;
- mehrerer Gesamtheiten bei unabhängigen Stichproben;

sowie der (**nominale**) Vergleich

- eines Anteils mit einem vorgegebenen Wert;
- zweier Anteile, graphisch oder rechnerisch;

mit Beispielen aus der Textiltechnik.

26.6 Statistische Tests anhand quantitativer Merkmale

Die Normen [250] und [251] sind eine praxisverständliche und zugleich mathematisch-statistisch einwandfreie „Gebrauchsanweisung" für die Durchführung statistischer Tests anhand quantitativer Merkmale. Sie enthalten ausführliche Erklärungen sowie anwendungsgerechte Berechnungsformulare. Besonders nützlich ist deren „Halbierung": Jeweils in der rechten Hälfte ist ein Praxisbeispiel vorgerechnet. Die linke dient zur Eintragung der eigenen Testberechnung. Man kann also vergleichen, ob richtig vorgegangen ist. Zudem kann man nach diesem Prinzip eigene EDV-Programme erstellen.

Es verdient auch hervorgehoben zu werden, daß die Vervielfältigung der Berechnungsformulare vom DIN Deutsches Institut für Normung e.V. jedermann kostenlos gestattet wird. Das im Abschnitt 26.3 verwendete Beispiel ist einer der zahlreichen möglichen statistischen Tests, die in den genannten Normen beschrieben sind.

Im Zusammenhang mit Stichprobenverfahren anhand quantitativer Merkmale gibt es eine weitere, besonders wichtige Art von Tests: Es sind die Tests auf Verträglichkeit einer beobachteten Häufigkeitsverteilung mit einem theoretischen Verteilungsmodell. Solche Tests dienen der Vermeidung des im Kapitel 25 immer wieder in den Vordergrund gestellten „Fehlers im Ansatz". Auch hierzu ist die internationale und nationale Normung noch im Fluß (siehe [252] und [253]). Dafür gibt es zwei tiefere Ursachen:

- Zwischen der Anzahl der praktisch für einen solchen Test verfügbaren Einzelwerte und der „eigentlich erforderlichen" Anzahl besteht fast immer eine Diskrepanz. Allein ein Blick auf Bild 25.1 (mit 14 Einzelwerten) zeigt: Wie soll aus dieser geringen Informationsmenge die Frage nach der Normalität des zugrundliegenden Verteilungsmodells beantwortet werden?
- Immer neue, mit fortschrittlichster Datenverarbeitung ihrerseits getestete „Anpassungstests" werden erarbeitet und in die Normen aufgenommen.

In [254] ist für den Shapiro-Wilk-Test auf Normalverteilung ein auch für die manuelle Durchführung gut handhabbarer Formalismus mit einfachem Formblatt entwickelt worden. Neuerdings gewinnt der Epps-Pulley-Test zunehmende Bedeutung, während der d'Agostino-Test in den Hintergrund tritt. Alles dies sind sogenannte „Omnibus-Tests". Sie sind auf die Gesamtanpassung der Beobachtungsreihe an das theoretische Verteilungsmodell ausgerichtet. Es gibt außerdem „Gerichtete Tests", die sich mit speziellen Verteilungsparametern befassen.

Bedeutsam ist schließlich noch die Erfahrung, daß die serienmäßige, automatisierte Durchführung solcher Anpassungstests die Informationsbasis für die Beantwortung der Anpassungsfrage schnell erweitert. Sie muß jedoch ebenfalls auf die mathematisch-statistisch bedingten Erfordernisse ausgerichtet werden.

Einzelheiten sowie die für die Durchführung der beschriebenen Tests erforderlichen statistischen Tabellen entnehme man [252].

26.7 Zusammenfassung

Überall in der Praxis ist, insbesondere bei Ingenieuren, eine eigenartige Scheu vor dem Einsatz statistischer Tests immer noch nicht ganz überwunden. Angesichts der sich ständig verbessernden, oben teilweise erwähnten anwendungsfreundlichen und genormten Durchführungswerkzeuge ist zu hoffen, daß diese Scheu durch vielfältige Anwendung von statistischen Tests zum Nutzen einer meist unverzichtbaren Erkenntniserweiterung mehr und mehr überwunden wird. Eingeschlossen ist dabei die Vermeidung von Fehlschlüssen bei der statistischen Qualitätsprüfung, die aufgrund von „Fehlern im Ansatz" bislang immer noch und immer wieder entstehen. Die Ursachen dafür sind anhand von Beispielen eindringlich gezeigt.

27 Statistische Versuchsplanung

> *Überblick*
>
> *Funktionale Zielgrößen neuer oder zu verbessernder Produkte unterliegen vielfach einem ungeheuer komplexen System von Einflüssen zahlreicher Prozeß- und Produktmerkmale. Das betreffende Einflußschema läßt sich rationell nur mit dazu entwickelten, systematischen Vorgehensweisen so entwirren, daß man zielsicher die quantitativ ausschlaggebenden Ansatzpunkte für eine rationelle Qualitätsplanung findet. Diese Vorgehensweisen nennt man statistische Versuchsplanung.*

27.1 Zweck der statistischen Versuchsplanung

Im exportabhängigen Deutschland werden erhebliche Mittel für Forschung und Entwicklung eingesetzt. Ziel ist die Beschaffung neuen Wissens zur rationellen Erstellung neuer und besserer Produkte. Die sorgsame Verwendung der Forschungs- und Entwicklungsgelder zwingt dazu, mit möglichst wenigen und möglichst rationell angesetzten Versuchen ein Maximum an Information zu gewinnen. Ein wesentliches Hilfsmittel dabei ist die statistische Versuchsplanung. Sie beschafft die benötigte Information mit minimalem Aufwand. Sie gestattet es zudem, Information zu gewinnen, die auf andere Weise nicht verfügbar wird.

27.2 Grundgedanken der statistischen Versuchsplanung

Früher bestand die Vorstellung, man müsse möglichst „reinrassig" die Wirkung eines jeden Wirkungsfaktors auf einen Prozeß und sein Ergebnis ermitteln. Dazu müsse die Wirkung aller anderen Wirkungsfaktoren konstant gehalten oder in anderer Weise neutralisiert werden. Die Realisierung dieser Vorstellung bedingt aber meist einen großen Aufwand. Zudem wäre sie in vielen Fällen nicht umsetzbar. Z.B. lassen sich zahlreiche Wirkungsfaktoren ihrer Natur nach oder in der Praxis nicht konstant halten.

Nach heutiger Auffassung bevorzugt man deshalb Versuche, bei denen die interessierenden Wirkungsfaktoren nach einem System variiert werden, das eine nachfolgende systematische statistische Analyse ihrer Wirkungen und Wechselwirkungen („Interaktionen") gestattet. Dazu ist eine sorgfältige Planung nötig. Außer den Randbedingungen müssen vor allem die „Einstellungen" der Wirkungsfaktoren für die verschiedenen Versuche zweckmäßig festgelegt werden. Nur dann kann man später mittels Regressions- und Varianzanalysen sowie durch Korrelationsbetrachtungen ohne vermeidbare Lücken die benötigten Informationen mit minimalem Aufwand beschaffen. Außerdem kann man sich davor schützen, daß Entscheidungen für das weitere Vorgehen aufgrund von Zufallsergebnissen getroffen werden.

Wendet man die eingangs geschilderte traditionelle „Versuchsmethode der Praktiker" an, bleiben Interaktionen meist unerkannt; es sei denn, sie fallen wegen ihres Wirkungsgewichts anderweitig auf.

27.3 Neuere Entwicklungen zur statistischen Versuchsplanung

Lange Zeit war statistische Versuchsplanung Forschungsgegenstand in der Wissenschaft, für das Qualitätsmanagement aber weithin unbekannt. Ein erstes Anwendungsgebiet waren landwirtschaftliche Versuche. Hierzu hatte Ronald A. Fisher effektive Verfahren entwickelt. Zusammen mit Yates hat er auch die überaus nützlichen statistischen Tafeln [242] herausgegeben. Als Fachmann des Qualitätsmanagements, der sich intensiv mit der industriellen Anwendung der statistischen Versuchsplanung beschäftigt [259], hat Box diese grundlegend dargestellt [260]. Dabei standen bereits die ersten Arbeiten von Taguchi [261] und Shainin [263] im Hintergrund. Taguchis Erfolge in Japan (und er selbst) waren bekannt geworden. Ein tiefgreifender Expertenstreit um die wissenschaftliche Vertretbarkeit der vereinfachten Methoden entbrannte, auch bei den Erneuerern [262]. Besonders die „Verlustfunktion" von Taguchi, die jedem nicht beim Mittenwert eines Toleranzbereichs liegenden Istwert einen zu den Grenzwerten hin zunehmenden (meist parabolisch eingezeichneten) Verlust für die Organisation zuordnete, entpuppte sich bald auch als Motivierungsinstrument. Diese „Verlustfunktion" war andererseits ein „Gegengewicht" zur früher hierzulande gepflegten Behauptung, daß jeder Istwert im Toleranzbereich gleich gut sei, gleichgültig wo er liegt. In vielen Anwendungsfällen trifft das nicht zu, beispielsweise bei abgestuften Grenzwerten (siehe Abschnitt 22.2).

Inzwischen schält sich heraus, daß alle Abwandlungen der Methoden ihre Vor- und Nachteile haben, sowohl bezüglich der Treffsicherheit als auch bezüglich der Anwendbarkeit [264]. Die inzwischen entstandene Flut fallbezogener Publikationen zu diesem Thema wächst weiter an. Das hat den Vorteil, daß sich der Fachmann des Qualitätsmanagements – sofern er die Richtung kennt – gut informieren kann (z.B. [265], [266] und [351]).

Allerdings beginnt bereits eine „zweite Revolution der statistischen Versuchsplanung". Ursache ist, daß moderne Prozeßlenkung mit der zugehörigen On-line-Meßtechnik im allgemeinen sehr viel Information über alle wichtigen Prozeßmerkmale zur Verfügung stellt. Das hat zur Folge, daß man zur Prozeßoptimierung in vielen Fällen keine besonderen Versuche mehr benötigt. Man kann vielmehr mit der laufend vorhandenen, umfangreichen Information und mit guten, fallangepaßten Datenverarbeitungsprogrammen die Prozeßoptimierung ebenfalls gleichsam „On-line" durchführen [267].

Allerdings stellen sich bei dieser stürmischen Entwicklung fast zwangsläufig auch Unzulänglichkeiten ein. Eine Hilfe bei ihrer Bewältigung bietet das in [268] vorgestellte, beherzigenswerte Ergebnis eines Forschungsprojekts.

Insgesamt zeigt das Bild 27.1 die wichtigsten Anwendungsmöglichkeiten eines Zweigs der mathematischen Statistik, der noch vor 20 Jahren kaum bekannt war und heute in aller Munde ist.

27.4 Einzelheiten zur statistischen Versuchsplanung

Bild 27.1: Sich ergänzende Möglichkeiten statistischer Versuchsplanung

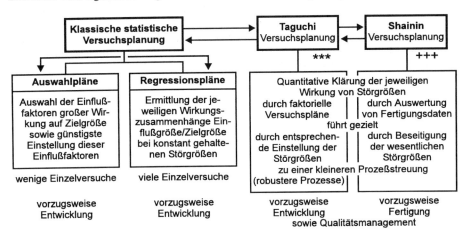

*** Anspruchsvoller Ansatz mit (nach klassischer Versuchsplanung) zu kleiner Anzahl von Einzelversuchen: Verwechslungsgefahr zwischen Hauptwirkung und Wechselwirkung

+++ Nur bei Einzel-Störgrößen mit (vermutlich) dominierender Einzelwirkung einsetzbar. Andernfalls/bei Verdacht auf Wechselwirkungen: Klassische Versuchspläne einsetzen.

27.4 Einzelheiten zur statistischen Versuchsplanung

Über dieses Gebiet findet man in allen Standardwerken für angewandte Statistik Informationen. Zur systematischen Einführung in die Arten und Möglichkeiten von Versuchsplänen wird [329] empfohlen. Dort findet sich auch eine sorgsam ausgewählte, umfangreiche Fachliteratur.

Es gibt auch zahlreiche geschlossene Sonderdarstellungen zum Thema wie etwa [260] oder [269]. Ein ISO-Standard über Begriffe der statistischen Versuchsplanung ist seit 1985 ebenfalls verfügbar [257]. Die Übernahme des Inhalts nach DIN 55350-32 steht noch an. Sie ist unter anderem durch das Problem behindert, daß fast alle Fachbenennungen angloamerikanisch und kaum übersetzbar sind.

Auf alle diese Unterlagen wird hier verwiesen. Ohnehin verlangt jeder Anwendungsfall der statistischen Versuchsplanung individuelle Lösungen. Wesentlich erscheint im Rahmen der vorliegenden Ausführungen über Qualitätslehre, daß auf dieses immer wichtiger werdende Hilfsmittel zur Rationalisierung und zur Erhöhung der Effizienz von Versuchen – und darüber hinaus unmittelbar von Prozessen – prinzipiell hingewiesen ist; und zwar sowohl von der Aufgabenstellung her, als auch bezüglich der Grundgedanken für die Ausführung und der dabei entstehenden Schwierigkeiten.

Die Anwendung dieses Hilfsmittels wird heute bedeutend erleichtert durch zwei technologische Veränderungen: Zum ersten liefert die schon erwähnte On-line-Meßtechnik den Prozeßzustand in einer Detaillierung und Aktualität, die früher unvorstellbar war. Zum zweiten gestatten preiswerte und leistungsstarke Rechenhilfsmittel, eingeschlossen die von Software-Anbietern erhältlichen spezifischen Programmpakete, eine überaus komfortable Verarbeitung der Versuchs- oder Prozeßdaten. Das „Nadelöhr" ist zunehmend der planende Mensch, der kundig überblickt, was Meßtechnik und Datenverarbeitung heute können und tun, welche Zielsetzungen zu verfolgen sind und wie dies alles bei den existierenden oder geplanten Angebotsprodukten systematisch in die individuellen Aufgabenstellungen der Entwicklung und der Qualitätsverbesserung in der Organisation angemessen eingebaut werden kann.

28 Normierte Qualitätsbeurteilung

> *Überblick*
> *Ziel des Qualitätsmanagements ist Erfüllung von Qualitätsforderungen. Diese sind oft schwer verständlich (siehe Abschnitt 2.2.1). Deshalb meint (nicht nur) die oberste Leitung von Organisationen bei qualitätsbezogenen Problemen: „Laßt das die Fachleute entscheiden!". Das ist nicht gut. Qualitätspolitik muß Bestandteil der Gesamtpolitik der Organisation sein. Deshalb muß die Leitung Ergebnisse des Qualitätsmanagements auch ohne „Qualitäts-Chinesisch" sicher und kritisch beurteilen können. Normierte Qualitätsbeurteilung ist das erprobte, einfache Werkzeug dazu.*

28.1 Vorbemerkung zur Benennung

Nach [270] wird das Grundwort „normiert" benutzt, wenn „eine Größe auf eine gleichartige, aber von Fall zu Fall wechselnde Größe bezogen wird". Dies trifft auf die normierte Qualitätsbeurteilung zu: Der ermittelte Wert des Qualitätsmerkmals wird in eine einfach darzustellende mathematische Beziehung zu der für dieses Qualitätsmerkmal vorgegebenen Einzelforderung gebracht, also zu dem oder den zugehörigen vorgegebenen Wert(en).

Normierte Qualitätsbeurteilung hat nichts mit der Normierung in der Mathematik zu tun. „Normiert" darf auch nicht mit dem Sinngehalt von „genormt" verwechselt werden (wiewohl es durchaus denkbar wäre, daß die normierte Qualitätsbeurteilung genormt wird). Weiterhin geht es natürlich auch nicht um das Reduzieren einer Größe auf einen Normzustand unter festgelegten Randbedingungen. Schließlich ist die normierte Qualitätsbeurteilung von der standardisierten Darstellung einer Häufigkeitsverteilung zu unterscheiden, gerade weil normierte Qualitätsbeurteilung vielfach auf standardisierte Werte von Verteilungsfunktionen angewendet wird.

Wegen aller dieser Verwechslungsmöglichkeiten ist in [270] in einer Bemerkung zu diesem Grundwort gesagt: „Es wird sich meist empfehlen, das Wort „normiert" überhaupt zu vermeiden und ... das Wort „relativ" zu verwenden". Dieser „meist"-Empfehlung kann und darf bei der normierten Qualitätsbeurteilung nicht gefolgt werden. Die Bezeichnung „relative Qualitätsbeurteilung" würde nämlich in weit höherem Maße Mißverständnisse entstehen lassen: Man würde glauben, die Qualität werde mit der eines anderen Produkts der eigenen Fertigung oder eines Produkts des Wettbewerbs verglichen, oder mit einer anderen Qualitätsforderung. Deshalb ist im Zusammenhang mit der Qualitätsbeurteilung der Ausdruck „normiert" die weniger mißverständliche und daher zweckmäßige Benennung.

28.2 Aufgabenstellung und Hintergrund

Die Vielfalt der vorgegebenen Merkmalswerte in Form von Einzelforderungen im Rahmen von Qualitätsforderungen ist eine Besonderheit des Zieles „Zufriedenstellende Qualität" jeder Organisation.

Je häufiger der zu realisierende (materielle oder immaterielle oder kombinierte) Typ des Angebotsprodukts wechselt, je vielgestaltiger die Produktpalette ist, z.B. die Liste der dem Kunden zu erbringenden Dienstleistungen, um so schwieriger wird es, diese Vielfalt hinsichtlich Erfüllung aller dieser Einzelforderungen im Rahmen der Qualitätsforderungen zu überblicken. Das gilt insbesondere für den, der nicht unmittelbar an der Realisierung beteiligt ist, also beispielsweise die Dienstleistungen erbringt. Oft überlassen daher Führungskräfte die Qualitätsbeurteilung den „Qualitätsspezialisten" und verzichten auf ein eigenes Urteil.

Die Einzelforderungen werden zudem immer zahlreicher und schärfer, die Angebotsprodukte immer komplizierter, die Arbeitsteilung immer ausgeprägter, und dabei die Termine immer knapper. Außerdem ist es ständige Aufgabe, die Leistungserstellung immer weiter zu rationalisieren und damit die Produktivität zu steigern.

Trotz aller dieser zunehmend komplexen Aufgaben dürfen sich Führungskräfte aber um so weniger aus der Qualitätsbeurteilung „ausklinken", je umfassender ihre Aufgaben sind, und zwar bis hinauf zur obersten Leitung der Organisation.

In dieser schwierigen Lage wird das Qualitätsmanagement erleichtert durch normierte Qualitätsbeurteilung. Sie vereinfacht das Beurteilen des Istzustandes. Die jeweils realisierte Beschaffenheit der Einheit in bezug auf die ganze Qualitätsforderung wird „auf den Tisch gelegt", leicht und sofort anhand einfacher graphischer oder Schirmbild-Darstellungen durchschaubar.

Die Anwendung der normierten Qualitätsbeurteilung beschränkt sich auf die Werte quantitativer Merkmale. Die zunehmende Bedeutung quantitativer Merkmale im Qualitätsmanagement sowie die sich ständig erweiternden Möglichkeiten einer preisgünstigen Datenverarbeitung dieser Werte begünstigen den Einsatz der normierten Qualitätsbeurteilung.

28.3 Der Grundgedanke der normierten Qualitätsbeurteilung

Zwecks Beurteilung der Qualität einer Einheit muß man Werte aus „zwei unterschiedlichen Familien" vergleichen: Die anläßlich der Qualitätsprüfungen ermittelten Werte eines Qualitätsmerkmals sind nämlich den zugehörigen vorgegebenen Werten gegenüberzustellen. Diese vorgegebenen Werte sind die betreffende Einzelforderung an das Qualitätsmerkmal im Rahmen der Qualitätsforderung an die betreffende Einheit. Diese Gegenüberstellung ist für alle Einzelforderungen durchzuführen (siehe Bild 7.2).

Ziel der normierten Qualitätsbeurteilung ist die Vereinfachung und Vereinheitlichung dieses Vergleichs. Das zeigt auch ihre Definition:

> **Normierte Qualitätsbeurteilung =**
> **von Größeneinheiten unabhängige Beurteilung der ermittelten Merkmalswerte in bezug auf die betreffende Einzelforderung im Rahmen der Qualitätsforderung**

Normierte Qualitätsbeurteilung kann auf jede Einheit angewendet werden.

28.4 Realisierung des Grundgedankens

28.4.1 Drei Typen von Einzelforderungen

Es gibt im Rahmen einer Qualitätsforderung an quantitative Qualitätsmerkmale grundsätzlich nur die **drei Typen von Einzelforderungen F** gemäß Tabelle 28.1. Sie sind auch im Bild 28.1 dargestellt.

Tabelle 28.1: Die drei Typen von Einzelforderungen im Rahmen einer Qualitätsforderung

Typ	Bezeichnung	Beschreibung und Kurzzeichen	
F1	Einseitiger Grenzwert (Andere Seite offen)	Unterer Grenzwert (Mindestwert) G_{un} **oder**	Oberer Grenzwert (Höchstwert) G_{ob}
F2	Toleranzbereich (Beidseitig begrenzt)	G_{un} **und**	G_{ob}
F3	Grenzbetrag * (Beträge von Unsymmetriegrößen)	$\|G\|$ *Siehe auch Abschnitte 25.2 und 25.3: Unsymmetriegrößen / Betragsverteilungen*	

* oder Abweichungsgrenzbetrag

Für jeden der drei Typen von Einzelforderung wird ein **normierter Maßstab** für die normierte Qualitätslage und das normierte Streuungsmaß gebildet. Normierte Maßstäbe sind Prozentmaßstäbe. Man benötigt für jeden Typ

- einen **Nullpunkt N** (siehe Abschnitt 28.4.2) und
- eine **Maßstabskonstante C** (siehe Abschnitt 28.4.4).

Die Festlegung dieser beiden Kennwerte ist Ergebnis einer Zweckmäßigkeitsüberlegung. Sie ist nicht mathematisch-logisch ableitbar.

Bild 28.1: Die drei Typen von Einzelforderungen F an quantitative Qualitätsmerkmale

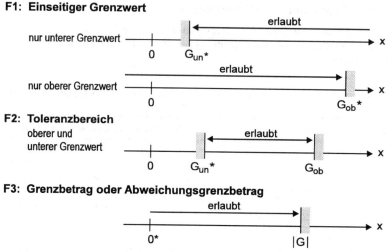

* Jeweiliger Nullpunkt des normierten Maßstabs (siehe Abschnitt 28.4.2)

28.4.2 Nullpunkt N der normierten Maßstäbe

Der Nullpunkt N_V des normierten Maßstabs liegt im allgemeinen an einer anderen Stelle als der Nullpunkt des Maßstabs für den Merkmalswert x gemäß Bild 28.1. Die jeweilige Lage **L** dieses Nullpunkts N_V ist in der Tabelle 28.2 zusammengestellt (und im Bild 28.1 durch einen Stern gekennzeichnet).

Tabelle 28.2: Lage L des Nullpunkts N_V der normierten Maßstäbe

Typ	N_V	L
F1	N_{1un} N_{1ob}	G_{un} G_{ob}
F2	N_2	G_{un}
F3	N_3	0 (Null)

28.4.3 Grenzwertabstand A für die normierten Maßstäbe

Die normierte Qualitätsbeurteilung betrachtet die Qualität, also die Relation zwischen Istwerten und Einzelforderungen. Der mittels normierter Qualitätsbeurteilung zu beurteilende Merkmalswert **B** („B" von „beobachtet") kann ein Einzelwert oder ein Mittelwert sein. Bei der normierten Qualitätsbeurteilung wird er als **Grenzwertabstand A** beurteilt, und zwar

28.4 Realisierung des Grundgedankens

von dem im Abschnitt 28.4.2 festgelegten Nullpunkt aus. Daraus ergibt sich für die drei Typen von Einzelforderungen der Grenzwertabstand A_v gemäß Tabelle 28.3:

Tabelle 28.3: Grenzwertabstand A_v für die normierten Maßstäbe

Typ	Bezeichnung A_v	Grenzwertabstand A_v
F1	$A_{1\,un}$ $A_{1\,ob}$	$B - G_{un}$ $G_{ob} - B$
F2	A_2	$B - G_{un}$
F3	A_3	$\|B\|$

Dieser Grenzwertabstand hat die Dimension des Qualitätsmerkmals, ist also noch kein normierter Grenzwertabstand. Der Grenzwertabstand A ist im Fall der Erfüllung der Qualitätsforderung positiv; jedenfalls bis zu einem noch näher zu behandelnden Höchstwert hin.

28.4.4 Maßstabskonstante C der normierten Maßstäbe

Die Maßstabskonstante C_v entsteht durch Bezugnahme von 100% auf die Maßstabseinheit M_v. Die betreffenden Werte findet man in der Tabelle 28.4:

Tabelle 28.4: Maßstabskonstante C_v der normierten Maßstäbe

Typ	Maßstabseinheit M_v	Maßstabskonstante C_v
F1	$M_1 = B$	$100/B$
F2	$M_2 = (G_{ob} - G_{un})/2$	$200/(G_{ob} - G_{un})$
F3	$M_3 = \|G\|$	$100/\|B\|$

Die Maßstabskonstante C hat die reziproke Dimension des Qualitätsmerkmals. Damit ist das Produkt aus C und dem Grenzwertabstand A ein in Prozent ausdrückbarer, von Größeneinheiten unabhängiger Verhältniswert.

28.4.5 Rechenprinzip der normierten Qualitätsbeurteilung

Die in den Tabellen 28.3 und 28.4 festgelegten Kennwerte sind Basis zur Ermittlung der beiden interessierenden normierten Beurteilungsgrößen, für die nun kleine Buchstaben verwendet werden:

> **Die normierte Qualitätslage** $a = A \cdot C$
> = Grenzwertabstand **A** mal Maßstabskonstante **C**
>
> **Das normierte Streuungsmaß** $s_n = s \cdot C$
> = Standardabweichung **s** mal Maßstabskonstante **C**

Dieses Rechenprinzip wird im Abschnitt 28.4.6 auf einen Einzelwert B und im Abschnitt 28.4.7 auf das Ergebnis einer Stichprobenprüfung angewendet.

28.4.6 Normierte Qualitätsbeurteilung eines Einzelwertes B

Zu einem Einzelwert gibt es kein (normiertes) Streuungsmaß. Es interessiert nur die normierte Qualitätslage für die drei Typen von Einzelforderungen. Im einzelnen gelten dabei die folgenden Beziehungen:

F1: Die normierte Qualitätslage a des Einzelwertes:

$$a_{un} = A_{1un} \cdot C_1 = 100 \cdot (1 - G_{un}/B) = 100 \cdot (B - G_{un})/B$$

oder

$$a_{ob} = A_{1ob} \cdot C_1 = 100 \cdot (G_{ob}/B - 1) = 100 \cdot (G_{ob} - B)/B$$

F2: Die normierte Qualitätslage a_t im Toleranzbereich, die oft auch kurz als „Toleranzbereichslage t" des Einzelwertes bezeichnet wird:

$$a_t = A_2 \cdot C_2 = 200 \cdot (B/G_{un} - 1)/(G_{ob}/G_{un} - 1)$$
$$= 200 \cdot (B - G_{un})/(G_{ob} - G_{un})$$

F3: Die normierte Qualitätslage a eines Betrages, die oft auch kurz als „Betragswertlage b" des Einzelwertes bezeichnet wird:

$$a_b = A_3 \cdot C_3 = 100 \cdot |B|/|G| \;.$$

Erfüllt ist die Einzelforderung im Rahmen der Qualitätsforderung **für alle positiven Werte** von a_{ob}, a_{un}, a_t und a_b, jedoch

bei a_t nur bis ≤ 200%,
bei a_b nur bis ≤ 100%.

Demzufolge ist die Einzelforderung im Rahmen der Qualitätsforderung bei den folgenden normierten Qualitätslagen *nicht erfüllt*, es liegt also ein Fehler vor:

F1: bei allen negativen Werten;
F2: bei allen negativen Werten und allen Werten über 200%;
F3: bei allen Werten über 100% (negative Werte kommen nicht vor).

28.4.7 Normierte Qualitätsbeurteilung des Ergebnisses einer Stichprobenprüfung

Wesentliche Kennwerte eines solchen Ergebnisses sind arithmetischer Mittelwert $\bar{x}$ (oder ein anderes Maß für die Lage der Verteilung) sowie die Standardabweichung s. Die **normierten Qualitätslagen a** des arithmetischen Mittelwerts ermittelt man ebenso wie die normierten Qualitätslagen eines Einzelwertes gemäß Abschnitt 28.4.6, wobei man in den Formeln B bzw. $|B|$ durch $\bar{x}$ ersetzt.

Das **normierte Streuungsmaß s_n** ist bei allen 3 Typen von Einzelforderungen gemäß Abschnitt 28.4.5 das Produkt aus der Standardabweichung s und der betreffenden Maßstabskonstanten C_ν ($\nu = 1, 2, 3$):

$$s_n = s \cdot C_\nu$$

28.5 Besonderheiten der normierten Qualitätsbeurteilung

28.5.1 Besonderheiten bei Betragsverteilungen

Bei der Einzelforderung des Typs F3 kann sowohl die ursprüngliche Standardabweichung der vorzeichenbehafteten Verteilung der Unsymmetriegröße wie auch die Standardabweichung der Beträge für die Errechnung des normierten Streuungsmaßes s_n interessieren. Die betreffenden Kennwerte der Betragsverteilungen sind im Abschnitt 25.3.5 behandelt, und zwar bereits als Variationskoeffizienten (siehe auch Abschnitt 28.5.3).

28.5.2 Besonderheiten bei abgestuften Grenzwerten

Unter Berücksichtigung des Abschnitts 22.2 sind hier beispielsweise normierte Angaben entsprechend a_{un} oder a_{ob} zur Lage der ermittelten empirischen Verteilungsfunktion auf der zugelassenen Seite **eines einseitigen abgestuften Grenzwertes** zweckmäßig, oder zu deren Lage zwischen den abgestuften Grenzwerten einer **abgestuften Toleranz** normierte Angaben entsprechend a_t. Z.B. kann man zu Quantilen der Häufigkeitsverteilung mit gleichen Grenz-Unterschreitungsanteilen wie bei den Grenzquantilen mehrere normierte Qualitätslagen a_{un} bzw. a_{ob}, oder zu solchen Quantilen normierte Toleranzfeldlagen a_t ermitteln, und schließlich wie üblich auch normierte Streuungsmaße s_n.

28.5.3 Verwendung des Variationskoeffizienten

Bei der sehr häufig vorkommenden Einzelforderung des Typs F1 kann der in üblicher Weise errechnete und in Prozent ausgedrückte **Variationskoeffizient**

$$v = 100 \cdot s / |\bar{x}|$$

unmittelbar als normiertes Streuungsmaß verwendet werden, weil beide identisch sind. Dem entsprechend eignet er sich, wie im nächsten Abschnitt gezeigt, zusammen mit Grenzwertabständen auch zur Errechnung von Qualitätszahlen (siehe Abschnitt 25.6.1).

28.6 Normierte Qualitätsbeurteilung und Stichprobenprüfung

Ein großer Vorteil der normierten Qualitätsbeurteilung ist ihre enge Verknüpfung mit den im Abschnitt 25.6 behandelten Schätzfunktionen für quantitative Stichprobenprüfungen. Insbesondere besteht eine enge Verbindung mit den dort erwähnten Qualitätszahlen Q_{un} und Q_{ob}: So haben sowohl die Qualitätszahlen als auch die normierten Beurteilungsmaßstäbe die Dimension 1.

Im einzelnen gilt für die betreffenden Einzelforderungen folgender Zusammenhang zwischen den Qualitätszahlen und den normierten Maßstäben der Qualitätsbeurteilung:

F1: $\qquad Q_{1un} = a_{un}/s_n \quad$ und $\quad Q_{1ob} = a_{ob}/s_n$

F2: $\qquad Q_{2un} = a_t/s_n \quad$ und $\quad Q_{2ob} = (200 - a_t)/s_n$

28.7 Beispiele

Im Bild 28.2 sind für die Einzelforderungen F1 und F2 zu den Maßstäben für die normierte Qualitätsbeurteilung jeweils Beispiele eingetragen:

– Beim Mindestwert-Beispiel hat der Mittelwert einen Abstand von 6,0 Prozent vom Grenzwert. Das normierte Streuungsmaß, das identisch mit dem Variationskoeffizient ist, beträgt 3,16 Prozent. Es ist mit dem Annahmefaktor k multipliziert (hier: $k_{un} = 2$; vgl. Abschnitt 25.6.5) und demnach mit dem Wert 6,32 Prozent als Pfeil nach links eingezeichnet. Für die Beurteilung wichtig ist nämlich nur die Streuung in Richtung auf den Grenzwert hin. Sofern die Spitze des Pfeils nicht über den Nullpunkt der normierten Skala hinausreicht, der den Grenzwert verkörpert, ist die betreffende Einzelforderung erfüllt. Man nennt diesen Abstand zwischen Pfeilspitze und Nullpunkt der normierten Skala auch „Sicherheitsabstand". Die Einzelforderung ist hier nicht erfüllt, weil die Pfeilspitze um 0,32 Prozent in den negativen Skalen-Bereich hineinreicht.

– Beim Höchstwert-Beispiel wurde ein normierter Grenzwertabstand von 10 % festgestellt. Es gilt das gleiche normierte Streuungsmaß wie im oberen Beispiel. Im vorliegenden Beispiel hat der Sicherheitsabstand einen Wert von 3,68 %. Die Einzelforderung ist erfüllt.

Übrigens sind aus Demonstrationsgründen nur hier im Bild 28.2 die Skalen der beiden oberen Beispiele gegenläufig (entsprechend Mindest- und Höchstwert) gezeichnet. Routinierte normierte Qualitätsbeurteilung arbeitet selbstverständlich nur mit einer einzigen, der auch mathematisch vorgegebenen Richtung. Meist legt man den Grenzwert nach oben, so daß alle Pfeile nach oben gerichtet sind und diejenigen (wie im oberen Beispiel) sofort auffallen, deren Pfeilspitze über den Grenzwert hinausragt.

– Beim Toleranzbereichs-Beispiel des Bildes 28.2 sind beide Pfeile erforderlich, weil beiderseits Grenzwerte liegen. Hier ist beidseitig ein Annahmefaktor von ebenfalls k = 2 gewählt. Daraus erkennt man, daß die Standardabweichung nur ein Achtel des Toleranzbereichs ausmacht. Die Einzelforderung ist erfüllt.

28.8 Normierte Qualitätsbeurteilung in der Qualitätslenkung

Bild 28.2: Beispiele zur normierten Qualitätsbeurteilung (siehe auch Text)

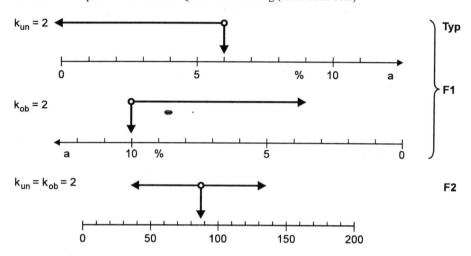

Insgesamt sieht man schon aus diesen wenigen Beispielen den Nutzen der normierten Qualitätsbeurteilung. Jeder Leser kann diese Beispiele durch seine eigenen Praxisbeispiele ergänzen. Er wird dann sehen: Bereits nach einer kurzen Einübungszeit besteht für jede Führungskraft die Möglichkeit, sich aus solchen Graphiken auch ohne Werkstattkontakt ein schnelles Urteil über die erzielte Qualität eines Produkts zu bilden. Produktspezifische Fachkenntnisse sind nicht erforderlich. Allerdings müssen ihm die normierten Qualitätsbeurteilungen mit solchen Graphiken ständig vorliegen. Das läßt heute keine Probleme mehr entstehen. Ein solcher Einsatz der normierten Qualitätsbeurteilung hat sich schon vor Jahrzehnten in der Praxis „ausgezahlt".

28.8 Normierte Qualitätsbeurteilung in der Qualitätslenkung

Auch für die Qualitätslenkung eröffnet normierte Qualitätsbeurteilung neue Möglichkeiten. Sie eignet sich zur leicht ablesbaren Anzeige an elektronischen Ausgabe-Einheiten, z.B. an Displays. So kann etwa ein Qualitätsmerkmal des Betriebszustandes einer Fertigungsmaschine, etwa die Isolierstoff-Temperatur in einer Spritzmaschine für Leiterisolierungen, in bezug auf Erfüllung der betreffenden Einzelforderung fortlaufend beurteilt werden. Dazu wird z.B. ein dreiziffriges Zahlen-Leuchtfeld benutzt. Allgemein gilt:

– Bei einer Einzelforderung F1 kann man für einen Einzelwert die normierte Qualitätslage a in Prozent ablesen. Wird ein Stichprobenergebnis dargestellt, kann man $k \cdot s_n$ von der normierten Qualitätslage a des Mittelwerts abziehen und nur diese Differenz anzeigen lassen. Dann erscheint der Sicherheitsabstand als Anzeige. Für s_n kann, je nach Situation, ein Erfahrungswert – der dann als „σ_n" bezeichnet wird –, oder ein jeweils aktuell ermittelter Wert aus einer „gleitenden Stichprobe" eingesetzt werden.

Solange der Sicherheitsabstand (siehe erster Anstrich in Abschnitt 28.7) positiv bleibt, ist die Einzelforderung erfüllt. Wird er negativ, kann man die Aufmerksamkeit des Maschinenführers durch gleichzeitiges Umschalten auf eine rote Anzeige erhöhen.

– Bei der Einzelforderung F2 ist eine graphische Ausgabe zu bevorzugen. Man kann einen dem horizontalen Doppelpfeil im Bild 28.2 entsprechenden Balken mit einer Marke für den Mittelwert in der Mitte verwenden. Im Hintergrund ordnet man zweckmäßig einen von 0 % (G_{un}) bis 200 % (G_{ob}) normierten Toleranzbereich an. Steht die Marke auf „100 %" und bleibt der ganze Balken im Toleranzbereich, läuft alles gut. Gestattet es die Balkenlänge, sind Positionen der Marke für den Mittelwert zwischen 90 und 110 Prozent hinnehmbar. Auch hier kann man das Entstehen einer zu kleinen oberen oder unteren Qualitätszahl durch rotes Aufleuchten der Anzeige hervorheben. Dies bedeutet dann, daß eine der beiden Qualitätszahlen zu klein ist (siehe Gleichungen im Abschnitt 28.6). Dann kann eine zu große Standardabweichung s_n, aber auch eine ungünstige Toleranzfeldlage a_t weitab von 100 Prozent die Ursache sein.

Benötigt werden für solche Anzeigen die heute weithin übliche, in die Fertigungsstraße integrierte Meßtechnik sowie preiswerte Kleinrechner (sofern die Maschine nicht ohnehin über einen Rechner verfügt). Ohne daß der Betriebsleiter zu wissen braucht, was im einzelnen läuft, kann er – wie auch seine Maschinenführer – erkennen, ob und wie die in der Maschine laufende Fertigung die betrachteten Einzelforderungen im Rahmen der Qualitätsforderung erfüllt. Man betrachtet mit solchen elektronischen Hilfsmitteln meist die bezüglich Erfüllung kritischen Einzelforderungen.

Ganz besonders muß hier erneut betont werden, daß man stichprobenweise immer wieder auf die Verteilungsformen achten muß, vor allem wenn sie von der des gewählten Verteilungsmodells unbemerkt abweichen.

28.9 Normierte Qualitätsvergleiche mit Qualitätsfaktoren

Zur Auffindung von Schwerpunkten nötiger Verbesserungsmaßnahmen eignen sich auch Qualitätsfaktoren. Sie haben folgende Bedeutung:

> **Qualitätsfaktor =**
> **Qualitätszahl Q dividiert durch Annahmefaktor k**

Beispielsweise kann man im Bild 28.2 beim Mindestwert-Beispiel angesichts des Variationskoeffizienten $v \equiv s_n = 3{,}16\ \%$ einen Qualitätsfaktor

$$F_q = a_{un}/(k \cdot v) = 6/(2 \cdot 3{,}16) = \mathbf{0{,}95}\ ,$$

beim Höchstwert-Beispiel einen solchen von

$$F_q = a_{ob}/(k \cdot v) = 10/(2 \cdot 3{,}16) = \mathbf{1{,}58}$$

feststellen. Qualitätsfaktoren über 1 zeigen Erfüllung der Einzelforderung an, Qualitätsfaktoren unter 1 das Vorhandensein von fehlerhaften Merkmalswerten in der empirischen Verteilungsfunktion. Dann sind Entscheidungen nötig.

Qualitätsfaktoren, die zugleich **Qualitätskennzahlen** sind [273], gestatten einen normierten Vergleich (Dimension 1) von Qualitätsmerkmalen mit unterschiedlichen Dimensionen anhand der zugehörigen Prüfergebnisse. Bei diesem Vergleich müssen Merkmalsklassen und Merkmalsgewichte einbezogen werden (siehe Abschnitt 11.6.1). Ohne Normierung wäre ein solcher Vergleich wegen der unterschiedlichen Dimensionen wesentlich schwieriger. Der Vorteil liegt auf der Hand:

Das Setzen von Schwerpunkten beim Qualitätsmanagement wird objektiviert.

Es bedarf keiner langen Diskussionen, um die „schwarzen Schafe" zu finden. Unverzüglich können entsprechende Korrekturmaßnahmen eingeleitet werden. Oft kann sogar die Notwendigkeit von Vorbeugungsmaßnahmen erkannt werden.

28.10 Psychologische Gesichtspunkte zur normierten Qualitätsbeurteilung

28.10.1 Die „Lernschwelle"

Die Rechenschritte für die normierte Qualitätsbeurteilung sind einfach. Ein geübter Kopfrechner benötigt dazu kein Hilfsmittel. Dennoch werden nach erstmaligem Betrachten des vollständigen obigen Systems der normierten Qualitätsbeurteilung oft Bedenken geäußert, das Verfahren sei kompliziert. Dieser objektiv unrichtige Eindruck wird als **„Lernschwelle"** bezeichnet.

Daß man für Vorbeugungs- und Korrekturmaßnahmen die Prüfergebnisse mit ihren Ursprungswerten benötigt, nicht mit ihren normierten, ist kein Gegenargument gegen die normierte Qualitätsbeurteilung, auch wenn es oft vorgebracht wird (übrigens ebenso wenig wie bei Qualitätskennzahlen). Die Ursprungswerte liegen nämlich ohnehin vor. Außerdem kann man durchaus auch normierte Werte korrigieren, jedoch gehört dazu Übung. Dieser Gesichtspunkt gehört ebenfalls zur „Lernschwelle".

Die Überwindung der „Lernschwelle" liegt vor der Nutzung aller Vorteile der normierten Qualitätsbeurteilung. Diese Überwindung ist ein Führungs- und ein didaktisches Problem.

28.10.2 Die „Angstschwelle"

Wenn dieses Verfahren erst einmal durchgängig angewendet wird, kann sich jedermann in einer bisher kaum vorstellbaren Weise schnell ein eigenes quantitatives und in alle Einzelheiten gehendes Urteil über die Qualität der Produkte, insbesondere der Angebotsprodukte bilden. Es bedarf lediglich der Aneignung und Anwendung der überall einsetzbaren Grundregeln und der Nutzung der mit Bild 28.2 skizzierten Graphiken, z.B. in einer der Serienproduktion angepaßten Weise.

Die Erfahrung lehrt, daß dieses nützliche Hilfsmittel nicht von allen Mitarbeitern und Führungskräften begrüßt wird, obwohl es das Mitdenken fördert. Bisweilen meinen sogar Spitzen-Führungskräfte, es sei ausreichend, wenn sich – wie bisher – nur „Qualitätsspezialisten" ein eigenes Urteil über die Qualität der Leistungen bilden können. Deshalb lehnen sie gelegentlich die Einführung des Verfahrens ab, meist freilich ohne Angabe dieses Grundes. Der Widerstand, der aus dieser Ablehnung entsteht, wird mit dem Begriff „Angstschwelle" charakterisiert, weil Angst vor der völlig neuen Transparenz des qualitätsbezogenen Geschehens das Motiv der Ablehnung ist. Die Überwindung dieser Angstschwelle hat daher weder mit Statistik noch mit Qualität etwas zu tun. Sie zu beseitigen, ist eine Aufgabe der obersten Leitung der Organisation.

28.11 Praktische Erfahrungen mit der normierten Qualitätsbeurteilung

Erstaunlicherweise zeigt die Praxis: Die „Lernschwelle" ist erfahrungsgemäß leichter zu überwinden als die „Angstschwelle". Man kann darin zwar auch einen Beweis dafür sehen, daß nicht etwa der Schwierigkeitsgrad des Systems das Problem ist. Entscheidend war vielmehr, daß der gesamte Vertriebsapparat einer Organisation plötzlich zur aktuellen Qualitätsbeurteilung in der Lage war und die betreffenden Graphiken aktuell verlangte. Die aus dem neuen qualitätsbezogenen Wissen entstehenden, oft kundenbezogenen Eingriffe von dort in die Fertigung waren zunächst etwas völlig Ungewöhnliches.

Nicht so erstaunlich ist allerdings, daß bisher für die Qualitätsbeurteilung teilweise ähnliche Randbedingungen bestehen, wie sie für die Prozeßbeurteilung und Prozeßlenkung in [268] als in hohem Maße noch verbesserungsfähig unter der Überschrift „Handlungsbedarf" beschrieben worden sind. Das ist mit ein Hintergrund für den Erfolg der normierten Qualitätsbeurteilung. Sie führte in der Praxis bei schwer beherrschbaren Fertigungsprozessen zur Aufdeckung bislang nicht registrierter Fehlerserien. Außerdem wurde die zielstrebige Fehlerbeseitigung in ständiger Rückkopplung zu den sofort durchschaubaren und verwertbaren normierten Zwischenergebnissen erheblich erleichtert, was zudem motivierend wirkte.

Schließlich sind Vergleiche zwischen qualitätsbezogenen Problemschwerpunkten bei unterschiedlichen Produkttypen mit der Folge erheblicher Schwerpunktsverschiebungen im Qualitätsmanagement durchgeführt worden, auch überbetrieblich.

Wer dieses Hilfsmittel benutzte und die „Angstschwelle" zu überwinden verstand, hat es beibehalten. Es sind Fälle bekannt, in denen das System seit etwa 2 Jahrzehnten fortlaufend angewendet wird.

28.12 Zusammenfassung

Normierte Qualitätsbeurteilung macht das gesamte „Qualitätsgeschehen" besser durchschaubar. Vor allem für Führungskräfte, die sich (bisher) normalerweise nicht mit Einzelheiten des Qualitätsmanagements befassen können, stellt sie sofort beurteilbare und vergleichbare Bewertungsmöglichkeiten zur Verfügung. Früher durch Unkenntnis der betreffenden Qualitätslagen bedingte Ausfälle und Fehlentscheidungen werden vermieden. Überdies ergibt sich, besonders bei Anwendung im Zusammenhang mit dem umfassenden Qualitätsmanagement (siehe Kapitel 15) die wünschenswerte unmittelbare Motivierung zu Qualitätsverbesserungen dort, wo sie bei der Arbeitsabwicklung und bei den Ergebnissen wirklich nötig sind. Normierte Qualitätsbeurteilung kann nämlich für das Qualitätsmanagement bei beliebigen Einheiten eingesetzt werden.

28.12 Zusammenfassung

Die benötigten Rechenhilfsmittel sind heute von untergeordneter Bedeutung. Viel entscheidender ist der rechtzeitige Einbau des Verfahrens in die Planungs- und Realisierungsabläufe, vor allem in deren Lenkung durch Rechner-Software. Wer normierte Qualitätsbeurteilung einsetzt und die „Lernschwelle" und die „Angstschwelle" überwunden hat, behält dieses Hilfsmittel der Qualitätsbeurteilung erfahrungsgemäß mit großem Nutzen für aktuelle qualitätsbezogene Entscheidungen bei. Vermutlich ist vor allem die oben behandelte „Angstschwelle" Ursache dafür, daß bisher nur wenige Organisationen dieses Verfahren eingeführt und auch beibehalten haben.

29 Qualitätsregelkarten

> *Überblick*
>
> *Qualitätsregelkarten sind eines der ältesten Werkzeuge des Qualitätsmanagements. Für ihre Technik und Handhabung in der Qualitätslenkung gibt es umfangreiche Literatur. Nachfolgend finden sich die Haupt-Gesichtspunkte für ihre Anwendung.*

29.1 Vorbemerkung zur Benennung

Früher hieß die Qualitätsregelkarte „Kontrollkarte". In manchen deutschen Publikationen wird sie wegen des angloamerikanischen Namens „control chart" auch heute noch so genannt. Hierfür gilt aber das Gleiche wie für „Kontrolle" in „Qualitätskontrolle" (siehe Abschnitt 9.7).

Eigentlich müßten diese Formblätter **„Qualitätslenkungskarte"** heißen. Sie unterstützen nämlich die Qualitätslenkung. Qualitätslenkung ist der Oberbegriff zu Qualitätsregelung, die u.a. in der Normen-Serie DIN 19226 [274] grundlegend (aus elektrotechnischer Sicht) behandelt wird. Siehe vor allem auch die statistische Qualitätslenkung im Kapitel 23.

29.2 Begriff und Zweck von Qualitätsregelkarten

In [186] findet sich die folgende Erklärung:

> **Qualitätsregelkarte (kurz QRK) =**
> **Formblatt zur graphischen Darstellung von**
> **statistischen Kennwerten für eine Serie von Stichproben**
> **mit Eingriffsgrenzen (obere und/oder untere) sowie**
> **häufig auch mit Warngrenzen und einer Mittellinie**

Der Zweck einer QRK ist aus dieser Erklärung nicht vollständig zu entnehmen. Sie dient z.B. als Hilfsmittel bei der Überwachung eines Prozesses anhand des Parameters der Verteilung der Werte eines Prozeßmerkmals. Dabei kann man mehrere Ziele verfolgen. Man kann einen Prozeß oder sein(e) Ergebnis(se) zeitabhängig daraufhin untersuchen,
- ob das Prozeßmerkmal selbst „beherrscht" ist, oder
- ob der Prozeß die Einzelforderung (im Rahmen der Qualitätsforderung) an das Qualitätsmerkmal eines Merkmals des Prozeßergebnisses, im allgemeinen also eines Produkts, erfüllt, ob er also qualitätsfähig ist.

Bezüglich des beherrschten Prozeßmerkmals, des beherrschten Prozesses (und einer beherrschten Fertigung) wird auf Abschnitt 23.4.3 verwiesen.

Welche Merkmale oder Kennwerte des Prozesses oder seines Ergebnisses spezielle QRK im einzelnen verfolgen, welcher graphischer oder anderer Mittel sie sich dabei bedienen und wie sie heißen, ist gemäß den Definitionen in [186] und in [188] im Bild 29.1 dargestellt.

Bild 29.1: Arten von Qualitätsregelkarten, ihr Zweck und ihre Mittel

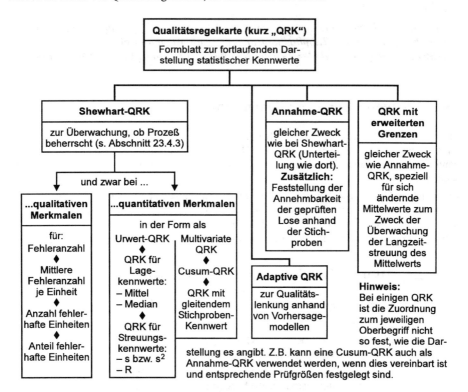

Weitere Einzelheiten findet man in [277] bis [280] sowie in [350].

Wegen des Vergleichs der Einzelergebnisse mit Warn- und/oder Eingriffsgrenzen kann sich Qualitätslenkung mittels QRK nur auf quantitative Merkmale [12] beziehen. In Frage kommen z.B. „Anzahl Fehler je hundert Einheiten", „Anteil fehlerhafter Einheiten", ein Urwert, Mittelwert, Median, eine Spannweite, eine Varianz oder eine Standardabweichung. Vielfach werden auch QRK für zwei oder mehr Qualitätsmerkmale konstruiert, beispielsweise solche für jeweils einen Lage- und einen Streuungskennwert.

Ebenfalls im Bild 29.1 enthalten ist die „Adaptive Qualitätsregelkarte". Ihr Zweck ist nach [186] und [188] die Benutzung von Vorhersagemodellen zur Schätzung der Weiterentwicklung eines unbeeinflußten Prozesses mit dem Ziel, eine Korrektur zu quantifizieren, die erforderlich sein könnte, um Abweichungen des Prozesses dadurch in vorgegebenen Grenzen zu halten, daß man ihn beeinflußt.

29.3 Warn- und Eingriffsgrenzen für Qualitätsregelkarten

29.3.1 Allgemeines zu den Regelgrenzen

Warn- und Eingriffsgrenzen sind in eine QRK eingetragene Grenzwerte [24]. Man nennt sie zusammengefaßt auch „**Regelgrenzen**". Werden diese durch die eingetragenen Einzelergebnisse über- oder unterschritten, so werden dadurch Maßnahmen ausgelöst, nämlich

– bei einer Warngrenze im allgemeinen eine **verstärkte Überwachung**,
– bei einer Eingriffsgrenze **obligatorisch ein Eingriff**.

Ein Eingriff ist dabei eine korrigierende Maßnahme im Rahmen der (mittelbaren) Qualitätslenkung (siehe deren Definition im Abschnitt 9.3). In vielen Fällen, aber nicht immer, wird diese korrigierende Maßnahme als Korrekturmaßnahme [16] aufzufassen sein, weil eine Fehlerursache beseitigt wird. Die Eingriffsgrenze einer Annahmeregelkarte heißt „**Annahmegrenze**".

29.3.2 Ermittlung von Regelgrenzen

Zur Festlegung der Grenzwerte werden Grenzabweichungen von der Mittellinie der QRK aus berechnet. Diese Mittellinie ist demnach der Bezugswert für die Grenzabweichungen. Diese werden

(1) entweder ausschließlich nach statistischen Gesichtspunkten ermittelt. Das geschieht dann, wenn das beobachtete Prozeßmerkmal daraufhin geprüft werden soll, ob es beherrscht ist, also z.B. bei der **Qualitätsprüfung** einer Fertigungsmaschine daraufhin, inwieweit sie eine Einzelforderung im Rahmen der an sie selbst gerichteten Qualitätsforderung reproduzierbar erfüllt; oder

(2) bezüglich eines für das Prozeßergebnis vorgegebenen Merkmalswertes nach statistischen Gesichtspunkten ermittelt, also z.B. bezüglich eines Grenzwertes für ein Produktmerkmal, der Einzelforderung im Rahmen der Qualitätsforderung an das Prozeßergebnis ist. Das geschieht dann merkmalsweise, wenn der Prozeß bezüglich seiner Qualitätsfähigkeit (siehe Abschnitt 7.12) überwacht sowie Prozeß und Prozeßergebnis (Produkt) deshalb einer **statistischen Qualitätslenkung** unterzogen werden sollen.

Diese Ermittlung der Grenzabweichungen zur Eintragung der Regelgrenzen in die QRK hängt naturgemäß davon ab, welche Merkmalsart (siehe Abschnitt 7.2) und ggf. welches theoretische Modell für die Verteilung der Merkmalswerte der statistischen Qualitätslenkung mit QRK zugrundegelegt wird. Die prinzipielle Verfahrensweise bei den unterschiedlichen Voraussetzungen und Randbedingungen sowie konkrete Berechnungsbeispiele finden sich in [192]. Dieser und die weiteren zu SPC gehörigen DGQ-Bände [191] und [193] werden auch für das Studium der QRK-Technik insgesamt empfohlen.

Zur obigen Zielsetzung (1) sei ergänzend folgendes angemerkt:

– Für QRK, welche diese erste Zielsetzung verfolgen, findet man (noch) die Bezeichnung „*QRK ohne Grenzwertvorgabe*". Von dieser Bezeichnung wird abgeraten. Sie ist irreführend. Warn- und Eingriffsgrenzen sind Grenzwerte.

– Allenfalls bei dieser Zielsetzung (1) ist es sinnvoll, auch bei QRK für Betragsverteilungen (siehe Abschnitt 25.3) untere Warn- und Eingriffsgrenzen festzulegen, um die Schwankungsbreite des Streuungsparameters auch nach unten hin im Blick zu behalten.

In allen anderen Fällen von statistischer Qualitätslenkung anhand von Betragsverteilungen kommt es entsprechend der allein durch den Streuungsparameter bestimmten Betragsverteilung nur auf die Neigung der Verteilungsgeraden im jeweiligen Betragsnetz an. Maßgeblich sind in aller Regel die größten Unsymmetriebeträge, also die Extremwerte-Kurvenzweige. Eine Untergrenze für den Steuungsparameter ist also bei überwachten Betragsverteilungen in der Regel nicht sinnvoll.

Zur obigen Zielsetzung (2) gibt [276] einen umfassenden Überblick, dessen Studium sich auch im Hinblick auf den nachfolgenden Abschnitt lohnt.

29.4 Eingriffskennlinien für Qualitätsregelkarten

Auch für QRK gibt es eine „Arbeitskennlinie". Einleuchtenderweise wird aber dann, wenn „alles in Ordnung" ist, kein Eingriff verlangt. Die Eingriffswahrscheinlichkeit ist dann sehr klein oder Null. Bei derselben Situation muß bei einer Stichprobenprüfung eine sehr hohe Annahmewahrscheinlichkeit bestehen. Deshalb ist die mathematische Definition der Eingriffskennlinie plausibel: Sie ist nämlich die Gütefunktion einer QRK. Die Gütefunktion ist „Eins minus Operationscharakteristik" [201].

Eingriffskennlinien zeigen die Eingriffswahrscheinlichkeit abhängig vom Wert der betrachteten Stichprobenkenngröße. Für die Darstellung von Eingriffskennlinien gilt analog zu den OC (siehe Abschnitt 24.3.5): Man muß sich die Teilungen der Koordinaten genau ansehen. Das Bild der Kurvenverläufe und die Ablesbarkeit in kritischen Bereichen hängen sehr davon ab. Im übrigen wird bezüglich weiterer Einzelheiten zu den Eingriffskennlinien, insbesondere zu ihrer Ermittlung aus Wilrich-Nomogrammen, auf [192] verwiesen. Die Wilrich-Nomogramme sind aus der bereits erwähnten Arbeit [276] entnommen.

29.5 Die Wirkung von QRK

QRK sind – insbesondere zusammen mit Selbstprüfung – ein internes Instrument auch der Qualitätspolitik einer Organisation. Dieses Instrument aktiviert, rationalisiert und versachlicht das Qualitätsmanagement, nicht nur in der untersten Hierarchie-Ebene. Es ist erfahrungsgemäß sehr erfolgreich, QRK im Betrieb allgemein zugänglich an den Fertigungsmaschinen oder an einem schwarzen Brett zwischen den Fertigungsmaschinen zu installieren und dort auch die aktuellen Eintragungen vornehmen zu lassen, z.B. durch die Maschinenführer selbst. Solche täglich mehrmals mit neuen Informationen versehenen QRK erhöhen das gemeinsame und gegenseitige Interesse der Mitarbeiter an der erzielten Qualitätslage in den jeweiligen Fertigungsschritten. Darüber hinaus fördern sie ganz allgemein das Interesse an der Arbeit und motivieren dadurch zu Qualitätsverbesserungen und zu Verbesserungsvorschlägen.

Deshalb sind QRK auch ein Beitrag zur Humanisierung des Arbeitsplatzes.

30 Selbstprüfung

> *Überblick*
>
> *Sie ist der „goldene Schlüssel" zum Qualitätsmanagement: Die Selbstprüfung kann nicht nur als menschliches Grundprinzip alter Schule betrachtet werden, es nützt überall im menschlichen Zusammenwirken. Als „Self-assessment" hat es bei Qualitätspreisen aktuelle Bedeutung. Wer in seiner Organisation dazu erfolgreich anleitet, verbessert auch die Lebensqualität.*

30.1 Kritische Entwicklung zu Begriff und Benennung

Es entspricht dem Zeitgeist: In [330] gibt es zwar den auf vielen Druckseiten erklärten „Schlüsselbegriff" Selbstverwirklichung, aber Selbstprüfung kommt nicht einmal als Stichwort in dieser großen deutschen Enzyklopädie vor. In [331] wird sie gemeinsprachlich als „kritische Auseinandersetzung mit sich selbst" erläutert. Fachlich ist sie in [50] und in [53] übereinstimmend wie folgt festgelegt, und zwar seit der 2. Auflage 1974 von [53] mit gleichem Begriffsinhalt und fast gleichlautend:

> **Selbstprüfung =**
> **Teil der zur Qualitätslenkung erforderlichen Qualitätsprüfung,**
> **der vom Bearbeiter selbst ausgeführt wird.**

Der erwähnte Teil der Qualitätsprüfung ist oft eine Zwischenprüfung (siehe Bilder 9.2 und 9.3). Die Selbstprüfung (self-inspection) ist zu unterscheiden vom „Teil der Qualitätslenkung, der vom Bearbeiter selbst ausgeführt wird" (operator control), z.B. aufgrund der Selbstprüfung, mit der sie oft verwechselt wird. Diesen Teil der Qualitätslenkung bezeichnet man üblicherweise in Anlehnung an „self-inspection" als **„Selbstlenkung"**.

Auch von einem weiteren verwandten Begriff ist die Selbstprüfung zu unterscheiden: Die **Eigenprüfung** ist eine „Qualitätsprüfung an einer Einheit durch deren Hersteller". Sie steht im Gegensatz zur **Fremdprüfung**, die eine „Qualitätsprüfung an einer Einheit durch eine externe Stelle" ist. Siehe auch hierzu das Bild 9.2.

Solche Fremdprüfungen kommen häufig vor. Oft wäre es zu aufwendig, ein spezielles, unbedingt zur Prüfung benötigtes Prüfmittel selbst zu beschaffen, das man nur selten einsetzen würde. Man wendet sich dann an Prüfstellen oder Organisationen, die dieses Prüfmittel besitzen.

International ist der Begriffsinhalt von Selbstprüfung seit 1995 durch [16] gegenüber der obigen Definition erheblich geändert worden. Nach [16] sind nämlich alle Qualitätsprüfungen, die vom Bearbeiter selbst ausgeführt werden, Selbstprüfungen; und zwar auch dann, wenn sie nicht der Qualitätslenkung dienen. In einer Anmerkung zu „self-inspection" ist gesagt, daß die Ergebnisse der Selbstprüfung zur Prozeßlenkung verwendet werden können. Dies ist also nur eine von vielen Möglichkeiten. Damit ist eine bedeutende Erweiterung des oben hervorgehobenen Begriffsinhalts verbunden, insbesondere im Hinblick auf Prüfschritte, welche in die Fertigung integriert sind. Es ist nicht bekannt, ob das Absicht war. Immerhin ist denkbar, daß man analog zu „operator control" (siehe oben) aus der 5. Auflage von [60] formuliert hat. In [60] selbst ist dieser Begriff nicht mehr vorhanden.

Auf diese erhebliche Änderung ist in [15] ausdrücklich hingewiesen.

Empfohlen wird, den obigen Begriff aus [50] und [53] auch weiterhin unverändert zu verwenden, und zwar nicht nur wegen der seit Jahrzehnten bestehenden Kontinuität, sondern vor allem aus Sachgründen: Das Wesentliche an der Selbstprüfung ist

die Kombination aus Qualitätsprüfung und Qualitätslenkung in einer Person,

auch bei ihrer betrieblichen Disposition und Verwirklichung.

30.2 Allgemeines

Zwischenzeitlich war es erstaunlich ruhig um die Selbstprüfung geworden. Aktuelle Themen wie umfassendes Qualitätsmanagement, QFD, Kaizen, Poka-Yoke usw. (siehe Kapitel 32) hatten diesen überaus wichtigen Teilaspekt der Überwindung des „Taylorismus" offensichtlich weitgehend verdrängt. Die 36 Monatshefte der Jahrgänge 1990 bis 1992 des Fachorgans der DGQ „Qualität und Zuverlässigkeit" (Carl Hanser Verlag, München) enthalten nicht einen einzigen Originalbeitrag zur Selbstprüfung. Das hat sich inzwischen gründlich geändert. Einer ersten Originalarbeit mit Hinweisen auf die vorab unabdingbar nötige Prüfplanung dazu [332] folgten im Jahrgang 1996 bereits fünf Originalarbeiten zu diesem Thema.

Als man Anfang der 80er Jahre in Europa begann, sich intensiver mit den bemerkenswerten Erfolgen des japanischen Qualitätsmanagements zu befassen (das dort auch heute noch vielfach „quality control" heißt, wenn man englisch spricht), war im Zusammenhang mit den „quality circles" (siehe Abschnitt 12.4.7) auch die Selbstprüfung als Hilfsmittel zur qualitätsbezogenen Motivierung, zur Rationalisierung und zugleich zur Erhöhung der Effektivität und Effizienz der Qualitätslenkung von Bedeutung.

Selbstprüfung ist an sich etwas sehr Altes: Schon die mittelalterlichen Meister und Gesellen besorgten die zur Qualitätslenkung erforderliche Qualitätsprüfung selbst, auch wenn sie die heutigen Fachbegriffe dafür noch nicht kannten. In der modernen Industrie ist diese Selbstverständlichkeit dann um die letzte Jahrhundertwende infolge der Arbeitsteilung, zu der die personelle Trennung aller Funktionen gehörte, verloren gegangen.

30.3 Gegenstand der Selbstprüfung

Nicht für jede Tätigkeit gilt, daß der Bearbeiter die Ergebnisse seiner Tätigkeit selbst prüfen kann. Die Grenzen sind gesetzt

- durch die Schwierigkeit und/oder apparative Aufwendigkeit einer Prüfung; z.B. die Röntgenprüfung einer Schweißnaht (nach dem Schweißen) oder die Ultraschallprüfung eines Gußstücks (nach dem Gießen);
- durch den Zeitaufwand für die Prüfung im Verhältnis zum Arbeitstakt des Realisierungsablaufs (Fertigungsvorgangs); z.b. die Prüfung eines Produkts auf Dauerschwingfestigkeit oder auf Alterung;
- durch den Zeitaufwand bis zur Erzielung der Prüfbarkeit des Prüfobjekts; z.B. die Maßprüfung eines Gußstücks, das für die Abkühlung eine längere Zeitspanne benötigt;
- durch gesetzliche Vorschriften und/oder vertragliche Forderungen bezüglich der Unabhängigkeit des Prüfpersonals vom Fertigungspersonal; z.B. in einer dokumentierten Prüfung von Sicherheitsteilen.

Im letztgenannten Fall ist zwar durchaus eine Selbstprüfung möglich. Ihre Ergebnisse können unter guten Bedingungen auch für die Selbstlenkung verwendet werden. Sie sind aber im Rahmen der vorgegebenen oder vorgeschriebenen unabhängigen Sicherheitsprüfungen nicht verwertbar.

30.4 Einführung und Handhabung der Selbstprüfung

Generell muß an allen Arbeitsplätzen der Grundsatz gelten:

> **Jeder prüfe das Ergebnis seiner Arbeit selbst**

Dieser Grundsatz sollte auch ohne die nachfolgend behandelte organisatorische Systematisierung gelten. Er sollte enthalten, daß der Selbstprüfer sich mit der betreffenden Qualitätsforderung intensiv auseinanderzusetzen hat.

Wo Selbstprüfung als planmäßig in einen Arbeitsablauf eingebautes Tätigkeitselement (QM-Element) noch fehlt, sollte es durch die oberste Leitung der Organisation eingeführt werden. Die Einführung sollte vorher mit der Betriebsvertretung abgestimmt werden. Vor der Einführung ist eine systematische Planung nötig. Dazu muß die oberste Leitung der Organisation ein sogenanntes „Projektteam" berufen. Es kann auch ein einzelner Projektbeauftragter sein.

Das Projektteam sollte sich in den zur Einführung vorgesehenen Bereichen der Organisation mit allen dafür erforderlichen Voraussetzungen und Randbedingungen befassen. Dazu gehört auch eine vorausgehende Schulung der potentiellen Selbstprüfer. Im Zusammenhang mit dieser Schulung sollte der Dialog mit den für die Selbstprüfung vorgesehenen Mitarbeitern gepflegt werden. Erforderlichenfalls sollten externe Dozenten mit Erfahrung auf diesem Gebiet herangezogen werden.

Die vorhandenen Anweisungen zur Durchführung der Tätigkeiten an den einzelnen Arbeitsplätzen müssen durch detaillierte Prüfanweisungen für die Selbstprüfung ergänzt werden. Erst dabei zeigt sich die Durchführbarkeit einer Selbstprüfung im einzelnen. Weiter hat sich die Vorarbeit auf folgende Themen zu erstrecken: Auf Prüfmittel, auf fortlaufende innerbetriebliche Schulungs- und Informationsveranstaltungen (im Anschluß an die oben genannten vorausgehenden), auf die Dokumentation der Prüfergebnisse, auf Bezahlungsfragen sowie auf die schriftliche Fixierung der „Ernennungsmodalitäten". Diese beziehen sich auf die allgemein bekanntzumachende Ernennung eines Mitarbeiters zum Selbstprüfer. Solche Ernennungen spielen auch für die Motivierung eine bedeutende Rolle.

Für die dauerhafte Funktionsfähigkeit des Systems der Selbstprüfung sollte durch entsprechende Regelungen Vorsorge getroffen werden. Das geschieht am besten anhand einer Überwachung der Selbstprüfer durch das Qualitätswesen. Die Überwachung erfolgt zweckmäßig stichprobenhaft als internes Qualitätsaudit in Form eines „Verfahrensaudit Selbstprüfung". Würde man darauf verzichten, könnte man nicht erkennen, welcher Mitarbeiter sich auf Dauer als Selbstprüfer *nicht* eignet. Ihm muß die Erlaubnis zur Selbstprüfung in aller Form wieder entzogen werden können, und zwar ebenso offiziell wie bei der Übertragung der Aufgabe anläßlich seiner Ernennung zum Selbstprüfer. Besser ist es allerdings, wenn man bereits in der vorausgehenden Schulungsphase die Befähigung und charakterliche Eignung der einzelnen potentiellen Bearbeiter so weit kennenlernen kann, daß solche Zurücknahmen von Ernennungen später so gut wie nie nötig werden.

Auch für die Selbstprüfung gilt, daß durch Prüfen allein die Qualitätsforderung nicht erfüllt werden kann. Sie liefert aber schnellstmöglich Kenntnisse über potentiell gefährliche Abweichungen und über Fehler. Deren Ursachen zu suchen und zu beseitigen, ist die anschließende Aufgabe. Wesentlicher Vorteil der Selbstprüfung ist also, daß sie qualitätsrelevante Informationen zum frühestmöglichen Zeitpunkt liefert, beispielsweise auch die Selbstprüfung der Entwurfstätigkeiten in einem Konstruktionsbüro.

30.5 Selbstprüfung und Qualitätsregelkarten

Die Kombination der Selbstprüfung mit dem Führen von QRK (siehe Kapitel 29) durch den Bearbeiter selbst hat sich als besonders erfolgreich erwiesen. Allerdings muß dazu das unabhängige stichprobenweise „Verfahrensaudit Selbstprüfung" durch das Qualitätswesen auch auf diese QRK erstreckt werden. Eine vorausgehende Schulung der Selbstprüfer in der Eintragung selbst gewonnener Meßergebnisse in die QRK ist erfahrungsgemäß unumgänglich, wenn auch nicht bei jedem Teilnehmer erfolgreich.

Die Praxis zeigt, daß Selbstprüfung auch dann erfolgreich sein kann, wenn ein nennenswerter Anteil der Selbstprüfer Arbeitskräfte mit sehr geringen Kenntnissen der Landessprache sind.

30.6 Self-Assessment der ganzen Organisation

Welche Bedeutung in den letzten Jahren diese umfassende, teilweise weit über das Qualitätsmanagement selbst hinausgehende Methode der Selbstprüfung im weiteren Sinn auf dem Hintergrund der immer zahlreicheren Qualitätspreise gewonnen hat, sei am Beispiel EFQM (European Foundation for Quality Management) erläutert: Diese ursprünglich aus Gründen des Wettbewerbs mit den fernöstlichen Industrienationen gegründete europäische Vereinigung (Sitz Brüssel) hat bis Mitte 1997 allein 20000 Exemplare eines Self-Assessment-

Fragenkatalogs mit 50 Fragen an (größere) europäische Organisationen abgesetzt, vorwiegend in der Industrie. Gegenstand der Fragen sind die neun bereits allgemein bekannten Bewertungsblocks: Fünf „Befähiger" (unter denen die Prozesse das größte Gewicht haben) und vier Ergebnisse. Neuerdings wurde ein abgewandelter Fragenkatalog mit ebenfalls 50 Fragen für mittlere und kleine Organisationen (small and middle sized organizations) herausgebracht [333].

Mit dem Ergebnis dieser Selbstprüfung sollten die Organisationen ursprünglich die Möglichkeit erhalten, sich selbst bezüglich der Chancen einzuschätzen, einen Qualitätspreis zu gewinnen. Allein die Tatsache, daß unter diesen neun Bewertungsblocks kein eigenständiger Block der „Planungs-Befähiger" ausgewiesen ist, zeigt die Ausrichtung vorwiegend auf die eines Qualitätspreises würdigen Ergebnisse des Qualitätsmanagements. Wie schon im Abschnitt 15.6.4 unter dem Blickwinkel des (internen) Qualitätsaudits hervorgehoben, sind die Kriterien solcher Qualitätspreise eine Ergänzung zu den Qualitätsforderungen an die Darlegung des QM-Systems gemäß [37] bis [39]. Allerdings ist es nötig, die betreffenden Aussagen terminologisch aufeinander abzustimmen. Eine klare Abgrenzung des qualitätsbezogenen Geschehens ist nicht beabsichtigt. Die von obersten Leitungen verständlicherweise begrüßte ganzheitliche Betrachtung des Geschäftsergebnisses hat Vorrang vor der differenzierten Analyse des qualitätsbezogenen Geschehens in der Organisation.

30.7 Weitere Einzelheiten zur Selbstprüfung

Zahlreiche weitere Einzelheiten zur Bedeutung, Handhabung und Einführung der Selbstprüfung findet man im DGQ-Band [281] und in einem Beitrag [282] zu [72]. In beiden Fällen ist auch weiterführende Literatur angegeben.

31 Dokumentation

> *Überblick*
>
> *Widersprüchlich bewertet werden Aufwand und Nutzen der Dokumentation; vor allem im Zusammenhang mit Zertifizierungsaudits. Ursache ist: Das Nötige genau einzugrenzen und vom Unnützen abzugrenzen, ist eine Kunst.*

31.1 Vorbemerkung zur Benennung

Kaum ein Wort wird in so unterschiedlicher Weise benutzt wie das in der Überschrift dieses Kapitels. Man kann die Situation allenfalls mit der Entwicklung der Benutzung von „Konzeption" vergleichen. Jedenfalls ist, auch im deutschen behördlichen Dokumentationswesen, eine zweifelsfreie Definition verfügbar [283]. Sie ist auch in [8] zu finden:

> **Dokumentation =**
> Für die Fachinformation wesentliche *Tätigkeit*, die
> das systematische Sammeln und Auswählen,
> das formale Erfassen, inhaltliche Auswerten und Speichern
> von Dokumenten umfaßt, um sie zum Zweck
> der gezielten Information rasch und treffsicher
> auffinden zu können

„Fachinformation" nennt man jedes auf einem Datenträger gespeicherte und bereitstellbare Wissen, das zum Zweck der Erfüllung fachlicher Aufgaben erfaßt, aufbereitet und zur Verfügung gestellt wird. Bekannt sind die branchenbezogenen, öffentlich zugänglichen Fachinformationszentren (FIZ). Ein für das Qualitätsmanagement besonders wichtiges ist das Deutsche Informationszentrum für technische Regeln im DIN (**DITR**).

Der angloamerikanische Begriff „documentation" wird ebenfalls als „Benutzung von Urkunden" erklärt, also als Tätigkeiten.

Ursache für die unterschiedliche Benutzung von „Dokumentation" ist, daß in der Gemeinsprache auch spezielle Ergebnisse der Dokumentationstätigkeiten den gleichen Namen haben, nämlich eine Zusammenstellung von Dokumenten zu einem speziellen Thema. Insbesondere werden unter Benutzung von Dokumenten (authentisch) erstellte, breitenwirksame Medienberichte von Presse, Ton- und Bildfunk „Dokumentation" genannt.

Weil außerdem auch im Qualitätsmanagement sowohl unter „Dokumentation" als auch unter „documentation" (z.B. in [37] bis [40]) häufig noch die Gesamtheit von Dokumenten zu einer betrachteten Einheit verstanden wird, ist der wesentliche Begriffsinhalt von Dokumentation im obigen Sinn und gemäß [8], nämlich „Tätigkeit", besonders zu beachten.

31.2 Das System qualitätsbezogener Dokumente

31.2.1 Was ist und wie kennzeichnet man ein Dokument?

Die Erklärungen eines Dokuments sind in den verschiedenen Bereichen der Dokumentation nicht einheitlich. Empfohlen wird die folgende Definition:

> **Dokument =**
> **auf einem Trägermedium festgelegte Information,**
> **die bei entsprechender Bedeutung als Gesamtheit**
> **durch ein Dokumentenkennzeichen eindeutig identifizierbar**
> **und dem zugelassenen Zugriff zugänglich ist**

Beispiele für verwendete Dokumentenkennzeichen sind eine Dokumentennummer, ein Filename oder eine Stücklistennummer.

Schon das System der Dokumentenkennzeichen für die verschiedenartigen Dokumente einer Organisation ist im DV-Zeitalter ein Problem ersten Ranges. Der Informationsaustausch innerhalb der Organisation und mit Partnern wird entscheidend durch die Anpassung der Lösung dieses Problems an überbetriebliche Systeme bestimmt. Am Anfang steht dabei die Abgrenzung der kennzeichnungspflichtigen gegen die nicht kennzeichnungspflichtigen Dokumente. Nicht jede Strichliste eines Qualitätsprüfers muß eine Dokumentennummer erhalten.

Es empfiehlt sich für jede Organisation, bei Bedarf überbetriebliche Erfahrung bei der Gestaltung solcher Regelungen in Anspruch zu nehmen.

31.2.2 Überblick über Arten von qualitätsbezogenen Dokumenten

Für Qualitätsmanagementsysteme (siehe die Kapitel 13 und 14) sind Dokumentation und Dokumente von großer Bedeutung. Allerdings waren die betreffenden Aufgabenstellungen und Darlegungsforderungen in [37a/b], [38a/b] und [40a/b] sehr verschiedenartig erläutert [14]: In den beiden erstgenannten, jetzt nicht mehr geltenden Normen existierten zwei Hauptabschnitte, zudem unterschiedlich beziffert (4.5 bzw. 4.4 und 4.16 bzw. 4.15). [40a/b/c] enthält nur ein einziger Hauptabschnitt (17) zu diesem Thema. Bei [37c] und [38c] sind wenigstens die Abschnittsnummern angeglichen, die zweitgenannten also weggefallen.

Dies alles war vor gut einem halben Jahrzehnt hierzulande Anlaß zur Klärung des Systems qualitätsbezogener Dokumente. Das Ergebnis wurde in [284] veröffentlicht. Die seitdem unveränderte Systematik ist im Bild 31.1 in Deutsch wiedergegeben. Lediglich „QS-" wurde gegenüber [284] gemäß [35] in „QM-" geändert. Eine zusätzliche Tabelle mit den angloamerikanischen Benennungen ist in [102] enthalten.

Die Benennungen der Kernbegriffe sind in den vier unten rechts angeordneten Kästen des Bildes 31.1 enthalten. Die Spalte links davon und die Zeile darüber enthalten, wie am Rand in Sonderkästen hervorgehoben, die Benennungen zu den Oberbegriffen. Sie kreuzen sich bei „Qualitätsbezogenes Dokument", dem gemeinsamen Oberbegriff.

Dieses auch in [8] enthaltene Benennungssystem ist schon fast aus sich selbst allein verständlich. In [8] findet man indessen zu allen 9 Benennungen auch die Begriffserklärungen.

31.2 Das System qualitätsbezogener Dokumente

Zur Erleichterung sind im Bild 31.1 in den neun Kästen auch die Nummern eingetragen, unter denen in [8] die zugehörigen Begriffserklärungen zu finden sind.

Bild 31.1: Das System qualitätsbezogener Dokumente

Art der behandelten Einheit sowie → Inhalt des qualitätsbezogenen Dokuments ↓		Art der behandelten Einheit, auf welche sich das Dokument bezieht			
		beliebig	Tätigkeit	Produkt	
Inhalt des qualitätsbezogenen Dokuments	beliebiger qualitätsbezogener Inhalt	Qualitätsbezogenes Dokument Nr 12	QM-Dokument Nr 12.1	QM-Dokument Nr 12.2	Oberbegriffe
	Anweisungen oder Forderungen	Qualitätsforderungsdokument Nr 12.3	QM-Verfahrensanweisung Nr 12.3.1	Produktspezifikation Nr 12.3.2	
	Ergebnisse von Qualitätsprüfungen	Qualitätsaufzeichnung Nr 12.4	Tätigkeitsbezogene Qualitätsaufzeichnung Nr 12.4.1	Produktbezogene Qualitätsaufzeichnung Nr 12.4.3	
		Oberbegriffe			

Die Nummern in den Kästen sind die Nummern der in [8] definierten Begriffe

31.2.3 Unterscheidungskriterium Änderungsdienst

Nach den Begriffserklärungen von Abschnitt 31.2.2 kann man die auch in [37] bis [40] hervorgehobene, wichtigste Unterscheidung zwischen Dokumentenarten „auf den Punkt bringen": Wer Qualitätsaufzeichnungen ändert, ist ein Betrüger; wer Qualitätsforderungsdokumente nicht ändert, wird aus dem Konkurrenzkampf ausscheiden.

Wie bei jeder Regel gibt es Ausnahmen. Hier ist allerdings nur zum ersten Teil der Regel eine Ausnahme denkbar; und die entpuppt sich bald als nur scheinbar: Nach der Erstellung eines Prüfprotokolls kann bei der Kalibrierung des betreffenden Prüfmittels eine bisher unbekannte systematische Meßabweichung festgestellt worden sein. Man weiß oder vermutet, daß diese schon wirksam war, als die im Prüfprotokoll aufgezeichneten Werte gemessen wurden. Es kann überdies sein, daß infolge des Wertes der systematischen Meßabweichung und der Lage der Meßwerte des Prüfprotokolls die wesentliche Aussage des Prüfprotokolls in Frage gestellt ist. Dann (und nur dann) muß mit einem zweckmäßigen Verweis auf dem Prüfprotokoll auf diese Feststellung hingewiesen werden. Im Grund ist das aber keine Änderung, sondern die Anbringung einer Korrektion (siehe Abschn.

Demgegenüber ist kein Qualitätsforderungsdokument denkbar, das nicht geändert oder verbessert werden müßte, jeweils nach dem Stand der Technik, aufgrund gewonnener Erfahrungen, gemäß den Wandlungen externer und interner Qualitätsforderungen usw. Eine andere Frage ist, in welchen Zeitabständen solche Änderungen notwendig und sinnvoll sind.

31.2.4 Einordnung von Dokumenten in das System

Vielfach wird es nützlich sein, zu vorliegenden Dokumenten die Frage zu beantworten, zu welcher der vier Grundarten von Bild 31.1 es gehört. In [8] sind lediglich drei weitere Unterarten zu Qualitätsaufzeichnungen erklärt:

- Die zur Darlegung der Qualitätsfähigkeit von QM-Elementen eines QM-Systems im Rahmen eines externen Qualitätsaudits oder Zertifizierungsaudits aufgrund einer QM-Darlegungsforderung vorgelegten oder vorzulegenden tätigkeitsbezogenen Qualitätsaufzeichnungen mit der Benennung „**QM-Nachweisdokumente**", in [8] Nr 12.4.2,

- Die für alle Hierarchie-Ebenen einer Organisation wichtigen Zusammenstellungen produktbezogener Qualitätsaufzeichnungen, die für die Qualitätsplanung, die Qualitätslenkung oder die Qualitätsprüfungen erforderlich oder nützlich sind: Die „**Internen Qualitätsberichte**", in [8] Nr 12.4.4, und

- Die produktbezogene Qualitätsaufzeichnung, die als Nachweis darüber dient, daß die Qualitätsforderung an ein materielles oder immaterielles oder an ein kombiniertes Angebotsprodukt der Organisation erfüllt ist, und die man „**Qualitätsnachweis**" nennt, in [8] Nr 12.4.5. Siehe auch Abschnitt 8.5.2.

Die Bedeutung dieser Unterarten sei anhand der letzten erläutert: Hierzu gehören alle Qualitätsnachweise nach der branchenübergreifenden Grundnorm [285] sowie nach [286] bei Materialprüfungen, zudem alle Qualitätsnachweise, die bei der Abwicklung von EU-Konformitätsbewertungsverfahren (vgl. Bild 13.11) gefordert werden. Je kleiner die Fertigungstiefe einer Organisation ist, je mehr Material und Vorprodukte sie also einkauft, um so wichtiger sind für sie Qualitätsnachweise über die zugelieferten Produkte.

Im Zusammenhang mit den zu erstellenden Dokumenten spielt für die betreffenden QM-Verfahrensanweisungen erfahrungsgemäß die Klarstellung des Begriffs Material eine nicht unerhebliche Rolle. Dazu wird oft viel Diskussionszeit eingesetzt. Bisher wurde Material vielfach als Oberbegriff auch für Bauteile und Rohmaterial, für Werkstoff und für Halbfertigwaren benutzt. Danach war „Material = jedes materielle Teilelement, das Bestandteil eines Angebotsprodukts werden soll". Für die Langzeitrevision der ISO 9000 family deutet sich an, daß „Material" wegen dieser Vorbenutzung, aber auch wegen der Unterscheidung der übergeordneten Produktkategorien in zwei materielle und zwei immaterielle Arten (siehe Bild 13.7), möglichst überhaupt nicht mehr verwendet werden sollte, sondern nur noch Rohmaterial mit der Definition „Materielles Ergebnis eines natürlichen Prozesses".

31.3 Die Aufbewahrung von qualitätsbezogenen Dokumenten

31.3.1 Begriffe und Allgemeines

Die Aufbewahrungspflicht verlangt einen erheblichen Mitteleinsatz. Deshalb muß man Begriff und Zusammenhänge kennen. Zunächst zum Begriff:

> **Aufbewahrungspflicht =**
> **Verpflichtung des für eine Dokumentation Zuständigen**
> **zur geeigneten Aufbewahrung von Dokumenten**
> **mindestens bis zum Ende der Aufbewahrungsfrist**

Zwar ist die Form der Aufbewahrung, insbesondere das Trägermedium (Dokument auf Papier, als Bild, mittels EDV) dem Aufbewahrungspflichtigen freigestellt. Nicht jedoch gilt Gleiches für die Aufbewahrungsfrist.

Unter **Aufbewahrungsfrist** versteht man die Zeitspanne, für welche das Dokument dem zugelassenen Zugriff zugänglich sein muß. Es gibt gesetzlich (z.B. nach § 147 AO, im HGB früher nach § 44, jetzt nach § 257) festgelegte, und auch organisationsbezogen festgelegte Aufbewahrungsfristen. Für Dokumente ist die Aufbewahrungsfrist meist in ganzen Jahren festgelegt. Sie beginnt, wenn nicht anders festgelegt, am Schluß des Kalenderjahres, in welchem das Dokument entstanden ist.

31.3.2 Erkennbarkeit und Disposition der Aufbewahrungsfrist

Dokumente mit festgelegter Aufbewahrungsfrist müssen diese leicht erkennen lassen, unabhängig davon, ob die Aufbewahrungsfrist durch Gesetz oder Verordnung, durch Kunden oder intern festgelegt ist. Vielfach genügt es, wenn das betreffende Ordnungsmittel für die Aufbewahrung der Dokumente – beispielsweise ein Aktenordner – außen erkennbar den betreffenden Hinweis auf die Aufbewahrungsfrist trägt. Dokumente, für die keine festgelegte Aufbewahrungsfrist gilt, dürfen und sollten nach Ablauf von höchstens 6 Jahren vernichtet werden (das gilt auch für viele kaufmännische Dokumente). Ausnahmen sind Dokumente,

- die im Fall einer Produkthaftung gemäß §§ 823 BGB ff oder nach dem Produkthaftungsgesetz [132] für die Beurteilung von Bedeutung sein können;
- für welche die Organisation selbst ein Interesse an der Zugriffsfähigkeit des Inhalts über eine längere Zeitspanne hat, z.B. Konstruktionsunterlagen von Angebotsprodukten, für die auch noch nach Jahrzehnten mit Nachlieferungs- oder Ersatzteilanforderungen zu rechnen ist;
- die erfahrungsgemäß für Änderungskonstruktionen eine wertvolle Hilfe sein können;
- die als Langzeitstudien der Organisation über eine Zeitspanne von mehr als 6 Jahren interessant sein können.

31.3.3 Aufbewahrungsbedingungen

Beispielsweise ist in [37c] zur geeigneten Aufbewahrung von Dokumenten die Darlegung der Erfüllung folgender Einzelforderungen verlangt: Die Dokumente „müssen in Einrichtungen unter geeigneten Aufbewahrungsbedingungen zur Vermeidung von Beschädigungen oder Beeinträchtigungen und zur Verhütung eines Verlustes so aufbewahrt und in Ordnung gehalten werden, daß man sie leicht wieder auffinden kann."". Regelmäßige Prüfungen der Aufbewahrungsorte durch die dafür Zuständigen im Hinblick auf die genannten Einzelforderungen sind sehr zu empfehlen.

31.4 Die QM-Elemente Dokumentationsgrundsätze und Dokumentation

Der Abschnitt 31.2 hat nach einer kurzen Begriffserklärung jene Teilmenge der Dokumente behandelt, die in einer Organisation für das Qualitätsmanagementsystem von Bedeutung sind, nämlich die qualitätsbezogenen Dokumente. Nicht nur Gedanken zum umfassenden Qualitätsmanagement (siehe Kapitel 15) legen es nahe, daß man die Dokumentation für alle – oder mindestens für einen genau bezeichneten Teil aller – Dokumente aller Bereiche der ganzen Organisation nach den gleichen Dokumentationsgrundsätzen handhabt. Dabei gilt nach [8] die folgende einfache Erklärung für Dokumentationsgrundsätze:

> **Dokumentationsgrundsätze =**
>
> **Grundsätze, nach denen die Verfahren und die Tätigkeiten der Dokumentation gestaltet werden.**

Beispiele sind Grundsätze für die Beantragung, Erstellung, Prüfung der Angemessenheit, Genehmigung, Herausgabe, Verteilung, Änderung und Einziehung von Dokumenten.

Zur Verdeutlichung der erforderlichen umfangreichen Festlegungen und der prinzipiellen Verfahrensweise sei ein Beispiel herausgegriffen: Die QM-Verfahrensanweisungen für den Änderungsdienst. Sie sind Anweisungen für spezielle Tätigkeiten der Dokumentation anläßlich der Änderung von Dokumenten, also ein Teilgebiet des QM-Elements Dokumentation. Diese QM-Verfahrensanweisungen müssen die Dokumentationsgrundsätze für die Änderung von Dokumenten befolgen. Ein solcher Grundsatz ist beispielsweise gemäß [37] bis [40], daß nach einer in der Organisation individuell festzulegenden Anzahl von Änderungen das betreffende Dokument als Ganzes neu herausgegeben werden muß.

QM-Verfahrensanweisungen zum Änderungsdienst werden zweckmäßig hierarchisch zu gliedern sein: Was generell für jede Art von Änderungsdienst gilt, muß übergeordnet festgelegt sein. Es wird jedoch fachspezifischer Ergänzungen durch spezielle Verfahrensanweisungen auf vielen Teilgebieten bedürfen.

– Als Beispiel für übergeordnete Festlegungen sei die Klärung der Begriffe und der Gegenstände (der Einheiten) erwähnt, die einem Änderungsdienst zu unterwerfen sind (vgl. Abschnitt 31.2.3): Was ist eine Änderung? (Nur) das Verändern der Beschaffenheit

31.4 Die QM-Elemente Dokumentationsgrundsätze und Dokumentation

eines Änderungsgegenstandes? Oder auch das Verändern der diesen Gegenstand beschreibenden Dokumente? Was für Arten von Änderungen gibt es? Korrekturänderung, Verbesserungsänderung, Anpassungsänderung? Muß grundsätzlich ein Änderungsantrag gestellt werden, damit der Änderungsdienst (das Konfigurationsmanagement) funktioniert? Dies ist nur ein winziger Ausschnitt aus den klärungsbedürftigen Grundsatzfragen.

– Als Beispiele für fachspezifische Ergänzungen mögen der Änderungsdienst für QM-Verfahrensanweisungen (QM-Arbeitsanweisungen und Prüfanweisungen) und der Änderungsdienst für ein Bauelementeverzeichnis einer Organisation dienen, die elektronische Geräte produziert.

Ein weiteres Beispiel für einen Dokumentationsgrundsatz ist die Festlegung einheitlicher Inhalts-Gliederungen für alle QM-Verfahrensanweisungen und Prüfanweisungen. Dabei kann man sich an überbetrieblich vorgegebenen Gliederungen ausrichten. Eine wesentliche Informationsgrundlage hierfür ist DIN 820-2 : 1996-09 [347]. Besonders zu beachten sind die dieser Norm als Anhang beigegebenen PNE-Regeln. Deren Kurz-Name gründet sich auf den französischen Titel „Règles pour la rédaction et la présentation des normes européennes". In diesen Regeln sind dreisprachig (deutsch/englisch/französisch) entsprechend den ISO/IEC Directives [305] sehr viele Anregungen für die redaktionelle und inhaltliche Gestaltung von Dokumenten (wie Normen) zu finden.

32 Weitere qualitätsbezogene Werkzeuge

> **Überblick**
>
> *Innovation qualitätsbezogener Verfahren und „Heilslehren" kann auch übertrieben werden. Systematisches Qualitätsmanagement gedeiht indessen nur, wenn die oberste Leitung ein Mindestmaß an Kontinuität der Denkweisen und Verfahren sicherstellt. Dies richtig zu machen, setzt Wissen um die Bedeutung und Chancen verfügbarer Werkzeuge voraus; und dann diesbezüglich einen gut beratenen, erfolgreichen Entscheidungsprozeß.*

32.1 Allgemeines

32.1.1 Die Situation

Qualitätsbezogene Themen sind „in". Immer wenn etwas „in" ist, gibt es eine Informations-Inflation. Worauf sie sich im einzelnen bezieht, hängt vom Grundthema ab. Beim Qualitätsmanagement sind es die „Zauberformeln", wie man schnell zum Erfolg kommt. Diese Entwicklung spitzt sich immer mehr zu. Die Erfolgkonzepte jagen sich. Wohin soll man greifen? Was ist das beste Rezept? Welchen Berater oder „Guru" soll man holen?

Schuler hat schon 1992/93 mehrfach versucht ([288] und [289]), in die Vielfalt von Angeboten Ordnung zu bringen. Es lohnt sich, diese Versuche nachzuvollziehen. Man wird vertrauter mit der verworrenen Materie. Die Frage ist, ob dadurch Ordnung entstehen kann. Kirstein hat es auf anderem Weg versucht [290]. Sein Ordnungsversuch gibt einen systematischen Überblick. Er ist im Bild 32.1 mit den vier Ebenen von QM-Lösungsansätzen nachgezeichnet.

Bild 32.1: Vier Ebenen von QM-Lösungsansätzen (nach Kirstein)

Abkürzungen: Siehe Abschnitt 32.2

Sind diese vier Ebenen bereits eine Antwort auf die Frage des Anwenders „Was soll ich nun tun?"? Kirstein verneint selbst diese Frage. Er weist auch auf den oft falschen Eindruck hin, den die QM-Schlagwörter manchmal vermitteln. Er warnt vor immer neuen Programmen, die viel versprechen und ebenso wenig halten wie viele vorangegangenen. Hinzuzufügen ist, daß in die nach wie vor bestehende qualitätsbezogene Euphorie so manches einbezogen wird, was gewiß – wie alles – eine qualitätsbezogene Komponente hat (siehe Abschnitt 15.3.1), als Ganzes aber keinesfalls als vorwiegend qualitätsbezogen gelten kann. Ein Beispiel ist die im Bild 32.1 mit „MRP" abgekürzte Mittelplanung für Fertigungsmaschinen.

Hier wird empfohlen, die nachfolgend beschriebene Analysemethode zu bevorzugen. Sie ist in der bestehenden Situation diejenige, die am wenigsten Verwirrung und am meisten Erfolg verspricht. Der Leser sollte – nach Kenntnisnahme auch der angegebenen Literatur – selbst entscheiden, welchen Weg er gehen will.

32.1.2 Grundsätzlich empfehlenswerte Analysemethode

Die Methoden des Qualitätsmanagements sind in den letzten drei Jahrzehnten sehr erfolgreich weiterentwickelt worden. Es ist nicht plausibel, daß die Fachleute in den letzten 30 Jahren grundsätzlich denkbare Möglichkeiten völlig „verschlafen" haben. Neue Ideen sind dennoch jederzeit möglich und sicherlich fruchtbar und erfolgversprechend. Die Frage aber ist:

Vergessen wir alles Gelernte und handeln fortan nach dem neuen Rezept?

Oder versuchen wir nach der Devise zu handeln:

Wie integrieren wir die gute neue Idee in unser bewährtes Konzept?

Für die zuletzt genannte Methode sprechen zahlreiche Argumente:

- Es geht kaum jemals um grundlegend neue Ideen, sondern um Verbesserungsvorschläge zu bestehenden Modellvorstellungen. Ein Beispiel ist das von Schuler in drei Arbeiten behandelte QFD [289]. Im Abschnitt 11.7 wurde es mit einer (bisher wenig verbreiteten) detaillierten Definition als weiterentwickelte, systematisierte Methode der Qualitätsplanung mit besonders herausgestelltem Kundenbezug unter Anwendung neuer Formblätter eingeordnet (Qualitätsforderungshaus).

- Dem praktischen Qualitätsmanagement ist am besten geholfen mit solcher Weiterentwicklung des Bewährten, nicht mit „Revolutionen": Ein Beispiel ist das umfassende Qualitätsmanagement. Im Kapitel 15 ist gezeigt, daß es darum geht, nicht nur die bisher betrachteten Einheiten, die Angebotsprodukte, sondern noch viele weitere für die Qualität der Angebotsprodukte wichtige dem systematischen Qualitätsmanagement zu unterwerfen. Es geht also nicht um etwas grundsätzlich Neues. Qualitätsmanagement war zudem auch schon bisher auf Motivierung angewiesen und wußte das [292]. Motivierung wurde nicht erst für das umfassende Qualitätsmanagement „erfunden".

- Die seriöse Praxis wird durch immer neue Terminologien nicht stimuliert, sondern irritiert. Empfehlenswert wäre die Erkenntnis, daß es nur die Alternative gibt: Entweder reicht das z.B. in [53] zusammengefaßt verfügbare Vokabular für den neuen Verbesserungsvorschlag und seine neuen Vorstellungen aus; oder für den Ideenträger (oder den Anwender) besteht die Verpflichtung, die nötigen, harmonisch einordenbaren Verbesserungen oder Ergänzungen selbst einzubringen. Erst durch die Einordnung der neuen Idee in das bestehende System werden die Diskussionen darüber gefördert. Dabei ist unerheblich, ob nun [53] oder eine andere bestehende, etwa gleichwertige und anerkannte Grundlage als Bezugsbasis ausgewählt wird, beispielsweise [11] oder [334].

Gerade zu diesem letzten Punkt sei ein Beispiel erwähnt: In einer Ergänzungsnorm [141] der DIN EN ISO 9000-Familie stehen „deligther factors", „satisfier factors" und „dissatisfier factors" im Mittelpunkt. Gemeint sind nichts anderes als Qualitätsmerkmale. Die Verständnis-Friktion entsteht, weil die angloamerikanischen Benennungen sowie deshalb auch die Begriffsvorstellungen dazu verwoben sind mit dem Ergebnis einer Qualitätsprüfung: So sind „dissatisfier factors" Qualitätsmerkmale, die als solche nicht erkannt oder deren zugehörige Einzelforderungen nicht erfüllt sind. Wie soll der mit solchen terminologischen Neuheiten konfrontierte Anwender die Brücke zu seinem Wissen und zu seinen Erfahrungen finden?

Dies alles sind nur wenige Beispiele und Hinweise auf die hier gewählte und empfohlene Methode. Sie will die (angeblich) neuen qualitätsbezogenen Werkzeuge einbinden in das seit Jahrzehnten entwickelte Gebäude der Qualitätslehre. Dabei ist das Ziel maßgebend, die meist guten – weil bereichernden – neuen Ideen durch Integration zur Wirkung zu bringen.

32.2 Einige Schlagwörter und Abkürzungen

Im Bild 32.1 sind sie nur als Abkürzungen enthalten. Das zeigt auch Fachleuten des Qualitätsmanagements die kaum noch zu überblickende Vielfalt, die im Bild allerdings nur angedeutet ist. Mehr findet man in [53] in einem Überblick von vielen Seiten über die gebräuchlichen Abkürzungen.

Nachfolgend sind nur die im Bild 32.1 (u.a. auch von Kirstein) verwendeten Abkürzungen „übersetzt". Dabei wird ebenso vorgegangen wie in [53] und im Abnschnitt 32.1.2 empfohlen: Auf Erklärtes im Inhalt dieses Buches wird durch Verweis Bezug genommen.

AQI	=	Annual Quality Improvement
	=	Jährliche Qualitätsverbesserung
DAA	=	Departmental Activity Analysis
	=	Fachbereichsweise Tätigkeitsanalyse
DFM	=	Design for manufacturing
	=	Arbeitsvorbereitung
FMEA	=	siehe Abschnitt 10.3.1
JIT	=	Just in Time
	=	Verwendungsgerechter Zulieferzeitpunkt
MRP	=	Machine Resource Planning
	=	Mittelplanung für Fertigungsmaschinen
SPC	=	siehe Kapitel 23
TQM	=	siehe Kapitel 15, gleichbedeutend mit
CWQC	=	Company-wide Quality Control
	=	umfassendes Qualitätsmanagement
WCM	=	World Class Manufacturing
	=	Fertigung weltweiter Spitzenqualität

Immerhin drei der zehn Abkürzungen für Schlagwörter sind weiter vorne bereits angesprochen und eingeordnet. Beim betreffenden Rückverweis steht die empfohlene Rückführung auf bekanntes QM-Denken im Vordergrund. In diesem Sinn werden auch die nachfolgenden Einzel-Beispiele behandelt.

32.3 Quality Circles

Die „Qualitätszirkel" sind im Abschnitt 12.4.7 als Beispiel für ein kombiniertes Programm für Qualitätsverbesserungen ausführlich dargestellt. Die aus der Grundidee entstehenden Probleme sind dort angesprochen.

32.4 Die sieben Werkzeuge (seven tools)

Irgendjemand hat irgendwann sieben Werkzeuge des Qualitätsmanagements zusammengestellt und abgezählt. Er wurde dadurch bekannt. Bald hat er dann erkannt, daß es mehr als sieben Werkzeuge gibt. Die nächsten sieben hat er deshalb als „die sieben neuen Werkzeuge" bezeichnet. Sie werden „mit Sound" propagiert [344]. Die internationale Norm mit solchen Werkzeugen [46] hat sich darauf nicht eingelassen. Sie hat elf Werkzeuge beschrieben. Die sieben Werkzeuge sind enthalten. Deshalb kann man auf [46] verweisen. Das Studium dieser meist seit Jahrzehnten bekannten oder aus anderen Wissensgebieten übernommenen Werkzeuge ist für jeden Fachmann des Qualitätsmanagements von Nutzen. Außerdem ist folgendes anzumerken: Auch Werkzeuge des Qualitätsmanagements sind Einheiten, die unterteilbar und zusammenfaßbar sind. Eine Abzählung ist hier ebenso wenig sinnvoll wie bei QM-Elementen. Siehe dazu die Abschnitte 1.3 und 13.2.3.

32.5 Kaizen

In [53] wird folgende Erklärung gegeben: „Japanischer Ausdruck für das Streben nach jeder Art von ständiger Qualitätsverbesserung im Sinn von Qualitätsförderung, Qualitätssteigerung und Qualitätserhöhung". Die Grundlagen dazu sind im Kapitel 12 erläutert. Daß sie so klar herauszuarbeiten waren, ist auch der Systematik von Kaizen zu verdanken. Dies macht wohl auch den Kern der Verbesserung durch dieses japanische Wort aus.

Es gibt auch eine Art „Kaizen-Ideologie". Sie umfaßt das gesamte Qualitätsmanagement. Dadurch wird sie ein Synonym dazu. Gerade diese Global-Anwendung eines speziellen Wortes zeigt die modische Komponente, die nicht nur bei diesem japanischen Begriff vorkommt.

Daß Motivierung zu Kaizen gehört, gilt nicht nur für dieses Werkzeug. Motivierung ist Grundelement aller Maßnahmen des Qualitätsmanagements, eingeschlossen alle Arten von Verbesserungsmaßnahmen [292].

32.5.1 Poka-Yoke

Poka ist ein Fehler; Yoke dessen Vermeidung. Poka-Yoke wird im allgemeinen (auch nach [53]) als Unterbegriff zu Kaizen angesehen. Betroffen sind speziell Tätigkeiten, die zur Erstellung (Planung und Realisierung) von Angebotsprodukten ausgeführt werden. Poka-Yoke ist demnach eine planvolle und ständig um Qualitätsverbesserung bemühte Gestaltung der Einheiten-Art Tätigkeit, deren Ergebnis ein Angebotsprodukt ist. Die betreffende, prinzipiell für das gesamte Qualitätsmanagement erforderliche Unterscheidung der Einheiten-Arten war bereits im Abschnitt 6.2 und mit Bild 6.1 hervorgehoben worden.

32.6 Kanban

Auch hierzu gibt [53] eine Erläuterung: „Japanisches Wort für „Schildchen", das weit über Japan hinaus zur Kennzeichnung der Just-in-time-Liefermethode verwendet wird". Damit steht das Wort „Kanban" für alle erforderlichen und sehr komplexen Tätigkeiten, die bei Einführung von JIT für den Erfolg stehen. Eine der wichtigsten ist die lückenlose Dokumentation mit qualitätsbezogenen Dokumenten (siehe Kapitel 31 und Abschnitt 32.8).

32.7 Ishikawa-Diagramm

Das Ishikawa-Diagramm ist ein Ursache-Wirkungs-Diagramm und heißt meist auch so. Es ist wegen seiner graphischen Form zudem als „Fischgräten-Diagramm" bekannt. Bei ihm geht es um Fehlerursachen für unerwünschte Auswirkungen. Ausführlich und außerdem mit normativer Wirkung behandelt – allerdings ohne Erwähnung des Eigennamens – ist dieses Diagramm in [46]. Das dort gezeigte Diagramm ist in diesem Buch als Bild 10.2 wiedergegeben. Die systematische – prophylaktische – Suche nach der Ursache für eine mögliche nachteilige Wirkung ist auch in der Kerntechnik weit verbreitet. Als Hilfsmittel für die Suche nach der Fehlerursache zum Zweck der Einleitung von Korrektur- und Vorbeugungsmaßnahmen ist das Ishikawa-Diagramm zu diesen QM-Elementen ein untergeordnetes QM-Element. Es ist übrigens sehr verwandt mit der schon seit langem bekannten Fehlerbaumanalyse (siehe Abschnitt 10.3.2). Deshalb wird das Ishikawa-Diagramm in [53] auch erklärt als „namensbezogenes Synonym für den Fehlerbaum gemäß DIN ISO 9004-4".

32.8 Just-in-time

Diese Art der Lieferung verbreitet sich aus Gründen der Wirtschaftlichkeit immer weiter, trotz der damit verbundenen Steigerung der Störanfälligkeit bei jeder Art von „Verkehrsinfarkt". Es geht nach [53] um die „Lieferung eines materiellen Angebotsprodukts unmittelbar vor dessen Einsatz". Neuerdings wird der Begriff Just-in-time sogar auf immaterielle Produkte übertragen, beispielsweise auf die zeitlich marktgerechte Bereitstellung von Entwicklungsergebnissen. Über JIT (so die im Abschnitt 32.2 bereits erwähnte Abkürzung) gibt es eine umfangreiche Literatur, zu der hier als Zugang [293] genannt wird. Ein besonders wichtiges Element bei JIT sind QM-Vereinbarungen zwischen dem Unterlieferanten und seinem Auftraggeber (siehe Abschnitt 9.2.5). Nur solche Vereinbarungen können bei konsequenter Anwendung wirksam sicherstellen, daß die Qualitätsforderungen an die gelieferten Angebotsprodukte erfüllt werden und die Qualitätsfähigkeit des Unterlieferanten ständig aufrechterhalten wird. Vielfach werden solche QM-Vereinbarungen überaus mißverständlich „Qualitätssicherungsvereinbarungen" genannt. Die letzteren würden nämlich wegen des Begriffsinhalts zu „Qualitätssicherung/QM-Darlegung" (siehe Abschnitt 9.2.5) lediglich die Vereinbarung externer Qualitätsaudits enthalten, seien es nun Kundenaudits oder Zertifizierungsaudits (siehe dazu die Abschnitte 13.3.6 und 13.3.7).

32.9 Eindeutschung der Fremdnamen für weitere Werkzeuge

Besonders eindrucksvoll als Neuheiten geben sich Verfahrensnamen aus Fremdsprachen für durchaus bekannte Werkzeuge oder Teile davon. Sie finden zuweilen vielfältigen Anklang, sollten aber der obigen Empfehlung entsprechend mit ihrem Inhalt und ihrer Terminologie in das bewährte QM-Denken zurückgeführt werden. Zwei Beispiele mögen das unterstreichen:

- Autonomes Denken und Handeln der Mitarbeiter und Mitarbeiterinnen ist – zweckentsprechend in Zielsetzung und Organisationsabläufe eingeordnet und entwickelt – eine gewiß begrüßenswerte Bereicherung nicht nur des Qualitätsmanagements. Wenn es unter dem eingedeutschten japanischen Namen „**Jidoka**" schneller zum Zug kommt, ist dies erfreulich; aber der Name wäre keine Voraussetzung dafür.
- Die im Abschnitt 12.4.7 behandelten Null-Fehler-Programme dürfen, wie dort gezeigt, die „Null" nicht mathematisch auffassen. Die Null muß ein Ziel sein. Genau dies wird mit dem – ebenfalls japanischen – Namen „**Shingo**" ausgedrückt.

Man könnte hier noch Dutzende weitere Beispiele anführen, auch aus dem angloamerikanischen Sprachraum. Sie stehen teils für Verfahren zu QM-Elementen, teils für Ziele, teils für Verhaltensweisen, teils für Analysemethoden, z.B. zur Verbesserung der Qualitätslenkung, der Fehlervermeidung usw.

32.10 Zusammenfassung

Die nur kurz kommentierten Beispiele qualitätsbezogener Werkzeuge stehen für viele andere. Keines davon ist unabhängig vom anderen. Viele weisen also erhebliche Überschneidungen auf. An den Beispielen ist gezeigt, daß es lohnend ist, sie – entkleidet ihres jeweils hochaktuellen Namens – in das systematische Qualitätsmanagement einzubauen. Damit werden sie als ein spezielles QM-Element oder als eine Gruppe von zusammenwirkenden QM-Elementen betrachtet. Die letzteren ergeben bekanntlich ihrerseits ein übergeordnetes QM-Element (siehe auch die Abschnitte 4.5 und 13.2.3).

Auch künftig werden wie Kometen immer neue Schlagwörter am QM-Himmel auftauchen. Zu wünschen ist, daß eines davon die bisher viel zu wenig beachtete QME-FMEA ist. Sie sollte dann gemäß Abschnitt 14.3.3 in das systematische Qualitätsmanagement eingebaut werden; wie alle anderen bestehenden und neuen Werkzeuge.

Literaturverzeichnis

Vorbemerkung:
Literaturstellen vor 1994 mit dem Titelinhalt oder Bestimmungswort „Qualitätssicherung", auch mit der vorgeschalteten Abkürzung „QS-", behandeln in aller Regel Qualitätsmanagement (vorgeschaltete Abkürzung „QM-").

[1] Geiger, W.: Der Qualitäts-Termin-Kosten-Kreis (QTK-Kreis) – Ein Modell für das Zusammenwirken aller Tätigkeiten im Unternehmen. VDI-Z 125 (1983) Heft 9, Seiten 313 bis 317; und Geiger, W.: The Quality-Time-Cost-Loop ('QTC-Loop') – An interactive Model and Management Instrument. Conference proceedings 29th EOQC-Conference 1985 'Quality and Development'
[2] Masing, W.: „Qualitätskreis". Qualität und Zuverlässigkeit 15 (1970) Heft 5, Seiten 115 und 116, Rudolf Haufe Verlag, Freiburg/Br.
[3] Seghezzi, H.D.: A Model of Quality Management for a World of limited Resources. Conference proceedings 27th EOQC-Conference 1983 'Quality in a World of limited Resources', P2-1
[4] Kocher, H.: Gute Qualität ist kein Glücksfall – eine kritische Stellungnahme zum „Qualitätswürfel". SAQ/ASQP-Bulletin 19/1984 H. 9, S. 2 und 3, Bund-Druck, Bern
[5] Kocher, H.: Marktgerechte Qualität – Eine Betrachtung für Anbieter und Abnehmer. Verlag Paul Haupt Bern und Stuttgart 1989, 370 Seiten
[6] Siegwart, H. und Seghezzi, H.D.: Management und Qualitätssicherung. In G.J.B. Probst (Hsg): Schriftenreihe Management-Praxis, Nummer „Qualitätsmanagement – ein Erfolgspotential". Verlag Paul Haupt Bern und Stuttgart 1983
[7] DIN 55350-11 : 1987-05: Begriffe der Qualitätssicherung und Statistik; Grundbegriffe der Qualitätssicherung. Beuth Verlag GmbH, Berlin, Köln (zurückgezogen und ersetzt durch [8])
[8] DIN 55350-11 : 1995-08: Begriffe zu Qualitätsmanagement und Statistik; Begriffe des Qualitätsmanagements. Beuth Verlag GmbH, Berlin, Wien, Zürich
[9] Geiger, W.: Begriffe. Kapitel 3 (Seiten 33 bis 49) in Masing, W. (Hsg): Handbuch der Qualitätssicherung. Carl Hanser Verlag München Wien, 2. Auflage 1988 (inzwischen ist die 3. Auflage erschienen, siehe [72])
[10] Arntz, R. und Picht, H.: Einführung in die Terminologiearbeit. Band 2 der „Studien zu Sprache und Technik", herausgegeben von Arntz, R. und Wegner, N. Georg Olms Verlag Hildesheim, Zürich, New York, 1991
[11] DIN-Taschenbuch 223: Qualitätsmanagement und Statistik; Begriffe; Normen. 2. Auflage März 1997. Beuth Verlag GmbH, Berlin, Wien, Zürich
[12] DIN-Taschenbuch 224: Qualitätssicherung und angewandte Statistik; Verfahren 1; Normen. Statistische Auswertungen. 1. Auflage 1989. Beuth Verlag GmbH, Berlin
[13] DIN-Taschenbuch 225: Qualitätsmanagement und Statistik; Verfahren 2; Normen. Probenahme und Annahmestichprobenprüfung. 2. Auflage 1997. Beuth Verlag GmbH, Berlin, Wien, Zürich

[14] DIN-Taschenbuch 226: Qualitätsmanagement und Statistik; Verfahren 3: Qualitätsmanagementsysteme; Normen. 2. Auflage August 1994. Beuth Verlag GmbH, Berlin, Wien, Zürich
[15] Beiblatt 1 zu DIN ISO 8402 : 1995-08: Qualitätsmanagement; Anmerkungen zu Begriffen. Beuth Verlag GmbH, Berlin.
[16] DIN EN ISO 8402 : 1995-08: Qualitätsmanagement; Begriffe (identisch mit ISO 8402 : 1994). Beuth Verlag GmbH, Berlin.
[17] Masing, W.: Qualität und „Qualität". Qualität und Zuverlässigkeit 29 (1984) Heft 1, Seiten 1, Carl Hanser Verlag, München
[18] Geiger, W.: Der Qualitätsbegriff – aktuell wie vor 20 Jahren. Qualität und Zuverlässigkeit 23 (1978) Heft 2, Seiten 41 bis 44, Carl Hanser Verlag, München
[19] Geiger, W.: Der entflochtene Qualitätsbegriff. Qualität und Zuverlässigkeit 29 (1984) Heft 7, Seiten 213 und 214, Carl Hanser Verlag, München; auch: SAQ-Bulletin 19 (1984) Heft 11/12, Seiten 18 und 19
[20] Geiger, W.: Grundlegende Betrachtungen zum Qualitätsbegriff. Tagungsband „Qualitätssicherung im Spritzgießbetrieb", Seiten 1 bis 20. VDI-Verlag GmbH 1987
[21] Geiger, W.: Geschichte und Zukunft des Qualitätsbegriffs – Anmerkungen zur weltweiten Angleichung. Qualität und Zuverlässigkeit 37 (1992) Heft 1, Seiten 33 bis 35, Carl Hanser Verlag, München; sowie SAQ-Bulletin 27 (1992) Heft 5, Seiten 5 bis 7
[22] EOQC: Glossary of Terms used in Quality Control. Third Edition, EOQC Bern 1972 (siehe auch [60])
[23] Padberg, K.H. und Wilrich, P.-Th.: Die Auswertung von Daten und ihre Abhängigkeit von der Merkmalsart. Qualität und Zuverlässigkeit 26 (1981): Teil 1: Skalentypen. Heft 6, Seiten 179 bis 183; Teil 2: Statistische Kennwerte. Heft 7, Seiten 210 bis 214; Carl Hanser Verlag, München
[24] DIN 55350-12 : 1989-03: Begriffe der Qualitätssicherung und Statistik; Merkmalsbezogene Begriffe. Beuth Verlag GmbH, Berlin
[25] Geiger, W.: „Grenzwerte" – oder die fatale „±Toleranz" ? DIN-Mitteilungen 55 (1976) Heft 12, Seiten 596 bis 599. Beuth Verlag GmbH, Berlin
[26] DIN 53804-1 : 1981-09: Statistische Auswertungen; Meßbare (gemeint sind kontinuierliche) Merkmale. Beuth Verlag GmbH, Berlin
[27] DIN 53804-2 : 1985-03: Statistische Auswertungen; Zählbare (gemeint sind diskrete) Merkmale. Beuth Verlag GmbH, Berlin, Köln
[28] DIN 53804-3 : 1982-01: Statistische Auswertungen; Ordinalmerkmale. Beuth Verlag GmbH, Berlin
[29] DIN 53804-4 : 1985-03: Statistische Auswertungen; Attributmerkmale (gemeint sind Nominalmerkmale). Beuth Verlag GmbH, Berlin
[30] Geiger, W.: Qualität, Qualitätsniveau oder Qualitätsforderung? Qualität und Zuverlässigkeit 33 (1988) Heft 8, Seiten 429 bis 432, Carl Hanser Verlag, München
[31] DIN 55350-14 : 1985-12: Begriffe der Qualitätssicherung und Statistik; Begriffe der Probenahme. Beuth Verlag GmbH, Berlin
[32] DIN 55350-13 : 1987-07: Begriffe der Qualitätssicherung und Statistik; Begriffe zur Genauigkeit von Ermittlungsverfahren und Ermittlungsergebnissen. Beuth Verlag GmbH, Berlin
[33] DIN 55350-15 : 1986-06: Begriffe der Qualitätssicherung und Statistik; Begriffe zu Mustern. Beuth Verlag GmbH, Berlin

[34] Ohne Verfasserangabe: Neufassung der Begriffserläuterungen im Bereich des Qualitätswesens – Ein Zwischenbericht der Arbeitsgruppe 11. Qualität und Zuverlässigkeit 19 (1974) Heft 2, Seiten 30 bis 32. Rudolf Haufe Verlag, Freiburg i.Br.

[35] Geiger, W.: Qualitätsmanagement und Qualitätssicherung – Achtung! Vorfahrt wird geändert. Qualität und Zuverlässigkeit 37 (1992) Heft 5, Seiten 236 und 237, Carl Hanser Verlag, München

[36a] DIN ISO 9000 : 1987-05: Leitfaden zur Auswahl und Anwendung der Normen zu Qualitätsmanagement, Elementen eines Qualitätssicherungssystems und zu Qualitätssicherungs-Nachweisstufen. Beuth Verlag GmbH, Berlin (ersetzt durch [36b])

[36b] DIN ISO 9000 : 1990-05: Qualitätsmanagement- und Qualitätssicherungsnormen; Leitfaden zur Auswahl und Anwendung. Beuth Verlag GmbH, Berlin (neue deutsche Ausgabe ohne Änderung von ISO 9000; ersetzt durch [36c])

[36c] DIN EN ISO 9000-1 : 1994-08: Normen zum Qualitätsmanagement und zur Qualitätssicherung/QM-Darlegung; Leitfaden zur Auswahl und Anwendung. Beuth Verlag GmbH, Berlin (so genannte „Kurzzeitrevision"; eine „Langzeitrevision" ist gegen Anfang des nächsten Jahrzehnts zu erwarten)

[37a] DIN ISO 9001 : 1987-05: Qualitätssicherungs-Nachweisstufe für Entwicklung und Konstruktion, Produktion, Montage und Kundendienst. Beuth Verlag GmbH, Berlin (ersetzt durch [37b])

[37b] DIN ISO 9001 : 1990-05: Qualitätssicherungssysteme; Modell zur Darlegung der Qualitätssicherung in Design/Entwicklung, Produktion, Montage und Kundendienst. Beuth Verlag GmbH, Berlin (neue deutsche Ausgabe ohne Änderung von ISO 9001; ersetzt durch [37c])

[37c] DIN EN ISO 9001 : 1994-08: Qualitätsmanagementsysteme; Modell zur Qualitätssicherung/QM-Darlegung in Design/Entwicklung, Produktion, Montage und Wartung Beuth Verlag GmbH, Berlin (so genannte „Kurzzeitrevision"; eine „Langzeitrevision" ist gegen Anfang des nächsten Jahrzehnts zu erwarten)

[38a] DIN ISO 9002 : 1987-05: Qualitätssicherungs-Nachweisstufe für Produktion und Montage. Beuth Verlag GmbH, Berlin (ersetzt durch [38b])

[38b] DIN ISO 9002 : 1990-05: Qualitätssicherungssysteme; Modell zur Darlegung der Qualitätssicherung in Produktion und Montage. Beuth Verlag GmbH, Berlin (neue deutsche Ausgabe ohne Änderung von ISO 9002; ersetzt durch [38c])

[38c] DIN EN ISO 9002 : 1994-08: Qualitätsmanagementsysteme; Modell zur Qualitätssicherung/QM-Darlegung in Produktion, Montage und Wartung. Beuth Verlag GmbH, Berlin (so genannte „Kurzzeitrevision"; eine „Langzeitrevision" ist gegen Anfang des nächsten Jahrzehnts zu erwarten)

[39a] DIN ISO 9003 : 1987-05: Qualitätssicherungs-Nachweisstufe für Endprüfungen. Beuth Verlag GmbH, Berlin (ersetzt durch [39b])

[39b] DIN ISO 9003 : 1990-05: Qualitätssicherungssysteme; Modell zur Darlegung der Qualitätssicherung bei der Endprüfung. Beuth Verlag GmbH, Berlin (neue deutsche Ausgabe ohne Änderung von ISO 9003; ersetzt durch [39c])

[39c] DIN EN ISO 9003 : 1994-08: Qualitätsmanagementsysteme; Modell zur Qualitätssicherung/QM-Darlegung des Qualitätsmanagementsystems bei der Endprüfung. Beuth Verlag GmbH, Berlin (so genannte „Kurzzeitrevision"; eine „Langzeitrevision" ist gegen Anfang des nächsten Jahrzehnts zu erwarten)

[40a] DIN ISO 9004 : 1987-05: Qualitätsmanagement und Elemente eines Qualitätssicherungssystems; Leitfaden. Beuth Verlag GmbH, Berlin (ersetzt durch [40b])
[40b] DIN ISO 9004 : 1990-05: Qualitätsmanagement und Elemente eines Qualitätssicherungssystems; Leitfaden. Beuth Verlag GmbH, Berlin (neue deutsche Ausgabe ohne Änderung von ISO 9004; ersetzt durch [40c])
[40c] DIN EN ISO 9004-1 : 1994-08: Qualitätsmanagement und Elemente eines Qualitätsmanagementsystems; Leitfaden. Beuth Verlag GmbH, Berlin (so genannte „Kurzzeitrevision"; eine „Langzeitrevision" ist gegen Anfang des nächsten Jahrzehnts zu erwarten)
[41] E DIN ISO 9000-2 : 1992-03: Qualitätsmanagement- und Qualitätssicherungsnormen; Allgemeiner Leitfaden zur Anwendung von ISO 9001, ISO 9002 und ISO 9003. Beuth Verlag GmbH, Berlin (wird zurückgezogen)
[42] DIN ISO 9000-3 : 1992-06: Qualitätsmanagement- und Qualitätssicherungsnormen; Leitfaden für die Anwendung von ISO 9001 auf die Entwicklung, Lieferung und Wartung von Software. Beuth Verlag GmbH, Berlin (wird durch Neufassung ersetzt)
[43] DIN ISO 9000-4 : 1994-06: Normen zu Qualitätsmanagement und zur Darlegung von Qualitätsmanagementsystemen; Leitfaden zum Management von Zuverlässigkeitsprogrammen. Beuth Verlag GmbH, Berlin
[44] DIN ISO 9004-2 : 1992-06: Qualitätsmanagement und Elemente eines Qualitätssicherungssystems; Leitfaden für Dienstleistungen. Beuth Verlag GmbH, Berlin
[45] E DIN ISO 9004-3 : 1992-07: Qualitätsmanagement und Elemente eines Qualitätssicherungssystems; Leitfaden für verfahrenstechnische Produkte. Beuth Verlag GmbH, Berlin
[46] E DIN ISO 9004-4 : 1992-07: Qualitätsmanagement und Elemente eines Qualitätssicherungssystems; Leitfaden zum Management von Qualitätsverbesserungen. Beuth Verlag GmbH, Berlin
[47] E DIN ISO 10005 : 1996-11: Qualitätsmanagement; Leitfaden für Qualitätsmanagementpläne. Beuth Verlag GmbH, Berlin
[48] DIN ISO 10006 (Normvorlage): Qualitätsmanagement und Elemente eines Qualitätsmanagementsystems; Leitfaden für Qualität im Projektmanagement
[49] DIN EN ISO 10007 : 1996-12: Qualitätsmanagement; Leitfaden für Konfigurationsmanagement. Beuth Verlag GmbH, Berlin
[50] DIN 55350-17 : 1988-08: Begriffe der Qualitätssicherung und Statistik; Begriffe der Qualitätsprüfungsarten. Beuth Verlag GmbH, Berlin
[51] DIN 40041 : 1990-12: Zuverlässigkeit; Begriffe. Beuth Verlag GmbH, Berlin
[52] Geiger, W.: Qualitätsprüfungen, Qualifikationsprüfungen und ISO 8402. Qualität und Zuverlässigkeit 35 (1990) Heft 7, Seiten 381 und 382. Carl Hanser Verlag, München
[53] DGQ-Band 11 – 04: Begriffe zum Qualitätsmanagement. 6. Auflage 1995. Beuth Verlag GmbH, Berlin
[54] DIN 31004-1: Begriffe der Sicherheitstechnik; Grundbegriffe. Beuth Verlag GmbH, Berlin (zurückgezogen)
[55] DIN VDE 31000-2 : 1987-12: Allgemeine Leitsätze für das sicherheitsgerechte Gestalten technischer Erzeugnisse; Begriffe der Sicherheitstechnik; Grundbegriffe. Beuth Verlag GmbH, Berlin, Köln.
[56] Hosemann, G.: Über die Einschätzung von Risiken in der Technik. Technische Überwachung 22 (1981) Heft 9, Seiten 353 bis 356

[57] Hosemann, G.: Gefahrenabwehr und Risikominderung als Aufgaben der Technik. DIN-Mitteilungen 68 (1989) Heft 8, Seiten 407 bis 413. Beuth Verlag GmbH, Berlin, Köln. Dort findet sich auch weiterführende Literatur

[58] Jaeger, Th.A.: Zur Sicherheitsproblematik technischer Entwicklungen. Qualität und Zuverlässigkeit 19 (1974) Heft 1, Seiten 2 bis 9. Rudolf Haufe Verlag, Freiburg/Br.

[59] Marburger, P. Technische Normen im Recht der technischen Sicherheit. DIN-Mitteilungen 64 (1985) Heft 10, Seiten 570 bis 577, Beuth Verlag GmbH, Berlin, Köln

[60] EOQ (European Organization for Quality): Glossary of Terms used in the Management of Quality. Sixth Edition. 425 Begriffe, 777 Seiten, Definitionen in Englisch, äquivalente Benennungen in 18 Sprachen. EOQ Bern June 1989

[61] DIN 2330 : 1993-12: Begriffe und Benennungen; Allgemeine Grundsätze. Beuth Verlag GmbH, Berlin (entspricht ISO 704; siehe auch [339] und [340])

[62] Kirstein, H.: Qualitätssicherung im Unternehmen: Methode – Strategie – Philosophie. Qualität und Zuverlässigkeit 37 (1992) Heft 7, Seiten 400 und 403. Carl Hanser Verlag, München

[63] Schuler, W.: Überblick gefragt – Methoden, Tools zur Sicherung der Qualität: Beispiele zum Aufbau von QS-Landkarten. Qualität und Zuverlässigkeit 37 (1992) Heft 7, Seiten 404 und 408. Carl Hanser Verlag, München

[64] Quality function deployment als Teil des TQC – Pionieranwendungen bei Ford. Tagungsband zum 7. Qualitätsleiterforum 1989 Berlin, Teil 1, Seiten 375 bis 390

[65] Sullivan, L.P.: Quality function deployment, A system to assure that customer needs drive the product design and production process. Quality Progress, June 1986, pages 39 to 50

[66] Brovick, E. and Ellis-Richard, S.: Quality function deployment in a software organization. Proceedings of the 36th annual conference of EOQ 1992 Brussels „Quality: the spirit of Europe", pages 83 to 87

[67] VDA-Schriftenreihe „Qualitätsmanagement in der Automobilindustrie" Band 4, Teil 1, 3. vollständig überarbeitete Auflage 1996: Sicherung der Qualität vor Serieneinsatz. Partnerschaftliche Zusammenarbeit – Abläufe – Methoden. Dort Abschnitt 7 zu FMEA (er verweist auf den Teil 2 des Bandes 4, der sich nur mit der FMEA befaßt)

[68] Masing, W.: Einführung in die Qualitätslehre. 8. Auflage 1994, Abschnitt 6.1.1. DGQ-Band 11-19. Beuth Verlag GmbH, Berlin

[69] IEC 50 (191): International Electrotechnical Vocabulary; Chapter 191: Dependability and quality of service. Bureau Central de la Commission Electrotechnique Internationale, Genève, Suisse. First edition 1990-12

[70] Geiger, W.: Instandhaltung als Grundelement der Verfügbarkeit. Qualität und Zuverlässigkeit 29 (1984) Heft 6, Seiten 195 bis 199. Carl Hanser Verlag, München

[71] Geiger, W.: Anlagenverfügbarkeit aus der Sicht der Qualitätssicherung. DIN Mitteilungen 68 (1989) Heft 6, Seiten 323 bis 330. Beuth Verlag GmbH, Berlin, Köln

[72] Masing, W. (Herausgeber): Handbuch Qualitätsmanagement. Carl Hanser Verlag München Wien; 3. Auflage 1994 (4. Auflage erscheint voraussichtlich 1999)

[73] Deixler, A.: Zuverlässigkeitsplanung. Kapitel 17 in der 2. Auflage von [72] oder Frey, H.H.: Zuverlässigkeits- und Sicherheitsplanung. Kapitel 20 in [72] selbst

[74] DGQ-Band 17-25: K. Steinecke: Das Lebensdauernetz, Erläuterungen und Handhabung. 2. Auflage 1979. Beuth Verlag GmbH, Berlin

[75] Masing, W.: Der Forchheimer Trichter oder der kurze Weg zur „wirklichen Qualitätskontrolle". Qualität und Zuverlässigkeit 18 (1973) Heft 3, Seiten 69 bis 71. Rudolf Haufe Verlag, Freiburg/Br.

[76] Hansen, W. und Eßlinger, P: Eindrücke anläßlich einer Japanreise. Interner MTU-Bericht Oktober 1981. Dort Seite 12.

[77] Geiger, W.: Qualitätssicherungssysteme und Qualitätssicherungselemente – Das QS-Modell '87. VDI-Z 131 (1989) Heft 11, Seiten 26 bis 35. VDI-Verlag, Düsseldorf

[78] Geiger, W.: Die Qualitätssicherungselemente der DIN ISO 9001 und der DIN ISO 9004. Beitrag A5, Seiten 1 bis 32 im Band 4 (1988) des Praxishandbuch Qualitätssicherung. Hsg. P. Bläsing. Verlag gfmt – Gesellschaft für Management und Technologie, Verlags-KG, München

[79] Vision 2000: Eine Strategie zur Entwicklung Internationaler Normen zu Qualitätsmanagement und Qualitätssicherung für die '90er Jahre. Deutsche Fassung in DIN-Mitteilungen 70 (1991), Heft 6, Seiten 344 bis 351.

[80] Geiger, W,: Was das Management über Qualität wissen sollte. io Management Zeitschrift 58 (1989) Heft 1, Seiten 75 bis 78. Verlag Industrielle Organisation BWI ETH

[81] Masing, W.: Qualität und Corporate Identity. IE-Offensive „Qualität und Produktivität"; Deutsches IE-Jahrbuch 1989 mit den Referaten zur 15. Deutsche Industrial Engineering-Fachtagung. REFA-Bestell-Nr 198015

[82] DGQ-Band 12-63: Gaster, D.: Systemaudit. 2. Auflage 1993. Beuth Verlag GmbH, Berlin

[83] DIN ISO 10011-1 : 1992-06: Leitfaden für das Audit von Qualitätssicherungssystemen; Auditdurchführung. Beuth Verlag GmbH, Berlin

[84] DIN ISO 10011-2 : 1992-06: Leitfaden für das Audit von Qualitätssicherungssystemen; Qualifikationskriterien für Qualitätsauditoren. Beuth Verlag GmbH, Berlin

[85] DIN ISO 10011-3 : 1992-06: Leitfaden für das Audit von Qualitätssicherungssystemen; Management von Auditprogrammen. Beuth Verlag GmbH, Berlin

[86] DIN EN 45020 : 1991-08: Allgemeine Fachausdrücke und deren Definitionen betreffend Normung und damit zusammenhängende Tätigkeiten. Beuth Verlag GmbH, Berlin (siehe auch Ergänzung [328])

[87] DIN EN 45011 : 1990-05: Allgemeine Kriterien für Stellen, die Produkte zertifizieren. Beuth Verlag GmbH, Berlin

[88] DIN EN 45012 : 1990-05: Allgemeine Kriterien für Stellen, die Qualitätssicherungssysteme zertifizieren. Beuth Verlag GmbH, Berlin

[89] DIN EN 45013 : 1990-05: Allgemeine Kriterien für Stellen, die Personal zertifizieren. Beuth Verlag GmbH, Berlin

[90] EQS-Empfehlung für das Audit und die Zertifizierung von Qualitätssicherungssystemen durch unabhängige Zertifizierungsstellen. Verabschiedet in der 8. Versammlung der EQS-Vollmitglieder am 16.06.1992 in Brüssel

[91] DGQ-DQS-Schrift Nr 12-64, Pärsch, J. und Petrick, K.: Audits zur Zertifizierung von Qualitätssicherungssystemen. Beuth Verlag GmbH, Berlin (siehe auch [313] und [314])

[92] DIN 1319-1 : 1995-01: Grundlagen der Meßtechnik; Grundbegriffe. Beuth Verlag GmbH, Berlin

[93] DGQ-Band 13-39; gleichzeitig VDI/VDE/GMR-Schrift: Prüfmittelüberwachung; Grundlagen. 1. Auflage 1980 (ist vergriffen; Nachfolge-DGQ-Band 13-61 „Prüfmittelmanagement" erscheint voraussichtlich 1998)

[94] DIN ISO 10012-1 : 1992-08: Forderungen an die Qualitätssicherung für Meßmittel; Bestätigungssystem für Meßmittel. Beuth Verlag GmbH, Berlin

[95] ISO 10012-2 : 1997-09-15: Quality assurance for measuring equipment – Part 2: Guidelines for control of measurement processes

[96] Qualitätsmanagement in der Automobilindustrie; Band 6, Teil 1: QM-Systemaudit; Grundlage DIN EN ISO 9001 und DIN EN ISO 9004-1; 3., vollständig überarbeitete Auflage 1996/1. Insbesondere Hauptabschnitt 7: Fragenkatalog

[97] Geiger, W.: Bedeutung und Anerkennung eines Qualitätssicherungssystems. Qualität und Zuverlässigkeit 31 (1986) Heft 10, Seiten 521 bis 525. Carl Hanser Verlag, München

[98] Neubauer, F.-F.: Qualitätsmanagement – aus der Sicht des Marktes. Praxishandbuch Qualitätssicherung, Band 3, 1987: Beitrag A3, Seiten 1 bis 20. Hsg. Bläsing. Verlag gfmt-Gesellschaft für Management und Technologie, Verlags KG, München. Dort weitere Literatur.

[99] Crosby, P.B.: Quality is free. Mc Grow-Hill Book Company, New York 1979. Deutsche Übersetzung: Qualität kostet weniger. Verlag Alfred Holz, Großbottwar

[100] Klein, H.: Qualität ist umsonst. Die Bundesbahn 67 (1991) Heft 9, Seiten 843 bis 846. Hestra Verlag Hernichel & Dr. Strauß GmbH & Co. KG, Darmstadt

[101] DIN 44300-1 : 1988-11: Informationsverarbeitung; Begriffe; Allgemeine Begriffe. Beuth Verlag GmbH, Berlin

[102] Ohne Verfasserangabe: Dokumentation – künftig klarer und rationeller. Qualität und Zuverlässigkeit 35 (1990) Heft 9, Seite 483. Carl Hanser Verlag, München

[103] ISO 10013: Guidelines for developing quality manuals. Beuth Verlag GmbH, Berlin

[104] DGQ-Band 10-04: Qualitätsmanagement – DGQ-Schriftenreihe; Fachliteratur und Normen. Periodisch erscheinendes Verzeichnis, z.B. 1997/1998. Zu beziehen bei DGQ, August-Schanz-Straße 21a, 60433 Frankfurt/Main

[105] Brockhaus Enzyklopädie, Band 17, 1992. 19. Auflage. F.A.Brockhaus, Mannheim

[106] Garre, K.H. und Müller, J.: Das Qualitätssicherungssystem Personenverkehr der DB. Die Bundesbahn 67 (1991), Heft 9, Seiten 849 bis 857. Hestra Verlag Hernichel & Dr. Strauß GmbH & Co. KG, Darmstadt

[107] Geiger, W.: FMEA – Unentbehrlich für die Planung eines QS-Systems. Qualität und Zuverlässigkeit 36 (1991) Heft 8, Seiten 468 bis 473. Carl Hanser Verlag, München

[108] Taylor, F.W.: The principles of scientific management. 1911

[109] DGQ-SAQ-ÖVQ-Schrift Nr 12-45; Gaster, D.,Rommerskirch, W. und Seitscheck, V.: Rahmenempfehlungen für die Qualitätssicherungs-Organisation; Aufbau- und Ablauforganisation. 1. Auflage 1981. Vergriffen. Ersetzt durch SAQ-Leitfaden zur Normenreihe EN ISO 9001, 9002, 9003, Co-Produktion SAQ/DGQ/ÖVQ, Ausgabe Sommer 1996, allerdings ohne QM-Zuständigkeitsmatrizen

[110] DGQ-Band 12-61, Gaster,D.: Aufbauorganisation des Qualitätswesens. 2. Auflage 1995. Beuth Verlag GmbH, Berlin

[111] DGQ-Band 12-62: Qualitätssicherungs-Handbuch und -Verfahrensanweisungen; Ein Leitfaden für die Erstellung; Aufbau, Einführung, Musterbeispiele. 2. Auflage 1991. Beuth Verlag GmbH, Berlin

[112] Horn, U.: Von der Qualitätskontrolle zur Qualitätsphilosophie. Der Organisator, das Schweizer Magazin für Management und Informatik 74 (1992) Heft 10, Seiten 11 bis 13

[113] Geiger, W.: Erfolgsbedeutung der Qualitätsforderung. VDI-Z 130 (1988) Heft 10, Seiten 102 bis 104. VDI-Verlag Düsseldorf

[114] Petrick, K. und DIN Deutsches Institut für Normung e.V. (Hsg): Qualitätsmanagement, Umweltmanagement und Zertifizierung in der Europäischen Union – Aufsätze – EG-Richtlinien und -Verordnungen – CE-Kennzeichnung – Öko-Audit. Beuth Verlag GmbH, Berlin, Wien, Zürich. 2., vollständig überarbeitete Auflage 1997

[115] Richtlinie des Rates vom 19.02.1973 zur Angleichung der Rechtsvorschriften der Mitgliedsstaaten betreffend elektrische Betriebsmittel zur Verwendung innerhalb bestimmter Spannungsgrenzen. Amtsblatt der Europäischen Gemeinschaften Nr L 77 vom 26.03.1973, Seite 29 ff

[116] Beschluß des Rates vom 13.12.1990 über die in den technischen Harmonisierungsrichtlinien zu verwendenden Module für die verschiedenen Phasen der Konformitätsbewertungsverfahren. Amtsblatt der Europäischen Gemeinschaften Nr L 380 vom 31.12.1990, Seite 13 ff, mit Ergänzungsbeschluß des Rates vom 22.07.1993 dazu

[117] Berghaus, H.: Stand der Diskussion um das CE-Zeichen. DIN-Mitteilungen 71 (1992) Heft 10, Seiten 594 bis 596. Beuth Verlag GmbH, Berlin, Köln

[118] Geiger, W.: Das spezielle immaterielle Produkt „Dienstleistung". Zur Notwendigkeit der Unterscheidung zwischen der Erbringung einer Dienstleistung (Tätigkeiten) und der Dienstleistung selbst (Produkt). Qualität und Zuverlässigkeit 38 (1993) Heft 9, Seiten 509 bis 512. Carl Hanser Verlag, München

[119] Strandberg, K.: Dependability Programme Standards Complement Quality System Standards. Proceedings EOQ '93 World Quality Congress Helsinki, Volume 1, Pages 199 to 205.

[120] Mikulaschek, E.: Blindgänger TQM. Qualität und Zuverlässigkeit 37 (1992) Heft 9, Seiten 512 und 513. Carl Hanser Verlag, München

[121] Bossink, B.A.G., Gieskes, J.F.B. & Pas, T.N.M.: Diagnosing total quality management – part 1 and part 2. Total Quality Management, Volume 3 (1992) number 3, page 223 to page 232 and Volume 4 (1993) number 1, page 5 to page 12. Carfax publishing company, PO Box 25, Abingdon, Oxfordshire Ox14 3UE, UK

[122] Porter, L.J. & Parker, A.J.: The critical success factors. Total Quality Management, Volume 4 (1993) number 1, page 13 to page 22. Carfax publishing company, PO Box 25, Abingdon, Oxfordshire Ox14 3UE, UK

[123] Van de Wiele, T., Dale, B.G., Timmers, J., Bertsch, B. & Williams, R.T.: Total quality management: a state-of-the-art survey of European 'industry'? Total Quality Management, Volume 4 (1993) number 1, page 23 to page 38. Carfax publishing company, PO Box 25, Abingdon, Oxfordshire Ox14 3UE, UK

[124] Stauß, B.: Total Quality Management im industriellen Service. Qualität und Zuverlässigkeit 38 (1993) Heft 6, Seiten 345 und 350. Carl Hanser Verlag, München

[125] Peacock, R.D.: Ein Qualitätspreis für Europa – The European Quality Award. Qualität und Zuverlässigkeit 37 (1992) Heft 9, Seiten 525 bis 528. Carl Hanser Verlag, München

[126] Zink, K.J., Hauer, R. und Schmidt, A.: Quality Assessment – Instrumentarium zur Analyse von Qualitätskonzepten auf der Basis von EN 29000, Malcolm Baldrige Award und European Quality Award. Qualität und Zuverlässigkeit 37 (1992). Teil 1: Heft 10, Seiten 585 bis 590; Teil 2: Heft 11, Seiten 651 bis 658. Carl Hanser Verlag, München
[127] EFQM: Total Quality Management – Das Europäische Modell für die Selbstbewertung 1992. European Foundation for Quality Management, Eindhoven.
[128] Geiger, W.: Jeder Mangel ist ein Fehler – aber nicht umgekehrt. Werkstatt und Betrieb 110 (1977) Heft 11, Seiten 782 bis 784. Carl Hanser Verlag, München
[129] DGQ-Band 19-30: Qualität und Recht. Beuth Verlag GmbH, Berlin, 1988
[130] Abschnitt 9.2 in [129]: Hinweise zu den Begriffen Fehler und Mangel
[131] Brendl, E.: Produkt- und Produzentenhaftung; Handbuch für die Praxis. Laufend aktualisierte Loseblattsammlung in 4 Bänden. Erstausgabe 1980; Rudolf Haufe Verlag Freiburg i.Br.
[132] Gesetz über die Haftung für fehlerhafte Produkte (Produkthaftungsgesetz – Prod. HaftG) vom 15.12.1989. BGBl I, Seite 2198
[133] Gesetz zur Regelung des Rechts der Allgemeinen Geschäftsbedingungen vom 09.12.1976. BGBl I, Seite 3317
[134] Gesetz zur Neuordnung des Arzneimittelrechts vom 24.08.1976, BGBl I, Seiten 2445 ff., geändert durch zweites Gesetz zur Änderung des Arzneimittelgesetzes vom 16.08.1986, BGBl I, S. 1296
[135] Gesetz über technische Arbeitsmittel (Gerätesicherheitsgesetz – GSG) vom 24.06.1968, BGBl I, Seite 717, in der Fassung des 2. Gesetzes zur Änderung des Gerätesicherheitsgesetzes vom 26.08.1992 (BGBl I, S. 1584). Neufassung vom 23.10.1992 (BGBl I, S. 1793), geändert durch fünf weitere Gesetze, zuletzt das Allg. Magnetschwebebahngesetz vom 19.07.1996, mit acht Verordnungen zum GSG, zuletzt der Neufassung der 8.GSGV über das Inverkehrbringen von persönlichen Schutzausrüstungen
[136] Crosby, Ph.B.: Qualität kostet weniger. Handbuch der Fehlerverhütung für Führungskräfte. 2.Auflage, Alfred Holz Verlag, Hof 1972, 185 Seiten (autorisierte Übersetzung des in USA erschienenen Originalwerkes „Cutting the Quality Costs; The Defect Prevention Workbook for Managers")
[137] Masing, W.: Fehlleistungsaufwand. Qualität und Zuverlässigkeit 33 (1988) Heft 1, Seiten 11 und 12. Carl Hanser Verlag, München
[138] Kamiske, G.F.: Das untaugliche Mittel der „Qualitätskostenrechnung". Qualität und Zuverlässigkeit 37 (1992) Heft 3, Seiten 122 und 123. Carl Hanser Verlag, München
[139] Kamiske, G.F. und Tomys, A.K.: Qualitäts- und Fehlerkosten in einer neuen Betrachtungsweise. Zeitschrift für wirtschaftliche Fertigung und Automatisierung ZWF 85 (1990) Heft 8, Seiten 444 bis 447. Carl Hanser Verlag, München
[140] Masing, W.: Nachdenken über qualitätsbezogene Kosten. Qualität und Zuverlässigkeit 38 (1993) Heft 3, Seiten 149 bis 153. Carl Hanser Verlag, München
[141] E DIN ISO 10014 : 1996-08: Leitfaden zur Handhabung der Wirtschaftlichkeit im Qualitätsmanagement. Beuth Verlag GmbH, Berlin
[142] DGQ-Band 14-17: Qualitätskosten; Rahmenempfehlungen zu ihrer Definition, Erfassung, Beurteilung. 5. verb. Auflage 1985. Beuth-Verlag GmbH, Berlin

[143] Vocht, R.V.: Qualitätskosten – Grenzen und Wert ihrer Anwendung. Qualität und Zuverlässigkeit 29 (1984) Heft 5, Seiten 166 bis 170. Carl Hanser Verlag München
[144] Köhler, W.R. und Schaefers, K.: Das Ziel: Optimale Qualitätskosten. Qualität und Zuverlässigkeit 37 (1992) Heft 9, Seiten 538 bis 541. Carl Hanser Verlag München
[145] Elsner, J. und Meyer, C.-J.: Qualitätsbezogene Kosten systematisch aufdecken. Qualität und Zuverlässigkeit 38 (1993) Heft 4, Seiten 223 bis 225. Carl Hanser Verlag, München
[146] Nedeß, Ch. und Nickel, J.: Qualitätskosten unterstützen die FMEA-Risikobewertung. Qualität und Zuverlässigkeit 38 (1993) Heft 2, Seiten 223 bis 225. Carl Hanser Verlag, München
[147] Geiger, W.: Improvement of the Information about Nonconformities by Elimination of pertaining systematic Misinformation. Proceedings EOQ '93 World Quality Congress, Volume 3, pages 20 to 26
[148] Hahner, A.: Qualitätskostenrechnung als Informationssystem zur Qualitätslenkung. Produktionstechnik Berlin, Band 23, Hsg: G.Spur. Carl Hanser Verlag München, Wien 1981 (Dr.-Ing.-Dissertation)
[149] Schulze, G.C.: Die 24-Stunden-Arbeitsanalyse – Dokumentation und Memorandum. 5. Bayerische Industrial Engineering Fachtagung München 1983. REFA AKIE. Wittichstraße 2, 64295 Darmstadt
[150] Hoff, A.: Die Organisation arbeitszeitunabhängiger Besetzungszeiten. Beitrag zur Gruppe 3.1 in „Flexible Arbeitszeit". Das Praxis-Handbuch für kreative Lösungen. 1992
[151] Dombrowski, U.: Qualitätssicherung im Terminwesen der Werkstattfertigung. Berichte aus dem Institut für Fabrikanlagen der Universität Hannover (IFA). Fortschritt-Berichte VDI. Reihe 2: Fertigungstechnik. Nr 159. VDI-Verlag Düsseldorf 1988
[152] VIM: Internationales Wörterbuch der Metrologie – International Vocabulary of Basic and General Terms in Metrology. Hsg. DIN Deutsches Institut für Normung e.V. Beuth Verlag GmbH, Berlin, Wien, Zürich (englisch/deutsch); 2. Auflage 1994
[153] DIN 1319-1 : 1985-06: Grundbegriffe der Meßtechnik; Allgemeine Grundbegriffe. Beuth Verlag GmbH, Berlin
[154] DIN 1319-2 : 1980-01: Grundbegriffe der Meßtechnik; Begriffe für die Anwendung von Meßgeräten. Beuth Verlag GmbH, Berlin
[155] DIN 1319-3 : 1996-05: Grundlagen der Meßtechnik; Auswertung von Messungen einer einzelnen Meßgröße – Meßunsicherheit. Beuth Verlag GmbH, Berlin
[156] DIN 1319-4 (Normvorlage Okt. 1996): Grundlagen der Meßtechnik; Auswertung von Messungen mehrerer Meßgrößen – Meßunsicherheit. Beuth Verlag GmbH, Berlin
[157] ISO/CD 12102: Measurement Uncertainty. Unter deutscher Leitung entstandener umfassender Entwurf einer internationalen Norm.
[158] ISO/TAG4/WG3: Guide to the Expression of Uncertainty in Measurement. Second edition 1993. Gemeinschaftsausgabe von ISO, IEC, OIML und BIPM. ISO, Genf
[159] Kochsiek, M.: Metrologie in Europa – fachübergreifend tätige Organisationen. PTB-Mitteilungen 100 (1990) Teil 1: Heft 4, Seiten 281 bis 289; Teil 2: Heft 5, Seiten 375 bis 386
[160] Weise, K. und Wöger,W.: Eine Bayes'sche Theorie der Meßunsicherheit. PTB-Bericht N-11. Braunschweig, August 1992

[161] Eichgesetz vom 11.7.1969 mit folgenden Änderungen, jeweils verkündet im Bundesgesetzblatt, Teil I: Vom 20.1.1976, Seite 141; vom 21.2. 1985, Seite 401

[162] Eichordnung (**EO**) vom 12.08.1988, Bundesgesetzblatt, Teil I, 1988, Nr 43, Seiten 1657 bis 1684, zuletzt geändert durch EOÄndV 2 vom 21.06.1994 BGBl. I, 1994, Nr 37, Seiten 1293 bis 1297.

[163] VDI/VDE-Richtlinie 2617 Blatt 2.1 : 1986-12: Genauigkeit von Koordinaten-Meßgeräten; Kenngrößen und deren Prüfung; Meßaufgabenspezifische Meßunsicherheit; Längenmeßunsicherheit. Beuth Verlag GmbH, Berlin (Beispiel für eine Definition der Meßunsicherheit als Betrag einer einzelnen Meßabweichung, nicht als aus zwei Komponenten zusammengesetzter Abweichungsbetrag wie in den [92] und [155])

[164] E DIN ISO 5725-1 : 1996-02: Genauigkeit (Richtigkeit und Präzision) von Meßverfahren und Meßergebnissen; Begriffe und allgemeine Grundlagen. Beuth Verlag, Berlin

[165] E DIN ISO 5725-2 : 1991-02: Genauigkeit (Richtigkeit und Präzision) von Meßverfahren und Meßergebnissen; Ein grundlegendes Verfahren für die Ermittlung der Wiederhol- und Vergleichpräzision von festgelegten Meßverfahren. Beuth Verlag, Berlin

[166] E DIN ISO 5725-3 : 1991-07: Genauigkeit (Richtigkeit und Präzision) von Meßverfahren und Meßergebnissen; Präzision unter Zwischenbedingungen. Beuth Verlag, Berlin

[167] E DIN ISO 5725-4 : 1991-02: Genauigkeit (Richtigkeit und Präzision) von Meßverfahren und Meßergebnissen; Grundlegende Verfahren zur Schätzung der Richtigkeit eines Meßverfahrens. Beuth Verlag, Berlin

[168] E DIN ISO 5725-5 : 1996-09: Genauigkeit (Richtigkeit und Präzision) von Meßverfahren und Meßergebnissen; Alternative Methoden für die Ermittlung der Richtigkeit eines vereinheitlichten Meßverfahrens. Beuth Verlag, Berlin

[169] E DIN ISO 5725-6 : 1991-02: Genauigkeit (Richtigkeit und Präzision) von Meßverfahren und Meßergebnissen; Anwendungen in der Praxis. Beuth Verlag, Berlin

[170] Richtlinie VDI/DGQ 3441: Statistische Prüfung der Arbeits- und Positionsgenauigkeit von Werkzeugmaschinen; Grundlagen. Beuth Verlag GmbH, Berlin 1977, (nicht empfehlenswert; soll zurückgezogen werden)

[171] Neumann, H.J.: Der Einfluß der Meßunsicherheit auf die Toleranzausnutzung in der Fertigung. Qualität und Zuverlässigkeit 30 (1985) Heft 5, Seiten 145 bis 149. Carl Hanser Verlag, München

[172] Geiger, W.: Die Abweichung und der Fehler. Feinwerktechnik und Meßtechnik 87 (1979) Heft 1, Seiten 16 bis 22. Nachtrag im Heft 3, Seite 109. Carl Hanser Verlag, München

[173] Geiger, W.: Die Meßunsicherheit und die Fehlergrenze. Qualität und Zuverlässigkeit 24 (1979) Heft 9, Seiten 229 bis 235. Carl Hanser Verlag, München

[174] Geiger, W.: Normung – Voraussetzung für rationelle Qualitätssicherung. DIN Mitteilungen + elektronorm 60 (1981) Heft 9, Seiten 510 bis 515. Beuth Verlag GmbH, Berlin

[175] Geiger, W.: Qualitätssicherung und die Sprache der Meßtechnik. Schweizer Maschinenmarkt 3/1982. Goldach, Schweiz

[176] Geiger, W.: Die Meßunsicherheit, eine wichtige Kenngröße für die Qualitätssicherung. VDI-Z 127(1985). Teil 1: Heft 19, Seiten 747 bis 752; Teil 2: Heft 20, Seiten 791 bis 795. VDI Verlag GmbH, Düsseldorf
[177] DIN 55 350-34 : 1991-02: Begriffe der Qualitätssicherung und Statistik; Erkennungsgrenze, Erfassungsgrenze und Erfassungsvermögen. Beuth Verlag GmbH, Berlin
[178] VDE/VDI-Richtlinie 2620: Fortpflanzung von Fehlergrenzen bei Messungen: Blatt 1: Grundlagen (Januar 1973). Blatt 2: Beispiele zur Fortpflanzung von Fehlern und Fehlergrenzen (Juli 1974). Beuth Verlag GmbH, Berlin (terminologisch überarbeitungsbedürftig)
[179] DIN 7186-1 : 1974-08: Statistische Tolerierung; Begriffe, Anwendungsrichtlinien und Zeichnungsangaben. Beuth Verlag GmbH, Berlin (terminologisch überarbeitungsbedürftig)
[180] E DIN 7186-2 : 1988-01: Statistische Tolerierung; Grundlagen für Rechenverfahren. Beuth Verlag GmbH, Berlin, Köln (zurückgezogen; terminologisch überarbeitungsbedürftig)
[181] Geiger, W.: Einige Gesichtspunkte zur statistischen Tolerierung. Schweizer Maschinenmarkt 75 (1975) Heft 19, Seiten 89 bis 95. Goldach.
(Hinweis: 19 damals verfügbare Quellen zur Ermittlung abgestufter Grenzwerte. Ursprünglich beabsichtigter Titel: „Einige Gesichtspunkte zu abgestuften Grenzwerten" (vgl. [182]), dann aber nach [179] (damals noch) normgerecht gewählt)
[182] Geiger, W.: Grenzwerte, abgestufte Grenzwerte und ihre Bezeichnung. DIN-Mitteilungen + elektronorm 61 (1982) Heft 2, Seiten 76 bis 80. Beuth Verlag GmbH, Berlin
[183] Wilrich, P.-Th.: Grenzwerte; Festlegung und Erfüllung der Forderungen. DIN Fachbericht Nr 6. Beuth Verlag GmbH, Berlin
[184] Geiger, W.: Einige Näherungsformeln für Qualitätsprüfung und Qualitätssteuerung. Qualität und Zuverlässigkeit 20 (1975) Heft 5, Seiten 113 bis 115. Rudolf Haufe Verlag, Freiburg/Br.
[185] Geiger, W.: Talk show with ISO 8402? Contemplative thoughts about the new quality vocabulary. EOQ Quality 1/1993, pages 13 to 17
[186] DIN 55350-33 : 1993-09: Begriffe zu Qualitätsmanagement und Statistik; Begriffe der statistischen Prozeßlenkung (SPC). Beuth Verlag GmbH, Berlin
[187] ISO 3534-1 : 1993-06: Statistics – Vocabulary and symbols; Probability and general statistic terms. Beuth Verlag GmbH, Berlin
[188] ISO 3534-2 : 1993-06: Statistics – Vocabulary and symbols; Statistical quality control. Beuth Verlag GmbH, Berlin
[189] Q-101: Quality system standard – For manufacturing operations and outside suppliers of production and service products. Ford Motor Company, 1984 edition (siehe auch [315] bis [321])
[190] Statistical Process Control for Dimensionless Materials. Ford Motor Company (siehe auch [319])
[191] DGQ-Band 16-31: SPC 1 – Statistische Prozeßlenkung. 1. Auflage 1990. Beuth Verlag GmbH, Berlin
[192] DGQ-Band 16-32: SPC 2 – Qualitätsregelkartentechnik. 5. Auflage 1995. Beuth Verlag GmbH, Berlin

[193] DGQ-Ban 16-33: SPC 3 – Anleitung zur Statistischen Prozeßlenkung (SPC): Qualitätsregelkarten, Prozeßfähigkeitsbeurteilungen, Fehlersammelkarte. 1. Auflage 1990. Beuth Verlag GmbH, Berlin
[194] Stark, R.: SPC für die Praxis. Teil 1: Kritik an der klassischen SPC-Lehre und Forderungen an eine praxisgerechte Methode. Qualität und Zuverlässigkeit 36 (1991) Heft 2, Seiten 87 bis 89. Teil 2: Skizze einer SPC-Fibel. Qualität und Zuverlässigkeit 36 (1991) Heft 3, Seiten 146 bis 149. Carl Hanser Verlag, München
[195] Wortberg, J. und Häußler, J.: Moderne Konzepte der kontinuierlichen Prozeßüberwachung. Qualität und Zuverlässigkeit 37 (1992) Heft 2, Seiten 98 bis 104. Carl Hanser Verlag, München
[196] Pfeifer, T., Grob, R. und Schmid, R.: Expertensysteme für die SPC – Wissensbasierte Verfahren verbessern die Aussagesicherheit der statistischen Prozeßregelung. Qualität und Zuverlässigkeit 36 (1991) Heft 7, Seiten 432 bis 436. Carl Hanser Verlag, München
[197] Kirstein, H.: Adaption of Quality Control Procedure to the Demand for Quality and Productivity. Proceedings of the 29th EOQC Conference 1985, Additional Papers, pages 16 to 27
[198] DIN 55350-21 : 1982-05: Begriffe der Qualitätssicherung und Statistik; Begriffe der Statistik; Zufallsgrößen und Wahrscheinlichkeitsverteilungen. Beuth Verlag GmbH, Berlin
[199] DIN 55350-22 : 1987-02: Begriffe der Qualitätssicherung und Statistik; Begriffe der Statistik; Spezielle Wahrscheinlichkeitsverteilungen. Beuth Verlag GmbH, Berlin
[200] DIN 55350-23 : 1983-04: Begriffe der Qualitätssicherung und Statistik; Begriffe der Statistik; Beschreibende Statistik. Beuth Verlag GmbH, Berlin
[201] DIN 55350-24 : 1982-11: Begriffe der Qualitätssicherung und Statistik; Begriffe der Statistik; Schließende Statistik. Beuth Verlag GmbH, Berlin
[202] DIN 55350-31 : 1985-12: Begriffe der Qualitätssicherung und Statistik; Begriffe der Annahmestichprobenprüfung. Beuth Verlag GmbH, Berlin
[203] ABC-STD-105D 29.4.63: Sampling procedures and tables for inspection by attributes. U.S. Government Printing Office, Washington D.C.
[204] ISO 2859-0 : 1995-08: Annahmestichprobenprüfung anhand der Anzahl fehlerhafter Einheiten oder Fehler (Attributprüfung); Einführung in das System der Annahmestichprobenprüfung nach ISO 2859. Beuth Verlag GmbH, Berlin
[205] DIN ISO 2859-1 : 1993-04: Annahmestichprobenprüfung anhand der Anzahl fehlerhafter Einheiten oder Fehler (Attributprüfung); Nach der annehmbaren Qualitätsgrenzlage (AQL) geordnete Stichprobenanweisungen für die Prüfung einer Serie von Losen anhand der Anzahl fehlerhafter Einheiten oder Fehler; Identisch mit ISO 2859-1 : 1989. Beuth Verlag GmbH, Berlin (mit Berichtigung 1994-03)
[206] DIN ISO 2859-2 : 1993-04: Annahmestichprobenprüfung anhand der Anzahl fehlerhafter Einheiten oder Fehler (Attributprüfung); Nach der rückzuweisenden Qualitätsgrenzlage (LQ) geordnete Stichprobenanweisungen für die Prüfung einzelner Lose anhand der Anzahl fehlerhafter Einheiten; Identisch mit ISO 2859-2 : 1985. Beuth Verlag GmbH, Berlin
[207] DIN ISO 2859-3 : 1995-02: Annahmestichprobenprüfung anhand der Anzahl fehlerhafter Einheiten oder Fehler (Attributprüfung); Skip-lot-Verfahren; Identisch mit ISO 2859-3 : 1991. Beuth Verlag GmbH, Berlin

[208] Geiger, W.: Bedeutung des AQL-Wertes des ABC-STD-105. Qualität und Zuverlässigkeit 18 (1973) Heft 12, Seiten 289 bis 293. Rudolf Haufe Verlag, Freiburg/Br. (zur „AQL-Philosophie")

[209] Geiger, W.: Einige Gedanken zum Begriff „Prüfschärfe". Qualität und Zuverlässigkeit 21 (1976) Heft 5, Seiten 97 bis 100. Carl Hanser Verlag, München

[210] Sachs, L.: Angewandte Statistik; Anwendung statistischer Methoden. 8. völlig neu bearbeitete und erweiterte Auflage 1997. Springer Verlag Berlin, Göttingen, Heidelberg, New York

[211] Sachs, L.: Statistische Methoden: Planung und Auswertung. 7. überarbeitete Auflage 1992. Springer Verlag Berlin, Göttingen, Heidelberg, New York

[212] Sachs, L.: Statistische Methoden 2: Planung und Auswertung. 1. Auflage 1990. Springer Verlag Berlin, Göttingen, Heidelberg, New York

[213] Stange, K.: Angewandte Statistik. Teil 1: Eindimensionale Probleme. Springer Verlag Berlin, Heidelberg, New York, 1970

[214] Stange, K.: Angewandte Statistik. Teil 2: Mehrdimensionale Probleme. Springer Verlag Berlin, Heidelberg, New York, 1971

[215] Hald, A.: Statistical Theory with Engineering Application. Verlag Wiley & Sons, New York

[216] DGQ-SAQ-ÖVQ-Band 16-01: Annahmestichprobenprüfung anhand der Anzahl fehlerhafter Einheiten oder Fehler (Attributprüfung): Verfahren und Tabellen nach D'IN ISO 2859-1. 10. Auflage 1995. Beuth Verlag GmbH, Berlin (76 Seiten mit Erläuterungen zur Anwendung)

[217] DGQ-SAQ-ÖVQ-Band 16-26: Methoden zur Bestimmung geeigneter AQL-Werte. 4. Auflage 1990. Beuth Verlag GmbH, Berlin

[218] DGQ-SAQ-Band 16-03: Skip-lot-Stichprobenprüfung. 1. Auflage 1990. Beuth Verlag GmbH, Berlin

[219] DGQ-SAQ-Band 16-37: Stichprobenprüfung für kontinuierliche Fertigung anhand qualitativer Merkmale. 2. Auflage 1988. Beuth Verlag GmbH, Berlin

[220] ISO 8422 : 1991-11: Sequential sampling plans for inspection by attributes. ISO, Genf (siehe auch [232])

[221] DIN 53803-1 : 1991-03: Probenahme; Statistische Grundlagen der Probenahme bei einfacher Aufteilung. Beuth Verlag GmbH, Berlin (siehe auch [336], [353], [354])

[222] Geiger, W.: Erwartungstreue Aufzeichnung von Stichproben-Meßwerten im Wahrscheinlichkeitsnetz. Qualität und Zuverlässigkeit 16 (1971) Heft 9, Seiten 209 bis 211. Rudolf Haufe Verlag, Freiburg/Br.

[223] DGQ-SAQ-ÖVQ-Band 18-19: Formblätter mit Wahrscheinlichkeitsnetz zum grafischen Auswerten (annähernd) normalverteilter und (annähernd) logarithmisch normalverteilter Werte. 3. Auflage 1995. Dazu Formblatt DGQ 18-170: Auswerteblatt mit Wahrscheinlichkeitsnetz zum grafischen Auswerten (annähernd) normalverteilter Werte. A3, gefaltet auf A42. Beuth Verlag Berlin

[224] Graf, U. und Henning, H.J.: Statistische Methoden bei textilen Untersuchungen. Springer-Verlag Berlin, Göttingen, Heidelberg, New York. Neudruck 1957

[225] Graf, U., Henning, H.J., Stange, K. und Wilrich, P.-Th.: Formeln und Tabellen der angewandten mathematischen Statistik. Springer-Verlag Berlin, Heidelberg, New York, London, Paris, Tokyo. Dritte, völlig neu bearbeitete Auflage von P.-Th. Wilrich und H.-J.Henning 1987

[226] Geiger, W.: Beitrag zur Aufstellung und zur Beurteilung spezieller Stichprobenpläne für Variablenprüfung an Nachrichtenkabeln. NTZ-Report 1. VDE Verlag GmbH Berlin 1969
[227] John, B.: Wirtschaftliche Pläne für messende Prüfung bei Kenntnis der Qualitätszahlverteilung (a-priori-Verteilung). Dr.-Ing-Dissertation TH Aachen 1964
[228] Geiger, W.: Annahmefaktor für s-Pläne bei zweiseitiger Toleranz. Qualität und Zuverlässigkeit 15 (1970) Heft 12, Seiten 281 bis 283. Rudolf Haufe Verlag, Freiburg/Br.
[229] DGQ-SAQ-Band 16-43: Stichprobenpläne für quantitative Merkmale (Variablenstichprobenpläne nach ISO 3951). 2. Auflage 1988. Beuth Verlag GmbH, Berlin
[230] DIN ISO 3951 : 1992-08: Verfahren und Tabellen für Stichprobenprüfung auf den Anteil fehlerhafter Einheiten in Prozent anhand quantitativer Merkmale (Variablenprüfung). Beuth Verlag GmbH, Berlin
[231] Hans, R.: QS-Element „Statistische Methoden". Qualität und Zuverlässigkeit 37 (1992) Heft 11, Seiten 665 bis 667. Carl Hanser Verlag, München
[232] ISO 8423 : 1991-11: Sequential sampling plans for inspection by variables for percent nonconforming (known standard deviation). ISO, Genf
[233] Geiger, W.: Graduated Plans for Inspection by Variables for any given normal and mixed Cumulative Frequency Functions. EOQC-Journal Quality 1971, H. 1, S. 8 bis 10. Deutsche Fassung mit dem Titel „Gestufte Variablenprüfpläne für beliebig voraussetzbare Normal- und Mischsummenhäufigkeiten": Qualität und Zuverlässigkeit 16 (1971) Heft 12, Seiten 263 bis 268. Rudolf Haufe Verlag, Freiburg/Br.
[234] Geiger, W.: Abgestufte Variablenprüfpläne mit qualitätsabhängigem Prüfumfang. Qualität und Zuverlässigkeit 19 (1974) Heft 7, Seiten 158 bis 162. Rudolf Haufe Verlag, Freiburg/Br.
[235] DIN 55303-5 : 1987-2: Statistische Auswertung von Daten; Bestimmung eines statistischen Anteilsbereichs. Beuth Verlag GmbH, Berlin
[236] Wilrich, P.-Th.: Nomogramme zur Ermittlung von Stichprobenplänen für die messende Prüfung. Qualität und Zuverlässigkeit 15 (1970). Rudolf Haufe Verlag, Freiburg/Br.:
Teil 1: Pläne bei bekannter Varianz der Fertigung. Heft 3, Seiten 61 bis 65
Teil 2: Pläne bei unbekannter Varianz der Fertigung. Heft 8, Seiten 181 bis 187
[237] ISO Standards Handbook 3: Statistical methods. 3rd edition 1989
[238] Stange, K: Bayes-Verfahren; Schätz- und Testverfahren bei Berücksichtigung von Vorinformation. Springer-Verlag, Berlin, Heidelberg, New York 1977
[239] Hilgenfeld, J.: Ständige Prozeßverbesserung durch mathematisch-statistisches Denken. Qualität und Zuverlässigkeit 36 (1991) Heft 7, Seiten 424 bis 426. Carl Hanser Verlag, München
[240] Geiger, W.: Statistische Methoden für die Qualitätssicherung. Berichtsband „Methoden der Qualitätssicherung bei NE-Metallen" über ein Symposium 1979 der Deutschen Gesellschaft für Metallkunde, 1980 erschienen im Eigenverlag der Gesellschaft, Seiten 201 bis 214.
[241] Wetzel, W., Jöhnk, M.D. und Naeve, P.: Statistische Tabellen. Verlag Walter de Gruyter & Co, Berlin 1967
[242] Fisher, R.A. and Yates, F.: Statistical tables for biological, agricultural and medical research. 5. Auflage 1957, Oliver and Boyd, London

[243] Daniel, C.: Use of Half-Normal Plots in Interpreting Factorial Two-Level Experiments. Technometrics Vol. 1 (1959) No 4, Seiten 311 bis 341
[244] Jonson, N.L.: The Folded Normal Distribution: Accuracy of Estimation by Maximum Likelihood. Technometrics Vol. 4 (1962) No 2, Seiten 249 bis 256 (dort weitere Literatur zu „Folded Distributions")
[245] Geiger, W.: Gefaltete und Betragsverteilungen. Qualität und Zuverlässigkeit 21 (1976) Heft 7, Seiten 156 bis 160. Carl Hanser Verlag, München
[246] Pearlman, W.A. and Senge, G.H.: Optimal Quantization of the Rayleigh Probability Distribution. IEEE-Transactions on Communications, Vol. Com. 27, No 1, January 1979, pages 101 to 112
[247] Weibull, W.: Fatigue Testing and Analysis of Results. Pergamon Press Oxford 1961. Dort umfangreiche weitere Literatur
[248] DIN 55303-7 : 1996-03: Statistische Auswertung von Daten; Schätz- und Testverfahren bei zweiparametriger Weibull-Verteilung. Beuth Verlag GmbH, Berlin
[249] Streinz, W., Hausberger, H. und Anghel, C.: Unsymmetriegrößen erster und zweiter Art richtig auswerten. Teil 1: Unsymmetriegrößen erster Art. Qualität und Zuverlässigkeit 37 (1992) Heft 12, Seiten 755 bis 758. Teil 2: Unsymmetriegrößen zweiter Art. Qualität und Zuverlässigkeit 38 (1993) Heft 1, Seiten 37 bis 40. Carl Hanser Verlag, München (Reihenfolge der Autoren im Teil 2 umgekehrt)
[250] DIN 55303-2 : 1984-05: Statistische Auswertung von Daten; Schätz- und Testverfahren für Mittelwerte und Varianzen. Beuth Verlag GmbH, Berlin
[251] DIN 55303-2 Beiblatt 1 : 1984-05: Statistische Auswertung von Daten; Operationscharakteristiken von Tests für Erwartungswerte und Varianzen. Beuth Verlag GmbH, Berlin
[252] ISO/DIS 5479 : 1995-03: Test for departure from the normal distribution (gerichteter Test und Omnibus-Test; Shapiro-Wilk-Test und Epps-Pulley-Test). ISO, Genf
[253] BS 2846: Statistical interpretation of data. Part 7: 1984: Test for departure from normality (Shapiro-Wilk-Test und D'Agostino-Test). British Standards Institution (BSI).
[254] Geiger, W.: Der Shapiro-Wilk-Test auf Normalverteilung. SAQ-Bulletin-ASPQ 11-12/85, Seiten 19 bis 23. SAQ Bern, Postfach 2613.
[255] Geiger, W.: Einfache Modell-Mischverteilungen zur Darstellung und Analyse nicht normaler Merkmalsverteilungen. Qualität und Zuverlässigkeit 16 (1971) Heft 4, Seiten 85 bis 90. Rudolf Haufe Verlag, Freiburg/Br.
[256] Hillel, E.: Qualitätsregelkarten zur Überwachung von Exzentrizitäten. Qualität und Zuverlässigkeit 36 (1991) Heft 7, Seiten 427 bis 431. Carl Hanser Verlag, München
[257] ISO 3534-3 : 1985-11: Statistics – Vocabulary and symbols. Part 3: Design of experiment (siehe [187] und [188]). Beuth Verlag GmbH, Berlin
[258] Linder, A.: Planen und Auswerten von Versuchen. Birkhäuser, Basel, 1969
[259] Box, G.E.P.: Process adjustment and quality control. Total Quality Management, Vol. 4 (1993) No 2, Pages 215 to 227. Carfax publishing company, PO Box 25, Abingdon, Oxfordshire Ox14 3UE, UK
[260] Box, G.E.P., Hunter, W.G. and Hunter, J.S.: Statistics for Experiments. J. Wiley & Sons, New York 1978
[261] Taguchi, G.: System of Experimental Design. Vol I and II, American Supplier Institute, Dearborne, Michigan, 1987

[262] Shainin, D. and Shainin, P.: Better than Taguchi orthogonal tables. Quality and Reliability Engineering International 4 (1988), Pages 143 to 149
[263] Quentin, H.: Grundzüge, Anwendungsmöglichkeiten und Grenzen der Shainin-Methoden. Teil 1: Shainins Philosophie und Techniken. Qualität und Zuverlässigkeit 37 (1992) Heft 6, Seiten 345 bis 348. Teil 2: Versuchsmethoden. Qualität und Zuverlässigkeit 37 (1992) Heft 7, Seiten 416 bis 419. Carl Hanser Verlag, München
[264] Kleppmann, W.G.: Statistische Versuchsplanung, Klassisch, Taguchi oder Chainin? Qualität und Zuverlässigkeit 37 (1992) Heft 2, Seiten 89 bis 92. Carl Hanser Verlag, München
[265] Nedeß, Ch. und Holst, G.: Hilfen für die statistische Versuchsplanung? Taguchis orthogonalen Felder und lineare Graphen. Qualität und Zuverlässigkeit 37 (1992): Teil 1: Heft 2, Seiten 93 bis 97. Teil 2: Heft 3, Seiten 157 bis 159. Carl Hanser Verlag, München
[266] Mahlig, H.-J.: Müssen Versuchspläne orthogonal sein? Qualität und Zuverlässigkeit 38 (1993) Heft 3, Seiten 171 bis 176. Carl Hanser Verlag, München
[267] Hövelmann, F., Otten, H. und Pohl, D.: Statistische Versuchsplanung einmal anders. Qualität und Zuverlässigkeit 38 (1993) Heft 5, Seiten 285 bis 289. Carl Hanser Verlag, München
[268] Flamm, R., Gimpel, B. und Pfeifer, Th.: Fehler mit Verfahren der statistischen Versuchsmethodik verhüten. Qualität und Zuverlässigkeit 38 (1993) Heft 2, Seiten 109 bis 113. Carl Hanser Verlag, München
[269] Bendemer/Bellmann: Statistische Versuchsplanung. Teubner Verlag. 3. Auflage 1988
[270] DIN 5485 : 1986-08: Benennungsgrundsätze für physikalische Größen; Wortzusammensetzungen mit Eigenschafts- und Grundwörtern. Beuth Verlag GmbH, Berlin
[271] Geiger, W.: Normierte Qualitätsbeurteilung verbessert die Qualitätssicherung. Qualität und Zuverlässigkeit 21(1976) Heft 4, Seiten 87 bis 90. Carl Hanser Verlag, München
[272] Geiger, W.: Normiert beurteilt – leicht verständlich. Qualität und Zuverlässigkeit 24(1979) Heft 2, Seiten 33 bis 37. Carl Hanser Verlag, München
[273] DGQ-Band 14-23: Qualitätskennzahlen (QKZ) und Qualitätskennzahlen-Systeme. 2. Auflage 1990. Beuth Verlag GmbH, Berlin
[274] DIN 19226 : 1994-02: Leittechnik; Regelungstechnik und Steuerungstechnik:
Teil 1: Allgemeine Grundbegriffe
Teil 2: Begriffe zum Verhalten dynamischer Systeme
Teil 3: Begriffe zum Verhalten von Schaltsystemen
Teil 4: Begriffe für Regelungs- und Steuerungssysteme
Teil 5: Funktionelle Begriffe
Beuth Verlag GmbH, Berlin
[275] Köpnick, K.: Qualitätsregelkarten in der Prozeßanalyse. Qualität und Zuverlässigkeit 37 (1992) Heft 4, Seiten 196 bis 201. Carl Hanser Verlag, München
[276] Wilrich, P.-Th.: Qualitätsregelkarten bei vorgegebenen Grenzwerten. Qualität und Zuverlässigkeit 24 (1979) Heft 10, Seiten 260 bis 271. Carl Hanser Verlag, München
[277] ISO 7870 : 1993-12: Control charts; general guide and introduction
[278] ISO 8258 : 1991-12: Shewart control charts. Dazu existiert ein abgewandelter Entwurf für eine Norm des DIN
[279] ISO 7966 : 1993-12: Acceptance control charts

[280] ISO 7873 : 1993-12: Control charts for arithmetic average with warning limits
[281] Seibel, H.: Selbstprüfung – Anmerkungen zur Vorbereitung und Einführung. DGQ-Band 15-42, 2. Auflage 1981. Beuth Verlag GmbH, Berlin (vergriffen)
[282] Hansen, W.: Selbstprüfung. Kapitel 43 in 2. Auflage von [72] (in 3. Auflage nicht)
[283] Brockhaus Enzyklopädie, Band 5, 1988. 19. Auflage. F.A.Brockhaus, Mannheim
[284] Sattler, E.: „Werkatteste" und Produkthaftung. DIN-Mitteilungen 63 (1984) Heft 10, Seiten 556 und 557. Beuth Verlag GmbH, Berlin
[285] DIN 55350-18 : 1987-07: Begriffe der Qualitätssicherung und Statistik; Begriffe zu Bescheinigungen über die Ergebnisse von Qualitätsprüfungen; Qualitätsprüf-Zertifikate. Beuth Verlag GmbH, Berlin
[286] DIN 50049 : 1986-08: Bescheinigungen über Materialprüfungen. Beuth Verlag GmbH, Berlin
[287] DIN 50 049 : 1992-04 (EN 10204-1991): Metallische Erzeugnisse; Arten von Prüfbescheinigungen. Beuth Verlag GmbH, Berlin
[288] Schuler, W.: Überblick gefragt – Methoden und Tools zur Sicherung der Qualität. Qualität und Zuverlässigkeit 37 (1992) Heft 7, Seiten 404 bis 408. Carl Hanser Verlag, München
[289] Schuler, W.: Das große Was-Wie-Spiel – QFD-Anwendungen: Ein Querschnitt in Bildskizzen. Qualität und Zuverlässigkeit: Teil 1: 37 (1992) Heft 12, Seiten 715 bis 719; Teil 2: 38 (1993) Heft 1, Seiten 31 bis 35; Teil 3: 38 (1993) Heft 2, Seiten 87 bis 91. Carl Hanser Verlag, München
[290] Kirstein, H.: Qualitätssicherung im Unternehmen: Methode – Strategie – Philosophie. Qualität und Zuverlässigkeit 37 (1992) Heft 7, Seiten 400 bis 403. Carl Hanser Verlag, München
[291] Geiß, H.: DIN ISO 9000 in die Praxis umsetzen. Qualität und Zuverlässigkeit 39 (1994) Teil 1: Heft 1, Seiten 5 bis 7. Teil 2: Heft 2, Seiten 68 und 69. Carl Hanser Verlag, München
[292] von Diemer, R.: Betroffene zu Beteiligten machen. Qualität und Zuverlässigkeit 38 (1993) Heft 6, Seiten 330 und 331. Carl Hanser Verlag, München
[293] Wildemann, H.: Just-in-Time-Produktion. GfMT-Verlag München, 2. Auflage 1987
[294] Popp, K.: Die Qualitätssicherungsvereinbarung. Fehler und Fallen in „ship-to-stock"- und „just-in-time"-Verträgen. Carl Hanser Verlag München 1992
[295] Duden: Das große Wörterbuch der deutschen Sprache, Band 4. Bibliographisches Institut Mannheim/Wien/Zürich.
[296] Brockhaus-Enzyklopädie, 19. Auflage, Band 14, 1991, Schlüsselbegriff Management. F.A. Brockhaus, Mannheim
[297] Geiger, W.: Qualität und Management – Das Ganze und die Teile. Qualität und Zuverlässigkeit 40 (1995) Heft 8, Seiten 928 bis 934. Carl Hanser Verlag, München
[298] Verzeichnis der Prüflaboratorien und Zertifizierungsstellen in Deutschland und Europa. Beuth Verlag Verlin, 2. Auflage 1996
[299] Seghezzi, H.D.: Qualitätsstrategien – Anforderungen an das Management der Zukunft. Carl Hanser Verlag München Wien 1993, insbes. Beitrag 2, Abb. 5
[300] Seghezzi, H.D.: Integriertes Qualitätsmanagement – Das St. Galler Konzept. Carl Hanser Verlag München Wien 1996

[301] Geiger, W.: Qualität – Eine Begriffsentwicklung seit mehr als 2000 Jahren. Qualität und Zuverlässigkeit 41 (1996) Heft 10, Seiten 1142 bis 1148. Carl Hanser Verlag, München

[302] Proceedings of the 12nd World Congress for Total Quality Management: The Quality Journey. Total Quality Management, Volume 8 numbers 2 & 3, June 1997, Carfax Publishing Ltd., ISSN 0954-4127; mit 77 Beiträgen zum Thema

[303] Geiger, W.: Was bringt die neue ISO 9000-Familie – Fakten und Erwartungen zur Langzeitrevision der ISO 9000-Familie. Qualität und Zuverlässigkeit 42 (1997) Heft 8, Seiten 884 bis 887. Carl Hanser Verlag, München

[304] Wood, M.: The notion of the customer in total quality management. Total Quality Management, Volume 8 number 4, August 1997, Carfax Publishing Ltd., ISSN 0954-4127

[305] ISO/IEC Directives, part 3, second edition 1989: Drafting and presentation of International Standards, Section 1.3 Homogeneity, paragraph 2

[306] Lopez, David A.: Quality planning in aerospace manufacturing: A fundamental change. Total Quality Management, Volume 7 numbers 3, June 1996, Carfax Publishing Ltd., ISSN 0954-4127

[307] Orlowski, S. und Radtke, Ph.: Total Quality Deployment – Ein einfaches und praxinahes Verfahren zur Erhöhung der Kundenzufriedenheit. Qualität und Zuverlässigkeit 41 (1996) Heft 11, Seiten 1287 bis 1291. Carl Hanser Verlag, München

[308] DGQ-Band 13-11: FMEA – Fehlermöglichkeits- und Einflußanalyse. Leitfaden. Monographie von M. Schubert. Beuth Verlag GmbH, Berlin 1993

[309] Geiger, W.: Anmerkungen zum Norm-Entwurf DIN EN 45020-100 „Allgemeine Fachausdrücke und deren Definitionen betreffend Normung und damit zusammenhängenden Tätigkeiten" – Teil 100: Änderung zu DIN EN 45020 : 1994-04. DIN-Mitteilungen 76 (1997), Heft 2, Seiten 138 und 139. Beuth Verlag GmbH Berlin

[310] Deutsch als Sprache der Normung. Leitfaden des DIN zum Umgang mit der Sprache. Herausgeber: Normenausschuß Terminologie (NAT) im DIN. Ausgabe 1994.

[311] Meyer-Galow, E.: Discover the Link to Life – Transformation of a Chemical Company. Proceecings of the 40th Annual EOQ-Congress Berlin 1996, Volume 2, page 39.

[312] DGQ-DQS-Band 100-11: DQS-Auditprotokoll. Beuth Verlag GmbH, Berlin und Köln 1995 (Nachfolgeschrift zu [91])

[313] DQS-Schrift 01-01: DQS-Auditprotokoll DIN EN ISO 9001, 9002, 9003. DQS Deutsche Gesellschaft zur Zertifizierung von Managementsystemen mbH – Qualitäts- und Umweltgutachter, Berlin und Frankfurt/Main (Nachfolgeschrift zu [312])

[314] DQS-Schrift 01-02: DQS-Auditprotokoll QS 9000. DQS Deutsche Gesellschaft zur Zertifizierung von Managementsystemen mbH – Qualitäts- und Umweltgutachter, Berlin und Frankfurt/Main

[315] Quality System Requirements QS-9000, Second Edition 1995. Chrysler Corporation, Ford Motor Company, General Motors Corporation. Carwin Continuous Ltd. Unit 1 Trade Link, Western Ave, West Thurrock, Grays, Essex, England

[316] Quality System Assessment (QSA). Chrysler Corporation, Ford Motor Company, General Motors Corporation. Carwin Continuous Ltd. Unit 1 Trade Link, Western Ave, West Thurrock, Grays, Essex, England, 1994

[317] Production Part Approval Process (PPAP), Second Edition 1995. Chrysler Corporation, Ford Motor Company, General Motors Corporation. Carwin Continuous Ltd. Unit 1 Trade Link, Western Ave, West Thurrock, Grays, Essex, England

[318] Potential Failure Mode and Effects Analysis (FMEA), Second Edition 1995. Chrysler Corporation, Ford Motor Company, General Motors Corporation. Carwin Continuous Ltd. Unit 1 Trade Link, Western Ave, West Thurrock, Grays, Essex, England

[319] Statistical Process Control (SPC), Reference Manual. Chrysler Corporation, Ford Motor Company, General Motors Corporation. Carwin Continuous Ltd. Unit 1 Trade Link, Western Ave, West Thurrock, Grays, Essex, England, 1992

[320] Measurement Systems Analysis (MSA), Reference Manual, Second Edition 1995. Chrysler Corporation, Ford Motor Company, General Motors Corporation. Carwin Continuous Ltd. Unit 1 Trade Link, Western Ave, West Thurrock, Grays, Essex, England

[321] Advanced Product Quality Planning and Control Plan (APQP), Reference Manual. Chrysler Corporation, Ford Motor Company, General Motors Corporation. Carwin Continuous Ltd. Unit 1 Trade Link, Western Ave, West Thurrock, Grays, Essex, England, 1994

[322] DIN ISO 10013 : 1996-12: Leitfaden für das Erstellen von Qualitätsmanagement-Handbüchern (siehe auch [103])

[323] Hofmann, Dietrich: Handbuch Meßtechnik und Qualitätssicherung. Friedr. Vieweg & Sohn Braunschweig/Wiesbaden, 1983

[324] Masing, W.: Handbuch Qualitätsmanagement, siehe [72], speziell die Kapitel 11, 12 und 34

[325] Geiger, W.: Stellungnahme zu K.H. Möller .... . Qualität und Zuverlässigkeit 41 (1996) Heft 11, Seite 1212. Carl Hanser Verlag, München (betrifft Begriffsgrundlage zur Langzeitrevision der ISO 9000-Familie)

[326] ISO Guide 35 : 1989: Certification of reference materials – General and statistical principles. ISO, Genf

[327] ISO/IEC Guide 2: Standardization and related activities – General vocabulary. Second edition 1996. ISO/IEC copyright office, case postale 56, CH-1211 Genève, Switzerland

[328] DIN EN 45020-100: Allgemeine Fachausdrücke und deren Definitionen betreffend Normung und damit zusammenhängenden Tätigkeiten – Teil 100: Änderung zu DIN EN 45020 : 1994-04

[329] Franzkowski, R.: Versuchsmethodik. Kapitel 24 mit den Seiten 491 bis 528 in [72]

[330] Brockhaus-Enzyklopädie in vierundzwanzig Bänden. Zwanzigster Band Sci bis Sq. F.A. Brockhaus Mannheim, 1993.

[331] Duden, Das große Wörterbuch der Deutschen Sprache in sechs Bänden. Band 5, O bis So, Bibliographisches Institut Mannheim, Wien, Zürich, 1980

[332] Uhlig, A.: Selbstprüfung – davor muß Prüfplanung stehen. Qualität und Zuverlässigkeit 39 (1994) Heft 7, Seiten 762 bis 765. Carl Hanser Verlag, München

[333] Self-Assessment: New Questionaire for SMEs. Quality Link, European Foundation for Quality Management. Newsletter, Volume 9, No. 49, Sept. 1997, Avenue des Pléiades 15, B-1200 Brussels, Belgium

[334] Qualitätsmanagement, Statistik, Zertifizierung, Begriffe aus DIN-Normen. DIN-TERM. Beuth Verlag GmbH Berlin, Wien, Zürich. 2. Auflage

Literaturverzeichnis   Vorbemerkung von Seite 449 beachten!   469

[335] ISO/IEC Guide 51 (Draft January 1997): Safety aspects – Guidelines for their inclusion in standards (Revision der ersten Ausgabe 1990)
[336] DIN 53803-2 : 1994-03: Probenahme; Praktische Durchführung. Beuth Verlag GmbH, Berlin (siehe auch [221], [353], [354])
[337] Europäischer Qualitätspreis 1997 erstmals auch an kleine und mittlere Unternehmen verliehen. Qualität und Zuverlässigkeit 42 (1997) Heft 11, Seiten 1206 und 1207. Carl Hanser Verlag, München
[338] DIN EN 46001 : 1996-09: Qualitätssicherungssysteme; Medizinprodukte; Besondere Anforderungen für die Anwendung von EN ISO 9001: Deutsche Fassung EN 46001 : 1996. Beuth Verlag GmbH, Berlin
[339] DIN EN 46002 : 1996-09: Qualitätssicherungssysteme; Medizinprodukte; Besondere Anforderungen für die Anwendung von EN ISO 9002: Deutsche Fassung EN 46002 : 1996. Beuth Verlag GmbH, Berlin
[340] DIN 2342-1 : 1992-10: Begriffe der Terminologielehre; Grundbegriffe. Beuth Verlag GmbH, Berlin
[341] DIN 2331 : 1980-04: Begriffssysteme und ihre Darstellung. Beuth Verlag GmbH, Berlin (siehe [61])
[342] Herrmann, J.: Qualitätsmanagement ist Management. Qualität und Zuverlässigkeit 42 (1997) Heft 11, Seiten 1214 und 1215. Carl Hanser Verlag, München
[343] Jäger, J., Seitsschek, und Smida, F.: Chefsache Qualitätsmanagement, Umweltmanagement. Friedr. Vieweg & Sohn Verlagsgesellschaft MbH, Braunschweig/Wiesbaden 1996
[344] Die sieben neuen Qualitätsmanagement-Werkzeuge, mit Sound, vielen Animationen und Übungen. DC-ROM mit 4 Seiten Faltblatt. REFA/Hanser Verlag, München
[345] Pichhardt, K.: Qualitätsmanagement Lebensmittel – Vom Rohstoff bis zum Fertigprodukt. 2., völlig überarbeitete und erweiterte Auflage 1997. Springer Verlag Berlin, Göttingen, Heidelberg, New York
[346] Pompl, W.: Qualitätsmanagement im Tourismus. Oldenbourg Verlag 1997
[347] DIN 820-2 : 1996-09: Normungsarbeit; Teil 2: Gestaltung von Normen
[348] DIN 2257-1 : 1982-11: Begriffe der Längenprüftechnik; Einheiten, Tätigkeiten, Prüfmittel; Meßtechnische Begriffe
[349] Geiger, W.: Stellungnahme zu [342] Dr.-Ing. Joachim Herrmann: Qualitätsmanagement ist Management – Ein wichtiger Grundbegriff ist noch nicht geklärt. QZ 42 (1997) 11, Seiten 1214 und 1215. Die Stellungnahme ist erschienen in Qualität und Zuverlässigkeit 43 (1998) 3, Seiten 261 und 262, Carl Hanser Verlag München
[350] Kirschling, G.: Qualitätsregelkarten für meßbare Merkmale; SPC. Friedr. Vieweg & Sohn Braunschweig/Wiesbaden, 1998
[351] Quentin, H.: Versuchsmethoden im Qualitätsengineering. Friedr. Vieweg & Sohn Braunschweig/Wiesbaden, 1994
[352] Walder, F.-P. und Patzak, G.: Qualitätsmanagement und Projektmanagement. Friedr. Vieweg & Sohn Braunschweig/Wiesbaden, 1997
[353] DIN 53803-3 : 1984-06: Probenahme; Statistische Grundlagen der Probenahme bei zweifacher Aufteilung nach zwei gleichberechtigten Gesichtspunkten. Beuth Verlag GmbH, Berlin (siehe auch [221], [336], [354])

[354] DIN 53803-4 : 1984-06: Probenahme; Statistische Grundlagen der Probenahme bei zweifacher Aufteilung nach zwei einander nachgeordneten Gesichtspunkten. Beuth Verlag GmbH, Berlin (siehe auch [221], [336], [353])

[355] Schnauber, H.: Zukunft als Verpflichtung. Qualität und Zuverlässigkeit 43 (1998) 3, Seiten 246 und 247, Carl Hanser Verlag München

[356] Pfeifer, T. und Homering, J.: Die Bibliothek für Qualitätsmerkmale. Qualität und Zuverlässigkeit 43 (1998) 3, Seite 274, Carl Hanser Verlag München

Bildverzeichnis

Bild-Nr	Bildüberschrift	Seite
zu Grundlagen:		
1	Überblick über das Qualitätsmanagement	5
1.1	Die drei wichtigsten homonymen Bedeutungen des Wortes „Management"	8
2.1	Überblick über die Besonderheiten des Qualitätsmanagements sowie über ihren teilweisen Zusammenhang	20
3.1	Kumulierte Bewertung von Preis, Terminerfüllung und Qualität durch Kunden im Wandel der Zeit	23
4.1	Der Qualitäts-Termin-Kosten-Kreis (kurz „QTK-Kreis") als Modell für das Zusammenwirken aller Tätigkeiten in einer Organisation	26
4.2	QTK-Kreis und Führungstätigkeiten (Führungselemente)	35
4.3	Beispiel des Qualitätskreises für ein spezielles materielles Produkt (aus [7])	39
4.4	Tätigkeiten, Ergebnisse und ihre Elemente in Zuordnung zum QTK-Kreis, zum QM-System und zum Qualitätskreis	41
5.1	Beispiel für ein Begriffsdiagramm: Übergeordnete Grundbegriffe und qualitätsbezogene Schlüsselbegriffe	53
6.1	Die Einheit: Überblick über mögliche Gegenstände einer Qualitätsbetrachtung	56
7.1	Schriftliche Antworten von Führungskräften auf die Frage: „Was verstehen Sie unter Qualität?"	62
7.2	Veranschaulichung des Qualitätsbegriffs anhand einer Waage	64
7.3	Basisbegriffe zum Qualitätsbegriff und ihr Zusammenhang	65
7.4	Erläuterung der vollständigen internationalen Übereinstimmung des Qualitätsbegriffs	66
7.5	Zeitfolge von Publikationen bekannter Gremien zum Qualitätsbegriff	67
7.6	Veranschaulichung des Begriffs Qualitätsfähigkeit	76
8.1	Die vier Merkmalsarten	78
8.2	Übersicht über genormte Namen und Erklärungen zu den Partnern im Markt	84

Bild-Nr	Bildüberschrift	Seite
8.3	Arten von Prüfungen mit den Zielsetzungen Zustand „qualifiziert" und Zustand „Qualifikation"...............	86
9.1	Komponenten der unmittelbaren und der mittelbaren Qualitätslenkung......	95
9.2	Arten von Qualitätsprüfungen, bezogen auf vier unterschiedliche Gesichtspunkte...............	97
9.3	Arten von Qualitätsprüfungen, bezogen auf den Lebenszyklus eines Angebotsprodukts...............	98
9.4	Begriffsdiagramm Prüfung und Ermittlung...............	105
10.1	Das Risiko als gemeinsamer Maßstab für Gefahr und Sicherheit...............	108
10.2	Beispiel eines Fehlerbaums aus [46] zur Kopiertechnik...............	114
11.1	Einheiten, auf welche sich eine systematische Qualitätsplanung erstreckt..	118
11.2	System, nach dem ein „Qualitätsforderungshaus" für ein QFD-Formblatt aufgebaut ist...............	127
11.3	Ordinalwert-Risikofaktoren-Abschätzung bei FMEA nach VDA...............	130
11.4	Spezielle Verläufe der Nutzenfunktion eines Qualitätsmerkmals...............	132
11.5	Nutzen des Preises als Hilfsvorstellung für die Produktplanung...............	134
11.6	Anspruchsklasse und Qualitätsforderung bei Produkten für den gleichen Zweck...............	136
11.7	Konkretisierungsstufen der Qualitätsforderung während der Qualitätsplanung unter Einbeziehung des Einflusses der Anspruchsklasse...............	139
12.1	Die drei prinzipiell möglichen Objekte für Qualitätsförderung...............	144
12.2	Die drei Komponenten von Qualitätsverbesserungen *(mit Verbesserungsziel)*...............	151
13.1	Ordnungs- und Wirkungsschema der QM-Führungselemente...............	157
13.2	Ordnungs- und Wirkungsschema der QM-Ablaufelemente...............	157
13.3	Arten von Normen in der Normenreihe DIN EN ISO 9000 ff...............	160
13.4	Leitfäden mit der Nummer 9000 zur Anwendung der Normen...............	161
13.5	Normen mit Qualitätsforderung an die Qualitätssicherung/ QM-Darlegung...............	162
13.6	Leitfäden mit Nummern 9004 und ab 10005: Beispiele zu QM-Elementen...............	163
13.7	Vier übergeordnete Produktkategorien gemäß Vision 2000 [79]...............	164
13.8	Beispiel für den Aufbau einer Qualitätspolitik...............	166
13.9	Wesentliches Ergebnis der PIMS-Studien...............	177
13.10	Beispiel für den Erfolg eines umfassenden kunden- und qualitätsbezogenen Verbesserungsprogramms nach einer Krise...............	178

Bildverzeichnis

Bild-Nr	Bildüberschrift	Seite
13.11	Bedeutung und Zusammenhang der neun Module der EU-Konformitätsbewertungsverfahren	190
14.1	Planungsabgrenzung bei der Planung des QM-Systems	194
14.2	Zertifizierungen in der Bundesrepublik bis Herbst 1992	196
14.3	Mit Anwendung der DIN EN ISO 9000-Familie verbundene Zielsetzungen	197
14.4	Prinzipielle Schritte des Ablaufs einer QME-FMEA	200
14.5	Beispiele für erforderliche Vorentscheidungen der obersten Leitung vor Beginn der Systematisierung des QM-Systems	202
14.6	Reihenfolge der Planungsgegenstände bei der Planung eines QM-Systems	207
14.7	Versuch der Ausgrenzung von Zuverlässigkeits-Bestandteilen aus der Qualität gemäß [119]	211
14.8	Grober Zeitablauf zur Systematisierung eines QM-Systems	213
15.1	Unterscheidung der Tätigkeiten und ihrer Ergebnisse bezüglich Qualität des Angebotsprodukts der Organisation	221
15.2	Merkmale des Malcolm Baldrige National Award (USA) und ihre Bewertung	229
15.3	Merkmale des European Quality Award und ihre Bewertung	230
16.1	Überblick zur Anwendung der Begriffe Fehler und Mangel in Technik und Recht	237
16.2	Qualitätsforderungen, die im Vertragsfall zusätzlich zu bedenken sind	241
16.3	Schematische Darstellung des Verhältnisses zwischen vertraglichen Vereinbarungen und subsidiären Wirkungen gesetzlicher Festlegungen	258

zu Teilgebieten:

17.1	Die vier QK-Gruppen (Gruppen qualitätsbezogener Kosten)	258
17.2	QK-Elemente der Fehlerverhütungskosten (VK)	259
17.3	QK-Elemente der Prüfkosten (PK)	260
17.4	QK-Elemente der Fehlerkosten (FK)	261
17.5	Verteilung von Fehlerkosten-Dunkelziffern d bei 23 Werken eines Unternehmens	265
17.6	Prinzipien der disponierten QK-Sortierung	268
17.7	Zeitliche Entwicklung der qualitätsbezogenen Kosten bei der Einführung von QK-Nachweisen	271
17.8	Paretoverteilung von 24 QK-Elementen (praktischer Fall)	273

Bild-Nr	Bildüberschrift	Seite
17.9	Anteile der QK-Gruppen an allen qualitätsbezogenen Kosten und am Netto-Umsatz bei vier Betrieben eines Werks	273
17.10	QK-Analyse mit nur einem einzigen, einzutragenden Punkt für einen Berichtszeitraum	275
17.11	Vier Beispiele für QK-Verminderungen	277
17.12	Zufalls-Schwankungen einer FK-Entwicklung	278
17.13	Kennzahlen zum Zusammenhang zwischen Erfolg und Einsatz bei der Anwendung von QK-Nachweisen	278
18.1	Anteiliger Einsatz von Arbeitszeit und Freizeit für berufliche Arbeit („arbeitsbezogen") und für Freizeit-Angelegenheiten („freizeitbezogen")	284
19.1	Zeitpunkte, Zeitspannen und Intervalle bei Zuverlässigkeitsbetrachtungen	299
19.2	Die „Badewannenkurve": Die Ausfallrate a(t) (bzw. λ) abhängig vom Betrachtungszeitpunkt	302
19.3	Lebensdauernetz mit Beispieleintrag	306
20.1	Systematische Betrachtungsebenen von Merkmalswerten, zugehörigen Abweichungen und Unsicherheiten	311
20.2	Zusammenwirken der Einheiten eines Meßsystems	314
20.3	Drei Genauigkeitsebenen zur Betrachtung von Meßabweichungen	318
20.4	Graphische Darstellung eines Beispiels zur Grundgleichung für das System der Meßabweichungen	319
20.5	Zusammenhang zwischen den Meßabweichungen und der Meßunsicherheit sowie Zuordnung zum Meßergebnis	322
20.6	Die zwei Benennungssysteme für Meßergebnisse und Meßwerte	323
20.7	Obere und untere Meßunsicherheit in einem unsymmetrisch liegenden Meßunsicherheitsbereich	325
20.8	Veranschaulichung zugelassener und nicht zugelassener Werte und ihrer Transformation in zulässige und unzulässige Abweichungen	330
21.1	Das Begriffsschema des Ringversuchs	337
22.1	Beispiel aus der Praxis für einen dreifach abgestuften Toleranzbereich: Abgestufte Grenzwerte für das Qualitätsmerkmal „Betriebskapazität" bei Fertigungslängen von Nachrichtenkabeln für die Bezirksebene	342
22.2	Beispiele für lineare Merkmalsketten	345
22.3	Normierte Darstellung zum Idealfall Abgestufte Grenzwerte	347
22.4	Optimale und angewendete statistische Schließtoleranz	348

Bildverzeichnis

Bild-Nr	Bildüberschrift	Seite
22.5	Zur formalen Berechnung angewendeter statistischer Schließtoleranzen nach der Formel $T_{s\,angewendet} = T_a \cdot g^{k-1} + T_q \cdot (1-g^{k-1})$	349
23.1	Vier Kombinationen von beherrschtem und qualitätsfähigem Prozeß	359
24.1	Allgemeine Operationscharakteristiken (OC) für genormte Einfach-Stichprobenanweisungen zur Annahmestichprobenprüfung anhand qualitativer Merkmale	373
25.1	Empirische Verteilungsfunktion 14 männlicher Körperlängen im gewöhnlichen Wahrscheinlichkeitsnetz mit geschätzten Parameterwerten (Kennwerten) der zugehörigen Verteilungsfunktion	380
25.2	Praxisbezogene Einteilung der Wahrscheinlichkeitsverteilungen	381
25.3	Flachlaufabweichung einer Uhren-Unruhfeder	383
25.4	Das Betragsnetz erster Art	386
25.5	Das Betragsnetz zweiter Art (Rayleigh-Netz)	386
25.6	Beispiele für Betragsverteilungen erster und zweiter Art	388
25.7	Beispiel einer fehlerhaften logarithmischen Transformation einer eindimensionalen Betragsverteilung (Flachlaufabweichung)	389
25.8	Systematik fehlerhafter logarithmischer Transformationen normaler Betragsverteilungen erster und zweiter Art im Vergleich mit der Normalverteilung	390
25.9	Übergänge zwischen stetigen Wahrscheinlichkeitsverteilungen	392
26.1	Mögliche Ergebnisse eines statistischen Tests gemäß Textbeispiel	402
26.2	Gedankliches Vorgehen bei einem statistischen Test (grundlegende wissenschaftliche Untersuchungsmethode)	403
27.1	Sich ergänzende Möglichkeiten Statistischer Versuchsplanung	409
28.1	Die drei Typen von Einzelforderungen F an quantitative Qualitätsmerkmale	414
28.2	Beispiele zur normierten Qualitätsbeurteilung (siehe auch Text)	419
29.1	Arten von Qualitätsregelkarten, ihr Zweck und ihre Mittel	426
31.1	Das System qualitätsbezogener Dokumente	437
32.1	Vier Ebenen von QM-Lösungsansätzen (nach Kirstein)	443

Tabellenverzeichnis

Tabellen-nummer	Tabellenüberschrift	Seite
8.1	Übersicht über die vier Merkmalsarten anhand der zugehörigen Skalentypen	79
9.1	Unklar definierte Bedeutung von Verifizierung und Validierung nach [16]	99
13.1	Gemeinsamkeiten und Unterschiede von Vorbeugungs- und Korrekturmaßnahmen, gezeigt anhand der beiden Definitionen gemäß [16]	159
15.1	Gesichtspunkte zum umfassenden Qualitätsmanagement: Auswahl nach zwei Verfassern	224
21.1	Ringversuchs-Bedingungen	335
23.1	Definitionsvergleich von Kurzzeit- und Langzeitstreuung	360
24.1	Formeln für und Übergänge zwischen diskreten Verteilungen	366
24.2	Zahlenbeispiel zu einer hypergeometrischen Verteilung	367
24.3	Zahlenbeispiel zu einer Binomialverteilung	367
24.4	Zahlenbeispiel zu einer Poissonverteilung	368
24.5	Vergleich der drei diskreten Verteilungsmodelle H, B und P	369
24.6	Zahlenbeispiel für eine Operationscharakteristik	371
28.1	Die drei Typen von Einzelforderungen im Rahmen einer Qualitätsforderung	413
28.2	Lage L des Nullpunkts N_v der normierten Maßstäbe	414
28.3	Grenzwertabstand A_v für die normierten Maßstäbe	415
28.4	Maßstabskonstante C_v der normierten Maßstäbe	415

Namen- und Sachwortverzeichnis

Vorbemerkungen:
Umlaute (ä, ö, ü) sind lexikalisch wie die Grundvokale, nicht wie ae, oe und ue eingeordnet. Auch Sachwörter aus Bildern und hervorgehobenen Begriffsdefinitionen sind enthalten. Wenn sie häufig vorkommen, sind nur ausgewählte Fundorte angegeben, z.B. wo sich Querverweise finden.

„**B**" vor der Seitennummer zeigt den Fundort für eine **Begriffserklärung** an. Wegen der weiten Verbreitung synonymer Benennungen im Qualitätsmanagement sind auch als mißverständlich bekannte, nicht fachgerechte (normwidrige) oder nicht empfohlene Benennungen aufgeführt. Beim Fundort können die fachgerechten ermittelt werden.

Steht bei einem Sachwort hinter der Seitennummer „ff", so ist von dieser Seite ab mehr darüber zu finden.

A
Abfall 261, 262, 264
–, qualitätsbedingter 263
–, unvermeidbarer 263
Abgestufte Grenzwerte 131, 340, 341ff, B350, 396, 417
–, Idealfall 346, 347
–, Psychologie zu 352
–, zwei Aufgabenstellungen zu 344
–, normierte Qualitätsbeurteilung bei 417
Abgestufter Höchstwert 342, B350
Abgestufter Mindestwert 342, B350
Abgestufter Toleranzbereich 342, B350
Abgestufte Toleranz B350
Abkürzungen 445
Ablauf 223
Ablauforganisation 203
Ablaufphasen im QTK-Kreis 28
Ablieferungsprüfung 98
Abnahmeprüffeld 209
Abnahmeprüfung 98, 168, 260
Abnehmerrisiko → Kundenrisiko
Abnutzung 144
Abnutzungsausfälle 302
Abstrakte Begriffe 53, 233
Abstraktion (Terminologie), allgemein 43ff, 83, 220

Abszissentransformation für OC 371
Abweichung 311, B315
–, Meß- 315ff
–, „zulässige" 329, 330
Abweichungsbereich 324
Abweichungsbetrag 324
Abweichungsfortpflanzung 304, 328, 329ff, 384
– im weiteren Sinne 340, 378
– und Meßtechnik 341
Abweichungsfortpflanzungsgesetz B339, 343
Abweichungsgrenzbetrag 329, 414
Abweichungskombination 312
Abweichungsquellen 339, 343
Adaptive Qualitätsregelkarte 426
d'Agostino-Test 405
Akkreditierung 170
Akquisition 17, 131
Aktivität B31, 223
Aktualitätsprinzip Ablauforganisation 206
Allgemeine Führungsanweisung 204
Allgemeine Geschäftsbedingungen 242
Allgemeine Verkaufsbedingungen 239
Alternativhypothese 401
Alternativmerkmal 72, 365
Analyse

–, graphische Verteilungs- 307, 379, 385ff
– neuer QM-Methoden 444
Änderungsdienst 158, 184, 185, 440ff
– für Bauelementeverzeichnis 441
– für QM-Handbuch 185
–, QM-Verfahrensanweisungen zum 440
–, übergeordnete Festlegungen zum 440
Anfangsbestand B298
Anforderung/Forderung B116
„Anforderungsstufe" 59
Angebot, allgemein 21
Angebotsabgabe 241, 242
Angebots-Checklisten 131
Angebotsprodukt 3, 27ff, 31, B80, 118, 122, 125, 138, 153, 162, 193, 198, 215, 239, 241, 246, 257, 280, 356, 412, 439, 444, 446
Angewendete statistische Schließtoleranz 348
–, formale Berechnung der 349
„Angstschwelle" 421
„Angsttoleranz" 18, 131, 352
Angst vor dem Fehlergespräch 16, 262
Anmerkungen zu einem Begriff 47
Annahmefaktor 393, 395ff
Annahmegrenze 427
Annahmeprüfung 98
Annahmeregelkarte 426
Annahmestichprobenprüfung 50, 373, B394
Annahmewahrscheinlichkeit 370
Annahmezahl 370
Annehmbare Qualitätsgrenzlage (AQL) B374, 395
Annehmbarkeit eines Prüfloses 393
Anpassungstest 405
Anspruchsklasse 5, B58, 70, 136, 139, 227
– und Qualitätsforderung 136
Anwendung (auch zuverlässigkeitsbezogen) B295
Anwendungsbedingungen, vorgegebene 301
Anwendungsbeginn B295

Anwendungsdauer B294
– ab Anwendungsbeginn B295, 296
– ab erstem Ausfall 296
–, geforderte B296
Approbation 209
A-priori-Verteilung 396
„AQL-Philosophie" 374
Äquivalente Benennungen 46, 48
Arbeitsstreubreite 122, 144
Arbeitsschutz 117
Arbeitsvorbereitung 208
Arithmetische Schließtoleranz 347
Arntz 46
Arzneimittelgesetz 246
ASQC (American Society for Quality Control) 50
„Attributmerkmal" 79
„Attributprüfung" 364
Audit B102
Auditdurchführung 102
Auditplan 168, 209
Auditprogramm 102
–, Management eines 169
Aufbau einer Begriffsnorm 46
Aufbau einer Qualitätspolitik 166
Aufbauorganisation 203
Aufbewahrungsfrist B439
Aufbewahrungspflicht B439
Auftraggeber B84
Auftragnehmer B84
Auftragserteilung 137
–, Qualitätsplanung nach 138
–, Qualitätsplanung vor 137
Auftragswahrscheinlichkeit 137
Aufwand 253, 254
Aufzeichnungen über Qualitätsprüfungen 437
Ausfall 144, B293
Ausfallabstand B296
–, mittlerer B301
Ausfallart 305
Ausfallaspekte 294
Ausfalldauer = Unklardauer 261, 295
Ausfallhäufigkeit B300
–, temporäre B300
Ausfallhäufigkeitssumme B300

Namen- und Sachwortverzeichnis 479

Ausfallkriterium B294, B394
Ausfallmechanismus 305
Ausfallquote B300, 301
Ausfallquotient B300
Ausfallrate 300, 301, B30, 304
Ausfallwahrscheinlichkeit B300
Ausfallwahrscheinlichkeitsdichte B300
Ausfallzeitpunkt 293, 295
–, fiktiver 295
Ausmaß der Annäherung 334
Ausschuß 261, 262, 264, 267, 278
Ausschußkosten 267
Außenmontageprüfung 260
Auswahlprüfung 97
Auswertungsplanung 158

B

„Badewannenkurve" 302
Bauartprüfung 98
Bayes 396
Beanspruchung 305
Beauftragter der obersten Leitung 175
„Befähiger" 228
Befugnisse 179ff
Begriffsabwandlung 45
Begriffsbenennung 46
Begriffseinschränkung 45
Begriffsverdeutlichung 45
Behandlung fehlerhafter Einheiten 158, 224
Beherrschte Fertigung B328
Beherrschter Prozeß B358, 359
Beherrschtes Prozeßmerkmal B358, 425
Beigestellte Produkte 158, 241
Belangloser Fehler 121
Beobachtungsunsicherheit 311
Beobachtungswert 311
Berechnungsverfahren 310
Beschaffenheit 3, B57, 216, 292, 412
Beschaffenheitsgestaltung 37
Beschaffenheitsmerkmal
–, Kosten als 280
–, Zeitbezogene Größen als 285
Beschaffung 158
Bestand B298

–, relativer B298
Betrachtungsbeginn B294
Betrachtungsdauer 294
Betrachtungszeitpunkt 294
Betragsnetz erster Art 385
Betragsnetz zweiter Art 386
Betragsverteilungen 381, 383, 417
–, Beispiele für 383, 387, 389
– erster Art 384
–, graphische Darstellung von 385
–, Kennwerte von 387
– zweiter Art 384
Betragswertlage 416
Betriebsdauer B296
– bis zum ersten Ausfall 296
–, mittlere,
  – bis zum ersten Ausfall B301
  – zwischen zwei aufeinanderfolgenden Ausfällen B301
Betriebsklima 278
Beurteilungwechsel 375
Beweislast des Kunden 239
Beweislast des Lieferanten 239
Beweislastumkehr 245
Bewertung des QM-Systems → QM-Bewertung
Bezugsgrößen für QK-Kennzahlen 269
Bezugskonfiguration 184
Bezugswert 315ff, 334ff, 339ff, 427
Binärmerkmal 365
Binomialverteilung 365ff
„Bohr- und Drehqualität" 73
Bossink 224
Brauchbarkeitsdauer B297, 301, 304
„Burn-in" 304

C

CEN/CENELEC 189
CE-Zeichen 191
Charakteristische Lebensdauer 303
Charakteristischer Wert einer Exponentialverteilung 387
„Convolution" bei Verteilungen 384
Corporate Identity 165
Crosby 148

D

D-A-C-H 92, 160
d'Agostino-Test 405
Darlegungsforderung 93, 131, 161, 167, 168, 187, 190, 241, 436, 438
Darlegungsgrad 93, 168, 169
Darlegungsmodell 162
Darlegungsstufe 93, 161
Darlegungsumfang 93, 159, 168, 169
Definition eines Begriffs 46
Deliktsrecht 238, 244ff
Design 161
Designprüfung 158
Desorganisation 206
Dezentralisierung des Qualitätswesens 186
DGQ 51, 68, 90, 100, 145, (Deutsche Gesellschaft für Qualität e.V.) 146, 172, 187, 430
Dichotomes Merkmal 365
Dienstleistung 23, 67, B81, 163, 164, 219ff, 281, 285ff, 412
–, Erbringung einer 30, B82
DIN (Deutsches Institut für Normung e.V.) 50, 68, 404, 435
DIN EN ISO 9000-Familie 50, 102, 171, 191, 193, 225
–, Kurzzeitrevision der 160, 202, 205, 217
–, Langzeitrevision der 160, 162, 169, 191, 202, 213, 217, 438
–, Übersicht über die 160ff
Diskretes Merkmal 78, 79, 319
Disposition 180, 206
DKD 331
DITR 435
Dokument B436
–, qualitätsbezogenes B184, 436ff
– zum QM-System 183ff
Dokumentation 157, 158, 241, B435, 435ff
Dokumentationsgrundsätze 157, B440
Dokumentationsplanung 208
Dokumentenkennzeichen 436
Dombrowski 285
Doppelarbeit, Vermeidung von 205

Doppelerfassung von QK, Vermeidung von 269
Doppelstichprobenanweisung und -prüfung 376
Doppelte Buchhaltung 253
DQS (Deutsche Gesellschaft zur Zertifizierung von Managementsystemen mbH, Qualitäts- und Umweltgutachter) 170
Durchbiegungen 383
Durchführungsverantwortung B181, 204
–, alleinige 181
–, federführende 181, 204
Durchmesserlehrung 377

E

EFQM 228
Eichfehlergrenzen 328
Eichordnung 315
Eichung 172, B320
Eigenprüfung 97, B429
„Einbrennen" 304
Einfach-Stichprobenprüfung/-anweisung 370, 373
Einflußfaktoren 409
Einflußgröße B313
„Einführung" eines QM-Systems 194ff
Eingangsprüfung 98, 158, 260
Eingeengte Prozeßtoleranz 123
Eingriffsgrenzen 425ff
Eingriffskennlinie Qualitätsregelkarten B428
Einheit 3, 5, B55, 56, 215, 220
–, Wechsel der 57, 211, 220, 364
Einrichtungsbezogene Qualitätsförderung 144
Einseitiger Grenzwert 413ff
Einstellwert 310, 311
Einzel-Ausfallrate 304
Einzelforderungen 117, 154, 218ff, 224, 286, 394, 411ff, 427, 440
–, drei Typen von 413
–, Wechselbeziehungen zwischen 226
Einzelmerkmal 343ff

Einzeltoleranz 123, 343, 347, 353
Einzugsbereich umfassendes Qualitätsmanagement 223
Elemente
- der Fehlerkosten 261
- der Fehlerverhütungskosten 259
- der Prüfkosten 260
- der Qualität 37
- des Kostenmanagements (KM-Elemente) 13, 29
- des Qualitätsmanagements 13, 24, 29, 41 (siehe auch QM-Elemente)
- des Terminmanagements (TM-Elemente) 13, 29
- einer Einheit 13
- einer Organisation 75, 356
-, Führungs- 35
- im QTK-Kreis 29
-, Qualitäts- 37
- qualitätsbezogener Kosten (QK-Elemente) 13, 257ff
-, Realisierungs- 356
-, Tätigkeits- 13
-, Unterteilbarkeit von 12
-, Zusammenstellbarkeit von 12
Empirische VErteilungsfunktion 380
Endlosgutprodukt 81, 164
Endprodukt 80
Endprüfung 98, 158, 260, 399
Entfalten der qualitätsbezogenen Funktionstauglichkeit 125
Entflechtungsprinzip (Terminologiearbeit) 61
Entity 55
Entlastungsbeweis 245
Entscheidung 393
Entscheidungskriterien 404
Entscheidungsmöglichkeiten zum umfassenden Qualitätsmanagement 222
Entscheidungsregeln 182, 204
„Entwicklungsfehler" 236
„Entwicklungsrisiko" 236
Entwicklungsverantwortung 245
Entwurfsprüfung 33, 98
Entwurfsqualität 38

EOQ (früher EOQC) 48, 66, 68, 75, 146, 173, 257, 290 (European Organization for Quality)
Epps-Pulley-Test 405
Erbringung einer Dienstleistung 30, B82
Ereignis B292
Ereigniswahrscheinlichkeit 113
Erfassungsbeginn 294
Erfassungsgrenze, Erfassungsvermögen 330
Erfolg 253
Erfolgsrechnung, qualitätsbezogene 254
Erfordernisse 116, 119, 120
Ergebnisse zum QTK-Kreis 31ff
Ergebnisunsicherheit B324
Erinnerungswert der Qualität 17, 20
Erkennungsgrenze 330
Ermittlung 105
Ermittlungsabweichung 319
Ermittlungsergebnis B309, 310ff, 333, 334, 393
-, vollständiges 324
Ermittlungsunsicherheit 311
Ermittlungsverfahren 334
Ermittlungswert 311
Ernennung zum Selbstprüfer 432
Erprobung 399
Erstprüfung 97
Ertrag 254
Erwartungswert B317, 333
-, ursprünglicher, einer Betragsverteilung 385, 391
Erweiterte Vergleichbedingungen B355, 337
Erzeugnis = materielles Produkt
Eßlinger 147
EU-Baumusterprüfung 191
EU-Harmonisierungsrichtlinie 247
EU-Konformitätsbewertungsverfahren 190, 438
-, Module der 190
EU-Richtlinie zur Produkthaftung 245
European Quality Award 230
Exakter Wert 310
Expertensysteme 361
Exponentialverteilung 391

Externe QM-Darlegungskosten B258, 262
Extern festgestellte Fehlerkosten 257, 258, 261
Externe Qualitätsplanung 118, 120, 123
Externes Qualitätsaudit 169
Extremwerte-Kurvenzweig 428
Exzentrizitäten 383, 388

F

Fabrikationsverantwortung 245
Fachinformation B435
Fachsprache 43ff, 201
Fachsprache der Qualitätslehre 43ff, 55ff, 61ff, 77ff, 89ff
Fachsprache der Zuverlässigkeitslehre 289ff
Federführende Durchführungsverantwortung 123, 181
Fehlen einer zugesicherten Eigenschaft 243
Fehler B46, 234ff, B235, 257, 261, 315
– anteil 370
–, arglistig veschwiegener 240
– bewertung 120, 122
– bewußtsein 197
–, Haupt- B121
– im Ansatz 378, 389, 391, 392, 405
–, kritischer B121
–, Neben- B121
–, nicht rechtserheblicher 237
–, rechtserheblicher 237
Fehlerbaumanalyse B113, 114, 447
Fehlerbeschreibung B236, 245
Fehlerentdeckungswahrscheinlichkeit 130
„Fehlerfortpflanzung" 339
Fehlergespräch, Angst vor dem 16, 262
Fehlergewichtung B122
Fehlergrenzen B309, 315
Fehlerhafte Einheit 366, 370
Fehlerhafte logarithmische Transformation 388, 389
Fehlerklassifizierung B120, 237
Fehlerkosten (FK) 176, B258, 261
–, Elemente der 261

–, extern festgestellte 258, 261
– -Dunkelziffer 264, 265
–, intern festgestellte 258, 261
– -Umwidmungen 263
Fehlerkriterium B236, B394
Fehlermeldesystem 263
Fehlermöglichkeits- und -einflußanalyse
→ FMEA
Fehlerquellenhinweis (FQH) 278
Fehlerschlüssel bei qualitätsbezogenen Kosten 269
Fehlerschwere 237
Fehler und Mangel 234
Fehlerursache 269, 447
Fehlerursachen-Nummer 269
Fehlerverhütungskosten (VK) B258
–, Elemente der 259
Fehlerverschleierung 48
Fehlprodukte (Begriffsklärung) 264
Fehlschlüsse 30
– bei statistischer Qualitätsprüfung 379, 388, 405
Fensterlackurteil 243
Fertigungsbegleitkarte, Prüfstatus auf 172
Fertigungsprüffeld 175
Fertigungsprüfung 98
Fertigungsqualität 38
Fertigungstoleranz 123
Fertigungsunsicherheit 311
Festigkeitslehre 391
Feststellung der oder Entscheidung über Annehmbarkeit ? 393
Finanzbuchhaltung 254
First party → Lieferant 238
„Fischgrätendiagramm" 447
Fisher 408
fit (failure in time) 304
Fitness for use 68, B70
Flachlaufabweichung 382, 388ff
Flexible Toleranzvorstellung 352
FMEA (Fehlermöglichkeits- und -einflußanalyse) B112, 198
–, Konstruktions- 129, 200
–, Prozeß- 129, 200
–, QME- 198

- -Team 199
-, Qualitätsplanungs- 129
Folded distributions 384
Folgeschäden 244, 122
- Haftung für 173, 246
Forderungen der Gesellschaft 216, B217
Forderungen zum QTK-Kreis 31ff
Formale Berechnung statistischer Schließtoleranzen 349
Form- und Lageabweichungen 383
Forschungs- und Entwicklungskosten, verglichen mit QK 266
Fortbildungsprogramme 187
Fremdprüfung 97, B429
Frühausfälle 302
Frühausfallphase 302, 304
Führungselemente im QM-System 155, 157
Führungskräftemeinung zum Qualitätsbegriff 62
Funktionsbeteiligte Redundanz 305
Funktionsmaß 123
Funktionsmeister (Taylor) 203
Funktionsmerkmal 343

G
Garantie 240
„Garantiefehlergrenze" 328, 371
Gauß, Carl Friedrich 316
Gauß'sche Glockenkurve 378
Gebrauch
-, gewöhnlicher 88
-, vorausgesetzter 88
Gebrauchstauglichkeit B87
Gefahr B110
Gefährdungshaftung 246
Gefahrübergang 22, 23, 226, 280
Gefaltete Verteilungen 384
„Geforderte Qualität" 69
Gelegenheitskauf 135
Gemeinschaftssinn 279
Gemeinsprache 44
Genauigkeit B309
-, ermittelte 309
-, Komponenten der 333

-, vorzugebende 309
Genauigkeitsebenen, die drei 318
Genauigkeitsklasse eines Meßgerätes 327
Geographische Gegebenheiten bei Organisationsplanung 205
Gerätesicherheitsgesetz 246
Gerichteter Test 405
Gesundheitsrelevante Qualitätsmerkmale 189, 247
Gesundheitsschutz 191, 217
Gewährleistung 29, 239, 242, 243, 244, 261
Gewährleistungsansprüche 239, 240
Gewährleistungshaftung 122, 239, 246
Gewährleistungspflicht 239
Gewöhnlicher Gebrauch 88
Gewöhnliches Wahrscheinlichkeitsnetz 390
Graphische Analyse 307, 379
Grenzabweichung 330, 427
Grenz-Unterschreitungsanteil 342, 350, 351, 396
Grenzbetrag 414
Grenzmuster 124
Grenzquantil 350, 351, 389, 396
Grenzrisiko B110
Grenzverteilungen 345
Grenzwert 120, 427
-, abgestufter → dort 341ff
Grenzwertabstand 414, 415
Grundbegriffe für die Qualitätslehre 55ff
Grundgesamtheit 365, 366, 400
Gruppenarbeit 283
GS-Zeichen 191
Gut 87
Güte 73
„Gut genug?" oder „Wie gut?" 376

H
Haftung 107, B238
- aus Vertrag 238, 239ff
- aus unerlaubter Handlung 238, 244ff
Haftungsanspruch 239, 246
Haftungsrichtlinien, ausländische, übernationale 247

Haftungsrisiko 247
–, Minderung von 247
–, Rückstellungen für 248
–, Versicherungen zum 248
Haltbarkeit 291
Handlung B31, 223
Handhabung von Produkten 158
Hansen 147
Hardware 164
Harmonisierte Produkte 189
Harmonisierungspolitik der EU 188
Häufigkeitssumme 378ff
Häufigkeitsverteilung 379
Hauptfehler B121
Herstellkostenfunktion eines Qualitätsmerkmals 133
Hierarchische Zuständigkeiten 179
Höchst-Unterschreitungsanteil 350, 351
Höchstgeschwindigkeit 71
Höchstmaß 71
Höchstquantil 351ff
Höchstwert 352
–, intern geltender 122
Hoff 283
Homonym B63, 109, 233, 316
Homophone Benennung 63
Hosemann 307
Hühnerpesturteil 245
Humanisierung des Arbeitsplatzes 428
100-Prozent-Prüfung B97
Hypergeometrische Verteilung 365ff

I

Idealfall „Abgestufte Grenzwerte" 347ff
Im-Los-Streuung 360
Improvisation 180, 206
Informationsberechtigung B182, 204
Individualfertigung 356
Individualvertrag 243
Inkubationsdauer 303
Innovation 225
Innovationszyklus 286
Instandhaltbarkeit 290, 307
Instandhaltungsbereitschaft 211, 290
Instandhaltungsplanung 304

Instandhaltungsvertrag 241
Instandzusetzende Einheit B297
Instruktionsverantwortung 245
Interaktionen von Wirkungsfaktoren 407
Interessenpartner B231
International Academy for Quality 254
Interne Kunden 119
Interne Produkte 126
Interne Qualitätsplanung 118, 120, 122, 123, 131
Interner Qualitätsbericht 438
Interner Toleranzbereich 122
Internes Qualitätsaudit 157, 168, 247
–, erweitertes 228, 231
Intern festgestellte Fehlerkosten B258, 261
Irrtumsrisiko 109
Ishikawa-Diagramm 447
ISO (International Organization for Standardization) 49, 67
Istquantil 350, 351
Ist-Unterschreitungsanteil 351
Istverteilung Einzelmerkmal 345
Istwert 408
Istzustand 412
Item 57

J

Jäger 307
Juran 68, 148
Juristische Begriffe 233
Justierung 172, B320
Just-in-time 219, 447

K

Kaizen B446
Kalibrierdienst 331
Kalibrierung 172, B320, 437
Kamiske 254
Kanban B447
„Katastrophenmeldung" 263
Kaufentschluß 23
Kennedy, K.F. 148

Kennzeichnung fehlerhafter Einheiten 172
Kennzeichnung und Rückverfolgbarkeit 158
Kirstein 359, 443, 445
Klardauer B295
–, mittlere B301
– zwischen zwei aufeinanderfolgenden Ausfällen B296
Klassenzeichen der Genauigkeitsklasse 327
Klassische Toleranzvorstellung 352
KM-Element 13, 29, 173
Know-How-Abfluß 185
Kocher 165
Komponenten
– der Genauigkeit 333
– der Meßunsicherheit 322, 325ff
– der Qualitätslenkung 95
– der Qualitätsverbesserung 141ff
– des QTK-Kreises 27
– einer Betragsverteilung zweiter Art 384
–, Zusammenstellbarkeit und Unterteilbarkeit von 12, 143, 156, 213
Komponentenredundanz 305
Konfiguration 184, B293
Konfigurationseinheit 184
Konfigurationsmanagement 138, 163, 184, 292
Konformitätsbewertungsverfahren der EU 190, 438
Konformitätserklärung 209
Konkretisierungsstufen der Qualitätsforderung 99, 138, 139
Konstruktions-FMEA 129, 200
Konstruktionsverantwortung 245
Kontinuitätsprinzip Aufbauorganisation 206
„Kontrollkarte" 425
Korrektion 320, 322, 437
Korrekturmaßnahmen 90, 158, B159, 210, 224, 421, 427, 447
Korrelation Tätigkeit/Ergebnis 30, 33, 82, 356, 357

Korrelation zwischen Merkmalen 341, 356, 357, 407
Kosten 253, 254ff
– -anteil der Produktqualität 254
– als Beschaffenheitsmerkmal 280ff
–, Qualitäts- 253
–, qualitätsbezogene 253ff
Kostenbezug des Qualitätsmanagements 173
Kostenelement 37, B38
Kostenerfassungsgruppe 267, 268, 276
Kostenforderung 28, 30, 284
Kostengestaltung 21, 37
Kostenmanagement 22
Kostenplanung 28, 32
Kostenprüfung 33
Kostenrechnung 254
Kostenreduzierung 253
Kreditwesengesetz 281
Kritischer Fehler B121
Kritischer Vergleichdifferenzbetrag 336
Kritischer Wiederholdifferenzbetrag 336
Kunde B84
Kundendienst 199, 210
– -Berichte 210
– -Organisation 210
Kunden-Qualitätsbeurteilung 17
Kunden-Qualitätskosten 257
Kundenreklamationen 126, 204, 210
Kundenrisiko („Abnehmerrisiko")
–, nominelles 371
–, tatsächliches 371
Kundenzufriedenheit 176, 177
Kurzzeitrevision DIN EN ISO 9000-Familie 160, 202, 205, 217
Kurzzeitstreuung 357, B360

L

Labormedizin 338
Laboruntersuchungen 260
Ladenhütermethode 263
Lagerung 158
„Längsvergleich" von QK B267

Langzeitrevision DIN EN ISO 9000-
Familie 102, 156, 160, 162, 169, 191,
202, 213, 217, 438
Langzeitstreuung 357, B360
Lastenheft 38
Lean production 223
Lebensdauer B297, 298, 304ff, 378, 391
–, technische 298
– von Qualitätszirkeln 148
Lebensdauernetz 305, 306
Lebensdauerprüfung, beschleunigte 305
Lebensdauerquantil 291
Lebenserwartung 305
Lebensqualität 146
Leistungserstellung 29
–, Phasen der 26
Leistungspflicht 234, 227, 238
Leitung
– der Organisation 123, 188
– des Qualitätswesens 259
–, örtliche 166
–, oberste → Oberste Leitung der Organisation
„Lenkung fehlerhafter Produkte" 158
Lenkungsqualität B32
„Lernschwelle" 421
Lernstatt 147
Lieferant B84
Lieferantenbeurteilung 158, 209
Lieferantenrisiko
– für Gewährleistung 29
–, nominelles 371
–, tatsächliches 371
Liefertermin 21, 239, 287
Liefervertrag 239
Lineare Merkmalskette 344
Linienverantwortung 180
Logarithmische Transformation 388ff
Lognormalverteilung 388
Lorenzgesetz 266
Losqualität 375
Losumfang 395
Los-zu-Los-Streuung 360
LQ-Pläne 374
Lukrative Vorgabezeiten 264

M
Malcolm Baldrige National Award 229
Management-Review → frühere Benennung für QM-Bewertung B166
Management von Auditprogrammen 169
Mangel B235
–, erheblicher 237
–, offener 239
–, verdeckter 239
–, unerheblicher 237
Mangelfolgeschäden 247
Marburger 307
Marktmacht 242
Maschinenfähigkeit B75
Masing 38, 132, 133, 145, 165, 254
Massengutprodukt 81, 164
Maßnahme B31, 223
–, Verbesserungs- 144
Maßstabskonstante des normierten Maßstabs 415
Material B438
Materialkosten und QK 266
Materialverbrauchs-Zuschlagsfaktoren 264
Mathematische Statistik als Hilfsmittel 50, 329, 364, 399ff
Matrix der
– QM-Zuständigkeiten → QM-Zuständigkeitsmatrix
– Merkmalsklassen und Merkmalsgewichte 122
Mayrhofer 69
Merkmal 57, B77
–, alternatives 365
–, diskretes 78
–, gesundheitsrelevantes 234
–, Haupt- 122
–, kontinuierliches 78
–, kritisches 122
–, „meßbares" 79
–, Neben- 122
–, Nominal- 78, 365
–, Ordinal- 78
–, qualitatives 78, 364
–, quantitatives 78, 364, 412
–, sicherheitsrelevantes 174, 198, 234

Namen- und Sachwortverzeichnis 487

–, umweltschutzbezogenes 174
–, Wertebereich des B78
Merkmalsarten 79
–, qualitätsbezogene 79
Merkmalsbezogene Begriffe 120
Merkmalsgewichtung B122
Merkmalsgruppe 58
– bei Qualitätspreisen 229, 230
–, zuverlässigkeitsbezogene 58, 210
Merkmalsketten 340
–, lineare 344
Merkmalsklassifizierung 121
Merkmalsträger 365, 366
Merkmalstransformation 385
Merkmalswert 57, B78
Merkmalswertverteilungen, 378ff
–, Standardisierung nicht normaler 396
Meßabweichung 309, 311, 315, 322
–, bekannte systematische 317, 322
– eines Meßgerätes 321
–, Elemente einer 316, 322
–, systematische 317, 322, 437
–, unbekannte systematische 317, 322
–, Ursachen der 317
–, zufällige 316, 322
Meßanweisung B313
–, „kritisches 122
Meßbereich 317, 320, 321, 326, 327
Meßergebnis 322ff
–, berichtigtes 323
–, unberichtigtes 323
–, vollständiges 324
Meßgerätehersteller 326, 327, 328
Meßgerätewerkstatt 209
Meßgröße B313
Meßmethode B313
Meßmittel B314
Meßobjekt B314
Meßprinzip B313
Meßsystem B313
–, Elemente (Einheiten) des 314
–, genaueres 318
–, Genauigkeit eines 333
–, zu beurteilendes 318
Meßtechnik 309
Messung B313, 399

Meßunsicherheit 71, 241, 309ff, 322, B324
– als Abweichungsbetrag 324
– einer Wiederholmeßreihe 325, 327
– eines Einzelmeßwertes 325, 327
–, Komponenten der 325
–, Kombination der 327
–, systematische 326
  –, Vernachlässigung der 325
–, Zufalls- 325
–, obere 324, 325
–, untere 324, 325
Meßunsicherheitsbereich 324, 325
Meßverfahren 310, B313
Meßwert B313, 322, 323
–, berichtigter 323
Minderung B239
Mindesthaltbarkeit 286, 291
Mindest-Unterschreitungsanteil 350, 351
Mindest-Lebensdauer 291
Mindestquantil 321ff
Mindestwert 122, 124, 132, 352
Mischverteilung 307, 387, 388, 391
Mitarbeiterschulung 247
Mittelbare Unsymmetriegröße 382
Mittel für ein QM-System 175ff
Mittelwert-Abweichung bei Unsymmetriegrößen 384, 391
Mittenbereich 344
Mittenwert 408
„Mittlere Art und Güte" 239
Mittlere Betriebsdauer
– bis zum ersten Ausfall B301
– zwischen zwei Ausfällen 301
Mittlere Klardauer B301
Mittlere Lebensdauer B300
Mittlerer Ausfallabstand B301
Mittlere Störungsdauer B301
Mittlere Unklardauer B301
Mitwirkungsverantwortung B182, 204
Modalwert 79
Modellverteilungen 377
– diskreter Zufallsgrößen 365
– kontinuierlicher Zufallsgrößen 392
Module der EU-Konformitätsbewertungsverfahren 190

Montage 241
Motivierung, Motivation 225, 232, 422, 432, 444, 446
Muster B83
Musterprüfung 98

N
Nacharbeit 158, 261, 263
– im Konto Mehrarbeit 263
– im Konto Recycling 263
Nacharbeitskosten 267
Nachbesserung B239
Natürliche Prozeßgrenzen 360
Natürlicher Prozeßbereich 360
Nennwert 329
Netzpapiere zur Funktions- und Verteilungsanalyse 379
Naderismus 247
Nebenfehler B121
Nichtfunktionsbeteiligte Redundanz 305
Nichtinstandzusetzende Einheit B297, 298, 300, 304
„Nichtqualität" 72
Niederspannungsrichtlinie der EU 189
Nominalmerkmal 79
–, Postleitzahlen als 79
Normale Prüfung 375
Normalverteilung 339, 347, 378, 379, 401
Normen zum QM-System 159
Normierte Betragswertlage 416
Normierte Qualitätsbeurteilung 396, 411ff, B412
–, Besonderheiten der 417
– des Ergebnisses einer Stichprobenprüfung 417
– eines Einzelwertes 416
– in der Qualitätslenkung 419
– mit Qualitätsfaktoren 420
–, Rechenprinzip der 415
Normierte Qualitätslage B416
Normierter Maßstab 414
Normiertes Streuungsmaß 417
Normierte Toleranzbereichslage 416
Normierung 411

Normung, qualitätsbezogene 49, 50, 70, 92, 159, 217, 284, 290
„Null-Fehler"-Programm 148
Nullhypothese 401, 402
Nullpunkt des normierten Maßstabs 414
Nullpunktsabgleich 317
Nutzen des Preises 134ff
Nutzenfunktion eines/mehrerer Qualitätsmerkmale 132, 133
Nutzung der Leistung 26
Nutzungsphasen 32

O
Oberflächenrauheit 383
Oberste Leitung einer Organisation 63, 123, 110, 137, 148, 166, 170, 171, 175, 176, 187, B188, 195, 201, 216, 226, 231, 232, 266, 276, 279, 353, 412, 422, 431
Offener Mangel 239
Omnibus-Test 405
On-line-Meßtechnik 408, 420
Operationscharakteristik (OC) 369ff, B370, 373
–, allgemeine 371ff
– eines statistischen Tests 400
– für Stichprobenverfahren 373
– bei Qualitätsregelkarten 428
– für einen statistischen Test 400
–, individuelle 372
–, Ordinatentransformationen bei 371
–, spezielle 372
–, Steilheit der 372
Optimaler Organisationsgrad 206
Optimale statistische Schließtoleranz 348
Optimierung von Fertigungsprozessen 308
Ordinalmerkmal 79
Ordinatentransformation für OC 371
Organigramm 205
Organisation B217
– „ad rem" 205
–, Planung der 205ff
Organisationseinheiten 209
Organisationsgrad 206

Organisationsplanung 203ff
Organisationspsychologie 207
Organisationsstruktur 165, 216, B217

P

Paarung von Paßflächen 340
Paßteile 340
Parameter 379, 400
Parameterwerte in Beispielen 380
Paretoanalyse B272, 273
Pareto-Regel 266
Personalkosten und qualitätsbezogene Kosten 267
Personen als Einheiten 57, 143, 182
Personenbezogene Qualitätsförderung 145, 146
Pfeifer 138
Pflichtenheft 17, 38
Phase konstanter Ausfallrate 302
Phasenpläne zur Einführung eines QM-Systems 212, 213
Picht 46
PIMS-Studien 176, 177
Plan/Ist-Vergleich 124
Planung B195
– der Leistung 26
– des QM-Systems 193ff
Planungskonzept 197
– zu internen Qualitätsaudits 209
Planungsphasen 31
Planungsqualität B32
Poissonverteilung 365
Poka-Yoke 446
Porter 224
Positionsabweichung 311
Positionsunsicherheit 310, 311
Positionswert 310, 311
Postgraduale Fortbildung 145
Präzedenzfall B125
Präzision 172, B334
– ist nicht Genauigkeit! 334
Preis, Kaufpreis 22, 239, 280
Probeablaufprüfung 98
Probenahme 375
Problemlösungsgruppe 147

Problemuntersuchung 261
Produkt 3, 56, B80
–, immaterielles 81, 164
–, Besonderheiten bei 31
Produktaudit 102, 187
Produktbeobachtungsverantwortung 245
Produktbezogene Qualitätsaufzeichnung 437
Produktbezogene Qualitätsförderung 142
Produktbezogene Qualitätslenkung 95
Produktforderung 22, 25
–, Bestandteile der 22
Produkthaftung 122, 173, 187, B244, 261
–, Gefährdungs- 246
–, verschuldensabhängige 244
–, verschuldensunabhängige 245
Produkthaftungsgesetz 245
Produktivität 412
Produktkategorie, übergeordnete 163, 164
Produktmerkmal B357
Produktplanung 115
Produktsicherheit 173
Produktspezifikation 437
Produktverifizierung 174
Produzentenhaftung → Produkthaftung
Projektmanagement 163
Prozeß B89, 223, 355
–, beherrschter B358
–, qualitätsfähiger 359
Prozeßbeherrschung 358
Prozeßeigenstreuung B359
Prozeßfähigkeit 75, B359
Prozeßfähigkeitsindex B361
Prozeß-FMEA 129, 200
Prozeßgesamtstreuung B359
Prozeßlenkung 158, 408
–, statistische 355ff
Prozeßmerkmal B357
–, beherrschtes B358, 425
Prozeßoptimierung 408
Prozeßprüfung 98
Prozeßstreubreite 360
Prozeßstreubreitenverhältnis B361
Prozeßtoleranz, eingeengte 123
Prüfablaufplan 172, B208

Prüfanweisung B208, 431
Prüfdokumentation 260
Prüfkosten (PK) B258, 260
–, Elemente der 260
Prüflos 366, 370, 371, 375, 376
Prüfmerkmale 364, 375
Prüfmethoden bei abgestuften Grenzwerten 350
–, Vergleich Istquantil/Grenzquantil 351
–, Vergleich Ist-/Grenz-Unterschreitungsanteil 351
Prüfmittel 248, 314, 429, 437
Prüfmittelanschaffung 260
Prüfmittelbetrieb und -instandhaltung 260
Prüfmittelplanung 115, 208
Prüfmittelüberwachung 158, 172, 208
Prüfobjekte 364, 397
Prüfplanung 115, 158, 208, 259
Prüfrisiko 240
Prüfschärfe 376
Prüfspezifikation B208
Prüfstatus 158, B171
Prüfumfang 91, 208, 375
Prüfung B33, 174
Prüfungsqualität B33
Prüfvereinbarung 241
Pythagoreische Addition 340

Q
QFD (Quality function deployment) B125, 226, 240
QTK-Kreis 25ff
Quadratische Schließtoleranz 347
Qualifikation B85, 99
Qualifikations-Bescheinigungen 209
Qualifikationsgesellschaft 209
Qualifikationskriterien für Qualitätsauditoren 169
Qualifikationsprozeß B85
Qualifikationsprüfung 85, B99, 158, 174, 191
Qualifikationsstatus B85
Qualifiziert B85

Qualifizierungsprozeß B85
Qualität 3, 15, 61ff, B63, laufend
– des Angebotsprodukts 31
– der Leistung 22
– einer Forderung 71
–, englische Definition B69
–, Erinnerungswert der 17
– , immateriell, kontinuierlich 72
– in der Rechtswissenschaft 234ff
–, abgewandelte Definition B64
Qualitatives Merkmal 78, 120, 363ff, 376, 404
Qualitätsaudit B101, 259
–, externes 158, 169
internes 157, 158, 186, 247, 259
–, Planung eines 209
– -Leiter B102
Qualitätsauditor B102, 168
–, Qualifikationskriterien für 169
Qualitätsaufzeichnung 184, 437
Qualitätsbeauftragter der obersten Leitung B86, 175, 176
Qualitätsbedingte Mengenabweichung 261
Qualitätsbedingter Abfall 263
Qualitätsbeeinträchtigung 279
Qualitätsbegriff, Alltagsbeispiel zum 70
Qualitätsbericht, intern 438
Qualitätsbeurteilung, normierte 396, 411ff, B412
Qualitätsbewertung 86, 158
Qualitätsbewußtsein 196
Qualitätsbezogen 5, 53, 105
Qualitätsbezogene Erfolgrechnung 254
Qualitätsbezogene Fachkräfte 176, 186
Qualitätsbezogene Kosten (QK) 173, 197, B257
–, Gruppen von B257, 258ff
QK-Analyse 270ff
QK-Anteile 268, 269, 273
QK-Berichte 275
QK-Besonderheiten 254, 256
QK-Besprechung 275
QK-Budgets 279
QK-Einführungseffekt 270, 271
QK-Einführungsgegner 272

QK-Element B257, 259, 260, 261
-, Begriffsklärungen zu 265
-, Zusammenstellung und Aufteilung von 262
QK-Erfassung 266
-, Einzelheiten zur 267
-, Genauigkeit der 267
-, Vollständigkeit der 256
QK-Erfolgsbeispiele 277
QK-Fallanalysen 274
QK-Groberfassung 255
QK-Grundanalyse 274
QK-Gruppen 258, 272, 273
QK-Kennzahlen 269, 278
QK-Längsvergleich 274
- -s-Korrelationsdiagramm 275
QK-Lernphase 270
QK-Nachweise 256
QK-Nutzungsphase 271
QK-Quervergleich, der verbotene 274
QK-Richtlinie 266
QK-Sortierung, disponierte 267
QK-Verfahrensanweisung 256
QK-Verminderung 276, 277
QK-Vollständigkeit 256
QK-Vorphase 270
QK-Wirtschaftlichkeitsrechnung 276
QK-Zufallseinflüsse 277
Qualitätsbezogene Mengenabweichung 261
Qualitätsbezogene Normung 49, 50, 70, 92, 159, 217, 284, 290
Qualitätsbezogenes Dokument B184, 437
-, Arten von 436, 437
Qualitätsbezogene Tätigkeitskomponente 31, 32, 33, 37, 38
Qualitätsdaten 96
Qualitätsdokument 437
Qualitätselement 37, B38, 41, 220
Qualitätserhöhung 142, 150, 151
Qualitätsfähigkeit 3, 5, 50, B75, 87, 91, 158, 186, 279, 356, 447
-, Darlegung der eigenen 154
- -suntersuchungen, extern oder intern 259
- von Prozessen 360

Qualitätsfaktor B420
Qualitätsförderung 95, B141, 142ff, 356
-, einrichtungsbezogene 144
-, Objekte der 144
-, personenbezogene 145, 146
-, verfahrensbezogene 144
Qualitätsforderung 3, 5, 19, 21, 22, 37, 61, 111, 115ff, B117, 136, 139, 142, 144, 221, 224, 236, 238, 253, 284, 292, 307, 356, 383, 394, 411, 425
- an das Meßobjekt 329
- an das Meßsystem 328
-, Konkretisierungsstufen der 100, 353
-, schwer verständliche 17
- -sdokument 184, 437
- -shaus 126, 127, 444
- -ssystem 154
-, Typen von 413, 414
Qualitätsgrenzlage
-, annehmbare B374
-, rückzuweisende B374
Qualitäts-Gurus 176
Qualitäts-Gutachten 260
Qualitätskennzahlen 421
Qualitätskomponenten 219
Qualitätskontrolle 100, 202
Qualitätskosten (QK) → Qualitätsbezogene Kosten (QK)
Qualitätskreis 36, B38
Qualitätskultur 165
Qualitätslage B357, 370, 371, 372, 374, 428
-, normierte 416
Qualitätslehre 3ff, 12, B21, 24, 31, 186, 281, 409, 445
-, Grundforderung der 220
-, Schlüsselmodell der 36
Qualitätslenkung 31, B94, 158, 172, 353, 355ff, 425, 429
-, mittelbare 95, 259
-, produktbezogene 95
-, tätigkeitsgezogene 95
-, unmittelbare 95
- -skarte 425

Qualitätsmanagement 3, 21ff, 88, 90, B92, 149, 153ff, 171, 203, 254, 309, 363, 422, 443
–, Effizienz und Effektivität des 279
–, fachliche Besonderheiten des 17
– in der Labormedizin 338
–, psychologische Besonderheit des 15
–, Kostenbezug des 173, 195
–, Schwerpunktverschiebung im 422
–, Terminbezug des 173
–, Totales → Umfassendes Qualitätsmanagement 215ff
–, zeitbezogene Aspekte des 283ff
–, Zielsetzung des 3
Qualitätsmanagement und Qualitätssicherung:
– Die Umbenennung 1994 90ff
Qualitätsmanagement- (normgerecht abgekürzt mit „QM-"):
QM-Ablaufelement (QMAE) B156
–, fallbezogene 209
–, mittelbar qualitätswirksame 158, 183
–, „phasenbezogene" 156
–, „phasenübergreifende" 156
–, routinemäßige 208
–, systematische Ordnung der 156
–, unmittelbar qualitätswirksame 158, 183
„QM-Aspekt" 155
QM-Aufbauelement (QMOE) 88, B156, 170, 175
–, Planung der 209
QM-Ausbildung, fehlende öffentliche 15
QM-Begriffsentwicklung 44
QM-Besonderheiten 15ff
QM-Bewertung B166, 157
QM-Darlegung 48, 93, 155, 157, B167, 259, 438
–, Ergebnis der 196
–, Qualitätsforderung an die (auch nächstes Sachwort) 162
QM-Darlegungsforderung 93, 131, 168, 169, 187, 190, 193, 241, 436, 438
QM-Darlegungsgrad 93, 168, 169
QM-Darlegungs-Handbuch/Qualitätssicherungs-Handbuch 185

QM-Darlegungsmodell 162
QM-Darlegungsstufe 93, 159
QM-Darlegungsumfang 93, 159, 168, 169
QM-Dokument 437
QME: Siehe QM-Element
QM-Element (QME) 3, 5, 13, 24, 29, 41, 143, 153ff, B155, 162, 164ff, 175, 182, 183, 193ff, 208, 218
– Entwicklung 123
– Dokumentation 183, 436
– Dokumentationsgrundsätze 184, B440
– Konstruktion 123
– Kundendienst 210
–, mittelbar qualitätswirksames 156, 180
– Selbstprüfung 429ff
–, speziell betrachtete 164
–, unmittelbar qualitätswirksames 156, 180
QM-Fachkräfte 186
QM-Fachterminologie 43ff, 89ff, 157
QM-Fachwissen 187
QM-Fortbildungsbedarf 145
QM-Führungselement (QMFE) 35, B155, 157, 183
–, Ordnung der 157
QM-Grundsätze 157, 165
QM-Handbuch 153, 155, 170, 181, B184, 185, 199, 201
QM-Lösungsansätze 443
QM-Motivierung 146, 187
QM-Nachweisdokument B438
QM-Plan 163
QM-Problemlösungsmodelle 13
QM-Schlagwörter 443, 445
QM-Schnittstelle B180, 183
QM-Schulung 157, 187, 259, 431
QM-System 3, 5, 143, 153ff, B154, 193ff
–, Bewertung des → QM-Bewertung
–, Dokumente zum 183
–, „Einführung" eines 194
–, Elemente eines → QM-Element (QME)
–, Mittel für ein 175

–, Normen über 159
–, Planung des 193ff
–, Systematisierung eines 148, 194, 202
QM-Vereinbarung 447
QM-Verfahrensanweisung 437
QM-Vieldimensionalität 16
QM-Wirtschaftlichkeitsrechnung 176
QM-Wissensvermittlung 145, 432
QM-Zuständigkeiten 157, 185, 223
QM-Zuständigkeitsmatrix B179, 203
–, Grundsätze zur Anwendung der 182
Qualitätsmerkmal 4, 119, 121, 122, 124, 137ff, 219,
247, 356, 411ff, 421, 445
–, „Faktoren" statt 227
–, „Kriterien" statt 227
–, spezielles (für Qualitätsnachweis) 85
–, zeitbezogenes 285ff
Qualitätsnachweis B85, 438
Qualitätsplanung (Planung der Qualitätsforderung) 28, 32, 115ff, B119, 135, 139, 158, 353
–, externe B119
–, Hilfsmittel der 128
– im Entwicklungsbereich 210
–, interne B119
–, nach Auftragserteilung 138
–, Planung der 209
– -s-FMEA 129
–, stufenweise 137, 241
–, vor Auftragserteilung 137
–, zur Fehlerverhütung 259
Qualitätspolitik 5, 137, B164, 185, 188, 198, 231, 428
–, Aufbaubeispiel einer 166
–, verfehlte 18
Qualitätspreise 128, 227, 229, 230
„Qualitätsprodukt" 72
Qualitätsprüfung 33, B96, 158, 174, 239, 309ff, 350ff, 357, 374, 383
–, Arten von 97, 98, 105
– bei abgestuften Grenzwerten 350ff
–, Ergebnisse von 437
–, 100-Prozent- 97
–, statistische 97
–, Teilziele der 328, 329

–, Verläßlichkeit der Ergebnisse der 331
–, vollständige B97
Qualitätsregelkarte (QRK) 355, B425, 425ff, 432
–, Eingriffskennlinie einer B428
– für Betragsverteilungen 427
– „ohne Grenzwertvorgabe" 427
Qualitätsregelung 94, 425
Qualitätsrelevanz bei Vertragsabschluß 19
Qualitätsrevision 168, 186
Qualitätssicherung 49, 91, 153
Qualitätssicherung/QM-Darlegung 93
QS-Darlegung → QM-Darlegung 93
QS-Nachweisführung → QM-Darlegung 93
Qualitätssicherungsvereinbarung 93
Qualitätsspirale 26, 40
Qualitätssteigerung B142, 149, 356
Qualitätssteuerung 94
„Qualitätssystem" 153
Qualitäts-Termin-Kosten-Kreis (QTK-Kreis) B25, 25ff, 36, 183, 207, 256
Qualitätsüberwachung 86, B100, 158, 186
Qualitätsverbesserung 100, 141ff, 157, 163, 226, 422, 428
–, die drei Komponenten der 141, 151
Qualitätsverbesserungsgruppe 150
Qualitätsverbesserungsprogramm 259
Qualitätsvergleich Wettbewerb 259
Qualitätswesen B88, 90, 170ff, 175, 186, 205, 223, 269, 275, 279, 432
– als Stabsfunktion 186, 188
–, Leitung des 259
Qualitätswürfel 35
Qualität und Haftung 238
Qualität und Kosten 253ff
Qualität und Termine 283ff
Qualitätszahl B393, B393, 418, 420
Qualitätszirkel B147, 430, 446
Quality function deployment (QFD) B125, 226, 240
Quantil 342, B350
Quantitatives Merkmal 78, 364, 412
Q-up-group 147

R

Rationalisierung und Qualitätsmanagement 18
Rayleigh-Verteilung 385
Rayleigh-Netz 396
Realisierung der Leistung 3, 26, 143, 158
Realisierungsabweichung 311
Realisierungsphasen 32
Realisierungsqualität B32
Realisierungsspezifikation 119, 120
Realisierungsunsicherheit 310, 311
Rechnersoftware 161, 399, 423
Recht der Schuldverhältnisse 238, 281
Recht der unerlaubten Handlung 238, 244
Rechtlich geregelter Bereich (EU) 188
Redundanzen 304
Reduzierte Prüfung 375
Referenzmaterial 333
–, zertifiziertes 338
Regelgrenzen B427
Regeln der Technik 244
Regressionsanalyse 407
Reichsversicherungsordnung 281
Reklamation 122, 169, 204, 210
Relativer Bestand B298
Reparatur 158
Restrisiko 108, B110
Richtiger Wert 310, B320, 334
Richtigkeit 172, B334
Ringversuch 333ff
–, Begriffsschema zum 337
–, Einzel- 337
–, periodischer 338
–, Versuchsbedingungen des 334, 335
–, Versuchsplan für 336
Risiko 107ff, B109, 234
– -abschätzung 109, 112, 129, 247
– bei Zuverlässigkeitsfragen 307
– -faktoren 130
– -minderung 108, 112ff
– nicht zufriedenstellender Qualität 233
Riskmanagement 110
Robustheit eines Prüfverfahrens 392
Rohmaterial B438
Rückdelegation 181

Rückrufaktion 107, 244
Rückverfolgbarkeit 158
Rückverfolgbarkeitsforderung 184
Rückzuweisende Qualitätsgrenzlage 372, B374
Rundlaufabweichung 383

S

Schaden B109
Schadensausmaß S 109
Schadensersatz bei Übernahmeverschulden 242
Schadensvermeidung 108
Schätzabweichung, statistische 311, 375, 404
Schätzfunktion 393
Schließmerkmal 343
Schließtoleranz 347ff
–, angewendete statistische 348
–, arithmetische 347
–, optimale statistische 348
–, quadratische 347
–, statistische 348
Schnittstelle 81, 82, B180, 183, 197
Schnittstellenprobleme 199
Schnittstellenzuständigkeit 179ff, 203
Schubstrebenurteil 245
Schuler 443, 444
Schulung (in Qualitätsmanagement) 157, 187, 259, 431
Schulze 283
Schutz B112
Schutzmaßnahmen 112
Second party → Kunde 238
Seghezzi 36
Sekundärbegriffe 61
Selbsteinschätzung 227
Selbstlenkung 429, 431
Selbstprüfer 432
–, Ernennung zum 432
Selbstprüfung 97, 158, 209, 187, 231, 429ff, B429
–, Einführung und Handhabung der 431
–, Grenzen der 430
–, Planung der 209

Self Assessment 227, 432
Serienfertigung 356
– Paßteile 340
Shainin 408, 409
Shapiro-Wilk-Test 405
Sicherheit 107ff, B110, 191, 217, 307
–, inhärente B111
Sicherheitsabstand 418
Sicherheitsforderung 22
Sicherheitskomponente 219
Sicherheitsprüfung 97
Sicherheitsmerkmal 174, 189, 234
Sicherheitstechnische Festlegungen B111
Sicherheitsteil 431
„Sieben Werkzeuge" 446
Signifikanzniveau 392, 395, B403
Skip-lot-Stichprobenprüfung 375
Software 164, 285
„Soll/Ist-Vergleich" 124
Sollwert eines Qualitätsmerkmals B47, 137, 329
Sonderfreigabe 158
Sonder-Honorierung von Qualitätszirkeln 148
Sorgentötergruppe 210
Sorgfalt, angemessene und zumutbare 243, 244, 245
Sorte 59, 73, 136
Sortierprüfung B97
Spätausfallphase 302
Spezielle Operationscharakteristik 372
Spezifikation
– abgestufter Grenzwerte 351
–, überbetriebliche 138
„Spitzenqualität" 73
Stabdiagramm 370
Stabsstelle Qualitätswesen 186, 188
„Stahlqualität" 73
Stakeholder B231
Standardisierung 382
– nicht normaler Merkmalsverteilungen 396
Statistische Prozeßlenkung (SPC) 355
Stark 361
Statistische Prüfverfahren 363
– anhand qualitativer Merkmale 365

– anhand quantitativer Merkmale 377
Statistische Qualitätslenkung B355, 376, 427
Statistische Qualitätsregelung 355
Statistischer Anteilsbereich B341, 402
Statistischer Test 35, 342, B400
– anhand qualitativer Merkmale 404
  – bei Nominalmerkmalen 404
  – bei Ordinalmerkmalen 404
– anhand quantitativer Merkmale 330, 404
–, gedankliches Vorgehen bei 400
–, Normen über 404
Statistische Schätzabweichung 311, 375, 404
Statistische Schätzunsicherheit 311
Statistische Schätzverfahren 310, 331
Statistische Schließtoleranz 348
„Statistische Tolerierung" 340, 341
Statistische Verfahren 363ff
– anhand qualitativer Merkmale 365ff
– anhand quantitativer Merkmale 377ff
Statistische Versuchsplanung 407ff
Stauss 225
Stellenbeschreibungen 180, 187
„Sternversuch" 338
Stichprobe 365ff, 375, 379, 400, 403, 425, 426
–, zensorisierte 305
–, zweite 376
Stichprobenanweisung 370, 372, B375
Stichprobeneinheiten, Auswahl der 375
Stichprobenkriterien 394
Stichprobenplan B375
Stichprobenprüfung
– und verdeckte Mängel 240
–, quantitative 393
–, normierte Qualitätsbeurteilung bei 417
Stichprobensystem B375
Stichprobenumfang B365, 365, 369, 375, 379, 395
Stichprobenverfahren 378, 396
–, fallangepaßte 394
– mit Vorinformation 396
Stiftung Warentest 282

„Stimme des Kunden" 125, 212, 240
Stochastische Prozesse 340
Stochastisches Denken 363
Störgröße 409
Störung B293
Störungsdauer B296
–, mittlere B301
Strandberg 211
Stückgüter 164
Systematische Fehlschlüsse 388
Systematisierung des QM-Systems 148, 194ff, 202
Systemaudit 102, 188, 288
–, erweitertes internes 231
System B60
System der
- Abweichungen 310, 311
- Merkmalswerte, Abweichungen und Unsicherheiten 311
- Meßabweichungen 316, 319
- qualitätsbezogenen Dokumente 437
Systemredundanz 305

T
Taguchi 408, 409
Tailoring 169
Tätigkeit 30, 31, 56, B89, 92, 356, 435
–, Ergebnis einer 56, 80, 216
–, Komponenten einer 26, 28
–, qualitätsbezogene 223, 285
–, wiederkehrende 137
Tätigkeiten im QTK-Kreis 26ff
Tätigkeitsbezogene Qualitätsaufzeichnung 437
Tauglichkeit 87
Taylor 203
Taylorismus 430
Technische Regelwerke 111
Technische Zulassung 209
Technische Zuverlässigkeit 289
Temporäre Ausfallhäufigkeit B300
Termine als Beschaffenheitsmerkmal 285ff
Terminbezug des Qualitätsmanagements 173

Terminelement 37, B38
Terminerfüllung, Termintreue 21
Terminforderung 28, 30, 284
Termingestaltung 37
Terminlenkung 32, 285
Terminmanagement 22
Terminplanung 28, 32
Terminprüfung 33
Termintreue 22
„Test", das Homonym 399
Testergebnis 401ff
Testkunden 210
Third party → Unabhängige Stelle 169
TM-Element 13, 29
Toleranz 46, B352
- bei abgestuften Grenzwerten 344, B350
Toleranzbereich 342, 414
–, interner 122
Toleranzbereichslage, normierte 416
Toleranzgrad 73
„Toleranzqualität" 73
„Toleranzüberschreitung" 46
Totalitätsanspruch 12, 216, 222
TQM = „Totales Qualitätsmanagement" → Umfassendes Qualitätsmanagement
Transport von Produkten 158
„Treffgenauigkeit" 333
Trennvermögen einer OC 372
Typen von Einzelforderungen 413
Typprüfung 98

U
Übergang zwischen Verteilungsmodellen 366, 392
Übergeordnete Produktkategorie 163, 164
Überlebenshäufigkeit 301
Überlebenswahrscheinlichkeit B300, 301
Übernahmeverschulden 242
Überschreitungswahrscheinlichkeit 393ff
Überorganisation 206
Umfang der Grundgesamtheit 365
Umfassendes Qualitätsmanagement 34, 148, 215ff, B216, 240, 279, 281, 444

–, Einzugsbereich des 223ff
–, Entscheidungsproblematik zu 222
–, Erfahrungen mit der Einführung von 225
–, Gegenreaktionen zu 222
–, Gesichtspunkte zu 224
–, Qualitätsbezogenheit des 218
– und Selbsteinschätzung 227
Umgang mit Produkten 158
Umsatz 18
Umweltschutz 173, 217, 120, 216
Umweltschutzbezogene Merkmale 174
Umweltschutzforderung 241
Umweltschutzkomponente 219
Umweltschutzprüfung 97
Umweltschutztechnik 330
Umweltverträglichkeit 307
Unerlaubte Handlung 238, 244, 245
Ungleichwandigkeit 383
Unklardauer B295
–, mittlere B301
Unmittelbare Unsymmetriegröße 382
„Unqualität" 72, 74, 218, 308
Unsicherheiten 311
Unsymmetriegrößen 381ff
–, mittelbare 382
    –, aus Erfassung entstehende 382
    –, rechnerisch entstehende 382
–, unmittelbare 382
–, Beispiele aus Maschinenbau und Elektrotechnik 382ff
Unterauftragnehmer B84, 158
–, Auswahl von 158
Unterlieferant B84
–, Beurteilung von 158
Unternehmenskultur 165
Unterorganisation 206
Unterschreitungswahrscheinlichkeit 393ff
Unterteilbarkeit von Elementen 12, 60, 143, 213, 262, 446
Unvermeidbarer Abfall 263
Unwucht 384
„Unzuverlässigkeit" 308
Ursachen von Meßabweichungen 317

V
Valenzkörper für Qualitätsplanung 133
Validierung 85, B99, 105, 158
Van der Wiele 225
„Variablenmerkmal" 79
„Variablenprüfung" 364
Variationskoeffizient 348, B417
Varianzanalyse 407
VDA (Verband der Automobilindustrie e.V.) 129, 130
Verantwortung 187
–, Durchführungs- 181, 204
    –, alleinige 181, 204
    –, federführende 123, 181, 204
–, Informations- 204
–, Mitwirkungs- 182, 204
– und Befugnis 179
–, Äquivalenz von 205
–, qualitätsbezogene 171, 188
Verbesserungsmaßnahme 144, 256, 266, 446
Verbesserungsvorschläge 149, 278, 428, 444
Verbraucherschutz 72, 247
Verdeckter Mangel 239
Vereinbarungsprogramm 208
Verfahren der Stichprobenprüfung 375
Verfahrensanweisung B219
Verfahrensaudit 102
– Selbstprüfung 432
Verfahrensbezogene Qualitätsförderung 144
Verfahrenstechnische Produkte 163, 164
Verfahrenswechsel 375ff
Verfügbarkeit 307
Vergleichbedingungen B335
–, erweiterte B335, 336
Vergleichgrenze 336
Vergleichpräzision B335
Vergleichstandardabweichung B336
Verifizierung 85, B99, 105, 158
Verjährungsfrist 239, 246
Verkehrsfehlergrenzen 328
Verkehrssicherungspflicht 244, 247
Verläßlichkeit eines statistischen Testergebnisses 402

Verlustfunktion (Taguchi) 408
Vermischte Verteilungen 305, 306, 387, 388, 389
Vermutung und Nullhypothese 401
Verpackung 158, 241
Versagen B293
Versand 158, 241
Verschärfte Prüfung 375
Verschuldensprinzip, Umkehrung des 245
Verschuldensunabhängige Produkthaftung 245
Verschleißausfälle 302
Verständigungsnormen 44, 50
Versicherung von Haftungsrisiken 248
Versuchsbedingungen Ringversuch 334
Versuchsplan für einen Ringversuch 336
Verteilungen mit kleinem Variationskoeffizienten 380
Verteilungsfunktion 378
Verteilungsmodell 369, 392, 404, 427
–, unzutreffendes 388
–, Zusammenhang der 392
Verteilungsparameter 307, 403
Verteilung von Unsymmetriegrößen 381
Vertragshaftungsfolgen 239
Vertragsprüfung 158, B240, 248
Vertragsrecht 238
Vertrauensbildung 168
Vertrauen zwischen Vertragspartnern 24
Vertrauensbereich 305, 402
Vertrauensgrenze 401
Vertrauensniveau 392, 395, B402
Vision 2000 162
Vollständige Qualitätsprüfung 97
Vollständiges Ermittlungsergebnis 324
Vollständiges Meßergebnis 324
Vorausgesetzter Gebrauch 88
Voraussetzung zu statistischem Test 401
Vorbeugungsmaßnahme 90, 158, B159, 421, 447
Vorgabezeiten, lukrative 264
Vorgegebene Werte 124
Vorinanspruchnahmedauer 303
Vorinformation 364, 396
Vorschrift B117

Vorzeichen der Meßwerte 382

W
Wahrer Wert 310, B319, 325, 334
Wahrscheinlichkeitsdichte 378
Wahrscheinlichkeitsnetz 342, 379
– für Betragsverteilungen 385
– erster Art 385, 386
– zweiter Art 385, 386
–, gewöhnliches, für Normalverteilung 379, 380, 385
Wahrscheinlichkeitsverteilung 392
– einer Unsymmetriegröße 381
–, Einteilung der 380
– kontinuierlicher Zufallsgrößen 377, 378
– mit kleinem Variationskoeffizienten 380
–, wahre, beim statistischen Test 400
Wandelung B239
Warngrenze 427
Wartung 158
Wartungsvertrag 241
Wechselwirkungen (Versuchsplanung) 407
Weibull, Wallodi 391
Weibull-Netz 385
Weibull-Verteilung 303, 305, 391
–, zweiparametrige 305
Weite des Meßunsicherheitsbereichs B292
Werkstattgruppe 147
Werkstatt-Slang 202
Werkvertrag 239
Werteklassen 379
Wertminderung 261
„Wiederholbarkeit" 334
Wiederholbedingungen B335
Wiederholfertigung 28
„Wiederholgenauigkeit" 334
Wiederholgrenze 336
Wiederholmeßreihe 317ff, 327
Wiederholpräzision B335
Wiederholstandardabweichung 327, B336

Wiederholungsprüfung 97, 261
Wiederkehrende Prüfung 97
Wiederverwendbarkeit 307
Wilrich 333, 428
Wirkungsfaktoren bei statistischer
  Versuchsplanung 407
Wirtschaftliche Nachteile 328, 343, 388
Wirtschaftlichkeitsrechnung für
  QK-Nachweise 276
Würfelspiel 363

Y
Yates 408

Z
„Zauberformeln" für das Qualitätsmanagement 443
Zeitbezogene Qualitätsmerkmale 285ff
Zeitgestaltung 30
„Zeit ist Geld!" 283
Zeitspanne bis zum ersten Ausfall 296
Zeitspannen-Grenzwerte 286
Zentrierung 382
Zero-defects-Aktionen 148
Zertifikat 24, 168, 195, 196, 197
Zertifizierung
- von Personal 170
- eines Produkts 170
- eines QM-Systems 24, 169
Zertifizierungsaudit 169, 185, 197, 202
Zertifizierungsstelle 24, 154, 169, B170, 195, 209
Ziele der Qualitätsförderung 143
Zielgröße 409
Zirkelschluß (Terminologie) 115, B116
Zufallsausfälle 302
–, Mathematische Formulierung der 303
Zufallsgröße
–, diskrete 366, 377

–, kontinuierliche 377
Zufallsstichprobe 336
Zufallsstreuung 329
Zugelassener Fehleranteil? 374
Zugesicherte Eigenschaft B238
–, Fehlen einer 243
„Zulässige Abweichungen" 329
Zulieferant → Unterlieferant B84
Zusammenhang zwischen
- Verteilungsmodellen 366, 392
- Wahrscheinlichkeitsverteilungen 392
- Zuverlässigkeitskenngrößen 301
Zusammenstellbarkeit von Elementen 12, 60, 143, 213, 262, 446
Zustand 81, 109, B292
Zuständigkeit B179, 217
Zuständigkeitsart B180
Zuständigkeitsmatrix B179, 203
Zuverlässigkeit 211, 289ff, B292, 307
–, technische 289
Zuverlässigkeitsbezogene Merkmalsgruppe 58, 210, 289ff
Zuverlässigkeitsforderung 290, 292ff, B292
Zuverlässigkeitskenngrößen 292ff
–, Zusammenhang zwischen 301
Zuverlässigkeitskomponente 219
Zuverlässigkeitslehre 289, 361, 391
–, Fachsprache der 290
Zuverlässigkeitsmanagement 211
Zuverlässigkeitsmerkmal 128, 174, 290
Zuverlässigkeitsplanung 128, 303
–, Planung der 210
Zuverlässigkeitsprüfung 97neu, 305ff
Zwischenbedingungen B335
Zwischenbedingungs-Standardabweichung B336
Zwischenpräzision B335
Zwischenprodukt 80
Zwischenprüfung 98, 158, 260, 429
Zykluszeiten als Qualitätsmerkmal 286

INTERNET-SERVICE

Mehr Informationen
mit dem

VIEWEG
INTERNET-SERVICE

Studienbücher
Fachbücher
Neue Medien
Infos über Vertrieb und Lektorat

unter

http://www.vieweg.de